JN340304

대한제국기 간도 자료집(2)
- 정부문서

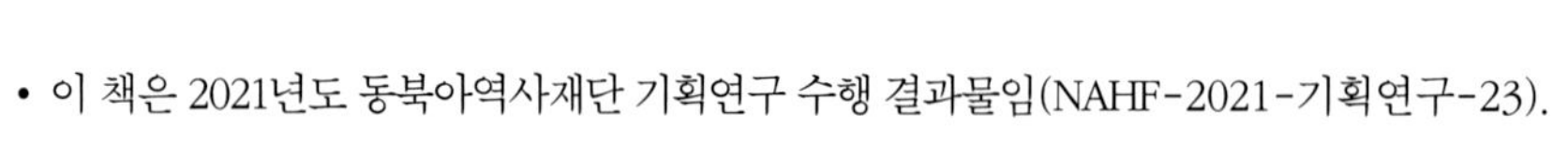

• 이 책은 2021년도 동북아역사재단 기획연구 수행 결과물임(NAHF-2021-기획연구-23).

일제침탈사
자료총서 07

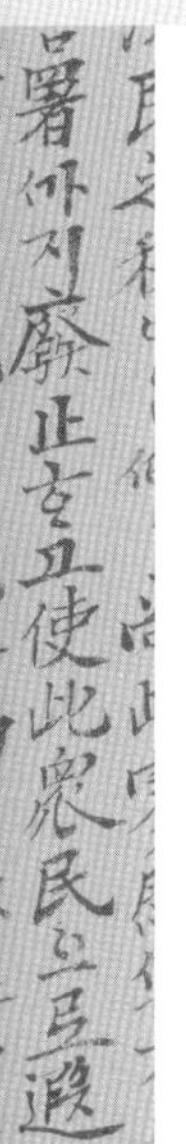

대한제국기 간도 자료집(2)

- 정부문서

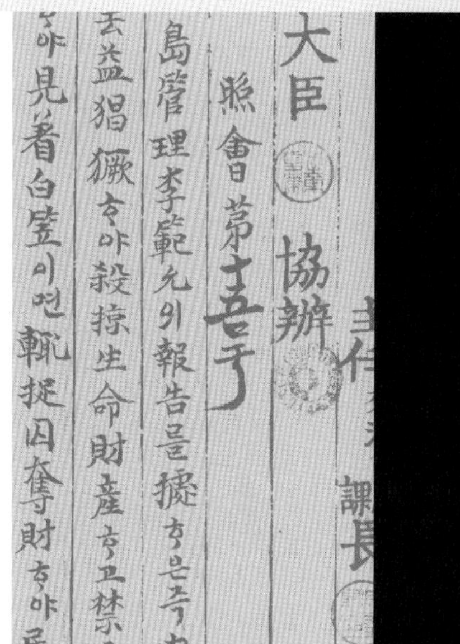

동북아역사재단 편

동북아역사재단
NORTHEAST ASIAN HISTORY FOUNDATION

일러두기

1. 이 사업은 서울대학교 규장각한국학연구원이 제공하는 『의정부내거문(議政府來去文)』(奎17793), 『내부내거문(內部來去文)』(奎17794), 『경위원내거문(警衛院來去文)』(奎17806), 『경무청내거문(警務廳來去文)』(奎17804), 『원수부내거안(元帥府來去案)』(奎17809), 『법부내거문(法部來去文)』(奎17795), 『외부일기(外部日記)』(奎17841), 『청원서(請願書)』(奎17848), 『조회원본(照會原本)』(奎17234), 『경무청내거문(警務廳來去文)』(奎17886) 10종을 저본으로 문서를 선별 번역하였다. 원문은 사용 허가를 받아 번역문 뒤에 영인하였다.
2. 번역문은 문서의 생산일을 기준으로 배열하였다.
3. 고유명사 및 주요 용어는 초출 단어에만 원문 한자를 병기했으나, 이해를 돕기 위한 경우에는 초출 단어가 아니더라도 한자 병기하였다.
4. '월간한인(越墾韓人)', '청비(淸匪)'와 같이 시대상을 반영하는 용어는 번역하지 않고 그대로 표기하였다.
5. 인용문이 중첩될 경우 " "→「 」→『 』→〈 〉→《 》 순으로 기호를 사용하여 위계를 구분하였다.

| 발간사

일본이 한국을 침탈한 지 100년이 지나고 한국이 일본의 지배로부터 벗어난 지 70년이 넘었건만, 식민 지배에 대한 청산은 이루어지지 못하고 있다. 일본의 독도영유권 주장은 도를 넘어섰다. 일본은 일본군'위안부', 강제동원 등 인적 수탈의 강제성도 인정하지 않고 있다. 일본군'위안부'와 강제동원의 피해를 해결하는 방안을 놓고 한 · 일 간의 갈등은 최고조에 이르고 있다. 역사문제를 벗어나 무역분쟁, 안보위기 등 현실문제가 위기국면을 맞고 있다.

한 · 일 간의 갈등은 식민 지배의 역사를 어떻게 볼 것인가 하는 역사인식에서 기인한다. 역사는 현재와 과거의 대화이며 이를 기반으로 미래로 나아갈 수 있다. 과거 침략의 역사를 미화하면서 평화로운 미래를 말하는 것은 불가능하다. 식민 지배와 전쟁 발발의 책임을 인정하지 않고 반성하지 않으면 다시 군국주의가 부활할 수 있고 전쟁이 일어날 위험성도 배제할 수 없다. 미래지향적 한일관계를 형성하고 나아가 동아시아의 평화와 번영의 기틀을 조성하기 위해 일본은 식민 지배의 책임을 인정하고 그 청산을 위해 노력해야 할 것이다.

식민 지배의 역사를 청산하기 위해서는 식민 지배는 어떻게 이루어졌는지 그 실상을 명확하게 규명하는 일이 긴요하다. 그동안 일본제국주의에 맞서 조국의 독립을 위해 헌신한 독립운동가들의 활동을 찾아내고 역사적으로 평가하는 일에는 상당한 성과를 거두었다. 반면 일제 식민침탈의 구체적인 실상을 규명하는 일에는 충분한 노력을 기울이지 못했다. 제국주의가 식민지를 침탈했다는 것은 너무나 당연한 사실로 여겨졌기 때문에, 굳이 식민 지배에서 비롯된 수탈과 억압, 인권유린을 낱낱이 확인할 필요가 없었는지도 모른다. 그러는 사이 일본은 식민 지배가 오히려 한국에 은혜를 베푼 것이라고 미화하고, 참혹한 인권유린을 부인하는 역사부정의 인식을 보이는 데까지 이르고 있다. 일제의 통치와 침탈, 그리고 그 피해를 종합적으로 조사하고 편찬할 필요성이 여기에 있다.

일제침탈사를 체계적으로 정리하는 일은 개인이 감당하기 어렵다. 이에 우리 재단은 한국

학계의 힘을 모아 일제침탈사 편찬위원회를 꾸렸다. 편찬위원회가 중심이 되어 일제의 식민지 침탈사를 정치 · 경제 · 사회 · 문화 모든 방면에 걸쳐 체계적으로 집대성하기로 했다. 일제 식민침탈의 실체를 파악하기 위해 2020년부터 세 가지 방면으로 사업을 추진하고 있다. 하나는 일제침탈의 실상을 구체적이고 생생한 자료를 통해서 제공하는 일로서 〈일제침탈사 자료총서〉로 편찬한다. 다른 하나는 이들 자료들을 바탕으로 연구한 결과물을 〈일제침탈사 연구총서〉로 간행한다. 그리고 연구의 결과를 대중들이 이해하기 쉽게 〈일제침탈사 교양총서〉를 바로알기 시리즈로 간행한다. 자료총서 100권, 연구총서 50권, 교양총서 70권을 기본목표로 삼아 진행하고 있다.

〈일제침탈사 자료총서〉에서는 정치 · 경제 · 사회 · 문화 모든 방면에 걸쳐 침탈의 역사를 자료적 차원에서 종합했다. 침략과 수탈의 역사를 또렷하게 직시할 수 있도록 생생한 자료를 제공하는 데 목표를 두었다. 그동안 관련 자료집도 여러 방면에서 편찬되었지만 원자료를 그대로 간행한 경우가 많았다. 이번에 발간되는 자료총서는 해당 주제에 대한 침탈의 실상을 체계적으로 이해할 수 있는 구성방식을 취했으며, 지배자의 언어로 기록되어 있는 자료들을 독자들이 쉽게 읽을 수 있도록 모두 번역했다. 자료총서를 통해 일제 식민 지배의 실체와 침탈의 실상을 있는 그대로 이해할 수 있게 되기를 기대한다.

2022년

동북아역사재단 이사장

| 책머리에

이 책은 지난해 서울대학교 규장각한국학연구원에 소장된 『함경남북도내거안(咸鏡南北道來去案)』, 『평안남북도내거안(平安南北道來去案)』 등의 자료에서 간도와 관련한 내용만을 선별 번역하여 간행한 『대한제국기 간도 자료집(1)』의 뒤를 이어 발행하는 것이다. 『대한제국기 간도 자료집(1)』은 두만강 대안의 '북간도'와 압록강 대안의 '서간도'에서 불거진 당시의 여러 현안과 관련한 자료를 묶었다. 여기에는 한·청 간의 간도 영토 문제와 더불어 이주 한인의 삶뿐만 아니라 청국인과의 여러 갈등 문제를 담았다.

『대한제국기 간도 자료집(2)』는 규장각한국학연구원 소장 자료 가운데 간도 정책을 주로 다루는 외부가 편찬한 공문서를 비롯하여 의정부·중추원·탁지부의 자료를 포함하였다. 구체적으로 살펴보면, 『의정부내거문(議政府來去文)』(奎17793), 『내부내거문(內部來去文)』(奎17794), 『경위원내거문(警衛院來去文)』(奎17806), 『경무청내거문(警務廳來去文)』(奎17804), 『원수부내거안(元帥府來去案)』(奎17809), 『법부내거문(法部來去文)』(奎17795), 『외부일기(外部日記)』(奎17841), 『청원서(請願書)』(奎17848), 『조회원본(照會原本)』(奎17234), 『경무청내거문(警務廳來去文)』(奎17886)이다.

동북아역사재단이 약 100여 년 전 대한제국기 간도 자료에 관심을 두고 자료집을 간행하고자 한 것은 간도 관련 자료 정리가 미흡하다는 판단에 따른 것이었다. 하지만 무엇보다도 간도 연구의 활성화를 기대한 면이 크다. 지금은 지도에 간도라는 지명이 등장하지 않지만, '간도'라는 이름에는 한족(韓族)인 조선족의 거주 지역이면서 중국에 있는 우리 땅, 그래서 찾아야 할 공간이라는 인식이 여전히 존재한다. 반면에 56개 민족에 하나의 국가를 강조하는 중국은 '간도'에 거주하는 조선족의 문화를 중국 문화의 일부라 주장한다. 2022년 북경 동계 올림픽의 개막식에 한복을 입고 등장한 조선족은 그러한 중국의 문화인식을 단편적으로 보여준다.

청은 1644년 심양에서 북경으로 수도를 옮기면서 자신들의 터전이었던 만주 지역에 유조변(柳條邊)을 설치하여 봉금 정책을 실시하였다. 그 뒤 19세기 이후 중국 관내 지역 내 인구 급증, 경작지 부족, 러시아 남하 등의 문제 해결을 위해 봉금 정책을 철회하고 산동 지역 등에 거주하던 한인(漢人)을 만주 지역으로 이주시키고자 했다. 그런데 그들은 먼 길을 이동하여 가기를 꺼려한 반면 한인(韓人)들은 두만강과 압록강을 건너 간도 지역으로 향했다. 1867년, 1868년 두 해 동안 발생한 기사흉년(己巳凶年)과 1869년 여름 대홍수로 한반도 북부 지역의 식량난이 매우 심각했다. 여기에 탐관오리의 가렴주구로 인해 한인(韓人)의 간도 이주는 가속화되었다. 월경은 불법이었지만 결국 그들은 기아와 빈곤을 피해 강을 건넜다.

이런 가운데 1880년에 회령부사 홍남주(洪南周)가 이주한 사람들을 구제하고자 국법으로 금지했던 도강(渡江)을 허가하여 간도 지역을 개간토록 했다. 이를 '경진개척(庚辰開拓)'이라 한다. 당시 한인(韓人)들은 1712년 오라총관(烏喇總管) 목극등(穆克登)이 세운 백두산정계비를 근거로 청과의 동쪽 경계를 이루는 토문강은 두만강보다 북쪽으로 흐른다고 인식하여 간도를 한국의 영토라 주장하기도 했다. 당시 그러한 인식은 한인(韓人)의 간도 이주에 정당성을 부여하기도 했다. 이러한 상황에서 청 정부도 정책 방향을 바꿔 간도 개척을 위해 1885년 화룡욕(和龍峪, 현 용정시 지신향)에 통상국(通商局)을 설치하고 한인(韓人) 이주를 적극 장려했다.

19세기 말 20세기 초 '간도'라는 지역은 이러한 과정에서 형성되기 시작하였다. 그 지역적 범위는 백두산의 동쪽, 두만강 대안의 북쪽 지역, 혼춘하(琿春河)의 서쪽, 노야령(老爺嶺) 이남 지역이다. 일제는 이 가운데 무산(茂山)과 회령(會寧)·종성(鍾城)·온성(穩城) 대안 지역인 연길(延吉)·화룡(和龍)·왕청(汪淸) 등지를 '동간도 동부'라 불렀으며 두만강 연안을 시작으로 내륙으로 이주가 확산되어 갔다. 한편 흔히 우리가 알고 있는 '북간도'는 연변 일대에 거주하는 이주 한인(韓人)이 부르기 시작한 간도의 명칭으로, '두만강 건너 북쪽의 간도'라는 의미를 내포하고 있다. 1860년대부터 1904년 러일전쟁 발발 이전까지 한인(韓人)의 간도 이주는 이런 배경 아래에서 이루어졌다.

러일전쟁 직후 일본의 한국주차군사령부는 만주 진출과 러시아 남하를 제지하기 위한 전략적 거점지로 간도를 중시하였다. 러일전쟁에서 승리한 후 하세가와 요시미치(長谷川好道) 사령관은 간도를 조사하고 1906년 3월 『간도에 관한 조사개요(間島ニ關スル調査概要)』라는 제목으로 보고서를 작성하였다. 이후 사이토 스에지로(齋藤季治郎)와 시노다 지사쿠(篠田治策)는 1907년 4월 간도를 조사하고 그해 5월 외무성에 『간도시찰보고서(間島視察報告書)』를 제출하면서 육도구[龍井村]에 간도파출소 설립을 건의하기도 했다. 이러한 일제의 만주 진출에 경각심을 갖은 청의 유건봉(劉建鋒)은 1908년 동삼성 총독의 명을 받아 백두산 일대를 답사하고, 정계비의 토문강이 두만강이라 주장하고 나섰다. 당시 청은 간도 지역에 이주한 한인(韓人)들을 경계하기 위해 이들의 이주를 불법으로 규정하고자 한 것이다. 결국 1909년 9월 청 · 일 간에 '간도협약'이 체결되면서 두만강을 국경으로 하여 간도를 청 영토로 인정하기에 이르렀다. 일제는 그 대가로 안동(현 단동)과 봉천(현 선양)을 연결하는 안봉선 철도 부설권과 길회선(연길-회령) 철도 부설권을 청으로부터 획득하였다. 이처럼 중국, 러시아, 일본은 이주 한인(韓人)들의 삶의 터전이었던 간도를 볼모로 자신들의 이권을 위해 각축전을 벌였다.

간도는 이처럼 과도기 근대 여러 국가들의 이익 관계가 복잡하게 얽힌 곳이며 변경이라는 특수성과 함께 이주민들의 삶이 실제했던 장소이다. 따라서 동북아역사재단은 대한제국기 간도라는 공간의 중요성을 확인하고 이에 관한 학술적인 기반 마련의 필요성을 인식하여 2020년부터 규장각한국학연구원에 소장된 대한제국기 정부 문서 가운데 간도와 관련된 문서를 수집 · 정리하고 번역하였다.

대한제국기 간도 정책을 이끌었던 부서는 외부(外部)이다. 한청통상조약(1899.9) 체결과 의화단사건(1900)을 계기로 함경도 지식인들은 의정부에 감계 요구 상소와 청원을 올렸다. 이에 대한제국 정부는 의정부회의에서 간도 정책의 큰 방향을 결정했다. 함경도와 북간도, 그리고 서간도 지식인들이 주도한 간도 문제에 대한 청원서가 정부에 제출되었다. 함경도와 평안도 관찰사 및 각 군수가 내부(內部)에 보고한 다양한 훈령을 통해 당시 간도 상황을 엿볼 수 있다. 원수부는 의화단사건을 계기로 변경 수비를 강화하였으며, 간도 한인(韓人)들은 '청비(清匪)'로부터의 보호를 요구하기도 했다. 1901년 2월 함경북도 회령에 경찰조직인 변계경무서가 설치되고 간도 주민 보호의 핵심적인 역할을 담당했다. 이러한 대한제국기 각 관서의 간도 정책과 더불어 간도 한인(韓人)의 치열했던 삶과 갈등, 애환, 간절했던 삶의 의지를 『대한제국기 간도 자료집(2)』에 담았다.

『대한제국기 간도 자료집(2)』 간행은 병소 자료의 중요성을 강조한 동북아역사재단 이영호 이사장의 관심과 규장각한국학연구원 소장 간도 자료를 발굴한 동북아역사재단 북방사연구소 박장배 전 소장의 노력에 힘입은 바 크다. 필자는 간행 작업의 후반부에 참여하여 정리를 돕고, 편찬을 맡았다. 간행 작업은 역사디자인연구소 은정태 소장, 총신대학교 역사교

육과 홍문기 교수, 서울대학교 규장각한국학연구원 정진숙 학예연구사 등의 번역과 감수로 진행하였다. 참여 연구자들은 짧은 시간에도 불구하고 원문을 번역하고 여러 차례 윤문을 거쳐 번역문 간 통일성을 기했으며 자료집의 완성도를 높였다. 서울대학교 규장각한국학연구원 이나래 고문헌 담당자는 원문 자료 이용에 큰 도움을 줬다. 동북아역사재단의 남상구 연구정책실장은 사업이 원만하게 진행될 수 있도록 지원해주었다. 다시 한번 자료집이 빛을 볼 수 있게 힘써 준 규장각한국학연구원 여러 관계자분과 도움을 주신 많은 분들께 감사의 말씀을 드린다.

2022년 8월

연구진을 대표하여

동북아역사재단 한중관계사연구소 연구위원

문상명

| 차례

I

해제

이 연구는 대한제국기 정부 문서 가운데 간도문제와 관련된 문서를 수집·정리하고 선별 번역한 것이다. 2020년에는 서울대학교 규장각한국학연구원(이하 규장각한국학연구원) 소장 『함경남북도내거안(咸鏡南北道來去案)』(奎17983), 『평안남북도내거안(平安南北道來去案)』(奎17988) 두 종의 사료를 대상으로 연구를 진행하였으며, 그 결과로 『대한제국기 간도 자료집(1)』(2021)을 출간하였다. 2021년에는 규장각한국학연구원 소장 자료 가운데 간도정책의 주무관서인 외부가 편찬한 공문서와 의정부, 중추원, 탁지부가 편찬한 자료를 대상으로 연구하였다. 대상 자료를 편찬 관서별로 정리하면 다음과 같다.

편찬 관서	대상 자료
외부	『의정부내거문(議政府來去文)』(奎17793), 『내부내거문(內部來去文)』(奎17794), 『경무청내거문(警務廳來去文)』(奎17804), 『경위원내거문(警衛院來去文)』(奎17806), 『원수부내거안(元帥府來去案)』(奎17809), 『법부내거문(法部來去文)』(奎17795), 『외부일기(外部日記)』(奎17841)
의정부	『청원서(請願書)』(奎17848)
중추원	『조회원본(照會原本)』(奎17234)
탁지부	『경무청내거문(警務廳來去文)』(奎17886)

대한제국기 간도정책 추진에 있어 정부관서들의 입장과 태도에는 차이가 있었으며, 심지어 주무관서인 외부 내에서도 종종 다른 의견을 보였다. 각 관서가 수행하는 직무의 목적과 차이 때문이기도 했지만, 무엇보다 간도문제를 바라보는 관점이 달랐기 때문이다. 물론 보다 근본적으로는 대한제국의 대내외적 역량에 대한 고려가 크게 작용하였다.

아래에서는 먼저 간도정책의 중심에 있었던 외부가 각 부서와 주고받은 문서의 내용을 살펴봄으로써 간도문제에 대한 외부의 정책을 분석하고자 하였다. 둘째, 간도 주민 보호를 담당했던 변계경무서(邊界警務署)의 간도정책과 동향을 파악하고 군사 충돌이 빈발하는 상황에 대처했던 원수부의 간도정책을 정리하여 대한제국의 간도정책 특징을 개관해보고자 한다. 끝으로 의정부와 중추원에 보고되었던 각종 청원서를 정리하여 간도문제에 대한 여론의 동향을 살펴보았다.

1. 간도정책 추진의 중심, 외부

대한제국기 간도정책을 다루는 주요 부서는 외부였다. 간도정책은 청국(인)과 관련된 만큼 외교 교섭을 담당하는 외부는 중앙과 지방관서, 청국 주재 한국공사관 및 한국 주재 청국공사관 등 다양한 관계 부서들과 공문을 주고받았다. 규장각한국학연구원에는 외부가 편찬한 자료가 잘 보존되어 있다.

간도정책 추진과 관련하여 외부와 각 부처 간 관계는 다음과 같다.

주관	구분	부서	주요 내용
외부	중앙부처	의정부	의정부회의, 감계, 파원, 청국의 조회
		중추원	간도 및 함경도 지식인들의 청의서(감계, 설관, 파병 등)
		내부	지방관 단속, 간도시찰 파견, 호구조사 및 변발에 대한 건, 청국의 조회
		원수부	진위대 지휘, 변경에서의 무력충돌 건, 청국의 조회
		경무청(경위원)	변계경무서의 보고 및 조치, 간도민 보호, 청국의 조회
		법부	변경에서의 중요 형사사건
	지방부처	관찰부 (함경남북도, 평안북도)	변경에서의 제반 교섭안건
		변계경무서	두만강 연안 간도 지역 청국 지방관과의 교섭, 현지 주민 보호
		관리사 (이범윤, 서상무)	호구조사, 수세, 간도문제 제반 교섭사안, 청국과의 무력충돌
		경흥감리	두만강 연안 간도 지역 상황 및 러시아 관련 사안
	외교부처	청국공사관 (청 외무부, 길림장군, 봉천장군)	양국 간 교섭사안 전반
		주청한국공사관 (청 외무부)	청 외무부의 교섭사안 전반

이 가운데 가장 먼저 주목할 부처는 의정부이다. 정부의 최고의결기구였던 의정부는 의정부회의에서 다양한 국정현안을 논의하고 이를 황제에게 상주하여 재가를 받는 정부 기관이었다. 외부는 의정부회의의 일원으로 한청조약 체결, 파원감계(派員勘界) 여부, 변경에서의 배상, 다른 부서와의 협의 필요사항 등 다양한 현안에 대해 의정부와 공문을 주고받았다. 특히

한청통상조약 체결과 의화단사건을 계기로 한 함경도 지식인들의 감계 요구 상소와 청원이 의정부회의에서 논의되는 등 의정부는 대한제국기 간도정책의 큰 방향을 결정지었다.

다음은 중추원이다. 중추원에는 간도문제와 관련해 다양한 청원서가 올라왔고, 이것은 의정부를 통하여 다시 외부로 전달되었다. 물론 외부에서도 청원서를 직접 접수하기도 했다. 대체로 함경도와 북간도와 서간도 지식인들이 청원을 주도하였는데, 오삼갑과 여형섭의 상소와 청원서도 이런 과정을 거쳤다. 북간도에서는 파원감계와 관리를 설치해서 백성을 보호할 것 등을 요구하였으며 이들은 관리사 이범윤의 휘하에 들어갔다. 서간도에는 관리 서상무가 파견되었는데, 이 지역 주민의 관할 주체를 연변 각 군으로 할 것인지 중앙정부의 파견 관리가 할 것인지에 대한 청원이 제출되기도 했다.

다음으로는 내부이다. 지방관을 관장하는 만큼 함경남북도와 평안도의 관찰사 및 각 군수의 다양한 보고나 훈령을 통해 간도문제에 개입하였다. 간도 주민의 호구조사를 주관하였기에 이범윤과 서상무의 활동에 많은 관심을 기울였다. 다만 서상무는 내부가 이들의 파견을 주도하지 않은 만큼 두 사람에 대한 청국의 지속적인 소환 요구에 이범윤의 경우와는 상이한 반응을 보이기도 하였다. 내부가 파견을 주도했던 이범윤의 소환에 대해 반대 입장을 밝힌 것은 여러 문서에서 확인된다.

원수부는 의화단사건을 계기로 변경 수비를 강화하고자 1900년 6월 의주와 강계, 북청, 종성에 각각 증설된 진위대대를 지휘하였다. 진위대대는 5개 중대 1천 명으로 편제되었다. 함경북도는 종성진위대가 종성에 본부를 두고 무산과 회령, 온성에 각각 군대를 배치하였으며 함경남도는 북청에 본부를 둔 북청진위대가 삼수와 후창에 군대를 배치하였다. 한편 평안북도에는 강계진위대와 의주진위대가 배치되었다. 대체로 대한제국은 양국의 물리적 충돌 방지를 위해 강을 넘는 행위에 부정적이었으나 '청비(清匪)'로부터 피해를 입은 한인(韓人)은 강을 건너 자신들을 보호해 줄 것을 지속적으로 요구했다. 한편 진위대는 의화단사건 이후 민포(民砲)와 함께 변경 군사 충돌의 주체가 되기도 했다.

경무청과 1902년에 새로 설치된 경위원은 경찰조직으로 1901년 2월 회령에 변계경무서가 설치되면서 간도 주민 보호에 핵심적인 역할을 하였다. 그 책임자인 변계경무관은 외부의 지휘를 받는 교계관(交界官)과 경무관의 지위를 동시에 가져 경무청과는 상하관계에 있었다. 순검은 대체로 함경도 출신이었고, 경우에 따라 간도 현지인들을 선발하기도 하였다. 변계경무서는 간도 지역을 정기적으로 순찰하면서 간도인들에 대한 민형사사건 발생 시 영사재판권을 행사하듯이 자체 조사와 재판 등을 하였다.

이와 같이 대한제국기 간도정책과 관련해서는 정책 결정 회의체인 의정부, 호구조사와 수세를 통해 간도민에 대한 통치권을 행사하던 내부, 간도 현지에서 재판권과 교섭권을 매개로 주민을 보호하며 사실상 영사 역할을 했던 변계경무서와 그 상위기관인 경무청(경위원)이 주요 부서로서 기능하였다. 외부는 이를 종합하여 정면에서 청국과 교섭하였다.

지방관은 함경남북도와 평안북도 관찰사, 그리고 산하의 연변 각 군수였다. 변경 방어의 임무와 함께 삼수, 갑산, 무산 등의 군에서는 포군(砲軍)을 조직하여 자체 방어에 나섬으로써 간도문제의 한 주체가 되었다. 상대적으로 변경의 안정을 희망함으로써 중앙에서 파견된 관리사 등과 간도문제에 대한 입장 차이를 보였다. 중앙에서 특파된 북간도관리 이범윤과 서간도관리 서상무도 주목된다. 이들은 가장 적극적으로 간도문제를 제기한 주체였기 때문에 내부와 외부에 각각 현지 사정을 담은 보고서를 제출하였다. 특히 이범윤은 현지인들을 중심으로 자체 무장을 갖춤으로써 '청비'와의 무력충돌을 불사하였다. 이외에 지리적 위치 때문에 북간도에서 무력충돌 발생 시 경흥감리가 다양한 보고서와 함께 영토문제에 대한 종합적인 의견을 제출하기도 했다.

주청한국공사관은 청국 외무부와 한국 외부를 연결하는 통로 역할이었다. 주한청국공사관도 외부와 공문을 왕복하였는데, 대체로 청국 외무부, 길림장군, 봉천장군이 대한제국 정부에 간도 지역에서 발생한 문제를 제기하고 이에 대한 해결을 요구하는 내용이었다. 이는 규장각한국학연구원에 『화안(華案)』(奎18052)으로 편철되어 있는데 금년도 번역 대상에서 제외하였다. 다만 외부는 주한청국공사관과의 공문을 의정부, 내부, 원수부, 경무청 등과 사안별로 주고받았으므로 그 일부는 본 번역에 포함하였다.

2. 변계경무서 설치와 종성진위대의 역할

1860년대 이후 수해와 기근으로 수많은 함경도의 주민들이 두만강을 건너 이주한 이래 조선 정부는 이들을 범월자(犯越者)로 여겨 쇄환(刷還)하면서도 '월간민(越墾民)'으로 간주하기도 했다. 그런데 청일전쟁과 의화단사건이 일어나면서 만주에서 러시아의 영향력이 커져갔고, 이러한 가운데 지역의 치안은 매우 어지러워졌다. '청비'의 약탈행위가 계속 증가했으나 청 지방관은 이를 통제할 수 없었고, 그 피해는 간도 지역의 이주 한인(韓人)들에게 돌아갔다.

이런 피해를 감당할 수 없었던 이주 한인들은 한국 정부의 개입을 요구하였다. 자신들을 보호하고 세금을 징수하여 이 지역을 직접 통치하고 한국의 영토로 확립해달라는 것이었다.

이러한 상황에서 대한제국은 간도로 이주한 한인을 범월자에서 이주자로 규정하고, 이들이 살고 있던 지역 또한 한국 정부가 관할해야 할 땅으로 인식하였다. 그런 의미에서 이 시기는 대한제국 정부가 스스로를 '제국(帝國)'으로 내세우며 우리 민(民)과 영토에 적극적인 태도를 보인 중요한 계기가 되었다고 볼 수 있다. 그것이 구체적으로 드러난 정책이 함경북도 변계경무서의 설치이다.

1901년 2월 경부대신 민영철(閔泳喆)이 "함경북도 변계(邊界)에 경무서를 설치하여 모든 간황변호(墾荒邊戶)를 보호하고" 이를 경부의 관할에 둔다는 칙령안을 의정부회의에 제출하였다. 탁지부대신 민병석(閔丙奭)을 제외하고는 정부 대신들이 모두 신설 경찰의 폐단을 우려하여 반대하였지만 고종은 이를 재가하였다. 변계경무서에 배정된 경찰의 수는 경무관 2명, 총순 4명, 순검 200명이었는데, 상강(무산)과 하강(종성)에 각각 분서를 두었다. 1896년 당시 최대 규모의 개항장이었던 인천항과 동래항에 배정된 경찰인력이 경무관 1명, 총순 2명, 순검 40명이었던 것을 감안하면 함경북도에 새로 설치될 경무서의 경찰인력이 상당히 많았다는 것을 짐작할 수 있다.

대한제국 내부가 간도에 사는 조선인들을 향해 발표한 고시(告示)에 따르면 변계경무서의 업무는 ① 위생, ② 행정, ③ 사법이었다. 종성분서는 1901년 6월부터 두만강을 건너 종성군 대안 지역을 중심으로 시장을 순찰하며 경계하였다. 간도에 사는 조선인 중 종성분서에 협력하여 활동할 수 있는 사람들을 선정하고 아편 피우는 것을 금지하는 효유(曉諭)를 실시하기도 했다. 1901년 7월 2일에는 종성군 대안 지역의 4개 사(社)가, 8일에는 2개 사가 자기 지역 조선인의 호구성책을 종성분서에 제출했다. 이때쯤부터 청비의 공격을 받은 조선인들이 그 피해를 종성분서에 제소하기 시작했다. 이처럼 변계경무서는 두만강을 넘어간 간도 지역의 한인을 보호하고 관할하는 기관으로 정착했다.

이번에 번역한 간도 관련 사료 중 변계경무서 관련 기사는 모두 9건으로, 『경무청내거문』 6건과, 『경위원내거문』 3건이다. 『경무청내거문』 기사 중 1901년도에 생산된 2건은 변계경무서가 처음 설립되는 과정에서 예산을 승인받는 과정을 보여주는 것으로, 『주본(奏本)』과 『각부청의서존안(各部請議書存案)』에서도 유사한 내용의 기사를 확인할 수 있다. 이때 승인된 변계경무서 예산과 1905년도 예산을 표로 비교하면 다음과 같다.

(단위 : 원)

항목	1901년도	1905년도
봉급	13,020	2,360
잡급(1901) / 잡급 및 잡비(1905)	162	14,616
청비	1,500	2,050
여비	1,500	2,470
청사수리비	300	400
피복비	4,336	2,350
죄수비	214	286
건축비	2,000	0
총액	23,032	24,532

표에 따르면 변계경무서 예산 총액은 소폭 증가했다. 주목되는 것은 '잡급 및 잡비' 항목이다. 1901년도에는 전체 예산 중 절반 이상이 봉급이었는데, 1905년도에는 봉급이 2,360원에 불과하고 잡급 및 잡비 항목에 전체 예산의 절반 이상인 1만 4,616원이 책정되었다. 경찰인력이 감원되지도 않았는데 봉급 예산이 6분의 1로 감액되었다는 것은 비상식적인 것으로, 이는 잡급 및 잡비가 사실상 봉급 예산임을 알 수 있다. 이러한 예산 편성은 대한제국기 각지의 경무서 예산 중에서도 매우 특별한 경우로, 이렇게 예산을 편성한 이유는 무엇일까? 변계경무서는 두만강 남쪽에 있으면서 두만강 건너 간도 일대를 관할하는 부서였으며, 설립 직후부터 간도 지역에서 협력자를 모집해야만 했다. 잡급 및 잡비 항목은 이 협력자들을 모집하고 관리하기 위한 비용이었던 것으로 보인다.

한편 청국은 의화단사건 이후 상실된 만주에 대한 지배력을 차츰 회복하며 1902년 11월에 연집강(煙集崗) 지역에 연길청(延吉廳) 무민동지(撫民同知) 1명을, 연길청의 부속기관으로서 화룡욕(和龍峪) 지역에 분방경력(分防經歷) 1명을 배치했다. 이후 연길 지역을 중심으로 간도 지역의 지방행정을 복구해갔다. 이런 상황에서 변계경무서의 간도 내 활동이 증가했을 때 청국 지방관과 충돌하게 되는 것은 예정된 수순이었다. 청국에서 변계경무서의 활동을 견제하고 나선 인물은 종성군 대안 광제욕(光霽峪)에 설치된 연길청 통상국(通商局) 관원 섭함분(葉含芬)이었다.

통감부간도파출소가 정리한 「구(舊) 변계경무서 종성분서의 일기 중 간도 관계 사건 발췌」

에 따르면, 1901년 6월, 변계경무서의 편제를 마치고 종성분서의 순검 수 명이 무기를 휴대한 상태로 두만강을 건너 간도를 순찰하는 것이 청국 관원들에게 포착되었다. 이에 섭함분이 변계경무서 설치 이전까지 변경 지역에서 청국과의 교섭을 담당했던 종성진위대와 종성군수를 통해 변계경무서와 직접 협의할 것을 요청했지만 불발되었다. 양국이 상호 방문하면서 논의를 이어가던 중인 7월 10일, 섭함분이 종성분서에 내방하여 한인(韓人) 보호에 관해 협의했다. 당시 한국 경무관은 "함경도 관할 각 성의 변계민을 무수(撫綏)하라"는 고종의 유지와 토문강을 경계로 하는 강희 51년의 분계지도를 보여주었다고 한다.[1] 이때는 러시아의 국경사무관이 광제욕에 잠시 머물며 한청 양국의 간도문제에 개입하였고, 양국 지방관은 러시아 관리를 통해 자신들의 이해를 관철시키고 있었다.

8월에 이르러 변계경무서는 "월간한민을 관할하는 것이 필요하다. 그렇지 않으면 각기 한 달씩 관할하자"는 제안을 하였고, 섭함분이 "경무서에 종성고도(鍾城古島)를 할부(割付)할 것이니 다른 간도는 달리 간섭하지 않는 것이 어떠한가"라며 교섭하는 과정에서 칼부림이 일어날 정도로 큰 충돌이 일어나기도 했다. 이후 북간도 지역에서 양측의 대립은 청국이 주장했던 '각수각계(各守各界)'보다는 한국 측이 주장했던 '각리각민(各理各民)'의 원칙이 적용되는 것으로 귀결되었다. 이에 따라 간도에서 범죄를 저지른 한국인들은 변계경무서에 연행하여 수사 · 재판했으며, 청국인 범죄자들은 설령 간도가 아닌 두만강 남쪽에서 체포되었다고 하더라도 청국 관원에게 인도했다. 변계경무서는 이처럼 영사재판권을 행사하며 대한제국의 관서 중에서 간도 한인들과 가장 가까운 관서가 되었다.

이번에 번역된 사료 중에도 섭함분과 변계경무서의 접촉을 소개한 기사가 포함되어 있다. 상술한 변계경무서와 섭함분의 충돌 이후 1년이 지난 1902년 6월의 기사로, 섭함분이 간도 일대를 조사하기 위해 한국 영토를 지나갈 수 있도록 해달라고 변계경무관 채현식에게 요청한 내용이다. 채현식은 이에 대해 "어떤 나라 관원이든지 공무 때문에 병정과 무기를 대동하고 경계를 지나면 통행증을 발급해줘서 보내주는 것이 장정에 분명히 기록되어 있다"라고 설명하며 종성진위대 참령에게 협조를 요청하는 조회를 보냈다. 종성진위대의 보고를 받은 원수부는 청국 병사의 한국 영토 통행은 허락할 수 없으며, 정 통과하고 싶으면 사복(私服)을

1 『淸季中日韓關係史料』 劵8, #3772, 光緖 27년 10월 5일, 出使大臣許台身文稱, 5427~5433쪽.

입고 사람들의 눈에 띄지 않게 하라고 답변함으로써 섭함분 일행의 통행은 결국 이루어지지 못했다.

한편 두만강과 압록강 변경에는 대한제국의 지방군이 증액 배치되었다. 지방대와 진위대의 편제를 거쳐 의화단사건 직후 1900년 7월 지방군을 모두 진위대로 개편했다. 함경남북도에는 각각 북청과 종성에 진위대대가 설치되고 연변 각 군에는 중소대급의 이른바 진위주대(鎭衛駐隊)가 배치되었다. 반면 평안북도에는 의주와 강계에 대대가 설치되고, 벽동, 초산, 삭주, 강계, 창성, 위원, 후창, 자성 등 연변 각 군에 주대가 설치되었다.

종성 지역은 갑오개혁 이전부터 북방 방비의 중심지였다. 종성진위대의 기본임무는 북방변경 지역에서 벌어지는 한국인들의 소요사태를 진무(鎭撫)하는 것 외에 '청비'가 국경을 넘어 한국 주민들을 약탈하는 것을 방비하는 일이었다. 그러나 간도 지역에 거주하는 한국인들에 대해서도 조심스럽게 개입하였다. 변계경무서가 있었기에 종성진위대의 움직임은 제한적일 수 밖에 없었으나 정세의 변화에 따라 변계경무서의 역할이 제한될 때는 세금 징수에 나서기도 하였다. 1904년 러시아 관리는 종성진위대가 간도의 한국인 주민들에게 세금을 거두고 있음을 한국 외부에 항의한 바 있다.

변계경무서와 종성진위대의 간도정책에는 차이가 있었다. 애초에 종성진위대는 두만강 경계를 철저하게 방비하는 데 치중했고, 변계경무서는 두만강을 넘어 간도 주민들을 보호·관리하는 역할을 수행했기 때문이다. 두 기관이 간도문제에 접근하는 태도의 차이는 순검의 무기 소지 여부, 간도정책의 적극성 정도, 한청 양국 간 군사 충돌 시 타협 방식 등에서 확인할 수 있다.

한편 이번에 번역된 사료 중에는 종성진위대의 적극적인 모습을 확인할 수 있는 기사도 있다. 1903년 9월 무산간도의 청국인 장서유(張瑞有) 등이 무리를 모아 관병을 사칭하고 간도 내 한국인들을 약탈한 사건이 발생했다. 장서유가 인솔한 무리는 민간 자치조직이었던 '단련(團練)'이었다.[2] 청국의 지방 군사들이 완전히 정비되지 않은 혼란기인 이때 간도 지역에는 민

2 1900년 의화단사건으로 청 지방군이 붕괴되고 이듬해 5월 혼춘부도통 춘승(春升)이 부임하여 남강단련국을 조직하였다. 1901년 11월 현재 연장(練長) 59명, 단정(團丁) 1,700여 명이었는데, 장서유(張瑞有)는 무산 대안 안원보(安遠堡)의 단련 연총(練總)이자 총향약(總鄕約)이었다. 남강단련국은 1903년 1월에 철폐되고 대신 그 일부가 이 지역 청국 지방군인 무안(撫安), 수정(綏靖), 진남(鎭南) 3영에 편입되었다.

간조직과 정규군사들이 뒤섞여 있었다. 이들과 군사 충돌을 거친 한국 측은 보고서에서 이들을 '청비'라 부르고 '관병 사칭'을 제기하였다. 이런 상황이 지속되자 10월 말과 11월 초에 종성진위대 무산주대병과 무산군수 지창한이 이끄는 포군 수백 명이 두만강에서 청군과 대치하다가 강을 건너 간도에서 작전을 벌였다. 이 충돌은 이후 보복행위로 이어져 이주 한인(韓人)들의 인명과 재산상의 피해가 상당하였다.

이 충돌은 변계경무서의 경무관들과 종성진위대 장교 및 연변 각 군수들이 종성군 대안으로 가서 동불사(銅佛寺)에 주둔하고 있는 통령(統領) 능유기(凌維琪), 연길청 이사(理事) 진작언(陳作彦), 분방경력(分防經歷) 장조기(張兆祺) 등과 직접 교섭함으로써 종결되었다. 충돌 과정에서 무산군 강변 양영보(梁永堡) 자리에 있었던 변계경무서 상강분서는 심각한 피해를 입었다. 이에 대해 당시 변계경무관 최남륭(崔南隆)은 "군대는 의례히 강을 건널 수 없다고 하니, 간도의 백성들이 유일하게 믿을 것은 오직 이 접경 지역의 경무서일 뿐입니다. 그러나 그들은 마구 총을 쏴대는데 우리 경찰은 맨손이어서 가까이 가기가 어렵습니다"라고 보고했다. 그리고 순검도 총기를 휴대할 수 있도록 해달라고 요청했다.

요컨대 종성진위대는 '청비'가 두만강을 건너오는 것에 대한 방비에 치중하고 경계 너머 간도 지역에서 군사작전을 실시하는 것에는 소극적이었다. 반면 변계경무서는 두만강 건너편으로 순검을 파견하여 간도의 주민들을 관할했지만, 유사시에 동원할 수 있는 화력(火力)에 한계가 있었다. 실제로 종성진위대와 변계경무서는 '청비'의 방비에 대한 책임을 서로 떠넘기는 등 비협조적인 모습도 보였다. 이러한 상황 때문에, 이범윤은 간도 지역에서 군사작전을 수행하기 위해 사포(私砲)를 양성하거나 무기를 지급해 줄 것을 중앙정부에 거듭 요청하기도 했다.

한국, 청국, 러시아 간에 갈등이 벌어지고 있던 간도의 상황은 러일전쟁 이후 급변했다. 간도를 포함한 만주 지역을 장악하고 있던 러시아는 패퇴했고, 일본은 청국과 간도문제에 대해 교섭하면서 만주 일대에 대한 자신들의 영향력을 확대하고자 본격적으로 대한제국의 간도정책을 견제했다. 1905년 2월 변계경무서 권임(權任) 박진익과 순검 전우종이 변계경무서 공전(公錢)으로 획하(劃下)된 금액을 수령하려고 함경남도 각 군을 순회하던 중, 원산항 일본 헌병들에 의해 이유없이 체포당하여 경성의 경무청 본청으로 이송된 사례가 이를 잘 보여준다. 이후 1906년 3월 31일 변계경무서의 순검은 200명에서 20명으로 감액되었고 해산된 인원에게는 위로금이 지급되었으며, 1907년 2월 20일 '칙령 제8호'에 의해 함경북도 변계경무서와 각 개항장 경무서가 모두 폐지되었다. 이로써 간도 지역에 대한 한국 정부의 경찰력·행정력 행사는 중지되고 말았다. 다만, 일부 순검은 1907년에 설립된 통감부간도파출소에도 계속 근무하였다.

대한제국의 간도 관할 선언이라 할 수 있는 변계경무서에 대해서는 충분한 연구가 이루어지지 않았다. 1901년 변계경무서 설치 주도 세력과 러시아와의 관계, 변계경무서 종성분서 일기에 대한 분석, 변계경무서와 청국 지방관의 협상 내용, 변계경무서와 변경 지역 행정, 군·파견 관리 등과의 관계, 변계경무서의 현지 주민 정책과 호구조사 결과 분석, 변계경무서와 관리사 이범윤과의 관계, 변계경무서와 간도파출소와의 관계 등이 모두 향후 연구되어야 할 주제이다. 앞으로 보다 체계적인 자료 확보와 분석을 통해 보완되어야 할 것이다.

3. 원수부의 간도정책

1899년 6월 설치된 원수부는 군사에 관한 명령을 관장하며 군부와 경외의 각 부대를 지휘·감독하도록 규정되었다. 모든 명령은 대원수, 즉 황제를 거쳐 하달되어 황제가 군통수권을 독점으로 직할할 수 있는 군사체제였다. 또한 관원의 직임을 막론하고 문관이 피선될 수 없었으며 의정부 예하조직이자 군사 전담기구였던 군부를 하위기관으로 둠으로써, 문관을 중심으로 한 기존 정치 세력들이 군대에 개입하는 것을 근본적으로 차단했다.

1900년 초 청국 내 의화단의 팽창이 가속화되면서 국경 지역의 군사적 불안이 증가되었다. 의화단사건을 피해 압록강을 넘어 대한제국으로 건너온 청국 피난민은 1만 명 이상이었다. 서양 연합군에 의해 의화단에 대한 본격적 토벌이 시작된 후, 청국 패잔병 및 '청비'는 압록강, 두만강 변경 일대에서 지속적으로 살인, 약탈, 방화를 일으켰다.

대한제국에도 열강이 군사적으로 개입해 올 수 있다는 경고가 제기되는 가운데, 대한제국은 국경 지역의 병력을 증강하여 독자적인 방어태세를 확립하였다. 원수부는 평안북도 의주 및 강계, 함경남도 북청, 함경북도 종성에 진위대를 설치하는 안건을 제출했다. 이때 증설된 진위대는 총 4,120명이며, 이들을 배치하기 위한 예산은 50만 1,016원 40전으로, 이 금액은 당시 군사 예산 총액의 30%, 정부 총예산의 8%를 넘는 것이었다. 이에 더해 원수부는 중앙군이었던 친위대 위관과 병정 600명을 추가로 국경 전역에 파견했으며 북청 등 후방 지역의 지방대를 삼수·갑산·후창군에 배치하는 등 국경 지방에 병력을 집중시켰다.

그 결과 소수 병력으로 주요 거점을 지키는 이전까지의 국경 방어 전략이 국경선에 부대를 치밀하게 배치하는 전략으로 변경되었으며, 대한제국군은 패잔 의화단인 '충의군'이 1901년 압록강, 백두산, 두만강 이북 지역을 거쳐 이동하는 동안 국경선을 침범하는 것을 성공적으로 막아냈다. 때로는 대한제국군이 두만강을 도강하여 '청비'를 살해하는 등 공세에 나서기도 했다. 그러나 원수부를 중심으로 한 대한제국의 군사 전략은 결국 압록강과 두만강을 넘어서지 않았다. 목적은 영토를 공세적으로 확장하는 것이 아닌 열강의 군사적 개입을 수세적으로 저지하는 것이었기 때문이다.

1901년 의화단운동이 종식되고 간도 지역 이주 한인들의 보호 요구가 빗발치는 가운데 간도정책에 대한 원수부의 입장은 어떠했을까? 『원수부내거안』 중 간도문제와 관련하여 1901년부터 1903년까지 생산된 문서는 총 35건인데, 그 내용은 모두 압록강과 두만강을 경계로 양국의 군대 및 국민들이 경계를 넘어 소요를 일으키는 것을 문제 삼는 것이었다. 원수부는 국경선 방어와 변경의 안정이라는 소극적인 입장을 견지하였다. 실제로 1903년 청국의 길강군(吉强軍)이 종성에 설치된 변계경무서를 습격하여 총격사건을 일으켰을 때도 종성진위대는 두만강을 건너 간도 지역에서 군사작전을 실시하는 것에는 동의하지 않았다.

한편 1902년 이범윤이 간도시찰로서 북간도 지역으로 파견되었다. 이때 외부와 원수부 사이에 오고간 문서에서는 이범윤이라는 이름이 단 1회 언급될 뿐이었으며, 그마저도 이범윤에 대한 건은 원수부의 소관이 아니라는 내용이었다. 변계관리사무(邊界管理事務)로서 서간도로 파견된 서상무는 보다 자주 언급되었는데, 이는 서상무가 청국 비적에게 납치 · 억류되었기에 그 생환을 논의하기 위해서였던 것으로 보인다. 어쨌든 원수부에서 서상무의 활동에 대해 지원이든 통제든 그 어떤 방식으로도 관여하려 했던 모습은 확인되지 않는다.

그런데 1903년 7월 함경도 인사들이 이용익을 중심으로 '복강지계(復疆之界)'를 주장하기 시작한 이후 원수부는 이범윤의 사포대에 무기를 공급하는 등 간도문제에 적극적인 태도를 보인다. 중앙정부의 무기 지원으로 이범윤은 1903년 말부터 이듬해 초까지 대안 지역에서 적극적인 군사활동을 펼칠 수 있었다. 한편 1904년 4월 이범윤 소환을 둘러싼 한청 양국 간 협의에서 파원감계 합의가 이뤄졌는데, 그간 대한제국의 대내외적 어려움을 고려하면 극적인 변화였다. 이는 결국 간도문제를 다루는 세력이 누구인지에 따라 간도정책의 향방이 결정되고 있음을 보여준다.

4. 간도문제와 청원운동

1898년 종성 출신 오삼갑의 상소를 필두로 대한제국기에는 주민 보호, 관리 파견, 군대 혹은 경찰의 주둔, 청국과 러시아의 협상을 통한 영토문제의 해결 등의 요구를 담은 청원서 제출이 잇달았다. 선행연구에 따르면, 대한제국 지식인들이 정부와 지방관 및 언론에 간도문제를 제기한 소장, 상소, 청원서, 신문기고 등은 모두 60건 이상에 달하였고, 서간도와 연해주의 주민 보호 문제까지 포괄하면 100건이 넘었다. 어떤 건에는 수십 혹은 최대 수백 명이 참여했고, 어떤 인물들은 중앙정부와 지방관 및 언론을 상대로 반복해서 주장을 펼쳤다.

이러한 청원운동은 관서 설치 혹은 관리 파견 등 간도정책에 있어서 중요한 변화와 맞물려 크게 세 시기로 구분할 수 있다. 첫 번째 시기는 1899년 한청통상조약 체결 전후로, 이 시기에서 주목할 인물은 오삼갑, 최제강, 지창한 등 함경도 거주 전직 관리들이다. 두 번째 시기는 의화단사건 이후로, 당시 청원운동을 주도한 인물은 한태교, 이승호, 지용규, 장봉한 등 함경도 출신 북간도 거주 유생들이다. 세 번째 시기는 러일전쟁 후 통감부가 간도파출소를 설치하기 이전까지이다. 이 시기 북간도에서는 러일전쟁 종결과 함께 일진회 북간도지부 관계자들이 간도문제에 개입하여 청원운동을 주도했다. 간도 개발과 이민에 적극적이었던 일진회는 영토문제 해결과 관리 파견을 주장하며 대한제국 정부의 간도정책 계승자임을 자임하였다. 한편 연변 각 군과 오랫동안 갈등을 겪은 압록강 연안 간도 지역에서는 주민자치 성격의 '민장(民長: 주민대표)'을 둘 것을 강하게 요구하면서, 연변 각 군의 간섭을 배제하려는 움직임이 뚜렷하였다. 이 책의 번역 대상은 대체로 세 번째 시기에 생산된 자료로, 여러 가지 폐막을 언급하며 민장 설치와 관리 파견을 요구하고 있다.

이상의 청원운동은 간도문제 해결이 변경 지역에 당면한 과제이며, 나아가 대한제국의 국가적 어젠다였음을 보여준다. 타국에서 고통받고 있는 자국민 보호와 왕조발상지의 회복이라는 측면에서 적극적인 간도정책의 추진은 대한제국의 '제국성'을 갖추는 중요한 과제이기도 했다.

하지만 현재 청원운동과 관련해서 상당한 기록이 남아있지만 자료의 발굴이 부진하여 그 전체상에 대한 연구는 시작 단계에 있다. 오삼갑의 상소만 주목될 뿐이다. 적극적인 자료의 발굴을 통하여 지역별, 시기별, 주도 세력별, 주제별 다양한 연구가 뒤따라야 할 것이다.

5. 책별 자료 해제

1) 의정부내거문

『의정부내거문』은 1896년에서 1905년 사이에 외부와 의정부 간에 오고간 문서들을 외부에서 편철한 것이다. 문서의 형식은 외부가 의정부에 보낸 조회와 조복의 기안문, 의정부가 외부에 보내온 조회, 조복의 원문으로 이루어져 있다. 외부가 의정부에 보낸 문서는 의정부회의에 제출하는 외부의 청의서, 의정부회의 결과 요청, 의정부의 결정이 필요한 한청 양국 간 분쟁 사안 등이다. 의정부가 외부에 보낸 문서는 의정부회의 결과, 다른 기관(헌의서를 접수하는 중추원 등)의 공문서에 대해 외부 관련 사안 등이다. 간도정책이 의정부회의를 거쳐 황제의 비답을 받아야 될 사안이었던 만큼 『의정부내거문』은 대한제국기 간도정책의 기본적인 방향을 제시하고 있다는 점에서 중요하다.

간도문제와 관련하여 『의정부내거문』에서 주목할 내용은 다음과 같다. 우선은 의정부회의와 황제의 비지(批旨)가 있었던 사안으로, 1898~1899년 오삼갑 등의 상소와 한청통상조약 협상을 계기로 조약안에 파원감계 조항을 넣을지 여부에 대한 것이다. 널리 알려진 함경도민 오삼갑 등을 필두로 한 상소에는 1880년대 두 차례의 감계협상이 오류였다는 전제가 깔려 있었다. 그는 상소를 통해 관리를 파견해 감계를 하고, 관서를 설치해 간도민을 보호해달라고 요청했다.

오삼갑의 상소를 계기로 이루어진 1898년 9월 23일 의정부회의에서 외부대신 박제순은 "정계(定界) 문제는 이미 몇 년 전에 파원(派員)이 살펴 정한 일이 있었으므로 지금 갑자기 요청해 조사하기 어렵고, 백성을 안무하고 불러 모으는 것은 시행할 수 있다"고 하였다. 그러나 의정부회의 결과를 보면 다른 정부대신들은 대체로 파원감계에 공감하고 있었다. 결국 이 사안에 대해서는 의정부가 해당 청원인들의 요구를 수렴하고 계속 논의하라는 황제의 비지가 내려졌다.

그러나 1898년 11월 외부는 오삼갑의 상소를 조목조목 비판하면서, 파원감계는 곤란하다는 입장을 재확인하는 조회문을 의정부에 제출하였다. 오삼갑이 근거도 없는 말을 반복하고 있다는 것이었다. 그런데 1899년 2월부터 시작된 한청 양국 간 통상조약체결 협상 중에, 여형섭의 상소를 계기로 의정부회의의 결과를 수용한 외부는 파원감계와 유민안업(流民安業)

조항을 넣은 협상안을 마련하여 청국 측에 제시하는 것으로 타협하였다.[3] 이 시기 오삼갑 등의 상소와 파원감계에 대한 외부의 입장은 『의정부내거문』에서만 확인되는 것으로, 대한제국기 간도정책의 한 흐름을 확인할 수 있다.

또 다른 사안은 1903년에 이르러 변경에서 분쟁의 빌미가 된 관리사 서상무와 이범윤의 소환 문제였다. 압록강 대안 지역에서 축성(築城)과 호구조사를 하였던 서상무는 실상 황제에 의해 특파되었다. 청국 측의 강한 반발에 따라 서상무의 소환을 결정하기까지 그 파견 주체를 두고 외부, 내부 및 의정부 간에 주고받은 문서가 인상적이다. 이범윤의 경우에는 그의 파견부터 현지 활동에 대한 모든 것이 1903~1904년에 걸쳐 한청 양국 간 가장 뜨거운 사안이었다. 변경에서의 충돌로 양국 지방관 차원에서 다양한 수준의 협상이 이루어지기도 했지만 이범윤의 소환은 계속 미뤄졌다. 이때 간도영유권 행사로 볼 수 있는 군사시설 설치, 군대조직, 호구조사, 수세 등 이범윤의 간도에서의 활동은 청국 측에서 이범윤의 부하로부터 압수한 여러 문서를 통해 확인된다. 이범윤의 움직임에 민감하게 대응하던 청국 측은 러일전쟁 발발 직후인 1904년 3월에 대한제국에 공식적으로 파원감계할 것을 제안하였다. 이렇게 청국이 한발 물러선 입장을 보인 것은 이범윤의 활동 성과 중 하나로 볼 수 있다. 간도 지역 방곡 조치에 따른 함경도의 곤경, 이범윤에 대한 청국의 소환 요구 및 외부에서 파견한 변계경무서의 비판 등이 지속되었지만, 의정부는 끝내 그동안 적극적인 간도정책을 주문했던 이범윤의 소환을 결정하지 않았다.

이상의 문서를 통해 대한제국의 간도정책 추진에 있어 각각 외부와 내부로 대표되는 세력 간의 이견이 있었음을 알 수 있다. 결국 1904년 8월 4일 자 공문에서 알 수 있듯이 주한일본공사의 개입으로 간도문제는 러일전쟁 종결 이후에 논의할 사안으로 정리되었다. 이때 이범윤과 충의대(忠義隊) 일행은 의병으로 전환하여 연해주로 이주하였다.

『의정부내거문』의 다수를 차지하는 것은 삼수군과 갑산군에서 있었던 사건 관련 교섭 문서이다. 1903년 8월 서경발(徐慶發) 등 청비에 의해 삼수군과 갑산군의 주민들이 피해를 입었는데, 이에 대한 보복으로 한국 군사가 청국 임강현 경생보(慶生保)와 장생보(長生保)의 청비들을 공격하여 손해를 입힌 일이 있었다. 이와 관련하여 그해 12월 갑산군수 이근풍, 삼수군

3 양국은 이후 한청통상조약 협상 과정에서 유민안업 조항만 남기고, 파원감계 조항은 후일 육로통상조약 협상에서 재론하자는 것에 합의하였다.

수 이민중, 출주대관(出駐隊官) 조기설과 김사직이 청국 관리 무민부겸이사(撫民府兼理事) 손장청(孫長靑), 판리임강현설치사의(辦理臨江縣設治事宜) 오광국(吳光國)과 회동하여 양국의 인명과 재산상의 피해액을 산정하고 정리하기로 합의하였다. 『의정부내거문』에는 양국의 합의안이 자세하게 나타나 있다. 다만 양국 간의 상세한 문답기 등은 『함북변계성책(咸北邊界成冊)』(奎17994)이나 『각군성책(各郡成冊)』(奎18031)에서 확인할 수 있다. 해당 문서를 통해 양국 지방관의 협의 배경, 절차, 피해에 대한 인식, 향후 동일 성격 사건 발생 시의 대응책 등을 살펴볼 수 있다.

분쟁의 요인과 합의 배경이라는 측면에서 보면, 청국의 '청비'와 대한제국의 '진위대'는 같은 위치에서 전면에 등장하여 상호 보복 구조가 만들어졌는데, 그 피해는 온전히 양국 주민들의 몫이었다. 물론 대한제국의 적극적인 간도정책 추진이라는 현상 변경 요구와 의화단사건 이후 통제 범위 밖에 있던 청국 측의 다양한 군사 개입이 그 밑바탕에 있었다. 이들 문서를 통해 당시 변경에서 양국이 충돌하게 된 배경과 피해 상황 및 배상 조치 등 사건 경과를 파악할 수 있으며 이후 변경에서의 충돌을 막기 위한 지방관 차원의 타협이 이루어졌음을 확인할 수 있다. 그러나 합의 후인 1905년까지도 여전히 이와 관련한 문서가 많이 보이는데, 이는 합의한 피해보상금 지급 결정이 지체되었고, 의정부와 외부가 그 결정 권한을 서로 떠넘겼기 때문이다. 이 사안은 통감부 시기까지도 해결되지 않은 채 이어졌다.

이상의 『의정부내거문』을 통해 한청통상조약 체결 협상을 앞두고 등장한 대한제국 정부의 간도정책에는 감계와 설관(후일 파병) 여부 등을 두고 여러 이견들이 분출되고 있음을 확인할 수 있다. 그리고 러일전쟁 발발 이후에도 한청 양국 간 주요 쟁점 사안이 된 이범윤의 소환에 대해 의정부가 끝끝내 분명한 입장을 밝히지 않았던 것도 알 수 있다. 또 이 시기 변경에서는 양국 간의 충돌에 따른 지방관 차원의 협상 구조가 마련되었지만, 타결은 러일전쟁과 대한제국의 보호국화로 인해 계속 지연되고 있었다. 이러한 내용이 담긴 문서를 통해 대한제국의 적극적인 간도정책 추진의 양상을 살펴볼 수 있을 것이다.

2) 내부내거문

『내부내거문』은 1895년 4월부터 1905년 12월까지 외부에서 접수하거나 발송한 내부 관련 문서를 외부가 편철한 자료다. 주로 외국인과 관련된 한국인의 범죄나 기타 사회적 물의를 야기한 사건 혹은 한국에서 외국인이 저지른 범죄나 이들이 야기한 소동들이 주요 내용으로 다뤄지고 있다. 대부분의 사안이 한국인과 외국인 사이의 마찰에 관한 것이기 때문에, 외국 공사관 및 외국 정부와의 교섭을 담당하는 외부와 우리나라 지방관들을 지휘해야 하는 내부의 입장이 서로 충돌하는 양상이 계속 확인되는 것이 특징이다.

『내부내거문』에는 간도와 관련된 문서 39건이 포함되어 있으며, 이 문서들은 1902년부터 1905년 사이에 수발된 것들이다. 이 가운데 주목되는 내용은 단연 1902년 시찰 이범윤의 파견이다. 이범윤 파견에 관한 문서는 39건 중 15건인데, 이 문서들에는 이범윤에 대한 내부와 외부의 확연히 다른 입장이 드러난다. 이범윤은 고종이 기로소에 들어간 것을 기념해 간도 지역민들을 위무한다는 명분으로 간도에 파견되었다. 이에 내부는 이범윤의 파견을 청국의 혼춘부도통아문에 통보하라고 외부에 조회했으나, 외부는 이러한 전례가 없기 때문에 공문을 보내지 못하겠다고 반려하고 경흥감리와 함경북도교계관에게 지시해서 이범윤이 갖고 갈 공문을 작성하도록 처리했다.

외부의 이러한 대응은 북간도 지역에 이범윤을 파견한 것이 처음부터 어려운 문제였음을 반증한다. 외부는 주한 청국공사와 이범윤 파견 문제를 교섭했으나 수용되지 않았다. 이런 상황에서 간도 현지의 청국 지방관리에게 직접 조회하자는 방안이 내부에서 제안된 것이다. 그러나 이는 장정은 물론이고 외교 관례에도 맞지 않는 것이었기에 내부는 외부에, 외부는 외부 산하의 지방관리에게 책임을 떠넘긴 결과가 되어버린 것이다.

이범윤은 부임 이후 두만강 남안에 머물면서, 청국 관원들이 간도의 한국인들을 학대하고 괴롭히는 것을 문제 삼았다. 『내부내거문』에는 치발(薙髮: 청국인처럼 변발을 하는 것)과 역복(易服: 청국인의 옷을 입는 것)을 강제하는 문제가 나온다. 이러한 청국 관리의 행태에 대한 이범윤의 보고를 놓고 내부와 외부는 다시 충돌했다. 내부는 이범윤의 보고를 지지하며 이에 근거해 청국을 압박할 것을 외부에 요구했다. 반면 외부는 이범윤의 움직임에 대한 청국공사관의 의견을 내부에 전달하면서 관례에 따라 청국 관원이 이범윤의 활동을 저지하는 것을 막기 어렵다고 내부에 답변했다.

이범윤에 관한 내부와 외부의 입장 차이는 이후에도 계속 이어졌다. 1903년 내부는 외부에 이범윤의 파견이 대한제국 황제의 재가를 얻어 시행되었음을 강조하면서 청국 지방관이 이범윤의 활동을 공인해 주도록 교섭할 것을 요청했으나, 외부는 이범윤의 파견이 조약 위반이라는 청국의 주장을 내부에 전달하면서 거부했다. 1904년에는 이범윤이 러시아 병력을 빌려 간도 지역을 관리하려고 했으며 이와 관련하여 간도 주민들에게 돈을 거뒀다는 러시아공사와 청국공사의 힐문이 있었는데, 외부는 이를 근거로 이범윤의 소환을 내부에 강력하게 제안했다. 반면 내부는 외국 공사의 말만 갖고 이범윤을 징계할 수 없다고 반박했다. 나아가 간도는 원래 조선 땅이며 간도의 한국인들은 한국 정부가 보호하는 것이 옳다고 주장했다.

이처럼 이범윤의 파견 당시부터 외부와 내부는 계속 충돌했다. 간도 지역을 놓고 각축하고 있었던 청국과 러시아는 이범윤의 간도 내 활동에 대해서 처음부터 부정적이었으며, 이 국가들과 교섭해야만 했던 외부도 그러한 입장에 영향을 받았던 것이다. 반면 간도 지역에 살고 있던 수십만 명의 이주 한인을 관리해야 하는 내부로서는 이범윤의 활동을 지지하였다. 이처럼 『내부내거문』은 간도 영유권 및 이범윤의 활동에 대한 대한제국 정부 내 상반된 입장들을 입체적으로 보여주고 있다.

다음 지도는 규장각한국학연구원 소장의 〈백두산정계비지도(白頭山定界碑地圖)〉(奎26676)이다. 대한제국 내부가 소장하고 있던 것으로 '내부 지도'이다.[4] 백두산정계비로부터 목책을 지나 송화강으로 이어지는 '토문강원' 줄기를 표시하고 '일명 분계강'이라 표기하여 두만강과 다른 강임을 나타내었다. 그러면서 지도 상단에 '분계비론'을 적어 토문을 동쪽 경계로 한다는 것을 표시하였다. 이 지도는 『북여요선(北輿要選)』 계열의 지도로, 간도 지역에 대한 강한 영토의식을 드러내고 있다.

『내부내거문』에는 의화단의 난을 피해 한국으로 피난온 청국인들을 보호하는 건, 청국 군대나 청국 관원이 공무상의 이유로 한국 영토를 통과하려고 할 때에 이를 어떻게 처리할 것인지에 관한 건, 함경북도에서 양국 군대 및 국민들이 서로 충돌하여 살상하고 약탈한 사건에 관한 건 등 다양한 내용의 문서도 포함되어 있다. 현재 규장각한국학연구원에 내부 편찬자료가 거의 남아있지 않은 가운데, 내부가 외부 혹은 의정부 등과 왕복한 문서를 통해 간도문제에 대한 내부의 입장에 접근할 수 있다.

4 이 지도는 일본 아시아역사자료센터에도 소장되어 있다[Ref.B03041213900, 間島ノ版図ニ関シ清韓両国紛議一件/附属書(内藤虎次郎嘱託及調査報告)]. 1907년 6월 나이토 코난(內藤湖南)이 『간도문제조사서(間島問題調査書)』를 작성할 때 참고한 대한제국의 지도이며, 그 설명에 '한국 내부 지도'라 하였다. 지도상에 '地陁所淸館', '地陁所俄館'이 표시된 것으로 보아 의화단사건 이후에 그려진 지도이다.

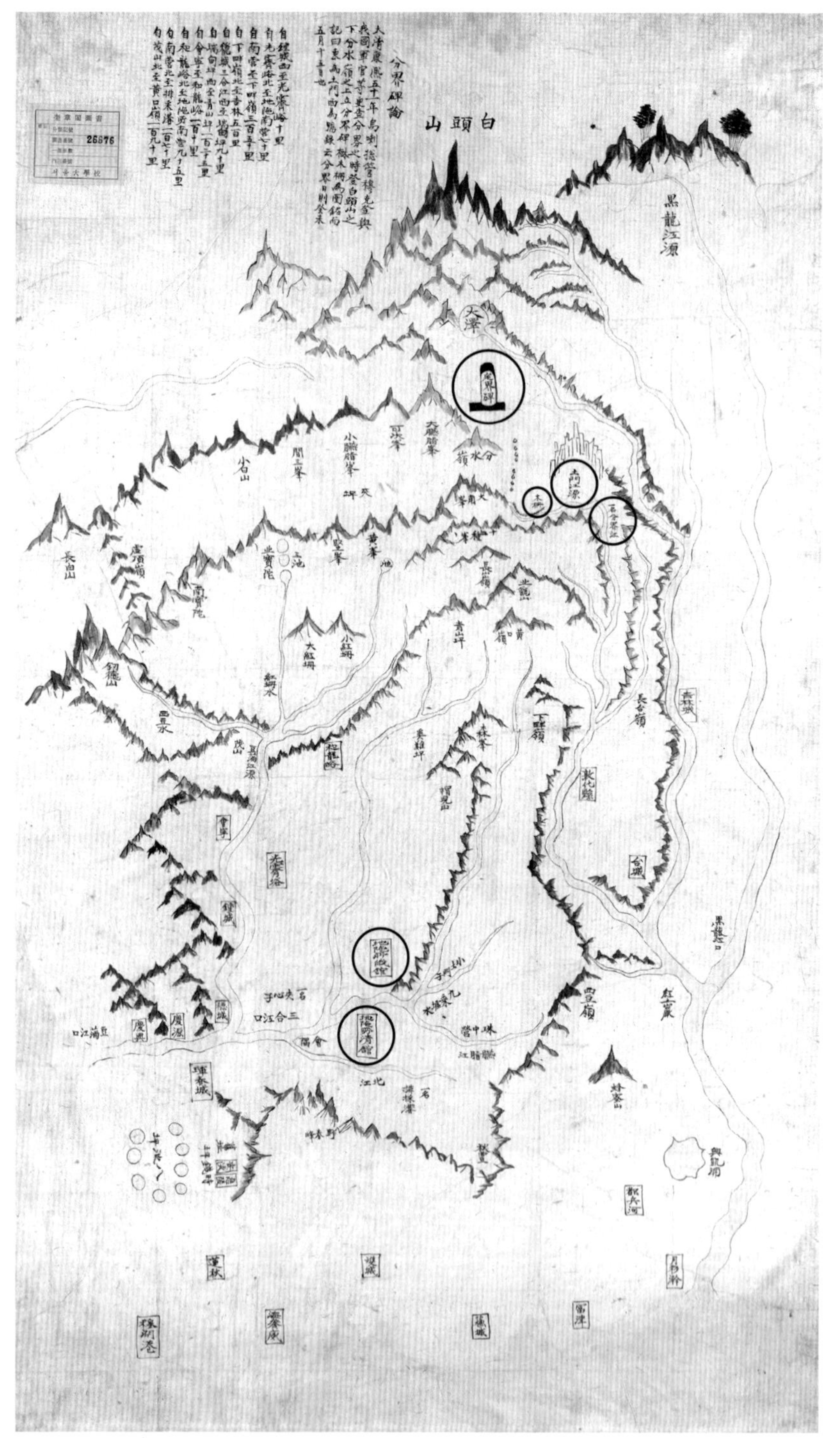

〈**백두산정계비지도**〉 정계비에서 목책(木柵)을 따라 흐르는 물줄기를 '토문강원(土門江原) 일명(一名) 분계강(分界江)'이라 표기한 것이 뚜렷하다. 흑룡강원(黑龍江原)과 합류한다.

3) 경위원내거문

경위원은 황궁 내외의 경비를 위해 1901년 11월에 설치한 경찰기관이었다. 본래 황궁 경비를 제외한 일반적인 경찰업무는 경부 혹은 경무청에서 담당하는 것이 행정적으로 합당했다. 그러나 모든 권력이 황제에게 집중되어 있었던 대한제국의 특징상, 의정부보다는 궁내부가, 군부보다는 원수부가, 경부 · 경무청보다는 경위원이 각각의 업무 분야에서 더 큰 권한을 갖고 있었다. 경찰 분야의 경우 황제 직속 기관인 경위원과 내부 산하인 경무청 간의 위계 차이는 컸다. 때문에 경위원이 설립된 직후인 1902년 3월 22일, 경위원이 외부에 보낸 첫 번째 조복에서 "경위원은 황궁 경위를 맡을 뿐 국내 모든 경무사무는 경무청에 속해 있으니 그곳에 조회하라"라고 했음에도 불구하고 실제로 외부는 외국 공사관과 관련된 민감한 문제에 대해서는 경무청이 아닌 경위원과 협의하는 경우가 많았다.

간도문제에 경위원이 개입된 것은 종성 지방에 설치된 변계경무서를 소관하는 기관이 불분명했기 때문이다. 본래 일반 경찰업무는 경무청이, 황궁 수비 및 개항장 경찰업무는 경위원이 담당하도록 규정되어 있었다. 그런데 변계경무서는 국내에 설치되었지만 실제로는 간도 지역의 치안 · 안보 문제까지 관할했던 독특한 성격의 관서였다. 그러한 이유 때문인지, 1903년 간도 관련 사안에 대해서는 변계경무서가 경무청이 아닌 경위원에 보고를 올리고 있다. 다만 1904년부터는 다시 경무청으로 보고 대상이 바뀌는데, 황실 위상의 변화와 관련된 것으로 추정된다.

『경위원내거문』에서 확인되는 간도 관련 문서는 총 3건으로, 청국 관원이 조선 내지를 통행하는 것을 허가할지 여부에 관한 문서 2건, 그리고 청국 관원이 간도 내 한국인들에게 치발호복(薙髮胡服)을 강요하는 사안에 관한 문서 1건이다. 현안에 대한 경위원의 입장은 기본적으로 변계경무서와 동일했다.

4) 경무청내거문

『경무청내거문』은 1895년부터 1905년 사이에 경무청과 외부 사이에 오고간 공문서를 편철한 자료다. 경무청은 1894년 갑오개혁 당시, 종래의 좌 · 우포도청을 폐합하여 발족한 경찰관서였다. 형식적으로는 내부에 소속되었지만 실제로는 강력한 독립관청이었으며, 보통 대신 이상의 실권을 갖고 있는 경무사를 장관으로 하여 경무부관 · 서기관 · 경무관 · 총순 · 순검의 직제를 두고 있었다. 1900년에는 경부로 승격되어 대신과 협판을 두기도 하였으나 이후 경위원이 설치되면서 그 위상이 약화되기도 했다. 주로 외국인 · 외국 공사관과 한국인 · 한국 관청 사이의 갈등사건을 경무청이 외부와 함께 협의하였다.

『경무청내거문』에 포함된 간도 관련 문서는 총 4건으로, 그중 1건은 1903년에 간도 주민들이 청국 관원 및 청비들에게 수탈당한 것을 계기로 청국 군대와 한국 군대가 충돌한 사건에 관한 것이며, 나머지 3건은 1905년 함경북도 변계경무서 관원들이 일본 헌병에게 체포된 사건에 관한 것이다. 청국 군대와 한국 군대가 충돌한 사건에 관한 문서는 변계경무서 경무관이 경무청에 올린 것이다. 『내부내거문』에 수록된 비슷한 내용의 문서들이 모두 청국 공사관의 조회를 받은 외부의 보고에 근거한 것임을 감안하면, 『경무청내거문』에 수록된 문서의 가치가 더 주목된다.

한편 1905년 당시 함경북도 변계경무서 관원들이 일본 헌병에 체포된 사건은 변계경무서에 배정된 예산을 수령하기 위해 함경북도 각 지역을 순행하던 순검들을 일본 헌병이 체포한 일이다. 이 순검들은 어떤 충돌을 일으킨 것도 아니고 순전히 세금 징수를 위해 순행한 것임에도 일본 헌병들에 의해 구금당했으며 심지어 경성으로 압송되어 경무청에 이감되었다. 그러나 대한제국 정부는 이들의 석방과 귀환을 제대로 요구하기도 어려운 상황이었다. 이는 러일전쟁 이후 급격하게 추락한 대한제국의 국권과 경찰력을 상징적으로 보여주는 사건이다.

5) 원수부내거안

『원수부내거안』은 1899년부터 1903년까지 원수부와 외부 사이에 오고간 공문을 외부에서 합철한 자료다. 러시아, 청국, 일본, 영국, 독일 등의 외교 공관이 요청한 여러 가지 군사 관련 안건을 외부가 원수부에 전달하는 문서와 그에 대한 원수부의 답변이 수록되어 있다.

청국과 대한제국 사이에서 발생한 간도 관련 안건은 1899년부터 1903년 문서에서 지속적으로 나타난다. 원수부는 국방, 용병, 군사의 명령을 담당하는 기관이므로 간도에서의 군사 관련 사건에도 일정한 책임을 갖고 대응했어야 했다. 그런데 관련 문서를 살펴보면, 원수부는 사안에 적극적으로 개입하기보다는 사건에 관한 조사나 단속을 약속하거나 반대로 조사나 단속을 요구하는 식의 다소 수세적인 태도를 보였다.

원수부가 간도문제 관련 사건에 대응한 빈도는 사건 내용과 시기별로 차이가 있다. 사건 내용을 '청비'의 한국인 침탈에 대한 항의와 한국 병사가 간도 지역에서 소란을 일으킨 데에 대한 대응으로 구분하면, 1899년부터 1901년 사이에는 전자의 문제를 다루고 있고, 1902년과 1903년에는 주로 후자의 사건에 개입하였다. 시기상으로는 전체 문건 중 80%가 1902년과 1903년에 집중되어 있다. 그 시기에 대안 지역에서 압록강과 두만강 주둔 진위대 군사의 활동이 많았음을 뜻한다.

1899년부터 1900년 사이에는 총 5건의 문건이 있다. 대부분 '청비'가 한국 내 지역에 침범하여 침탈하고 분란을 일으킨 데 대한 건이다. 청비에 대한 처리를 한국군에게 맡기겠다고 한 청국공사의 요청이 인상적이고, 청국 정부에 한국인을 침탈하는 행위를 금지해 줄 것을 외부를 통해 요청한 사례는 간헐적이지만 지속적으로 나타난다. 그런데 1901년부터 나타난 문서는 이와 달리, 한국인이나 한국 진위대 군사가 두만강과 압록강 대안 지역으로 건너가 소란을 일으키는 건에 관한 내용이 주를 이룬다.

1902년과 1903년의 문건 내용은 대체로 한국 병사들이 경계로 넘어가서 민인들을 침탈하고, '청비'가 한국 측 변경 지역으로 와서 소란을 일으키므로 서로 적절히 국경을 잘 지키자는 상호 지적으로 귀결된 것이다. 다만 1902년과 1903년의 자료 전체를 놓고 보면, 청국 측 지역으로 한국인 병사들이 가서 소란을 일으키는 건에 관한 내용이 더 다수이다. 이는 의화단 사건 이후 변경 지역의 군사적 상황을 반영하고 있다.

특히 청국 정부는 한국인 군인이 국경을 넘는 행위가 단순히 일개인의 불법행위가 아니라 '전쟁을 일으킬 명분'을 만드는 것이라고 판단할 만큼 상황을 심각하게 인식하고 있었다. 기존 연구는 청국이 단순한 시찰이 아니라 한국에서 관서를 설치하기 위한 조사를 목적으로 서상무를 간도에 파견한 것으로 판단하여 이를 문제 삼았다고 해석했는데,[5] 이는 『원수부내거문』 내의 청국 측 항의를 통해서도 분명하게 드러난다. 청국의 문제 제기에 원수부는 철저하게 개인적 일탈이라고 설명하고, 특히 서상무나 이범윤에 대해서는 원수부 소관이 아니라고 답변함으로써 분쟁을 피하는 태도를 보였다. 원수부가 적극적으로 간도문제에 개입한 양상은 본 번역에서는 확인되지 않는다.

5 동북아역사재단 편, 2009, 『근대 변경의 형성과 변경민의 삶』, 303쪽.

6) 법부내거문

『법부내거문』은 1895년부터 1906년까지 외부가 법부에서 받은 공문과 외부가 법부에 보낸 공문의 기안문을 묶은 문서이다. 법부가 외국인의 형사, 민사 관계의 법률 적용에 대해 문의한 내용과 그에 대한 외부의 답변이 주요하다. 『법부내거문』에서 간도 지역과 관련한 문건은 법부의 조회와 외부의 조복으로 구성된 1건 뿐이다.

1900년 8월 강계 대안에서 한국인 김봉빈(金奉彬)이 청국인 유영강(劉永剛)이 쏜 총에 맞아 사망한 사건과 관련하여 법부는 유영강을 신속히 처벌할 것을 청국 측에 요청하도록 외부에 요구하였다. 법부가 이 사안에 관여하게 된 것은 압록강 대안 지역에서 외국인에 의해 한국인이 살해된 사건이었기 때문이다. 본 자료는 간도 지역의 살인사건에 대한 형사절차가 잘 드러난다. 양국 지방관의 현지 공동 검험(檢驗)과 청국 측의 조사결과를 지방관이 관찰사에게, 관찰사는 이를 다시 법부에 보고하는 과정을 거쳤고, 법부는 그 신속한 처리를 외부를 통해 청국공사관에 요청하는 방식이었다.

한청 양국은 간도 지역에서 민형사사건이 일어날 경우 속인주의에 따라 처리하였음을 알 수 있다. 상호 영사재판권을 규정한 한청통상조약이 적용된 것으로 보이지만, 의화단운동 발발 직후 혼란한 변경 상황도 반영된 것으로 보인다. 다만 간도 지역에서 한국인과 청국인 사이에 발생한 범죄사건이 어떻게 처리되었는지에 대해서는 변계경무서 관련 사료도 함께 검토해 보완할 필요가 있다.

7) 외부일기

『외부일기』는 1903년 2월부터 1904년 4월까지 외부와 정부 부처, 각국 공사관 등과 주고받은 공문서를 초록한 것이다. 1903년분이 1~7책, 1904년분이 8~10책이다. 발신자와 수신자 정보, 문서의 형식을 가장 앞에 두고 이어서 해당 공문서의 내용을 압축해서 요약하고 있다. 같은 시기의 공문서 초록인 『외무아문일기(外務衙門日記)』(奎17838)보다는 상세하여, 여타의 관계문서가 없는 경우에는 『외부일기』를 통해 보완할 수 있을 것으로 보인다.

간도문제와 관련된 발신과 수신 내역을 살펴보면 청국공사관과의 왕복 조회문이 다수이며, 함경도와 평안도 지방 관련 사안도 적지 않은 만큼 내부와 해당 지방 관찰사, 변계경무서와 관련한 경무청 또한 자주 등장한다. 군사 관련 사안은 원수부 등과 주고받았다.

그 주요 내용은 이 시기 외부의 주요 사안인 청국 관리의 차도(借道) 문제, 임강현 장생보에서의 청국인 피해사건, 간도에 포군 설치를 요청한 주민 소장, 서간도 거주 주민의 관할 군 지정 요구, 서상무와 이범윤의 활동과 소환 요구, 목세(木稅) 수취를 둘러싼 청국 벌목꾼과 한국 지방관의 갈등, 러시아와의 압록강 두만강 삼림 채벌을 둘러싼 조치, 살인사건 주범 청국인에 대한 조치, 종성 주민이 개간한 고간도(古間島)를 되돌려받도록 협상해달라는 요구, 청비에 의한 삼수군 피해와 그 보복을 둘러싼 피해배상 건, 두만강에 다리 설치 안건, 파원감계 여부, 경흥감리의 간도문제 파악 등으로, 대한제국기 간도문제가 망라되어 있다.

『외부일기』는 원문서가 아닌 초록인 만큼, 원문서와 비교해서 검토되어야 한다. 다만 압록강 연안의 간도 지역을 군으로 지정해달라는 청원서, 두만강 연안에 파원감계를 해달라는 요구, 관할을 경원군으로 옮겨달라는 간도 주민들의 요청 등의 자료는 다른 공문서에는 보이지 않는 자료이다. 이처럼 외부를 중심으로 간도문제를 총괄해서 이해하는 데 있어 중요한 기록이라 할 것이다. 본『외부일기』전후 시기 외부의 일기인『외무아문일기』와『교섭국일기(交涉局日記)』,『각국안(各國案)』등의 번역은 추가로 이루어질 필요가 있다.

8) 청원서

『청원서』는 1906년부터 1910년까지 전국 각지에서 개인과 단체가 내각총리대신이나 의정부참정대신에게 보낸 진정서와 청원서를 모아놓은 문서철이다. 요청 내용은 신분 증명이나 신원(伸冤) 같은 개인적인 문제부터 지역 문제 호소 등의 다양한 안건이 게재되어 있다. 특히 간도 지역 관련 문건은 8건이 있는데, 간도 지역에 거주하던 한인들의 구체적인 요구 내용을 확인할 수 있다.

먼저 1907년 2월 주범중, 김현묵 등 북간도 거주 주민들은 청국 관원들에 의한 각종 명목의 수탈을 거론하며, 간도 지역에 관리를 파견해줄 것을 정부에 요청하였다. 반면 같은 해 4월의 최양준 등 120여 명의 주민들은 변계경무관과 같은 관리 파견을 비난하면서 주민대표자인 '민장'을 뽑아 그가 청국 관리와 협의하여 간도 한인을 관리할 수 있도록 해달라고 요청하였다. 전자의 청원인들은 일진회 북간도지부 관계자들로서 통감부간도파출소 설치의 배경으로 작용했고, 1908년 일진회 파견원으로서 간도파출소의 순검이 되기도 하였다. 후자의 청원들은 한북흥학회(서북학회) 계열의 인사들이었다. 이 같은 상이한 내용의 청원은 북간도 지역의 주도권을 두고 일어난 것이나, 그 밑바탕에는 간도 이주 한인들의 고통스러운 삶이 동일하게 전제되었고, 당시까지 파견된 관리에 대한 평가도 더해진 청원이었다.

한편, 서간도 지역의 상황은 조금 달랐다. 1908년 나성삼 등이 올린 청원서는 자치조직인 보민회(保民會)를 설치하고, 관리사처럼 중앙에서 파견한 인물이 아니라 실적이 있는 전 초산 군수에게 기대는 모습을 보여주었다. 관리 서상무의 활동에 대해서도 그가 백성들의 토색에 몰두했다고 비난하였다. 특히 이 자료에서는 보민회규칙을 싣고 있는데, 한청 양국의 국법을 모두 준수한다는 내용이 있다. 나성삼의 청원은 오랫동안 연변 각 군, 평안북도관찰부, 중앙 정부의 여러 부서에서 특파된 관리가 간도민 관할의 주도권을 두고 잦은 다툼을 벌였던 그 동안의 서간도 지역 상황을 반영하고 있다.

마지막으로 주범중, 김현묵 등이 제시한 간도론(역사적 증거, 현재 범위, 공법의 증거, 관청 설립의 위치, 지역 구별 방법)은 이 시기 민간에서 나온 간도 담론의 정점이라 할 수 있겠다. 백두산 정계비의 토문이 송화강으로 이어지므로 그 내지는 대한의 영토이지만, 현실적으로 합이파령[下畔嶺] 이남으로 경계를 정하여 취할 수 있다고 주장하였다.

이처럼 두만강과 압록강 너머 간도 지역의 주민들은 자신들을 보호해줄 책임자의 성격을 두고 다양한 청원문을 제출하였다. 모두 지역 사정을 반영하고 있으며, 경우에 따라 간도 지역 주도권을 둘러싸고 세력 간의 알력이 있었음이 확인되기도 한다.

9) 조회원본

『조회원본』은 1900년에서 1902년 사이에 중추원에서 접수하여 의정부로 보낸 각종 헌의서를 편철한 자료다. 중추원은 1895년 이후 여러 관원 및 사서인(士庶人)들의 헌의를 받는 동시에 의정부의 정책과 법제를 검토하는 기관으로 재편되었으나 독립협회 및 만민공동회가 해산되고 대한국국제가 선포되는 등 황제권 강화가 추진되면서 주로 헌의 접수를 담당하게 되었다. 그 결과 생산된 자료가 바로 『조회원본』이다.

헌의서는 사민(士民)들의 의견을 정책에 반영하기 위한 통로라는 점에서 전통적인 상소와 유사하다. 다만 상소가 조선시대 사대부들이 왕의 비서기관인 승정원을 통해 왕에게 직접 올리는 것이라면, 『조회원본』에 수록된 헌의서는 중추원에서 사서인의 헌의를 가리지 않고 접수하여 의정부를 통해 황제에게 전달하는 방식이었다.

『조회원본』에서 확인되는 간도 관련 문서는 총 6건으로, 주로 전직 관리나 북방 지역에 거주하는 지식인들이 올린 것이다. 이 중 민평호가 1900년에 헌의한 문서는 진위대의 확충 방안을 제안한 것으로, 의화단사건 직후 국경 방어를 위한 진위대를 확충할 당시의 여론을 읽을 수 있다. 진위대대 본부가 있는 북청군 유생들의 헌의는 삼수와 갑산에 진위주대를 파견하는 것을 중지하고 현지에서 조달하라는 주장으로, 변경 방어를 위한 진위대 확충에 따른 지역사회의 부담을 염두에 둔 것이었다. 이 시기 함경도에서는 변계경무서의 신설, 종성과 북청의 진위대대 증설에 따른 부담을 호소하는 경우가 적지 않았다. 변계경무서의 설치와 변경에서의 양국 간 충돌이 빈번해진 이후에는 간도에 거주하는 이승호 등이 간도 한인의 보호를 위한 관리 파견과 영토문제의 발본적인 해결을 요청한 헌의가 주목된다. 이들은 후일 간도시찰 이범윤의 핵심 참모가 된다.

가장 주목되는 주장은 1902년 3월 회령 유학생 오수준의 헌의로, 간도문제 해결의 방책을 둘러싼 지역사회의 여론을 제시하고 있다. 간도에 외교 공관을 설치하는 방안, 병농일치의 민단(民團)을 두는 방안, 변계경무서와 러시아 관리가 협의하여 '청비'를 통제하는 주민 보호 활동 방안의 세 가지 상중하책을 거론하였다. 더불어 각각 청국과의 담판 가능 여부, 민단의 통제 주체, 러시아의 수용 여부 등 그 한계 또한 지적하였다. 그러면서 자신의 방책을 '함북변계정형론(咸北邊界情形論)'으로 정리하고 간도 한인들 스스로 총포로 무장한 민병(民兵)을 조직하여 청국 단련에 맞서자고 제안하였다. 이를 위해 정부에서 총기를 내려주고 다만 그 관리를 진위대에서 하면 될 것이라 하였다. 이러한 주장은 같은 해 6월 함경도 경성 출신 여형섭의 헌의에서도 드러난다. 그 역시 민단 설치를 제안하며, "간도의 주민 중에서 유망한 자들에게 관직을 수여하고 토지문서를 갖추면 나라의 재정을 소비하지 않아도 약한 지역을 강하게 만들 수 있다"는 자신감을 보였다. 민단 설치와 무장을 위해 중앙정부의 조치와 지원을 촉구하는 요구는 이후에도 지속되었는데, 시찰 이범윤의 파견과 사포대 무장은 이러한 헌의가 배경에 있었던 것이다. 그러나 이후 한청 양국 간 무력충돌이 정점에 올랐고, 러일전쟁이라는 더 큰 변수에 의해 그 정책은 좌절되고 말았다.

『조회원본』의 기록은 대한제국의 간도정책에 있어서 지역사회와 중앙정부 사이의 정치적 맥락을 잘 보여주고 있다. 관련 자료를 보완하여 헌의한 인물과 주장을 세밀하게 분석한다면 간도문제를 둘러싼 '헌의서 정치'를 파악하는 데 있어 기초자료가 될 것이다. 간도정책에 담긴 정치성은 아직까지 주목받지 못한 연구주제이다.

10) 경무청내거문

『경무청내거문』은 1896년 1월부터 1902년 2월까지 경무청과 탁지부 사이에 오고간 공문서를 탁지부가 편철한 자료이다. 탁지부와 주고받은 문서이기에 경무청 관서의 재정과 관련된 내용이 대부분이다. 동일한 이름의 『경무청내거문』(奎17804)은 경무청이 외부와 주고받은 문서를 외부에서 편철한 것이다.

『경무청내거문』에 포함된 간도 관련 문서는 모두 2건으로, 모두 1901년 경부(警部) 당시 함경북도 변계경무서가 설치될 때 예산 책정에 관한 문서들이다. 경부는 탁지부에 총 2만 3,032원의 예산을 요청했으며, 이 금액은 의정부회의를 거친 후 고종의 재가를 거쳐 통과되었다. 변계경무서가 설치될 당시 대한제국 정부의 재정적 고려를 확인할 수 있는 자료다.

6. 자료의 활용 가능성

본 번역 대상 자료는 대부분이 대한제국기 간도문제를 주관한 외부가 편찬한 공문서인 만큼 기본적으로 대한제국의 간도정책을 파악하는 데 가장 권위 있는 문서이다. 아울러 다른 규장각한국학연구원 소장 자료와의 연계를 통해 다양한 연구주제로의 확장이 가능하다.

우선 정부 내에 간도문제에 대한 다양한 의견 차이가 있었음이 주목된다. 한청통상조약 협상 준비 과정에서 오삼갑의 상소에 대한 외부의 부정적 견해, 변계경무서와 관리사의 간도민 보호 정책에 대한 내부와 외부의 견해 차이 등이 확인된다. 1901년 대한제국의 간도 관리 선언이라 할 수 있는 변계경무서 설치 전후로 외부 안에서도 사잇섬에 대한 입장이 하나로 통일되지 않았다.

하나는 교섭국장의 설로서, 즉 "지금부터 십수 년 전 어윤중(魚允中)이 경계획정위원으로서 청국 관리와 회동 상의할 때 간도는 옛날부터 한국 백성만 주거했던 곳이므로 한국 영토에 편입할 것을 주장했지만 청국 위원은 이에 응하지 않았다. 그 후 청국과 한국 양국 간에 왕복한 문서에 양국의 경계는 북쪽은 두만강, 서쪽은 압록강을 경계로 삼는다고 기록한 일이 있다. 지금 간도의 위치를 보면 본류는 간도와 회령, 경성 두 군 사이로 흘러들고 반대쪽에는 겨우 한 가닥 지류가 있을 뿐으로 거의 육지와 이어졌다고 해도 좋을 정도이다. 그러므로 청국 영토라고 해석하는 편이 타당할 것이다"는 의견이다. 이에 반해 외부대신은 "이 섬은 어디까지나 한국의 영토에 속한다. 왜냐하면 그 주민이 고래(古來)로 한국인이었을 뿐 아니라 청국으로부터 물건을 보내올 때 항상 간도까지 갖고 와서, 여기서부터는 한국 영토라고 하여 이 섬에서 주고받은 예가 있었기 때문이다"라고 한다.[6]

대한제국의 간도정책에서 보이는 적극성과 소극성의 배경에는 단순히 부서 간의 입장 차이뿐만 아니라 당시 급변하는 국제정세의 영향이 작용하고 있다. 따라서 간도를 둘러싼 상이한 입장 차이는 국제정치적 맥락에 대한 이해로 확장될 필요가 있다.

두 번째는 이 시기 변경 지역에서의 다양한 무력충돌의 배경과 경과, 그리고 협상 과정과 결과를 통해 영토문제와 별개로 간도 거주민들의 삶이 어떠했는지를 파악할 수 있다. 1903년 8월의 함경남도 삼수, 갑산사건, 1903년 9~10월의 무산사건은 이 시기 변경에서 가장 큰 무력충돌이었다. 전자는 엄청난 재산피해를, 후자는 엄청난 인명피해를 양국 모두에게 안긴 만큼, 피해보상과 재발방지책 등이 강구되었다. 이번 번역 자료에는 삼수, 갑산사건의 타결 과정을 보여주는 문건이 포함되어 있다. 양국 관리들이 주고받은 필담, 양국의 합의 제안서와 상호 피해 내역 등이 자세히 남아있다. 이를 통해 의화단사건과 러일전쟁 사이에 압록강과 두만강 일대에서 벌어진 충돌의 원인, 경과, 협상 과정을 일목요연하게 살펴볼 수 있다. 단지 영토문제로서의 마찰이 아니라 주민 보호와 이를 명분으로 한 군사적 충돌이 반복되는 갈등 구조를 파악할 수 있다는 점에서 간도문제의 범주를 확장해 볼 수 있을 것이다.

이와 함께 간도 지역의 방곡령이 어떻게 지방관 간의 타협 국면을 만들었으며, 간도 거주민에 대한 재판권 행사 방식과 이에 대한 양국 지방관의 인식은 무엇인지를 파악함으로써 전통적인 양국 지방관 사이의 타협 구조가 근대 국경의식 아래에서 어떤 모습으로 바뀌어 갔는지, 그리고 간도 지역만의 특수성이 무엇인지도 확인할 수 있을 것이다.

세 번째는 변계경무관이 지닌 재판권의 법적 성격 문제에 대한 분석이다. 변계경무서는 불평등조약 시기에 영사재판권을 지닌 외교관과 같은 모습을 보여주었다. 예를 들어 두만강 대안 간도 지역 주민과 관련된 민형사사건은 두만강 남안의 각 지방관이 아니라 회령에 머물던 변계경무서에서 대한제국의 법에 따라 조사 · 재판하였다. 한국인과 청국인 사이에 민형사사건이 일어날 경우 변계경무관과 청국 지방관은 피고주의 원칙에서 재판권을 행사하였다. 재

6 「發 제6호, 林 公使→外部大臣, 露兵의 間島占領에 관한 件(1901.2.1.)」, 『駐韓日本公使館記錄』 券16, 415쪽.

판 과정에서 양국 관리는 원고의 주장을 반영하는 공문을 피고 소속 국가의 지방관에게 보내어 재판의 향배를 살펴보는 정도에 그쳤다. 한국의 변경 관리사가 주장했던 '각리각민' 논리가 관철되고 있는 모습이다. 이것은 상호 영사재판권을 보유한다는 1899년 한청통상조약에 따른 것이라고 볼 수도 있지만 '범월자'에 대한 양국의 오랜 조처 방식이기도 했다. 물론 국경선이 확정되지 않은 상황에서 '각리각민한다'는 오랜 한국 측의 주장과도 이어질 수 있다. 영토는 청국의 요구를 수용하되 한인(韓人)에 대한 재판권은 간도파출소가 갖는, 1909년 간도협약의 전사(前史)라 하겠다. 1882년 조청상민수륙무역장정 전후, 1899년 한청통상조약 체결 전후, 그리고 1909년 간도협약 전후로 간도 한인에 대한 재판권 행사의 성격을 함께 살펴본다면, 조공질서의 와해와 새로운 조약관계의 등장 과정에서 변경이 지닌 독특한 위치를 살펴볼 수 있을 것이다.

네 번째는 이 시기의 함경도와 북간도 및 서간도에 거주하던 현지인의 다양한 청원문에 대한 연구이다. 청원의 주인공들은 파원감계와 설관 보호를 일관되게 요구하였으며, 이는 변계경무서와 진위대의 설치, 관리사와 각종 명목의 관리 파견이 이루어지는 계기가 되었다. 러일전쟁 이후에 청원문은 다양한 성격으로 변주되는데 본 번역에는 압록강 대안 지역의 민장 설치 요구 청원문을 확인할 수 있다. 민장 설치를 요구하는 이 청원의 핵심은 그 배경에 해당 지역에 살던 주민들의 관할을 변경의 군이 맡을 것인지 아니면 중앙의 파원이 맡을 것인지에 대한 입장 차이에 있다. 이러한 논쟁은 식민지기에 이르러 조선총독부와 청국에 어떤 입장을 취하느냐에 대한 문제로 이어졌다. 이 지역의 이런 논쟁 구도는 '강북(江北)'이라는 이름으로 조선 정부에 의해 파악된 1870년대 이래 현지인들 사이에서 구축되어 왔다.

두만강 대안 지역의 경우 청원자 다수는 이범윤과 연결되어 충의대나 의병운동, 독립운동으로 연계되었다. 식민지 시기 일본 외무성이 편찬한 『불령단관계잡건(不逞團關係雜件)』 만주편에는 북청진위대 출신이거나 충의대 활동 경력이 있는 독립운동가가 확인되기도 한다. 이러한 연속성은 서간도 지역에서 활동했던 독립운동 세력들에서도 확인된다. 이처럼 본 번역 대상이 된 『청원서』와 같은 성격의 자료를 보완한다면, 이 지역 지식인들의 간도문제에 대한 기본입장을 확인하면서 근대 한국 민족운동의 저변에 간도문제가 있었음을 알 수 있을 것이다. 아직 이범윤 의병운동을 제외하면, 간도문제에 대해 적극 발언한 세력과 만주 지역 항일 독립운동 조직과의 연관을 살펴본 연구성과가 뚜렷이 보이지 않는다는 점에서 연구주제의 확장 가능성이 있다. 아울러 청원에 등장하는 다양한 인물들을 분석함으로써 함경도와 평안도의 지역사 연구에도 중요한 단초를 만들 수 있을 것이다.

이외에도 러시아의 압록강 일대 삼림 채벌 및 연변 지역의 목세 수세에 따른 한청 양국의 갈등, '청비'로 통칭된 청국의 단련, 비적 및 해산 군인들과 한국의 진위대나 민포와 같은 군사조직 그리고 주민 자치조직의 성격, 변계경무서와 통감부간도파출소 및 일진회의 관계 등 다양한 주제의 연구가 가능할 것이다. 간도문제 연구는 중앙정부의 관점뿐만 아니라 주민의 입장, 함경도와 평안도의 입장, 이용익을 비롯한 함경도 세력과 중앙정부와의 관계, 독립운동과의 연관, 국제정치와 간도문제 등으로 다양하게 시야가 확장되어야 한다. 대한제국기 간도정책 이해의 가장 기초자료라 할 수 있는 규장각한국학연구원 소장 자료의 체계적인 정리가 그 출발이 될 것이고, 중국과 일본에 소장된 간도 관련 문서를 함께 활용한다면 근대 초기 한국 민족주의의 원형이라 할 수 있는 간도문제 연구가 영토사를 넘어 정치사, 군사사, 외교사, 지역사, 생활사 등으로 확장될 수 있을 것이다.

II

『의정부내거문』 번역문

1 한청조약 협상 전에 조약안을 미리 만들어두자는 청의서 기안

별도로 위원을 선발하여 한청조약을 논의하는 일에 관한 청의서 제13호

본국이 독립한 이후로 청국과 맹약을 아직 맺지 않았습니다. 현재 들으니 청국에서 파견한 사신이 조만간에 도착한다고 하니 이번에 조약을 체결하지 않을 리 없습니다. 조약 사항들이 관련되는 정도가 중대하므로 한두 사람의 의견으로는 갑작스럽게 논의해 정할 수 없습니다. 청국 사신이 경성에 도착하기 전에 위원 몇 사람을 선발하여 각국이 이미 체결한 약관(約款)에 의거하고 한국과 청국 간의 형편과 시의(時宜)를 참작하여 약고(約稿: 조약안)를 만들어 두었다가 청국 사신이 도착하기를 기다려 협상, 체결하는 것이 타당하므로 회의에 제출합니다.

광무 2년 8월 31일

의정부찬정외부대신서리외부협판 박제순

의정부참정 윤용선 각하

2 한국과 청국 간의 경계를 확정해달라는 오삼갑의 상소와 해삼위에 관리를 배치해달라는 조치룡의 상소에 대한 황제의 비답이 있다는 조회

조회 제49호

함경북도 종성 거주 전(前) 부호군(副護軍) 오삼갑(吳三甲) 등이 한국과 청국 간의 강계(疆界)를 확정할 일로 상소하여 황제의 비답에 "상소를 보고 잘 알았다. 상소에서 말한 것은 정부가 아뢰고 조치하라"라고 하셨습니다. 이에 따라 해당 상소를 본 의정부회의에 제출한 결과 '가(可)'라 한 표제(標題)가 8명이고 '부(否)'라 한 표제가 2명이었습니다. 이를 황제폐하에게 아뢰었더니 "표제 다수에 따라 시행하라"고 분부하셨습니다.

함경북도 경흥의 북쪽 해삼위(海蔘葳) 거주 유학(幼學) 조치룡(趙致龍) 등이 해삼위에 관리를 두는 일로 상소하여 비답에 "상소를 보고 잘 알았다. 상소에서 말한 것은 정부가 아뢰고 조치하라"고 하셨습니다. 이에 본 의정부회의에 제출하였고 회의에서 외부로 하여금 조처하라고 한 표제가 다수여서 이를 황제폐하에게 아뢰니 "옳다"고 하셨습니다. 일이 귀 외부와 관련되어 이에 조회하니 살펴서 시행하기 바랍니다.
광무 2년 9월 26일

의정부참정 윤용선

의정부찬정외부대신서리외부협판 박제순 각하

재(再)

오삼갑과 조치룡 등의 상소 원본을 함께 보내니 살펴본 후 즉시 돌려주기 바랍니다.

함경북도 경흥 해삼위 거주 유학 조치룡 등 상소[咸鏡北道慶興海蔘葳居幼學趙致龍等上疏]

삼가 신(臣)들은 먼 곳에 사는 어리석은 백성들로 본래 좁은 식견도 없으며 오직 황제의 교화가 멀리 미쳐서 은택을 넉넉히 누리기를 바랄 뿐이니 어찌 감히 조정의 일을 헤아리겠습니까. 그러나 신들 또한 타고난 본성을 가지고 살아가는 중에 충군애국(忠君愛國)하는 마음을 스스로 내버려둘 수 없습니다. 실로 나라에 이롭고 임금을 빛나게 하는 일이 있다면 어찌 그 자리에 있지 않으니 말하지 않겠다 하고 내맡겨둘 수 있겠습니까?
오호라. 하늘이 우리 동방을 돌보아주어 특별히 성신(聖神)을 내려주고 하늘을 잇고 지존에 올라 나라의 명운이 새로워지니 천지간에 살아있는 사람으로서 물 떠난 고기들이 입을 벌리듯이 머리를 돌려 조정을 향하지 않음이 없습니다. 삼대(三代)의 다스림과 오제(五帝)의 업적이 때가 되면 반드시 이루어질 것입니다. 신들이 태어나 즐겁고 화평한 태평성대를 만나 해와 달과 같은 성군을 우러러 받들었으니 비록 오늘에 죽더라도 조금도 여한이 없습니다.
그러나 신들이 저 먼 곳에 있는데 그곳에서 살아감에 참으로 안타까운 바가 있습니다. 그래서 이에 감히 외람되게 분수를 넘었다는 비난을 피하지 않고 몽매함을 무릅쓰고 올리니 삼가 밝게 살펴주시기 바랍니다.
대개 해삼위(海蔘葳) 땅은 곧 러시아의 경계와 접하고 각국 인민이 모여들어 시장을 열고 있는 곳입니다. 우리나라의 8도 백성들이 여기서 살면서 생계를 유지하고 있는 자가 6만여 호가 됩니다. 다른 나라는 각기 관리를 두어 백성들을 이끌고 보호하는데, 유독 우리나라만 아직도 관리를 두지 않아서 상인들은 억울한 일을 바로잡을 권한이 없고 평민은 의지할 곳이 없습니다. 그래서 혹 소송사건이 있으면 다른 나라 재판관에게 호소할 수밖에 없습니다. 폐하의 백성들이 다른 나라 관리에게 호소하는 것이 어찌 개탄스럽지 않겠습니까?

지금 천자께서 신성하고 문무(文武)하여 친히 어려운 상황을 겪으면서도 만백성을 이끌고 독립의 권리를 의젓이 가지고 있으니 천지간 도처에서 기뻐하지 않는 이가 없습니다. 장차 문명의 궤도에 올라탈 것입니다. 사업을 이루는 때를 맞아 그 땅에 특별히 관리를 두어 안으로는 우리나라의 백성들과 문물을 보호하고 밖으로는 각국과의 사무를 교섭한다면 이 어찌 태평성대의 아름다운 일이 아니겠습니까?

그리고 그곳은 하늘이 내려준 땅입니다. 오곡이 풍성하고 가축이 번성하며 산과 바다에서 나는 진귀한 것들이 갖추어지지 않는 것이 없습니다. 그러므로 이번의 큰 방침은 다른 나라의 경계에 해가 되지 않고 백성들의 생업에 손해가 되지 않을 것입니다. 속히 명령을 내려 청렴하고 일을 잘 아는 자를 골라 관리로 임명하여 그로 하여금 교화를 펼치게 하여 백성들의 여망에 부합한다면 스스로 인재를 키우고 무력을 양성하고 통상하고 재화를 증식시킬 것입니다. 그렇게 하면 창건 비용과 신설 재원은 필연코 탁지부가 내려주기를 기다리지 않아도 번거롭거나 근심하지 않을 것이며 저절로 방편이 생겨날 것입니다. 그러므로 위로는 백성을 버리는 정책이 없을 것이고 아래로는 억울해 하는 뜻이 없어서 사업의 경영이 반드시 이루어질 것입니다. 이는 실로 부강해지는 데 있어서 한 가지 도움이 될 수 있습니다. 특별히 자식과 같이 보고 아울러 백성을 기르는 은택을 내려주십시오. 관리를 설치하는 방책을 조처하기를 숨죽이면서 간절히 바랍니다.

광무 2년 8월 12일

봉지(奉旨)

상소를 보고 잘 알았다. 상소의 내용은 정부가 아뢰어 조처하라.

함경북도 종성 거주 전 부호군 오삼갑 등 상소[咸鏡北道鍾城居前副護軍吳三甲等上疏]

신들은 비록 멀리 관북(關北)에 살고 있으나 또한 성인이신 임금의 백성입니다. 조정이 조처하기를 엎드려 기다리는 것이 마땅하나 무릇 변무(邊務)와 백성들의 실정에 관해서는 위로 재상이 혹 살피지 못하더라도 아래에서 미천한 선비가 또한 말할 수 있는 것입니다. 형세상으로는 이미 가만히 지켜보기가 어렵고 의리상으로도 감히 월시송롱(越視宋聾)[7]할 수 없습니다. 삼가 서북의 폐지(廢地) 유민을 위하여 특별히 관아를 설치하고 조약을 정하는 것과 관련해서 좁은 소견을 갖추었으니 전하께서 살펴주기를 우러러 바랍니다. 나라를 다스리는 조항을 삼가 기록하였으니 바라건대 의정부에 지시하여 약장을 상세하게 논의하여 일을 매듭짓도록 윤허하여 주시기 바랍니다.

살펴보건대 고려조 숙종과 예종 때에 윤관(尹灌)과 오연총(吳延寵)을 파견하여 여진을 토벌하여 축출하였고 마침내 그 땅의 경계를 백두산 내외의 지세와 산맥으로 정했습니다. 아직도 그 지점이 뚜렷하여 살펴볼 수 있습니다. 우리 조선에 이르러서도 옛 모양과 다름없이 우리의 폭원(幅員)을 주관하고 다른 나라 사람들의 점유를 허용하지 않았습니다. 명나라 태조의 창업 당시 저들의 군사조차도 처음부터 이 땅을 병탄하겠다고 생각하지 못하였고, 단지 우리와 친목하고 그 땅에 난민들이 뒤섞여 살까 함께 우려할 뿐이었습니다. 경계를 나눌 것을 약속하고 땅은 서로 마주보며 그 사이에는 우리의 폐지(廢地) 요동이 있습니다.

본래 폐사군(廢四郡)은 갑산 서쪽에 있습니다. 아득하고 모래바람으로 인적이 끊어졌더니 세종조에 이르러 야인들이 그 땅에서 조짐을 보였습니다. 고(故) 대신 김종서(金宗瑞), 신숙주(申叔舟), 최윤덕(崔潤德)이 거듭해서 정복할 때, 갑산부사 오명의(吳明義)를 선봉으로 삼아 그 추장 이만주(李滿住)를 사로잡으니 야인의 난이 다스려졌습니다. 이에 강계절제사(江界節制使)를 설치하고 삼수, 갑산을 가로막았습니다.

아득한 백 년 동안에 단지 산이 높고 물이 맑음을 볼 뿐으로 들판은 이미 비어있었습니다. 때때로 간혹 남아있는 자들이 숨어서 움막에 살았는데, 잠시 모였다가 곧 흩어지므로 이미 이

7 '월시송롱'은 중국 춘추시대 월(越)나라가 멀리 떨어진 진(秦)나라의 변화를 자신들과는 무관하게 여겨 쳐다보기만 하고, 송(宋)나라가 이웃 강국인 초(楚)나라와 제(齊)나라 간의 교섭에 관해 귀가 어두운 것처럼 행동한다는 것으로, 정세의 변화를 남의 일처럼 바라보거나 그에 대해 어둡다는 뜻이다.

곳이 우리의 땅임을 알았던 것입니다. 처음에는 우리 백성을 침해하는 일이 없으므로 잠깐 동안이라도 병사를 보내어 소탕할 수는 없었습니다. 막 다시 경략할 것을 생각하였더니, 청조 강희 51년에 다시 우리의 경계를 살피던 오라총관 목극등(穆克登)이 비를 분수령 위에 세우고 한계(韓界)를 정하였습니다. 전후로 세 조정에 이르기까지 이 경계가 한국의 영토임을 밝고 분명하게 헤아릴 수 있었습니다.

대개 선비(鮮卑)의 기맥(氣脈)이 동에서 서북으로 치달려 백두산을 우뚝 세웠습니다. 백두산 가운데에 큰 연못이 있고 연못 주변에 정계비(定界碑)를 세웠습니다. 비 아래에 분수령이 있고 흙과 돌로 된 언덕을 쌓아 펼쳐 울타리로 삼았으니 이것이 분계(分界)의 분명한 증거입니다.

동북으로 삼사지(三舍地)에 내려가면 물이 나오니 분계강이 되고 흘러서 토문강이 됩니다. 처음에는 물이 고개에서 갈라졌다가 나중에는 고개가 물을 따라갑니다. 분수령이 하반령까지, 분계강이 토문강까지 그 상하동서를 변이변외(邊裏邊外)라며 이름을 붙이니 이 또한 분계의 확실한 증거입니다.

우리와 개시(開市)해온 180년 동안 온성(穩城)에서 철수하여 돌아갈 경우 기(旗)를 두만강 가운데 세워두고 운반하던 짐을 전달하는 것은 그곳이 분계강 합류처이기 때문입니다. 종성(鍾城)에서 철수하여 돌아갈 경우 짐의 운반을 두만강을 건너 100리에 있는 패가토(孛加土)까지 하니 역시 분계강의 동쪽 끝이기 때문입니다. 청국 관원의 말에 한계(韓界)가 여기에 그친다고 하였으니 이 또한 분계의 적확한 증거입니다.

정계비문에 '동으로 토문[東爲土門]'이라 하였으니 토문 정계의 형세는 확실합니다. 그런데 지금 도리어 우리 땅에서 물이 나오는 두만(豆滿)을 가지고 토문(土門)이라 하고 도문(圖們)으로 그릇되게 바꾸어 경계를 억지로 정하였습니다. 과거 두 번의 감계(勘界)에서 우리 관리가 분명히 말하여 강하게 쟁론하지 않음이 없었으나 저들이 어찌나 힘을 믿고 협박하였는지 결국 바르게 귀결될 수 없었습니다.

그 폐지(廢地)의 내력과 감계 문제를 살펴보건대 조금도 지체할 수 없는 나라의 큰 계책입니다. 또 화급히 사리에 맞게 결정할 사건이 있겠으나 백성들의 손발이 묶여 거꾸로 매달려 있는 것이 이 땅의 유민보다 심한 경우는 없습니다. 분계, 두만 두 강 사이의 지명이 간도(間島)인데 내지 인민이 이를 한국 경계라 생각하고 황무지로 사람들을 이끌고 들어간 지 해가 쌓이고 날이 더해져 서북 백성들 중에 폐지로 들어간 자가 수만 호입니다. 지금 청국 사람의 단속과 부림을 받고 있는데, 청국의 군량은 헛되이 관리의 호주머니로 들어가고 우리 백성들의 결세는 혹 수탈의 밑천이 되었습니다. 이 때문에 차지하고 있던 백성과 토지를 한꺼번에 다 잃었습니다. 우리 토지와 백성들이 저들에게 위협을 받고 빼앗기게 되니 항상 통탄스럽습니다. 또 청비(淸匪)와 향마적(餉馬賊)이 때때로 멋대로 훔치고 있습니다. 양국 난민들의 많은 집들이 깊은 골짜기에 자리 잡고 있는데, 이미 교화가 통하지 않은지 오래되었고 또한 간혹 창궐하니 우리에게 이롭지 않을 것입니다. 그리고 우리 백성들을 생각하건대 부자와 형제가 흩어져 떨어져 살고 몹시 가난하고, 친족의 분묘가 대개 내지에 있습니다. 저들이 비록 무지몽매하다 하나 어찌 부모와 형제를 생각하는 마음이 없겠습니까. 이는 참으로 즐거움을 추구하는 것이 아닙니다. 응당 고향을 그리워할 것이니 이 또한 슬퍼할 일입니다. 나라에 백성이 없으면 나라가 어찌 나라가 되겠습니까? 신들이 비록 마음에 품고 있는 것을 말하고자 하나 어떻게 전달하여 조정이 거두어 들이는 말에 맞출 길이 없습니다.

근래 청국 주재 공사에게 명이 내려진 것을 보았습니다. 이는 천재일우의 기회입니다. 감히 충심으로 간청하니 잘 살펴주시기 바랍니다. 현재 세계 각국은 자기 백성을 보호하는 것을 각별히 힘쓰고 있습니다. 그리고 청국과의 화약(和約)이 이미 이루어졌으니 이웃 나라와의 우의를 돈독히 하고 공평한 세상으로 나아가는데 힘써야 합니다. 엎드려 바라옵건대 성상께서는 신속히 정부로 하여금 회동하게 하되 결코 사전에 누설되지 않도록 하고 이를 더욱 서둘러 환기시키십시오. 청국에 조회하여 각기 백성을 보호하는 관리를 세워 약장을 논의해 정하고, 공정하고 청렴하며 사무에 밝으며 학식과 지략이 있는 우리의 재상 1명을 택하여 그 경계로 가서 과거의 조약에 비추어 분명하게 전담하게 하기를 바랍니다.

종성, 회령, 강계 등의 강 건너편, 동쪽 바다의 위, 두만강과 압록강의 사이, 폐사군의 가운데에 관서를 설치하고 각기 사무대원(事務大員)을 두어 하소연할 데 없는 우리 백성을 어루만지십시오. 다른 연못 속에서 입을 뻐끔거리는 물고기 같은 백성들을 너나 할 것 없는 같은 백성으로 만들어 천성을 격발시켜 참된 마음을 가지런하게 하고 백성들의 재물을 키우고 현지 병사에 의지하여 근본을 잃어버리지 않고 내외가 멀어지지 않게 한다면, 거의 몇 년이 되지 않아 서북의 근심을 영원히 다스릴 수 있을 것입니다.

변경의 일과 백성들의 사정이 급하고 중차대한 것은 이보다 더한 것이 없으므로 사실을 모아 진심을 담아 열거해 올립니다. 엎드려 바라옵건대 윤음(綸音)을 크게 내려서 먼 곳의 여러 백성들에게 황제의 힘이 두루 미쳐 함께 춤을 추는 기쁨을 누리게 하기 바랍니다. 나라에는 영토를 크게 넓히는 공이 있을 것이고, 백성들은 진흙 구덩이에 구르는 탄식이 없어져서 많은 백성들이 귀국할 것이니 누가 감히 업신여기겠습니까. 임금이 기초를 세우는 것은 이 일에 있음을 알 수 있습니다. 러시아가 점령한 시베리아 땅에 견줄 수 있습니다.
감히 정성을 다하여 멀리서 임금님의 은총을 바랍니다. 혹여라도 신속한 승인을 얻어 즉시 결행한다면 나라의 위세가 거의 저절로 강해지고 이웃이 경쟁적으로 뒤를 이어 두려워하며 복종할 것입니다. 삼가 폐하의 결정을 기다리겠습니다.
광무 2년 8월 31일

봉지(奉旨)

상소를 보고 잘 알았다. 상소의 내용은 정부가 아뢰어 조처하라.

3 오삼갑 등의 상소에 대한 의정부회의 결과를 보내달라는 조회의 기안

조회 제94호

오삼갑(吳三甲)과 조치룡(趙致龍) 등이 상소를 올린 건에 대해 정부가 회의한 표제(標題) 2건을 전부 베껴 보내줄 것을 조회하니 살펴주기 바랍니다.
광무 2년 10월 27일

외부주사 이건춘

의정부주사 한영복 좌하

4 오삼갑 등의 상소에 대한 의정부회의 결과를 보낸다는 조복

조복 제51호

귀 제94호 조회를 받아보니, "오삼갑과 조치룡 등이 상소를 올린 건에 대해 정부가 회의한 표제 2건을 전부 베껴 보내줄 것을 조회하니 살펴주기 바랍니다"라고 하였습니다. 해당 표제 두 장을 적어 보내니 살펴주기 바랍니다.

광무 2년 10월 28일

의정부주사 최동식

외부주사 이건춘 좌하

광무 2년 9월 23일 의정부회의[8]

사항	전 부호군 오삼갑 등 상소
비지(批旨)	상소 내용을 정부가 아뢰어 재결을 받을 것

의정		미임명[未差]
참정	윤용선(尹容善)	외부로 하여금 해당 상소한 자를 불러들여 충분히 논의하여 조처할 것
찬정궁내부대신	이재순(李載純)	불참
찬정내부대신	이근명(李根命)	병으로 불참
찬정외부대신서리	박제순(朴齊純)	정계(定界) 문제는 이미 몇 년 전에 파원(派員)이 살펴 정한 일이 있었으므로 지금 갑자기 요청해 조사하기 어려움. 백성을 안무하고 불러 모으는 것은 시행할 수 있음.
찬정탁지부대신	민영기(閔泳綺)	정계 문제는 더욱더 신중해야 함. 파원이 백성을 위무(慰撫)하는 일은 긴급한 일이니 외부에서 협상하

8 해당 내용은 의정부회의(1898.9.23.) 결과를 담은 표제이다. 당시 간도문제에 접근하는 방법에 있어 정부 대신들이 다양한 견해를 가지고 있었음을 알 수 있다. 간도문제 주무관서인 외부는 오삼갑이 주장한 파원(派員)에 대해서는 동의했지만, 감계(勘界)에 대해서는 부정적인 태도를 보였다. 한 달여 뒤에 외부가 그들의 입장을 정리해 의정부에 제출한 조복 제96호(1898.11.1.)에 따르면, 을유감계와 정해감계의 경과를 염두에 두어 오삼갑의 주장을 강하게 비판하였다. 고종은 의정부회의 결과에 대해 의정부에서 논의한 후 조치하라는 지시를 내렸다. 한편 조치룡의 상소문에서 해외에 관리를 파견해 한국 백성들을 보호하자는 주장은 간도에 관서를 설치하고 관리를 파견하자는 오삼갑이 제의한 '설관파원(設官派員)'과 맞물려 주목받았다. 후일 북간도에 변계경무서를 설치하고 시찰 이범윤을 파견한 것과 서간도에 관리 서상무를 파견한 것은 해외 거주 주민을 보호하자는 당시의 시대적 요구를 수용한 결과이기도 하다.

		는 것이 마땅할 것임.
찬정군부대신	심상훈(沈相薰)	병으로 불참
찬정법부대신	신기선(申箕善)	과거의 경계에 대해 확실한 증거를 얻지 못하였으므로 영토를 넓히는 일을 갑자기 논의하기 어려움.
찬정학부대신서리	고영희(高永喜)	감계(勘界)는 중대하므로 갑자기 논의할 수 없음.
찬정농상공부대신	이도재(李道宰)	파견 관원이 변경에 가서 우리 백성을 쇄환(刷還)하는 것이 옳음.
찬정	서정순(徐正淳)	병으로 불참
찬정	이종건(李鍾健)	갑자기 논의하기 어려움.
찬정	민병석(閔丙奭)	신중히 해야 할 일이므로 먼저 외부와 내부로 하여금 널리 의견을 구하여 잘 협의하게 하는 것이 마땅함.
찬정	이윤용(李允用)	불참
찬정	김명규(金明圭)	외부로 하여금 각별히 논의해 정하는 것이 옳음.
참찬	권재형(權在衡)	먼저 외부로 하여금 해당 상소한 자를 불러들여 타당성을 충분히 논의하고 아울러 널리 의견을 구한 후에 장점에 따라 계획하는 것이 옳음.

참석 10인 불참 5인

가(可) 8 부(否) 2

심사보고서 ○

광무 2년 9월 23일 의정부회의

사항	유학 조치룡 등 상소
비지(批旨)	상소 내용을 정부가 아뢰어 재결을 받을 것

의정		미임명
참정	윤용선(尹容善)	외부로 하여금 해당 상소한 자를 불러들여 충분히 논의하여 조처할 것

찬정궁내부대신	이재순(李載純)	불참
찬정내부대신	이근명(李根命)	병으로 불참
찬정외부대신서리	박제순(朴齊純)	관리를 두어 주재하고 우리 백성을 관할하는 것은 나라의 중요 정사임.
찬정탁지부대신	민영기(閔泳綺)	파원이 백성을 위무하는 것이 오히려 늦었다고 할 수 있음. 외부에서 서둘러 도모해 시행하는 것이 마땅함.
찬정군부대신	심상훈(沈相薰)	병으로 불참
찬정법부대신	신기선(申箕善)	우리 백성들이 타국 경계로 흘러 들어가 사는 자에 대해 파원이 관할해 보호하지 않을 수 없음.
찬정학부대신서리	고영희(高永喜)	사무를 보는 관원을 신설하고 우리 백성을 관할하는 것이 마땅함.
찬정농상공부대신	이도재(李道宰)	마땅히 외부로 하여금 러시아 공사와 협상하여 조약을 체결해 처리하는 것이 옳음.
찬정	서정순(徐正淳)	병으로 불참
찬정	이종건(李鍾健)	외부가 적절히 논의하는 것이 옳음.
찬정	민병석(閔丙奭)	이미 의견이 있었고 또 이런 상소가 있었으니 마땅히 즉시 파견하는 것이 타당함.
찬정	이윤용(李允用)	불참
찬정	김명규(金明圭)	이치상 혹 그러함. 외부는 반드시 정해진 계획이 있어야 함.
참찬	권재형(權在衡)	사무관을 설치하여 우리 백성을 관할하는 것은 그만둘 수 없는 일임. 외부가 조회하여 시행하는 것이 옳음.

참석 10인 불참 5인

가(可) 10 부(否) 0

심사보고서 ○

5 한국과 청국 간의 감계를 주장한 오삼갑의 상소는 근거가 없다는 조복의 기안

조복 第96호

귀 의정부 第49호 조회에서, "함경북도 종성 거주 전 부호군 오삼갑 등이 한국과 청국 간의 강계를 확정할 일로 상소하여 황제의 비답에 '상소를 보고 잘 알았다. 정부로 하여금 아뢰고 조치하게 하라'고 하였는바, 본 의정부회의에 제출하여 가(可)라 한 표제가 8이오 부(否)라 한 표제가 2인데, 상주하여 '표제 다수에 따라 시행하라'고 비답을 받들었습니다. 일이 귀 외부와 관련되므로 이에 조회합니다"라고 하였습니다.

이를 살펴보니, 지난 을유년(乙酉, 1885)과 정해년(丁亥, 1887)에 감계사(勘界使) 이중하(李重夏)가 청국 파견 관리 등과 두 차례 회동하여 변계를 자세히 조사하였습니다. 토문(土門)과 두만(豆滿)이 같은 강이나 음이 다르다[同江異音]는 것은 본래 확실한 근거가 있어서 많은 변론을 기다릴 필요가 없으며, 다만 두만강 발원지가 한국과 청국의 분계지인데 이 원류와 저 원류가 가리키는 곳이 각기 달라서 획정하지 못했습니다. 두만강 북쪽에 별도로 일종의 토문강이 있다는 말은 자연히 사라졌더니 재차 오삼갑 등이 앞 시대 사람들의 오류를 답습하였고 실재 모습에 전혀 어두워 무리를 이끌고 상소한 것은 극히 해괴한 일입니다. 해당 상소에서 말한 뜻과 감계 사실을 참조해 분석하여 조목별로 아래에 열거하였습니다.

1. 오(吳)의 상소에서, "청조 강희 51년에 오라총관 목극등이 비를 분수령 위에 세우고 한국의 경계로 삼았다"고 하였습니다.

살펴보건대, 목극등의 정계비에는 "서쪽은 압록이고 동쪽은 토문[西爲鴨綠東爲土門]이 되므로 분수령 위에 돌에다 새겨 이를 기록한다"는 글이 있습니다. 그러나 분수령은 소백산에 있고 정계비는 장백산 즉 백두산에 있습니다. 이는 그때 목극등의 비가 잘못 세워진 것입니다. 감계 당시 청국 관리는 한인(韓人)이 비석을 옮겼다고 의심하였는데, 이는 정계의 분명한 증거가 될 수 없습니다.

1. 오의 상소에서, "백두산 가운데에 큰 연못이 있고 연못 주변에 정계비를 세웠습니다. 비 아래에 분수령이 있고 흙과 돌로 무더기를 쌓아 펼쳐 울타리로 삼았으니 이것이 정계의 분명한 증거입니다"라고 하였습니다.

살펴보건대, 정계비는 백두산에서 남쪽 산록 아래에 있습니다. 좌우에 골짜기가 있고 물이 없습니다. 동쪽 골짜기를 따라 토퇴(土堆)와 석퇴(石堆)를 펼쳐놓았고, 퇴가 끝나는 곳부터 골짜기 도랑을 따라 수십 리를 가면 비로소 물이 있고 동류하여 북쪽으로 꺾여 송화강으로 들어가 흑룡강이 됩니다. 두만강의 하류로부터 거리가 천여 리가 되고 영고탑과 길림 등지는 대개 그 안에 있으니, 이것은 분계의 분명한 증거라 할 수 없습니다.

1. 오의 상소에서, "동북으로 삼사지(三舍地)에 내려가면 물이 나오니 분계강이 되고 흘러서 토문강이 됩니다. 처음에는 물이 고개에서 갈라졌다가 나중에는 고개가 물을 따라 내려갑니다. 분수령은 하반령에 이르고 분계강은 토문강에 이르니 그 상하동서를 변이변외(邊裏邊外)라고 이름을 붙이니 이 또한 분계의 확실한 증거입니다"라고 말하였습니다.

살펴보건대, 장백산의 동남쪽에 장산령(長山嶺)이 있는데, 북증산(北甑山)까지 계속 펼쳐져 있습니다. 또 동쪽으로 달려 하반령(下盤嶺)이 되고 물은 하반령 아래에서 나오니 이것이 소위 토문자(土門子)입니다. 또 분계강을 청국인은 박이합통(博爾哈通)이라 칭하는데 그 위쪽 400~500리는 모두 산입니다. 산으로 정계한 옛 문서는 없으니 이는 분계의 분명한 증거라 할 수 없습니다.

1. 오의 상소에서 "분계, 두만 두 강 사이의 지명이 간도(間島)인데 내지 인민이 이를 한국 경계라 생각하고 서북의 백성들이 폐지에 들어간 것이 수만 호입니다"라고 하였습니다.

살펴보건대, 간도라는 것은 온성 사이에 두만강이 분류하는 곳에 있는 불과 수궁(數弓)의 땅입니다. 본래 토지가 몹시 귀하기 때문에 주민이 경작하여 살면서 이를 간도라고 불렀습니다. 그 후 점점 늘어나 차츰 간도 이외의 땅을 경작하였습니다. 분계와 두만강의 사이가 아니어도 통상적으로 간도라 하였습니다.

이상 4개 조항의 분석은 모두 저 감계사가 두 차례의 보고서와 별단(別單) 속에 있는 말을 취한 것입니다. 감계 이후에 다툰 것은 두만강 상류뿐입니다. 그 상류에 홍토산수(紅土山水)와 석을수(石乙水)가 있어서 우리 감계사는 홍토산수를 두만강 상류라 말하고 청국 관리는 석을수를 두만강 상류라 말하여 여러 달을 변론하였습니다. 두 수원(水源) 사이가 불과 수십 리의 인적이 없는 황량한 땅이고 하류의 두만강은 천연의 계한이 있어서 달리 재차 자세히 조사할 것이 없습니다. 게다가 전후 사실이 자문(咨文)과 조회(照會)에 상세히 실려 있는데, 금일에 와서 확실한 증거를 버리고 강경한 언사와 교묘한 말로 필시 이루어질 수 없는 일을 도모하고자 하는 것은 불가합니다.

유민의 안착은 급무이므로 과거 의정부회의 당시에 본 대신이 표제에 "정계 문제는 이미 몇 년 전에 파원이 살펴 정한 일이 있었으므로 지금 갑자기 요청해 조사하기 어렵습니다. 유민을 불러들이는 일은 속히 시행할 일입니다"라고 하였습니다. 지금 일이 외부와 관계된다고 한 조회를 받들어 전후의 전말을 대체로 조복하니 살펴보고 다시 상주하여 폐하의 뜻을 삼가 기다리기 바랍니다.

광무 2년 11월 1일

의정부찬정외부대신 박제순

의정부참정 박정양 각하

6 한청조약 협상을 앞두고 준비한 약고를 보낸다는 조회의 기안

조회 第12호

청국 전권대신 서수붕(徐壽朋)이 현재 이미 경성에 도착하였으니 한청조약을 장차 논의해 정할 것입니다. 일이 중요하므로 본 외부에서 다듬은[擬繕] 약고(約稿) 1부를 첨부해 올립니다. 이에 조회하니 살펴보고 논의하여 가부를 알려주기 바랍니다.

광무 3년 1월 26일

의정부찬정외부대신 박제순

의정부참정 서정순 각하

7 한청조약 협상은 외부대신이 전권으로 처리해달라는 조복

조복 第5호

귀 제22호 조회를 받아보니 그 안에서 "한청조약 의고(擬稿) 1부를 별도로 소회에 첨부하여 논의 후 자세히 알려달라고 요청하였지만 아직 그 회답을 받지 못했습니다. 청국 의약(議約) 전권대신 서수붕이 이달 15일 오후 2시에 그 나라 총리아문에서 의정(擬定)한 약고를 가지고 본 외부에 와서 비로소 논의를 시작하였습니다. 해당 약고의 각 관(款) 내에 그 의미가 부합하지 않는 곳은 연구해서 결정하지 않을 수 없으므로 청국 전권사신의 약고를 초록하고 설명서를 함께 붙여서 조회하니, 앞서 올린 약고와 일체로 살펴보고 논의해 회답하기를 바랍니다"라고 하였습니다.
이를 살펴보고 본부 회의에 제출하였더니, 이에 대하여 귀 대신이 전권으로 처리하는 것이 타당하다고 결정되었으므로 귀 외부의 의고 및 설명서, 그리고 청국 전권사신의 약고 초록을 첨부하여 이에 조복하니 살펴 시행하기를 바랍니다.
광무 3년 3월 3일

의정부참정 심상훈

의정부찬정외부대신 박제순 각하

8 한청조약 협상 시에 양국 교계에 위원을 파견해 조사한다는 조항을 추가해달라는 조회

조회 第57호

현재 중추원의 통첩을 받아보니 그 안에서, "얼마 전 본 중추원에서 서북 양 변계의 청국과 러시아와 영토를 접하는 곳에 있는 우리 유민을 관장하고 보호할 일로 이미 건의를 올렸습니다. 현재 함경북도 경성군의 여형섭(呂衡燮)의 헌의서(獻議書)를 받아보니 본 중추원의 건의와 동일한 안건으로 자못 채택할 바가 있어서 중복됨에도 불구하고 헌의 원본을 전달하니 살펴보고 처리하기를 바랍니다"라고 하였습니다.
살펴보건대 이 사안은 작년 9월 해당 도의 주민 오삼갑의 상소를 계기로 본 의정부의 회의에 제출되어 먼저 '외부로 하여금 해당 인물을 불러와 편부(便否)를 충분히 논의하고 더욱더 널리 의견을 구한 다음에 장점을 따라 계획하는 것이 옳다'라고 한 표제가 다수이므로 상주해 '표제 다수에 따라 시행하라'라고 봉지(奉旨)하였고, 삼가 이를 받들어 귀 외부에 조회한 공문이 있었습니다.
이번에 여형섭 등의 헌의서는 한결같이 오삼갑의 상소와 서로 같고, 그 연명 중에 또한 오삼갑 세 글자가 있었습니다. 일이 아직 확실한 증거를 얻지 못하였으나 지리 형편과 현지인이 전하는 글과 비를 세운 전말을 참고하니 터무니없는 말로 지어낸 것으로 판단해서는 안됩니다. 서쪽 강역의 현재 모습에서 내강(內江)을 경계로 삼는 것이 그대로 바꿀 수 없는 경계가 되지 않습니다. 이번에 헌의한 여러 사람이 부지런히 애를 썼으니 실로 가상할뿐더러 일이 강토를 넓히는 것[拓疆]에 관계되어 입을 다물고 있을 수 없습니다.

이에 헌의 원본을 첨부하여 보내니 살펴보고, 이번에 한청조약을 체결할 때에 양국 교계(交界)에 이후 각기 위원을 파견하여 회동해 현지 조사한다는 뜻으로 별도의 한 조항을 두어 후일 땅을 만드는 데[作地] 밑바탕이 되도록 하기 바랍니다.[9]

광무 3년 4월 18일

의정부참정 신기선

의정부찬정외부대신 박제순 각하

재(再)

헌의서는 살펴본 후 즉시 돌려주기 바람.

---

9 중추원을 통해 의정부에 전달된 여형섭의 헌의서는 한청 간 협상에서 중요 국면을 만들었다. 대한제국과 청국은 1899년 2월부터 수차례의 협의를 거쳐 같은 해 9월에 한청통상조약을 체결하였다. 『한청의약공독(韓淸議約公牘)』(奎15302)은 양국 협상 과정의 전모를 잘 보여준다. 이에 따르면, 2월 15일 1차 회의에서 청국 측이 먼저 약고(約稿)를 제시하였고, 4월 19일 2차 회의에서 한국 측이 그 수정안을 제시하였다. 이때 외부는 수정안을 제시하기 전날인 4월 18일, 의정부의 요청(조회 제57호, 1899.4.18.)을 받아들여 그간 준비한 한국 측 의고(擬稿)에는 없었던 간도문제 관련 조항을 삽입하였다. 외부는 청국 측이 제시한 약고 14관 "양국의 육로 교계지에서 변경 백성이 이전부터 지금까지 호시(互市)해 왔는데 이번에 조약을 정한 후에 다시 육로통상장정 세칙을 체결하고 아울러 유민(流民)의 월간(越墾)을 엄히 금지하여 분란을 일으키지 않도록 한다"를 의고 13관으로 다음과 같이 고쳐서 제안하였다. "양국의 육로 교계지에서 변경 백성이 이전부터 지금까지 호시해 왔는데 이번에 조약을 정한 후에 다시 육로통상장정세칙을 체결하고, 다만 교계의 황폐한 곳에 한국 백성이 이미 개간한 것은 계속해서 편안히 안서(安棲)하여 생업하게 하고 변계의 관리는 합당하게 보호하고, 종전 계한(界限)이 분명하지 않은 곳은 피차 관원을 파견하여 다시 감정(勘定)을 행한다." 즉 '월간안민(越墾安民)'과 '파원감계(派員勘界)'의 내용을 추가한 것이다. 여형섭은 이후에도 간도문제 및 서북 지역 변경 방위와 관련해 여러 차례 의견을 제시하였다.

9 체결한 한청통상조약 1부를 보낸다는 조회의 기안

조회 제120호

한청조약을 새로 논의해 정할 때에 피차 의고 1부와 설명서를 별도로 첨부해 보내고 귀 의정부에서 논의해 자세히 알려주기를 요청하였습니다. 금년 3월 3일 귀 제5호 조복에서 "의정부회의에 제출하였으니 이에 대해 귀 대신이 전권 처리하는 것이 타당하다고 논의해 정하였다"라고 하였습니다.

본 대신이 청국 의약 전권대신 서수붕(徐壽朋)과 여러 차례 회동해 논의하여 금년 9월 11일에 상호 조인하였으므로 해당 조약서를 올려 황제폐하의 결재를 청하였습니다. 별도로 1부를 첨부하여 조회하니 살펴보기 바랍니다.

광무 3년 10월 27일

의정부찬정외부대신 박제순

의정부의정 윤용선 각하

10 병사들이 경계를 넘어가 분란을 일으키는 사안에 대한 청국공사의 조회와 전보문을 초록해 보낸다는 조회의 기안

조회 제4호

경성 주재 청국공사 허태신(許台身)의 조회를 연달아 받았고 청국 주재 공사 박제순의 전보를 계속해서 받았습니다. 우리나라 병사와 백성들이 경계를 넘어가 소요를 일으켜 변경에서의 분쟁 단서가 가볍지 않고 논박이 계속 이어져 국제교섭으로 귀결되지 않는 것이 없을까 염려됩니다. 해당 조회와 전보 두 장을 초록하여 이에 조회하니 살펴주기 바랍니다.

광무 7년 12월 5일

의정부찬정외부대신임시서리궁내부특진관 이하영

의정부참정 김규홍 각하

12월 3일 청국공사관 조회

4일 청국공사관 조회

1일 주청공사관 전보

4일 주청공사관 전보

11 변경에서 소란을 일으킨 서상무를 소환하도록 조처해달라는 조회의 기안

조회 제4호

경성 주재 청국공사 허태신의 조회를 받아보니 그 안에서, 『봉천장군이 보내온 공문에 따르면, 「과거 한국 백성 이석범(李錫範)과 이성지(李盛之) 등이 두 차례에 걸쳐 연명으로 소장을 올려, 서상무(徐尙武)가 멋대로 위세를 부리고 관의 이름을 빌려 빼앗고 속여 백성들이 그 학대를 감내할 수 없으니 쫓아내도록 지시하기를 간청하였습니다.

이에 따라 즉시 집안현(輯安縣)으로 하여금 엄히 조사하도록 지시하였습니다. 곧바로 아뢰어 온 바에 따르면, "곧 조사할 것을 지시하는 동안에 이성지, 임병수(林炳秀), 이석범, 김경수(金京守), 정형여(鄭亨汝) 등은 서상무(徐尙武) 즉 서상무(徐相懋)가 집안현 경계를 왕래하며 소란을 피워 손해가 몹시 심하니 속히 내쫓을 것을 간청하였습니다. 그리고 한국 백성 김여원(金汝元)이 아뢴 바에 따르면, 그의 아비 김영하(金永河)가 서상무에게 붙잡혀가서 악형에 토색을 당하여 거의 목숨을 잃을 지경에 이르렀습니다"라고 하였습니다.

그래서 찾아가서 조사하였더니, 해당 관원은 작년 2월에 경계를 넘어 중국에 왔으며, 수행원 30여 명은 모두 총기를 지녔습니다. 가만히 집안현의 산봉우리 뒤 강전자(江甸子), 태평구(太平溝), 괘패령(掛牌嶺), 유수림(楡樹林) 등지로 갔는데 왕래가 일정하지는 않았습니다. 또한 간간이 통화(通化), 회인(懷仁), 임강(臨江), 관전(寬甸) 등의 현 소속 경내에 가서 몰래 머물고 자칭 봉사(奉使)라 하고는 월간한민(越墾韓民)의 호구를 자세히 조사하고 이를 핑계대고 호에 따라 돈 10여 조(吊)를 토색하였고, 50~60조에 이르는 경우도 있어 일정하지 않았습니다. 이름을 호전(戶錢)이라 하고 내놓지 않는 자가 있으면 체포하여 머물고 있는 곳으로 잡아가 때리고 억지로 죄를 주었습니다.

그리고 5월에는 한국 백성 이동준(李東浚)을 태평구의 머물고 있는 곳으로 잡아가서 때려죽이고 그 시신을 압록강에 버린 일이 있었습니다. 집안현 소속 11보(保) 안에 살고 있는 간민(墾民)을 다 합치면 1천 명인데 대략 토색해 가져간 한국 돈이 2만여 조입니다. 나중에 들으니 사람을 보내어 조사한 다음 비로소 수행원을 거느리고 강을 건너 귀국했다고 합니다.

이어 10월에 서상무가 보내온 편지를 받았는데, 갑자기 말하기를, "이성삼(李聖三), 임병수는 반역한 도망범으로 백성들의 재산을 훔치고 생업을 어지럽혔습니다"라고 하였습니다. 또 말하기를, "민간에 맡겨둔 사서인(士庶人)에게 내리는 관고(官誥), 정부의 공문서, 일을 처리한 기록, 관의 명령서와 관인을 넣어두는 상자, 공복 의류, 잡건, 마필이 있는데, 모두 훔쳐가서 해당 현의 병방(兵房)에게 나누어 두었습니다"라고 하였습니다. 또 말하기를, "차인(差人) 서상국(徐相國) 등 9명이 역시 잡혀가서 해당 현 백성의 가게에 갇혀 있는데 대체로 조금도 증빙할 것이 없습니다. 해당 현으로 하여금 조사하여 돌려보내 주십시오"라고 하였습니다. 이에 해당 현에는 이치를 들어 반박하였습니다. 다시 서상무의 세 번째 편지에 "다시 부절(符節)을 지니고 군사를 내어서 해당 현과 더불어 종사(從事)하겠습니다"라는 구절이 있었습니다. 그리고 제6연대 김 참령(參領)에게 편지를 보내어 병사를 보내어 잡아오라고 한 일이 있었는데, 그 원인은 피소되었기 때문입니다. 조사 지시를 빌미 삼아 얽어 빠뜨리려는 의도가 드러난 것이 쉽게 보입니다.

현재 비록 무리를 이끌고 강을 건너갔으나 다시 와서 분란을 일으키지 않는다고 보장하기 어렵습니다. 청컨대 속히 한국 정부에 조회하여 즉시 서상무를 철회하고 아울러 연변의 무관들에게 엄히 지시하여 경계를 넘는 행위를 금지시켜 주십시오」라고 하였습니다.

본 대신이 살펴보건대, 앞서 봉천장군이 보내온 공문에 따르면, 서상무가 누차 무리를 이끌고 경계를 넘어 처음에는 축성(築城)을 시도하다가 이어서는 관서를 세우고자 하여 종종 조약을 어기고 분란을 일으켰습니다. 이에 거듭해서 귀 외부에 조회해서 조사하고 철회하도록 요청한 공문이 있었습니다. 어찌하여 아직까지도 해당 성(省)의 연변 일대에 계속 머물고서 이와 같이 가혹한 학대를 자행합니까. 이미 백성들의 생업에 피해를 주고 멋대로 망령된 행위를 하여 다시 변경 분쟁을 일으켰습니다. 이 때문에 글로써 조회하니 귀 대신은 여러 차례의 조회를 모두 살펴보고 상주(上奏)하여 속히 서상무를 철회하기 바랍니다. 그리고 연변의 무관들에게 엄히 지시하여 병사를 대동하여 경계를 넘지 않도록 하고, 아울러 조약에 비추어 몰래 넘는 행위를 절대 금지하여 뜻밖의 분란을 일으키는 행위를 피할 수 있기를 몹시 바랍니다. 간절하게 회답을 기다립니다』라고 하였습니다.

이를 살펴보니 서상무가 무리를 이끌고 강을 건너 마음대로 가혹하게 탐학하며 망령되게 행동하여 장차 변경의 분쟁 단서를 만들고 있어서 몹시 놀랍습니다. 이에 조회하니 살펴보고 서상무를 즉시 잡아와서 사실을 조사해서 엄히 징계하고 즉시 회답해주기를 바랍니다.
광무 8년 3월 7일

의정부찬정외부대신임시서리의정부찬정법부대신 이지용

의정부의정 이근명 각하

12 변경 소요로 인한 한청 양국 간의 피해 합의에 따른 배상 문제를 처리해달라는 조회의 기안

조회 第5호

함경남도관찰사 서정순(徐正淳)의 보고에 따르면, "삼수군의 변경 소요에 관한 일입니다. 갑산과 삼수 양 군수로 하여금 청국 관리와 회판(會辦)하게 한 사정은 과거에 이미 급히 보고하였습니다. 음력 계묘년(癸卯年, 1903) 12월 10일에 갑산군수 이근풍(李根豊)과 삼수군수 이민중(李敏重)과 출주(出駐)해 있는 진위대 지휘관 조기설(趙基卨), 김사직(金思稷)이 청국 관리 무민부(撫民府) 손장청(孫長青), 임강현 오광국(吳光國)과 회동 담판한 후, 우리 수석 관원인 갑산군수의 보고서가 지금 막 도착하였습니다. 아울러 청국 관리의 조회, 피아의 약서(約書), 문답기, 우리 백성이 무술년(戊戌年, 1898) 이후 죽고 약탈당한 내용을 담은 성책을 함께 베껴서 올립니다.
대체로 이번 회판(會辦)에서 단지 계묘년 이래 양국 경계에서 죽고 약탈당한 것만 조사하여 보상하기로 서로가 약속하였고, 이후에는 각기 강계를 지켜서 양국 간 교의를 돈독히 하여 백성을 편안히 하는 것으로 성책하고 날인하였습니다. 양국 변경 백성이 다소간 편안히 생활할 수 있게는 되었으나 우리 백성이 근년 이래로 죽고 약탈당한 것은 배상받을 수 없으니 심히 통탄스럽습니다.
해당 군의 보고를 보니, 삼수주대가 빼앗긴 총과 총알 가운데 총 30자루와 총알 1천 발은 본래 숫자대로 찾아서 돌려받고, 총 4자루와 총알 8천 발은 총 매 자루에 대은(代銀) 32원, 총알은 매 발에 3전씩으로 계산해 돌려받기로 약정하였습니다. 청국 백성이 빼앗긴 소, 나귀,

말 가운데 소 60마리는 본래대로 돌려보내고, 그 나머지 65마리는 매 마리에 61냥 5전으로 값을 정해서 합 대전(代錢) 4천 냥을 혹 잡아먹거나 혹 은닉하여 팔아먹은 자에게 값을 징수해 돌려보내기로 약정하였습니다. 진휼 곡식 30석은 우리 백성이 가져온 것으로 돌려보냈습니다. 위의 여러 조항은 이미 타결하여 다시 논의할만한 것이 없습니다. 피살된 우리 백성 14명과 빼앗긴 평전(平錢) 5천 냥, 엽총 10자루와 피살된 청국인 18명, 불태워진 초막과 기름집 합 52곳의 배상은 양국 정부의 판단을 기다리기로 약속했습니다.

청국 관리의 약서에 죽은 자는 매 명에 화평은(華平銀) 300냥, 불태워진 큰 초막 17곳은 모두 200간(間)으로 매 간에 은 40냥씩, 작은 초막 40곳은 모두 244간으로 매 간에 은 20냥씩을 불쌍히 여겨 지급한다고 하였는데, 다만 처리 지시를 삼가 기다립니다.

이번에 우리 경계 내에서의 분쟁은 처음에는 삼수의 소농사(小農社) 백성 이영식(李永植)이 청국인의 유하목(流下木)을 건져내어 취한 데서 시작되었지만 결국 화에 이르게 된 것은 실로 운총(雲寵)진위대가 경계를 넘어 소란을 피운 데서 비롯되었습니다. 이영식은 본래 거처를 옮겨가며 살아가는 백성으로 곧 집을 전부 들어서 도망하여 간 곳을 알지 못합니다. 진위대 관리 최병혁(崔丙赫)이 병사를 풀어서 살육한 것과 포령(砲領) 연진헌(延振憲)이 흉악한 짓을 돕고 직접 실행한 것은 청국 관리의 약서 중에 증거가 있어서 별도로 처벌하지 않을 수 없습니다. 그러므로 포령 연진헌은 우선 해당 군의 옥에 엄히 가두고 아울러 최병혁과 더불어 범한 죄는 처결을 기다립니다. 그 나머지 청국 백성의 소, 나귀, 말과 곡식을 약탈한 것에 대해서는 병사는 진위대에서 처벌하고 백성은 군에서 처벌한다는 뜻으로 이미 해당 진위대에 조회하고 또한 해당 군에 지시하였습니다. 이에 보고하며, 청국 관리와의 약서 중에 공문 왕복을 음력 1월 25일을 기한으로 잡았으니 살펴보고 신속히 판결하여 지령하기 바랍니다"라고 하였습니다.

이를 살펴보니 진위대 관리와 포령에 대한 조사 징계는 원수부에서 조처할 것이나 배상 문제는 귀 의정부와 관계됩니다. 이에 조회하니 살펴보고 어떻게 처리할지를 조만간에 회답하여 해당 약서 안의 공문 왕복 기한 전에 전보로 지시할 수 있기를 삼가 바랍니다.

광무 8년 3월 8일

의정부찬정외부대신임시서리의정부찬정법부대신 이지용

의정부의정 이근명 각하

13 변경에서 분쟁의 단서를 연 서상무에 대한 처벌은 의정부의 권한이 아니라는 조복

조복 제6호

귀 조회 제4호를 접수하니 그 안에서, 경성 주재 청국공사 허태신의 조회를 접수하여 무리를 이끌고 강을 건너 멋대로 가혹하게 탐학하며 망령되게 행동하여 장차 변경의 분쟁 단서를 만든 서상무를 즉시 잡아와 엄히 조사하여 처벌해달라고 하였습니다. 작년 12월 12일에 심찰사(審察使) 이순하(李舜夏), 관리(管理) 서상무를 즉시 소환하는 사안으로 평안북도관찰사에게 전보로 훈령하였더니, 금년 1월 1일 해당 도관찰사의 전보에서 관리(管理) 서상무는 즉시 출발했다고 하였습니다. 그런데 해당 관원은 본 의정부가 상주(上奏)하여 파견한 자가 아니므로 잡아 조사하여 엄히 처벌하는 문제는 귀 외부에서 헤아려 조처하는 것이 타당합니다. 이에 조복하니 살펴주기 바랍니다.

광무 8년 3월 12일

의정부의정 이근명

외부대신 이지용 각하

14 삼수군의 변경 소요 건에 대한 한청 양국 간의 합의에서 계묘년 이전 사안을 거론하지 않은 것은 문제이며 배상 문제는 외부에서 처결하라는 조복

조복 제7호

귀 조회 제 5호를 접수하니 그 안에서, 「함경남도관찰사 서정순의 보고를 따르면, "삼수군의 변경 소요에 관한 일입니다. 우리 백성이 무술년 이후 죽고 약탈당한 내용을 남은 성책을 함께 베껴서 올립니다. 대체로 이번 회판(會辦)에서 계묘년에 양국 경계에서 죽고 약탈한 것만 조사하여 보상하기로 서로가 약속하였고, 삼수주대가 빼앗긴 총과 총알, 청국 백성이 빼앗긴 소, 나귀, 말 등의 여러 조항은 이미 타결되어 다시 논의할만한 것이 없습니다. 피살된 우리 백성 14명과 빼앗긴 평전 5천 냥, 엽총 10자루와 피살된 청국인 18명, 불태워진 초막, 기름집 합 52곳의 배상은 양국 정부의 판단을 기다리기로 약속했습니다. 청국 관리의 약서(約書) 가운데 죽은 자는 각 사람당 화평은(華平銀) 300냥, 불태워진 큰 초막 17곳은 모두 200간으로 매 간에 은 40냥씩, 작은 초막 40곳은 모두 244간으로 매 간에 은 20냥씩을 불쌍히 여겨 지급하기로 하였는데, 처리 지시를 삼가 기다립니다. 청국 관리와의 약서 중에 공문 왕복의 기한을 음력 1월 25일로 잡았습니다"라고 하였습니다.

이를 살펴보니 진위대 관리와 포령(砲領)에 대한 조사 징계는 원수부에서 조처할 것이나 배상 문제는 귀 의정부와 관계되어 이에 조회하니 살펴보고 어떻게 처리할지를 조만간에 회답하여 해당 약서 안의 공문 왕복 기한 전에 전보로 지시할 수 있기를 바랍니다」라고 하였습니다.

이를 살펴보니 갑산, 삼수 양 군에서 우리 백성이 죽고 약탈당한 것이 근년 이래로 없는 해가 없는데, 이번에 회판할 때 어찌하여 계묘년 양국 변계의 피살과 약탈 배상만으로 조약을 맺었는지 몹시 개탄스럽습니다. 배상 문제는 본부 소관이 아니며 일이 교섭과 관계되니 귀 외부에서 즉시 처결하기 바랍니다.

광무 8년 3월 12일

의정부의정 이근명

외부대신 이지용 각하

15 이범윤을 철수시키고 간도문제는 재차 파원감계하자는 청국의 조회에 대한 조치를 바란다는 조회의 기안

조회 제7호

경성 주재 청국공사 허태신의 조회에 따르면, 『본 대신은 지난번 우리 외무부의 지시 전보에 따라 귀국 대황제폐하에게 아뢰어 특별히 훈령하여 병사와 백성들이 월경하는 것을 엄히 금지하고 아울러 이범윤(李範允)을 철회해달라고 조회하였습니다. 그러나 지금까지도 귀 대신의 조복을 접수하지 못하였습니다.

이번에 또 거듭해서 받은 우리 외무부의 서한 및 길림장군이 광서(光緖) 29년 11월, 12월, 금년 1월을 전후로 상세하게 말한 바에 따르면, 「거듭해서 연길청영(延吉廳營)이 보내온 보고에 따르면, 9월에 한국 병사가 경계를 넘어 분란을 일으키고 아울러 군대를 모집해 조련시켜 연강에 배치하여 지키고 있다고 했습니다. 9월 27일에 해당 청영(廳營)이 화룡욕(和龍峪)에서 한국의 문무 관리와 육군 참령 서정규(徐廷圭) 등을 맞이하여 각자의 경계를 각자가 지킨다[各守各界]는 것으로 논의해 정하였고 이후 만약 병사와 백성들이 몰래 경계를 넘는 일이 있을 경우 조사하고 집조(執照)가 없으면 죽여도 따지지 않는다는 내용이 있었습니다.

그런데 수원보(綏遠堡) 향약(鄕約) 조계정(曺啓貞) 및 대산(對山), 무공(茂功) 등 12개 향사(鄕社)가 대면해 아뢰기를, "한국 관리(管理) 이범윤의 파원이 각 사(社)에 알리기를, '매 20호에 장정 2명을 뽑아 포수로 충당하고 5호마다 1명의 포병을 양성하라. 12월 20일 이후를 기하여 강을 건너겠다'고 하였습니다. 관리가 각호에 금령을 발하여 중국에 조세를 납부하는 것을 허용하지 않고, 따르지 않는 자가 있으면 드러나는 대로 잡아가서 고문하고 다시 부과하였습니다. 이미 중국 호적에 들어간 간민(墾民) 지문준(池文俊) · 성문석(成文錫) · 오진사(吳進士) 등 10여 명을 강총위원(岡總委員), 사수(社首) 등의 명목으로 임명하고, 중국 경계에서 돈 십수만을 거두어들여 총과 화약을 구매하고 보병(堡兵) 1천 명을 뽑아 훈련시켰습니다"는 등의 말을 하였습니다.

또 총향약(總鄕約) 한득신(韓得信) · 서수산(徐守山) 등의 고발에도 이범윤이 12월 20일을 기하여 강을 건너 관리를 설치[設官]한다는 말이 있었습니다. 얼마 안 가 한득신이 지조 완납을 재촉한 일로 인해 제하사(霽霞社)에서 이범윤이 보낸 사람에게 잡혀서 강을 건너갔습니다.

계속해서 이범윤이 임명한 의대(義隊)의 영장(領長) · 검찰(檢察) · 참리(參理) · 감무(監務) 등의 관원들을 다시 수색해 찾아냈습니다. 이미 중국 호적에 들어간 간민(墾民) 김성련(金成連) · 박만수(朴萬秀) 즉 박선달(朴先達) · 박춘식(朴春植) · 김치성(金致聲) · 이백천(李百千) · 강룡(姜龍) · 강윤주(康潤周) · 김자천(金子天) · 정부권(鄭富權) · 김두경(金斗庚) · 이병일(李秉一)과 세작(細作)으로 삼았던 허연승(許連昇) · 이병윤(李炳允) · 강윤관(姜允寬) 등 14명 모두가 진술하기를, "연길청 소속인 용지(勇智), 대양(對揚) 등의 사(社)에 살고 있으며, 모두 이미 다년간 치발역복(薙髮易服)하고 입적하여 중국 백성이 되었습니다. 광서 26년 이후부터는 이범윤이 치발하는 것을 불허하여 비로소 머리를 원래대로 하고 살아왔습니다. 곧이어 이범윤이 인첩(印帖)을 발급하고 김성련 · 박만수 즉 박선달 · 이백천을 파견하여 의대의 영장으로 삼았고, 김자천은 부영장으로, 정부권 · 박춘식은 검찰로, 김치성 · 강룡 · 김두경을 참리로, 이병일을 감무로 삼고 각기 호구를 편적 조사하게 하고, 호를 살펴 장정을 뽑아 훈련하고, 매

호에 호적을 거두어들이는 비용으로 돈 1,150문(文)을 이범윤에게 교부하여 총기를 구매하였습니다."

금년 10월에 조사해 보니, 모아산(帽兒山) 앞에 있는 이도구(二道溝)·팔도하자(八道河子)·서강(西崗) 및 연강의 혼춘 등지에 한국인의 둔(屯)이 모두 60곳이고 한국민은 2만 호나 되는데, 매 둔에 참리와 영장 각 1명씩을 임명하였습니다. 또 매 호에 돈 6,500문과 소미(小米) 6두씩을 강제로 의연하게 하고 이를 군사비로 삼고 12월 초10일까지 종성으로 보내주도록 약정하였습니다. 논의한 20일에 강을 건너기 전에 화룡욕에서 병영을 수리하여 관리를 두었고, 육도구(六道溝) 천주당에 잠시 병사를 주둔시켰습니다. 다음 해 봄에 다시 모아산·마안산(馬鞍山)에다 병영 2곳을 고치고, 서강과 두도구(頭道溝)의 병영 1곳을 고쳤습니다. 한국 경성에서 보내어 도착한 총 500자루는 해양(海陽)에 보관해 두었습니다.

화룡욕 연병총관(練兵總管)에 임명되었던 성문석(成文錫)이 문패(門牌)와 공문을 잃어버려 향약 한득신과 서수산이 고발하여 사로잡혔는데, 현재 성문석은 종성으로 도망해 숨었습니다. 이병윤의 사촌동생인 이여준(李汝俊)은 곧 이승호(李昇昊)로, 이범윤의 참모입니다. 강윤관의 친형인 강사언(姜仕彦)은 의대 영장이며, 강윤주의 아버지인 강관석(康觀錫)은 도사찰(都査察)이며, 허연승은 성문석의 부하로 청국 군대의 동정과 허실을 탐문하였습니다. 진술한 여러 내용은 김성련 등이 말한 바와 다름이 없었고, 아울러 이범윤의 공문, 훈령, 인첩과 편지 등을 압수하였습니다.

다시 12월 15일에 한국 참령 김명환(金名煥)이 화룡욕에 와서 연길청영과 만나 이야기하였습니다. 그 참령은 처음에 통상조약의 통례를 가지고 말하였는데 그 뜻은 월간한민을 관리하는 데 있었습니다. 해당 연길청영에서 이치를 들어서 반박하였고, 아울러 이범윤이 발행한 도장 찍힌 지시문과 집조(執照)를 함께 살펴보고는 비로소 변명할 수 있는 것이 없었습니다. 차례로 또 김성련 등을 석방해줄 것을 요구하고, 계속해서 또 전처럼 하고자 하여 간민들로 하여금 조직을 만드는 것을 허락하였습니다. 해당 참령이 매 둔에 발급한 총 5자루는 모두 굳센 말로 거절하여 물리쳤습니다. 아울러 참령 서정규 등과의 애초 논의, 곧 '각자의 경계를 각자가 지키고 이후 만약 병사와 백성들이 몰래 경계를 넘는 일이 있을 경우 피차 죽여도 따지지 않는다'는 것을 힘써 준수할 것을 말하였습니다. 해당 참령이 말로 부탁하기를, 각 관리가 아직 갖추어지지 않았으니 내년 2월을 기다려 다시 논의하자고 하였습니다.

그러함에도 18일 그 참령이 보내온 조회에서 말하기를, '중국 병사는 모두 비적의 무리로서 며칠 내에 파병해 강을 건너 비적들을 초멸시키겠다'는 등의 말을 하였습니다. 20일 오전 인시(寅時)에 과연 한국 병사 50여 명이 2곳으로 나누어 경계를 넘어서 냉수하자(涼水河子)를 지나 애호전자(艾蒿甸子)로 함부로 들어왔습니다. 그 참령이 이미 전에 말한 바가 있어서 우리 초관(哨官) 사문승(謝文陞) 등이 대비해서 부대를 합하여 가서 가로막았습니다. 한국 병사들이 갑자기 먼저 총을 쏘아 우리 군대도 역시 반격하여 한국 병사 1명을 죽였고, 부위(副尉) 최제강(崔齊剛)과 병사 6명을 포로로 붙잡았고, 모슬총 9자루와 서양 칼 1자루를 빼앗았고, 나머지는 결국 도망하여 돌아갔습니다. 사후에 여러 차례 꾸짖어 물었으나 그 참령의 말에는 간교함이 많았습니다」라고 하였습니다.

본 대신이 살펴보건대, 이범윤이 파견된 이래 변경에 갑자기 많은 사건이 발생하므로 철회하도록 여러 차례 조회해 요청하였으나 지금까지 1건도 시행된 것을 보지 못했습니다. 지금 각 간민들이 진술한 바에 의하면, 이범윤이 경계를 넘어 호구를 편제하고 재산을 거두어 들이고 조세 납부를 저항하며 관리를 두고 병사를 훈련하여 기한을 정해 경계를 침범한 여러 가지 행동은 만에 하나라도 인정과 도리와는 가깝지 않습니다. 공문의 각 건을 검사해보니 더욱더 소요를 거짓으로 날조하면서 음모를 꾸며 분쟁의 단서를 찾고 조약을 어기고 분란을 일으킨 것으로 확실히 근거가 있음을 볼 수 있습니다.

근년에 한국 무관과 군사가 여러 차례 소요를 일으켰습니다. 그리고 이번에 김명환과 최제강이 병사들을 인솔하여 경계를 넘은 것은 모두 이범윤의 사주와 분명히 관계됩니다. 그 후에 우리 병사가 소를 약탈한 일로 우리 관리가 담판을 요청한 것으로 말을 꾸미고 허물을 떠넘긴 것이 또한 드러났으니, 변경의 분란을 열게 되기에 충분함을 쉽게 볼 수 있습니다. 우리나라 백성 가운데 한성과 인천에서 농사를 짓는 자들이 매년 귀국의 담당 아문에 대하여 조세를 바치고 경작하는 것을 본 대신과 각 영사들이 끝내 막지 않았으며, 또한 그 사람들에 대하여 별도로 조세 비용 등의 항목을 거둔 적이 없습니다. 저 이범윤은 이미 간민에 대하여 돈을 걷고 또 가로막아 중국 세금을 완납하지 못하도록 하였으니, 이는 무슨 이치입니까?

그의 탐학하고 포악한 모든 모습에 대해 이범윤의 철수가 아니면 피차가 단연코 편안하지 못하므로 여러 차례 금지하여 철수할 것을 요청하였습니다. 본 정부가 과거의 교제 의리보나 최근의 시국에 비추어볼 때 진정으로 서로가 편안하고 무사할 수 있는 것이 실로 양국의 복이므로 지난번 조회에서 두 번 세 번 기탄없이 충고하였습니다. 이에 특별히 다시 길림성이 획득한 이범윤의 각 문책록(文冊錄)을 베껴 보내니 바라건대 귀 정부는 살펴보십시오. 이범윤이 공법을 위배하고 우리 나라를 멸시하며 간민을 학대한 행위를 모두 알 것입니다. 본 정부가 편협하게 듣고 가렴주구하는 바가 아닙니다.
중국과 한국이 접경하고 있는 문제에 있어서는, 도문(圖們)과 압록 두 강은 천연의 경계로 그 유래가 이미 오래되었습니다. 지난 광서 13년의 양국 회감안(會勘案)이 오래도록 결정되지 못하여 현재와 같은 여러 가지 갈등이 일어나게 되었습니다. 바라건대 즉시 파원이 서둘러 가서 과거의 일을 살펴보고 거듭 회감(會勘)해서 신속히 정한 후에 육로장정(陸路章程)을 다시 논의하여 영원히 준수할 것을 약속하기 바랍니다. 다만 아직 살펴 정하기 전에 반드시 무관과 군사들에게 엄히 지시하여 결코 경계를 넘어 분란을 일으키지[越界滋事] 말아 우의를 손상하거나 대국(大局)을 방해하는 일이 없도록 해주십시오.
글을 갖추어 조회하니 귀 대신은 번거롭지만 즉일 회답하기 바랍니다. 이를 각 파견 관원에게 전달하여 회감(會勘)하는 데 근거로 삼겠습니다. 이것의 시행을 간절히 바랍니다. (길림이 베껴 보내온 이범윤이 돈을 거두고 백성을 파견해 총을 제작하는 등의 불법한 일을 포고한 지시문 증거 1본, 계 16쪽을 참조하여 기록함)[10]』이라는 내용이었습니다.
이를 살펴보니 이범윤을 소환하고 처벌할 일로 내부에 누차 공문을 보냈으나 아직 비추어 시행한 것을 듣지 못했습니다. 이번에 파원감계(派員勘界)하는 것은 참으로 정부가 판별해야 하므로 이에 조회하니 살펴주기를 삼가 바랍니다.
광무 8년 3월 16일

외부대신임시서리의정부참정 조병식

의정부의정 이근명 각하

16 이범윤과 군병의 철수와 파원감계에 대한 청국공사의 공문을 보낸다는 조회의 기안

조회 제14호

경성 주재 청국공사 허태신의 조회를 받아보니 그 안에서, 「지난번 우리 외무부의 전보에서,

10 ( ) 안의 내용은 원문에 따른 것이다.

"길림장군이 아뢰기를, 이범윤이 2월에 병사를 이끌고 강을 건너 산계(山溪) · 백금(白金) · 덕화(德化) · 숭화(崇化) · 상화(尙化) · 선화(善化) 등의 사(社)를 점거하고 무산 연강을 거쳐서 길을 나누어 병사를 전진시켜 중국인을 내쫓아 죽이고 거듭해서 우리 병사와 싸우겠다는 등의 말을 하였습니다. 살펴보니 중국과 한국의 경계 업무는 응당 양국 파원의 회감(會勘)을 기다려야 하는데 어찌 병사를 거느리고 강을 건너 중국 백성을 내쫓아 죽이고 둔사(屯社)를 차지할 수 있겠습니까. 한국 정부를 향하여 간절하게 힐문하여 이범윤을 되돌리고 아울러 강을 건넌 군사를 철퇴하여 다시는 분란을 일으키지 않도록 하고 곧 전보로 회답할 수 있기를 바랍니다"라고 하였습니다.

본 대신이 살펴보니 근년에 귀국 병사들이 누차 경계를 넘어 소요를 일으켰습니다. 이범윤이 온 이후부터 행동이 날로 더욱 심해져 우리 정부의 거듭된 명령에 따라 조사해 징계하고 철수하기 바란다고 조회한 문서가 있었습니다. 작년 9월에 경계를 넘어 재산을 불태우고 인명을 살상하는 등의 사건에 대해 귀 정부가 실제로 힘을 써서 처리하는 것을 보지 못했고, 금년에는 파원감계하기를 바란다고 조회하였으나 아직도 회답문을 받지 못했습니다.

그러나 이범윤은 비단 철수되지 않았을 뿐만 아니라 다시 병사를 이끌고 경계를 침범하여 백성들을 내쫓고 토지를 차지하였으니 실로 이해되지 않습니다. 청컨대 귀 대신은 이 문서를 받은 후 즉시 귀국 대황제폐하에게 상주하여 이범윤을 철수하고 아울러 강을 건넌 병대를 철퇴하여 피차의 파원이 경계지를 회감하기를 기다리도록 하기 바랍니다.

신속하게 회답을 주어 우리 정부에 전달하여 이런 행동이 모두 귀 정부의 본의에서 나온 것이 아님을 표명함으로써 피차가 마음을 합해 협상하여 마음을 손상시키는 데 이르지 않기를 몹시 바랍니다. 귀 대신은 번거롭지만 살펴보고 서둘러 판단하기 바랍니다. 회답을 간절히 기다립니다」라고 하였습니다.

이에 조회하니 살펴주십시오.

광무 8년 5월 24일

외부대신 이하영

의정부참정 조병식 각하

17 간도에서 조선인을 수탈하는 청비를 단속하고 파원감계하여 영토 문제를 해결해달라는 조회의 기안

조회 제15호

간도관리(墾島管理) 이범윤의 보고에 따르면, "현재 간도에 청비(淸匪)가 더욱더 창궐하여 생명을 죽이고 재산을 빼앗고 우리 백성들이 국상(國喪)에 상복을 입는 것을 막고 흰 갓을 쓴 자를 보기만 하면 잡아 가두고 재산을 빼앗으며 백성들이 어육으로 내몰려서 현재의 형편을 유지하기 어려운 점은 이미 지난번에 보고하였습니다. 제가 공문을 갖추어 청국 관원에게 누차 힐난하였으나 청국 관원이 회답 공문을 보내주지 않고 마치 알지 못하는 듯이 하면서 더욱더 법에도 없는 학대를 멋대로 하였습니다.

지난 음력 12월 21일에 종성진위대의 온성주대 부위(副尉) 최제강이 호비(鬍匪)의 습격을 받아 잡혀갔고, 해당 부위가 데리고 간 병사 1명은 비적의 총에 맞아 즉사하였습니다. 해당 부위와 진위대 병사 6명은 지타소(芝他所)의 청국 관아에 갇혔다가, 금년 음력 정월 26일에 해당 최 부위는 목숨을 도모하여 벗어나 돌아왔으나 빼앗긴 군기(軍器)와 복장은 아직도 돌려받지 못했습니다.

청비가 더욱 치성하게 되어 무산 · 회령 · 종성 · 온성 연강의 위아래에서 무리를 불러모아 둔을 치고서 강변의 왕래를 가로막고 마을로 나누어 가서 부녀자와 재산 및 곡식을 약탈하였습니다. 비도가 가는 곳마다 닭과 돼지와 같이 살아있는 가축을 모두 잡아먹어 남은 것이 하나도 없고, 심지어 무리를 모아 강을 건너 종성 · 회령의 동관(潼關) · 삼봉(三峯) · 방원(防垣) · 학포(鶴浦) 등지에서 아무런 거리낌도 없이 노략질하여 행인들의 자취가 끊어졌습니다.

청국 관원은 번번이 관군이 아니고 호비라 하면서 방자하게 악행을 저지르는 것을 내버려두었습니다. 이에 간도의 포민(砲民)이 극심한 압제와 학대를 받는 것에 분노하는 마음이 생겨 죽을 각오로 비도와 전투를 벌였으나 형세상 가로막기 어려웠습니다.

대개 간도는 당당한 우리 대한의 조상들이 터전을 세운 강토입니다. 그러나 정부의 조처가 태만하고 구습을 버리지 못하여 경계를 온당하게 조사하지 못함에 따라 수십만의 대한 백성들로 하여금 호비의 능멸을 받고 물과 불구덩이에 떨어지게 하였으니 정녕 한심하지 않겠습니까.

대개 청비의 학대가 헤아릴 수 없을 정도로 많아서 하늘이 모조리 죽여 없애는 길을 초래하고 있습니다. 우리 백성이 형세가 궁하고 한이 뼈에 사무쳐 있으므로 반드시 죽음을 각오하고 서로 싸우려는 분쟁의 단서가 되었습니다.
이런 사정을 감히 사실을 갖추어 보고하니 살펴본 후 청국공사에게 조회를 보내어 해당 청국 관원이 비도를 풀어 약탈하는 습관을 엄히 질책하고 서둘러 파원감계하여 우리 한국이 발상한 터전의 땅을 넓히기를 천만번 엎드려 바랍니다"라고 하였습니다. 이에 조회하니 살펴주기를 바랍니다.
광무 8년 5월 24일

외부대신 이하영

의정부참정 조병식 각하

18 이범윤 철회에 대한 청국공사와 주청공사의 공문을 보낸다는 조회의 기안

조회 第17호

간도관리 이범윤 철회의 일로 이미 조회하였습니다. 청국공사 허태신의 조회와 청국 주재 공사 민영철(閔泳喆)의 보고가 또 도착하였기에 해당 조회와 보고 2건을 초록해서 별도로 첨부하였습니다. 다시 조회하니 살펴 처결하고 즉시 회답할 수 있기를 바랍니다.
광무 8년 6월 1일

외부대신 이하영

의정부참정 심상훈 각하

19 황초평 문제와 관련해 청국 측에 양국의 공동 조사를 제안했다는 조회의 기안

조회 第21호

평안북도 용천 부근 신도강(新島江) 황초평(黃草坪)은 본래 우리나라 토지인데 근년 이래로 청국 인민이 해당 섬에 몰래 넘어와 자신들의 소유라고 칭하고 갈대를 몰래 베고 있습니다. 본 외부에서는 파원이 가서 청국 관원과 회동해 답사하는 것이 실로 타당하므로 경성 주재 청국공사에게 공문을 보내어 조사를 요청하였습니다. 이에 조회하니 살펴주기 바랍니다.

광무 8년 6월 7일

외부대신 이하영

의정부참정 심상훈 각하

20 청국이 북간도에 내린 방곡령을 철회해달라는 함경북도의 요청이 있었다는 조회의 기안

조회 第20호

함경북도관찰사 이윤재(李允在)의 질품서(質稟書)에 따르면, "함경북도는 토지가 척박하고 농사가 풍요롭지 않아 비록 풍년이 들지라도 해를 넘기기가 어려워 남도 각 항의 미(米)와 북군(北郡) 간도의 미를 다수 무역해 와서 생계를 꾸릴 수 있습니다. 하물며 작년과 금년 두 해는 흉년을 만나 9월과 10월 밭에서 곡식을 거두어들이는 때에도 도리어 기근을 면치 못하여 유리하여 구렁텅이에 빠지는 자가 잇달아 생겨 도로에 끊이지 않고 있으니, 봄여름에 먹을거리가 적을 때에는 혹 다시 어떠하겠습니까. 누르스름한 얼굴빛을 하고 울부짖는 모습이 눈에 밟혀 마음이 아픈 것을 감히 다 아뢸 수 없습니다.

지금 뱃길이 막히고 끊어져 남쪽의 미가 오지 못하므로 무역해 운반해올 것은 오직 북간도 미 뿐입니다. 종성군 대안 간도에 주둔한 청국 무관이 무슨 싫어하는 틈이 있었는지 방곡(防穀)을 몹시 엄하게 하여 무산·회령·종성·온성·경원·경흥 대안 간도 등지에서는 비록 한 말 한 되라도 우리 백성들이 무역해서 옮길 수 없게 하고 심지어는 방곡하기 전에 무역해 쌓아둔 것도 또한 옮길 수 없게 하여 일성(一省) 내의 수만 백성들이 모두 굶어죽을 지경에서 벗어나지 못하고 있습니다. 백성들의 사정을 생각하면 황급함을 이기지 못하기에 이에 질품합니다. 살펴보고 속히 청국영사관에 조회하여 북간도 방곡을 풀어서 구황케 하기를 바랍니다"라고 하였습니다.

경성 주재 청국공사에게 방곡령을 철회하도록 공문을 보내고 이에 조회하니 살펴주기 바랍니다.

광무 8년 6월 8일

외부대신 이하영

의정부참정 심상훈 각하

21 이범윤이 강을 건너가 소요를 일으켜 변경에서 양국 분쟁의 단서를 열었다는 조회의 기안

조회 제23호

함경북도교계관 최남륭(崔南隆)과 김병약(金炳若)의 보고에 의거해 살펴보니, 해당 관리(管理) 이범윤이 멋대로 망동하여 강을 건너가 일을 일으킨 것이 우리 백성들에게 해를 끼쳤을 뿐만 아니라 한국과 청국의 변계에서 쓸데없이 분쟁의 단서를 열었으니 (감계하기 전에는 계속 주재하게 할 수 없으므로)[11] 해당 보고서를 베껴 첨부합니다. 이에 조회하니 살펴보고 즉시 판단하여 분란을 일으키지 않게 하기를 바랍니다.

광무 8년 6월 13일

외부대신 이하영

의정부참정 심상훈 각하

11 기안문의 초안에는 ( )의 내용이 포함되어 있었으나 해당 내용 위에 삭제한다는 첨지와 도장이 붙은 상태에서 결재가 났다. 해당 공문의 원본인 『조회(照會)』(奎17823)에서도 ( ) 안의 내용은 보이지 않는다. 즉 외부가 의정부에 이범윤 소환 관련 공문을 보내면서 '감계 전'이라는 단서를 두지도 않고 '즉시 철회'라고 하여, 청국의 요구를 적극 수용하고 있었음을 알 수 있다. 이범윤의 북간도 지역에서의 활동에 대해 대체로 비판적인 견해를 유지하던 기존 외부의 입장이 계속 이어지고 있음을 볼 수 있다.

22 이범윤의 소환에 대한 신속한 회답을 바란다는 조회의 기안

조회 第28호

간도관리 이범윤을 소환할 일로 누차 조회하였습니다. 청국공사가 보내온 공문을 또 받아보니, "본 대신은 귀 정부가 이범윤을 철회하고 병사를 철회하는 사안을 누차 조회하여 요청하였습니다. 귀 대신이 철회할 것을 대면해 만난 자리에서 승인했으나 아직까지 회답을 받지 못했습니다. 현재 많은 시간이 지났으나 아직도 철회하지 않고 있습니다. 회답문을 보내주어 우리 정부에게 전달해 지조(知照)할 수 있도록 해주기 바랍니다. 귀 정부는 번거롭지만 살펴보고 신속히 회답하기 바랍니다"라고 하였습니다.
외국 공사가 조회하여 질책한 것이 비일비재한데 아직도 어떠한 회답도 없어서 교제를 생각해보면 몹시 안타깝고 답답합니다. 이에 조회하니 살펴보고 신속히 회답하기를 바랍니다.
광무 8년 7월 5일

외부대신 이하영

의정부참정 심상훈 각하

23 삼수, 갑산사건의 배상 문제를 신속히 처리해달라는 조회의 기안

조회 第33호

삼수와 갑산 양 군수와 청국 관리가 회판(會辦)하고 배상하는 문제로 이미 조회하였습니다. 귀 제7호 조복을 받아보니 그 안에서, "갑산, 삼수 양 군에서 우리 백성이 피살되고 약탈당한 것이 근년 이래로 없는 해가 없는데, 이번에 회판할 때 어찌하여 계묘년 양국 변계의 배상만을 거론하여 약정했는지 몹시 개탄스럽습니다"라고 하였습니다.
이에 의거하여 함남관찰사에게 훈령하여 관하의 강직하고 명석한 군수를 정하여 상세히 조사하게 하였습니다. 해당 보고에 의거하니 그 안에서, 「삼수군수 이민중(李敏重)으로 정하고 상세히 조사하여 보고하라고 하였더니, 현재 받아본 해당 군수의 보고서에서, "삼가 훈칙을 받들어 근년 이래 삼수, 갑산 두 군에서 청비에게 피살되고, 불태워지고, 약탈당한 것을 일일이 구별하여 성책하여 각 2건씩 수정하여 올립니다. 작년 겨울 변경 소요에서 청국 백성에게 휼은(卹銀)을 배상하는 조관(條款)을 두고서 양국 관원이 회동 담판할 때 배상 조항은 정부의 처분을 기다려 정리해 넘긴다는 뜻으로 청국 관리에게 약서를 보냈고, 이미 그런 사정을 외부와 의정부에 보고하였습니다. 그러나 아직 논의해 결정한 지시를 받들지 못하였는데, 배상 지급을 거절했다는 내용의 임강현의 조회 서찰이 여러 차례 번거롭게 왔습니다. 해당 현의 파견 관리 유영지(劉永芝)는 본군 대안 건너편에 계속 머물면서 상호 교환을 여지없이 독촉하였습니다. 특별히 이 보고에 따라 조속하게 합당한 결정을 하여 변계의 읍으로 하여금 청국 관리에게 시달리는 지경에서 벗어나게 하기를 엎드려 바랍니다"라고 하였습니다. 해당 성책 각 1건씩을 첨부하여 올립니다. 이에 보고하니 살펴보고 신속하게 결정하여 지령하기를 바랍니다」라고 하였습니다.

해당 성책 2건을 초록하여 별도 첨부하며 이에 조회하니 살펴보고 결정하여 즉시 회답할 수 있기를 바랍니다.

광무 8년 7월 15일

외부대신 이하영

의정부참정 심상훈 각하

24 북경 주재 일본공사로부터 한청 간 간도 경계 획정 문제를 늦추어 논의하자는 제안이 있었다는 청국 측의 조회문에 대해 결정해달라는 조회의 기안

조회 제38호

한국과 청국의 변계를 살펴 정하는[勘定] 일로 이미 조회하였습니다. 경성 주재 청국공사 허태신의 조회를 받아보니, 『귀국 병사와 백성이 누차 경계를 넘어 분란을 일으킨 사건으로 조회하여 엄히 징계해 금지하고 아울러 관원을 파견하여 계지(界址)를 회감(會勘)하자는 공문이 있었습니다. 지금까지도 파견 관원을 보지 못했는데, 귀 정부 역시 지금 여러 많은 일로 인하여 즉시 시행하지 못하였다고 생각합니다.

마침 본 대신이 우리 외무부의 전보를 접수하니, 「북경 주재 일본공사가 만나서 말하기를,

"도문강과 간도는 중국과 한국의 교계(交界)로 양국이 서로 다투어 현재 관원을 파견해 회감할 것을 논의하고 있는데, 일본과 러시아의 전쟁이 급박하여 경계의 일은 기한을 정해 판결할 수 없습니다. 청컨대 논의를 잠시 늦추고 지방관에게 각기 지시하여 병사와 백성들이 분란을 일으키지 않도록 하고 기다렸다가 기회를 살펴 경계를 정하기 바랍니다. 바라건대 목전의 일이 평안해지도록 해주십시오"라고 하였습니다. 시국이 아직 정해지지 않았으니 감계는 늦출 수밖에 없습니다. 길림장군에게 조회하여 신중하게 방비하도록 함과 아울러 대한(大韓) 외부에 알려 단속하여 다시는 경계를 넘지 않도록 분명히 말하여 피차 안정되기를 바랍니다」라는 내용이 본 관서에 왔습니다.

이미 감계 문제는 잠시 논의를 늦추었습니다. 그러나 병사와 백성들이 경계를 넘는 문제는 양국 교제 의리와 관계될 뿐만 아니라 현재 동방의 시국에도 미치는 바가 있을 것입니다. 우리 외무부에서 길림성에 조회함과 아울러 귀 대신은 신속하고 실질적으로 변경 관리에게 훈령하여 절대로 다시는 경계를 넘지 말도록 함으로써 특별히 갈등을 만들어 전쟁과 연관될 우려에서 벗어날 수 있기를 바랍니다. 대국을 안정시키는 것이 중론에 부합합니다. 이에 조회하니 귀 대신은 또한 호응할 것이라 생각합니다』라고 하였습니다.

이에 조회하니 살펴보아 결정하고 즉시 회답하기를 바랍니다.

광무 8년 8월 4일

외부대신 이하영

의정부의정임시서리법부대신 박제순 각하

25 한청 양국 지방관의 합의에 따라 이범윤을 소환해달라는 조회의 기안

조회 제48호

간도관리(墾島管理) 이범윤을 소환하는 일로 누차 조회하였습니다. 함경북도 교계관 최남륭(崔南隆), 김병약(金炳若)의 보고를 또 받아보니 그 안에서, "변계 상황은 이미 여러 차례 보고했습니다. 간도 시찰(視察)이 종성군에 와서 머문 지 지금 3년입니다. 항상 청국 관리가 힘으로 막아 처음부터 강 가까이로는 한 걸음도 향한 적이 없었으나 성취할 계책을 도모하여 지난해 섣달부터 사포(私砲)를 불러모아 군장을 사서 입히고 '충의(忠義)' 두 자로 부대의 호칭을 삼고 총을 메고 힘을 보태어 마치 장차 강을 건너 공무를 처리할 듯이 하고 날마다 소리치면서 수많은 계책을 말하였습니다.

오호라, 저 청국 관리들이 이 때문에 혐의를 가지고 강하게 대응하여 간도 백성 중에서 은밀히 사포에 참여하는 자 수십백 명을 찾고는 잡아가 몽둥이로 때려 가두기를 마치 원수처럼 하였습니다. 변경의 강 연안 각지로 병사들을 별도로 보내어 날마다 기세를 올리며 주둔하고 떠나지 않으면서 이를 비적을 방어한다고 핑계하고 강을 막고 배를 철수시켰습니다. 또한 방곡하게 하면서 '훔친 양식을 가져갈 수 없다'고 핑계대니, 시찰하는 관리(管理)와 간도민으로서는 대처할 수단이 없고 맞설 방법이 없습니다.

시찰이 종성군을 떠나 회령군에 와서 머무르며 지휘한 사포는 무산 등지로 가서 머물러 기다리라는 뜻으로 지시해 들여보낸 자인데, 이들이 멋대로 총을 들고 강을 건너 청국과 교전하였고 불행히도 패배하여 도망해 숨었습니다. 이에 어리석은 청국 병사가 화(禍)를 즐기듯 하여 결국 평민 10여 명이 피살되고, 500여 가옥이 불타고, 수천 명 백성들은 양식이 떨어지고, 무수한 집안 재산과 각종 집물, 포목, 양식, 돈, 우마 등이 불태워지고 약탈되는 변란이 일어났습니다.

청국 관리의 그칠 줄 모르는 독기가 오히려 한층 더 심해져 화를 입은 간도민에 대한 여러 학대가 일일이 말할 수 없을 정도였습니다. 심지어는 전쟁을 하자는 뜻으로 진위대에게 격문을 전하거나 굳세고 거친 형세로 일을 일으킨 단서가 한두 가지가 아니었습니다. 만약 진위대로 하여금 적으로 서로 대적하게 한다면 방법이 없지는 않을 듯하지만 전쟁을 시작하는 날에는 무고하게 먼저 죽는 자가 간도민 수만의 백성이 될 뿐입니다. 현재 외국인의 왕래가 언뜻언뜻 보이는데 어찌 다른 상황에 여유가 있겠습니까.

또 방곡령을 늦추는 문제가 가장 긴급하게 먼저 해결되어야 할 이유는, 작년 가을 흉년으로 길주 이북 함경도 전 지역의 백성 가운데 간도를 통해 먹을 양식을 구하지 않는 자가 없기 때문입니다. 그리고 연강 6군의 여러 집 가운데 강을 건너 농사짓는 백성이 아닌 자가 없습니다. 궁핍한 여름이 어렵게 이어지는 형편과 가을이 되어도 기쁘지 않고 기대가 사라져 원망으로 곳곳에서 살려달라고 소리지르고 있는 것이 가장 큰 걱정입니다.

변경을 지키는 각 관리가 무너져버린 백성을 좌시하기 어려워 여러 차례 회의하여 강화(講和)하는 것이 더욱 타당하여 청국 관리에게 이치를 들어 조회하였습니다. 그러면 항상 회답에서 말하기를, 각자 경계를 각기 지킨다라고 하였고, 한국인으로 월간한 자는 이미 중국 판적(版籍)에 들어갔다고 하였고, 곡식의 출구(出口)를 허락하지 않는 것은 나라의 금령에 실려 있다고 하였고, 도문(圖們) 일대의 경계를 몰래 넘는 것을 엄히 금지한다고도 하였고, 근거로 삼는 것은 한청의약(韓淸議約)[12] 가운데 제 몇 관에 나오는 것이라고도 하였으며, 관리(管理)가 간도 백성의 관장을 요구하는 것은 정부가 인준하는 공식 합의가 없는데도 오히려 분쟁을 일으키는 것으로 법 밖의 일이라고 하였습니다.

현재의 국면과 부합하지 않은 말이 항상 거슬렸으나, 다만 백성을 보호하고 변경을 안정시키는 책임을 진 처지에서 백성들의 고통과 기근과 변경 소요와 변경의 위기를 가만히 앉아서 받아들일 수 없습니다. 그래서 저들이 따지는 것을 생각하지 않고 기어이 요구하여 방곡을 풀어서 시국을 편안하도록 기약하는 것이 상책이므로 강한 말과 온화한 조회로 저들과 겨우 서로 만났습니다. 저들이 '말과 일이 어긋나면 불화하는 것만 못하니 조약을 잘 만들고 연명으로 도장을 찍자'는 요청을 하였고, 여러 날을 끌다가 끝내 물리치기 어려워 상호 담론하여 만든 것이 20여 조항이 되었습니다. 그러나 구절 가운데 계속 핍박하는 것이 많아 사태를 악화시킬까 우려되어 연일 번거롭게 다루었고, 겨우 열두 가지 조건으로 서로 약속하되 아직도 타결하지 못한 구절이 있습니다. 모인 변경 관리가 한결같이 입을 다물고 침묵한 것은 대개 부득이한 상황 때문이었습니다.

청국 관리가 시종 혐의를 두는 것은 모두 시찰(視察)에게서 나왔고 조약 중의 이야기가 전적으로 시찰에게 있었습니다. 대개 이 청국 관리가 사사건건 힐책하는 것은 그 땅을 차지해서 간도 백성을 전적으로 관리하려는 하나의 큰 계획에서 벗어나지 않았다는 것입니다. 참으로 관리(管理)가 틈을 타서 법을 실시했다는 혐의에서 비롯되었으니 이것을 서둘러 해결하지 않으면 변경에서 편안한 날이 없을 뿐만 아니라 간도 백성이 어육이 되는 일이 눈 앞에 펼쳐질 것입니다.

지금 일의 급무가 오직 감계에 있으나 잠시 먼저 경성 주재 청국공사에게 조회해서 청국 관원으로 하여금 '우리 백성을 우리가 다스린다[我理我民]'라는 북간도관리의 방침을 승인하게 하는 것이 시의(時宜)에 부합할 것입니다. 청국 관리와 서로 약속한 1부를 올립니다. 이에 보

12 1899년 대한제국과 청국 간에 조인된 한청통상조약을 말한다.

고하니 살펴주기 바랍니다”[13]라고 하였습니다.
이를 살펴보니 해당 관리(管理)가 망령되게 멋대로 한 행동은 놀라운 일입니다. 만약 하루라도 그대로 주재하게 하면 참으로 변경에서 싸움의 단서가 하루라도 더 빨리 열리게 될 뿐더러 이번에 정한 장정에도 해당 관원을 철거한다는 글귀가 있습니다. 감계 문제는 신속한 처리가 어려우나 해당 관리는 먼저 철수하게 하여 변경의 상황을 안정시키는 것이 타당합니다. 해당 장정 1본을 초록해 별도로 첨부하였습니다. 이에 조회하니 살펴보고 판단하고 아울러 회답하기를 바랍니다.
광무 8년 9월 29일

외부대신 이하영

의정부참정 신기선 각하

26 간도에서 방곡령을 해제하는 것은 이범윤 소환이 전제라는 청국 측 입장이 있었다는 조회의 기안

조회 제52호

간도관리 이범윤을 소환하는 문제로 누차 조회하였습니다. 청국공사 허태신이 보내온 공문을 또 접수하니 그 안에서, 「앞서 귀 대신이 조회로 길림의 변경 관리가 방곡을 몹시 엄하게 한다는 등의 내용에 의거 이를 전해왔고, 아울러 과거 이에 회답한 공문이 있었습니다.
마침 회답한 공문에 따르건대 그 안에서, “중국과 한국은 본래 동주(同洲)의 나라로 평소 어떤 혐의도 없습니다. 마침 이범윤 한 사람의 일로 인해 화를 가슴에 품게 되고 거듭해서 분쟁을 낳아 중국의 방위 군영과 지방관이 불가피하게 기회를 보고 대응하여 맡은 바의 임무를 다하였습니다. 지금 한국이 이미 방곡을 풀어줄 것을 요청하였습니다. 만약 이범윤을 철회할 수 있다면 미곡 문제는 실로 어려움이 없고 작은 일은 두루 통할 것입니다”라고 하였습니다.
또 공문에서 말하기를 “이범윤이 과거 광서 27년 2월에 경계를 넘이시 백성들의 재산을 불태

13 광무 8년 7월 20일 자로 함경북도교계관 최남륭(崔南隆)과 김병약(金炳若)이 외부대신에 올린 보고서의 내용이다. 『함경남북도내거안』에도 실려있다.

우고 약탈한 것이 중국 돈으로 7,337냥 8전 1분이고, 또 광서 29년 9월에 경계를 넘어 백성들의 재산을 불태워 약탈한 것이 중국 돈으로 1만 9,546냥 4전 6분이었습니다. 당연히 조회하여 한국 정부로 하여금 위의 수만큼 배상하게 해야 할 것이고, 또 두 차례에 걸쳐 죽은 중국인이 16명으로 길림성에서 러시아 병사가 중국인을 죽일 경우 배상하는 장정(章程)에 비추어 이름을 살펴보고 보상해주기 바랍니다"는 등의 내용이었습니다. 그리고 피해를 입은 자의 성명과 손해 항목을 담은 장부를 조회해달라며 요청하였습니다.

본 대신이 살펴보니 중국이 과거 미곡을 운송해 출구하는 것을 허락하지 않으면서 곧 말하기를, "양국이 영토를 접하여 한국 백성의 월간이 비교적 많은 형편은 다소 같지 않은 점이 있습니다. 또 모름지기 변경이 조용하고 농민이 편안히 생업에 종사하여 집안 곡식에 여유가 있으면 비로소 잠시 동안 참작해 처리할 수 있을 것입니다"라고 하였습니다. 종전의 여러 시끄러움은 모두 이범윤으로 인해 생겨났습니다. 만약 해당 관원을 철회하지 않으면 다시 분란을 일으키지 않으리라고 보장하기 어렵습니다. 혹시 곡식을 심었지만 그 때를 맞출 수 없거나 혹은 대개 감춰두거나 불태워 약탈당하여 모두 비어버렸으므로 임시로 운송하는 것을 허락하고자 해도 역시 서로 도와서 구제할 방도가 없습니다.

귀 정부가 만약 백성들의 먹거리를 염려한다면 응당 이범윤을 철회하는 것을 급선무로 하고 아울러 해당 관원이 두 차례에 걸쳐 사람을 죽이고 재산을 불태워 약탈한 것을 그 숫자만큼 배상함으로써 백성들의 원망이 다소간 누그러지고 농사에 서둘러 복귀하도록 하는데 힘써야 할 것입니다. 교계 지방의 문무 각 관리에게는 엄히 지시하여 달아난 범인을 신속히 넘겨주고 병사들을 단속할 것을 약속하여 다시는 도문강을 건너 분란을 일으키는 것을 허락하지 않도록 해야 합니다.

동방의 대국(大局)이 점차 진정되기를 기다려 각기 전담 관리를 파견해 경계를 확실히 살펴서 장정을 타결하여 피차 오랫동안 준수하는 것이 실로 타당합니다. 살펴보고 올린 장부를 보내니 조금 날을 지체하여 베끼고 돌려주기를 바랍니다. 귀 대신은 번거롭지만 신속하게 시행하고 절대로 지연하지 않기를 몹시 바랍니다」라고 하였습니다.

이에 조회하니 살펴보고 즉시 철회하여 분쟁 사안이 되는 데 이르지 않게 하기를 바랍니다.

광무 8년 10월 11일

외부대신 이하영

의정부참정 신기선 각하

27 변경에서 분란을 만드는 이범윤을 소환해달라는 청국공사의 공문을 전한다는 조회의 기안

조회 제58호

간도관리 이범윤의 소환 문제로 누차 조회하였습니다. 경성 주재 청국공사의 조회를 또 받아보니, 그 안에서『중국력 11월 초 10일에 도착한 우리 외무부의 전보에서,「길림장군이 공문에서 "한국 시찰사(視察使) 이범윤이 여러 차례 분란을 일으켰는데, 현재 강이 얼어붙어 변경의 분쟁 단서가 생겨나지 않는 것을 피하기 어려우니 한국 정부에 재촉하여 속히 이범윤을 철회하게 하기 바랍니다"라고 하였습니다. 본 외무부는 과거에 "시국이 정해지지 않아 귀 대신에게 전보하니 한국 정부에 전달하여 병사와 백성들을 단속할 것을 약속하여 분쟁의 단서가 생기지 않도록 하고, 이범윤이 계속해서 일을 일으킨다면 피아 서로가 편안히 하자는 뜻이 아니므로 재차 독촉하여 속히 철회하게 하는 것이 필요합니다"라고 한 일이 있었습니다」라고 하였습니다.

본 대신이 이범윤을 철회하는 사안을 살펴보니 수차 우리 정부와 길림장군의 공문과 전보를 받들어 협상하자고 조회한 것이 모두 이미 여러 번으로 거의 붓이 무디어지고 혀가 달 지경이었습니다. 현재 또 다시 우리 외무부가 전보로 속히 철회하기를 재촉한 것을 받들어 다시 글을 갖추어 조회하니, 귀 대신은 상주하여 이범윤을 철퇴하고 아울러 병사와 백성들을 단속할 것을 엄히 약속하여 다시는 강을 건너 분란을 일으키지 않도록 하여 분쟁의 단서를 그치게 하고 대국(大局)을 유지하기 바랍니다. 아울러 분명히 신속하게 회답하여 본 대신이 우리 정부에 회답할 수 있기를 몹시 바랍니다』라고 하였습니다.

이에 또 조회하니 살펴보고 판단하여 즉시 지시하여 회답에 편하게 하기를 바랍니다.

광무 8년 12월 20일

외부대신 이하영

의정부참정 신기선 각하

28 변경에서 청국 관리와의 배상 타결에 대한 신속한 조치가 이루어지도록 해달라는 조회[14]

조회 第83호

함경남도관찰사의 보고가 청국 관리의 조회, 청국 관리의 약서(約書), 한국 관리의 의정약서(議定約書), 삼수군의 정유년(丁酉年, 1897) 이후 청비(淸匪)에게 죽고 불태워지고 약탈당한 사실을 조사한 성책, 갑산군의 무술년(戊戌年, 1898) 이후 청비에게 죽고 불태워지고 약탈당한 사실을 조사한 성책 등과 함께 도착하였습니다. 첨부해서 보냅니다. 살펴보면 헤아릴 수 있으나 해당 사안이 이미 3년이 지났고 약정한 일자가 1년이 넘었음에도 아직도 타결이 지연되어 변경의 사정과 나라의 체면이 민망하고 한탄스럽습니다. 게다가 소위 청국 관리의 약서 제11조 끝에서 말한 구절을 참으로 신속하게 조치하지 않으면 국권상의 관계가 실로 작지 않을 것입니다. 모름지기 살펴서 교섭하고 빨리 온당하게 처리하기를 도모하여 이웃 나라의 질책을 받지 않게 하고 나라의 체면을 보존하게 하기를 바랍니다.

광무 9년 5월 20일

의정부참정대신 심상훈

외부대신서리협판 윤치호 각하

14 『함경남북도내거안』에도 수신처만 다른 동일한 내용의 문서가 수록되어 있는데, 함경남도관찰사 신기선(申箕善)이 같은 문서를 같은 날짜에 의정부와 외부에 모두 보고하였기 때문이다. 의정부는 이 보고에 대해 공문과 첨부문서 원문을 외부에 전달하였다. 다만 첨부문서인 청국 관리의 조회, 청국 관리의 약서, 한국 관리의 의정약서, 삼수군의 정유년 이후 청비에게 죽고 불태워지고 약탈당한 조사 사실 성책, 갑산군의 무술년 이후 청비에게 죽고 불태워지고 약탈당한 조사 사실 성책 등은 『함경남북도내거안』에서는 보이지 않는다. 『함북변계성책』(奎17994)으로 편철된 자료에 「갑산군수 이근풍의 보고서」, 「청국 관리와의 조회문」, 「한국과 청국의 피차약서」, 「문답기」, 「우리 백성이 무술년 이후 피살되고 약탈당한 사실을 정리한 성책」 등이 있다. 이는 같은 시기 함경북도관찰사가 외부와 의정부에 보고한 공문서 중에서 간도문제 관련 성책류 자료의 일부로 보인다. 그런데 『함경남북도내거안』에 따르면 해당 안건은 이미 1904년 2월 18일에 함경남도관찰사 서정순(徐正淳)이 외부에 보고한 바가 있다. 여기에 첨부된 문서는 『각군성책』(奎18031)으로, 「청국 관리의 조회」, 「청국 관리의 약서」, 「한국 관리의 의정약서」가 있다. 『각군성책』이 1903년의 한국 측 피해 상황을 조사하라는 요구 이전이라면 『함북변계성책』은 그 이후에 해당되어 시기에 차이가 있다.

보고서 제3호

현재 접수한 갑산군수서리삼수군수 이민중(李敏重)의 보고서 내에서, "지난 계묘년 8월에 갑자기 청국 서경발(徐慶發) 등이 삼수성을 공격하여 총기를 빼앗는 재난을 당하였고, 연변(沿邊)의 청국 백성은 한국 군사에 의해 불태워지고 약탈되는 화를 뒤따라 당하였습니다. 같은 해 12월에 이미 양국이 논의하여 소 60마리와 소값 대전(代錢) 4천 냥을 그 총알을 돌려받기를 기다려 상호 교환해 정리한다는 뜻으로 굳게 약속하였습니다. 그런데 총알을 돌려받기 전에 임강현에서 계속해서 소값을 돌려달라고 독촉하는 조회가 있었고, 당시 서(徐) 관찰사가 정무를 볼 때 소값은 조사해 단자(單子)에 비추어 보내주라는 지시를 받들기도 했습니다. 그러나 소값을 되돌려 주는 일은 갑산 땅과 혜산(惠山) 등지에서의 일일 뿐이고, 총알을 돌려받지 못한 일 때문에 진위주대(鎭衛駐隊)가 미루었기 때문에 단지 소 32마리만 주었고, 그 나머지 소값은 이미 임강현으로부터 여러 차례 돌려주기를 독촉하는 조회를 받았으나 그저 외부와 관찰부의 조처를 기다리고 있다는 뜻으로 막고 발뺌하며 아직도 지급을 거절하고 있습니다.

작년 여름 주대에서 청국인의 소값 4천 냥을 혜산 백성들에게 다그쳐 거두었는데, 그중에서 당겨 사용하고 혜산 백성들에게 맡겨둔 것은 단지 소 28마리였습니다. 그러나 주대가 폐지되면서 소값 4천 냥을 구분해 떼어낼 겨를도 없이 당시 부대 지휘관은 각기 흩어졌습니다. 현재 임강현 파차(派差) 유영지(劉永芝)가 임강현의 조회를 가지고 와서 소값을 독촉하고 있습니다. 사리를 따진다면 소와 총알값을 교환하기로 서로 약속한 만큼 총알은 하나도 돌려보내지 않고서 단지 그 소값만을 독촉한 것은 분명히 약속을 어긴 것입니다.

저들의 형편을 자세히 살펴보면 소와 돈 중에서 만약 한결같이 지급을 거부하면 필시 당장 변경이 분란에 이르게 될 것이므로 노심초사한 끝에 변경의 분란을 타결하고자 소 28마리는 혜산 백성들에게 지시하여 부득이 먼저 유영지에게 지급한 후 영수증을 받아 후일의 증거 자료로 삼았고, 돈은 총알이 돌아오기를 기다려 넘기는 것으로 굳게 약속하였습니다. 그러나 부대가 기두이들인 소값 4천 냥을 숫자대로 돌려보낸 후에야 혜산 백성들에게 재차 징수하는 억울함이 없을 것입니다. 이에 사실에 의거해 보고하니 이런 이유를 들어 특별히 군부에 보고를 전달해 위 4천 냥의 돈을 정리하도록 당시의 진위대 병관(兵官)에게 독촉하여 변경의 상황을 안정되게 하기 바라며, 임강현 조회를 등본해서 올립니다"라고 하였습니다.

이를 살펴보니 지난 계묘년 9월에 청비가 경계를 침범하여 살인하고 약탈한 후 우리나라 병사와 백성이 강을 건너 불태우고 위협한 일로 같은 해 12월에 이르러 갑산군수 이근풍(李根豊), 삼수군수 이민중, 출주대관(出駐隊官) 조기설(趙基卨), 김사직(金思稷)이 청국 관리 무민부겸이사(撫民府兼理事) 손장청(孫長青), 판리임강현설치사의(辦理臨江縣設治事宜) 오광국(吳光國)과 더불어 회동 담판할 때에 삼수진위대가 빼앗긴 총과 총알 중 총 30자루와 총알 1천 발은 그대로 돌려받고 총 4자루와 총알 8천 발은 총은 매 자루에 대전 32원, 총알은 매 발에 대전 3전씩 돌려받도록 약정하였습니다. 청국인이 빼앗긴 소, 노새, 말 가운데 소 60마리는 그대로 돌려보내고 그 나머지 65마리는 매 마리에 정가 61냥 5전씩 합 대전 4천 냥을 혹 잡아 먹거나 혹 숨겨 팔아먹은 자에게 값을 징수하여 돌려주도록 약정하였습니다. 진휼미 30석은 우리 백성들이 갖고 온 것으로 돌려보내며, 우리 백성들로 피살된 14명과 빼앗긴 평전(平錢) 5천 냥과 엽총 10자루와 청국인으로 피살된 18명과 불탄 초막과 기름집 합 52곳 가운데 큰 초막 17곳 모두 200간, 작은 초막 40곳 모두 240간으로 그 배상은 양국 정부의 조처를 기다리기로 약정하였습니다.

당시 관찰사 서정순이 사유를 갖추어 보고하였으나 아직도 조치 여하를 받들지 못하였습니다. 작년 4월 30일에 나온 외부의 훈령 내에서, 「배상 문제는 의정부에 조회해 요청하였고, 그 회답을 받아보니, "갑산, 삼수 양 군에서 우리 백성이 피살, 약탈당한 것이 근년 이래에 없는 해가 없는데 금번 회판할 때에 어찌하여 단지 계묘년의 양국 경계의 피살과 약탈 배상 문제만 가지고 약정하였는가"라고 하였는 바, 연래의 각종 피해 사안을 상세히 조사해 보고하라」고 하였습니다.

당시 관찰사 이헌경(李軒卿)이 삼수군은 정유년(丁酉, 1897) 이후, 갑산군은 무술년(戊戌, 1898) 이후 피해 각 사안을 조사해 장부를 만들어 보고하였으나 아직도 조처 여하를 받들지 못하였습니다. 지금 해당 군수의 보고를 보니, 소 60마리 가운데 혜산 백성에게 맡겨둔 28마리를 총알을 돌려받기를 기다리지 않고 먼저 내준 것이 비록 경거망동한 일이나 실로 청국 관리가 조회하여 독촉하였기 때문으로 변경의 분란이 있을까 염려하여 그렇게 한 것입니다. 소값 4천 냥의 경우에는 총알을 돌려받는 날에 응당 교환해야 하나 당시 부대 지휘관이 이 돈을 당겨쓰고 마련하지 못한 것은 몹시 근거없는 일이므로 독촉해 되찾아 내려보내라는 뜻으로 군부에 보고하였습니다.

대체로 이 사안은 이미 3년이 지났고 약속을 정한 날짜가 또한 해를 넘겼으나 아직도 어떤 잘잘못을 따지지도 않고 독촉을 받게 되었으니 나라의 체면과 공법에 있어서 모두 답답하고 한스럽습니다.

앞서 한국과 청국 양국 관리의 조약서와 갑산, 삼수 두 군에서 연래로 피살되고 약탈당한 내용의 성책을 다시 베껴 보고하며 금번 청국 관리의 조회도 함께 베껴서 올립니다. 이에 보고하니 살펴본 후 교섭을 타결하도록 서둘러 지시를 내려주어 신속하게 조처하여 변경의 분쟁을 영구히 막게 하기 바랍니다.

이번에 베껴서 보내는 보고와 약서에서 소위 청국 관리의 약서 제11조 끝에 '이후 연강의 잡목은 화상(華商)의 재산에서 나왔는데 만약 한국 백성이 건져내어 취하는 일이 있으면 일체 엄히 조처한다'고 운운한 것은 공법이 결코 아닙니다. 연강의 잡목은 우리나라의 삼림입니다. 그 벌채가 비록 청국 상인의 재산이나 어찌 처음부터 인허도 없이 벌채하는 것을 내버려두겠습니까. 대개 청국인이 벌목하여 하류로 흘려보내는 것은 이치상 당연히 금해야 할 것입니다. 이를 가지고 청국공사와 교섭하여 별도로 약장을 정하여 마음대로 벌채할 수 없게 하고, 만약 몰래 베어 하류로 흘려보내는 경우가 있으면 우리 관리에게 맡겨 백성들이 건져내어 가져가는 것을 금지하게 하십시오. 이것은 국권상 크게 관계가 있으니 서둘러 타결하여 지시해 주기 바랍니다.

광무 9년 5월 6일

함경남도관찰사 신기선

의정부의정 각하

조회

흠가사품함상대화령서리임강현사의겸절제마보연군특수복정당(欽加四品銜賞戴花翎署理臨江縣事宜兼節制馬步練軍特授復正堂) 오(吳)가 조회하는 일입니다.

광서 21년 2월 15일 장생보(長生保)에 주둔해 지키는 친병(親兵) 초관(哨官) 유영지(劉永芝)가 보고한 바에 따르면, "경생보(慶生保), 장생보(長生保) 두 보 주민이 고소한 바에 따르면, 우리들은 과거 한국 병사와 백성들에 의해 불태워지고 약탈당하였습니다. 비록 휼은(卹銀)의 돈을 지급하기로 논의하였으나 지금까지 1년이 지났음에도 한국 관리가 모두 배상하지 않았습니다. 우리들이 비단 빈궁하여 지탱하지 못할 뿐만 아니라 또 현재 춘경(春耕)할 때가 되었으나 소를 마련하지 못하여 농사를 지을 시기를 그르쳐 살아갈 방도가 없습니다. 간절히 바라건대 아뢰는 것을 전달하여 휼은을 독촉하고 앞서의 논의를 지켜 백성들의 어려움을 구제하고 겸하여 분란을 일으키는 일이 없도록 하기 바랍니다"라고 하였습니다.

이에 의거하여 살펴보니 돌보아주는 조항[卹款]은 의약(議約)에 2년 전 12월과 1월 두 달 동안 숫자대로 보상해 정리한다고 실려 있습니다. 원래 우리 백성들의 가옥과 재산이 귀 병사와 백성들에 의해 불태워지고 약탈당함에 따라 먹고 살 방도가 없어 굶주림이 우려되었습니다. 이 때문에 백성들을 돌보아 주어 변경의 분란을 낳지 않도록 하기를 논의하였습니다. 이어서 기한이 되어도 갚지 않고 또 거듭해서 저희 현에서 글을 갖추어 조회해 독촉했으나 귀 군수는 그제야 마침 일본과 러시아가 싸우는 때를 맞아 정부에서 계책을 마련할 겨를이 없었다며 발뺌하고 돌아보지 않았습니다.

또 귀국 검사관 조(趙)가 조회하여 총알을 먼저 넘겨달라고 요청하고는 우리 백성들을 돌보아주는 돈은 계속 상부의 조처를 기다리고 있다는 말로 핑계대며 질질 끌었습니다. 지금 이 문제는 기한을 넘겨 이미 1년이 되었으나 조금도 배상한 것이 없는데, 어찌 귀 군왕과 조정의 계책이 계속해서 조금의 겨를도 없단 말입니까? 이렇게 약속을 어기고 지키지 않는 것은 교섭의 도리가 결코 아닙니다.

다만 차분하게 처지를 바꾸어서 살펴보건대 귀 군수가 택한 바가 아닐 것입니다. 하물며 현재 시기가 봄 농사철이 되었고 먹는 것이 백성들의 하늘임에랴. 농민들에게는 소가 부족하고 밭을 갈 농기구가 없습니다. 시험삼아 어떻게 생계를 유지하는지 물었더니, 그 백성들은 거듭해서 배고픔과 추위를 막을 수 없어서 분노와 원망이 하늘을 찌르고 이제 저희 현에 살지 않겠다고 다짐하고 있었습니다. 핍박해 재앙의 단서가 되었으니 누가 그 허물을 떠안겠습니까.

귀 군수에게 조회하니 청컨대 번거롭지만 살펴보고 즉시 이 항목의 돌보아주는 돈[恤金] 문제를 신속하게 귀 정부에 전달해 심의하고 회답하기를 바랍니다. 만약 이 항목이 비교적 커서 마음대로 주관하기 어렵다면, 이번에 몹시 바라건대, 먼저 과거 당시의 귀 군수와 제공(諸公)이 각별히 논의해 우리의 피해입은 얼룩소 값 얼마를 숫자대로 보상해주십시오. 우리가 분명히 이해하고 곧장 넘겨주어 유(劉) 부대장이 조사해 거두어들이고 한편으로는 저희 현에 조복하는 것이 사안의 정리를 편하게 할 것입니다. 여러 곳에 나누어 지시해 지급함으로써 백성들의 형편을 위로하고 변경의 근심을 그치게 할 것입니다. 재차 지연하여 잘못을 저지르고 분쟁의 단서를 만들지 말기를 간절히 바랍니다. 조회입니다.

위 조회

대한국 삼수군수 이(李)

광서 31년 2월 18일

청관약서(淸官約書)

현재 임강현 소속 지역과 한국의 갑산, 삼수 양군과 이어진 경생보, 장생보 두 보에 대해 논의한 안민장정(安民章程)을 아래에 기록한다.

계개(計開)

1. 중국과 한국은 이웃 나라로 서로 우호를 유지한 지 300여 년이다. 근래 갑오년(甲午年, 1894) 이후로 양국 경계의 변민이 수시로 경계를 넘어 서로 침범해 소요를 일으켰다. 다만 임강현이 현치(縣治)를 이제 겨우 설치하였다.[15] 대체로 광서 29년 8월 이전에는 피차간에 먼저 조회하는 공문이 없었다. 추궁하는 것을 두루 면제하여 나라 간의 교제를 튼튼히 해야 할 것이다.
1. 중국 장생보 주민은 이유없이 침해받았으니 참으로 몹시 불쌍하다. 비록 한국 백성이 무지하여 먼저 분쟁의 단서를 이끌어낸 데서 비롯하지만 화를 초래하고 곤경을 가져온 것은 실로 진위대 관리 최병혁(崔丙赫)이 병사를 풀어 약탈하고 많은 목숨을 참살한 데 말미암았다. 포수 두령 연진헌(延振憲)은 악행을 도와주고 멋대로 흉악한 짓을 하였으니 장래 한국 관원이 엄하게 처벌해야 할 것이다. 비도 서경발(徐慶發)이 삼수의 총기를 훔쳐 가지고 가서 법을 어겼으니 중국 관원이 법에 따라 엄히 다스려 인정과 법 양쪽이 고르도록 기해야 한다.
1. 한국 백성 김병주(金秉珠) 등 3명은 중국에 경작지가 있는데, 그곳의 농꾼 노귀(盧貴)의 집

15 압록강 상류에 위치한 임강현은 1902년 8월 4일에 설치되었다.

에 살던 공인(工人) 6명이 목숨을 구하고자 피난하자 김병주 등은 함께 구호하지 않고 도리어 한국 병대(兵隊)에게 잡아 넘겨주어 모두 참살당하게 하였으니, 한국 관원이 조사해 잡아 무겁게 처결해야 하고 이후에 다시는 중국 경계에 오는 것을 허락하지 않는다.

1. 중국 장생보 주민이 소 125마리, 노새와 말 33마리를 약탈당하였다. 현재 한국 관리가 사로잡은 소와 말 60마리를 먼저 넘겨주고 나머지 65마리는 한국 관리와 논의해 밝혀서 한국의 평전은(平錢銀) 4천 냥을 배상하고 날을 정해 인도한다.

1. 장생보 거주 부녀자와 아이들은 조사해보니 피해자가 18명이다. 중국과 러시아의 철로장정(鐵路章程)을 살펴보건대 러시아인이 중국인 1명을 죽이면 화평은(華平銀) 300냥을 구휼하는데, 러시아 장정을 본떠서 휼은을 지급한다. 한국 관리가 감히 마음대로 정할 수 없으므로 한국 정부에 보고하기를 기다리고 조정의 뜻을 들은 다음 다시 논의해 지급한다.

1. 장생보 주민의 방옥(房屋)을 조사해보니 불태워진 대와보(大窩堡) 17곳은 모두 200간으로 아마 매 간의 배상, 수리비는 은 40냥일 것이고, 소와보(小窩堡) 40곳은 모두 244간으로 매간에 배상할 비용이 화평은 20냥이다. 한국 관리가 감히 마음대로 정할 수 없으므로 한국 정부에 보고하기를 기다리고 조정의 뜻을 들은 다음 논의해 처리한다.

1. 장생보 주민을 조사해보니 불태워진 양식은 모두 1,200여 석이고 시가를 보니 은 3냥으로 그 합산가가 화평은 3천여 냥이다. 한국 관리가 감히 마음대로 정할 수 없으므로 한국 정부에 보고하기를 기다리고 조정의 뜻을 들은 다음 논의해 처리한다.

1. 장생보 주민 57호를 조사해보니 불태워지고 약탈된 아편, 은전, 의복, 기름, 가구 일체의 물건은 모두 은 60여 냥어치이다. 한국 관리가 감히 마음대로 정할 수 없으므로 한국 정부에 보고하기를 기다리고 조정의 뜻을 들은 다음 논의해 처리한다.

1. 한국 삼수군이 서경발에 의해 절도당한 것이 총 30자루와 총알 1상자이다. 휼관 지급이 정리되기를 기다려 즉시 임강현이 해당하는 숫자만큼 돌려준다. 한국이 혹시 부족하다면 중국 관리가 배상하여 채우되 공정하게 처리한다.

1. 한국 평민으로 대개 광서 29년 8월 이후 중국인에 의해 이유없이 상해를 입은 자가 있으면, 한국 관리가 당일 살펴봐야 할 사정이 어떠한지를 조사해 조회하고 임강현이 재차 조사해 서로 부합하면 또한 앞의 조항에 비추어 은을 지급해 돌보고, 만약 피차에 전투를 벌여 피살되는 경우에는 이러한 예를 따르지 않는다.

1. 중국과 한국 백성의 이후 무역과 경작지에 대해서는 응당 각국 지방관이 수시로 보호하여

서로 속이거나 능멸하는 행위를 허용하지 않으며, 만약 불법한 무리가 중국 백성과 한국 백성을 막론하고 무릇 이유없이 경계를 넘어 침범해 소요를 일으키고 약탈하는 일이 있으면 잡아온 후 관리에게 넘겨 보내주면 각 본국 관리가 법률에 비추어 처벌해야 한다. 이후 연강의 잡목이 중국 상인의 재산으로 드러나 만약 한국 백성이 건져내어 취하는 일이 있으면 일체 엄히 처벌한다.

1. 중국과 한국의 군대는 이후 각기 강계를 지키고 만약 공문으로 미리 알리고 조회하지 않으면 사적으로 경계를 넘어 침범해 소요를 일으키고 사단을 낳는 것을 허용하지 않으며, 만약 어기고 총을 쏘는 자가 있으면 응당 보이는 즉시 잡아들여 그대로 각 본국 지방관에게 조회하여 법에 비추어 처벌한다.

1. 한국 관리가 특별히 피해를 입은 백성들을 위하여 먼저 양식 30석을 지급하여 잠시 동안 구제한다. 한국 보고 공문의 왕복은 모름지기 40일을 한정하여 광서 30년 정월 25일을 기한으로 하고, 각기 백성들은 이를 기다리고 사적인 원한으로 소란을 일으킬 수 없다.

이상은 중국과 한국의 각 관리가 잠정적으로 논의한 초약(初約)으로 계속해서 한국이 배상할 항목을 넘겨주기를 기다렸다가 다시 장정을 정하여 처리한다.

대청국 광서 29년 12월 13일

1. 한국 관리의 과거 보고에 따르면, 서경발이 취했던 총 30자루와 총알 9천 발 가운데 현재 조사해 찾은 것이 총 30자루와 총알 1상자이다. 당초 잃어버린 총알과 총은 현재의 숫자와 맞지 않는데, 필시 서경발이 잃어버렸거나 혹 숫자에 착오가 있는 것과 관계된다. 평화 국면이 되기를 기다린 후 서경발을 잡아오는 일은 반드시 힘써 추구한다.

갑산군수 이근풍
삼수군수 이민중
육군정위 조기설
육군정위 김사직
흥경무민부 손장청
임강현 오광국

한관의정약서(韓官議定約書)

청한양계변사담판화약서등본(淸韓兩界邊事談辦和約書謄本)

현재 살펴보니, 변계의 분쟁이 처음 일어난 단서는 한국 백성이 사사로이 나무를 건져낸 것 때문이 아니라 전적으로 청국인이 습격해 군사 물품을 빼앗았기 때문이다. 양국 변계에서 전투가 일어나 서로 경계를 범하고 결국 많은 인명을 부상 입히고 와옥(窩屋)을 불태우고 재산을 약탈하고 소와 말을 몰래 취하게 되었다. 연강 양국 변경 백성들이 모두 도탄에 빠져 흩어지고 울부짖는 모습은 백성을 돌보는 직책에 있는 자로서 그 참혹함을 차마 말할 수 없다. 마침 소요를 잠재우고 백성을 편안히 하고자 청국과 한국의 관원이 모두 변경에 와서 연일 회동하여 담판, 결정한 후 양국 변계의 우호로 조약을 맺고 조항별로 아래에 적는다. 화약서(和約書) 2건을 만들고 청국과 한국의 여러 관리가 번갈아 인장을 찍고 하나는 청국 관리에게 두고 다른 하나는 한국 관리에게 두어 각기 이 약서를 준수하고 영구히 바꾸지 않는다.

계묘(癸未) 12월 12일

대청국 봉천 흥경무민부　손장청
임강현　오광국
대한국 특파 원수부 검사관　조중석
갑산군수　이근풍
삼수군수　이민중
육군정위　조기설
육군정위　김사직

좌개(左開)

1. 한국 삼수군 주둔 주대 무기고 소재 군사 물품 가운데 청국인이 습격하여 가져간 회룡총(回龍銃) 30자루, 총알 1천 발은 청국이 먼저 조사하여 되돌려주고, 조사하지 못한 총 4자루, 총알 8천 발은 대략 값을 정해 총 매 자루에 은 32원, 총알 매 발에 평전 3전씩 대전(代錢)하여 돌려보낼 것
1. 청국 장생보, 경생보 두 보민(保民)이 한국 병사와 백성들에게 소와 말, 노새를 많이 빼앗

겼다. 현재 조사한 60마리는 먼저 찾아 돌려주고 나머지 조사하지 못한 소와 말 65마리는 대략 값을 정해 매 마리당 평전 61냥 5전씩 대전하여 돌려보낼 것

1. 청국 변경 장생보와 경생보 두 보민이 한국인에게 생명을 잃은 자가 18명, 불에 탄 초막과 기름집이 모두 52곳, 그리고 한국 병사와 백성들이 청국인에 의해 생명을 잃은 자가 14명, 빼앗긴 평전 5천 냥, 엽총 10자루는 한국은 한국 정부에 보고하고 청국은 청국 정부에 보고하여 공정하게 타결되기를 기다릴 것
1. 양국 관리와 무관이 회동하여 화약(和約)하는 상황에서 청국 변경 백성이 양식도 없이 굶주리는 상황 또한 불쌍하다. 백성을 위하여 굶주린 이들을 구제하는 것은 청국과 한국 모두 한가지이다. 청국 관리가 구제를 급히 요청함에 따라 한국에서 곡식 30석을 내어 청국 백성에게 주어 구휼하여 이웃과의 교제를 돈독히 할 것
1. 이후부터 한국은 한국 병사를 단속하고 청국은 청국 병사를 단속하여 각기 강계를 지켜 강을 건널 수 없도록 하고 피아의 군대와 백성들을 막론하고 혹 총기를 지니고 공문도 없이 마음대로 건너 침탈하는 폐단이 있으면 비록 포군이 추격, 피살되더라도 말없이 감수한다. 만약 감당하기 어려운 형세가 있으면 각기 해당 지역에서 법에 따라 곧바로 각기 해당 관청에 신속히 보고하여 병사를 파견해 추적, 체포하여 그치게 한다는 뜻으로 엄격하게 법조항을 적용할 것
1. 청국 적비(賊匪)의 출몰이 종종 있어서 한국 경계를 침범, 약탈하는 일이 끊이지 않으니 변계의 주민들이 어찌 보존할 수 있겠는가. 만약 적비가 드러난 흔적이 있으면 장생, 경생 두 보에서는 법에 의거하여 곧바로 갑산, 삼수의 관리에게 급히 보고하면 청국과 한국 병사와 포군이 함께 총기를 사용하여 적비를 토벌하여 백성을 편안하게 할 것
1. 청국과 한국의 간사한 무리들이 양국 변계에 출몰하여 나쁜 영향을 미쳐 매번 변경의 분쟁을 만들어 내는 죄는 극형에 해당된다. 만약 한국 백성이 경계를 건너 해를 끼치면 청국 변경의 패두(牌頭)가 잡아 한국 관리에게 넘기고, 만약 청국인이 경계를 넘어 분란을 일으키면 한국 변계의 존두(尊頭)가 잡아 청국 관리에게 넘겨서 법에 따라 처벌하여 폐단의 근원을 막을 것

삼수군정유이후청비처피살피소피략사실성책(三水郡丁酉以後淸匪處被殺被燒被掠査實成冊)

삼수군의 여러 해 동안 청비에게 죽고 불태워지고 약탈당한 사실을 조사한 성책[三水郡年來淸匪處被殺被燒被掠査實成冊]

정유(丁酉) 2월 16일 약탈당한 항목

나난사(羅暖社)	남용손(南用孫)	돈 350냥
신농사(新農社)	이병필(李丙弼)	가락지 4쌍 값 152냥
		덧머리 4단(丹) 값 160냥
		소 2마리 값 170냥
		유기 반상기(盤床器) 7건 값 280냥
		남녀 상하 의복 24건 값 370냥
이상 합계		돈 1,483냥　적괴(賊魁) 청비(淸匪) 두청자(竇淸子)

무술(戊戌) 윤3월 초3일 약탈당한 항목

인차사(仁遮社)	김두성(金斗星)	소 1마리 값 75냥
		밭벼[田米] 2석 13두 값 129냥
		반상기 3건 값 120냥
	이득수(李得守)	말 1마리 값 180냥
		기장[黍米] 1석 5두 값 60냥
		가는 베[細布] 2필 값 63냥
	김복근(金福根)	소 2마리 값 160냥
		말 1마리 값 220냥
	이경률(李京律)	소 1마리 값 80냥
	김응종(金應宗)	청밀(淸蜜) 4태(馱) 값 240냥
		돈 850냥
		금 3냥중(兩重) 값 840냥
	신태일(申太一)	소 1마리 값 80냥

밭벼 35석 값 1,575냥

이춘화(李春化) 말 1마리 값 160냥

가락지 2쌍 값 85냥

기장 11석 값 90냥

신형팔(申亨八) 밭벼 3석 값 135냥

말 1마리 값 175냥

강진오(姜辰五) 돈 140냥

일본 돈 470원(元) 대문(代文) 2,820냥

이인식(李仁植) 소 1마리 값 85냥

반상기 1건 값 40냥

김명준(金明俊) 돈 360냥

안경 1건 값 75냥

금 2냥 5전중(戔重) 값 625냥

유종한(兪宗汗) 기장 3석 값 135냥

말 1마리 값 190냥

남수만(南守萬) 소 2마리 값 145냥

유종인(兪宗仁) 말 1마리 값 170냥

강명팔(姜明八) 소 1마리 값 75냥

팥 2석 값 90냥

전양민(全良珉) 밭벼 3석 9두 값 162냥

이진번(李辰番) 말 1마리 값 160냥

돈 270냥

주병흘(朱丙屹) 일본 돈 170원 대문 1,020냥

반상기 4건 값 160냥

남녀 상하 의복 23건 값 275냥

최윤신(崔允信) 소 2마리 값 160냥

강윤팔(姜允八) 소 3마리 값 210냥

팥 3석 12두 값 171냥

오흥권(吳興權)	소 1마리 값 75냥
	돈 380냥
전명신(全明信)	말 1마리 값 220냥
	고냥[稷米] 1석 10두 값 75냥
최삼득(崔三得)	당목(唐木) 2바리 값 2,600냥
	소 2마리 값 170냥
한완식(韓完植)	소 1마리 값 70냥
	조[皮粟] 30석 값 450냥
허완길(許完吉)	조총 1자루 값 80냥
김수용(金守用)	돈 1,400냥
	반상기 4건 값 160냥
	일본 돈 70원 대전 420냥
최문언(崔文彦)	소 3마리 값 240냥
전기주(田基周)	말 1마리 값 180냥
최공삼(崔共三)	일본 돈 80원 대문 480냥
	담배 20동(同) 값 400냥
이문홍(李文弘)	소 2마리 값 170냥
	담배 30동 값 560냥
문사완(文巳完)	소 3마리 값 210냥
	밭벼 9석 값 405냥
합계 약탈	돈 3,405냥
	소 25마리 값 1,795냥
	말 8마리 값 1,655냥
	밭벼, 기장, 팥 합 67석 4두 값 3,027냥
	조 30석 값 450냥
	금 5냥 5전중 값 1,465냥
	일본 돈 790원 대문 4,740냥
	반상기 12건 값 480냥

가락지와 안경 값 155냥

가는 베와 의복 값 338냥

청밀 4태 값 240냥

조총 1자루 값 80냥

이상 합계 돈 17,730냥 적괴 손양한(孫良翰)

경자(庚子) 12월 19일 죽고 불태워지고 약탈당한 항목

인차사 출주(出駐) 병정 임영수(林永秀) 총을 맞고 사망

나난사 출주한 진위대 숙사(宿舍) 12간 값 960냥

변낙구(邊洛九) 초가 8간 값 240냥

돈 1,400냥

소 5마리 값 350냥

말 2마리 값 370냥

백미 7석 10두 값 575냥

밭벼 23석 값 1,035냥

콩 17석 값 255냥

조 147석 값 2,205냥

고영심(高永沈) 초가 6간 값 180냥

돈 370냥

소 3마리 값 240냥

밭벼 8석 값 360냥

남녀 상하 의복 27건 값 232냥

김홍수(金弘守) 초가 6간 값 180냥

소 2마리 값 170냥

백미 5석 7두 값 410냥

조 32석 값 480냥

일본 돈 270원 대문 1,620냥

반상기 3건 값 120냥

	김홍엽(金弘燁)	소 2마리 값 170냥
		돈 575냥
	박성식(朴成植)	돈 320냥
		일본 돈 326원 대문 1,956냥
	김낙두(金洛杜)	소 3마리 값 210냥
		말 1마리 값 220냥
		밭벼 17석 값 765냥
	박일언(朴日彦)	돈 1,770냥
		반상기 4건 값 160냥
		가락지 3쌍 값 112냥
	안문선(安文先)	소 4마리 값 265냥
		일본 돈 36원 대문 216냥
	변화용(邊化用)	말 1마리 값 180냥
		돈 170냥
	한재교(韓在敎)	일본 돈 70원 대문 420냥
		당목 3바리 값 3,900냥
	안일순(安日淳)	소 3마리 값 190냥
		당목 1바리 값 1,300냥
		반상기 6건 값 240냥
	김윤옥(金允玉)	소 1마리 값 80냥
		말 2마리 값 210냥
		밭벼 13석 7두 값 606냥
		상하 의복 27건 값 195냥
	김병규(金丙圭)	소 2마리 값 270냥
		일본 돈 263원 대문 1,578냥
		돈 340냥
합계	피살	1명
	피소	초가 4호 32간 값 1,560냥

	피략	돈 4,945냥
		소 25마리 값 1,945냥
		말 5마리 값 980냥
		백미 13석 2두 값 985냥
		밭벼 61석 7두 값 2,766냥
		조 195석 값 2,940냥
		일본 돈 965원 대문 5,790냥
		반상기 13건 값 520냥
		당목 4바리 값 5,200냥
		가락지 3쌍 값 112냥
		의복 50건 값 427냥
이상 합계		돈 28,169냥 적괴 청국인 고전(高全) 등

계묘(癸卯) 7월, 8월 두 달간 죽고 약탈당한 항목

본 주대 병정	이창선(李昌先)	총을 맞고 사망
호재사(好財社)	김이언(金利彦)	총을 맞고 사망
인차사	최성문(崔成文)	총을 맞고 사망
	김이갑(金已甲)	총을 맞고 사망
소농사(小農社)	이병필(李丙弼)	돈 3,500냥
		일본 돈 560원 대문 3,360냥
		가락지 5쌍 값 185냥
		말 2마리 값 370냥
	오성률(吳成律)	소 3마리 값 210냥
		가락지 3쌍 값 125냥
		반상기 4건 값 160냥
	이재하(李在夏)	당목 2바리 값 2,600냥
		얇은 비단[氷綃] 10필 값 650냥
	임정윤(林正允)	돈 335냥

		백미 12석 값 900냥
	김문성(金文成)	소 1마리 값 70냥
		반상기 2건 값 80냥
	이도여(李道汝)	돈 220냥
인차사	김두성(金斗星)	담배 40동 값 800냥
		청밀 4태 값 280냥
	김봉률(金鳳律)	돈 470냥
		일본 돈 324원 대문 1,944냥
	김석종(金石宗)	돈 150냥
	문기환(文基煥)	소 2마리 값 170냥
		기장 3석 값 135냥
	김수원(金守元)	돈 170냥
		담배 15동 값 300냥
	김득권(金得權)	말 2마리 값 280냥

본래 주대에 있던 모슬총 33자루, 총알 9,000발을 8월 24일 밤 암습해 빼앗아 감.

읍사(邑社) 성내	김여택(金汝宅)	돈 370냥
		소 1마리 값 80냥
	김달현(金達玄)	소 1마리 값 80냥
	최소사(崔召史)	소 1마리 값 80냥
		가락지 2쌍 값 80냥
	방원준(方元俊)	소 2마리 값 160냥
		돈 240냥

향청에 거두어 둔 공전 834냥 4전

합계	피살	4명
	피략	돈 6,289냥 4전
		일본 돈 884원 대문 5,304냥
		소 11마리 값 850냥
		말 4필 값 650냥

		가락지 10쌍 값 400냥
		당목 2바리 값 2,600냥
		가는 비단 10필 값 650냥
		백미 12석 값 900냥
		반상기 6건 값 240냥
		담배 55동 값 1,100냥
		청밀 4태 값 280냥
		기장 3석 값 135냥
		모슬총 33자루
		총알 9,000발
이상 합계		돈 19,398냥 4전 소란을 일으킨 적비는 서경발 등
각 연도 이상 합계	피살	인명 5명
	피소	초가와 대사(隊舍) 4호 32간 값 1,560냥
	피략	소 53마리 값 4,760냥
		말 17마리 값 3,285냥
		돈 14,889냥 4전
		반지, 덧머리, 의복 등 값 2,115냥
		반상기 38건 값 1,520냥
		정미 128석 7두 값 5,793냥
		조 225석 값 3,390냥
		금 5냥 5전중 값 1,465냥
		일본 돈 2,639원 대문 15,834냥
		청밀 8태 값 560냥
		백미 25석 2두 값 1,885냥
		당목 6바리 값 7,800냥
		가는 비단 10필 값 650냥
		담배 55동 값 1,100냥

기장 3석 값 135냥

조총 1자루 값 80냥

모슬총 33자루

총알 9,000발

총계 합전(合錢) 66,821냥 4전

광무 8년 6월 일

삼수군수 이민중

갑산군무술이후청비처피살피소피략사실성책(甲山郡戊戌以後淸匪處被殺被燒被掠査實成冊)

갑산군의 여러 해 동안 청비에게 죽고 불태워지고 약탈당한 사실을 조사한 성책[甲山郡年來淸匪處被殺被燒被掠査實成冊]

무술년 3월 17일 비도 소요 당시 불태워지고 목숨을 잃고 재산을 빼앗긴 항목

운총보(雲寵堡)	한명남(韓明男)	초가 6간 값 120냥
		용인(傭人) 2명 사망
		소 4마리 값 280냥
	박명률(朴明律)	초가 4간 값 80냥
		부자(父子) 2명 사망
		소 3마리 값 240냥
	김양률(金良律)	초가 4간 값 80냥
		소 2마리 값 180냥
	주형규(朱炯奎)	초가 3간 값 60냥
		노약자 3명 사망
	김치수(金致洙)	초가 4간 값 80냥
		소 2마리 160냥
	김병혁(金丙赫)	초가 6간 값 150냥
		어린아이 1명 사망

		말 1마리 값 140냥
	김기문(金基文)	초가 3간 값 60냥
		노인 3명 사망
		소 4마리 값 320냥
	김종락(金宗洛)	돈 5,000냥
	엄지섭(嚴之涉)	초가 3간 값 60냥
		소 2마리 값 170냥
	김종흡(金宗洽)	초가 4간 값 80냥
	박승호(朴承浩)	초가 5간 값 120냥
		소 3마리 값 210냥
	강운평(姜云平)	초가 4간 값 80냥
		말 1마리 값 160냥
	이영근(李永根)	초가 6간 값 120냥
	김사집(金士集)	초가 4간 값 80냥
		소 3마리 값 270냥
	박돌이(朴乭伊)	초가 6간 값 120냥
		소 2마리 값 170냥
		밭벼 15석 값 675냥 매 석 45냥
		보리 83석 값 830냥 매 석 10냥
	한진오(韓辰五)	초가 3간 값 60냥
		소 3마리 값 225냥
		밭벼 9석 값 405냥
	한만준(韓萬俊)	병정으로 총을 맞고 사망
	허대일(許大日)	병정으로 총을 맞고 사망
	이규화(李圭化)	병정으로 총을 맞고 사망
합계	피소	15호 66간 값 1,320냥
	피살	14명
	피략	소 28마리 값 2,225냥

		말 2필 값 300냥
		돈 5,000냥
		밭벼 24석 값 1,080냥
		보리 83석 값 830냥
이상 합계		돈 10,855냥　소요를 일으킨 적비는 손양한, 노귀(盧貴), 양재(楊宰), 법금(法金) 등

기해(己亥) 8월 초5일 목숨을 잃고 재산을 빼앗기고 불태워진 항목

회사(會社)	김의봉(金儀鳳)	전 온성부사. 빼앗긴 돈 3만 냥이고 결국 잡혀 서화령(西火嶺)에서 피살됨.
	박운송(朴云松)	김의봉이 잡혀갈 때 함께 가다가 피살됨.
	김병용(金丙用)	김의봉이 잡혀갈 때 함께 가다가 피살됨.
동인사(同仁社)	강여정(姜汝正)	초가 6간 값 180냥
	김종홍(金宗弘)	초가 6간 값 180냥
	백낙화(白樂化)	와가 8간 값 320냥
	이응백(李應白)	와가 8간 값 320냥
		소 4마리 값 340냥
		밭벼 17석 값 765냥
	김중천(金中千)	초가 3간 값 90냥
	이억쇠(李億釗)	초가 6간 값 180냥
		말 1마리 값 220냥
	천백만(千百萬)	와가 8간 값 320냥
	강용하(黃用河)	와가 6간 값 240냥
		소 2마리 값 170냥
	김대방(金大方)	초가 4간 값 120냥
		소 1마리 값 80냥
		말 1마리 값 180냥
	김용식(金用植)	와가 6간 값 240냥

연춘실(延春實) 초가 3간 값 90냥
박기호(朴基浩) 초가 6간 값 180냥
김대달(金大達) 초가 6간 값 180냥
연춘만(延春晩) 초가 8간 값 240냥
김기화(金基化) 초가 3간 값 90냥
돈 750냥
정문호(鄭文虎) 초가 6간 값 180냥
소 2마리 값 170냥
박억실(朴億實) 와가 8간 값 220냥
말 2마리 값 340냥
돈 1,370냥
김천금(金千金) 초가 6간 값 180냥
김창석(金昌錫) 초가 3간 값 90냥
김흥달(金興達) 초가 6간 값 180냥
남대철(南大哲) 초가 6간 값 180냥
유동규(柳東圭) 와가 8간 값 320냥
소 2마리 값 170냥
말 1마리 값 250냥
밭벼 25석 값 1,125냥
김철갑(金哲甲) 초가 6간 값 180냥
김중선(金中先) 초가 6간 값 180냥
소 3마리 값 240냥
이흥만(李興萬) 초가 6간 값 180냥
말 1마리 값 170냥
이화실(李化實) 와가 8간 값 320냥
말 1마리 값 230냥
한창순(韓昌淳) 초가 6간 값 180냥
소 3마리 값 240냥

박홍식(朴弘植) 초가 6간 값 180냥
김택용(金宅用) 초가 3간 값 90냥
신중선(申中宣) 초가 6간 값 180냥
혜산사(惠山社) 김영호(金永浩) 초가 5간 값 120냥
박진근(崔長根) 초가 6간 값 130냥
호명순(胡明淳) 초가 3간 값 90냥
안문홍(安文弘) 초가 6간 값 130냥
이상렬(李尙烈) 초가 8간 값 240냥
소 3마리 값 270냥
말 1마리 값 170냥
금 3냥중 값 1,110냥
방귀만(方貴萬) 초가 3간 값 60냥
강도남(姜道南) 초가 6간 값 180냥
김장춘(金長春) 초가 3간 값 90냥
말 1마리 값 170냥
이능백(李能白) 초가 6간 값 180냥
소 2마리 값 180냥
원도팔(元道八) 초가 6간 값 180냥
문희준(文熙俊) 초가 6간 값 180냥
김응백(金應伯) 초가 3간 값 90냥
김도정(金道正) 초가 6간 값 180냥
돈 370냥
고태진(高太進) 초가 6간 값 180냥
소 2마리 값 170냥
강대홍(姜大興) 초가 3간 값 90냥
윤의석(尹宜石) 초가 3간 값 90냥
말 1마리 값 170냥
합계 피소 초가 36호 196간 값 5,720냥

		와가 8호 60간 값 2,400냥
	피살	3명
	피탈	소 24마리 값 2,030냥
		말 14마리 값 1,900냥
		밭벼 42석 값 1,890냥
		금 3냥중 값 1,110냥
		돈 32,490냥
이상 총계		돈 47,540냥 김의봉을 잡아갈 때 지나간 길에서의 피해이며 작경(作梗)한 적괴는 백운산(白雲山), 강발(姜發) 등

신축(辛丑) 4월 15일 죽고 불태워지고 약탈당한 항목

혜산사	김창윤(金昌允)	초가 6간 값 180냥
		소 2마리 값 170냥
		말 1마리 값 130냥
		보리 50석 값 500냥
		돈 370냥
	함홍학(咸弘鶴)	초가 6간 값 180냥
		소 3마리 값 240냥
		밭벼 20석 값 900냥
		조 40석 값 600냥
		남녀 상하 의복 24건 값 375냥
	안계순(安界淳)	초가 3간 값 90냥
		소 1마리 값 90냥
		말 1마리 값 170냥
		반상기 3선 값 120냥
	염군홍(廉君弘)	초가 6간 값 180냥
		소 3마리 값 245냥
		밭벼 36석 값 1,620냥

은가락지 3쌍 값 109냥

김상규(金尙圭) 초가 6간 값 180냥

조 43석 값 645냥

소 3마리 값 170냥

박상문(朴尙文) 초가 3간 값 90냥

소 2마리 값 170냥

말 1마리 값 160냥

돈 750냥

김기종(金基宗) 초가 3간 값 90냥

소 1마리 값 80냥

밭벼 17석 값 765냥

보리 25석 값 250냥

김사숙(金士叔) 초가 6간 값 180냥

소 2마리 값 170냥

밭벼 5석 값 225냥

반상기 4건 값 160냥

돈 370냥

김명조(金明祚) 초가 6간 값 180냥

소 3마리 값 210냥

당목 3바리 값 3,900냥

금 5냥중 값 1,500냥

박춘근(朴春根) 초가 3간 값 90냥

소 4마리 값 280냥

말 1마리 값 160냥

기장 5석 값 225냥

김석규(金石圭) 초가 6간 값 180냥

소 2마리 값 150냥

조 45석 값 675냥

김청송(金青松) 초가 3간 값 90냥
소 3마리 값 210냥
밭벼 15석 값 675냥
이치구(李致九) 초가 6간 값 180냥
소 2마리 값 160냥
말 2마리 값 320냥
조 120석 값 1,800냥
밭벼 49석 값 2,205냥
김상옥(金尚玉) 초가 3간 값 90냥
소 1마리 값 80냥
김치운(金致云) 초가 6간 값 180냥
소 5마리 값 350냥
은전(銀錢) 570원 대문 3,410냥
김석운(金石云) 초가 4간 값 120냥
소 1마리 값 75냥
김병철(金丙哲) 초가 3간 값 90냥
소 3마리 값 190냥
돈 675냥
당목 1바리 값 1,300냥
김이회(金利會) 초가 6간 값 180냥
소 2마리 값 170냥
함홍락(咸興洛) 초가 6간 값 180냥
소 3마리 값 190냥
밭벼 20석 값 900냥
돈 950냥
김태익(金泰益) 초가 3간 값 90냥
밭벼 2석 값 135냥
김철석(金哲石) 초가 6간 값 180냥

소 3마리 값 195냥
일본 돈 150원 대문 1,500냥

김용팔(金用八) 초가 6간 값 180냥
소 2마리 값 170냥
말 2마리 값 340냥
조 140석 값 2,100냥

심윤오(沈允五) 초가 6간 값 180냥
소 4마리 값 310냥
말 1마리 값 210냥
밭벼 21석 값 945냥

김용각(金用珏) 초가 3간 값 90냥
소 1마리 값 80냥

김병우(金丙于) 초가 6간 값 180냥
소 1마리 값 70냥
조 133석 값 1,995냥
금 5냥중 값 1,500냥
남녀 상하 의복 54건 값 757냥

박우길(朴于吉) 초가 3간 값 90냥
밭벼 7석 값 315냥

김세진(金世眞) 초가 3간 값 90냥

김세팔(金世八) 초가 3간 값 90냥
반상기 1건 값 40냥

박언석(朴彦石) 초가 6간 값 180냥
소 3마리 값 240냥
말 1마리 값 170냥
돈 830냥

김청숙(金淸淑) 초가 3간 값 90냥
조 3석 값 45냥

염승문(廉升文) 초가 6간 값 180냥

소 2마리 값 170냥

김치준(金致俊) 초가 6간 값 180냥

김용옥(金用玉) 초가 3간 값 90냥

김세칠(金世七) 초가 6간 값 180냥

소 2마리 값 140냥

밭벼 44석 값 1,980냥

연명성(延明成) 초가 3간 값 90냥

연명진(延明辰) 초가 6간 값 180냥

소 2마리 값 150냥

김명수(金明洙) 초가 6간 값 180냥

소 3마리 값 210냥

밭벼 10석 값 450냥

김시언(金時彦) 초가 3간 값 90냥

황성갑(黃成甲) 초가 6간 값 180냥

조 15석 값 225냥

강진승(康眞承) 초가 6간 값 180냥

소 3마리 값 210냥

황태옥(黃太玉) 초가 3간 값 90냥

보리 55석 값 550냥

김시한(金時漢) 초가 3간 값 180냥

소 2마리 값 170냥

밭벼 23석 값 1,035냥

돈 470냥

백용기(白用基) 초가 3간 값 90냥

박명순(朴明淳) 초가 6간 값 180냥

김청송(金靑松) 초가 3간 값 90냥

소 1마리 값 70냥

		보리 44석 값 440냥
		밭벼 10석 값 450냥
	전만송(全萬松)	초가 6간 값 180냥
		소 1마리 값 80냥
	서경용(徐京用)	초가 3간 값 90냥
	김낙진(金洛辰)	초가 6간 값 180냥
	우사익(禹士益)	초가 3간 값 90냥
	장왕사동(張旺師同)	초가 6간 값 180냥
		소 1마리 값 70냥
		밭벼 8석 값 360냥
	조진규(趙晉奎)	초가 3간 값 90냥
	최치선(崔致善)	초가 6간 값 180냥
		소 4마리 값 280냥
		조 90석 값 1,350냥
		돈 730냥
	김봉세(金鳳世)	초가 3간 값 90냥
	염윤권(廉允權)	초가 6간 값 180냥
		보리 80석 값 800냥
		밭벼 12석 값 990냥
	김홍률(金弘律)	초가 3간 값 90냥
		기장 반석 13두 값 84냥
	김사환(金士煥)	초가 6간 값 180냥
	김상호(金尙浩)	가 3간 값 90냥
		보리와 콩 합 73석 값 1,095냥
	이만식(李萬植)	초가 3간 값 90냥
		조 33석 값 450냥
	차진성(車眞成)	초가 3간 값 90냥
합계	피소	59호 271간 값 8,130냥

피탈 소 80마리 값 6,105냥
말 10마리 값 1,660냥
정미 306석 13두 값 13,809냥
벼 986석 값 13,520냥
돈 5,140냥
금과 은전 값 7,910냥
당목 4바리 값 5,200냥
의복 기구 가락지 등 값 1,551냥

이상 합계 돈 63,035냥 작경한 적괴는 노귀, 왕환(王環), 곽조팔(郭助八) 등

계묘 4월 13일 비도 소요 당시 죽고 약탈당한 항목

보천사(普天社) 김명록(金明彔) 염명진(廉明眞) 박춘근(朴春根) 이만식(李萬植) 김정일(金正日) 최원식(崔元植) 김양복(金良福) 이흥길(李興吉) 차진성(車眞成) 김기종(金基宗) 김이화(金利和) 최만종(崔萬宗) 노흥필(盧興必) 송동이(宋同伊) 김재순(金在順)

이상 15명은 청비 20여 명이 총을 가지고 밤을 틈타 함부로 넘어와 잡아가두었고, 빼앗아간 돈이 5천 냥임. 다행히 풀려나 돌아왔음.

총 10자루 값 800냥

운총사(雲寵社) 주둔 병정 유덕삼(劉德三)과 이윤홍(李允弘), 촌민 김만준(金萬俊)과 전총각(全摠角)은 사망. 잡혀갈 때 상황 탐문차 뒤따라 갔다가 총에 맞았음.

이상 피살 4명
피탈 돈 5,000냥
총 10자루 값 800냥

합계 돈 5,800냥 작경한 적괴는 서경발 등

총합 이상 각 년 합계 피소 초가 112호 523간 값 15,170냥
와가 8호 60간 값 2,400냥

피살　41명

피탈　소 132마리 값 10,360냥

말 22마리 값 3,860냥

돈 47,630냥

정미 372석 13두 값 16,779냥

벼 1,069석 값 14,350냥

금과 은전 값 9,020냥

당목 4바리 값 5,200냥

의복 기구 가락지 등 값 1,561냥

총 10자루 값 800냥

총계 합전 127,130냥

갑산군수서리삼수군수 이민중

29 변경에서 한국과 청국 지방관 간에 맺은 약서는 살펴보았고, 배상 문제는 의정부에서 처리해달라는 조복의 기안

조복 제13호

귀 제83호 조회를 받아 한국과 청국의 변경 백성들이 소요를 일으킨 후 양국 관원이 모여 약서(約書)를 체결한 일로 함경남도관찰사의 보고 및 첨부해 온 서류는 모두 살펴보았습니다. 청국공사와 교섭해 타결하겠으나 배상 문제는 응당 귀 의정부에서 조처하고 해당 군의 진위주대가 이미 거두어들인 소값은 또한 마땅히 군부에 조회를 전하여 해당 액수만큼 돌려받게 하는 것이 타당합니다. 이에 조복하니 살펴 처리하기 바랍니다.

광무 9년 5월 23일

외부대신 이하영

의정부참정대신 심상훈

30 갑산군과 삼수군 변계의 양국 피해 규모 산정에서 계묘년 8월 이전 사건은 거론하기 어렵다는 조회의 기안

조회 제28호

한국과 청국의 변경 백성이 소요를 일으킬 때 양국 인민이 피해를 입은 건으로 여러 차례 공문이 왕복하였습니다. 함경남도관찰사의 보고에 따르면, 청국 관리의 힐책이 와서 몹시 한심하니 서둘러 결정하여 지시를 내려달라고 하였습니다. 살펴보니 해당 사안은 해를 넘겨 오랫동안 현안이 되어 변경의 형편과 나라의 체통이 모두 답답하고 한탄스러우나 배상 문제는 응당 귀 의정부에서 조처해야 할 것입니다. 해당 군의 진위주대가 이미 거두어들인 소값은 또한 마땅히 군부에 조회를 전달하여 되돌려받아 달라는 뜻으로 이미 금년 5월 23일 제13호 조복에서 처리를 바란다고 말하였는데, 지금까지 귀 의정부의 조처가 없어서 아직 교섭이 타결되지 못하고 있습니다.

귀 제83호 조회에 첨부하여 도착한 삼수, 갑산군의 정유년과 무술년 이후 청비에 의한 피해 항목에 대한 교섭을 도맡아야 하지만, 음력 계묘년(1903) 12월 12일 갑산군수 이근풍(李根豊) 등이 청국 관리 손장청(孫長靑) 등과 정했던 약서 제1관 내에 '대체로 광서 29년 8월 이전에는 피차간에 먼저 조회하는 공문이 없었다. 추궁하는 것을 두루 면제하여 나라 간의 교제를 튼튼히 한다'는 말이 있으므로 계묘년 8월 이전은 역시 거론하기 어렵습니다. 이번 해당 도관찰사의 보고와 서류를 초록하여 별도로 첨부합니다. 이에 조회하니 살펴보고 온당하게 처리하고 즉시 회답하기를 바랍니다.

광무 9년 9월 9일

외부대신 이하영

의정부참정대신 한규설 각하

31 갑산군과 삼수군 일대 변계에서 있었던 소요 피해를 정산하는 일은 외부의 책임이라는 조복

조복 제11호

접수한 귀 제28호 조회 내에서, "한국과 청국의 변경 백성이 소요를 일으킬 때 양국 인민의 피해 안건으로 여러 차례 공문이 왕복하였습니다. 함경남도관찰사의 보고에 따르면, 청국 관리의 힐책이 와서 몹시 한심하니 서둘러 결정하여 지시를 내려달라고 하였습니다. 살펴보니 해당 사안은 해를 넘겨 오랫동안 현안이 되어 변경의 형편과 나라의 체통이 모두 답답하고 한탄스러우나 배상 문제는 응당 귀 의정부에서 조처해야 할 것입니다. 해당 군의 진위주대가 이미 거두어들인 소값은 또한 마땅히 군부에 조회를 전달하여 되돌려받아 달라는 뜻으로 이미 금년 5월 23일 저희 제13호 조복에서 처리를 바란다고 말하였는데, 지금까지 귀 의정부의 조처가 없어서 아직 교섭이 타결되지 못하고 있습니다.
귀 제83호 조회에 첨부하여 도착한 삼수, 갑산군의 정유년과 무술년 이후 청비에 의한 피해 항목에 대한 교섭을 도맡아야 하지만, 음력 계묘년 12월 12일 갑산군수 이근풍 등이 청국 관리 손장청 등과 정했던 약서 제1관 내에 '대체로 광서 29년 8월 이전에는 피차간에 먼저 조회하는 공문이 없었다. 추궁하는 것을 두루 면제하여 나라 간의 교제를 튼튼히 한다'는 말이 있으므로 계묘년 8월 이전은 역시 거론하기 어렵습니다. 이번 해당 도관찰사의 보고와 서류를 초록하여 별도로 첨부합니다. 이에 조회하니 살펴보고 온당하게 처리하고 즉시 회답하기를 바랍니다"라고 하였습니다.
이에 비추어 살펴보니 배상 문제와 소값을 되돌려 받는 것은 교섭이 매듭지어진 후에 비로소 마무리될 수 있습니다. 교섭은 본래 귀 외부의 직무입니다. 여러 해가 된 사안을 한 번 교섭하지도 않고 헛되이 번거롭게 공문을 왕복하여 미루어 떠넘기는 듯한 모양이 있습니다. 각기 그 직책을 맡아 서로 어기지 않는 것이 일의 형편상 당연합니다. 변계의 사정이 또한 조금 늦출 수도 없으니 이를 살펴본 후 해당 사안을 서둘러 처리하기 바랍니다.
광무 9년 9월 28일

의정부참정대신 한규설

외부대신임시서리중추원찬의 박용화 각하

『내부내거문』 번역문

1 의화단의 난을 피해온 청국인들을 보호해준 자성군수를 포상하는 건에 관한 조회

조회

경성 주재 청국공사의 조회를 받아보니 「봉천장군(奉天將軍)의 자문을 보니, 동변도(東邊道)에서 인용한 통화현의 보고에 따르면 "우리 나라 강 위쪽의 자홍(滋洪), 영경(榮慶) 등의 보(保)에 사는 백성들 천여 호가 도적들의 난리를 피해서 귀국 자성군에 도피했습니다. 자성군수 박항래(朴恒來)가 이들을 받아서 머무르게 하고 관사를 설치하여 특별히 위로하고 돌본 것이 수개월이 넘습니다. 집과 몸과 생명을 의뢰해서 보전했기에 청국인들이 매우 감격하여 이미 박 군수를 위해 비석을 세워서 그 덕을 칭송했습니다. 이를 치사(致謝)하기를 요청합니다"라고 했다고 합니다.

박 군수가 이번에 피난해 온 청국 백성들을 돌보면서 자기 백성처럼 대하여 이웃 나라와의 우의를 돈돈히 한 것을 조회를 통해 치사하는 것이 합당합니다. 청컨대 박 군수에게 조회하여 전달해주십시오. 그리고 현재 봉천은 점차 평정되어가고 있으니 청국의 유민들을 보호하고 빨리 고향으로 돌려보내도록 해주십시오」라고 했습니다.

이에 평안북도관찰사에게 훈령을 내렸습니다. 그러자 그에 대한 보고에 「청국공사가 봉천장군의 치사를 전달하고 청국인들을 계속 보호하여 귀국시켜달라고 요청한 것을 등서하여 자성군에 지시했습니다. 예전에 북비(北匪)들이 창궐하자 자성군수 박항래가 청국인들을 받아들이고 특별히 보살피기를 불에 타거나 물에 빠진 이들을 구하는 것같이 해서, 둥지를 잃어버린 새들로 하여금 와서 연못에 모인 기러기가 되게 했으니, 교린의 방편일 뿐만 아니라 곤궁한 백성들을 돕는 은혜로운 정치에 관계된 것입니다. 그래서 관찰부에서 여러 번 가장 우수하다고 평가했으며 또 내부(內部)에서 따로 포상한 바 있습니다. 청국공사의 치사가 지금 또 이와 같으니 그 격려하고 권하는 뜻을 보여주지 않을 수 없습니다. 이에 보고하니 살펴서 내부에 전조(轉照)하여 특별히 포상하는 법을 시행해 주십시오」라고 했습니다.

이에 근거해 조회하니 살펴서 자성군수 박항래를 포장(褒奬)하는 일을 헤아려 처리해 주기 바랍니다.

광무 6년 2월 26일

외부대신임시서리의정부찬정 박제순

의정부찬정내부대신 이건하 각하

2 대황제폐하가 기로소에 들어간 것을 기념해 간도 지역민들을 위무하고자 시찰 이범윤이 파견됨을 청국에 알리라는 조회

조회 제4호

한국과 청국 경계 지역인 길림(吉林), 토문(土們), 흑룡(黑龍) 이북 지역에서 떠돌며 살고 있는 우리 백성들이 거의 수만 호입니다. 그런데 이번에 대황제폐하께서 기사(耆社)에 들어가신 후 조정의 관리 중 관계가 4품이며 나이가 70 이상인 사람과, 사서인(士庶人) 중 나이가 80 이상인 사람에게 특별히 가자(加資)할 것을 처분하셨습니다. 그리고 이 변경 지역에서 살고 있는 지용규(池龍奎) 등이 그 지역에 살고 있는 사람들 중에서도 나이 80 이상인 사람에게 동일한 은택을 내려달라고 청원했습니다.

그래서 내부에서 그 땅에서 살고 있는 사람들의 인구가 몇이며, 외롭게 떨어져 살면서 생활에 어려움은 없는지 순찰하여 위문했습니다. 그리고 그중 가자할만한 노인을 모두 조사하고자 종3품 이범윤(李範允)을 특별히 시찰(視察)로 임명하여 파견했습니다. 이곳은 한국과 청국의 변경이니 이범윤이 순찰하고 조사할 때에 외교상 간섭이 없을 수 없겠습니다. 이에 조회하니 헤아린 후 혼춘부도통아문(琿春副都統衙門)에 조회하여 외롭게 떨어져 살고 있는 우리 백성들을 왕래하며 보호함을 치사(致謝)하고, 시찰 이범윤이 순시하며 위무하는 이유도 밝혀서 해당 아문에 외부의 조회 1건을 갖춰 보내주기 바랍니다.

광무 6년 6월 13일

의정부찬정내부대신겸임혜민원총재 이건하

의정부찬정외부대신임시서리철도원총재 유기환 각하

3 전례가 없기 때문에 시찰 파견 건으로 혼춘부도통아문에게 공문을 보내지 못하겠다는 조복

조복 제4호

내부의 제4호 조회에 따르면, “한국과 청국 경계 지역인 길림, 토문, 흑룡 이북 지역에서 떠돌며 살고 있는 우리 백성들이 거의 수만 호인데, 이번에 대황제폐하께서 기사(耆社)에 들어가신 후 조정의 관리 중 4품으로 나이가 70 이상인 사람과, 사서인 중 나이가 80 이상인 사람에게 특별히 가자(加資)할 것을 처분하셨습니다. 그리고 이 변경 지역에서 살고 있는 지용규 등이 그 땅에 살고 있는 사람들 중에서도 나이 80 이상인 사람에게 동일한 은택을 내려달라고 청원했습니다.

그래서 내부에서 그 땅에서 살고 있는 사람들의 인구가 몇이며, 외롭게 떨어져 살면서 생활에 어려움은 없는지 순찰하여 위문했습니다. 그리고 그중 가자할만한 노인을 모두 조사하고자 종3품 이범윤을 특별히 시찰로 임명하여 파견했습니다. 이곳은 한국과 청국의 변경이니 이범윤이 순찰하고 조사할 때에 외교상 간섭이 없을 수 없겠습니다. 이에 조회하니 헤아리신 후 혼춘부도통아문에 조회하여, 외롭게 떨어져 살고 있는 우리 백성들을 왕래하며 보호함을 치사하시고, 시찰 이범윤이 순시하며 위무하는 이유를 밝혀서 해당 아문에 외부의 조회 1건을 갖춰 보내주시기 바랍니다”라고 했습니다.

그런데 이전에 혼춘부도통아문에 공문을 보낸 전례가 없습니다. 그래서 우리 백성을 조사할 때에 방도를 강구해 처리해서 어려움이 없도록 경흥감리와 함경북도교계관에게 지시해서 훈령을 이범윤에게 만들어줘서 가지고 가도록 했고 이에 조복합니다. 살펴주기 바랍니다.

광무 6년 6월 26일

의정부찬정외부대신서리외부협판 최영하

의정부찬정내부대신 이건하 각하

4 변경의 우리 백성에게 치발과 청국 옷을 강요하지 못하도록 청국공사에게 조처하라는 조회

조회 제6호

변계시찰 이범윤의 전보를 보니, "어제 도착한 회령 백성들이 와서 아뢴 바에 따르면 청관(淸館)에서 치발(薙髮)을 하고 청국 옷을 입으라는 문적(文蹟)이 와서 백성들이 마음이 황급해졌기에 그 연유를 속히 보고합니다"라고 했습니다. 변경 지역의 유민이 혹 경계를 넘어 사는 경우가 있으면 보호하여 편안히 생업에 종사하게 하는 것은 외교관계를 돈독히 함에 있어 만국이 동일합니다. 지금 청관에서 두만강과 토문강 이북에서 살고 있는 우리나라 백성들에게 변발과 청국 옷을 강요하는 것은 매우 격식에 어긋나는 일입니다. 우리나라에서 떠돌며 사는 청국 백성이 또한 적지 않은데 입장을 바꿔 생각하면 또한 깨달을 수 있습니다. 이에 알려드리니 헤아리신 후 청국공사에게 전조(轉照)하셔서 해당 영사관에 지조(知照)하여 이 문적을 즉시 환수하고 변경 지역에 살고 있는 백성들이 놀라지 않게 하여 우의를 돈독하게 하시고 그 결과를 자세히 알려주시기 바랍니다.

광무 6년 8월 9일

의정부찬정내부대신겸임혜민원총재 이건하

의정부찬정외부대신임시서리 유기환 각하

5 변경의 우리 백성에게 치발과 청국 옷을 강요하지 못하도록 청국공사에게 요청했다는 조복

조복 제7호

내부의 조회를 받았습니다. 그에 따르면, 「변계시찰 이범윤의 전보를 보니, "어제 도착한 회령 백성들이 와서 아뢴 바에 따르면 청관에서 치발을 하고 청국 옷을 입으라는 문적이 와서 백성들이 마음이 황급해졌기에 그 연유를 속히 보고합니다"라고 했습니다. 이에 알리니 청국공사에게 전조하셔서 변경 지역에 살고 있는 백성들이 놀라지 않게 하여 우의를 돈독하게 하십시오」라고 했습니다.

이를 조사했으며 이전 교계관(交界官)이 보고로 요청한 바에 따라 청국공사에게 여러 번 조회했고, 이번 내부 조회를 받고 또 조회로 재촉했습니다. 그러자 그에 대한 청국공사의 조복에 「월간한인(越墾韓人)들이 치발을 하는 일은 이미 우편을 통해 혼춘의 각 아문에 보낸 것이 문서에 있으나 아직 답변이 없어 어떤 명령도 받지 못했습니다. 치발 사안은 답변이 오는 즉시 알리겠습니다」라고 했습니다. 이에 조복합니다. 살펴주기 바랍니다.

광무 6년 8월 19일

의정부찬정외부대신서리외부협판 최영하

의정부찬정내부대신겸임혜민원총재 이건하 각하

6 간도에 사는 한국인들에게 치발을 강요하지 말도록 청국공사관과 교섭할 것을 재차 요청하는 조회

조회 제9호

간도시찰 이범윤이 전보에 따라, 간도에서 떠돌며 사는 우리 백성들에게 청국영사가 변발을 강요한 일 때문에 내부에서 이미 조회한 일이 있습니다. 이번에 간도시찰이 연이어 보낸 전보 보고를 받아보니, 「지난 23일 강을 건너 고시(告示)를 알리니 많은 백성들이 감동하여 울었습니다. 호구를 조사하니 민심이 기쁜 마음으로 복종했습니다. 그러나 이곳의 청국 관원은 "청국공사의 문적(文蹟)이 오지 않아서 나는 모르는 일이다"라고 하며, 온갖 방법으로 방해하고 도민을 위협하여 치발을 강요했습니다. 외부에 전조하셔서 청국공사관의 빙문(憑文)을 내려보내 주십시오」라고 했습니다. 이에 알리니 헤아린 후 청국공사관에 전조하여 시찰 이범윤이 칙명을 받들어 전담하여 간 사유와, 치발 강요를 허락하지 않는다는 공문 1건을 만들어 보내게 하고 알려주기 바랍니다.

광무 6년 8월 20일

의정부찬정내부대신겸임혜민원총재 이건하

의정부찬정외부대신서리외부협판 최영하 각하

7 과거 청국 관원의 한국 영토 내 통행을 금지한 전례가 있기에, 청국이 이범윤의 간도 시찰 활동을 저지하는 것을 막기 어렵다는 조복

조복 제9호

내부의 제9호 조회를 받았습니다. 그 내용을 보니 『간도시찰 이범윤이 보낸 전보에 「강을 건너 고시(告示)를 알리니 많은 백성들이 감동하여 울었습니다. 호구를 조사하니 민심이 기쁜 마음으로 복종했습니다. 그러나 이곳의 청국 관원은 "청국공사의 문적(文蹟)이 오지 않아서 나는 모르는 일이다"라고 하며, 온갖 방법으로 방해하고 도민을 위협하여 변발을 강요했습니다. 외부에 전조하셔서 청국공사관의 빙문을 내려보내 주십시오」라고 했습니다. 이에 알리니 헤아리신 후 청국공사관에 전조하셔서 시찰 이범윤이 칙명을 받들어 전담하여 간 사유와, 변발 강요를 허락하지 않는다는 공문 1건을 만들어 보내게 해주십시오』라고 하셨습니다.

이에 따라 청국공사에게 문서를 보냈습니다. 그랬더니 그가 보내온 답변에 『본 대신이 이범윤 사안을 조사했습니다. 이전에 화룡욕(和龍峪) 무간국원(撫墾局員) 섭함분(葉含芬)이 보고하기를, 지난번에 무산군에 갈 길을 빌리고자 채 경무관과 상의하여 승인 공문을 보낸 것이 종성군 참령에게 도착했는데, 해당 참령이 원수부 문서를 받지 못했다면서 통행을 저지시켰다고 합니다. 귀국의 참령도 사안이 경계를 넘는 것과 관계된 것이기에 피차 모두 신중해야 할 것을 알았음을 볼 수 있는데, 우리 나라 위원이 어떻게 저지하지 않을 수 있겠습니까. 섭 위원은 종성군 참령의 저지 사례를 참조한 것뿐인데 어떻게 모든 방해의 책임이 그에게 있다고 하겠습니까.

근래에 봉천성과 길림성의 대관들로부터 온 서한을 받았는데, 항상 한국 관리들이 경계를 넘어 소요를 일으키는 일이 있다고 합니다. 하물며 양국의 육로장정(陸路章程)이 아직 결정되지 않았기 때문에 더욱 각자 경계를 지키는 것이 마땅합니다. 치발 사안은 일찍 입적(入籍)했거나 혹은 자원하는 자에 한하고 있으며 결코 명령을 강요하여 모두 치발시키는 것이 아닙니다. 본 대신이 전에 귀 조회를 받고 이미 각 아문에 조사하도록 자문했으나 아직 회답 공문이 없었습니다. 그래서 갖추어 자문 1통을 보내드리니 대신 발송해 주시기를 청합니다』라고 했습니다.

이를 살펴보았습니다. 이전 교계관의 보고에 따르면, 『청국 화룡욕독리(和龍峪督理) 섭함분이 조회하여 잠시 무산군 건너편에 갈 것을 요청해 왔습니다. 그래서 종성군 참령에게 문서를 보내 섭함분에게 협조하여 어려움 없이 지나게 하도록 전달했습니다. 그런데 해당 참령이 함부로 허락하기 어렵다고 회신해 왔습니다』라고 했습니다. 청국 관원이 강을 건너는 것을 우리 관원이 먼저 허락하지 않았으니 그들이 전례에 따라 우리 관원들을 저지하는 것을 지금 반박할 수 없습니다. 치발 사안에 대해서 청국공사가 혼춘아문에 보낼 공문을 우리가 대신 보냈기에 첨부했습니다. 이에 조복하니 살피시기 바랍니다.

광무 6년 8월 29일

의정부찬정외부대신서리외부협판 최영하

의정부찬정내부대신 이건하 각하

8 치발은 강요한 것이 아니며 이범윤의 간도 통행에 동의할 수 없다는 내용의 청국공사가 보내온 문서를 간도위원에게 전달하겠다는 조복

조복 第11호

외부의 제9호 조복에, 「이에 따라 청국공사에게 문서를 보냈더니 그 답변에 "본 대신이 이범윤 사안을 조사했습니다. 이전에 화룡욕 무간국원 섭함분이 보고하기를, 지난번에 무산군에 갈 길을 빌리고자 채 경무관과 상의하여 승인 공문을 보낸 것이 종성군 참령에게 도착했는데, 해당 참령이 원수부 문서를 받지 못했다면서 통행을 저지시켰다고 합니다. 귀국의 참령도 사안이 경계를 넘는 것과 관계된 것이기에 피차 모두 신중해야 할 것을 알았음을 볼 수 있는데, 우리 나라 위원이 어떻게 저지하지 않을 수 있겠습니까. 섭 위원이 종성군 참령의 저지 사례를 참조한 것인데 어떻게 모든 방해의 책임이 있다고 하겠습니까.

근래에 봉천성과 길림성의 대관들로부터 온 서한을 받았는데, 항상 한국 관리들이 경계를 넘어 소요를 일으키는 일이 있다고 합니다. 하물며 양국의 육로장정이 아직 결정되지 않았기 때문에 더욱 각자 경계를 지키는 것이 마땅합니다. 치발 사안은 일찍 입적했거나 혹은 자원하는 자에 한하고 있으며 결코 명령을 강요하여 모두 치발시키는 것이 아닙니다. 본 대신이 전에 귀 조회를 받고 이미 각 아문에게 조사하도록 자문을 보냈는데 아직 답변을 받지 못했습니다. 그래서 갖춰놓은 자문 1통을 다시 보내니 대신 보내주시기를 청합니다"라고 했습니다.

이를 조사하니 이전 교계관의 보고에 따르면, 청국 화룡욕독리 섭함분이 조회하여 잠시 무산군 건너편에 갈 것을 요청했기에 종성군 참령에게 문서를 보내 어려움 없이 가게 하라고 했는데 해당 참령이 함부로 허락하기 어렵다고 회신해 왔다고 합니다. 우리 관원이 청국 관원이 강을 건너는 것을 허락하지 않았으니 그들이 전례에 따라 우리 관원들을 저지하는 것을 지금 반박할 수 없습니다. 치발 사안은 청국공사가 혼춘아문에 보낼 공문을 갖춰 보냈기에 첨부했습니다. 이에 조복합니다」라고 했습니다.

청국공사의 공문을 간도위원에게 전달하려고 하며 이에 조복하니 헤아리기를 바랍니다.

광무 6년 9월 2일

의정부찬정내부대신겸임혜민원총재 이건하

의정부찬정외부대신서리외부협판 최영하 각하

9 월간한 우리 백성들의 치발은 강제가 아니라고 청국공사가 조회해 온 내용을 간도시찰 이범윤에게 보내라는 조회

조회 第13호

청국의 혼춘 등지에 월간(越墾)한 우리 백성의 치발 사안은 여러 번 청국공사에게 문서를 보냈습니다. 이에 해당 공사의 조회를 받아보니 「길림장군(吉林將軍)의 조복에 "한국인들의 월간이 오래되어 이미 치발하고 입적(入籍)했으며 아울러 사진(仕進)한 자도 있습니다. 그런데 근년에 길림성에 일이 많아, 이들 중에 다시 머리를 기른 자가 있어 명령을 내려 치발하라 하여 조사하기 편하게 했을 뿐 치발하지 않은 자들에게 모두 치발을 강제로 명령한 것은 아닙니다"라고 했습니다. 이 사람들이 이전에 이미 자원하여 치발하고 입적했으니 이번에 명령을 내린 것은 이미 치발했던 것을 회복하라고 말한 것일 뿐입니다」라고 했습니다.

이에 따라 조회하니 살펴서 해당 지방 시찰관에게 지시하여 주민들에 알리도록 해주기 바랍니다.

광무 6년 10월 29일

의정부찬정외부대신임시서리궁내부특진관 조병식

의정부찬정내부대신 이건하 각하

10 혼춘부도통이 청국공사에게 회답하는 공문을 이범윤을 통해 보내왔으니 청국공사에게 전달하라는 조회

조회 第13호

함경북도 간도시찰 이범윤의 제5호 보고서에 "8월 16일에 제가 삼가 훈령을 받고 치발 사안은 일체 거론하지 말라는 뜻으로 이미 간도의 어리석은 백성들에게 고시했습니다. 같은 달 22일에 경성 주재 청국공사가 혼춘부도통(琿春副都統)에게 부친 공문 1통을 즉시 전달해 보냈더니 이번 9월 2일에 해당 부도통이 응답하는 공문 1통을 전해주라고 보내왔기 때문에 이에 해당 공문을 보냈고 그 연유를 보고합니다. 헤아리셔서 해당 공문을 즉시 외부에 전달해 청국공사에게 보내도록 해주십시오"라고 했습니다. 이에 따라 혼춘부도통의 공문 1건을 첨부해 알리니 살핀 후 경성 주재 청국공사관에 전달해 보내주시기 바랍니다.

광무 6년 11월 6일

의정부찬정내부대신겸임혜민원총재 이건하

의정부찬정외부대신 조병식 각하

11 청국 임강현 지현이 도적 소탕을 위해 군대가 통행할 길을 빌려달라고 한 요청을 승인할지 여부를 묻는 조회

조회 第1호

평안북도관찰사 민경호(閔京鎬)의 제6호 보고서에 『관하 강계군수 권용철(權用哲)의 보고서에 「청국에 새로 설치된 임강현(臨江縣) 지현(知縣) 오(吳)의 조회에 "산을 수색해서 도적을 소탕하고자 순포(巡捕) 및 친군(親軍)과 인부들을 선발해 대동하고 직접 모아산(帽兒山)으로 갔는데, 이 산의 동쪽에 수레와 말이 다니기 어려운 곳이 있어 귀국의 연상(沿江) 일대의 변경에 길을 빌리지 않을 수 없습니다. 문서를 갖춰 조회하니 저희 현이 대동한 부대가 길을 빌려 경계에 도착한 즉시 면밀히 보호하여 나라 간의 친교를 견고히 해주십시오"라고 했습니다. 사안이 변경의 사무와 관계되어 감히 함부로 처리할 수 없어 이에 보고합니다」라고 했습니다. 이 길을 빌리는 사안이 이미 중대하기에 관찰부에서 좌우하기 어려움이 있으므로 이에 보고하오니 살피셔서 지령해주시기 바랍니다』라고 했습니다.

연이어 받은 함경남도관찰사 서정순(徐正淳)의 전보(電報)에 『삼수군수 보고서에 「청국에 새로 설치된 임강현의 조회에 "바야흐로 순포대와 친군소대를 이끌고 변경을 순시하고 도적을 체포하여 두 나라 변경의 백성들을 편안하게 하고자 귀국 변경에 길을 빌리고자 합니다"라고 했습니다. 함부로 처리할 수 없습니다」라고 했습니다. 길을 빌려줄 지 여부를 특별히 회답해 알려주십시오』라고 했습니다.

이를 조사하니 길을 빌려주는 일은 사안이 중대할 뿐더러 또한 교섭과 관계된 것이니 우리 내부에서 함부로 지시하기 어렵습니다. 이에 알리니 헤아린 후 청국공사와 상의해 처리해서 길을 빌려줄지 여부를 분명히 알려주어 즉시 지시하게 해주시기 바랍니다.

광무 7년 1월 23일

의정부찬정내부대신 김주현

의정부찬정외부대신 조병식 각하

12 청국 임강현 지현이 도적 소탕을 위해 군대가 통행할 길을 빌려 달라고 한 요청에 대해서는 원수부에 보고해 처리하는 것이 좋겠다는 조복

조복 제2호

내부의 제1호 조회에 〈평안북도관찰사 민경호의 제6호 보고서에 『관하 강계군수 권용철의 보고서에 「청국에서 신설한 임강현 지현 오(吳)의 조회에 "산을 수색하여 도적을 소탕하고자 순포(巡捕) 및 친군(親軍)과 인부들을 선발해 대동하고 직접 모아산(帽兒山)으로 갔는데, 이 산의 동쪽에 수레와 말이 다니기 어려운 곳이 있어 귀국의 연강 일대의 변경에 길을 빌리지 않을 수 없습니다. 문서를 갖춰 조회하니 저희 현이 대동한 부대가 길을 빌려 경계에 도착한 즉시 면밀히 보호하여 나라 간의 친교를 견고히 해주십시오"라고 했습니다. 사안이 변경의 사무와 관계되어 있어 감히 함부로 처리할 수 없어 이에 보고합니다」라고 했습니다. 이를 근거해 보니 길을 빌려주는 일은 사안이 매우 중대하여 관찰부에서 판단하기에 어려움이 있기에 이에 보고합니다. 살피시고 지령해 주시기 바랍니다』라고 했습니다.

연이어 받은 함경남도관찰사 서정순의 전보에 『삼수군수 보고서에 「청국에 새로 설치된 임강현의 조회에 "바야흐로 순포대와 친군소대를 이끌고 변경을 순시하고 도적을 체포하여 두 나라 변경의 백성들을 편안하게 하고자 귀국 변경에 길을 빌리고자 합니다"라고 했습니다. 함부로 처리할 수 없습니다」라고 했습니다. 길을 빌려줄지 여부를 특별히 회답해 알려주십시오』라고 했습니다.

이를 조사하니 길을 빌려주는 일은 사안이 중대할 뿐더러 또한 교섭과 관계된 것이니 폐부(敝部)에서 함부로 지시하기 어렵습니다. 이에 알리니 헤아린 후 청국공사와 상의해 처리해서 길을 빌려줄지 여부를 분명히 알려주어 즉시 지시하게 해주기 바랍니다〉라고 하셨습니다.

이를 살펴보니 우리 외부에서도 함경남도관찰사의 전보를 받고 청국에 길을 빌려주는 것이 병력 운용과 관계가 있다고 하니 곧바로 원수부에 전보하는 것이 옳다고 전보로 회답했습니다. 이에 조복하니 살피시기 바랍니다.

광무 7년 1월 27일

의정부찬정외부대신 조병식

의정부찬정내부대신 김주현 각하

13 청국군에 길을 빌려줄지 여부는 외부에서 판단해야 하며, 임강현이 추가로 보낸 조회의 등본을 전달한다는 조회

조회 제2호

귀 제2호 조복에 《내부의 제1호 조회에 〈평안북도관찰사 민경호의 제6호 보고서에 『관하 강계군수 권용철의 보고서에 「청국에서 신설한 임강현 지현 오(吳)의 조회에 "산을 수색하여 도적을 소탕하고자 순포 및 친군과 인부들을 선발해 대동하고 직접 모아산으로 갔는데, 이 산의 동쪽에 수레와 말이 다니기 어려운 곳이 있어 귀국의 연강 일대의 변경에 길을 빌리지 않을 수 없습니다. 문서를 갖춰 조회하니 저희 현이 대동한 부대가 길을 빌려 경계에 도착한 즉시 면밀히 보호하여 나라의 친교를 견고히 해주십시오"라고 했습니다. 사안이 변경의 사무와 관계되어 있어 감히 함부로 처리할 수 없어 이에 보고합니다」라고 했습니다. 이를 근거해

보니 길을 빌려주는 일은 사안이 매우 중대하여 관찰부에서 판단하기에 어려움이 있기에 이에 보고합니다. 살피시고 지령해주시기 바랍니다』라고 했습니다.

연이어 받은 함경남도관찰사 서정순의 전보에 『삼수군수 보고서에 「청국에 새로 설치된 임강현의 조회에 "바야흐로 순포대와 친군소대를 이끌고 변경을 순시하고 도적을 체포하여 두 나라 변경의 백성들을 편안하게 하고자 귀국 변경에 길을 빌리고자 합니다"라고 했습니다. 함부로 처리할 수 없습니다」라고 했습니다. 길을 빌려줄지 여부를 특별히 회답해 알려주십시오』라고 했습니다.

이를 조사하니 길을 빌려주는 일은 사안이 중대할 뿐더러 또한 교섭과 관계된 것이니 폐부에서 함부로 지시하기 어렵습니다. 이에 알리니 헤아린 후 청국공사와 상의해 처리해서 길을 빌려줄지 여부를 분명히 알려주어 즉시 지시하게 해주기 바랍니다〉라고 했습니다.

이를 살펴보니 우리 외부에서도 함경남도관찰사의 전보를 받고 청국에 길을 빌려주는 것이 병력 운용과 관계가 있다고 하니 곧바로 원수부에 전보하는 것이 옳다고 전보로 회답했습니다. 이에 조복하니 살피기 바랍니다》라고 하셨습니다.

이를 조사하니 청국 임강현 지현이 이미 산을 수색해서 도적을 소탕하고자 순포 및 친군과 인부들을 선발해 대동했다고 합니다. 한편으로는 원수부에도 조회로 알려야겠습니다. 그러나 길을 빌려줄지 여부는 사안이 매우 중요하니 귀 외부에서 청국공사와 협의해 처리하여 길을 빌려주는 것을 허가할지 말지를 정확히 지시하여 바로잡으시는 것이 삼가 일의 이치에 합당할 것입니다.

그런 중 다시 받은 함경남도관찰사 서정순의 제6호 보고서에 《지금 삼수군수 이민중(李敏中)의 보고를 받았는데 〈그제 도착한 대청국(大淸國) 신설 임강현의 조회를 동봉하여 보고합니다. 그리고 조회 중 길을 빌려주는 사안은 군에서 함부로 처리할 수 없는 일이니 그 가부를 지령하여 처분해주십시오. 그에 따라서 경계에 가서 계속 속히 보고하겠습니다. 살펴주시기 바랍니다〉라고 했습니다. 길을 빌려주는 사안은 매우 중대하여 함부로 허가하기에 어려움이 있기에 이미 전보했습니다. 해당 조회를 등서하여 첨부해 올려보내며, 이어지는 보고를 기다려 다시 갖춰서 보고하겠습니다. 살피셔서 지령해주시기 바랍니다》라고 했습니다.

임강현 조회의 등본을 모두 첨부해 알리니 헤아리신 후 청국공사와 속히 상의하여 길을 빌려주는 것을 허가할지 여부를 즉시 알려주어 속히 지시하게 해주기 바랍니다.

광무 7년 2월 13일

의정부찬정내부대신 김주현

의정부찬정외부대신 이도재 각하

재(再)

임강현 조회의 등본은 살펴본 후 반환하십시오.

14 청국군에 길을 빌려줄지 여부는 내부와 원수부가 협의해 처리하라는 조복

조복 제3호

귀 제1호 조회를 받고 청국 관원에게 길을 빌려주는 일로 이미 조복했습니다. 그런데 귀 제2호 조회를 다시 받아보니, 청국공사와 속히 협의하여 길을 빌려줄지 여부를 즉시 알려달라고 하셨습니다. 이 사건을 조사하니 청국 관원이 친군(親軍)을 선발해 대동했다고 했으니 사안이 매우 중대하여 급히 논의할 수 없습니다. 그런데 도로는 지방의 일이며 병력을 대동하는 것은 군정(軍政)의 일이니 응당 귀 내부에서 원수부에 문서를 보내 길을 빌려주는 것을 허락하지 여부를 협의해 처리함이 삼가 일의 이치에 합당하겠습니다. 이에 조복하니 헤아리기 바랍니다.

광무 7년 2월 18일

의정부찬정외부대신육군부장 이도재

의정부찬정내부대신 김주현 각하

재(再)

임강현 조회의 등본을 반환합니다.

15 한국인들이 강을 건너와 임강현에서 행패를 부린다는 청국공사의 조회를 받았으니 각 군에 지시해 금지하라는 조회

조회 제4호

올해 1월 25일에 청국공사의 조회를 받아보니 「봉천장군이 보내온 문서에 따르면 "임강현이 아뢰기를 임강현 장생보(長生堡) 지방에서 올해 7월 중에 한국인들이 밤을 틈타 강을 건너 농민 양수청(楊守淸)의 밭 가는 소 2마리를 훔쳐갔고 또 8월 중에 들에서 조준(曺俊)의 밭 가는 소 1마리를 훔쳐갔습니다. 두 집이 강을 건너 소를 찾자 한국 관리가 이를 무시했을 뿐만 아니라 도리어 두 집에 사람들을 보내 때리고 능욕하게 했습니다. 또 후영례(侯永禮) 집에서 이전에 한국인에게 화창(火槍) 1자루를 산 적이 있는데, 한국 관원이 끝내 도둑질했다고 거짓으로 이야기하면서 벌금을 강제로 징수했습니다. 그는 도둑처럼 유사항(劉士恒)의 보리 여러 무더기와 여러 집의 곡식과 옥수수 등을 가져갔으며 닭, 오리, 돼지, 양 및 자질구레한 물건들은 헤아릴 수도 없습니다. 그 행동이 나날이 방자해져서 하지 못하는 일이 없게 되었습니다.

또 이피장(李皮匠)이라는 사람은 한국인에게 술을 팔았는데 이전에 술값을 내지 않았기에 그 한국인에게 술값을 독촉했더니 도리어 이피장을 비적이라고 하면서 형벌을 가하고 때려서 혈육이 낭자하여 거의 죽을 지경으로 만들고는 핍박하여 평전(平錢) 500여 냥을 빼앗았습니다. 상강(上江) 일대의 우리 백성들은 매일 흉악하고 잔인한 일을 겪고 있습니다. 자문을 통해서 요청하니, 한국에 조회하여 연강의 관민(官民)들을 엄히 단속하여 강을 건너 피해를 끼치지 말도록 하여 다툼의 단초를 없애주십시오"라는 내용이었습니다.

이에 따라 본 대신이 조사해보니, 근년 우리 나라 변경의 백성들이 때때로 한국인들이 경계를 넘어 일으킨 소란에 피해를 입는 일이 적지 않았습니다. 여러 번 귀 외부에 조회를 보내 조사하여 금지해줄 것을 요청한 것이 문서에도 있습니다. 그리고 임강현 등지에 또 귀국의 병사와 백성들이 와서 소요를 일으켜 행동하는 것이 떠도는 비적과 같습니다. 이들을 관할하는 관원들은 또 다시 사건의 내용은 묻지 않고 태형을 가하고 능욕하며 강제로 형벌을 내리니 더욱 놀랍고 한탄스럽습니다. 이들이 종종 임의로 학대하고 해를 끼치는 것 같으니 이전과 비교하여 더욱 심합니다.

우리 백성들이 오랫동안 피해를 겪어 이를 다스릴 수 없으니 반드시 변경에 분란이 발생할 것입니다. 본 대신은 진실로 이를 앞서서 걱정하지 않을 수 없습니다. 이를 위해 다시 자문을 보내 요청합니다. 반드시 연변(沿邊)에 있는 각 관원들에게 절실히 힘써 지시하여 병사와 백성들을 규약으로 단속하여 각기 그 영토를 지키게 하여 백성들이 피차 서로 편안하게 하십시오. 만약 다시 이러한 일이 있으면 사건이 무수하게 일어나지 않으리라고 보장하기가 정말 어렵습니다」라고 했습니다.

이를 의거해 조회하니 살피시고 연강의 각 군에 훈칙하셔서 엄히 금지하여 변경에 분란이 일어나지 않게 해주십시오.

광무 7년 2월 21일

의정부찬정외부대신육군부장 이도재

의정부찬정내부대신 김주현 각하

16 청국 관원에게 길을 빌려주는 일은 외교와 관계된 것이니 외부에서 청국공사와 협의하여 처리하라는 조회

조회 제3호

귀 제3호 조복을 연이어 받아보니 "청국 관원이 길을 빌려달라는 일로 이미 조복했습니다. 도로는 지방의 일이고 병사를 인솔하는 것은 군정(軍政)의 일이니 응당 귀 부(部)에서 원수부에 문서를 보내 길을 빌려줄지 여부를 상의하시기 바랍니다"라고 했습니다.

이를 받아서 조사해보니 도로는 지방의 일이라고 하셨으나 외국인이 길을 빌리는 것을 허락할지 여부는 국가 간의 교섭과 관련된 일이며 폐부(敝部)는 곧바로 교섭을 시행할 권한이 없습니다. 따라서 귀부에서 청국공사와 상의하여 바로잡으심이 삼가 일의 이치에 맞을 듯합니다. 이에 알리니 헤아리시고 밝히 알려주시기 바랍니다.

광무 7년 2월 26일

의정부찬정내부대신 김주현

의정부찬정외부대신육군부장 이도재 각하

17 청국 관원에게 길을 빌려주는 일은 외교적인 문제가 아니고 우리나라가 스스로 결정해야 할 일이니 내부가 원수부와 협의해 처리하라는 조복

조복 제4호

귀 제3호 조회를 받아보니 "청국 관원이 길을 빌리는 일에 관하여 말하면, 외국인이 길을 빌리는 것을 허락할지 여부는 국가 간의 교섭과 관련된 일인데 폐부(敝部)는 곧바로 교섭을 시행할 권한이 없습니다. 따라서 귀 부(部)에서 청국공사와 상의하여 바로잡으십시오"라고 했습니다. 이를 조사해보니 길을 빌리는 것을 허락하는 여부는 그 권한이 우리나라에 있습니다. 청국공사와 무엇을 협의하여 처리하라는 말입니까. 또 귀부에서 이미 도로를 관할하고 있고 사안이 병력을 인솔하는 것과 관계되었으니 원수부에 조회로 요청하여 길을 빌려줄지 여부를 알게 되는 대로 해당 도관찰사에게 지시하시면 될 뿐입니다. 귀 부에서 청국공사와 교섭하라고 하실 일이 아닙니다. 살피셔서 원수부가 처리하도록 직접 요청하시기 바랍니다.
광무 7년 3월 2일

의정부찬정외부대신육군부장 이도재

의정부찬정내부대신 김주현 각하

18 이범윤을 간도를 관리하는 관원으로 파견할 것을 상주하여 재가를 얻었다는 조회

조회 제9호

북변간도(北邊墾島)는 원래 한국과 청국의 경계인 바, 생각해보면 간악한 무리들이 변경 지역의 틈에서 나타나게 되었기 때문에 그 땅이 텅 비게 된 지가 지금 수백 년입니다. 그리고 수십 년 이래 북도(北道) 연변 각 군의 우리 백성들이 그 땅에 이주해서 농사를 지으며 먹고 사는 사람이 지금 수만 호에 10여 만 명입니다. 그런데 이들이 의뢰할 곳이 없어 생업을 지키기 어렵다고 이곳 간도 주민의 소장(訴狀)이 여러 번 왔습니다. 그래서 내부에서 시찰 이범윤을 파견하여 황제의 교화를 선포하고 호구를 조사하도록 했습니다.

이번에 시찰 이범윤의 보고서를 받아보니 "간도에서 살고 있는 자들은 주관하는 관원이 없어 청국 관원들의 가혹한 학대를 당하고 있으니 외부에 전조(轉照)하여 청국공사와 협의해서 청국 관원의 침탈을 막도록 해 간도 주민들의 생명을 지키도록 해주십시오"라고 했습니다.

이 보고서를 살펴보니 이 땅에서 살고 있는 우리 백성들이 수십여 만 명에 이르는데 아직도 의뢰할 곳이 없어 청국 관원의 괴롭힘에 전부 내맡겨져 있으니, 이는 먼 곳의 백성을 편안하게 하는 도리에 있어 극히 소홀한 것일 뿐더러 한청조약 제12관 중 "양국의 육로(陸路)가 교차하는 곳에서 변방 백성은 이전부터 서로 교역을 해왔다. 이번에 조약을 맺은 뒤에 다시 육로통상장정과 세칙을 확증할 것이고, 변방 백성으로서 이미 월간(越墾)한 자는 자기 직업에 안주하게 하여 생명과 재산을 보호해 주도록 한다"라는 문구가 있습니다. 먼저 임시로 보호관(保護官)을 설치하여 간도 주민들의 요청에 따르게 하지 않을 수 없습니다.

시찰 이범윤을 간도의 관리주차(管理住箚)로 특별히 임명하여 사무를 책임지고 관리하고 생명과 재산을 보호하도록 하여 조정이 백성들을 품고 보호하는 지극한 뜻을 보여주도록 황제께 상주(上奏)하여 재가를 받았습니다. 이에 알리니 헤아린 후 청국공사에게 조회해 협의하여 간도 부근 청국 관원에게 문서를 보내 치발을 강요하거나 법에 벗어나 학대하지 말도록 하며, 이웃 나라와의 친교를 도탑게 하자는 뜻으로 청국공사의 공문 1건을 빨리 교부하도록 하여 간도관리 이범윤에게 보내 시무에 편하게 해주십시오.

광무 7년 8월 21일

의정부찬정내부대신 김주현

의정부찬정외부대신 이도재 각하

19 이범윤 파견은 조약 위반이라고 항의한 청국공사의 조회를 전달한다는 조복

조복 제9호

북변간도에 관리(管理)를 파견하여 주재시키는 일로 귀 제9호 조회를 받아서 청국공사에게 문서를 보냈습니다. 그 조복을 받아보니 「우리 나라의 변경 지역에 월간한인(越墾韓人)들에 대해서는 과거 여러 번 귀국에 쇄환을 요청했습니다. 중한조약(中韓條約)이 체결되고 비로소 제12관(款)에 "변방 백성으로서 이미 월간한 자는 자기 직업에 안주하게 하고 생명과 재산을 보호해 준다"는 문구가 실려 있으나 파원이 경계를 넘어 관리할 수 있다고 밝힌 문구는 없었습니다. 변경 지역은 살펴보면 무역항과는 달라서 응당 우리가 맡아서 보호해야 할 곳입니다. 하물며 해당 지역의 우리 나라 토착민들은 한국인들보다 몇 배나 많아서, 이전부터 우리 지방관이 모든 것을 관리해 왔기에 우리의 관할 지역이 된 것이니 비어있는 땅이 아님을 알 수 있습니다.

근년에 귀국 관리와 병사, 백성들이 이익을 노리고 경계를 넘어 일을 저질러 생명을 상하게 하고 재산을 빼앗았으며 갖가지 난리를 일으키고 경계를 침범한 것이 수차례였습니다. 그 내역을 이미 본 대신이 조사했으며 해당 성(省)도 여러 차례 문서를 보내와서, 조사하고 처리하여 이를 금지시키도록 조회로 요청한 것이 문서에 있습니다. 해당 시찰 이범윤은 특별히 임명되어 임의로 함부로 행동하여 맺어진 조약을 지키지 않고, 멋대로 규약을 세워 인구를 편성하고 범죄자를 체포하고 세금을 거뒀기에 또한 이미 사리에 맞게 자문(咨文)을 보내어 즉시 귀환시킬 것을 요청했습니다.

그리고 우리 나라 관원이 한국인들의 사건에 간섭하는 일이 있었으나 모두 다 조약을 지켜서 조회해서 귀국 연변의 관원들이 심리하게 하거나 혹은 아뢰어서 장군이 자문을 보내오면 본 대신이 귀국 외부에 조회로 요청하여 지시를 내려 조사해 처리하도록 했으니 확실히 법을 벗어나 학대하는 처분은 없었습니다. 왜 그 시찰이 한편에서 이야기하는 내용만 믿고 핑계를 삼아 경계를 넘을 수 있습니까. 치발 사안은 이미 입적했거나 일찍 호적에 편입되어 우리 백성이 된 지 오래된 자를 제외하면 결단코 억지로 치발을 강요한 일이 없습니다.

요컨대 이 일은 경계와 관계된 일이기에 결코 경솔히 동의하기 어렵습니다. 본 대신이 삼가 사정에 근거해 변성(邊省)의 대관에게 자문을 보내어 지방관에게 지시해 조사하도록 했습니다. 귀 조회 중 학대하며 치발을 강요한다는 각 사안에 대해서는 일이 발생하면 좋게 타결해 처리하여, 조약 중 '백성들을 생업에 편안히 종사하게 한다'라는 뜻에 부합되도록 하겠습니다.

관원을 파견하는 사안은 응당 양국의 육로장정이 의정되기를 기다려 관원을 파견해 경계를 확정하고, 각각 경계가 어떻게 정해졌는지에 따라서 통상할 항구를 지정하고 관리를 헤아려 설치하며, 그때에 교섭하는 통례(通例)를 참작하여 협의해서 방책을 정하면 됩니다. 지금은 서두를 필요가 없습니다. 살펴서 시행하십시오」라고 했습니다.

이에 근거해 조복합니다. 살피기 바랍니다.

광무 7년 9월 8일

의정부찬정외부대신서리외부협판 이중하

의정부찬정내부대신 김주현 각하

20 간도는 조선 영토이며 이범윤 파견은 정당하니 청국공사에게 요청해 간도 주재 양국 관원의 상호 불침 원칙을 확인하는 공문을 발급하도록 해달라는 조회

조회 第11호

귀 부(部)의 제9호 조복을 받아보니 『북변간도에 관리를 파견하여 주재시키는 일로 귀 제9호 조회를 받아서 청국공사에게 문서를 보냈습니다. 그 조복을 받아보니 「우리 나라의 변경 지역에 월간하는 한국인들에 대해서는 이전에 여러 번 귀국에 쇄환을 요청했습니다. 중한조약이 체결되고 비로소 제12관(款)에 "변방 백성으로서 이미 월간한 자는 자기 직업에 안주하게 하고 생명과 재산을 보호해 준다"는 문구가 실려 있으나 파원이 경계를 넘어 관리할 수 있다고 밝힌 문구는 없었습니다. 변경 지역은 살펴보면 무역항과는 달라서 응당 우리가 맡아서 보호해야 할 곳입니다. 하물며 해당 지역의 우리 나라 토착민들은 한국인들보다 몇 배나 많아서, 이전부터 우리 지방관이 모든 것을 관리해 왔기에 우리의 관할 지역이 된 것이니 비어 있는 땅이 아님을 알 수 있습니다.

근년에 귀국 관리와 병사, 백성들이 이익을 노리고 경계를 넘어 일을 일으켜 생명을 상하게 하고 재산을 빼앗았으며 갖가지 난리를 일으키고 경계를 침범한 것이 수차례였습니다. 그 내역을 이미 본 대신이 조사했으며 해당 성(省)도 여러 차례 문서를 보내와서, 조사하고 처리하여 이를 금지시키도록 조회로 요청한 것이 문서에 있습니다. 해당 시찰 이범윤은 특별히 임명되어 임의로 함부로 행동하여 맺어진 조약을 지키지 않고, 멋대로 규약을 세우고 인구를 편성하여 범죄자를 체포하고 세금을 거뒀기에, 또한 이미 교체하도록 사리에 맞게 자문을 보내어 즉 귀환시킬 것을 요청했습니다.

그리고 우리 나라 관원이 한국인들의 사건에 간섭하는 일이 있었으나 모두 다 조약을 지켜서 조회해서 귀국 연변의 관원들이 심리하게 하거나 혹은 아뢰어서 장군이 자문을 보내오면 본 대신이 귀국 외부에 조회로 요청하여 지시를 내려 조사해 처리하도록 했으니 확실히 법을 벗어나 학대하는 처분은 없었습니다. 왜 그 시찰이 한편에서 이야기하는 내용만 믿고 핑계를 삼아 경계를 넘을 수 있습니까.

치발 사안은 이미 입적했거나 일찍 호적에 편입되어 우리 백성이 된지 오래된 자를 제외하면 결단코 억지로 치발을 강요한 일이 없습니다. 요컨대 이 일은 경계와 관계된 일이기에 결코 가볍게 실행하기 어렵습니다. 본 대신이 삼가 사정에 근거해 변성(邊省)의 대관에게 자문을 보내어 지방관에 지시해 조사하여 조회하도록 했습니다. 귀 조회 중 학대하며 치발을 강요한다는 각 사안에 대해서는 일이 발생하면 좋게 타결해 처리하여, 조약 중의 '백성들을 생업에 편안히 종사하게 한다'라는 뜻에 부합하도록 하겠습니다.

관원을 파견하는 사안은 응당 양국의 육로장정이 의정되는 것을 기다려 관원을 파견해 경계를 확정하고, 각각 경계가 어떻게 정해졌는지에 따라서 통상할 항구를 지정하고 관리를 헤아려 설치하며, 그때에 교섭하는 통례를 참작하여 협의해서 방책을 정하면 됩니다. 지금은 서두를 필요가 없습니다. 살펴서 시행하십시오」라고 했습니다. 이에 근거해 조복합니다. 살피기 바랍니다』라고 했습니다.

이를 조사해보니 청국공사가 답변한 문서에 『일전에 한국인들이 우리 나라 변경 지역에 월간하기 때문에 과거에 여러 번 귀 외부에 돌려보낼 것을 요청했습니다』라고 했고, 또 『이 땅에 사는 우리 나라 토착민들은 한국인들보다 몇 배나 많으며 이전부터 우리 지방관이 모든 것을 관리해 왔기에 우리의 관할 지역이 된 것이니 비어있는 땅이 아님을 알 수 있습니다. 운운(云云)』이라는 말이 매우 모호하며 도리어 놀랍습니다.

예전에 청국의 오라총관(烏喇摠管) 목극등(穆克登)이 황명을 받고 와서 경계를 정할 때에 토문강(土門江) 남북으로 양국의 경계를 확정해서 혹은 토석(土石)을 쌓고 혹은 목책을 세워서 경계를 표시한 후 분수령 위에 특별히 비석을 세워서 명확히 증거로 삼은 것이 확실히 있습니다. 지금 토문강 이남에서 두만강 강변까지는 분명히 우리나라의 영역 안입니다. 그런데 이때 우리 조정이, 우리나라 변경 백성들이 청국 경계와 매우 가깝기에 혹 틈을 타서 소요를 일으키는 폐단이 있을까 특별히 우려하여 그 땅을 비워두고 양국 변경의 백성들이 집을 짓고 살지 못하게 했습니다. 그 후 청국 변경 백성들이 오두막을 몇 개 지었기에 우리 조정이 문서를 보내 철거한 공문이 있습니다. 이 땅이 청국 영토가 아닌 것은 확실히 판단할 수 있습니다.

최근 변경의 금지령이 해이해져 한국과 청국의 변경 백성들이 서로 이주하여 개간을 하던 중 청국인들은 1천여 호를 넘지 않고 우리 백성들은 2만여 호에 달하는데 청국에서 먼저 관리를 파견해서 주재시키고는 한국인들을 주관하는 관원이 없음을 멸시하여 치발을 강요하고 재산을 빼앗고 학대하는 폐단이 많았습니다. 이에 간도에 사는 백성들이 여러 차례 고소하여, 예전에 시찰 이범윤을 보내 상황을 살핀 후 이어서 간도를 관리할 것을 명하여 그 생명과 재산을 보호하도록 했습니다. 그러므로 이것은 청국에서 변경 지역에서 살고 있는 백성들을 위해 관리를 설치해 보호하는 본래 뜻과 똑같이 백성을 위하는 정책입니다.

지금 이범윤이 간도에 갈 때에 청국공사의 증빙문서를 반드시 조회로 요청할 필요는 없습니다. 그러나 간도에 먼저 주재하고 있는 청국 관리가 이전 경계에 대해 잘못 생각하고 자신이 먼저 도착한 것에만 주목하여 혹 갈등을 일으킬 우려가 없지 않습니다. 따라서 (청국공사의 증빙문서를 요청한 것은 – 역자 주) 먼저 통지하여 양국 관원이 각기 살고 있는 백성들을 보호하여 두 나라의 우의를 견고하기 위함입니다. 그런데 청국공사는 교린을 돈독히 하는 마음을 헤아리지 못하고 은연중에 간도를 청국의 영토로만 인준하며 결코 경솔히 동의할 수 없다고 했으니 더욱 한스럽고 애석합니다.

이에 알려드리니 헤아리신 후 청국공사에게 다시 상세히 설명하여, 간도에 파견되어 주재하는 관원이 각기 살고 있는 백성들을 보호하며 서로 침범하지 말자는 뜻으로 공문 1건을 만들어 보내주십시오.

광무 7년 9월 21일

의정부찬정내부대신 김주현

의정부찬정외부대신서리외부협판 이중하 각하

21 청국공사는 간도 주재 양국 관원의 상호 불침 원칙을 확인하는 공문을 발급하는 일에 협조하지 않을 것이니 내부에서 알아서 처리하라는 조복

조복 제13호

북변간도에서 살고 있는 백성들을 각기 보호하며 서로 침범하지 말자는 뜻을 청국공사관에 알리고 공문을 요청하는 일에 대한 귀 조회 제11호를 받았습니다. 이를 조사하니 이전에 이 사안으로 청국공사관에 문서를 보낸 바, 청국공사관의 답변에 "관원을 파견하는 사안은 응당 양국의 육로장정이 의정되는 것을 기다려 관원을 파견해 경계를 확정하고, 각각 경계가 어떻게 정해졌는지에 따라서 통상할 항구를 지정하고 관리를 헤아려 설치하며, 그때에 교섭하는 통례를 참작하여 협의해서 방책을 정하면 됩니다. 지금은 서두를 필요가 없습니다"라고 하여, 이미 조복으로 밝히 알려왔습니다. 청국공사관의 의견이 반드시 경계를 확정하기를 기다려 관리를 헤아려 설치하자는 것이니 지금 비록 다시 요청해도 그대로 해줄 것을 기대하기는 어렵습니다. 그 땅에 관원을 둔 것이 이미 경계를 확정하기 전에 일어난 일이므로 응당 집행할 사무는 생각하건대 귀 부(部)에서 처리해야 합니다. 이에 답변하니 헤아리기 바랍니다.
광무 7년 10월 31일

의정부찬정외부대신임시서리궁내부특진관 이하영

의정부찬정내부대신임시서리의정부찬정 윤정구 각하

22 무산군, 종성군, 회령군 지역에서 청국 병력과 우리 병력이 충돌했으니 속히 조사해서 처리하라는 조회

조회 第15호

경흥감리 황우영(黃祐永)의 전보를 지금 받아보니 무산군, 종성군, 회령군의 연강 지역에서 청국 병력 수천 명과 우리 병력이 충돌하여 간민(墾民)들이 도탄에 빠졌다고 합니다. 이를 조사하니 양국 병력이 상호 충돌한 것이 매우 경악스럽습니다. 만약 빨리 조사하여 중지시키지 않으면 변경에 큰 불화가 일어날까 정말 두렵습니다. 이에 조회하니 조사하셔서 빨리 해당 지방관에게 지시하여 엄히 살피고 사단이 일어나지 않도록 해주시기 바랍니다.
광무 7년 11월 24일

의정부찬정외부대신임시서리궁내부특진관 이하영

의정부찬정내부대신임시서리의정부참정 김규홍 각하

23 무산군, 종성군, 회령군 지역에서 청국 병력과 우리 병력이 충돌한 사건을 조사하여 처리하도록 함경북도관찰부에 지시했다는 조복

조복 제17호

귀 제15호 조회에 "무산군, 종성군, 회령군 연강에서 청국 병사와 우리 병사가 충돌했기에 변경 지역에서 큰 불화가 일어날까 정말 두렵습니다. 엄히 조사하여 사단이 일어나지 않게 해 주시기 바랍니다"라고 했습니다. 이를 조사하여 함경북도관찰부에 문서를 보내 엄히 지시하여 변경 지역에 불화가 발생하지 않게 했고 이에 조복하니 헤아리시기 바랍니다.

광무 7년 11월 27일

의정부찬정내부대신임시서리의정부참정 김규홍

의정부찬정외부대신임시서리궁내부특진관 이하영 각하

24 청국 변경에서 우리 병사와 백성이 소요를 일으킨 사건에 대한 청국 공사의 조회를 전달한다는 조회

조회 제17호

청국 변경에서 우리나라 병사와 백성들이 소요를 일으킨 일로 경성 주재 청국공사 허태신(許台身)의 조회를 받았는데, 사안이 지방에 관계되고 또한 귀 부(部) 시찰의 직무와도 관련이 있기에 그 원문을 초록해 첨부하여 조회하니 헤아리시기 바랍니다.

광무 7년 12월 3일

의정부찬정외부대신임시서리궁내부특진관 이하영

의정부찬정내부대신임시서리의정부참정 김규홍 각하

25 청국 변경 지역에서 우리 병민이 일으킨 소요의 빌미인 서상무는 곧 잡아올릴 것이며, 간도에 사는 우리 백성들은 이범윤이 관리할 것이라는 조복

조복 제20호

귀 제17호 조회를 받았는데 "청국 변경 지역에 우리나라 병사와 백성들이 소요를 일으킨 일로 경성 주재 청국공사 허태신의 조회를 받았는데, 사안이 지방과 관련되었고 또 귀 내부 시찰의 직무와도 관련되었기에 해당 원문을 초록해 첨부합니다"라고 하셨습니다. 이를 살펴보니 관리(管理) 서상무(徐相懋)를 파송한 일에 우리 내부는 처음부터 관여하지 않았고 평안북도관찰사와 연변군수가 해당 관원의 폐단을 보고했기에 그간 여러 번 소환했으나 오히려 올라오지 않았습니다. 지금 청국공사관이 조회로 힐문하기에 이르니 엎드려 처분을 받들어 엄히 해당 관찰사에게 지시해서 곧바로 잡아올리게 했습니다.

북변간도에 이르러서는 원래 분수령에 세운 정계비(定界碑) 안쪽이며 떠돌며 사는 우리 백성들이 수 만 호인데 청국관리가 괴롭히는 것이 너무 심해서 간도에 사는 백성들이 고소를 했습니다. 그래서 저희 내부가 시찰 이범윤을 파견해서 간도의 백성들을 우선 돌보게 했으며 청국관리의 학대를 금지하기 위해 황제께 아뢰어 이범윤을 간도관리로 특별히 임명하여 간도에 주재하게 한 사유는 두 차례 보낸 조회에서 이미 설명했습니다.

귀 조복에, 청국공사가 보낸 조복의 내용이 간도를 은연중에 이미 (청국의 – 역자 주) 소유인 것으로 간주하고 있으며 매우 모호합니다. 간도에서 살고 있는 한국과 청국 두 나라의 백성들은 이전에 보낸 조회에 따라 양국 관원이 각기 보호하여 이웃 나라와의 친교를 돈독하게 하자는 뜻을 청국공사관에 알려주기 바랍니다.

광무 7년 12월 17일

의정부찬정내부대신임시서리의정부참정 김규홍

의정부찬정외부대신임시서리궁내부특진관 이하영 각하

26 러시아 병력을 빌려 간도 지역을 관리하려 한 이범윤을 힐문하는 러시아공사의 조회를 받았으니 이범윤을 소환해 처벌하라는 조회

조회 제1호

경성 주재 러시아공사의 조회를 받았는데 『두만강 청국 경계 부근 지방에 있는 귀국 관리들이 두만강 좌측 청국 지방에 가서 관할하며 위법을 행사하려 한 것과 또 변경 지역에 주재하고 있는 귀국의 군대와 관원이 청국 영토를 침범하려 한 것은 더욱 위험하고 염려스럽습니다. 그래서 본 공사가 이전에 여러 번 귀 외부에 조회로 알려 살펴보시기를 바랐습니다. 그리고 귀 정부는 수차례 확실히 말하기를 「지방의 문무 관원에게 엄히 지시하여 결코 다시는 이러한 불법한 일이 없게 하겠습니다」라고 했습니다.

그런데 지금 남방 오소리(烏蘇里)에 있는 교계관 곽미살(廓米薩)의 보고를 보니, 무산군과 온성군 사이의 종성지방대 병정이 지난 11월에 또 청국 경계를 넘어 그 지방 평민들과 청국 지방대를 침범했다가 도리어 청국 병사에게 쫓겨났습니다. 그런데 그때 한국 병사들이 끼친 피해가 매우 커서 몇 곳의 촌락이 불에 탔고 청국인과 한국인으로 살해당한 자도 많다고 합니다. 교계관 곽미살이 또 보고하기를 「종성군에 주재하고 있는 한국 관원 이범윤의 공문을 보니 "정부의 명령을 받고 지금 관리(管理)가 되어 청국 영토 나샹[16] 북쪽에서 살고 있는 주민들을 장차 관리하려고 합니다. 교계관이 병력으로 보호해주셔서 해당 청국 영토에 주재하는 것을 도와주십시오"라고 했습니다. 요청한 것은 교계관이 물론 거절했습니다」라고 했습니다.

살펴보면 귀국의 군대와 관원이 법을 멸시하고 청국의 영토에 침범해 들어간 것입니다. 귀국 관원이 자의로 청국의 영토를 관할하려고 한 폐단은 결코 그냥 내버려둘 수 없습니다. 이 일 때문에 한국인과 청국인 주민들 사이에 복수심과 원망이 더욱 깊어져서 분란이 확산되었고 또 변경 지역에서 불화가 계속 일어나서 한국의 위험이 점차 증가하고 있습니다. 그러니 귀국 정부는 반드시 이 일을 상세히 조사하여 적절히 처리하고, 청국의 경계를 침범한 종성대 병졸 및 이를 난속하지 못한 해당 상교와 관원들에게 무서운 벌을 내리십시오. 그리고 청국

---

16 원문에 한글로 '나샹'이라고 표기되어 있다.

영토를 관할하고 주재(駐在)하려고 했던 이범윤은 그 뜻을 단속하여 일체 시행하지 않도록 하십시오. 본 공사는 깊이 믿습니다.
지금 형세가 위와 같으니 귀국 정부는 응당 엄격한 방책을 실시하여 변경 지역에 있는 귀국 문무 관리들이 모두 이러한 불법적인 일을 다시는 하지 않게 하시고 귀국의 군대 또한 다시는 청국 지방을 침범하지 않도록 하는 것이 가장 긴요합니다. 이에 조회하니 귀 대신은 청컨대 번거로우시겠지만 조사하셔서 이 일을 처리하시고 회답을 보내주십시오』라고 했습니다.
이를 조사하니 귀 내부에서 관리 이범윤을 북변(北邊)에 파견하여 주재하게 하신 것은 이미 귀부에서 보낸 문서로 전말을 다 알고 있습니다. 이범윤이 응당 행해야 할 직제(職制)는 필시 귀부가 명령했을 것이며 우리나라의 국권으로 일을 처리하는 것이 당연한 도리입니다. 그런데 갑자기 이범윤이 문서를 보내 러시아 관리에게 요청하여 병력을 요청했다가 러시아공사관에서 조회로 힐문하기에 이르렀습니다.
청국은 영토를 접하고 있는 이웃 나라로서의 친교가 어제 오늘의 일이 아니므로 경계 등의 일을 병력으로 논할 수 없습니다. 그런데 하물며 러시아 병사의 보호를 힘입어 청국의 영토를 관할하려 했다고 하니 청국과의 교의에 흠결이 있을 뿐만 아니라 우리나라의 국권에도 손해가 가볍지 않을 것입니다. 만약 청국 조정이 이 사실을 문의하면 변경 지역에 분란이 발생해서 교섭에 우려가 작지 않습니다. 이렇게 망령되이 경솔한 관원은 그대로 경계에 내버려 둬서 이웃 나라에 수치를 끼칠 수 없습니다. 이에 조회하니 헤아린 후 해당 관리 이범윤을 빨리 소환하고 러시아 관리에게 병력을 요청한 죄상을 엄히 처벌하여 이웃 나라와의 우의를 도모하고 변경 지역의 관리들을 권면하기 바랍니다.
광무 8년 1월 14일

의정부찬정외부대신임시서리특명전권공사 이지용

의정부찬정내부대신임시서리의정부참정 김규홍 각하

27 간도는 원래 조선 땅이며 이범윤이 러시아 관원에게 보낸 문서에 간도를 청국 땅이라고 인정한 내용이 있다면 소환해 처벌하겠다는 조복

조복 第2호

북간도관리 이범윤이 러시아 관리에게 병사를 요청한 일로 귀 제1호 조회를 받았습니다. 북변간도는 원래 한국과 청국 사이에 세운 정계비 안쪽에 있으며 떠돌며 사는 우리 백성들이 많이 있습니다. 그런데 청국 관원의 학대가 매우 심하여 이범윤으로 하여금 간도를 관리하여 그 백성들의 생명과 재산을 보호하게 한 것은 귀 외부에서 이미 상세히 확인하셨습니다.
그러던 중 지금 귀 조회 중 러시아공사의 조회에 "경계를 관리하는 관원이 병력을 보내 보호하여 해당 청국 영토에서 주재하는 것을 도와줄 것을 요청해 왔다"라고 한 것은 정말로 매우 놀랍습니다. 이범윤이 간도를 청국 땅으로 인지했다면 간도에 주재할 리가 없는데 자기가 보낸 공함(公函)에 청국 땅이라고 말했을 이유가 매우 의심스럽습니다. 이범윤에게 훈령으로 문의하여, 정말 러시아 관리 곽미살에게 보낸 공문의 내용이 그러하다면 장차 소환하겠습니다. 그러나 무릇 그 간도는 원래 한국과 청국의 경계 분수령에 있는 정계비 안쪽에 있는데 지금 이 러시아공사의 조회 중 "귀국 관원이 자의로 청국의 영토를 관할하려고 하는 폐단은 결코 그대로 내버려둘 수 없습니다"라는 말은 한국과 청국 두 나라의 경계를 어떻게 알 수 있어서 이렇게 단언하는지 매우 의아합니다. 이에 조복하니 헤아리기 바랍니다.
광무 8년 1월 30일

의정부찬정내부대신임시서리의정부찬정법부대신 이재극

의정부찬정외부대신임시서리헌병사령관 이지용 각하

28 한국 관원과 병사들이 청국 영토를 침범해 소요를 일으킨 사건에 대해 청국공사의 힐문을 받은 조회를 전달한다는 조회

조회 第9호

북간도관리 이범윤을 처벌하는 일로 이미 조회해서 조복을 받은 것이 문서에 있습니다. 그런데 경성 주재 청국공사 허태신의 조회를 받아 보니, 『우리 외무부의 전보에 「길림장군이 "한국인들이 계략을 꾸미고 땅을 침범하여 더욱 방자하고 도리에 어긋난다고 아뢰고 유지(諭旨)를 받들었으니 외무부가 신속히 조사하고 처리하십시오"라고 했습니다. 또 길림장군이 전보로 아뢰기를 "한국 병사들이 경계를 넘었다가 우리 군대의 반격을 당하고 격퇴되었습니다. 외병대(外兵帶) 1명이 사망했고 부위(副尉) 최제강(崔齊崗)과 병사 7명을 포로로 잡았습니다. 현재 한국 쪽 강변에서 군대가 이동하며 싸움을 걸려고 합니다"라고 했습니다.

조사해보니 이 일은 이미 본 부(部)에서 한국공사에게 조회하여 아울러 외부에서 의논하여 금지하도록 전보로 명령해달라고 했습니다. 그런데 한국 관원 이범윤이 간민(墾民)들에게 강제로 징수하고 강을 건너 관리를 배치하는 것은 그 의도가 침략하여 점령함입니다. 그리고 한국 병사들이 다시 경계를 넘어 소란을 일으키고 있습니다. 현재 일본과 러시아가 전쟁을 일으켰는데 양국의 변경 경계가 어찌 다시 사단을 낳을 수 있겠습니까. 해당 장군이 잘 방비하는 것 외에, 귀 외부에 전달해 이 일을 조사해서 한국 군대가 경계를 침범하지 않도록 엄히 지시하여 금지하게 하시기를 절실하게 희망합니다. 아울러 이범윤을 철수시켜서 소란이 일어나는 것을 피하고, 경계를 조사하고 장정(章程)을 의논하는 것은 시국이 안정되기를 기다린 후 다시 협상할 것입니다. 아울러 전보로 답변합니다」라고 했습니다.

이를 받들어서 본 대신이 살펴보니 작년 중력(中曆) 10월 동안에 봉천성과 길림성 두 곳이 동시에 한국 병사의 침범과 소요를 당했습니다. 그리고 이범윤과 서상무가 종종 조약을 위반하고 함부로 행동했습니다. 우리 외무부의 전보 지시를 여러 번 받고 수차례 조회를 보내 이들을 철수시키고 방법을 강구하여 한국 군대가 이후 다시는 경계를 침범하지 않도록 엄히 금지할 것을 요청했습니다. 아울러 누구든지 만약 다시 무리를 이끌고 무기를 들고 우리 경계에 난입해서 불법을 자행하면 우리 수토관(守土官)이 즉시 귀국에서 마적(馬賊)을 방어하는 방법을 참조하여 무기를 이용해 쫓아낼 것이며 만약 체포를 거부하는 자가 있으면 당연히 쳐죽일 것이라고 알렸습니다. 전(前) 외부대신서리 이(李)가 마땅히 살펴서 훈칙했을 것인데 지금은 왜 그렇습니까?

또 최제강이 군대를 이끌고 경계를 넘은 일은 매우 이상합니다. 길림장군이 보내온 전보와 귀 대신의 제5호 조회 중 종성진위대(鍾城鎭衛隊)가 말한 내용이 매우 다릅니다. 우리 관원이 담판을 요청한 것이 아니며 우리 군대가 임의로 발포한 것이 아닙니다. 만약 정말 백성들의 소를 약탈한 일이 있었다면 마땅히 두 나라의 지방관들의 처리를 통해 옳고 그름이 어렵지 않게 가려질 것입니다. 그 위관이 군대를 이끌고 경계를 넘었기에 우리 관리가 응당 저지한 것입니다. 그 위관이 갑자기 화기(火器)를 사용한 것은 정말 흉악하고 무리한 일이어서 필경 도적과 다르지 않았습니다. 그래서 어쩔 수 없이 바로 구금해서 군민(軍民)이 또 목숨의 위협을 겪지 않도록 한 것입니다. 또 한국 병사들이 먼저 총을 쐈기에 우리 군이 비로소 반격을 한 것으로, 본 대신이 전에 이미 알린 바입니다. 우리 연변(沿邊)의 병사와 관원들은 모두 합당하지 않은 처사가 없었습니다.

요컨대 근년에 귀국 연변의 관원과 병사들이 여러 번 무리를 이끌고 경계를 넘어 사람을 포로로 잡거나 죽이고 집을 불태우며 재산을 약탈하여 종종 조약을 위반하고 일을 일으키기에 이르렀으며, 실제 형편은 이보다 심해서 변경의 유혈사태가 모두 늘어나고 있습니다. 우리 정부는 이러한 사고가 모두 변경 관리들이 이익을 거두고 공적을 바라기 때문이지 귀 정부의 뜻에서 나온 것은 아니라고 생각합니다. 따라서 여러 번 타이르고 권하며 조사하고 금지하는 것을 귀 정부가 절실히 시행하기를 간절히 바랍니다.

지금 일본과 러시아의 전쟁을 당하여 양국 경계에 다시 사단이 일어나서는 안 됩니다. 따라서 다시 흉금을 털어놓고 사리에 맞게 받들어 알리니 귀 대신은 사무를 잘 아십시오. 오직 이 말대로 되기를 간절히 바라니 우리 정부의 뜻을 상세히 주청(奏請)하여 연변의 관원들에게 엄히 명령하여 다시는 군대를 보내 경계를 침범하는 것을 허락하지 않도록 하시고 위반한 자는 무겁게 처벌하십시오. 아울러 먼저 이범윤을 철수시켜서 함부로 사단을 일으키는 자들을 경계하시고 다툼의 원인을 만들어 내지 않도록 하시면, 이웃 나라와의 친교에 만전을 기할 수 있을 것입니다. 이미 공문에 근거해 자문을 보냈으나 이 내용을 다시 조회합니다. 청컨대 즉시 시행하고 곧바로 답변을 보내주시기 바랍니다』라고 했습니다.

이를 살펴보니, 이범윤이 이전에 러시아 관리에게 병사를 빌린 상황은 그간에 이미 훈령으로 문의했는지요. 이번에 청국공사의 조회 내용이 또한 크게 국제외교에 관계되었기에 이에 조회하니 헤아리기 바랍니다.

광무 8년 3월 1일

의정부찬정외부대신임시서리의정부찬정법부대신 이지용

의정부찬정내부대신 이재극 각하

29 청국공사가 이범윤에 대해 강력히 항의하고 있으니 빨리 소환할 것을 요청한 조회

조회 第15회

간도관리 이범윤을 소환하여, 러시아 관리에게 병력을 빌린 죄를 처벌할 일로 전(前) 외부대신 재임 당시 조회를 보냈습니다. 그 결과 이범윤에게 훈령으로 문의하겠다는 내용의 조복을 받은 것이 문서에 있습니다. 이어서 경성 주재 청국공사 허태신의 조회 내용을 따라 이 사안이 국제외교에 크게 관련된 사실임을 다시 조회했는데 그 후 아직 조복을 받지 못했습니다. 그런데 청국공사의 조회를 지금 받아보니 긴 문서에 글이 가득한데 전에는 들어보지 못한 내용이었습니다. 관원을 파견하고 감계(勘界)하는 일은 정부에 조회했거니와, 이범윤이 계속 돌아오지 않으면 두 국가의 변경 지역에 문제가 발생할 우려가 없지 않습니다. 청국공사관에서 온 조회와 첨부된 문서 한 책을 같이 등서하여 보냅니다. 이에 다시 조회하니 헤아려 조처하기 바랍니다.

광무 8년 3월 16일

외부대신임시서리의정부참정 조병식

내부대신 이도재 각하

30 청국공사의 조회만으로 이범윤을 소환할 수 없으며 간도의 양국 국민들은 각국 정부가 보호하는 것이 옳다는 뜻으로 청국공사관에 조회해달라는 조복

조복

귀 외부의 제15호 조회를 보니 "간도관리 이범윤을 소환하여, 러시아 관리에게 병력을 빌린 죄를 처벌할 일로 전(前) 외부대신 재임 당시 조회를 보냈습니다. 그 결과 이범윤에게 훈령으로 문의하겠다는 내용의 조복을 받은 것이 문서에 있습니다. 이어서 경성 주재 청국공사 허태신의 조회 내용을 따라 이 사안이 국제외교에 크게 관련된 사실임을 다시 조회했는데 그 후 아직 조복을 받지 못했습니다. 그런데 청국공사의 조회를 지금 받아보니 긴 문서에 글이 가득한데 전에는 들어보지 못한 내용이었습니다. 관원을 파견하고 경계를 감계(勘界)하는 일은 정부에 조회했거니와, 이범윤이 계속 돌아오지 않으면 두 국가의 변경 지역에 문제가 발생할 우려가 없지 않습니다. 청국공사관에서 온 조회와 첨부된 문서 1책을 같이 등서하여 보냅니다. 이에 다시 조회하니 헤아려 조처하기 바랍니다"라고 하셨습니다.

이를 조사하니 수십 년 동안 우리나라 북쪽 변경 지역에서 사는 주민들 중 간도에 유랑하며 사는 자가 2만여 호에 이릅니다. 그런데 청국 관원의 학대가 매우 심해서 생명과 재산을 지키지 못하는 상황을 그 주민들이 여러 번 고소했습니다. 그래서 우리 내부에서 이범윤을 파견하여 간도의 상황을 시찰하고 호구를 조사한 후 계속 주재하며 주민을 돌보고 재산을 보호했습니다. 그래서 주민들이 자원하여 보낸 포장(褒狀)이 여러 번 도착했습니다.

그런데 귀 외부에서 청국공사관의 조회를 받고 그 관리 이범윤이 러시아 관리에게 병사를 빌린 일로 조회를 보내오셨습니다. 이범윤에게 즉시 전보로 문의하니 러시아 관리에게 병사를 빌린 일은 애초에 없었다고 하기에, 이 보첩(報牒)을 인용하여 귀 외부에 조복도 이미 보냈습니다. 무릇 이범윤이 간도 주민들의 생명과 재산을 보호하고 관리하여 간도의 청국 관원이 우리 백성을 학대하는 정책에 방해를 받자 여러 가지 거짓으로 모함하여, 경성 주재 청국공사관에 문제점을 억지로 나열하여 보고해서 이범윤의 소환을 기어이 요청하는 청국공사관 조회가 부부(府部)에 여러 번 도착했습니다. 그러나 그 조회의 내용만 따라서 이범윤을 먼저 소환하면 간도에서 떠돌며 살고 있는 수만 명의 사람들이 겪을 어려움은 전보다 더욱 심해질 것입니다. 양국 변경 지역에 떠돌며 사는 사람들을 양국 관원이 각각 보호하여 이웃 나라와의 돈독한 우의를 확고히 지켜나가는 것이 타당하다는 뜻으로 청국공사관에 조복하시는 것이 두 나라 모두에게 합당할 것입니다. 이에 우러러 조복하니 살피고 결정하여 처리해주기 바랍니다.

광무 8년 3월 23일

내부대신육군부장 이도재

외부대신임시서리의정부참정 조병식 각하

31 이범윤이 간도 주민들을 관리하며 돈을 거두고 있다고 러시아 변경 관리가 항의를 해왔으니, 이범윤에게 신중히 처리하도록 지시할 것을 요청한 조회

조회 第16호

경흥감리서리(慶興監理署理) 이기병(李基炳)의 전보를 받아보니, 「러시아 변경관리 곽미살리(廓米薩里)가 보낸 조회에 "간민들을 관리하고 돈을 거두는 것을 금지하십시오. 금지하지 않으면 알아서 조처하겠습니다"라고 했습니다. 살펴주시기 바랍니다」라고 했습니다. 이를 조사하니 러시아 관원이 「돈을 거뒀다」라고 한 말이 믿기 어렵지만 지금 변경의 중요한 지역에서 혹 문제가 일어날까 두렵습니다. 해당 관리 이범윤에게 전보로 지시하여 더욱 신중하게 살펴서 착오가 없게 하는 것이 타당하겠습니다. 이에 조회하니 헤아려서 빨리 처리해주면 좋겠습니다.

광무 8년 4월 1일

외부대신임시서리농상공부대신 김가진

내부대신육군부장 이도재 각하

32 이범윤이 간도 주민들에게 돈을 거뒀다는 러시아 관원의 조회는 근거 없는 월권이나 만일을 위해 이범윤에게 주의하라고 지시하라는 조복

조복 第12호

북간도관리(北墾島管理) 이범윤이 간도 주민들에게 돈을 거둔 일로 귀 제16호 조회를 받았습니다. 이를 조사하니 러시아 관원이 조회한 내용이 부당한 간섭일 뿐더러 또한 확실한 근거도 없습니다. 그러나 또한 좋은 일은 아니기에 북간도관리에게 전보로 지시하여 일체 돈을 거두지 말고 더욱 신중히 살피게 했습니다. 이에 우러러 조복하니 살핀 후 해당 감리에게 지시하기 바랍니다.

광무 8년 4월 8일

내부대신육군부장 이도재

외부대신임시서리농상공부대신 김가진 각하

33 함경북도의 기근을 해소하기 위해 북간도에서 청국 관원이 실시한 방곡령을 해제해 줄 것을 청국공사관에 요청해달라는 조회

조회 第16호

함경북도관찰사 이윤재(李允在)의 제1호 보고서에 "생각하건대 본 도(道)는 땅이 척박하고 곡식이 풍부하지 않아 풍년이라도 한 해를 보내기 쉽지 않습니다. 남도(南道) 각 항구의 쌀과 북군간도(北郡間島)의 쌀을 다수 사들여 와서 먹고살았습니다. 하물며 작년과 올해는 계속 흉년을 당하여 9월과 10월에 채소밭을 만들고 곡식을 거두어들이는 때에도 오히려 기근을 견디지 못하여 줄지어 떠도는 자들의 왕래가 빈번하여 도로에 끊이지 않습니다. 이러니 봄과 여름에 먹고사는 어려움은 오히려 다시 어떠하겠습니까. 굶주려서 온 얼굴이 혈색을 잃은 사람들이 원망하며 떠드는 모습이 눈에 가득하여 마음이 아파서 감히 낱낱이 사실대로 말씀드리기 어렵습니다.

지금 뱃길이 끊겨서 남쪽의 쌀이 도착하지 않았고 사서 운반해오는 것은 북간도의 쌀뿐입니다. 그런데 종성군 건너편 간도에 주둔하고 있는 청국의 병관(兵官)이 왠지 적의를 갖고 방곡(防穀)을 매우 엄밀하게 하여 무산군, 종성군, 회령군, 온성군, 경원군, 경흥군 건너편 간도 등지에서 한 말 한 되도 우리 백성이 사서 나르지 못하게 했습니다. 심지어 방곡 전에 사둔 것도 또한 옮기지 못하게 했습니다. 그 결과 한 도 안에 있는 수만 명의 목숨이 모두 굶어죽을 지경을 면하기 어렵습니다.

백성들의 상황을 생각하면 엎드려 황급함을 이길 수 없습니다. 이에 무지함을 무릅쓰고 감히 질품하오니 조사하시고 빨리 외부에 조회하셔서 청국영사관에 전조(轉照)하여 북간도 지역의 방곡령을 해제하여 굶주린 이들을 구하게 해주시기를 바랍니다"라고 했습니다.

이를 조사하니, 본 도가 계속 기근을 당하여 집이 곤궁해지고 먹고 살기가 어려워졌습니다. 그러던 중 북간도의 쌀과 곡식을 사들여 와서 먹었는데 북간도에 주둔한 청국 관원이 엄격히 방곡을 하고 심지어 이전에 사둔 곡식도 옮기지 못하게 했다고 합니다. 지금 모든 나라가 통상을 하는데 처음부터 곡식의 매매를 막는 규례가 없었을 뿐더러 양국의 돈독한 우의에 극히 타당하지 못합니다. 이에 알리니 헤아리신 후 청국공사관에 조회하셔서 북간도 관원들에게 지시를 전달하여 속히 방곡령을 해제하여 이웃 나라 사이의 우의를 돈독하게 하며 굶주린 백성을 구하게 하고 알려주기 바랍니다.

광무 8년 4월 23일

내부대신육군부장 이도재

외부대신 이하영 각하

34 청국 관원이 간도의 우리 백성들을 살해하고 재산을 빼앗고 민적을 강탈한 사건에 대해 청국공사관에 항의할 것을 요청한 조회

조회 제17호

북간도관리 이범윤의 제9호 보고서에 따르면, 「작년 음력 12월 10일 종성도(鍾城島) 김두일(金斗逸)의 수첩(手牒)에 "이번 달 6일에 청국 관원 진작언(陳作彦), 호전갑(胡殿甲)이, 마안산(馬鞍山) 아래에 살고 있는 양민 방성오(方成五)가 소송에서 졌음에도 불복하자 앙심을 품고 방성오가 도적의 무리라고 우기며 잡아다가 베어 죽였습니다. 또 서전(瑞田)에 사는 김득수(金得洙)의 아내와 김학주(金學周)의 둘째 며느리를 납치해가려 했으나 실패하자 그냥 찔러 죽였습니다.

한 사(社) 안에 3명이 살해당한 것이 매우 고통스럽고 경악스럽습니다. 그러나 제 힘으로는 원한을 풀어줄 길이 없고, 진작언이 그 속예 서수산(徐守山)을 시켜서 우리 백성들의 집을 뒤져 호적표를 빼앗아서 뒤져 돈을 빼앗고 병비(兵匪)를 움직여 국상(國喪)을 당해 상복을 입은 우리 백성들을 만날 때마다 구타하고 의관을 찢어서 가는 길을 막았습니다. 죽은 사람과 산 사람이 모두 원통해하며, 공적인 일과 사적인 일이 모두 막혀버린 것이 이보다 더 심할 수가 없습니다. 이에 수첩을 보냅니다"라고 했습니다.

이를 조사하니 사람을 죽인 사건이 듣기에 매우 경악스럽고 모든 악행이 다 불법입니다. 호적을 감독한다고 보고하고는 도민(島民) 박만수(朴萬洙), 심덕순(沈德舜), 박세영(朴世永) 등

10여 명을 묶어서 수년 동안 가두고 몽둥이로 때리고 불로 낙인을 새겨서 거의 죽을 지경에 이르렀습니다. 그리고 탈취한 재산을 도로 찾아갈까 염려하여 관(館)에서 관원을 보내 재산을 빼앗긴 우리 백성들의 집을 두루 다니게 하여, 처음부터 그런 일이 없었다는 다짐을 억지로 받아내서 그 흔적을 감췄습니다. 이들을 크게 꾸짖지 않으면 연도(沿島)의 수십만 생명들이 장차 도륙을 당하게 될 것입니다. 바라건대 확실히 감계(勘界)하셔서 간도의 모든 생명을 보호하게 하시며 살해당한 3명은 외부에 조회하셔서 청국공사에게 처리하되 따지고 논박하여 장정(章程)에 따라 배상을 받아내셔서 이후의 폐단이 없게 해주시기를 바랍니다」라고 했습니다.

이를 조사하니 간도에 주재한 청국 관원이 이전부터 우리 백성을 침해하며 허다한 불법을 저지른 것은 이미 여러 번 조회했습니다. 그러나 이번에 나라의 상복을 금지시키고 적표(籍表)를 빼앗고 재산을 침탈한 것이 너무나 상례에 어긋난 것일 뿐더러 심지어 3명이 살해당한 것은 공법(公法)에 있어 다만 놀랍고 한탄스러운 정도가 아닙니다.

이에 알려드리니 헤아린 후 청국공사관에 조회하여 간도에 주재하는 청국 관원의 모든 불법행위를 따져서 논박하고 살해된 3명에 대한 배상금을 공법에 따라 받아내고 알려주기 바랍니다.

광무 8년 4월 25일

내부대신육군부장 이도재

외부대신 이하영 각하

35 한국 비적 조사룡 등이 간도 지역에서 재산을 약탈하지 못하도록 조처해달라는 청국공사의 요청을 전달하는 조회

조회 제9호

경성 주재 청국공사 증광전(曾廣銓)의 조회를 받아보니, 『우리 외무부가 보내온 문서를 보니 「봉천장군 등의 자문에 "집안현이 보고해오길 양어두(洋魚頭), 태평구(太平溝), 양목림자(楊木林子), 양수천자(凉水泉子), 마선구(麻線溝) 등지에서 한국 비적(匪賊) 조사룡(曺士龍) 등이 경계를 넘어 침범해 소요를 일으키고, 또 일본의 집조(執照)를 위조하고 약탈을 자행했습니다. 이미 집안현이 연강에 있는 한국 각 군(郡)의 관원에게 조회해서 모두 조사해 체포하도록 요청했습니다. 그리고 사실을 확인하고 폐단을 금지하도록 지시했습니다"라고 했습니다.
살펴보니 한국 비적들이 경계를 넘어 소요를 일으키는 사건이 계속 나타나고 있습니다. 바라건대 빨리 엄히 징벌하여 변경 지역이 서로 평안해지도록 상세하게 한국 정부에 조회하여 연강의 한국 각 군의 관원에게 엄히 지시해서 힘을 다해 잡아서 처리하도록 하고 조금도 소홀히 처리하지 않도록 하십시오」라고 했습니다.
본 대신이 조사해 보니, 양국의 접경 지역은 각기 그 경계와 영토를 지키고 있으며 조금도 넘어가서는 안 됩니다. 그런데 근년에 종종 한국의 비적들이 강을 건너와 소요를 일으키는 일이 여러 번 있었습니다. 전임(前任) 각 대신들이 조회를 보내, 조사해 금지하도록 요청한 것이 문서에 있습니다. 봉천현과 집안현에서 어떻게 다시 사람이 잡혀가고 집이 불태워졌는지 그 사정을 각 문서에 자세히 적어서 따로 보내는 것 외에 급히 조회로 요청합니다. 귀 대신께서는 조사하셔서 연강에 있는 각 관원들에게 엄히 훈령하셔서 따로 조사해서 체포하여 다스리고 조금도 소홀히 처리함이 없게 하셔서 변경 지역을 편안하게 해주시기 바랍니다』라고 했습니다.
이에 조회하니 헤아려서 그 부근 지방관에게 따로 빨리 지시하여 엄히 조사해서 처리하여 변경 지역을 편안하게 해주기 바랍니다.
광무 9년 3월 30일

외부대신 이하영

내부대신서리내부협판 이봉래 각하

36 한국 비적 조사룡 등이 간도 지역에서 재산을 약탈하지 못하도록 연변 각 군에 지시했음을 청국공사관에 알리라는 조복

조복 第13호

경성 주재 청국공사 증광전의 조회에 따른 귀 제9호 조회를 받았습니다. 평안북도와 함경북도에 지금 즉시 훈령을 보내 연변의 주민들이 경계를 넘어 문제를 일으키지 않도록 해당 군수들에게 엄히 지시해서 상세히 조사해 처리하도록 했습니다. 이에 우러러 조복하니 헤아린 후 청국공사관에 전조해주기 바랍니다.

광무 9년 4월 7일

내부대신임시서리학부대신 이재극

외부대신 이하영 각하

37 한국인들의 청국인 살해 및 노략 행위에 대한 보복으로 청비가 한국인을 납치한 사건을 알리고, 계묘년 구휼 안건에 대해 빨리 지령해주기를 요청한 조회

조회 第40호

함경남도관찰사 신기선(申箕善)의 제46호 보고서를 받았습니다. 그 내용을 보니, 〈지금 갑산군수 이승현(李承鉉)의 보고에 『청국 임강현이 파견한 관리 왕보산(王寶山) 등이 계묘년(1903) 구휼 문제로 회동할 것을 요청했습니다. 그런데 군수는 일본 군대의 요청 때문에 북청군으로 나갔기 때문에 향원(鄕員) 김경준(金景俊), 한해붕(韓海鵬)을 대신 보냈습니다. 그런데 그들이 돌아와서 보고하기를 「청국 관원 왕보산, 유영지(劉永芝)가 관병 40~50명을 이끌고 혜산(惠山)으로 넘어왔습니다. 그래서 먹을 곡식과 닭과 돼지를 그 사(社)에서 마련해주었는데 그 비용은 500여 냥이었습니다. 청국 관원이 군수와 대면하여 처리하기로 하고 음력 8월 10일 어간에 군수가 돌아온 후 다시 모이기로 약속했습니다. 왕보산은 즉시 임강현으로 갔고 유영지는 그쪽 변경 지역에 머물렀습니다」라고 했습니다.
이어서 혜산 풍헌(風憲) 박언석(朴彦錫)이 보고하기를 「청비(淸匪) 서경발(徐慶發)이 무리 10여 명을 이끌고 각자 무기를 들고 본 사(社) 송봉리(松峯里)로 넘어와서 비난하며 말하기를 "올해 5월에 청국인 2명을 한국 포수가 계양포(界陽浦)에서 쏴 죽였다"라고 하고는 두민(頭民) 7명을 묶어서 데리고 강을 건너가서는 마구 때리면서 말하길 "포령장(砲領將) 채인권(蔡仁權)을 대면한 후에 풀어주겠다"라고 했습니다. 채인권은 강을 건너갔으며 서경발이 보낸 글 중에서 청국인 살해범으로 지목된 사들은 한국 포수 김낙윤(金洛允), 김성용(金成用), 윤정봉(尹正奉) 3명입니다. 이들을 잡아서 보내도록 요청했는데, 잡혀간 7명의 가족들이 김낙윤과 윤정봉을 그곳에 잡아 보냈기에 사정을 문의하고 곧바로 보고했습니다. 그래서 채인권과 7명의 사람들을 풀어줄 때에 서경발이 하는 말이 "이번에 청국인이 살해당했을 때에 빼앗긴

은(銀) 17냥중(兩重), 소 2마리, 은전(銀錢) 170원(元), 서양 지폐 4장, 흰 무명 4필(疋), 금(金) 6냥중을 8월 7일까지 보내라"라고 했습니다. 그래서 그 돈을 거둬서 범인들의 집안사람 편에 보내서 변경 지역에 충돌이 크게 일어나지 않게 했습니다」라고 했습니다.

계양포의 청국인 2명을 총으로 살해한 일은 군수가 부임하기 전에 있었던 일입니다. 그리고 위 사건의 김낙윤, 김성용, 윤정봉 3명이 정말 살해하고 노략한 일이 있었다면 죽어도 애석하지 않겠으나 사정이 혹 애매하면 매우 원통할 것입니다. 따로 서기를 보내서 일의 원인을 조사하도록 했으며 군수가 귀환하기 전에 유향(留鄕)이 변경 지역 인근의 산포(山砲)들을 준비해 보내서 지금 방어하게 했습니다』라고 했습니다.

이를 조사하니 그 3명의 흉악한 자들이 이웃 나라 사람을 함부로 살해하고 노략하여 이렇게 변경 지역에 분란을 일으킨 것이 지극히 가증스럽습니다. 김낙윤, 윤정봉은 이미 민간에서 잡아 보냈고, 도망간 김성용은 잡아서 법에 따라 처벌하게 하고 약탈한 물건은 조사해 추징하여 인질과 교환하도록 해당 군에 지시했습니다.

계묘년 구휼 문제는 그때 의정부, 내부, 외부에 보고했는데 아직 어떻게 처리할지 지시를 받지 못했습니다. 올해 5월에 청국 관원의 독촉 때문에 해당 군에서 급히 보고를 올렸기에 또 의정부와 외부에 보고했고 8월에 또 군의 보고를 받았습니다. 청국 관원이 문서를 보내 보상을 독촉했는데 만약 끝내 미루면 포용(砲勇)을 대동하여 공격할 것이라고 하면서 또 면담을 재촉했다고 합니다. 연이어 보고를 했는데도 처리 지령을 받지 못했으니 군에서 무슨 답변으로 다시 어려움을 극복하기를 도모하겠습니까. 국체(國體)에 있어 매우 민망하고 한탄스러우며, 변경의 분란과 관계되어 극히 우려스럽습니다. 이에 보고하니 살피시고 시급히 교섭하셔서 적절히 판단하여 지시해 주시기 바랍니다〉라고 했습니다.

이를 조사하니 함경남도에서 귀 외부에 이전에 보고했다고 하니, 생각하건대 이미 의논하여 확정하셨을 겁니다. 변경의 상황이 매우 급하고 국체가 관련된 일이기에 알려드리니 살피고 빨리 판별하여 알려주셔서 지령하기 편하게 해주기 바랍니다.

광무 9년 9월 27일

내부대신서리내부협판 이봉래

외부대신임시서리중추원찬의 박용화 각하

38 계묘년 구휼 문제는 의정부에 판단을 요청했으며 한국인의 청국인 살해에 대한 보복으로 청비가 한국인을 납치한 사건은 해당 관찰부가 처리하라는 조복

조복 第58호

귀 제40호 조회를 확인한 바, 계묘년(1903) 구휼 문제는 우리 정부의 조처와 판단이 있어야 교섭을 할 수 있기에 의정부에 여러 번 조회로 요청했습니다. 이번 계양포의 사망사건 때문에 청비 서경발 등이 우리 백성을 잡아간 것은 정말 이치에 맞지 않는 일입니다. 해당 도(道) 관찰부에 지시하셔서 살인범을 넘겨주도록 하여 우리 법에 비춰 헤아려 판별하게 하는 것이 옳겠습니다. 이에 조복하니 헤아리기를 바랍니다.

광무 9년 10월 2일

외부대신 박제순

내부대신서리내부협판 이봉래 각하

39 자성군과 강계군에 청비가 넘어와 재산을 약탈하고 백성들을 잡아갔기에 그 보고서를 전달하니, 청국영사관에 토벌을 요청하라는 조회

조회 第50호

평안북도관찰사 이근풍(李根豐)의 제200호 보고에 「관하 자성군수 윤동한(尹東翰)의 보고서와 강계군수 서정규(徐廷圭)의 보고서를 동시에 받았습니다. 그에 따르면 "경계를 건너온 청비들이 각각 무기를 들고 우리 백성들을 잡아가고 재산과 말과 소를 모두 빼앗아서 백성들이 모두 놀라서 흩어졌습니다"라고 했습니다. 이 두 보고를 각기 별지에 등서하여 올립니다.

그런데 언번 각군의 진위대와 포사(砲社)들 이미 모두 폐시하여 북방의 비도가 이러한 무방비를 틈타고 자꾸 경계를 넘어 우리 백성들을 괴롭히는 폐단이 있습니다. 그래서 변경 지역의 경고가 연이어 보고되고 있습니다. 그 방비에 있어 어찌 근심이 작겠습니까. 게다가 가을이 다 지나고 겨울의 추위가 멀지 않았습니다. 강이 언 후에는 변경 지역 비도들의 소요가 여러 번 일어날 것입니다. 앞날을 생각하면 더욱 답답합니다」라고 했습니다.

이를 조사하니, 청비가 경계를 침범해 습격하여 이미 매우 날뛰고 있습니다. 무기를 사용하여 사람을 잡아가고 재산을 약탈해서 변경 지역의 백성들이 살아가기가 어려워질 것입니다. 이들을 토벌할 방법을 조금도 늦출 수 없습니다. 이 두 군 보고의 등본을 첨부하여 알리니 살피고 청국영사관에 문서로 보내 빨리 토벌하게 하여 변경 지역을 평안하게 해주기 바랍니다.

광무 9년 10월 30일

내부대신육군부장 이지용

외부대신 박제순 각하

자성군수 윤동한 보고서 등본

음력 9월 6일 묘시(卯時)에 작성하여 보내서 당일 진시(辰時)에 도착한 본군 장토면(長土面) 집강 전성윤(田聖潤)의 치보(馳報)에, 「이번 달 5일 밤중에 청비(淸匪) 40여 명이 각자 병기를 들고 청국 경내의 착초구(錯草溝) 포구에서 본면 장성리(長城里)로 침범해 넘어와서 총을 쏘고 칼을 휘두르며 사람을 해치고 집집마다 다니며 약탈하여 재산과 농사짓는 소 2마리, 말 2필을 모두 빼앗고 마을 주민 23명을 잡아갔습니다. 그때 구타당해서 다친 사람이 거의 절반이고 놀라서 겁을 먹은 사람들은 도망쳐 흩어졌으며, 잡혀간 사람은 아직 돌아오지 못했습니다」라고 했습니다.

지난번에 러시아 경찰의 약탈을 겨우 견디고 이번에 비도들의 소요를 만나 약탈을 당했으니 원망하며 소리치는 모습은 차마 볼 수 없습니다. 그러나 군(郡)에서 병력을 세우지 못하고 변경 지역을 방어하지 않으면 그 방비가 소홀해집니다. 그래서 끌려간 우리나라 사람 수십 명을 아직 되찾아오지 못하여 걱정스럽고 민망합니다. 이에 보고합니다.

광무 9년 10월 5일

강계군수 서정규 보고서 등본

이번달 1일 문옥면(文玉面) 집강 박시혁(朴時赫) 보고에, 「청국의 무뢰배 100여 명이 본 면(面) 건너편 강북의 곳곳에 개미떼처럼 주둔하여 계속 모이고 흩어지고 있습니다. 그리고 문옥면 주민 10여 명을 묶어 잡아가서 가두고 괴롭혔습니다. 다행히 석방되어 돌아왔으나 계속 함부로 날뛰어서 연강(沿江) 상하에서 뗏목을 타고 아래로 내려가는 상선(商船)을 총을 쏘며 멈춰 세워 거리낌 없이 재물을 빼앗아서 그 상민(商民)들이 호소하기에 이르렀습니다. 변경의 백성들이 이 때문에 불안하고 상인들이 불편해 합니다」라고 했습니다. 그러니 연변(沿邊) 지역을 돌며 살펴서 소요를 진압하라는 뜻을 주둔 부대에 조회했고 이에 보고합니다.

광무 9년 9월 16일

IV

『경위원내거문』 번역문

1 화룡욕독리 섭함분이 무산군 지역을 조사하기 위해 통행을 허가해 줄 것을 요청한 사안에 대한 조회

조회 제5호

함경북도변계경무관 채현식(蔡賢植)의 보고에, 「화룡욕독리(和龍峪督理) 섭함분(葉含芬)이 조회를 보내 요청하기를, 무산군 건너편 땅에서 변경 지역을 조사할 일이 있어서 순초(巡哨)를 하려고 하니 우리 영토를 지나가는 길을 빌려달라고 했습니다. 교섭하는 도리에 있어 이 요청을 불허하기 어렵습니다. 이 순초행은 경계를 침범하는 것이 아니라 사연이 있어 가까운 곳에 가고자 길을 빌리는 것일 뿐더러, 어떤 나라든 관원이 공무 때문에 병정과 무기를 대동하고 경계를 지나면 호조(護照)를 발급해줘서 보내는 것은 장정(章程)에 분명히 기록되어 있습니다. 우리 관원도 다른 나라에 갈 일이 있을 때 호신을 위해 총과 칼을 갖고 간 전례가 많습니다. (섭함분 일행이 – 역자 주) 지나가도록 허락하고 방해하지 말도록 종성진위대 참령(參領)에게 사실에 근거해 조회했습니다.

그런데 그에 대해서 받은 회답 공문의 요점만 간추리면 "청국 관원이 변경을 조사하겠다고 말했는데 우리 땅에 무슨 조사할 것이 있어서 그들의 통행을 허락합니까. 예전에 외국인들이 지름길로 가려고 멋대로 경계를 넘은 일로 원수부에 보고했는데 그에 대한 지령에, 원래 나라의 법이 있으니 각 분참(分站)에 지시하여 서로 경계를 넘어 피를 흘리는 일이 없도록 하라고 했습니다. 또 청국 관원과 약속을 하였거나 혹은 양국 군인들이 공문을 가지고 왕래함에 있어서도 각자 사복(私服)을 입어서 사람들의 눈에 띄지 않도록 하라고 했습니다.

최근 연변(沿邊)이 점점 평안하여 다른 나라의 말을 하고 다른 나라의 옷을 입는 사람이 강을 건너 난리를 부리지 못했는데, 갑자기 이런 일이 있으니 어찌 연민(沿民)들이 의아하게 여기고 놀라서 두려워하지 않겠습니까. 이쪽에서나 저쪽에서나 통행을 허락하는 것은 군대로서는 함부로 허락하기 매우 어렵습니다. 이에 조복(照复)하니 헤아린 후 경무서에서 외부에 보고하여 원수부에서 소처해주시길 소회로 요청하도록 하십시오"라고 했습니다.

강변 지역의 경계를 엄히 하는 것은 전혀 이상하지 않습니다. 그러나 국토를 맞댄 두 나라의 외교에서 화목함을 잃을 것 같을 뿐만 아니라 본서의 사무는 오로지 월도(越島)를 관할하는 것이니 이후 파견한 순검이 칼을 차고 왕래할 때 혹 이 일 때문에 문제가 발생할 우려가 없지 않습니다. 그렇게 되면 비도(匪盜)들을 금지시킬 방법은 단지 헛된 이야기가 되며 백성을 보호하고 변경을 안정시키는 계책은 모두 실효가 없게 됩니다.

이에 보고하니 살피고 원수부에 이조(移照)하셔서 한국과 청국 사이에 금석(金石)같이 확실한 약속을 정하셔서 경찰이나 군대가 서로 충돌하는 폐단이 없도록 하여 이웃 나라와의 교의(交誼)를 지키게 해주기 바랍니다"라고 했습니다. 이에 따라서 조회하니 헤아린 후 처리해주기 바랍니다.

광무 6년 6월 26일

경위원총관헌병사령관임시서리평리원재판장서리호위대총관육군참장 이근택

의정부찬정외부대신서리외부협판 최영하 좌하

2 청국 관원의 우리나라 통행을 허가하는 문제는 경위원에서 원수부에 협의해 처리하라는 조복

조복 제4호

경위원의 제5호 조회를 받았습니다. 함경북도변계경무관 채현식의 보고에 따라, 청국 화룡욕독리(和龍峪督理) 섭함분이 변경 지역을 조사하기 위해 우리 영토를 통행하는 것을 허가해달라고 조회로 요청했으니 헤아려서 처리해달라는 내용이었습니다. 이를 조사하니, 이 경무관이 종성진위대 참령에게 이미 공문을 보냈습니다. 따라서 그들의 요청에 따르고 말고는 종성대에서 원수부에 직접 요청할 수 있는데 왜 외부로 하여금 원수부에 전조(轉照)하여 요청해주길 바라는 것입니까. 그들이 강을 건너는 것을 허가하지 않으면 우리 관원 또한 경계를 넘을 수 없을 것입니다. 해당 경무관이 이후 순검이 칼을 차고 청국 영토에 갔다 오는 일이 이 사안 때문에 어려워질 수 있다고 우려했는데, 이는 경위원에서 조처할 일이지 외부에서는 달리 해결할 방법이 없습니다. 이에 조복하니 헤아리고 군무국(軍務局)에 공문을 보내 협의하기 바랍니다.

광무 6년 6월 27일

의정부찬정외부대신서리외부협판 최영하

경위원총관헌병사령관임시서리평리원재판장서리호위대총관육군참장 이근택 각하

3 청국 관원이 간도의 한국 백성들에게 치발호복을 강요하고 과중한 세금을 부과한 사건에 대한 조회

조회 제7호

지금 함경북도변계경무관 채현식의 보고를 받았습니다. 그에 따르면 『진수혼춘지방부도통장상화령(鎭守琿春地方副都統獎賞花翎) 춘승(春陞)의 조회에 「흠명진수길림등처지방장군(欽命鎭守吉林等處地方將軍) 장순(長順), 부도통 성훈(成勛)이 혼춘 화룡욕의 보고에 근거해 자문하기를 "(한국인들이 – 역자 주) 강을 건너와 개간하고 있는 강변 일대의 지방은 한국과 강 하나를 사이에 두고 맞닿아 있습니다. 광서 16년부터 토지를 측량하고 개간하며 한국인들에게 모두 지시하여 치발(薙髮)을 하고 이미 우리 판도에 귀속되었습니다. 그런데 지금 난리가 있은 후 다시 함께 머리를 기르고 강남의 한국인들을 꼬드겨서 안팎에서 함께 간악한 짓을 했습니다. 만약 법을 시행해 다스리지 않으면 간악한 자들을 제거할 수 없을 뿐만 아니라 선량한 사람들을 편안하게 해줄 길이 없습니다. 또 청국과 한국 사이 변경의 백성들에게 끼칠 피해가 끝이 없을 것입니다"라고 했습니다.

길림장군의 지시를 받드니, 무릇 우리 판도에 속한 월간한인(越墾韓人)들은 마땅히 우리의 국법에 따라 모두 변발을 하여 청국의 변경을 살피기 편하게 하며, 이후 강남에서 온 한국인들이 개간과 무역을 할 때에는 반드시 세금을 내고 방옥(房屋)을 빌리되 세금을 내지 않고 사적으로 방옥을 지으면 장정에 근거해 처리하라고 하셨습니다. 이에 의거하여 우리 화룡욕 월간국(越墾局) 섭(葉) 총리에게 지시해 소속 주민들을 모두 타일러 명령에 따르도록 하는 한편 조회할 문안을 갖춰 이를 귀국 교계관(交界官)에 조회합니다. 청컨대 조회를 살피시고 각 부(府)에 전달하여 한국인들에게 알리고 타일러 주십시오」라고 했습니다.

지난 경진년(庚辰年, 1880)과 신사년(辛巳年, 1881) 사이에 청국에서 설치한 초간국(招墾局)에서 땅을 빌려주며 백성들을 길렀습니다. 그래서 우리 백성들이 먹고살 근심을 견디지 못하다가 소문을 듣고 (청국의 – 역자 주) 부름에 응한 자가 몇만 명인지 모릅니다. 부모를 떠나고 조상의 묘를 버리고 노인을 부축하고 아이를 업고서 경인년(庚寅年, 1890)부터 10년 동안 계속 흘러들어갔습니다. 연강(沿江) 근처에서 우리나라 사람으로 이주한 자가 10명 중 8~9명이며, 청국인으로서 부름을 받고 이주한 자는 100명 중 1~2명이 되지 않습니다.

그런데 농토를 개척하고 마을이 번화해지자 갑자기 치발을 하라는 명령을 내리고 한국인 장정만 향갑(鄕甲)으로 차출해서 도적(圖籍)에 넣었습니다. 이는 백성을 속여 땅을 넓힌 것입니다. 땅을 가진 자가 세금을 내는 것은 각국의 정상적인 법이니 결세를 배정하여 세금을 징수할 수 있습니다. 그러나 호구를 편제하고 머리 깎기를 강요하는 것은 도대체 무엇 때문입니까. 수년간 강행한 법령이 자연히 해이해져 우리 백성들이 점점 머리가 길어지고 우리나라 모자를 쓰고 옷을 입었으니, 온전히 대한제국의 적자(赤子)입니다. 지금 해당 아문에서 다시 변발을 할 것과 판도(版圖) 안에 포함시키는 것을 시행하려 한다고 하는데, 우리 백성들을 겸하여 관할하고 있으므로 반드시 적확한 공문이 있어야 합니다. 그런데 단지 화룡욕독리의 보고에만 근거해 길림장군의 지시를 받았다고 하여 백성들을 소란하게 만드는 단초를 야기했습니다. 내강(內江) 등지에서는 처음부터 각종 물품에 대한 세금을 거두지 않았는데, 연강 일대에서만 물고기, 소금, 쌀, 곡식, 포목(布木)과 사철(沙鐵), 기구(器具), 목재 등의 모든 물건에 아무런 제한 없이 세금을 책정했습니다. 그래서 청국 땅에 사는 백성과 한국 땅에 사는 백성을 막론하고 내지(內地)에서 쌀을 거래해서 지나가면 세금이 반드시 부과되어 소를 빼앗고 백성을 잡아가둬서 변경 주민들의 불만이 높았습니다. 그래서 주민들과 만나서 논의했으나 조회의 처리가 계속 늦어질 뿐만 아니라 끝내 실효가 없어 대처할 방법이 없습니다.
또 각국 사람들이 와서 사는 우리나라의 내지로 말하더라도, 집을 짓고 농사를 지으면서 원래 입던 그들의 옷을 계속 입지 강제로 머리를 길게 기르고 한국식 옷을 입으라고 강요하지 않습니다. 오직 이 변경에서만 치발을 할 것과 전에 없던 억울한 세금을 강요하니 수만 명의 사람들이 모두 흩어질 생각을 하고 있어 진정으로 근심스럽고 민망합니다.
이에 사실대로 보고하니 살피셔서 청국공사관에 조회를 보내 처리하신 후 따로 조규(條規)를 만들어 내려보내셔서 변경을 안정시키고 백성들을 보호하게 해주십시오』라고 했습니다.
이에 따라서 조회를 보내니 헤아린 후 청관에 이조(移照)하여 처리하도록 조처해주기 바랍니다.
광무 6년 7월 11일

경위원총관겸임헌병사령관서리호위대총관육군참장 이근택

의정부찬정외부대신임시서리 유기환 각하

17 원문에 '百不一三'이라고 적혀있으나, '百不一二'의 오기로 보인다. 문맥에 맞게 번역하였다.

V

『경무청내거문』 번역문

1 간도에서 청국 병사와 한국 병사가 충돌한 사건을 보고하고 무기 보급과 외교 교섭을 요청하는 조회

조회 제13호

함경북도변계경무관 최남륭(崔南隆)의 보고서를 받았습니다. "무산군 건너편 간도(墾島)의 주민 수천 수백 호가 청국 관리들에게 수탈을 당하고 청비(淸匪)들의 약탈을 감당하기 어려워 그곳에서 살기가 힘들다고 합니다. 그래서 순검을 파견하여 행패를 금지시키고 공적인 조회를 보내 빼앗긴 재산을 받아낸 것이 1년 동안 한두 번이 아니었습니다. 그래서 청비들의 우두머리들이 그 욕심을 채우지 못해서 오랫동안 (우리를 - 역자 주) 싫어했습니다.

이번 음력 8월 20일 후, 그 지역의 거친 땅에서 살고 있는 청국인 장서유(張瑞有), 강기순(江起順), 양덕승(楊德勝), 조유산(曹裕山) 등이 감히 무모하게 덤빌 계획을 세우고 무리를 모아 관병을 사칭하고 까닭 없이 군사를 내어 부녀를 겁박하고 백성의 재산을 약탈하는 것을 여지없이 일삼았습니다. 그뿐 아니라 이들은 군대를 지휘해 교전할 생각으로 무산군 분주대참(分駐隊站)에 격문을 전했습니다.

그래서 일이 매우 급박하여 부대가 출동했고 군수도 포군을 인솔하여 요충지를 견고히 수비했습니다. 우리도 강을 건널 수 없었지만 그들도 우리 경계에 들어오지 못해서 서로 수비하며 적대한 지 한 달 남짓 지났는데, 흉악한 청비들이 먼저 강을 사이에 두고 사격해서 그 형세가 멈추지 않았습니다. 그래서 군(郡)의 포군과 분주대(分駐隊)의 병사들이 응사할 때에 그 무리들 중 죽거나 다친 사람이 수십 명이었고, 우리 백성 중 사망한 사람은 사포(私砲) 한붕혁(韓鵬赫) 한 사람 뿐이었습니다.

이 비적들이 상대할 수 없다고 스스로 생각하고 9월 20일 후에 점차 달아나는 자들이 있었으나 여전히 행패를 부리며 흩어지지 않은 자들도 있었습니다. 그들이 한국 간민(墾民)들의 집과 움막, 곡식과 건초더미를 모두 불태우고 물건을 보는 족족 약탈하여 마을이 적막해지고 남녀노소가 살아갈 수가 없어 모두 강을 건너 무산군 읍시로 피난을 왔습니다. 그러자 무수한 청비들이 민가가 모두 빈틈을 타 자기들 소굴로 삼고 근처의 연안 지역을 왕래하면서 소리쳐 말하길 깊은 밤에 무산군 부대를 없애버릴 것이라고 했습니다.

이들을 방어하는 대책은 오직 그 소굴을 없애는 데 있습니다. 군수와 분주대 지휘관이 함께 논의하고 피난해온 간민들을 불러서 각 집주인들로 하여금 몇 채의 집을 불태우도록 하여 청비들이 갈 곳이 없게 하자 그들이 어찌할 수 없는 것을 알고 각자 흩어져 돌아갔습니다.

상강분서(上江分署) 총순(總巡) 안수익(安壽益)이 연이어 민망한 바를 보고했는데, 본서(本署)는 강 건너편에 수백 리 떨어져있어 손쓸 방법이 없었기에 전혀 도움을 주지 못하고 헛되이 마음만 쓰고 있었습니다. 가만히 엎드려 생각하건대 본관은 변경의 백성들을 보호하는 직책을 맡았지만 변경 백성들이 허물어져 흩어진다는 보고를 그저 듣기만 했습니다. 그 광경을 생각하면 통탄스러움으로 마음이 답답합니다. 병사의 승패도 예측할 수 없는데 백성이 괴로움을 당하는 것이 정말 근심스럽고 두렵습니다. 그래서 요해처를 평화롭게 지키기 위해 여러 번 정탐을 나가고, 간혹 공적인 조회를 보내 큰 형세에 철저히 대비했습니다.

그러자 청국 관원이 화친조약을 청하며 직접 만나서 병사를 철수하자는 내용으로 개인 서신과 조회를 여러 번 보내왔습니다. 그래서 음력 9월 26일 본관들과 진대(鎭隊) 참령(參領) 서정규(徐廷圭)가 각 부대의 위관(尉官)을 인솔하고 무산군수 지창한(池昌翰) 종성군수 주철준(朱哲濬)과 함께 종성군 건너편 강변으로 가니, 청국의 동불사(銅佛寺)에 와서 머무는 통령(統領) 능유기(凌維琪), 연길청(延吉廳) 이사(理事) 진작언(陳作彦), 분방(分防) 장조기(張兆淇)가 모두 나와서 회동하여 담판했습니다. 청국 관원이 말하길, 현재 무산군 건너편에 벌어진 교전은 가만히 생각해보면 군대와 군대가 서로 살상한 것으로 피차일반이니 모두 중지하여 돈독한 우의를 회복하자고 했습니다. 본관들과 모든 부대의 지휘관들도 또한 화해하여 이웃 나라와의 교의를 돈독하게 하자는 뜻으로 이야기하고 자리를 파하고 흩어졌으니 백성을 위해서 천만다행입니다.

상강분서가 마침 무산군 강변 양영(梁永)의 옛터에 있었는데 갑자기 이번 변란을 당하여 그들이 마구 쏜 탄환이 비처럼 쏟아져서 문과 벽을 꿰뚫었습니다. 그런데 맨손과 칼로는 감히 몸을 일으켜 적을 막을 생각을 하지 못하고 다만 스스로 얼굴을 가리고 탄환을 피하여 입직했던 순검들이 근근이 목숨을 잃는 것은 면했습니다. 그러나 이러한 때에 우리도 총기를 가지고 있으면 스스로 지킬 수 있는 방책이 있어 위급한 상황이 없을 것입니다.

이번 전투의 모양을 논하면 그들이 명목도 없이 군대를 출동시켰기에 결국 실패한 것입니다. 형세를 헤아려보고 도주하고 화친 이야기를 듣고는 철수했으니 이번 일은 다행이지만 그들의 성품이 짐승과 같기에 앞날을 알 수 없습니다. 지금은 비록 잠시 물러갔으나 만약 다시 침범하는 날에 전투를 벌여 우리 군대를 무찌르고 우리 군포(郡砲)를 죽인다면 다음은 누구 차례겠습니까. 입술이 상하며 이빨이 시리게 되는 근심이 날마다 절박합니다. 비록 의로운 기개와 충성스러운 담력을 갖고 있는 자라도 맨손으로 어쩌겠습니까.

이같이 갑작스럽고 혹독한 변란을 늘 당하는 때에 우리 군대는 의례히 강을 건널 수 없다고 하니, 간도의 백성들이 유일하게 믿을 것은 오직 이 접경 지역의 경무서 뿐입니다. 그러나 그들이 마구 총을 쏴대는데 우리는 맨손이어서 형세가 가까이 나아가기 어렵습니다. 그들이 백성들을 쓸어버리는 것을 질그릇을 깨거나 쥐를 잡는 것처럼 여기고 마음에 조금도 거리낌이 없습니다. 경무서를 설치해 백성들을 보호하는 곳에서 난리가 나도 구하지 못하는 것이 곧 팔짱을 끼고 앉아서 구경하는 것과 무엇이 다르겠습니까.

순검이 총을 소지하는 것은 생각하건대 확실한 규례가 없지만 이전에 여러 번 올린 보고에서 무기를 요청한 것은 진실로 까닭이 있습니다. 만약 순검들이 총을 가지게 되면 평상시에는 함부로 사용하지 않을 것이며 일이 있을 때에는 백성을 보호하고 변경을 안정시키는 데 믿고 시행할 수 있는 방책으로서 이보다 나은 것이 없습니다.

여러 곳의 변경 백성들이 위협을 당해 분주한 것이 듣기에 매우 불쌍하여 본관이 10월 17일에 직접 그곳에 가서 마을들을 순찰하여 위무하고 타이르도록 했습니다. 그러나 살 집과 먹을 곡식이 없어 추운 하늘에 소리 내어 울고 있으니 진정시켜 평안하게 할 방법이 없었습니다. 살려달라는 소리가 선한 천성을 상하게 할 뿐이며 목이 메어 말을 할 수가 없었습니다.

각 동민(洞民)과 부녀자들이 빼앗긴 것과 약탈당한 집기와 불타버린 집과 노적가리들이 얼마인지를 일일이 문서에 구별하여 청국 관원에게 조회했고 또 책으로 만들어 올려보내고 보고합니다. 살피고 특별히 청국공사에게 전조(轉照)해서 강 건너편 청국 관원들에게 내려 보내도록 해서 다시는 군대를 지휘하여 행패를 부리지 않게 하며, 간민들이 잃어버린 물건들을 일일이 돌려주도록 하십시오. 또 원수부에 이조(移照)해서 총기 200자루를 빨리 내려 보내 뜻밖의 근심에 대비하게 해주기 바랍니다"라는 내용이었습니다.

외교는 경무청의 직권이 아니기에 전조하니, 헤아리고 청국공사관에 지조(知照)하여 빨리 해결해주고 즉시 회신해주기 바랍니다.

광무 7년 12월 14일

경무사육군참장 정기택

의정부찬정외부대신서리의정부찬정 이하영 각하

재(再)

잃어버린 물건들의 목록을 등서하여 함께 보냅니다.

2 변계경무서 관원들이 일본 헌병에게 체포된 사건을 해결해달라는 조회

조회 제5호

함경북도 변계경무서 권임(權任) 박진익(朴鎭翼), 순검 전우종(全禹鍾)이 제출한 소장(訴狀)에 따르면, "삼가 순검들이 1904년 본서(本署) 경비로 획하(劃下)된 금액을 수령하고자 탁지부 훈령을 받들어 서장(署長)의 공문을 갖고 파견되어 영흥(永興), 문천(文川), 고원(高原), 안변(安邊) 지역에 가서 해당 금액을 청구했는데, 각 군이 모두 상황이 복잡해서 상납이 지연되어 받아낼 방법이 없었습니다. 매달 받아낸 것은 우선 먼저 획송(劃送)했고, 이번에 영흥군에서 2만 7천 냥(兩) 남짓, 고원군에서 2천여 냥, 문천군에서 4천 냥을 미납했기 때문에 지금까지 머물면서 독촉하고 있었습니다.

그런데 원산항의 일본 헌병이 순검들을 갑자기 잡아서 가두고 그 행동거지를 심문했습니다. 그래서 공문을 보여주고 이 일을 설명했습니다. 그러자 따로 힐문하지는 않았으나 순검들을 40여 일 동안 구금했습니다. 그리고 문천군과 고원군에서 이미 거둔 돈 600~700여 냥은 먼저 원산사령부에 맡겨두고 순검들을 경성으로 이송하여 또 구금시켰고, 한마디도 묻지 않은 채 3일이 지난 후 경무청에 수감되었으니 그 곡절을 모르겠습니다. 이렇게 감옥을 전전하며 본서(本署)로 귀환하지 못하니 본서의 재정이 얼마나 어려워질지 모르겠습니다.

순검들이 이렇게 구금된 것이 어찌 억울하지 않겠습니까. 이에 황송함을 무릅쓰고 감히 우러러 소장을 올리니 통촉하셔서 각 군에서 완납하지 않은 돈과 원산사령부가 맡아둔 돈을 돌려보내서 본서에서 사용하도록 해주시고 이 순검들이 어려움 없이 본서로 돌아갈 수 있도록 해주십시오"라고 했습니다.

이를 조사하니, 조금도 다른 일이 없었으며 확실히 공무 때문에 본서에서 경비로 사용할 금액을 징수하다가 이런 재난을 당한 것입니다. 이들을 석방하여 본서로 돌려보내 복무하도록 하는 것이 이치에 맞습니다. 그러나 이 순검들이 이미 일본 헌병대에 압송되었으니 외교상 가볍게 처리할 수 없습니다. 이에 조회하니, 헤아리고 일본공사관에 교섭하여 일본군 사령부와 협의하여 물침공문(勿侵公文)을 요청해 받아서 경무청에 수감된 박진익, 전우종 두 사람을 빨리 석방하도록 하고 원산항 사령부에 맡겨둔 600~700여 냥을 공문이 도착하는 즉시 내어주게 하여 공사(公私)에 어려움이 없게 해주기 바랍니다.

광무 9년 2월 10일

경무사육군참장 신태휴

외부대신 이하영 각하

3 변계경무서 관원들을 일본 사령부로 압송한 사건에 대한 조회

조회 제2호

함경북도 변계의 권임 박진익, 순검 전우종이 일본군 사령부로 압송되어 경무청으로 넘어온 일은 이미 조회로 밝혔습니다. 이 두 사람이 수개월이 지나도록 여전히 갇혀 있습니다. 비록 이곳에서 내려보내고 싶지만 신표(信票)가 없으면 가는 길에 트집을 잡힐 우려가 없지 않습니다. 이에 알려드리니 헤아리고 일본영사관에 교섭하여 물침호조(勿侵護照)를 요청해 받아서 어려움 없이 돌려보내게 해주기 바랍니다.

광무 9년 3월 21일

경무청경무과장 강태식

외부참서관 이재열 좌하

4 일본군 사령부에 압송된 변계경무서 관원들을 빨리 석방하도록 해달라는 조회

조회 제4호

함경북도 변계경무서 권임 박진익, 순검 전우종이 일본군 사령부에서 경무청으로 압송되어 지금까지 수감 중인 것은 이미 여러 번 조회했습니다. 이 두 사람이 죄가 없는 것은 이미 명백히 확인되었으니 법규와 전례를 헤아려 보고 정상을 참작하면 석방하는 것이 이치에 합당합니다. 이에 거듭 알리니 헤아리고 일본공사관에 조회하여 물침호조(勿侵護照)를 요청해 받아서 빨리 석방하게 해주기 바랍니다.

광무 9년 4월 1일

경무청경무과장 강태식

외부문서과장 이재열 좌하

VI

『원수부내거안』 번역문

1 북청지방대 혹은 삼수주대는 함경남도 변경에 무기를 가진 청비가 출몰하여 분란을 일으킬 경우 진압하라는 조회의 기안

조회 제3호

함경남도관찰사의 보고서를 받아보니, "삼수군과 갑산군의 경계 주변에 청비(淸匪)의 출몰이 무상합니다. 유패진(劉珮珍), 손양한(孫良漢)은 여러 비적 중 우두머리인데, 향마적(响馬賊)을 방어한다는 핑계로 무리를 불러 모으고 병기를 가지고 제멋대로 경계를 넘어 다니며 공궤(供饋)를 요구합니다. 또한 비도 노귀(盧貴)는 총과 탄환 등의 무기를 구매하여 후창군과 장진군 등지를 지나다니면서 지나는 각 지역에서 식량과 신발을 토색하고 짐꾼을 징집하므로 농사철에 골짜기에 사는 백성은 참아내기 어려우니 도적으로 도적을 막는다는 설에 대한 의혹이 막심하고, 연로(沿路)에서 일어나는 폐해는 막을 수 없습니다"라고 하였습니다.

본 대신이 경성 주재 영국공사에게 조회하기를 "유패진과 손양한, 노귀 등이 총을 들고 월경하여 와서 공궤를 요구하는데 관리들은 막아 금지할 수 없고 인민들은 스스로를 보호할 수 없으며, 여러 가지 행위가 매우 놀랍고 탄식할 만합니다. 속히 요청에 따라 병졸과 순검을 파견하여 힘써 방어하고, 만약 이들 간악한 자들이 명령에 따르지 않는다면 반드시 무기를 사용하여 쫓아내야합니다. 이미 소홀함이 헤아리지 못할 정도이며 배상할 방도가 없습니다. 현재 청국은 우리나라와 아직까지 조약을 체결하지 않았으므로, 청국 상민으로 우리나라에 있는 자들은 귀 영국공사가 보호하고 있으니 모든 청국 인민은 영국인과 다름없이 보아야 하므로 귀 공사가 먼저 이 내용을 알리기 바랍니다"라고 하였습니다.

이에 대한 조복이 도착하였는데, "조회 내용을 전달하여 중국 전권공사 서수붕(徐壽朋)과 논의하고 총서(總署)를 경유하여 길림장군(吉林將軍)에게 전보하였습니다. 변계에 병사를 파견하여 조사해 처벌하고, 소위 마적(馬賊)은 모두 망명한 비류(匪類)로써 법을 따르지 않는 자들에 대해 관부에서 경계하고 타이르는 일은 없을 것입니다. 오직 한국 무관에게 맡겨 총을 사용해 힘써 쫓아내 없애는 데 날려있습니나"라고 하였습니다.

이를 살펴보니, 어떤 자든 사사로이 병기를 가지고 월경하고 폐해를 일으키는 자는 모두 적도입니다. 마땅히 깨끗하게 제거하여 감히 침범하지 못하게 하여야 하니, 북청지방대 혹은 삼수주대에 지시하여 이후에 총기를 들고 사건을 일으키는 자가 있다면 힘을 다해 몰아내어 없앨 필요가 있습니다.

광무 3년 9월 8일

의정부찬정외부대신 박제순

원수부군무국장서리군부협판 주석면 각하

2 외부의 조회에 따라 삼수군과 갑산군에서 일어나는 비도를 몰아내어 없애기 위하여 북청대와 삼수주대에 지시하겠다는 조복

조복 제3호

귀 조회 제3호에서 함경남도 삼수군과 갑산군에서 청비 유패진, 손양한, 노귀 등의 '적(賊)으로 적을 방어한다는 설'로 의혹이 막심한 사건으로써 경성 주재 영국공사에게 조회하였습니다. 영국공사의 조복이 도착하였는데, "조회 내용을 중국의 의약전권대신 서수붕과 논의한 후 총서를 경유하여 길림장군에게 조사해 잡아들여 처벌할 것을 전보하였습니다. 소위 마적은 모두 망명한 비류로 법을 따르지 않는 자이니 생각건대, 한국 군관들이 무기를 사용하여 힘써 쫓아내는 것을 맡기겠습니다"라고 하였습니다.

이를 살펴보건대, 어떤 사람이든 사사로이 무기를 가지고 월경하여 폐단을 일으키는 자는 모두 적도이므로 이치상 마땅히 제거해야 하니 북청대 및 삼수의 주대에 지시하여 힘써 쫓아 없애라고 하였습니다. 이에 의거하여 앞서 함경남도관찰부의 보고가 있어서 지시하기를, 알아듣도록 타이르다가 어쩔 수 없는 경우에는 군부대와 헤아려 생각하지 않을 수 없다고 하였으나, 현재 별도의 지시를 하였습니다. 이에 회답하니 살펴주기를 바랍니다.

광무 3년 9월 10일

원수부군무국장서리군부협판참장 주석면

의정부찬정외부대신 박제순 각하

3 청국 비도가 월경하여 약탈하고 인민을 납치했으므로 영국공관에 조회하여 납치된 인민은 풀어주고 약탈한 재산은 돌려주며 앞으로 경계를 엄히 지켜 범월하지 못하게 해달라는 조회

조회 제5호

함경남도관찰사 박봉빈(朴鳳彬)이 삼수군수 채규승(蔡奎昇), 갑산군수 김좌봉(金佐鳳)의 보고서를 베껴 보고하기를, "9월 5일 청비가 범월하여 약탈을 자행하므로 삼수와 갑산의 주대 군인이 진을 치고 교전할 때 적도들이 우리나라 사람을 잡아가 저들의 옷으로 갈아입혔기 때문에 총을 맞은 불행한 자가 1명이고, 동인사(同仁社) 함정포(咸井浦)에서 방화된 민막(民幕)은 17가(家)이고, 연로의 각 마을 주민과 정탐 이교(吏校)가 2명으로, 합하여 납치된 자가 11명이고, 개취리(介聚里)의 16민가(民家)도 또한 방화되었습니다. 두 군의 군수가 각각 사포(私砲)와 주대 위관(尉官)과 합세하여 추격하였더니, 적당(賊黨) 100여 명은 각기 놀라고 겁을 먹어 번쩍이며 강을 건너가 강 건너 70리의 우락동(雨洛洞)에 모였고, 우리나라 사람을 포박하여 잡아가서 끝내 돌려주지 않고서 점차 더 많은 금전을 요구하고 있습니다. 삼수군 상동사(上東社)의 18민의 재산을 약탈하여 간 사항을 추가로 또한 첨부하여 보고합니다"라고 하였습니다.

살펴본 후 경성 주재 영국공사관에 전조(轉照)하여 납치된 사람들을 풀어 돌려보내고 약탈한 재산을 돌려주며 경계를 엄히 지켜 범월하는 문제는 담판하여 바로잡아주기를 바랍니다.

광무 3년 10월 14일

원수부군무국장부장 조동윤

의정부찬정외부대신 박제순 각하

재(再)

약탈된 집물 성책을 함께 보내겠으니 살펴본 후 돌려보내기 바랍니다.

삼수군상동사비류약탈십팔인민재산명성책(三水郡上東社匪類掠奪十八人民財產物名成冊)

광무 3년 9월일 삼수군 상동사에서 비류에게 약탈당한 18명의 물건에 관한 성책[光武三年九月日三水郡上東社匪類掠奪十八民財產物名成冊]

김성호(金聲昊)

돈 27냥(兩) 6전(戔) 4푼(分)

통양흑립(通陽黑笠) 2닢(立)

망건 2닢

백철장도(白鐵壯刀) 1자루

백목(白木) 2필

세포(細布) 2필

오승포(五升布) 1필

황모필(黃毛筆) 1자루

우황(牛黃) 1부(部) 3전중(戔重)

흑달령이불[黑達令衾子] 1건

구개반상기(具蓋盤床器) 3건

생명주[生紬] 2필

당목(唐木) 1필 반

대양풍(大兩風) 2좌(坐)

연명술(延明述)

식기대접 3건

당목두루마기 1건

세포 1필

수저 8건

밭벼 2두(斗)

보리쌀 1두

닭 23마리

당목 1필

연명한(延明寒)

세포두루마기[細布周衣] 1건

백목 1필

면화 13편(片)

밭벼 2두 5승(升)

닭 10마리

김화룡(金化龍)

금전 6냥 2전

금전 60냥 공전유치(公錢留置)

세포 1필

백목 1필

닭 15마리

당목 15척(尺)

김기용(金己用)

금전 230냥

백철장도 2자루

세포여름옷[細布夏衣] 1건

닭 10마리

심낙현(沈洛現)

귀리 4두

밭벼 2두

최남률(崔南律)

칠승포(七升布) 1필

당목두루마기 2건

금전 6냥

달령(達令) 10척

조오봉(趙梧鳳)

세포 1필

금전 2냥

세포여름옷 6건

김정용(金正用)

반상기(盤床器) 1건

홍탄자(紅彈子) 1건

통양입자(通陽笠子) 2닢

망건 1닢

김병순(金丙順)

남자 겨울옷 상하 2건

당목 4척

김조이(金召史)

백목 15척

작은 요강[小溺江] 1건

심갑룡(沈甲龍)

말 1필

심을룡(沈乙龍)

말 1필

김석기(金石基)

털옷 2건

강치황(姜致黃)

수저 2건

김병혁(金丙赫)

금달련금자(黑達鍊衿子) 1건

그릇 2건

심수문(沈秀雯)

주한포금자(註漢布衿子) 1건

흑달련금자(黑達鍊衿子) 1건

당목이불 2건

청화포허리띠[靑花布腰帶] 4건

은장도 1자루

진오수학슬(眞烏水鶴膝) 2건

말안장 1건

청심환 18개

당사향(唐射香) 2분중(分重)

우황포룡환(牛黃抱龍丸) 40개

여의단(如意丹) 33개

홍탄자 1건

남자 여름옷 상의 4건

남자 겨울옷 상의 1건

분당목두루마기[粉唐木周衣] 1건

영초토수(永綃吐手) 3건

세포여름옷 3건

팔승포 3필

계반병(契盤餠) 33개

발이수저[發弛匙楪] 7건

통양흑립 1닢

닭 38마리

밭벼 3두

세세한 집물은 그 수를 알 수 없음.

김성종(金成宗)

큰 소 1마리

유기그릇 4건

대양풍 1좌

흑달령금자 1건

명태 10뭇

남상세포두루마기 1건

토포 2필

세백목(細白木) 4필

명주 1필

당목 1필

세포 1필

밭벼 3두

닭 30마리

양달련(洋達鍊) 1필

금전 12냥

신용수(申用秀)

금전 35냥

통양립 2닢

월자(月子) 4쌍

세포 2필

분당목(粉唐木) 5척

세포여름옷 2건

백목 1필

망건 1닢

메밀쌀 3두

남자 상의 백목두루마리 1건

작은 요강 1좌

닭 35마리

발이수저[發弛匙楪] 5건

백철장도 1자루

삼수군수 채규승

4 길림장군이 우리나라 백성과 재산을 노략한 자를 체포하도록 엄히 지시하였다는 조복

조복 제4호

귀 조회 제5호를 의거하여 삼수, 갑산 등지에서 청비가 우리나라 움막집에 불을 지르고 우리 민인과 재산을 노략한 건 등으로 경성 주재 영국공사에게 조회하여, 청국 의약전권 서수붕(徐壽朋)과 상의하여 청국 조정에 전보로 알려 죄를 범한 자를 잡아 처벌하고 우리나라 인민을 돌려보내고 손해를 배상케 해달라고 하였습니다.
이에 해당 조복을 받았는데, "본 대신이 곧바로 서(徐) 대신과 상의하고 즉시 중국 총리아문으로 전보로 알려서 길림장군이 조사하고 체포하도록 엄히 지시했습니다"라고 하였습니다.
이에 따라 조복하니 살펴보기 바랍니다.
광무 3년 10월 25일

의정부찬정외부대신 박제순

원수부군무국장부장 조동윤 각하

재(再)

원수부에서 보내온 성책을 돌려보내겠으니 받기 바랍니다.

5 청국 변경 근처 오동에 살던 우리나라 사람들이 청비에게 약탈당했으며, 그 마을 거주민 청국인 송인광이 사람들을 모아 약탈하였으니 그를 처벌해달라는 조회

조회 제11호

진위(鎭衛) 제5연대 제3대대 대대장 김원계(金元桂)의 보고에서, 『무산군 주대의 소대장 육군 참위(參尉) 나영훈(羅泳熏)의 제4호 보고서를 접수하였습니다. 그 내용에 따르면 「대안(對岸)

의 월간(越墾) 민인 백군겸(白君兼)이 진술하기를, "본인이 살아갈 방도가 없어 재작년에 경계를 넘어 오동(烏洞)에 살아왔는데, 이번 달 13일에 도둑 수백 명이 불시에 와서 약탈하니 동민이 모두 놀라고 무서워하여 재산을 모두 버리고 알몸뚱이로 도망쳤습니다. 본동(本洞) 청국인 송인광(宋仁光)은 무리를 모아 재산을 탈취하다가 나머지 무리들은 모두 흩어졌습니다. 송인광은 현재 남아있으나 민인들이 약탈당한 물건들이 적지 않아서 개단(開單)과 공술(供述)을 올립니다. 송인광을 불러와 적도율(賊徒律)로 처단하고 물건들은 찾아서 돌려주기 바랍니다"라고 하였습니다.

개단의 내용을 보니 서양의 남녀 의복 12건, 유기철물 13건, 월자(月子) 2꼭지라고 하였습니다. 송인광을 불러와 관련 사항을 캐물었더니, 공술하기를, "적당 6명이 본동에 와서 재산을 약탈할 때에 소인을 '동주(洞主)'라고 하여 7분의 1을 지급하므로 소인이 받아두었다가 현재는 영납(領納)하였고, 도적에게 재물을 받는 일은 결코 없습니다"라고 하였습니다. 물건을 헤아려 계산해보니 백군겸이 빼앗긴 물건이 있기도 하고 없기도 하나 본래의 장물이 나왔으니 적당을 처벌하는 법에서 벗어날 수 없으며, 그도 또한 스스로 사실을 고백하였으므로 본대(本隊)에 장물을 잡아두고 경변사(警邊使)의 처분을 기다리고 있고, 백군겸이 빼앗긴 물건들은 개단을 살펴 도로 돌려주었습니다」라고 하였습니다.

송인광 스스로 범한 바를 진술하였으니 적당임을 확실히 알 수 있으나, 국가 간 교섭할 일이므로, 전보(轉報)를 기다려 조처하라고 하고 이에 보고하니 살펴주기 바랍니다』라고 하였습니다.

이에 의거하여 우러러 알리니 살펴보시고 청국공사관에 전조(轉照)하여 장정에 따라 처리하도록 해주기 바랍니다.

광무 4년 11월 30일

원수부군무국총장임시서리육군부장 심상훈

의정부찬정외부대신 박제순 각하

6 평안북도사령관과 각 대대에 훈령하여 군사와 백성들이 월경하여 사단을 일으키지 않도록 조처해달라는 조회의 기안

조회 제2호

청국 출사대신(出使大臣) 서수붕의 조회를 접수하였는데, 그 안에서 「통령통자마보전영독판단련서봉천통화지현(統領通字馬步全營督辦團練署奉天通化知縣) 진장(陳璋)이 상세하게 말하기를, "살펴보건대 통화현은 금년 5월에 목상(木商)이 한국 후창군과 자성군 지역에서 목세(木稅) 문제로 한국인과 서로 다툰 것을 조사하였습니다. 응당 본인이 사람을 보내어 화인(華人)이 이를 중지하도록 단속하였습니다. 한편 봉천장군에게 아뢰어 한국 정부가 경계를 넘어 군사를 사용하지 않도록 조회해달라고 한 공문이 있었습니다.

외국과 중국의 분쟁에 본래 한국은 간섭할 바가 없습니다. 대개 한국과 중국은 본디 예전부터 화목하여 무사하였으니 결코 다른 뜻은 있을 수 없습니다. 통화현과 길림의 중간 광야(曠野)의 땅에는 예전부터 단련(團練) 손양한(孫良翰)이 있으며, 그곳은 통화현에서 천여 리 떨어져 있습니다. 현재 풍문으로는 손양한이 해구(海口)에 가서 사사로이 화약을 매매하고, 아울러 관청에서 발급하는 문서에 의거한다고 청하지도 않고 한국 땅으로 길을 잡아 한국 민인과 서로 싸워 사건을 일으켰습니다. 살펴보건대 양국 사이의 떨어진 거리가 강 하나에 그칠 뿐이고 때때로 서로 왕래하니, 과거의 틈의 유무는 알 길이 없습니다. 제가 소식을 들은 이후 즉시 사람을 파견하여 정탐해보니, 손양한의 무리가 사건을 일으켰습니다. 한편으로 한국 삼수군과 후창군, 자성군에 조회하여 이 사건을 조사해 밝힐 것을 요청하였습니다. 문서가 오면 피차 함께 논의하여 일을 처리하되 작은 일로 인하여 두 나라에 불화가 일어나서는 안 됩니다. 문서를 작성하여 보낸 후 아직도 회답 공문을 받지 못하였습니다.

삼가 살펴보건대 통화현 지역은 과거 중국과 외국의 개전으로 인하여 각 마을에서 두루 단련을 갖추었습니다. 저도 또한 아뢰어 승인을 거쳐 군사를 훈련하여 방비하고 지키고 있습니다. 현재 중국과 외국의 화약(和約)이 이미 정해졌고, 군사 관련 일도 이미 완화되었습니나. 그런데 도망친 군사와 토비(土匪)가 매우 많아 선후책을 마련함에 방영(防營)으로써는 일시에 철수하기 어렵습니다. 그 방영의 군사는 모두 영초(營哨)가 있어서 단속할 수 있습니다. 그러나 단련은 모두 민간인으로 경비를 스스로 마련하여 각각 자신과 집안을 보전하고 있습니다.

현재 땅이 얼어서 중국과 한국 두 나라는 모두 통하므로, 만에 하나 한국의 병사와 백성들이 강을 건너 중국 단련과 일을 일으키는 것도 피할 수 없습니다. 또한 자질구레한 일이 생기는 것도 걱정하지 않을 수 없습니다. 제가 그대로 전자(轉咨)를 청하면 더디고 늦음을 피할 수 없어 몹시 황송할 따름이나, 곧바로 상세히 청하니 변경의 긴요함을 생각하여 한국 정부에 조회하여 병사를 다스리는 관원 및 지방관에게 한국 병사와 백성들로 하여금 강을 건널 수 없게 하여 단련과 부딪혀 사단을 일으키지 않도록 하고, 중국과 한국이 육로통상약장(陸路通商約章)을 반포하기를 기다렸다가 다시 조회에 따라 준행하여 처리하기 바랍니다. 지금 중국과 외국은 겨우 화약을 논의하고 있고 민심이 안정되지 않았습니다. 중국과 한국 두 나라는 스스로 각각 옛 우호를 지켜 두 나라의 병사와 백성들이 강을 건너는 일을 만들지 않아야 합니다. 이와 같은 사정이 있을 경우에는, 두 나라 지방관 피차가 공문을 써서 서로 상의하여 처리하여 국교를 돈독히 하고 화호(和好)를 온전하게 해야 하니 청컨대 조사하여 처리하기 바랍니다"라고 하였습니다.

통화현이 속한 지역은 아득히 멀고 광활한 변계(邊界)이고 한국의 경계와 인접한 곳으로 현재 땅이 얼어 왕래가 매우 용이합니다. 우리 나라는 지금 많은 근심스러운 일이 있으니 각처의 병단(兵團)은 여전히 전쟁을 하는 중에 있습니다. 해당 단련 연총(練總) 손양한이 화약을 구매하여 한국 변경을 경유하여 한국 병사와 싸웠으나 그 실상이 어떠한지는 알 수 없으며, 이미 통화현에서 사람을 보내어 정탐하고 금지하게 하였습니다. 아울러 한국 연변 각 군수에게 조회하여 함께 상의하여 처리하도록 하면 일이 그칠 것이니, 마땅히 귀 대신이 변계의 관리에게 훈령하여 우리 지방관과 상의하여 병사를 보내어 월경하고 사단이 일어나지 않도록 힘써 주기 바랍니다」라고 하였습니다.

청국의 토비가 월경하여 사건을 일으키면 우리나라 군대가 스스로 힘써 방어할 수 있습니다. 그러나 토비를 소탕한다는 핑계로 무리를 끌고 강을 건너 청국 병사와 백성들과 싸움을 하는 것은 비단 화호의 의미가 아닐 뿐만 아니라 큰 사건으로 키우는 것으로써 조사하여 처리하기 매우 어렵습니다. 변경의 사정을 생각하면 걱정이 매우 큽니다. 이에 조회하니 살펴보고서 평안북도사령관과 각 대대에 전훈(轉訓)하여 병사들을 엄히 지시하여 경솔하게 사단을 일으키지 않도록 하기 바랍니다.

광무 5년 1월 23일

의정부찬정외부대신 박제순

원수부군무국총장임시서리육군부장 심상훈 각하

7 관서 지역 사령관에게 훈칙하여 절대 강을 건너가 소란을 일으키지 않도록 조처해달라고 한 조복

조복 제1호

귀 제2호 조회에서, 청국 출사대신 서수붕의 조회에 따라, 청국의 토비가 강을 건너 사건을 일으키면 우리 나라 군대가 직접 힘써 방어하고 소탕하거니와, 토비를 소탕한다는 핑계로 무리를 이끌고 강을 건너 경솔하게 사단을 만들지 말게 하라는 내용의 안건을 접수해 살펴보았습니다.

모든 토비는 스스로 방어해야 하고 양국 화호(和好)는 조금도 훼손되어서는 안됩니다. 관서사령관과 각지의 영병관(領兵官)에게 현재 엄하게 지시하여 절대 언 강을 타고 건너 멋대로 변경에 가서 소란을 일으키지 말라고 하였습니다. 그런데 여러 차례 변경에서 보고한 것을 받아보니, 청국에서 도망친 병사와 토비, 무뢰한이 가끔 강을 건너와서 우리 민인을 침략하였다고 합니다. 우리는 우리 변경의 관리와 군인에게 지시하여 저쪽 경계로 넘어 들어가지 못하도록 하고, 저들은 저들 경계의 백성을 단속하여 다시는 우리 땅을 범월(犯越)하지 말도록 해야 합니다. 두 경계 가운데 일대의 장강(長江)을 두 나라의 우호를 돈독하게 하는 맹세의 상징으로 두는 것이 이웃 간의 우애에 합당합니다. 이에 회답하니 살펴보고 청국공사관에 조회하여 해당 지현(知縣)에 전칙(轉飭)하도록 이조(移照)하기 바랍니다.

광무 5년 1월 25일

원수부군무국총장임시서리육군부장 심상훈

의정부찬정외부대신육군참장 박제순 각하

8 평안도와 관북 지역의 군인들이 월경하여 소란을 일으킨다고 하니 더 이상 이런 일이 없게 해달라는 청국 측 요청이 있었다는 조회의 기안

조회 제1호

지난번 청국공사 허태신(許台身)의 조회를 접수하였는데, "음력 8월 즈음 한국 병정이 강을 건너와 인민을 묶고 가옥을 부수고 물건을 탈취한 것이 무산성(茂山城)에서 적지 않습니다. 아울러 강제로 곡물을 베고 총기를 써서 단련과 전민(佃民)을 공격하였으니, 만약 조속히 금지하지 않는다면 반드시 분쟁의 단서를 만들게 될 것입니다. 청컨대 엄히 조사하여 처리하여 주시기 바랍니다"라고 하였습니다.

현재 청국공사의 조회를 접수하였는데, 「무산성 병졸 여럿이 강을 건너와 강제로 곡물을 베고 아울러 강을 마주하여 총을 쏘고 단련 등을 공격한 일로 과거 조회한 바 있습니다. 현재 외무부에서 온 전문(電文)을 접수하니, 우리 나라 대황제의 유지(諭旨)를 받들어 귀 정부에 조회하여 엄히 조사하고 금지하게 하라고 하였습니다. 아울러 외무부의 자문에 따른 성경장군(盛京將軍)의 보고에 따르면, "중력(中曆) 8월 11일 회인현 지방에서 또다시 한국 병사가 번갱경(樊賡慶) 부자를 결박하고 몸값을 요구하고 국길수(鞠吉修) 집의 재물을 약탈한 사건이 있었습니다. 또한 응당 조회하여 다섯 향군(鄉郡)에 훈령하여 조사해 처리하고 아울러 엄히 금지하여 이후 경계를 넘어와 소요를 일으키지 못하게 해주십시오"라고 하였습니다.

살펴보건대 길림과 성경, 두 성(省)은 과거부터 귀국과는 강을 기준으로 경계를 삼았습니다. 연변의 관변(官弁)은 응당 각기 준수하고 단속하여야 병사와 백성들이 서로 평안하기를 기약할 수 있습니다. 실로 두 성이 여러 차례 보내온 문서에서 서술한 것처럼 계속 분규가 그치지 않고 심지어 총기를 멋대로 사용하기까지 한다면 사단이 일어나기 쉽습니다. 이는 결코 두 나라 조정이 일찍이 화호를 돈독히 한 뜻에 맞지 않습니다. 이경순(李敬順) 등의 안건에 대해 과거 조복을 접수하였는데, 해직하고 소환할 것을 약속하였습니다. 공계창(公繼昌) 살인사건에 대해 보내온 공문도 또한 마땅히 힘을 다해 흉범을 조사해 법에 따라 처벌할 것을 승인하였습니다. 모두 국가 간 친목을 추구한 것입니다. 덕화(德化)와 무산의 한국 병사들이 소요를 일으킨 각각의 사안도 바라건대 또한 훈령하여 조사하기 바랍니다. 이번에 우리 나라 대황제의 유지와 우리 정부의 뜻은 사단이 생기는 것을 그치게 하여 민인을 편안히 하고 변경 지역을 안정시켜 두 나라가 더욱 화목해지려는 것입니다. 청컨대 장차 어떻게 엄히 금지할 것인지에 대하여 즉시 답변하여 주기 바랍니다」라고 하였습니다.

이에 근거하여 조회하니 살펴보고 평안도와 관북 지역의 각 주대에 훈령하여 재차 일을 일으키지 않도록 하고 월경하여 소요를 일으킨 상황을 조사하여 회답하기 바랍니다.

광무 6년 1월 16일

의정부찬정외부대신 박제순

원수부검사국총장육군참장 민영철 각하

9 서북 각 진대에서 월경하여 소요를 일으킨 사졸을 조사하여 보고하라는 훈령의 조복

조복 제2호

귀 제1호 조회를 접하였는데 그 내용에 따르면, 「청국공사 허태신이 조회로 청하기를, "서북 각 진대의 사졸이 월경하여 소요를 일으키니 엄금하고 회답해 주시기 바랍니다"라고 하였습니다. 이 조회에 의거하여 조사하고 회답하기 바랍니다」라고 하였습니다.

이에 따라 조사해보니, 진실로 이러한 일이 발생하였다면, 변방 군인이 일을 일으킨 것은 매우 놀랍고 탄식할만한 일이겠으나, 청국공사관에서 온 조회는 대개 부대의 이름이나 사졸을 적시한 바가 없으므로 엄히 조사하여 보고하라는 뜻으로 서북 각 진대에 훈령하였고, 조사한 보고서가 도착하는 것을 기다려 엄히 징계하여 뒷날의 폐해를 막을 수 있을 것으로 사료됩니다. 이에 삼가 우러러 조회하오니 헤아려주기 바랍니다.

광무 6년 1월 22일

원수부검사국총장임시서리의정부찬정육군부 신기선

의정부찬정외부대신 박제순 각하

10 길림과 봉천 등지에 대한제국 병사들이 월경하여 건너와 소란을 일으키는 행위를 엄히 금지해달라는 조회의 기안

조회 제8호

경성 주재 청국공사의 조회에 따라 우리나라 병사가 강을 건너가 소란을 일으킨 건으로 여러 차례 조회하였으며, 해당 공사의 조회를 다시 접수하였는데, “봉천장군의 자문에 따르면, 광서 27년 12월 24일 회인현 소속 융화보(融和堡) 지방에 귀국 초산성 외병대(外兵隊) 10명이 총을 들고 경계를 넘고 강을 건너 손파도(孫擺渡)의 집에 돌입하여 부녀를 윤간하고, 아울러 왕공순(王公純), 송득재(宋得財) 두 사람을 총으로 상하게 하여 죽게 하였으며, 둔민이 조항기(趙恒起), 김응규(金應奎) 등 2명을 추적하여 잡았고, 아울러 흉기인 총 2자루를 뺏은 것 등에 대한 내용이었습니다.

살펴보건대 근래 길림과 봉천 변계 지방은 귀국 군대가 여러 차례 무기를 들고 경계를 넘어와 물건을 탈취하고 사람을 죽이는 일이 있어서 거듭해서 조회한 바가 있습니다. 지금 또다시 부녀를 윤간하고 연달아 두 목숨을 죽게 한 일이 생겼으니 만일 변민(邊民)들을 엄금하지 않으면 형세상 반드시 사고가 있을 것입니다. 이는 특히 두 나라가 서로 화목하고자 하는 뜻에 맞지 않습니다. 청컨대 지난번과 이번 조회를 살펴보고 상주해 처분을 내려 그 내용을 우리나라 정부 및 봉천과 길림의 장군에게 전달할 수 있기 바랍니다. 아울러 군대를 통솔하는 지휘관에게 훈령하여 병대를 단속하여 다시는 경계를 넘어와 소란을 일으키는 일이 없도록 하여주시기 바랍니다”라고 하였습니다.

이에 따라 조회하니 전후의 조회를 살펴보아 대책을 세워 금지시키고 즉시 회답해주기 바랍니다.

광무 6년 4월 1일

의정부찬정외부대신임시서리철도원총재 유기환

원수부검사국총장 조동윤 각하

11 초산군 주병이 청국과 접한 경계를 넘어가 소란을 일으킨 건에 대해 조사하고 처벌하도록 조처하였다는 조복

조복 제5호

귀 조회 제8호를 접수하고서, 청국공사가 조회한 초산군 주둔 우리 병사 10명이 경계인 강을 넘어가 손파도의 집에 돌입하여 부녀를 윤간한 건에 대해 조사해 처벌하라고 훈령할 계획입니다. 이에 조복하니 살펴보고 내용을 전달해주기 바랍니다.
광무 6년 4월 6일

원수부검사국총장육군부장 조동윤

의정부찬정외부대신임시서리철도원총재 유기환 각하

12 무산군 주병이 월경하여 곡식을 베어갔다고 하였으나 이는 우리나라 병사가 한 행위가 아니라는 조회

조회 제6호

지난번에 귀 제1호 조회를 접수하였는데, 무산 주병(駐兵)이 무리를 이끌고 강을 건너가 강제로 곡식을 벤 것, 우리나라 군인이 회인현까지 넘어가서 번갱경 부자를 결박하고 몸값을 강요한 것, 그리고 국길수 집안을 약탈한 것 등의 안건을 엄히 조사해 보고하라는 뜻으로 서북 각 부대에 훈령하라는 내용이었습니다.
얼마 전 강계진위대의 공보(公報)에 따르면, 「번 씨와 국 씨 두 사람이 빼앗긴 재물은 이미 회인현의 공문에 따라 해당자에게 환급했다고 하였습니다. 범죄를 일으킨 군인들은 수범(首犯)과 종범(從犯)을 나누어 죄에 따라 징계하고, 단속하지 못한 해당 통솔 위관(尉官) 이종덕(李種悳)은 법원에서 금옥(禁獄) 8개월 형으로 처결하였습니다. 이이시 종성대의 조사보고서를 접하였는데, "가만히 살펴보건대, 작년 8월 동안에 과연 무산성(茂山城) 북로덕(北鹵德) 땅에 청국인 수백 명이 사사로이 무기를 가지고 청국과 한국 일대 촌락을 약탈하여 추수철을 맞아 때를 놓치게 되었고, 목숨이 벌레 같은 자들에게 해를 입고 재산은 이리와 같은 자의 입으로 들어갔습니다. 일이 크게 벌어져 장차 성(城)을 함락시키는 데 이를 것입니다. 변경에 주재하고 있는 처지에 수수방관할 수 없으므로 임시로 급히 적에 맞섬에 따라 두 나라의 경계 사이에서 한 사람도 다치지 않았고 약탈을 피할 수 있었습니다. 이번 조사 지시는 주무대신과 관련되어 있습니다. 처음부터 무리를 끌고 강을 건너가 곡식을 베어간 적은 없었습니다. 심지어 대안(對岸)에서 총을 쐈다는 말은 뱀과 전갈 같은 자의 품 안에 들어가는 꼴이니, 어느 누가 그런 일을 행하였겠습니까. 변발(辮髮)하고 중국식 저고리를 입은 자들은 모두 청국인으로 선량한 사람인지 비적인지 비록 분간할 수 없지만 삼삼오오 혹 흩어지거나 모이면서 공문도 없이 사사로이 군기를 지니고서 도처에서 노략질하고 곡식을 망가뜨렸습니다. 우리의 순초군(巡哨軍)을 바라보고 형세상 전투를 벌이고자 먼저 총을 쏘았습니다. 반대편에서 총알이 비처럼 쏟아졌으므로 부득이 강을 사이에 두고 서로 쐈습니다. 당시 상황에 대한 확실한 증거는 경무서 총순(總巡)의 조회이며, 또한 러시아 관리가 사실을 조사하였습니다"라고 말하였습니다.

살펴보건대 회인현의 번 씨와 국 씨 두 민인에게 죄를 범한 사람은 이미 법에 따라 징계 처분을 받았으며, 무산 군인이 월경하여 가서 곡식을 베어갔다고 말한 안건에 있어서는 우리나라 병사의 소행이 아니고 실제는 청비가 우리나라 백성을 약탈한 것입니다. 따라서 두 나라의 우호를 다시 회복시키기 위해서는 더욱 엄히 단속할 뜻으로 변계 주대에게 각별히 지시하기 바랍니다」라고 하였습니다.

살펴보고 청국공사관에 전조하여 비류들을 서둘러 소탕하여 두 나라의 변민들을 편안하게 해주기를 바랍니다.

광무 6년 4월 7일

원수부검사국총장육군부장 조동윤

의정부찬정외부대신임시서리철도원총재 유기환 각하

13 길림과 봉천 등지에서 소란을 일으킨 한국인을 징계하고, 중국인 3명과 미곡과 재물을 돌려주며, 청국으로 월경하는 행위를 막아 달라는 청국공사의 공문이 있었다는 조회의 기안

조회 14호

경성 주재 청국공사의 조회를 접수하니, 「길림에서 보내온 공문에 따르면, "광서 27년 11월 초9일 수수평(洙水坪) 지방 한국 병관(兵官) 이(李) 씨가 병사를 파견하여 상화사(上化社) 중국인[華民] 왕수천(王秀川)을 결박해 체포하고 고문하여 때리고 한국 돈 500적(吊)을 강탈하였고, 중국인 왕문괴(王文槐)를 강을 건너 데려가 붙잡아두고 못살게 하였습니다. 또 순경밀관(巡更宓官) 송(宋) 씨가 머무르다가 터를 잡지 못하고 대치하였습니다. 10월 4일에 양호(粮戶) 김내문(金迺文)은 결박되어 잡혀 강을 건너갔고, 다시 8일에 김내문의 초가집 18칸을 방화하였습니다. 또 한국 군인이 월경하여 무리를 이끌고 숭화사(崇化社)와 선화사(善化社)에 이르러 중국인을 쫓아내고 구타하였고, 오인안(吳仁安) 등 합하여 20여 집이 소유한 재물과 식량이 약탈되어 텅 비어 아무것도 없게 되었습니다."
또 성경에서 보내온 공문에 따르면, "강주성(江州城)에 마주한 온화보(蘊和堡)에서 11월 26일 한국 민인 50~60명이 월계하여 양유춘(楊維春) 산장(山場)에서 기르던 나무를 기를 쓰고 벌채하려다가 양유춘이 나와 막자 성을 내어 서로 구타하였습니다. 12월 초7일에도 한국 민인 20여 명이 외병(外兵) 대신 파견되었다면서 양유춘을 잡아가려고 하였지만 잡혀가지 않았습니다"라고 하였습니다.
모두 조회하여 조사해 처리하고 금지를 지시해달라고 본 대신에게 보낸 공문입니다. 살펴보건대 한국 민인들이 월계하여 소란을 일으켜 여러 차례 조회로 엄히 금지하여달라고 한 공문이 있었습니다. 길림과 봉천 두 성(省)의 변경에서 빈번히 노략질과 몸값 요구, 방화, 약탈 등이 일어났는데, 귀 대신에게 조회하니 살펴보고 소란을 일으킨 자들을 처벌하는 것이 합당합니다. 즉시 중국인 세 사람과 미곡과 재물을 돌려주며 아울러 변경에서 월경하는 것을 금지하여 사단이 일어나는 것을 막아주십시오」라고 하였습니다.
이에 조회하오니 조사하여 처벌하고 즉시 알려주기 바랍니다.
광무 6년 5월 5일

의정부찬정외부대신서리외부협판 최영하

원수부군무국총장육군부장 이종건 각하

14 향마적이 우리나라 인민을 침해하여 그에 대응하는 과정에 일어난 충돌은 이치상 당연한 것이며, 서로 경계를 넘어 민인을 침략하는 일을 단속해야 한다는 조복

조복 第8호

귀 조회 제14호를 접하였는데 그 안에서, 『경성 주재 청국공사의 조회를 접수하니, 「길림에서 보내온 공문에 따르면, "광서 27년 11월 초9일 수수평 지방 한국 병관 이 씨가 병사를 파견하여 상화사 중국인[華民] 왕수천을 결박해 체포하고 고문하여 때리고 한국 돈 500적을 강탈하였고, 중국인 왕문괴를 강을 건너 데려가 붙잡아두고 못살게 하였습니다. 또 순경밀관 송 씨가 머무르다가 터를 잡지 못하고 대치하였습니다. 10월 4일에 양호 김내문은 결박되어 잡혀 강을 건너갔고, 다시 8일에 김내문의 초가집 18칸을 방화하였습니다. 또 한국 군인이 월경하여 무리를 이끌고 숭화사와 선화사에 이르러 중국인을 쫓아내고 구타하였고, 오인안 등 합하여 20여 집이 소유한 재물과 식량이 약탈되어 텅 비어 아무것도 없게 되었습니다"라고 하였습니다.

또 성경에서 보내온 공문에 따르면, "강주성에 마주한 온화보에서 11월 26일 한국 민인 50~60명이 월계하여 양유춘 산장에서 기르던 나무를 기를 쓰고 벌채하려다가 양유춘이 나와 막자 성을 내어 서로 구타하였습니다. 12월 초7일에도 한국민인 20여 명이 외병 대신 파견되었다면서 양유춘을 잡아가려고 하였지만 잡혀가지 않았습니다"라고 하였습니다.

모두 조회하여 조사해 처리하고 금지를 지시해달라고 본 대신에게 보낸 공문입니다. 살펴보건대 한국 민인들이 월계하여 소란을 일으켜 여러 차례 조회로 엄히 금지하여달라고 한 공문이 있었습니다. 길림과 봉천 두 성(省)의 변경에서 빈번히 노략질과 몸값 요구, 방화, 약탈 등의 일이 일어났는데, 귀 대신에게 조회하니 살펴보고 소란을 일으킨 자들을 처벌하는 것이 합당합니다. 즉시 중국인 세 사람과 미곡과 재물을 돌려주며 아울러 변경에서 월경하는 것을 금지하여 사단이 일어나는 것을 막아주십시오」라고 하였습니다. 이에 조회하오니 조사하여 처벌하고 즉시 알려주기 바랍니다』라고 하였습니다.

이에 의거하여 일찍이 해당 주참(駐站)에 훈령하여 그 상황을 조사케 하였습니다. 향적(晌賊)이 우리나라 인민을 침탈한 바가 없었던 때가 없으니 혹은 전재(錢財)를 약탈해가거나 혹은 우마를 빼앗아가므로 해당 주대가 잃어버린 물건을 도로 받아내려 하였을 뿐 저들 민인들을 침해한 적은 결코 없습니다. 항상 저들이 우리를 침해하여 우리가 그들을 막아 피차에 충돌한 것으로, 이는 이치상 당연한 바입니다. 마땅히 우리 병사들에게 지시하여 멋대로 경계를 넘어가지 못하게 하였습니다. 살펴보고 청국공사관에 전조하여 해당 변경 백성들에게 신속히 지시하여 우리 민인들을 침략하는 일이 없도록 하여 이웃 간 교린의 뜻을 더욱 돈독케 해주기를 바랍니다.

광무 6년 5월 21일

원수부군무국총장육군부장 이종건

의정부찬정외부대신서리외부협판 최영하 각하

15 검찰사의 부하가 청국 경계 안으로 들어간 이유와 이성지의 가솔을 체포할지 여부를 자세히 밝혀달라는 조회의 기안

조회 제22호

전임 찰변사겸관서사령관(察邊使兼關西司令官) 이도재(李道宰)가 보내온 공문을 접수하고, 본국의 어리석은 백성 이성지(李盛芝), 임병수(林丙秀) 등이 청국 경계 안에 들어가서 러시아 군대를 의지하여 한국 민인들을 침학(侵虐)한 일로 경성 주재 러시아공사에게 조회하여 이들을 체포하여 소환해달라고 요청하였습니다.

이에 대한 조복을 받았는데, "금년 1월 6일 한국 부위(副尉) 김병도(金秉道)가 봉천에 와서 말하기를, 이성지는 이미 부윤을 살해한 범죄자로 즉시 체포하여 송환해 달라고 요청하였습니다. 또 초산대(楚山隊) 한국 병사가 또 다시 청국 경계로 넘어가 이성시의 가솔을 모두 체포하여 도륙하겠다고 공언하였습니다. 이성지의 상황을 조사하니 확실히 무고를 당한 것입니다. 한국 병사들의 행위는 매우 불법적이니 청컨대 즉시 지시하여 이성지의 가솔을 풀어주기 바랍니다. 아울러 귀국 사관(士官) 및 병정은 다시금 멋대로 월계하여 와서 조약을 어기고 폐해를 일으키는 일을 하지 마십시오. 이번 사건은 조심하고 삼가야 할 건인데 부위 김병도는 어떤 이유로 봉천에 와서 이성지를 체포하고자 하였는지, 혹 귀 정부에서 전적으로 이 사건을 위하여 파견하였는지 여부를 상세히 알려주기 바랍니다"라고 하였습니다.

찰변사는 이미 체임되었기 때문에 검찰사(檢察使)에게 조회하였더니, 그에 대한 조복에서 이르기를, "이 건은 본부의 소관이 아니며, 몇 년 전에 강계와 의주 양 진위대 검찰사(檢察使) 이학균(李學均)이 대동하여 데려간 위관 김병도가 청국 경계에 파견되었다고 하는데, 가솔을 체포한 사실은 지금까지 조사하였으나 실마리가 없습니다"라고 하였습니다. 만약 해당 사안을 조사하여 밝히지 않는다면 러시아공사에게 답변할 수 없을 것입니다. 이에 조회하니 귀국(局)에서 김병도를 조사하여 어떤 이유로 봉천에 갔는지와 이성지의 가솔을 체포했는지 여부를 자세히 밝혀주기 바랍니다.

광무 6년 6월 23일

의정부찬정외부대신서리외부협판 최영하

원수부군무국총장육군부장 이종건 각하

16 초산 주둔 부대 병사가 월계하여 문제를 일으켰다고 하더라도 남의 나라 병사를 가두어두는 것은 조약상 위법이므로 두 사람을 석방하도록 조처해달라는 조복

조복 제9호

얼마 전 초산 주병이 경계를 넘은 사건에 관한 귀 조회 제8호를 접수하고, 훈령하여 조사하고 조처하겠다는 뜻으로 이미 조복을 보냈습니다. 이에 관서사령관(關西司令官) 민영철(閔泳喆)이 회보(回報)하기를, 『강계대(江界隊)가 조사하여 보고하기를, 「얼마 전 제10호 훈령을 받아 초산 주둔 부대의 병사 10명이 경계가 되는 강을 건너가 손파도(孫擺渡)의 집에 돌입하여 부녀자를 윤간한 사건에 대하여 해당 주대에 훈령하여 엄히 조사한 후 다시 보고하라고 뜻으로 이미 보고하였습니다. 현재 해당 주대의 소대장 이교상(李敎相)이 조사하여 보고하기를, "손파도 집에서 부녀를 윤간한 사건은 전임 주대 소대장 김종진(金鍾振) 재임 시 회인현의 조회에 따라 통사(通詞) 김문명(金文明) 및 해당 지방의 집강(執綱) 김계종(金桂宗)을 손파도 집에 파견하여 사건을 조사하였습니다. 손 씨 집의 남녀들은 처음부터 그러한 일은 없었다고 말하였을 뿐만 아니라, 그 집은 우회로에 있어서 연강으로 왕래하는 병포(兵砲)가 함부로 들어올 겨를이 없는데도 그곳의 보정(保正)이 손 씨 집안을 토색하고자 하다가 끝내 뜻대로 되지 않자 근거 없는 소문으로 그 집안을 더러운 소문에 빠지게 하여 보고하게 되었다고 극구 발명하였습니다. 전임 주대 소대장 김종진은 거짓을 알고 처음부터 보고하지 않았습니다"라고 하므로 이에 베껴 보고합니다.

또 해당 주대 병사 조형칠(趙亨七)과 김응규(金應圭)는 죄 없이 체포되어 저 회인현에 갇혔는데 사안이 매우 민망하여 부대에서 여러 차례 이조(移照)하였으나 아직까지 석방하여 돌려보내지 않고 있습니다. 죄 없는 병사를 여러 달 구속하는 행위는 실로 교린에 부합하는 도리가 아니므로 경부(京部)에 전보(轉報)하여 외부에서 이치를 들어 청국공사에게 조회함으로써 해당 현에 전칙(轉飭)하여 즉시 석방하게 해주는 것이 타당하므로 이에 보고합니다」라고 하였습니다. 이에 베껴서 보고하니 살펴본 후 외부에 이조하여 주기를 바랍니다』라고 하였습니다.

이미 손 씨 집안의 남녀가 발언한 대로 우리나라 병사는 처음부터 공격한 적이 없음은 이를 통해 알 수 있습니다. 그리고 우리나라 병사 조형칠과 김응규가 설사 범죄한 바가 있다 하더라도 마땅히 해당 부대에 압송하여 징계를 요청하여야 하거늘 무죄인 자들을 멋대로 체포하여 여러 달 동안 가두고 있어 약장(約章)에 크게 어긋납니다. 그러나 혹여 교린하는 처지 후폐(後弊)가 있을까 우려되므로 엄히 단속하라는 뜻으로 지시하였으며, 이에 조회하니 살펴보고 청국공관에 전조하여 조 씨와 김 씨 두 병사를 즉시 석방케 하기를 바랍니다.

광무 6년 7월 11일

원수부검사국총장육군부장 조동윤

의정부찬정외부대신궁내부특진관육군부장 유기환 각하

17 상화사의 간민 임상진 집에서 금전을 탈취, 방화하고 임상진의 친척 유전원을 죽게 만든 이소삼을 조사하여 처벌해달라는 조회의 기안

조회 제24호

경성 주재 청국공사의 조회를 접수하였는데, 「얼마 전 길림장군이 보내온 공문에 따르면, "상화사 간민(墾民) 임상진(林上珍) 집안에 작년 11월 15일 밤 한국 병사 2명(한 사람은 이도경(李道京)의 아들로 이름은 소삼(小三)이고, 다른 성명을 알 수 없는 자 한 사람)이 총을 가지고 함부로 들어가 임상진의 친척인 유전원(劉殿元)을 공격하여 땅에 넘어뜨렸고, 양원(洋元) 17원과 한전(韓錢) 65적(吊)을 빼앗아가고 초가 7칸, 식량 30석, 아울러 집기를 불을 놓아 태워버렸습니다. 유전원은 뺨에 총을 맞아 뚫려 혀가 잘렸고 등 위에는 화상자국이 생겼고, 얼마 지나지 않아 11월 29일에 상처로 인하여 사망하였습니다. 간국위원(墾局委員)이 해양통령(海陽統領)에게 조회하여 종성군의 영원(營員) 송(宋) 씨에게 전달하였습니다. 해당 영원은 문서를 멋대로 열어보았는데, 그 뜻은 비호하는 데 있어서 소식을 보내어 원문을 교환하려 하지 않았습니다.

살펴보건대 해당 병대(兵帶) 이소삼 등은 칠흑 같은 밤 경계를 넘어가서 민가를 방화하고 약탈하고 유전원에게 총상을 입혀 죽게 하였습니다. 이는 실로 심하게 법률을 경시한 것입니다. 그리고 해당 국에서 공문을 보내어 조사, 처리하고자 했으나 영원 송 씨 또한 소식을 보내지 않았으니 또한 약장(約章)을 위반한 것입니다. 이에 조회하니 힘써 장차 이소삼 등을 체포하고 노략해간 장물을 돌려주고 아울러 엄히 금단하여 또다시 소란을 일으키지 못하게 하기 바랍니다"라고 하였습니다.

살펴보건대 길림성 화룡욕(和龍峪) 등지에서 여러 번 한국 병사들이 의해 소요를 일으키기에 여러 차례 외부가 조사하여 처리해달라고 요청한 공문이 있었습니다. 이번에 다시 이소삼 등이 방화하고 약탈하고 총으로 살해하는 건은 신속히 원수부에 조회하여 체포하고 노략질해간 장물을 돌려주고 범죄에 해당하는 법으로 징계하고 월경하여 소란을 일으키는 일을 금단하여 주시기 바랍니다」라고 하였습니다.

이를 살펴보니 우리나라 병사들이 종종 경계를 넘어가 소란을 일으켜 여러 차례 해당 공사의 조회가 있었는데, 또 다시 이소삼 등이 가옥을 태우고 재산을 약탈하고 총으로 살해하였으니 국경 분쟁을 일으킬까 두렵습니다. 근심과 걱정이 작은 것이 아니므로 이에 조회하니 살펴보고 해당 부대에 신속히 지시하여 이도경의 아들 이소삼의 죄상을 조사하여 처벌한 후 즉시 조복해주기 바랍니다.

광무 6년 7월 12일

의정부찬정외부대신임시서리궁내부특진관 유기환

원수부검사국총장 조동윤 각하

18 원수부 측이 보낸 문서에 흠결이 있어 청국공사에게 답변할 수 없으니 다시 조사하여 알려달라는 조회의 기안

조회 第27호

귀 제9호 조복은 살펴보았습니다. 초산 주둔 병사들이 부녀자를 윤간한 사실은 없다고 하였으나 청국인 왕공순(王公純), 송득재(宋得財) 등이 목숨을 잃은 일에 대해서는 밝힌 내용이 없습니다. 한 장의 공문에서 두 가지 사건의 실상을 한 가지에 대해서는 밝히고 다른 한 가지에 대해서는 밝히지 않으면 자세히 살펴보는 것에 흠결이 있게 되어 청국공사에게 답변할 수 없습니다. 이에 또다시 조회하니 살펴보고 다시 알려주기 바랍니다.

광무 6년 8월 16일

의정부찬정외부대신서리외부협판 최영하

원수부검사국총장육군부장 조동윤 각하

19 청국인 유전원이 목숨을 잃은 것은 청비 때문이므로 청국공사관에 전조하여 거짓으로 꾸며 발언한 임상진을 처벌해달라는 조회

조회 第12호

청국인 유전원이 사망한 사안에 대한 귀 조회 제24호를 얼마 전 접수하여 종성대에 지시하였습니다. 지금 대대장 김원계(金元桂)의 조사 보고를 접수하였는데, 『이 안건은 이미 청국의 독리(督理) 섭함분(葉含芬)이 변계교계관과 관찰부에 조회하여 본 부대에 전조(轉照)하였기에 본 부대가 무산주참(茂山駐站)에 훈칙하여 상세히 조사하고 보고하게 하였습니다.

무산주찬 제4중대장 육군정위 반돈식(潘敦植)의 조사 보고에 따르면, 「유전원 살인사건은 듣기에 매우 놀랍고 두렵습니다. 먼저 살펴보건대 이도경(李道京)의 아들 소삼(小三)은 이름이 꼭 들어맞지 않으며, 이도경의 아들 이화영(李化永)이 대오(隊伍)에 소속되어 있어서 본관이 직접 북면분참(北面分站)에 도착하여 엄격히 조사하였습니다. 유전원 사망사건에서 "너희들이 어떤 일을 하여 죄를 범하였다는 고소를 당하였느냐"라고 먼저 이화영에게 묻고 다음으로 하사(下士), 상등병(上等兵)에게 물었습니다. 그들이 공술하기를, "소인들은 처음부터 간섭한 바가 없고, 유전원이 청비가 쏜 총알에 맞은 것을 본 병참 대안의 월우민(越寓民) 홍재준(洪在俊)이 작년 11월 16일 급히 와서 본 병참에 보고하므로 이미 대강 알았을 뿐이지 전혀 간섭한 바가 없습니다"라고 여러 사람이 같은 말을 하였습니다.

그러나 상세히 조사해야 하는 자리에서 단지 사졸들이 구술한 것으로는 실정을 파악하기 어려우므로 대안 거주 청국과 한국 민인들을 모두 불러와 조사하여 진술을 받았습니다. 청국인 왕배(王杯)는 부상을 입은 유전원이 그의 집에 왔다가 절명하는 것을 보았다고 결국 자백하였습니다. 청국인 왕수전(王守全)은 부상을 입은 유전원이 도망쳐 이여천(李汝天)의 집에 있을 때 위로하기 위해 방문하여 물었더니 마침내 청비가 흉수(兇手)임을 안 것은 확실히 진술에 의거한 것이고, 또한 동참한 사람이 있었습니다.

살펴보건대 청국인 임상진(林上珍)은 본성이 불량하여 다른 한국과 청국 민인들을 겁주고 비리한 방법으로 재산을 취득하여 재산은 이미 여유가 있으나, 두 나라의 경계에 유의하지 않고 항상 부침(浮沈)이 있었습니다. 그때 유전원이 어떤 연유로 청국인 왕배의 집으로 몸을 피하여 기숙하였는데, 유전원으로 하여금 그 집을 간수하게 하였습니다. 그런데 비류들이 돌입하여 유전원을 잡아 불로 지지고 요구한 돈을 내주지 않자 결국 총에 맞았습니다. 유전원은 한국 사람 이여천의 집으로 겨우 피했다가 다시 청국인 왕배의 집으로 옮겨가서 14일에 사망하였음은 청국과 한국이 공증하는 확실한 사실입니다. 완악한 임상진은 감히 간악하고 능청스러운 꾀를 써서 거짓 내용을 지어내 양측 경계 사이에 일을 만들어냈으니 진실로 통탄할 만합니다. 청국 관리의 말에 따라 법으로 판단하면 막중한 살인사건인데도 자세히 살피지 않고 한국 병사에게 재앙을 전가시키고 이웃 나라와의 친교를 어그러뜨리니 이것이 교섭상의 도리는 아닐 것입니다. 이 안건은 먼저 청국과 한국의 군관들이 한곳에 회동하여 원고 임상진[18]과 한청 공증인을 조사하는 것이 좋을 듯합니다. 이에 조사하여 보고하니 청국공사관에 전조하여 신속히 판결하여 주시기 바랍니다」라고 하였습니다.

이 보고에 의거하여 관찰부와 교계관이 조복을 보내고 상부인 군무국(軍務局)에 보고하고 다른 한편으로는 혼춘부도통아문(琿春副都統衙門)에 조회하기를, 「유전원 사망사건은 명백히

18 원문에 '林在珍'이라고 적혀있으나, '林上珍'의 오기로 보인다. 문맥에 맞게 표기하였다.

귀국 비류의 소행이요, 처음부터 한국 병사가 간섭한 바가 없음은 청국과 한국의 민인들이 모두 증명하고 진술하여 명확합니다. 그런데 이렇게 번거롭게 끌어들이는 것은 귀국 민인 임상진이 터무니없는 말을 만들어내 화를 우리 부대에게 넘겨씌웠으며, 독리 섭함분은 단지 임상진의 말만 의거하여 보고하였을 뿐 그 원인을 자세히 조사하지 않았기 때문입니다. 만일 귀 아문이 단지 우리 부대가 조사했다는 이유로 믿기 어렵다고 하면서 처리하지 못한다면, 두 나라의 군관들이 날짜를 정하여 회동하여 그때 일에 참조할 만한 청한 민인들을 초치(招致)하여 함께 조사하는 것이 이치에 맞을 듯합니다. 이에 조회하니 답변하여 주시기 바랍니다」라고 하였습니다.

며칠 후에 조회를 받았다는 수도기(受到記)만 본 부대에 송부하고 어떤 답변도 없었는데, 이번에 엄중한 훈칙이 왔으므로 황송할 뿐입니다. 이번 안건은 우리나라 병사의 행동과 관련되어 있으나 청국 관리가 어찌된 일인지 조회에 따라 회동하여 심리하여 판결하지 않고 곧바로 상부에 보고하여 외부에 이조(移照)하여 이처럼 지엄한 훈칙이 왔습니다. 일을 꾸며 날조하는 습관으로 군대를 압제하여 숨쉬기도 어려운 지경에 이른 것이 한두 번이 아닙니다. 만일 법규를 제대로 세우지 않으면 변경이 고요해질 수 없을 것입니다. 이에 대하여 외부에 이조(移照)하고 청국공사에게 전조하게 하여 두 나라 사이에 심판할 경우가 있다면 회동하여 상세히 조사한 후 시비를 분명히 분간한 후에 각각 상부에 보고하게 하셔서 변경에서 분란이 일어나지 않게 하는 것이 합당합니다. 이에 보고하니 살펴보고 처결해주기 바랍니다』라고 하였습니다.

살펴보건대 유전원의 사망사건은 실로 청비 때문인데 처음부터 자세히 조사하지 않고 그 책임을 우리나라 병사들에게 전가하였는데 이는 매우 근거가 없는 행동입니다. 이에 조회하니 살펴보고 해당 공사관에 전조하여 임상진이 거짓을 꾸민 죄를 법에 따라 처결하고 즉시 알려주기 바랍니다.

광무 6년 8월 26일

원수부검사국총장육군부장 조동윤

의정부찬정외부대신서리외부협판 최영하 각하

20 청국인 왕공순과 송득재 등의 사망사건은 우리나라 사졸과 무관하므로 징계로 처리할 수 없다는 조복

조복 第13호

귀 조회 제27호를 접수하여 살펴보았는데, 청국인 왕공순, 송득재의 사망사건에 대해서는 처음부터 해당 부대가 보고해온 적이 없으므로 관서사령부에 전칙(電飭)하였습니다. 현재 회답 보고를 접수하니, 그 안에서 「삼가 전칙을 받들어 보니, "귀 보고서 제21호 중 초산 주둔 병사가 부녀를 윤간한 사건은 알겠으나 왕참순(王僭純)(王公純-역자 주)과 송득재 사망사건에 대해서는 어찌 조사하여 보고하지 않는가. 조속히 자세히 조사하여 보고하라"라고 하였습니다. 지난 4월에 작성하여 올린 보고서 제6호에서 청국인 2명 중 총탄에 맞아 죽었다는 구절은 바로 왕 씨와 송 씨의 사망 원인을 기록한 것입니다. 곰곰이 생각해보건대 이미 분명히 알 수 있는 것입니다. 보고서 제21호에는 이 사건의 경위가 누락되었으며 이번에 전칙(電飭)을 받으니 놀랍고 송구한 마음을 이길 수 없습니다. 또 보고서 제6호를 작성하여 보낸 지 5개월이 되었으나 아직까지 지령을 받지 못하였는데, 중간에 사라질 우려가 있으므로 다시 한번 등서하여 올립니다. 이에 보고하니 살펴본 후 지령해주기 바랍니다」라고 하였습니다. 첨부한 보고서에 따르면, 《진위 제6연대 제2대대 대대장서리(大隊長署理) 육군참령(陸軍參領) 권용철(權用哲)의 보고서 제17호를 접수하였는데, 〈훈령 제10호를 받았는데, 『초산군수 이병홍(李秉弘)이 보고하기를, 「음력 12월 21일 술시(戌時)쯤 본군에 와있던 러시아어 통사(通詞) 강응서(姜應西)가 분주대에 와서 아뢰기를, "제가 강계에서 강노(江路)로 내려와서 어떤 청국 비적 10여 명이 서양총 50자루, 탄환 몇 상자를 공문 없이 큰 수레에 싣고 무난히 경계 부근을 지나가기에 어느 곳으로 가는지와 군물(軍物)을 가지고 가는 이유를 물어보니, 왕무충(王懋忠)의 물품으로 외국에서 사오는 것이라고 하면서 일제히 총을 들어 저를 해치고자 하므로 겨우 목숨만 건져 왔습니다. 이는 비류(匪類)의 장물이므로 본 부대에서 병사들을 내보내 추격하여 즉시 빼앗아 와야 합니다"라고 하였습니다. 해당 부대 소대장 육군부위(陸軍副尉) 김종진이 충의사(忠義社)에 요청하여 말하기를, "경계를 지나가는 비류는 금지하지 않을 수 없으며, 군물을 싣고 가는 수레는 압수하지 않을 수 없습니다. 다만 병정들만으로는 추적하여 체포할 수 없으므로 충의사와 힘을 합하여 발포하겠습니다"라고 하였습니다. 이에 따라 포사(砲士) 10명도 소대의 양총과 탄환을 지니고 병정 7명과 강응서와 함께 통구(通溝) 입구 건너편 벌등강(伐登江) 머리에까지 추격하니 청비와 만나 실고가던 양총 2자루, 전문총(前門銃) 6자루, 탄환 1궤, 화약 2궤를 마침내 빼앗았습니다. 돌아오면서 병정은 군물을 앞에서 이끌고 포사는 뒤를 따랐고 직동(直洞) 입구에 도착하였습니다. 포사 김찬국(金贊國)이 두 발에 굳은 살이 박혀 썰매를 빌려 타고 몇 걸음 정도 군대보다 앞서 가다가 지나가던 청국인 수 명과 길에서 서로 다투는 사이에 변경에 가까운 동네의 청국인 수십 명이 각자 몽둥이를 들고 갑자기 돌입하여 위의 김찬국을 발로 차서 수레에서 떨어뜨리고 가지고 있던 칼을 먼저 빼앗아 곧장 찔러 죽이려고 하였습니다. 김찬국은 청비 잔당이라고 여겼는지, 생사가 목전에 있으므로 어찌할지 몰라 총을 한 방 쏘았는데 공교롭게도 청국인 2명을 맞춰 사망케 하였습니다. 그리고 그 후 많은 포사가 함께 도착하므로 김찬국은 보호받아 돌아왔고 칼은 빼앗겼습니다. 이 일은 병사와 포사가 협의하여 함께 행동한 것이기는 하나 총을 쏘아 인명을 살상한 것은 처음부터 포사의 행동이므로 김찬국은 우선 감옥에 가두었습니다. 사람을 보내서 근본 원인을 정탐하게 하였더니 과연 위에서 진술한 것과 같았습니다. 들어보니 놀랍고 탄식할 일로서 어찌 조처해야 할지 보고하니 살펴보고 처결해주기 바랍니다」라고 하였습니다.
이에 의거하여 조사해 보니 군대의 병사가 경거망동하여 이미 실책하였는데, 하물며 포사가 서양 총 몇 자루에 의지하여 대응하였으니 분쟁을 일으킨 책임은 초산군 측에만 돌릴 수 없으므로 먼저 회인현에 조회하여 조복이 오는 것을 기다렸다가 다시 보고하라고 해당 군에 지령하였습니다. 이에 훈령하니 즉시 해당 분주대에 조사관을 보내어 총을 빌린 건과 비도의 총과 탄약을 탈취한 안건과 청국인을 살상한 근본 이유 등을 조사하라』라고 하였습니다.
이에 본대 중대장 김귀성(金龜性)을 파송하여 조사케 했습니다. 받아본 보고서에 따르면, 『훈령을 받고 해당 부대에 가서 전후 사실을 철저히 조사하였습니다. 소대장 김종진은 강북(江北)의 일은 처음부터 주둔 부대의 소관이 아니었으나 유민 중 이성지(李盛芝)라는 이름을 가진 자가 왕무충과 한통속이 되어 평민을 침해한 일로 누차 사령부의 체포 명령을 받았습니다. 그 자는 현재 월경하여 가서 통구 지역에 있다고 하여 급히 체포하고자 하였으나 대대(大隊)에 보고할 겨를도 없어 우선 2명의 병사를 파견하였습니다. 때마침 지나가던 러시아 통사 강응서가 우리 소대에 와서 고하기를, 어떤 청비가 서양총 50자루를 싣고 강을 건너간다고 하였습니다. 이에 즉시 본군 포사 사총(社總) 이병익(李秉翼)을 불러 사정을 말한 후 본군과 왕복을 하였습니다. 그러자 군수 이병홍(李秉弘)이 본관에게 위임하는 글에서 이르기를,

공문 없이 지나가는 저들의 무기를 압수하여 두는 것이 마땅하므로 장차 포사를 파견하고자 하나 무기가 불리하니 부대에 있는 총환을 빌려달라고 하였습니다. 때마침 강북민이 서양총 8자루를 팔겠다며 가지고 왔기에 변통하여 빌려 지급하였고, 본 소대에서도 또한 7명의 병사를 파견하였습니다. 병정은 무기를 압수하여 먼저 왔고, 포사는 발이 부르터서 낙오하였다가 어떤 연유인지 알 수 없으나 청국인들에게 장살(戕殺)당하는 지경에 이르렀습니다. 아마도 당시 형편상 보고하여 지령을 받고자 했다면 너무 늦어질 우려가 있어 병졸을 단호하게 마음대로 파견하였습니다. 무기를 빌려 포사에게 지급한 것은 여러 사람들이 요청하기에 내주었고, 처음부터 본 소대가 가지고 있던 것이 아니었습니다. 게다가 부대와 초산군이 서로 믿고 의지하는 관계로 소홀히 하여 물리치기 어려워 군 기강의 엄중함을 잊고 이와같이 격식에서 벗어난 경거망동을 행하였으므로 황송합니다』라고 하여 이를 보고합니다.

살펴보건대 청국인을 살상한 사건의 정범은 병사가 아니라 포사이니 두 나라의 지방관이 회합하여 검험하는 날에 마땅히 이치에 따라서 조사하여 판결해야 합니다. 해당 소대장이 병졸을 파견한 것으로 말하자면, 포사를 빌리고 무기를 지급하여 남의 군기를 탈취한 것은 비록 저 비류의 출몰로 인하여 간악한 자를 색출하고 계엄하는 데 뜻을 둔 것이지만 처음부터 부대에 보고하지도 않고 자의적으로 파병한 것은 군율을 위반한 것이니 마땅히 부대에서 처벌을 받을 것입니다. 이미 보고하여 훈칙을 받았으므로 이에 사실에 의거하여 보고하니 살펴보기 바랍니다〉라고 하였습니다. 이 건은 영변사령부 시절에 조사한 것으로 보고 내용을 살펴보니 해당 위관 김종진이 자의적으로 파병한 일은 군율을 어긴 것입니다. 이에 보고하니 살펴보고 처결해주기 바랍니다》라고 하였습니다.

이에 의거하여 살펴보니, 해당 청국인들이 당초 공문도 없이 군물을 싣고 어려움 없이 변경을 지나갔는데, 비록 아무 일이 없는 때라도 마땅히 조사하고 정탐할 것인데, 하물며 이들 비류가 양계(兩界)에 출몰하는 때에는 어찌 해야 하겠습니까. 또한 비류의 우두머리 왕무충이 사들인 것이라고 하여 지금 이것을 거두어오는 것은 불가하지만, 해당 청국인들이 손에 몽둥이를 들고 와서 김찬국을 구타하여 목숨을 상하게 하였으며, 김찬국은 흉악한 비류를 만나 총을 한방 쏴서 살길을 찾으려고 하였으니 진실로 일부러 범죄한 것이 아닙니다. 유죄로 헤아릴 수 없으나 이미 타국인의 목숨을 상하게 했으니 나라 사이의 우호를 위해서는 그냥 둘 수 없습니다. 김찬국은 군인이 아니므로 본 검사국에서는 징계하여 처리할 수 없습니다. 해당 부대의 사졸로 논하자면 왕 씨와 송 씨의 죽음과는 관계가 없으나 이미 멋대로 파병한 죄가 있으므로 해당 통솔해간 위관은 근신으로 처벌하였습니다. 이에 조복하니 살펴보고 이에 따라 처리해주기 바랍니다.

광무 6년 9월 5일

원수부검사국총장육군부장 조동윤

의정부찬정외부대신서리외부협판 최영하 각하

21 청국 향마적이 한국 정탐관을 잡아간 것에 관하여 청국공사관을 통해 조처해달라는 조회

조회 第14호

현재 관서사령관 육군참장(陸軍參將) 민영철의 보고서를 받아보니, 〈강계대대(江界大隊) 대대장서리육군참령 권용철의 第80호 보고에서, 『자성 주둔 중대장 이대규(李大珪)가 보고에 따르면, 「후창 주둔 소대장 정민화(鄭敏和)의 보고에서, "특파변계정탐관(特派邊界偵探官) 서상무(徐相懋)가 음력 7월 20일에 변경 지역의 민인으로 이미 월간(越墾)한 자가 편히 사는지의 여부를 파악하고자 본군 대안의 팔도동(八道洞)으로 향해 갔습니다. 해당 동에 거주하는 민인 채예묵(蔡禮默), 김윤석(金允錫)이 달려와 고하기를, 음력 8월 초2일 인시(寅時)쯤 청국 향마적(响馬賊) 15명이 총을 들고 정탐관(偵探官)이 유숙하던 곳에 갑자기 들이닥쳐 정탐관과 종인 김교명(金敎明)에 이르기까지 모두 납치하여 어느 곳으로 갔는지 아직까지 자세히 알지 못한다고 하였습니다. 이에 보고합니다"라고 하였습니다. 이에 따라 살펴보니 우리나라 관헌이 저 나라의 비류에게 잡힌 것은 매우 놀랄만한 일이므로 이에 보고합니다」라고 하였습니다. 이에 의거해 살펴보니 해당 관원이 변경민 중 월간한 자가 편히 사는지의 여부를 알아내려고 그 땅으로 들어가다가 적도에게 잡혀갔으니, 그 적도의 손에 죽게 할 수 없고 구출하여 돌아오게 하지 않을 수 없으며 일이 급박합니다. 또한 먼 지역에서 교섭하고 처리해야 하는데 어찌 조처해야 할지 알 수 없으므로 이에 보고합니다』라고 하였습니다.

살펴보건대 이 사건은 모두 청국 향마적과 의화단 때문인데, 이들은 시도 때도 없이 우리나라 민인들을 침략하고 우리 재산을 약탈하여 해를 끼치는 것이 더욱 심합니다. 또한 이번에 우리나라 관리를 모욕하였으니 두 나라 사이의 우의에 있어서 권고하고 함께해야 할 건입니다〉라고 하였습니다. 이에 조회하니 서둘러 금지하여 말썽을 일으키지 않도록 청국공사관에 이조(移照)하여 일을 타당하게 조처하고 회답해주기 바랍니다.

광무 6년 9월 29일

원수부군무국총장임시서리육군법원장육군참장 백성기

의정부찬정외부대신서리외부협판 최영하 각하

22 청국 측 경계로 들어가 민인을 괴롭힌 혐의를 받고 있는 이성지와 임병수를 압송하여 처벌해달라는 조회

조회 第14호

과거에 귀 조회 제22호를 접수하여 유민(莠民) 이성지, 임병수 관련 사안은 전 관찰사 이학균(李學均)에게 훈령하여 조사케 하였습니다. 그의 회답 보고 내에서, 「작년 11월에 본 관찰사가 의주에 주재할 때에 관서사령관 이도재가 이문(移文)을 접수하였는데, 그 안에서 "유민 이성지 등이 월경하여 민인을 괴롭힌 죄는 진실로 용서할 수 없으므로 대책을 강구하여 체포하여야 하나, 사건이 경계 너머에서 일어났으므로 체포하기 어렵습니다"라고 했습니다. 마침 러시아의 연추영사(烟秋領事) 스미리노퓨[19]가 의주에 왔으므로 이 일을 의논하였더니, 초산에 도착하기를 기다리면 마땅히 힘을 써서 불러와 심판하겠다고 답하기에, 회합하여 심판하

19 유진 스미르노프(Eugene Smirnov)를 가리킨다. 러시아는 1869년 노보키예프스키(Посьéт, 煙秋, 현 크라스키노)에 국경감독관 혹은 국경사무관, 국경판무관을 설치하였다. 러시아어로는 'ПограничныйКомисар', 영어로는 'Frontier Commissioner'이다. 일본어 자료에는 '國境事務官', '境界事務員'으로 나오고, 한국어 자료에는 교계관으로서 '고미살[高(古)米薩]' 혹은 '곽미살(곽미살이)[廓米薩(廓米薩爾)]'라고 나온다. 1880년대 국경사무관은 니콜라이 마튜닌(Nikolai Matiunine)이었고, 그의 이름은 '마주영(馬柱隣)'으로 음차하였다. 그는 조선의 경흥감리, 청국의 혼춘부도통, 영고탑부도통과 연락할 권한을 가지고 러시아에 도래하는 외국인 여권조사와 재러 외국인의 감시를 하는 등 국경관리관 역할이 부여되었다. '연추영사(烟秋領事)'는 그런 배경에서 지칭되었다. 유진 스미르노프는 1901년 11월 국경사무관으로서 서울에 와서 간도공치안(間島共治案)을 대한제국과 청조에 제안한 바 있다. 대한제국에게 유리한 내용을 제시한 대가로 러시아는 대한제국에 경흥-러시아 간 전신선 가설과 마산포 조차 등을 요구하였다. 1902년에 그는 압록강 일대에서의 한청 간 갈등에도 개입하였다. 이처럼 러시아 국경사무관은 간도문제에 깊숙이 개입하였다. 러시아의 국경사무관 제도는 1910년대 이후 폐지되었다(オイドフ·バトバヤル, 2008, 「ロシア帝國の邊境統治と領域擴張-東部邊境の國境監督官制度-」, 『近代東北アジアの誕生-跨境史への試み』(左近幸村 編), 北海道大學出版會 참고).

기 위하여 수원(隨員) 육군부위 김병도(金炳道)와 함께 초산에 갔습니다. 그 일행과 함께 초산에 도착하여 러시아영사가 통화현(通化縣) 러시아 주대장(駐隊長) 마트리토푸하야에게 공문을 보내어 이성지 등을 압송해오라고 하니, 해당 주대장은 해당 민인들을 봉천 심판(審辦)으로 압송한다고 하였습니다. 본 관찰사가 초산에 도착하여 수원 김병도를 봉천으로 파송하여 압송한 자들을 인도해줄 수 있는지 여부를 물어보았습니다. 봉천 주둔 러시아 사령관 크베친스키가 답하기를, 주한러시아공사관에 조회하여 심판하겠다고 하여 결국 해당 수원은 빈손으로 돌아왔습니다. 초산대(楚山隊) 군인이 월경하여 이성지의 가솔을 체포했다는 소문의 허실에 대해서는 처음부터 들은 바가 없고, 이성지가 범행한 사실은 이미 관서사령부 및 외부의 존안(存案)에 있으므로 더 번거롭게 나열할 것이 없습니다. 이에 보고하니 살펴보기 바랍니다」라고 하였습니다.

이에 강계대(江界隊)에서 조사하지 않을 수 없으므로 상세히 조사하여 보고하라는 뜻으로 관서사령관 민영철에게 훈칙하였습니다. 관서사령관의 보고를 접수하니, 〈훈령을 받아 해당 대대장서리 권용철에게 지시하였는데, 권용철이 보고하기를, 『해당 주대에 전칙(轉飭)하여 조사하고 보고하게 하였습니다. 현재 주둔 중대장 이승칠(李承七)의 보고 내에서, 「과거 주둔 소대장 김종진(金鍾振)이 시무할 때 월경하도록 했던 병졸은 모두 자성대(慈城隊)로 이동해 주둔해 있어서, 중대에 현존하는 사졸 중에 그 당시 출사하였던 병정 김준승(金俊承)에게 훈령의 내용에 의거하여 하나하나 조사하여 물어보았습니다. 아뢰기를, "날짜가 기억되지는 않으나 작년 음력 12월 초에 김 부위의 상관이 병향미(兵餉米)를 사오고자 병졸 김응규(金應奎), 조형칠(趙亨七)을 보내 곡식과 돈을 실은 짐을 강계와 만포로 등지로 호송하게 하였으나 기한이 지나도록 돌아오지 않으므로 가서 김 씨와 조 씨를 잡아 돌아오라고 하여 작년 12월 17일에 만포로 달려가서 지체된 이유를 물어보았습니다. 해당 병졸들이 답하기를, 이미 명령을 받아 곡식을 사들이는 데에 전부 사서 바치고자 하였으나 여러 날 지체하게 되었다고 하면서 며칠 지나지 않아 가지고 온 금전으로 모두 살 방법이 있으니, 당신은 즉시 본 부대로 돌아가 모든 사유를 보고하면 견책은 면할 것이라고 하였습니다. 이에 본인이 먼저 즉시 돌아가 두 병졸이 지체한 사유를 보고하였습니다. 그런데 김 씨와 조 씨는 한 해가 끝나기가 얼마 남지 않은 때에 다만 빠른 길로 돌아올 생각으로 청국 경계를 따라 내려왔다가 덕순천(德順泉)의 한국인 점막(店幕)에서 머물러 숙박하는데 공교롭게 만난 초산 포사(砲士)가 청국인을 포살한 사건 때문에 청국인 왕무충(王懋忠)에게 잡혀 회인현(懷仁縣)에 갇혀 아직까지 석방되지 않았습니다. 이성지의 식솔은 처음부터 잡아온 적은 없습니다"라고 하였습니다. 해당 병졸의 보고를 이에 보고합니다」라고 하였습니다. 이 사건은 여러 차례 보고하여 실제로 더 보고할 것이 없으며, 이성지의 식솔을 체포하였다는 풍설은 본 대대에서 전하여 들은 것이 없습니다. 사실에 의거하여 보고하니 전보(轉報)하기 바랍니다』라고 하였습니다. 이에 의거하여 베껴 보고하니 살펴주기 바랍니다〉라고 하였습니다.

위관 김병도가 월경한 것은 두 나라 관원이 서로 약속한 것으로 멋대로 논책할 수 없으며, 이성지의 식솔은 처음부터 잡아온 적이 없으니 살펴보고 조복하여 해당 이성지 등을 속히 잡아와 처벌하게 해주기 바랍니다.

광무 6년 10월 2일

원수부검사국총장육군참장 이근택

의정부찬정외부대신서리외부협판 최영하 각하

23 정탐관 서상무가 청비에게 사로잡힌 팔도동의 위치가 부정확하며, 향후 군인들의 월경행위를 금지시켜달라는 조복의 기안

조복 第29호

귀 조회 第14호에 따라 정탐관 서상무가 청비에게 잡힌 사건에 대해 청국공사에게 조회하였습니다. 이에 대한 해당 공사의 조복을 접수하니, "이미 봉천장군에게 급히 자문(咨文)하여 확실히 조사하고 엄정히 체포하도록 했습니다. 그런데 해당 비적들은 왕래가 일정하지 않아 어느 곳에 있는지 찾아낼 수 있을지 모르겠습니다. 보내온 공문에서 말한 팔도동(八道洞)이 우리 쪽의 팔도구(八道溝) 지방과 관련되어 있는지 알 수 없습니다. 근년 귀국에서는 여러 차례 병사들이 월경하여 와서 이러한 종류의 사건이 있으니 이후에 반드시 각각의 경계를 힘써 잘 지켜서 군인들이 강을 건너는 일이 없게 해주기를 바랍니다"라고 하였으므로 이에 대하여 살펴보아 주시기 바랍니다.

광무 6년 10월 7일

의정부찬정외부대신서리외부협판 최영하 각하

원수부군무국총장임시서리육군법원장육군참장 백성기 각하

24 함경북도 무산군 주변에 청비가 와서 총을 쏘고 민인들을 납치하여 몸값을 요구하므로 한국 군사를 파견해 토비를 축출하도록 조처해 달라는 조회의 기안

조회 第30호

함경북도교계관 채현식의 보고에 따르면, 「현재 무산군 상강분서 총순 안수익의 보고를 접수하니, "음력 8월 10일 오전 10시 월변(越邊) 산성령(山城嶺) 꼭대기에서 대포 소리가 한번 나자 청비 수백 명이 대안의 작목곡촌(斫木曲村)으로 뛰어 들어와서 무수히 포를 쏘고 마을을 곳곳마다 돌아다니며 구타하고 협박하였습니다. 계속해서 민정(民丁)을 결박하였는데 어디로 향해 갔는지는 알 수 없고, 남은 민인들은 놀라고 겁먹어 도망치므로 이에 서둘러 보고합니다"라고 하였습니다.

잇달아 해당 분서의 보고가 왔는데, 그에 따르면 "총순이 직접 간도(間島)로 가서 해당 동(洞)에서 소란이 일어난 형편을 조사하니 총탄에 맞은 7명 중에서 이재실(李才實)은 그 자리에서 사망하고, 장석리(張錫利)와 최용손(崔龍孫)은 흉부에 총탄을 맞아 목숨이 경각에 달렸고, 나머지 4인도 또한 총탄에 맞아 위태로운 상태이고, 체포되어 잡혀간 자들은 41명인데 그중 김병섭(金秉燮), 이언식(李彦植), 엄홍세(嚴弘世) 등 3명은 중도에 풀려나 돌아왔으나 모두 넋을 잃어 말을 하지 못하고 있습니다. 그리고 기타 우마와 재산과 도망친 노소, 부녀는 어디에 있는지, 어느 골짜기에서 굶주려 죽었는지 알지 못하였습니다. 해당 마을은 아무 것도 없이 텅 비게 되어 상세히 물어볼 수 없습니다. 풀려서 돌아온 김병섭에게 대략 듣기로는, 비도들이 류동(柳洞) 옆의 맹가동(孟哥洞) 청국인들의 막사에 모여들었고, 그 세가 점점 커져 연강(沿江) 위아래로 그렇지 않은 곳이 없다고 하였습니다. 일이 여기에 이르고 보니 밤낮으로 근심하며 두렵습니다. 이에 사실에 의거하여 보고합니다"라고 하였습니다.

이를 살펴보니, 비도들의 약탈은 어제오늘 일이 아니지만 이번처럼 형세가 강하고 불행이 혹독한 경우는 없었습니다. 비도를 물리치고 민인을 보호할 방책이 전혀 없는 이때에 다시 회령 대안 등지에서 수백 명 혹은 수십 명씩 무리를 이루고 현재 모모(某某) 촌락에 나타나 대접할 책임을 지우고 병기 제공을 독촉받는 경우가 부지기수이므로 민인들은 모두 놀라고 근심한다고 하였습니다. 조기정(曺基貞) 삼부자 및 소위 패두(牌頭) 1명을 체포하여 서내동(西

乃洞) 옆의 사승포(四升浦) 장암(獐巖)에 도착했다고 합니다. 그들의 소굴은 무산과 회령 경계와 연접한 곳입니다. 조 씨 두 아들을 구류하여 인질로 삼고, 조기정과 패두 2인을 풀어주며 말하기를, 청국 돈 5천 냥과 육혈총(六穴銃) 5자루를 정해진 기한 내에 바친다면 두 아들은 즉시 풀어주겠지만 만일 바치지 않으면 그곳에 사는 민인은 우리들 손아귀에 있을 것이라고 하였습니다. 무산간도에서 붙잡은 38명은 끝까지 풀어주지 않고, 양은(洋銀) 2만 괴(塊)와 쾌창(快槍) 50자루, 탄환 매 자루당 300개, 동포자(銅砲子) 2만 개, 양약(洋葯) 200포를 바쳐 목숨을 구하라고 하였습니다. 이는 듣건대 놀랍고 괴이한 것이므로 우선 전보로 보고하려고 했지만, 최근 장마로 물이 넘쳐 전신주가 넘어져 통신을 할 수 없다고 하여 전문(電文)을 돌려보냈으므로 사건을 어찌 조처해야 할지 모르겠습니다. 그리고 이미 비도를 토벌할 뜻으로 혼춘부도통(琿春副都統)과 화룡욕독리(和龍峪督理)에게 조회하였습니다. 현재 독리 섭(葉)이 회답한 공문에 따르면, "호비(鬍匪)가 소란을 일으키고 민생에 피해를 주고 약탈을 자행하니 실로 매우 통탄할 일입니다. 토벌해 제거하지 않으면 도로가 막힐 것입니다. 군헌(軍憲)에 보고하여 신속히 부대를 파견하여 토벌하고 체포하여 어리석은 자들을 제거하고 양민을 안정케 합시다"라고 했으나, 아직 깊이 신뢰할 수 없습니다. 토비가 더욱 창궐하고 있어도 토벌하여 없앨 방법이 없다면 월우민(越寓民)들은 누구라도 방안에 있는 제비[燕雀處堂]이거나 독안에 든 쥐[甕中之鱉]가 되지 않겠습니까. 이에 보고하니 살펴보고, 원수부에 이조하여 군대를 파견하여 토비를 축출케 해달라는 뜻으로 종성대 참령에게 신속히 지시하여 도탄에 빠진 백성을 구하고 변경을 안정시키도록 해주십시오」라고 하였습니다.

이에 조회하니 살펴보고 처리해주기 바랍니다.

광무 6년 10월 17일

의정부찬정외부대신임시서리궁내부특진관 조병식

원수부군무국총장임시서리육군법원장육군참장 백성기 각하

25 간도에서 청국 군인과 호비들이 한국 민인들을 괴롭히며 소란을 일으키고 있으니 적절히 처리하도록 청국공사관에 이조해달라는 조회

조회 第16호

진위 第5연대 第3대대장 육군참령 김원계(金元桂)가 보고한 내용을 접수하였습니다. 그 내용에 따르면 「종성 대안 남북강(南北江) 간도민 김용택(金龍澤), 조상갑(趙尙甲)이 공소(控訴)하기를, "청국 초소의 병역(兵役)이 우리들이 거주하는 각 마을에서 멋대로 폭행하고, 두민(頭民)을 잡아가서 초소에 구금하여 몽둥이로 맹렬히 때리고 위협하면서 전재(錢財)를 강제로 거두고 부녀자를 약탈하였고, 소와 말, 닭과 돼지를 남김없이 강탈해 갔습니다. 간절히 청해도 세금을 몇 배로 가혹하게 거두고 각 명목이 지독하여 사납기가 마치 이리와 범 같아 힘없는 백성들은 먹잇감의 신세를 벗어날 수 없습니다. 하물며 호비(鬍匪) 무리들은 길림과 태성(台城) 등지에 항상 출몰하며 간도를 점거하고 있으며, 그 수는 이미 무수히 많고, 그 세력은 점점 창궐하여 시끄럽게 떠들기를, 월간한민(越墾韓民)을 도살하여 없애고 연강의 각 군을 습격하여 빼앗겠다고 말하고 있습니다. 믿고 의지할 바가 없는 우리 백성들은 살 방도를 헤아릴 수 없으므로 서둘러 병력을 파견하여 불태워지고 물에 빠지는 처참한 고통에서 구하여 주시기 바랍니다"라고 하였습니다.

또한 청국 관원 형현기(荊顯基)가 공함(公函)을 통하여 이르기를, "우리 땅 남강(南崗) 경계에서 비도의 우환이 크게 일어나서 화가 아주 임박하였습니다. 대인께 바라건대 조속히 군대를 보내서 함께 해주시기 바랍니다. 그렇지 않으면 보호할 수 없습니다. 아침저녁으로 간절히 바라며 식솔을 이끌고 강을 건너와 서로 의지하며 우선 회답을 기다리고 있습니다"라고 하였습니다. 간도민인의 호소와 청국 관원의 공함은 매우 위급함을 말하는 것입니다. 또한 듣건대 성경과 길림 등지에서는 비적들이 연이어 출몰하고 있고, 이들이 부대처럼 무리를 지어 멋대로 간도에 사는 사람들을 약탈하고 있어 이미 흉악한 일을 당한 자가 손꼽기 어려울 정도로 많습니다. 연강의 여러 군읍들은 장차 순망치한(脣亡齒寒)의 우환을 피하지 못할 것이므로 민인들의 원망이 밤낮으로 이어져 안심하고 살아갈 수 없을 것입니다. 서둘러 미리 방책을 준비해야 할 것입니다」라고 하였습니다.

이에 의거하여 살펴보건대 사냥하거나 농사짓는 두 종류의 청국 민인으로 변경 지역에서 사는 사람들은 본디 착한 성품이 적어서 매번 우리 민인들에 대하여 횡포하고 잔악합니다. 근래 비도들이 계속 많아져서 우리 민인들을 근심하게 만들고 있으니 그 받는 피해는 선량하고 어리석은 백성 간에 차이가 있습니다. 생각컨대 청국 관인은 노략질하는 것을 막는 것에 대해서 제대로 강구하지 않고 있습니다. 다만 말하기를 최근 한국의 군대가 월경하여 와서 사건을 일으킨다고 하니 이는 근거 없는 바이고 실로 우의로 하는 말이 아닙니다. 또다시 토비가 기세가 등등해질 때에는 소위 '병역'이 불법한 짓을 할 것이고 우리 민인들을 초소에 구류하고 전재를 토색하고 부녀자를 빼앗고 세금을 강제로 거두고 소와 말 등을 약탈할 것입니다. 두 나라 사이에서 피차간에 조사하고 금지하지 않을 수 없습니다. 만일 청국이 계속 고집한다면 우리 민인이 받는 화는 끝이 없을 것입니다. 서로 상의하여 처리하여 돕지 않는다면 앞으로 큰 분쟁의 단서가 될 것입니다. 진실로 오직 청국이 잘못하는 것이지 우리나라가 잘못하였다고 할 수 없습니다. 청컨대 귀 대신이 이에 대하여 청국공사관에 이조하여 즉시 적절하게 처리하게 해주시기 바랍니다.

광무 6년 10월 29일

원수부군무국총장임시서리육군참장 윤웅렬

의정부찬정외부대신임시서리 조병식 각하

26 무산간도에서 청비가 민인들을 납치하고 인질에 대한 몸값을 요구했는데, 경계 문제이므로 군대를 파병할 수 없으니 청국공사관과 협의해 처리해달라는 조복

조복 第17호

귀 조회 第30호에 따르면, 『함경북도교계관 채현식이 보고하기를 「현재 무산군 상강분서 총순 안수익의 보고를 접수하니, "음력 8월 10일 오전 10시 월변 산성령 꼭대기에서 대포 소리가 한번 나자 청비 수백 명이 대안의 작목곡촌으로 뛰어 들어와서 무수히 포를 쏘고 마을을 곳곳마다 돌아다니며 구타하고 협박하였습니다. 계속해서 민정(民丁)을 결박하였는데 어디로 향해 갔는지는 알 수 없고, 남은 민인들은 놀라고 겁먹어 도망치므로 이에 서둘러 보고합니다"라고 하였습니다.

잇달아 해당 분서의 보고가 왔는데, 그에 따르면 "총순이 직접 간도(間島)로 가서 해당 동(洞)에서 소란이 일어난 형편을 조사하니 총탄에 맞은 7명 중에서 이재실은 그 자리에서 사망하고, 장석리와 최용손은 흉부에 총탄을 맞아 목숨이 경각에 달렸고, 나머지 4인도 또한 총탄에 맞아 위태로운 상태이고, 체포되어 잡혀간 자들은 41명인데 그중 김병섭, 이언식, 엄홍세 등 3명은 중도에 풀려나 돌아왔으나 모두 넋을 잃어 말을 하지 못하고 있습니다. 그리고 기타 우마와 재산과 도망친 노소, 부녀는 어디에 있는지, 어느 골짜기에서 굶주려 죽었는지 알지 못하였습니다. 해당 마을은 아무 것도 없이 텅 비게 되어 상세히 물어볼 수 없습니다. 풀려서 돌아온 김병섭에게 대략 듣기로는, 비도들이 류동(柳洞) 옆의 맹가동(孟哥洞) 청국인들의 막사에 모여들었고, 그 세가 점점 커져 연강 위아래로 그렇지 않은 곳이 없다고 하였습니다. 일이 여기에 이르고 보니 밤낮으로 근심하며 두렵습니다. 이에 사실에 의거하여 보고합니다"라고 하였습니다.

이를 살펴보니, 비도들의 약탈은 어제오늘 일이 아니지만 이번처럼 형세가 강하고 불행이 혹독한 경우는 없었습니다. 비도를 물리치고 민인을 보호할 방책이 전혀 없는 이때에 다시 회령 대안 등지에서 수백 명 혹은 수십 명씩 무리를 이루고 현재 모모(某某) 촌락에 나타나 대접할 책임을 지우고 병기 제공을 독촉받는 경우가 부지기수이므로 민인들은 모두 놀라고 근심한다고 하였습니다. 조기정 삼부자 및 소위 패두(牌頭) 1명을 체포하여 서내동(西乃洞) 옆의 사승포(四升浦) 장암(獐巖)에 도착했다고 합니다. 그들의 소굴은 무산과 회령 경계와 연접한 곳입니다. 조 씨 두 아들을 구류하여 인질로 삼고, 조기정과 패두 2인을 풀어주며 말하기를, 청국 돈 5천 냥과 육혈총 5자루를 정해진 기한 내에 바친다면 두 아들은 즉시 풀어주겠지만 만일 바치지 않으면 그곳에 사는 민인은 우리들 손아귀에 있을 것이라고 하였습니다. 무산간도에서 붙잡은 38명은 끝까지 풀어주지 않고, 양은 2만 괴와 쾌창 50자루, 탄환 매 자루당 300개, 동포자 2만 개, 양약 200포를 바쳐 목숨을 구하라고 하였습니다. 이는 듣건대 놀랍고 괴이한 것이므로 우선 전보로 보고하려고 했지만, 최근 장마로 물이 넘쳐 전신주가 넘어져 통신을 할 수 없다고 하여 전문(電文)을 돌려보냈으므로 사건을 어찌 조처해야 할지 모르겠습니다. 그리고 이미 비도를 토벌할 뜻으로 훈춘부도통과 화룡욕독리에게 조회하였습니다. 현재 독리 섭(葉)이 회답한 공문에 따르면, "호비(鬍匪)가 소란을 일으키고 민생에 피해를 주고 약탈을 자행하니 실로 매우 통탄할 일입니다. 토벌해 제거하지 않으면 도로가 막힐 것입니다. 군헌(軍憲)에 보고하여 신속히 부대를 파견하여 토벌하고 체포하여 어리석은 자들을 제거하고 양민을 안정케 합시다"라고 했으나, 아직 깊이 신뢰할 수 없습니다. 토비가 더욱 창궐하고 있어도 토벌하여 없앨 방법이 없다면 월우민들은 누구라도 방안에 있는 제비[燕雀處堂]이거나 독안에 든 쥐[甕中之鱉]가 되지 않겠습니까. 이에 보고하니 살펴보고, 원수부에 이조하여 군대를 파견하여 토비를 축출케 해달라는 뜻으로 종성대 참령에게 신속히 지시하여 도탄에 빠진 백성을 구하고 변경을 안정시키도록 해주십시오」라고 하였습니다. 이에 의거하여 조회하니 살펴 처리하기 바랍니다』라고 하였습니다.

이에 의거하여 살펴보니 청비가 인명을 해치고 재산을 빼앗음이 날로 심해지고 있어 월우민이 받는 피해가 혹독하며, 이에 대하여 생각하면 매우 놀랍습니다. 이 사안은 마땅히 파병하여 내쫓아야 할 일이나 또한 두 나라의 경계와 관련한 일이므로 갑자기 이 경계를 넘을 수 없습니다. 서둘러 토비 무리를 무찔러 그들이 만연해지는 일이 없게 하고 끌가거나 약탈한 인명과 재산을 즉시 돌려주도록 하라는 뜻으로 귀 대신은 청국공사관에 이조하여 잘 처리하여 그에 의지해 월우민이 살아갈 수 있게 하기를 바랍니다.

광무 6년 11월　일

원수부군무국총장임시서리육군참장 윤웅렬

의정부찬정외부대신 조병식 각하

27 정탐관 서상무의 납치사건은 한국의 관리들이 멋대로 월경했기에 발생한 것이니 재발을 금지해달라는 청국공사의 요청이 있었다는 조회의 기안

조회 제34호

귀 조회 제14호를 접수하고 정탐관 서상무가 청비에게 잡힌 건으로 청국공사에게 조사하여 처리해줄 것을 조회하였습니다. 곧바로 해당 조복에 따라 이미 조복한 문서가 있었습니다. 지금 청국공사의 조회를 접수하였는데, 강계 정탐관 서상무 및 종인(從人) 등 15명이 후창군 대안 팔도동 지방에서 비도들에게 납치된 일로 이미 봉천장군에게 공문을 보내어 조사하도록 요청하였고, 앞서 갖추어 회답한 바가 있습니다. 보내온 공문에 따르면, 『봉천성(奉天省) 지방은 거리가 멀고 비적이 출몰하는 곳으로, 여러 차례 경계 지역의 지방관이 감독하고 타

이르고, 각 순찰하는 부대가 체포하여 처벌하였습니다. 과거에 일어난 사건으로 인하여 다시 엄히 지시하여 신속히 조사해 밝히고, 만일 이 같은 사실이 있으면 즉시 엄히 체포하여 징계하고 또한 한국 관원을 구해낼 방법을 강구하라고 하였습니다.

곧 통화현 및 통순남로영관(統巡南路營官)이 보낸 전후의 조복에 따르면, 「본 관할에 팔도동이라는 이름은 없으며, 다만 8월달에 모아산(帽兒山) 삼도구(三道溝)에서 십이도구(十二道溝) 일대에 이르기까지 일찍이 비도들이 약탈하자 즉시 군사를 이끌고 가서 많은 비도를 잡아죽이고 많은 상민과 농민을 구출하였습니다. 살펴보건대 보정(保正) 왕보산(王寶山)이 아뢴 것에 따르면, "15일에 비도 20여 명이 팔도구에서 소란을 일으킨 것을 탐지하였고, 또한 한국인이 납치된 적이 있음을 들었습니다. 즉시 군사를 데리고 가서 사로잡았고, 오도구(五道溝) 사가(謝家)로 길을 잡아 비도를 만나 우리 군인들은 힘써서 적 3명을 잡았고 나머지 비도들은 도망쳤고, 한국 관역(官役) 4명을 구출하였습니다. 한국 관인들에게 물어보니, 성을 수리하고 지시에 따라 파견되어 지세(地勢)를 조사하려 했는데 갑자기 비도들에게 사로잡혔다고 말하였습니다. 당시 급히 적도를 추격하기 위하여 군사들로 하여금 전진하도록 독려하느라 일체의 내용을 자세히 질문하여 조사하지 못하였고, 추격하였으나 종적을 감추었습니다. 해당 지역으로 다시 돌아왔는데 한국 관원들은 이미 귀국하였습니다"라고 하였습니다.

살펴보건대 왕보산이 구출한 한국인 4명과 보내온 공문에 기재된 사람 수와 현격하게 달라서 그들이 맞는지 아닌지 알 수 없습니다. 이 사건은 팔도구 중국 땅에서 일어난 일로써 어찌 월경하여 그 지역 땅을 측량하고 성을 수리하고자 할 수 있습니까. 해당 관할 관리들에게 지시하여 확실히 조사하여 각 순찰부대가 회동하여 과거처럼 진실로 체포함과 아울러 한국에 조회하여 똑똑히 물어 조복하게 해주기 바랍니다」라고 하였습니다.

이에 따라 본 대신이 살펴보니 귀국의 관역은 구조를 받아 귀국하였으니 반드시 문서로 보고한 바가 있을 것입니다. 전에 조회한 서상무 등이 혹시 비도들에게 납치되어 팔도구에 이르렀다면 이는 곧 중국 경계이니, 어찌 해당 관원들이 그 곳에서 지세를 조사하고 성을 수리할 수 있습니까. 과연 그런 일이 있었다면, 이는 매우 조약에 위배되는 것입니다. 귀 대신이 조사해 밝혀 답변함으로써 제가 봉천에 알려줄 수 있도록 하고, 기급적 단속하고 수시로 조사하여 이웃 간의 우의를 돈독히 해주기를 바랍니다. 또한 바라건대 귀 대신은 지난번 회답 공문을 살펴보고, 각 교계관에게 훈령하여 임의로 월경하지 않도록 하여 또 다시 사단이 일어나지 않게 해주기 바랍니다. 만일 이와 같은 사건이 일어난다면 변경 지역의 분쟁 소지가 될 것입니다. 이에 조회하오니 살펴보고 시행해주기 바랍니다"라고 하였습니다.
이에 의거하여 조회하오니 살펴보시고 답변해주기 바랍니다.
광무 6년 12월 30일

의정부찬정외부대신 조병식

원수부군무국총장육군부장 심상훈 각하

28 한국의 병사와 민인이 청국 측으로 월경하여 사건을 일으키는 일이 없게 조치해달라는 청국공사의 요청에 관한 조회의 기안

조회 제1호

작년 7월 11일 귀 조복 제9호에 따라, 초산대 주병 조형칠, 김응규를 석방해 돌려보내는 건으로 청국공사에게 조회하기를, "만일 해당 병사들이 큰 죄를 범하였다고 해도 귀국 관리는 단지 조약에 따라 조처해야 합니다. 즉시 우리나라 지방관이 심판할 수 있도록 해야 하는데, 어찌하여 번번이 구금하고 학대하여 여기에 이르렀습니까. 현관(縣官)은 조약의 뜻을 숙지하지 않아 논의하기에 부족합니다. 변경을 지키는 관리는 모름지기 지위와 명망이 있어서 몸가짐을 신중히 해야 하지만 잡아 가두어두는 것이 어찌 우리나라 정부가 귀국에게 바라는 것이겠습니까"라고 하였습니다.
이에 대한 청국공사의 조복을 접수하였는데, 『봉천성 회인현 소속 융화보(融和堡) 손파도(孫擺渡)의 집에서 한국 병사가 부녀를 윤간하고 아울러 전모(氈帽)를 약탈하고, 왕공순, 송득재 두 사람을 칼을 휘둘러 죽게 하였으므로, 둔민(屯民)이 한국 병사 2명을 추격해 사로잡았던 안건에 대해 과거 귀 서리대신(署理大臣) 최영하(崔榮夏)의 조복을 접수하고, 즉시 훈령해 심판하기 바란다고 회답하였습니다. 한편으로 봉천부(奉天府)에 자문하여 현장에서 사로잡은 한국 병사를 풀어 돌려보내고 안건을 심리하라고 하였습니다.
이에 대하여 답이 왔는데, 「조항기, 김응규 등 2명의 이전 사건은 범간(犯奸)하고 살인한 정절이 매우 중대합니다. 그래서 한편으로 신칙하고 잠시 살펴보고, 한편으로는 신속히 한국에 자문하여 어떻게 처리할지 그 회답이 도착하면 다시금 호송하여 보낼 것입니다. 두 나라의 본디 돈독히 화평하고 좋은 사이에 어찌 학대할 이유가 있겠습니까. 현재 보내온 공문에 의거하여 사법관이 전례대로 처리하도록 이미 회인현에 신칙하였으니 장차 조항기와 김응규 2명은 해당 관할 부대에 호송하여 보내고 조사할 것입니다. 살펴보건대 회인현에서 지난번 초산군수 이(李), 초산 육군부위 김(金)이 차례로 보내온 문서를 베껴 보내기를, "우리 쪽 포군 1명이 강로(江路)를 순찰하다가 귀국의 민인과 언쟁하여 귀국 민인을 죽게 하였고, 우리 쪽 포군은 살아 돌아왔다고 했습니다. 기왕에는 도탑게 잘 지냈으나 인명에 피해를 입게 하였으니 놀라움을 이길 수 없으며, 이에 이미 죄수를 가두어 두었습니다"라고 하였습니다.

그런데 처음부터 청비가 총을 운반해 월경하여 쟁탈하고 분란을 일으키는 것에 대해 거론하지 않았으니 보내온 공문과 서로 부합하지 않습니다. 또한 조항기와 김응규에 의거하면, "포사 이해금(李海金), 한문독(韓文篤)이라는 자는 16인을 데리고 월경하여 와서 부녀자를 강간하고 전모(氈帽)를 빼앗고 중국인[華民] 왕공순, 송득재를 죽였으며, 초산성이 조사해 알아내고 이해금과 한문독을 잡아 가두었습니다. 이는 올해 정월 초6일에 초산성이 파견한 한국 민인 장원호(張元浩)의 공문과 관계되며 앞서 이를 아뢰었습니다. 왕공순과 송득재가 이해금 등에게 약탈되고 피살되었고, 손조씨(孫曹氏)도 또한 바로 이해금 등이 여럿이 함께 강간했습니다"라는 등의 말을 하였습니다. 이 또한 보내온 공문과 크게 서로 차이가 납니다.

이 안건을 합하여 해당 한국 병사가 월경하여 가서 부녀자를 윤간하고, 두 사람을 총살하였고, 초산의 관리가 여러 차례 공문을 보내면서 청비를 거론하지 않았습니다. 그 자리에서 따라가 사로잡은 한국 병사의 공술에서, 윤간과 살인의 두 안건은 또한 확실한 것입니다. 이번에 김(金) 대장이 답변한 각 내용은 사사로운 정에 얽매여 날조하고 책임을 회피하려는 뜻입니다. 조항기와 김응규 2명은 비록 일을 일으킨 적이 없다고 스스로 말하지만 둔에서 그 자리에서 추적해 잡았던 자로서, 그중에 없었다고 보장하기 어렵습니다. 수괴로 지칭한 이해금, 한문독은 이미 감옥에 구금되었으며, 이미 해당 한국 병사들은 풀어 돌려보냈습니다. 응당 한국에 조회하여 해당 담당 관리에게 훈령하여 함께 이해금 등을 끌고가 신문하여 주범의 이름을 밝혀내 법에 따라 처벌하여 교활하게 발뺌하지 못하도록 하고, 이후 한국이 병민을 엄히 단속하여 또 다시 월경하여 와서 일을 일으키면 않도록 히기를 비랍니디. 아마도 우리 민인들이 격분하여 나쁜 행동을 따라하여 또한 총을 쏘며 시위하면서 변경 지역에서 자위하고자 할 것인데, 지금부터 여러 가지 일들은 좋지 않은 전례를 따르는 것으로 그 책임은 반드시 돌아갈 곳이 있을 것입니다」라고 하였습니다.

이에 따라 본 대신이 살펴보건대, 윤간과 살인 두 가지는 천하가 함께 증오하는 바이며, 하물며 윤간하고 연이어 살해한 것은 그 안건이 매우 중요합니다. 조항기 등이 말한바 이해금 등의 행위와 관계있다고 하여 이미 풀어서 돌려보냈습니다. 사건 귀결에는 반드시 신문을 분명히 하고 서로 조회해야 합니다. 귀 대신이 과거의 공문을 살펴보고 원수부에 알려 사법관(司法官)으로 하여금 자세히 조사하여 조치하도록 하는 것이 귀국의 군율을 밝히는 것입니다. 아울러 연변의 병사와 민인에게 훈령하여 또다시 월경하여 일을 일으키지 않게 하며 이를 통해 분쟁이 일어나는 것을 피하는 것보다 중요한 것은 없습니다. 절대로 범죄한 것을 두둔하지 말기 바랍니다』라고 하였습니다. 이에 조회하니 살펴주기 바랍니다.

광무 7년 1월 10일

의정부찬정외부대신 조병식

원수부검사국총장육군참장 이근택 각하

29 청국 측으로 월경하여 분란을 일으키는 군인들의 행위를 조사하여 처리하고 알려달라는 조회

조회 第6호

경성 주재 청국공사의 조회를 접수하였는데, 『길림장군이 보내온 공문에 따르면, 「화룡욕 섭(葉) 독리로부터, "파견된 주(周) 사사(司事)가 안원보(安遠堡) 등지에 가서 향단(鄉團)을 맡고 아울러 강서 26, 27 두 해의 대조(大租)를 재촉하였으며, 11월 초 9일에 백옥사(白玉社)에 도착하였습니다. 중국인 진송령(陳松令)이 말하기를, 이 집에는 보리가 한두(韓斗)로 30섬[石]이 있었는데 한국 병사가 자기 힘을 믿고 가져갔다고 하였고, 또한 기만인(紀萬仁)이 말하기를, 무산의 유방대(劉帮帶)에게 좁쌀을 한두로 100여 섬을 독촉받고 현재 사방에서 구매하여 한국 병사에 대한 대응을 준비하고 있다고 하였습니다. 또 조사해보니, 목이 지역[木爾界]의 정(鄭) 초관(哨官)의 병사 6명이 총을 들고 사금구(沙金溝)에 이르렀는데, 여러 민인들의 말에 의거하면 병사들이 월경하여 집집마다 곡식을 요구하고 강제로 금전을 갈취하므로 정 초관에게 서신으로 통지하여 금지하는 것이 마땅합니다. 11월에 고력외자(高力崴子) 마을에 이르렀는데, 중국인 추상신(鄒常信), 복부전(卜傳田) 등이 말하기를, 수수병(洙水屏) 병대관(兵

帶官) 백 씨 성을 가진 자가 군대를 인솔하고 총을 가지고 항상 밤낮으로 월경하여 군량미를 요구하였고, 추상신의 좁쌀을 제외하더라도 한국 군인들이 가져간 곡식이 한두 8섬인데, 양전(洋錢) 5원(元)으로 계산해 주고 그 외 나머지 호에게는 한 푼도 내주지 않았다고 했습니다. 또한 상화사 박덕계(博德計) 처소의 손영귀(孫永貴)의 양식은 한두 50여 섬, 임재정(林在貞)의 좁쌀 한두 13섬은 모두 군대가 가져갔고 한 푼도 받아내지 못했습니다. 또 왕문괴(王文槐)의 땅에 한국 사람 이현전(李現前)이 몰래 파종하고는 지조(地租)를 나누지 않았다고 합니다. 아울러 여러 민인들의 말을 들어보면, 안원보의 4사(社) 지방은 이미 무산의 관리가 공무로 지시하고 외병대(外兵帶)를 설치하였는데 합하면 250명으로 모두가 포수(炮手)입니다. 상화사는 25명으로 설립하고, 우리 경계를 점유하고 지방을 교란하였습니다. 상화사, 덕화사(德化社), 선화사, 숭화사 등에서 한국 병사에게 우롱을 당하여 민인들은 도피하여 대조(大租)는 아마 손을 쓸 수 없을 것입니다. 또한 듣기로 한국 병대의 순찰, 조사가 엄밀하는 등, 연강의 각 사(社)에서 오고가는 행인을 가로막았습니다"는 등의 내용을 전달해 보고하는 공문이 왔습니다.

살펴보건대 한국 병사와 순검들이 월경하여 민인들에게 군량을 요구하고 재물을 강제로 거두고 아울러 멋대로 설회(設會)하는 등의 행위는 실로 약장(約章)을 위반하는 것입니다. 파병하여 탄압함과 아울러 응당 자문(咨文)하여 한국 정부에 조회하여 더욱 엄히 금지하도록 해주기 바랍니다」라고 하였습니다.

이에 대하여 본 대신이 길림에서 온 문서를 살펴보니 서술한 바의 여러 가지 정황은 모두 매우 놀라우며 이는 귀국에서 군율을 정돈하고 강구할 만합니다. 외교할 때에 어찌 이를 용납할 수 있겠습니다. 하물며 두 나라의 수백 년 교분으로써 논하자면 더욱 이럴 수 없습니다. 만일 이처럼 시끄러운 것을 놔두면 반드시 사단을 만들어낼 것입니다. 본 대신은 우선 사리에 맞는 말을 하지 않을 수 없습니다. 이 문서에서 언급한 것에 의거해 조회하니 귀 대신이 힘써 조사하고 확실히 처리하여 엄히 금지하여 나라 사이의 우의를 온전하게 하고 변경의 분란을 멈추게 하기를 간절히 바랍니다』라고 하였습니다.

이를 살펴보니 우리나라 군인들이 강을 건너가 일을 일으켜 두 나라의 교제에 갈등을 야기하므로 법을 세워 금지하여 뒷날의 근심을 막는 것이 실로 타당하므로 이에 조회하니 조사하여 처리한 후에 즉시 알려주기 바랍니다.

광무 7년 1월 26일

의정부찬정외부대신 조병식

원수부검사국총장육군참장 이근택 각하

30 함경북도의 변경 지역에 포를 설치해달라는 소장이 왔으므로 어찌 처리할지 알려달라는 조회

조회 제8호

함경북도교계관 최남륭(崔南隆)의 보고에 의거하면, “본관이 경무서에 도착한 지 여러 달이 지났는데 상하강분서(上下江分署)의 형편을 살펴보기 위하여 차례로 순찰하는 길에 각 대안 변민(邊民)의 외로움과 고통을 상세히 탐문하였습니다. 그런데 청국 관리가 한정 없이 거두어들이는 경우와 비적들이 갑자기 약탈하는 경우가 거의 없는 날이 없습니다. 우리나라 민인들은 속수무책으로 고통을 받으니 마치 오리가 닭의 무리에 들어간 것 같고, 새우가 고래와 싸우는 것과 같습니다. 호(戶)의 많고 적음은 한국 민인은 열 중 여덟아홉을 차지하나 세력의 강약(强弱)은 청국인 1명당 수천 수백이니, 우리 민인이 믿을 데가 없음을 멸시하여 협박하고 억압하기를 조금도 꺼리지 않습니다. 분하여 이를 갈며 고향을 생각하나 먹고사는 데의 근심으로 모욕을 당해도 참으니 고통이 골수에 맺혀있는 것이 오래되었습니다.

금지할 방법을 생각하였으나 적당한 방법을 찾을 수 없어 왔다 갔다 하며 고민하던 중에 연강 각 군 대안에 사는 민인들이 연명으로 소장을 냈는데, 하나하나 조목조목 이치에 맞고 여러 민인의 말에 괴이함이 없을 뿐만 아니라, 형편을 두루 참작해보니 과연 민원(民願)에 부합합니다. 이 어찌 단지 일반 민인의 사익을 위한 것일 뿐이겠습니까. 또한 장차 국가의 공용(公用)이 있을 것이며 사안이 매우 신중한 것이므로 진실로 심리(審理)하기 어렵지만, 이미 보호하고 안정시킬 책임이 있어서 민원을 방임할 수 없으므로 원장(原狀)을 첨부하여 보고하니 살펴보고 경계를 공고히 할 방법을 강구해주기 바랍니다”라고 하였습니다.

해당 보고 중에 대안에 거주하는 민인의 등소가 포를 설치해달라는 간절한 요구로 진실로 침략을 막기 위한 의견이나 안건이 신중하여 외부에서 멋대로 처리할 수 있는 건이 아닙니다. 이에 해당 소장을 초록하여 첨부하여 조회하니 살펴보고 조복하여 전칙(轉飭)할 수 있게 해주기 바랍니다.

광무 7년 2월 26일

의정부찬정외부대신육군부장 이도재

원수부군무국총장육군부장 심상훈 각하

31 한국 관리가 청국 변경 쪽으로 넘어간 건에 관하여 청국 외무부가 조회하였으니 답변해달라는 조회

조회 제9호

한국 관리가 월경한 건으로 경성 주재 청국공사의 조회를 접수하여 얼마 전에 조회를 보냈습니다. 현재 청국 주재공사가 보고한 바에 따르면, "청국 외무부가 조회로 한국 병사가 강을 건너온 건으로 본국 정부에 전보로 전하기를 청하였으므로 이에 들어온 조회를 부기하여 보고하오니 조회 내용을 살펴보시고 처리해주기 바랍니다"라고 하였습니다. 이에 청국 외무부 조회를 베껴 써서 부기하며 이에 조회하니 살펴보고 금지하도록 지사하고, 곧 답변하여 전칙할 수 있게 해주기 바랍니다.

광무 7년 3월 5일

의정부찬정외부대신육군부장 이도재

원수부군무국총장육군부장 심상훈 각하

32 청비가 한국 병사들을 물에 빠뜨려 죽이고 서경에서 궁용으로 쓸 목재를 약탈하는 등의 행위를 자행하니 청국공관에 이조하여 단속하도록 요청해달라는 조회

조회 제20호

관서사령관권섭육군참장(關西司令官權攝陸軍參將) 민영철의 보고를 접수하였는데, 「의주진위대 참령 구연하(具然河)가 아뢰기를, "벽동분참(碧潼分站) 하사(下士) 최우명(崔雨命)은 이번에 물이 불어 떠내려온 목재[料子] 1매를 사창포(司倉浦)에 사두었습니다. 그 후 양식으로 쓸 쌀을 사들이기 위해서 최우명은 김인관(金仁寬), 강정룡(姜正龍)을 대동하고 해당 포에 파견되었다가 뜻밖에 청국 일꾼들과 상인이라고 하는 자들이 그 나무를 훔쳐가는 것을 보았고, 가로막고 금지하면서 이치에 따라 그들을 견책하였습니다. 그런데 도리어 저들은 극력으로 구타를 하였고 세 병사를 다발로 묶고 뗏목에 싣고 하류로 내려가 밀쳐 물에 빠뜨렸습니다. 해당 병사들의 생존 여부는 확실히 알 수 없으며 경악을 금치 못하겠습니다"라고 하였습니다.

강계진위대 대대장서리 육군정위 김귀성(金龜性)이 아뢰기를, "연변의 순초정교(巡哨正校) 이길우(李吉雨)는 병사 10명을 영솔하고 자하동(慈下洞)에 당도하였는데 경계 너머에 있는 소위 회성(會姓) 청국인들이 뗏목을 빼앗아 그쪽 연안에 옮겨두고 각 뗏목마다 500씩 금전을 보내라고 요구하였습니다. 통사(通詞)가 이치를 들어 효유하였으나 저들은 끝내 따르지 않고 강기슭에 숨어서 무수히 총을 쏘니 저들 비도의 행위는 진실로 예측하기 어렵습니다. 연안에 사는 민인들은 이에 따라 몹시 놀랐습니다"라고 하였습니다.

해당 부대의 정위가 또 말하기를, "9월 17일 신시(申時)쯤 저들의 땅에서 무뢰한 청국인들이 각자 무기를 들고 건포(乾浦) 동네 어귀로 넘어와 해당 포에 있던 우리나라 사람의 뗏목을 빼앗아갔고, 서경(西京)에서 장사하려고 둔 나무 500여 매를 그들이 몰수하였습니다. 청국인들은 행패를 부리고 폭행, 구타하여 연안에 사는 민인들이 소란스러워져도 보호하기 어렵습니다"라고 하였습니다.

이어서 서경감동당상(西京監董堂上)의 조회를 접수하니, "서경 궁역(宮役)에 쓸 목재를 연변의 각 군에서 다수 운반하여 내려보내는데 강계(江界) 만포진(滿浦鎭)으로 넘어온 청국인 왕계산(王繼山)이라고 하는 자가 30여 명의 무리를 이끌고 와서 머물면서 유목(流木) 잡자호(雜字號)를 모두 빼앗아가서 많은 민인들이 원망하는 소리를 내며 부대가 있는 군에 와서 호소하였습니다. 막중한 궁역에 쓰는 판목이 하나도 오지 않았으니 해당 청국인의 행동과 생각이 대단히 놀랍습니다"라고 하였습니다.」

이에 의거하여 조사하니 청비가 우리 민인을 침탈한 것은 한 번만이 아니고 여러 폐해를 일으키며, 심지어 총을 쏘고 폭행하고 우리 정병(正兵)을 다발로 묶어 수중에 빠뜨리기까지 하여 그 유골이 어디로 떨어졌는지도 모르는 지경에 있습니다. 이 어찌 포악한 행동거지가 아닙니까. 또한 막중한 궁역에 쓸 목재를 어려움 없이 약탈하니, 이들은 과연 법률을 알기나 합니까. 이에 사실에 의거하여 알려니 살펴보고 청국공관에 이조하여 빼앗긴 목재를 돌려받아 주고 피살된 세 병사에 대하여 안건으로 삼아 처리하고 즉시 대안의 비류를 엄히 단속하여 폐해를 일으키는 것을 막아주기 바랍니다.

광무 7년 10월 19일

원수부군무국총장육군부장 이봉의

의정부찬정외부대신임시서리궁내부특진관 이하영 각하

33 평안북도 후창과 함경남도 삼수에는 청국 비류들이 침탈해 사람을 납치하거나 살상하므로 조처해달라는 조회의 기안

조회 제35호

평안북도관찰사서리태천군수(平安北道觀察使署理泰川郡守) 조정윤(趙鼎允)의 보고서를 접수하였는데, 그에 따르면, "관하 후창군수 이재식(李載植)이 1903년 10월 19일에 보고한 제186호와 제187호 건을 차례로 접수하였습니다. 해당 군의 무창면(茂昌面) 민인 이규풍(李圭豊), 김영흘(金永屹), 김경선(金京先), 김병옥(金丙玉), 원동이(元同伊) 등 5명이 청비에게 붙잡혔고, 함경남도 삼수군에서는 적도와 비류가 성으로 쳐들어와서 인명을 살상하기에 이르렀다고 합니다. 이때에 변경 방어가 중요하니 진퇴를 짐작하여 힘써 군민을 안도케 하고 경거망동하여 싸움의 발단을 만들지 않게 할 뜻으로 해당 군에 두 차례 지령을 하였고, 이에 대해 베껴 첨부하여 보고하니 살펴보기 바랍니다"라고 하였습니다.

이를 살펴보니 변경 군에서 도적이 일어나는 것이 걷잡을 수 없는 지경에 이르렀고 심지어 인명까지 사망하기에 이르렀으니, 듣건대 심히 놀랍고 탄식할 만합니다. 이는 변경의 형편과 관련한 군무이니 이에 조회하니 살펴보시기를 바랍니다.

광무 7년 11월 9일

의정부찬정외부대신임시서리궁내부특진관 이하영

원수부군무국총장육군부장 이봉의 각하

재(再)

해당 보고서에서 별첨한 후창군의 보고서 2부를 기록하여 보내줄 것

34 무창면의 민인 5명이 청비에게 체포된 건과 관련하여 진위대에서 비도를 막도록 처리했으며 변경 문제의 근본적인 해결이 요구된다는 조복

조복 第23호

귀 조회 第35호에서 후창군 무창면의 이규풍 등 5명이 청비에게 체포된 건에 대해서는 접수하여 살펴보았습니다. 해당 안건은 이미 진위대 주참에서 보고하였고, 이에 따라 가까운 해당 병참에게 지시하여 비도를 막게 하였습니다. 해당 도의 관찰사가 귀 외부에 보고한 것은 청국공사관에 이조하여 근본적인 해결을 요청한 것입니다. 변경 문제의 원만한 합의는 실로 귀 외부와 관계되어 있으니 살펴보고 청국공사관에 조회하여 논박하여 이러한 폐해가 없게 해주기 바랍니다.

광무 7년 11월 19일

원수부군무국총장육군부장 이봉의

의정부찬정외부대신임시서리궁내부특진관 이하영 각하

35 한국 군사가 무산간도에 월간한민과 규합하여 소란을 일으켰으니 엄히 단속해달라는 조회의 기안

조회 第37호

경성 주재 청국공사 허태신의 조회를 접수하였는데, 『중력 10월 1일 우리 외무부의 전보를 받았는데, 「길림장군은 한국 병사가 한국 민인들을 이끌고 와서 연길청(延吉廳) 소속의 숭화사와 선화사 등지의 곡물을 약탈한 것을 아뢰었습니다. 잡아간 간민(墾民) 4명 가운데 숙언명(宿彦明)은 이미 사망하였고, 조풍화(曹風和), 여배고(呂培告)는 병으로 석방되어 돌아왔고, 장운각(蔣雲閣)은 생사를 모르며, 나머지는 모두 도망쳤습니다. 또한 불시에 파병하여 강을 건너와 상화사, 덕화사 등을 정탐하였습니다. 또한 우심산(牛心山) 일대에는 한국 병사가 점거해 설치한 초소가 있는데, 그 통령이 보낸 서신에, '전쟁을 일으켜 월간지를 요구하겠다'는 말이 있었습니다. 청컨대 조회하여 금지하기 바랍니다」라고 하였습니다.

또한 2일에 이어서 온 전보에서, 「얼마 전 길림장군이 문서로 말하기를, "9월 11일, 15일에 한국 병사가 강을 건너와 월간한민(越墾韓民)과 규합하여 우리 나라 군대를 공격하고 우리 나라 가옥을 방화하였고, 아울러 강을 마주한 구덩이에 몸을 숨기고 만약 우리 나라 병사가 왕래하면 즉시 총을 들어 공격했습니다"라고 하였습니다. 한국 병사가 여러 차례 강을 건너와 간민과 규합해 공격하고 방화하며 훼손하니 이는 실로 도리에 맞지 않습니다. 바라건대 한국 외부와 확실히 의론하여 한국 병사가 변경을 넘어올 수 없도록 힘써 지시하여 또 다시 이런 일을 일으키기 않도록 해주기 바랍니다」라고 하였습니다.

본 대신이 살펴보건대, 길림 변경은 종래 도만강(圖們江)을 경계로 삼아왔는데, 최근 귀국의 병사가 여러 차례 월경하여 사건을 일으켰고, 오랜동안 조회하여 금지해줄 것을 청하였습니다. 그런데 사람을 납치하고 물건을 약탈하는 사건이 여전히 거듭 발생하니, 이 소란은 대개 군관과 병정이 소요를 일으킨 데서 비롯됩니다. 심지어 간민을 규합하여 우리 부대를 공격하고 가옥에 방화하였습니다. 그리고 파병하여 강을 건너와 각 촌(村)과 사(社) 등의 지방을 정탐하고 아울러 우심산 일대에 초소를 설치하였습니다. 해당 군관의 서신 중에 '전쟁을 일으켜 땅을 요구하겠다[開仗索地]'는 말이 있는데 매우 이상합니다. 중국과 한국의 수백 년 교의가 본디 돈독한데 이들의 거동은 당연히 귀 정부에 뜻에서 나온 것은 아닐 것입니다. 해당 군관이 예법과 도덕을 알지 못하여 본성에 따라 소란을 피워 쉽게 변경 분쟁의 실마리를 열었습니다. 이에 조회하니 귀 대신은 우리 외무부가 전보한 각각의 내용을 살펴보고, 즉시 대황제께 상주하여 연변 일대의 군관에게 특별히 지시하여 병포(兵捕)를 단속하여 월경하여 소란을 일으켜 변경 분쟁의 실마리를 여는 일이 없도록 해주기 바랍니다. 조복하여 우리 정부에 전보로 알릴 수 있도록 하는 것이 좋겠습니다』라고 하였습니다.

이를 살펴보니 최근에 청비가 종종 강을 건너와 일을 일으켜 매번 청국 사신에게 금지해달라고 요청하였는데, 이번에는 우리 병사들이 함부로 경계를 넘어가 일을 일으켰으니 변경의 분쟁을 우리가 먼저 일으킬 우려가 없지 않습니다. 이에 조회하니 살펴서 전칙(轉飭)하여 엄히 금지하고 즉시 회답해주기 바랍니다.

광무 7년 11월 23일

의정부찬정외부대신임시서리궁내부특진관 이하영

원수부군무국총장육군부장 이봉의 각하

36 한국 병사가 강을 넘어가 분쟁을 일으켰다는 청국 측 주장은 부당하며, 우리나라 병사가 분쟁을 일으키지 않도록 단단히 타이르겠다는 조복

조복 第24호

귀 第37호 조회에서, 경성 주재 청국공사 허태신이 공문에 의거하여 우리나라 병사들이 저쪽 경계로 침범해 들어간 것을 엄히 금지해달라고 한 안건은 접수해 살펴보았습니다. 이미 청비가 우리 경계를 침범한 건으로 누차 문건을 주고받았습니다. 저 비류들은 몰래 우리 영토로 들어와 우리 인민의 돈과 곡식을 빼앗고 우리 병사들이 파견되어 주둔한 곳을 공격함에 따라 변경에 사는 우리 민인이 생존할 수 없는 지경입니다. 이러한 관찰부의 보고와 부대 군관의 보고가 날마다 답지하였습니다. 이에 일찍부터 진위대를 엄히 단속하여 단지 방어하게만 하고 분쟁을 일으키지 말도록 하고, 귀 부에 조회해 요청하여 청국공사관에 전조(轉照)하여 소란을 그치게 해달라고 하였습니다. 그런데 이번에 청국공사관에서 온 문서에서 한국 병사가 강을 건너 분쟁을 일으켰다는 말이 있다고 하였는데, 이는 소위 책망을 들을 사람이 도리어 큰소리를 치는 격입니다. 그 뜻을 이해할 수 없으나 우리나라 병사가 분쟁을 일으키지 말라고 연거푸 단단히 지시하였으니 살펴보기 바랍니다.

광무 7년 11월 26일

원수부군무국총장육군부장 이봉의

의정부찬정외부대신임시서리궁내부특진관 이하영 각하

37 무산군과 종성군의 접경 지역에 청국 병사들이 침범하여 우리 병사들과 교전했다고 하니 청국공사관에 조회하여 청국 비류가 침범치 않도록 해달라는 조복

조복 第25호

귀 第36호 조회를 접수하니, 「경흥감리 황우영(黃祐永)이 전보(電報)하기를, "무산, 종성, 회령의 연강(沿江)에서 청국 병사 천여 명이 우리 병사와 교전하여 간민(墾民)이 도탄에 빠졌습니다"라고 하였습니다. 이를 살펴보건대, 두 나라의 병정이 서로 교전하였으니 듣건대, 매우 놀라운 일입니다. 진실로 서둘러 조사하고 금지하지 않으면 변계에 분쟁이 일어날까 매우 두렵습니다. 이에 조회하니 살펴보고 서둘러 해당 지방대에 훈칙하여 엄히 조사하여 사단이 발생하지 않게 해주시기 바랍니다」라고 하였습니다.

이에 의거해 살펴보니 과연 무산, 종성, 회령 연강의 대안에서 다수의 청비가 멋대로 강을 건너와 우리 변경을 침략하고 우리 백성들의 재산을 빼앗고 우리 병사를 공격하였습니다. 급한 보고가 날마다 이르니 우리 경계를 더욱더 단속하여 막아 지키고 혹시라도 분쟁의 실마리를 만들지 말 것을 재차 삼차 변경을 지키는 부대 관리에게 지시하였습니다. 저들이 오고 우리는 지키는 데에는 그에 따라 저절로 서로 접촉하여 분쟁의 단서를 낳을 우려가 있습니다. 살펴보고 청국공사관에 조회하여 저들 비류들이 우리 경계 안으로 침범하지 않도록 하여 무탈하게 해주기 바랍니다.

광무 7년 11월 27일

원수부군무국총장육군부장 이봉의

의정부찬정외부대신임시서리궁내부특진관 이하영 각하

38 경성 주재 청국공사 허태신의 조회 원본을 초록하여 별첨으로 보내겠다는 조회의 기안

조회 제38호

청국 변경 내에서 우리 병민(兵民)이 소란을 일으킨 건에 관한 경성 주재 청국공사 허태신의 조회를 접수하였는데, 사안이 지방 주둔 부대와 관련되어 있으므로 해당 원문을 초록하여 별첨하여 보내니 살펴보기 바랍니다.

광무 7년 12월 3일

의정부찬정외부대신임시서리궁내부특진관 이하영

원수부군무국총장육군부장 심상훈 각하

39 봉천과 길림성에서 한국 병사들이 월간한민과 청국 군사의 왕래를 막고 소란을 일으키니 이를 금지하고 분란을 일으킨 자는 징계하라는 조회의 기안

조회 第39호

이달 3일에 청국공사 허태신의 조회에 따라 청국 변계에서 우리 주대병(駐隊兵)이 소란을 일으킨 건으로 이미 조회하였는데, 해당 공사의 조회를 연이어 접수하였습니다. 이에 따르면, 『중력 10월 13일 우리 외무부의 전보를 받들었고, 얼마전에 또 길림장군의 10월 2일 보고를 받아보니, 「한국 병사 700~800명이 총을 들고 이미 봉천 임강현을 공격하여 전쟁이 급박하며 무수히 살인하였습니다. 양하(陽河)와는 고개 하나만큼 떨어져 있고, 일이 이웃한 성(省)과 관련되어 이미 성경장군에게 자문(咨問)했습니다. 한국 병사가 과연 임강 지역을 공격하였고 더욱 창궐하는 모습인데도 중국의 관병이 그들과 함께 분란을 일으키지 않았다면, 어찌 이처럼 무리할 수 있습니까. 부디 한국 외부를 향하여 재차 힐문하여 다시 변경을 침탈하여 양국 간에 모두 저애함이 없게 해주시기 바랍니다」라고 하였습니다. 이는 몹시 긴요한 것입니다.

다시 14일에 길림장군이 공문을 받아보니, 「9월 22일 길안영(吉安營) 통령 능유기가 보고하기를, "11일 좌초초관(左哨哨官) 강기순(江起順)은 군사 5명을 파견해 남둔(南屯)에 갔습니다. 길을 조사하니 한국 민인으로 허 씨 성을 가진 자의 움막에 숨어있던 한인 병사 40여 명이 갑자기 나와서 총을 쏘고 공격하였고, 그 전초(前哨)의 각 군사는 거듭 두 차례 한국 병사의 총격을 받았습니다. 또 월간한민(越墾韓民)이 무기를 가지고 지원공격을 하여 우리 병사 호경청(胡景清), 엄진산(嚴振山)은 총에 맞아 부상을 입었습니다. 또 관대(管帶) 호옥록(胡玉祿), 양덕승(楊德勝)의 보고에 따르면, 15일 전초초관(前哨哨官) 부산(富山)이 보고하기를, 한국 병사가 강을 건너와 월간한민과 함께 여러 차례 우리 병영을 공격하고 해가 저문 후에야 비로소 그쳤다고 했습니다. 한국 병민이 마침에 남촌 일대의 중국인 방옥(房屋)을 모두 불살라 태웠고, 남은 상화사(尙化社), 상덕사(尙德社) 등도 또한 소란을 겪게 되자 월간한민 중 노인과 아이, 부녀자는 모두 본국으로 도망쳤습니다. 남아있던 장정에게는 한 명당 총기 1자루를 내주어 해당 부대로 들여서 강제로 우리 군대를 공격하게 하고, 어기면 불살라 태워죽였습니다. 아울러 강가에 구덩이를 파서 참호로 우리 병사가 왕래하기만 하면 즉시 총을 쏘고 공격하였습니다"라고 하였습니다.

살펴보니 연길청 소속 화룡욕 지방에서 과거 해당 청관(廳官)과 통령 능유기가 보고한 바에 따르면, "한국 병사가 우심산 일대를 점거해 초소를 설치하고 우리 병사들이 가는 것을 막았고, '전쟁을 통해 땅을 되찾겠다'라는 서신을 보냈습니다"라고 했습니다. 즉시 조회를 보내어 금지해달라고 주청한 공문이 있었습니다. 이번에 다시 통령의 보고에, 한국 병사가 강을 건너와 월간한민과 규합하여 무기를 나누어 주어 우리 군대를 공격하고 우리 민가를 불사르고, 초소를 세우고 참호를 파서 우리 병사의 왕래를 허락하지 않으니 실로 이치에 맞지 않게 소란을 피워 일부러 분쟁의 단서를 만드려는 뜻입니다. 재차 외무부에 자문할 뿐 아니라 즉시 한국 정부에 알려 엄격히 강을 무시해 넘어오는 행위를 금지케 해주시기 바랍니다」라고 하였습니다.

한성에 도착한 본 대신이 살펴보건대 한국 병사가 여러 사람들을 거느리고 무기를 들고 월경하여 소란을 일으켰는데, 봉천과 길림 두 성에서 동시에 소란을 겪었습니다. 이에 연달아 귀 대신에게 조회하여 조사하여 금지해달라고 청하고, 아울러 적절히 직접 면전에서 일체의 내용을 알렸습니다. 지금 우리 외무부가 봉천 임강현에 한인 병사 여럿에게 공격을 받았다는 재차 길림의 공문을 받아보니 이구동성이었습니다. 길림 화룡욕 지방의 군대도 다시 공격을 받았고, 심지어 간민(墾民)을 규합해 무기를 분급하고 억지로 방조하게 한 여러 정황이 어찌 심상한 변민의 다툼이겠습니까. 만일 즉시 징계하고 물러나게 하지 않으면 반드시 사단이 일어나고 중국과 한국의 수백 년의 교의(交誼)를 손상시켜 양국 사이에 저해가 될 것입니다. 특별히 재차 글을 갖추어 조회하니 귀 대신은 이익과 손해에 대해서 깊이 헤아려 신속히 앞에 서술한 각 항목을 조사하고 엄히 징계하고 금지하기를 바랍니다. 몹시 간절히 회답을 기다리겠습니다』라고 하였습니다.

해당 공사의 공함을 연달아 접수하니, "우리 관서는 과거에 봉천과 길림 변경의 성(省)에서 수시로 소란을 겪은 건으로 일찍이 여러 차례 공함을 보냈고 아울러 직접 대면하여 알렸으나 아직까지 답변을 받지 못했습니다. 살펴보건대 귀국 병관 중 전쟁을 하겠다는 공함을 작성한 사람의 성명에 대해서는 지금까지 회신이 없습니다. 어찌 전보에 대해서도 또한 질질 끌어 시기를 놓치는 것입니까"라고 하였습니다.

청국 주재공사 박제순(朴齊純)의 전보를 접수하였는데, "청국 외무대신이 한국 병사가 변경을 넘어간 데 대하여 힐난하였습니다"라고 하였고, 청국 주재공사의 전보를 계속해서 받아 보니, "외무대신이 조회해 철병을 재촉하는데, 이는 분쟁의 실마리가 되어 전반적인 정세와의 관련이 실로 클 것입니다"라고 하였습니다. 이를 살펴보니 지방의 주대가 어찌하여 경계를 넘어가 이와 같이 분쟁의 단서를 만들었는지, 이를 서둘러 금지하지 않는다면 국제교섭에 결코 가벼운 것이 아닐 것입니다. 이에 조회하니 살펴보고 사리에 어그러지지 않게 판별하여 밝히고, 그에 따라 자세히 알려주시어 경성 주재 공사와 청국 주재 공사에게 답변할 수 있게 해주기 바랍니다.

광무 7년 12월 5일

의정부찬정외부대신임시서리궁내부특진관 이하영

원수부군무국총장육군부장 심상훈 각하

재(再)

경성 주재 청국공사관에서 전쟁을 하겠다는 공함을 작성한 병관의 성명[20]

40 청국 변경 지역에 가서 한국 병민이 소란을 일으키는 건과 관련하여 후환이 없도록 조처하겠다는 조회

조회 제26호

귀 제38호 조회에서 청국 변경 지역에 우리 병민이 소란을 일으켜 경성 주재 청국공사 허태신의 조회 및 해당 조회의 원본 초록을 별첨으로 보낸 건과 귀 제39호 조회에서 이달 3일 청국공사 허태신이 외무부 전보에 의거한 조회 및 해당 공사의 공함 건, 청국 주재공사 박제순이 전보로 청국 외무대신이 한국 병사가 월경한 것을 힐난하며 철병을 재촉한 건을 모두 보내면서 어찌하여 사단이 일어난 것인지 판별하여 밝히고 알려주어 경성 주재 공관과 청국 주

20 이 부분은 문장이 완성되지 않았고, 원문에 주서(朱書)되어 있는 것으로 보아 삭제한 것으로 추정된다.

재 공관에 답변할 수 있게 해달라고 요청하였습니다.

이를 살펴보니, 변계에 군대를 배치하는 것은 단지 방어하고 수호하기 위한 것일 뿐이고 멋대로 넘어간 것은 절대 허락한 적이 없습니다. 간간이 호비(鬍匪)와 어리석은 백성들이 도리어 먼저 침범해와서 어떤 단서를 빙자하여 종내에는 어지럽게 된 것입니다. 우리 경계를 지키는 군대 중에 만일 과연 장정을 어긴 자라면 마땅히 법으로 처벌해야 하고 더욱더 조심하여 삼가 선후책을 도모할 것입니다. 그런데 서상무와 이범윤의 경우에는 우리 소관이 아니므로 이에 답변하니 살펴주기 바랍니다.

광무 7월 12월 8일

원수부군무국총장육군부장 심상훈

의정부찬정외부대신임시서리궁내부특진관 이하영 각하

VII

『법부내거문』 번역문

1 청국에서 살해당한 김봉빈의 검시 문서를 경성 주재 청국공사에게 이조하여 살인범 유영강을 처벌하도록 하라는 조회

조회 제8호

평안북도재판소판사서리영변군수(平安北道裁判所判事署理寧邊郡守) 정주묵(鄭周默)의 보고서에, "관하 강계군수(江界郡守) 이창렴(李昌濂)의 보고서를 받고, 강계군 문옥면(文玉面) 건너편 온화보(蘊和保)에서 죽은 김봉빈(金奉彬)의 시신을 청국 회인현(懷仁縣)에 조회하여 함께 검시한 후 검안(檢案)을 만들어 보고하도록 이미 지시하여 보냈습니다. 당일 도착한 해당 군수의 회동 검안을 하나하나 살펴보니, 죽은 자가 총탄에 맞아 물에 떨어진 것은 모두 함께 목격하였을 뿐 아니라, 오른쪽 겨드랑이 아래 총탄을 맞은 자국과 폐에서 총알이 나온 것은 많은 사람의 말에 틀림이 없습니다. 검시한 항목이 정확하니 실인(實因)은 총탄에 맞아 죽은 것이 확실하여 의심할 바가 없으므로 시신은 즉시 내어주어 매장케 하였습니다.
애석하게도 죽은 김봉빈은 40여 세의 가난한 남성으로 봄부터 여름까지 집안 숙부의 결꾼[格軍]으로 뗏목에 몸을 맡겨 살았습니다. 저녁 어둑한 때에 나루터로 내려와서 적도를 만나 사살당하여 물결에 표류하였습니다. 그 상황이 몹시 비통하므로 외로운 넋을 어찌 위로할 수 있겠습니까. 아, 저 유영강(劉永剛)은 많은 사람을 모아 나루를 점유하여 살인하고 목재[21]를 빼앗았습니다. 관문을 돌파한 도둑을 작은 구멍을 낸 도둑에 비하여 논할 수 없습니다. 그 정황을 살피면 만 번 죽여도 오히려 가벼울 것입니다.
이에 회동하여 작성한 검안(檢案)과 시장(屍帳) 1건과 별지를 등서(謄書)하여 올렸으며, 청국 관리의 검험맥록(檢驗脉錄)을 모두 첨부하여 올립니다. 해당 범인 유영강은 청나라 공사에게 전조(轉照)하여 법에 따라 처벌하라는 뜻으로 1부는 외부에 보고했으며 이에 보고하오니 살펴보시기 바랍니다"라고 하였습니다. 이를 살피니 평안북도의 보고가 이미 외부에 도착했을 것입니다. 흉악한 범인 유영강은 청국인이므로 해당 검안 1건과 시장 1건을 함께 보내니 이를 청국공사관에 이조(移照)하여 즉시 처벌케 하여 죽은 자의 원한을 갚게 해주기를 바라며

21 원문에 '水料'라고 적혀있으나, '木料'의 오기로 보인다. 문맥에 맞게 번역하였다.

이에 조회하니 살펴보기 바랍니다.
광무 4년 8월 27일

의정부찬정법부대신서리법부협판 이근호

의정부찬정외부대신 박제순 각하

재(再)

해당 검안과 시장은 살펴본 후에 돌려보내주십시오.

2 김봉빈을 살해한 유영강의 처벌에 대해서는 우선 청국 측의 처리를 기다리자는 조복

조복 제7호

귀 조회 제8호를 접수하여 살펴보았습니다. 강계군 백성 김봉빈이 총탄에 맞아 살해된 사건의 검안 1건과 시장 1건을 보내니 이를 청국공사관에 이조하여 즉시 처벌하게 해달라고 한 내용이었습니다. 이를 살펴보니 최근 북청(北淸)은 소요[22]가 있어 도로가 막혔으므로 청국의 공사에게 조회를 보내더라도 사안을 판단하여 처리하기 곤란합니다. 이미 저들과 우리 관원이 회동하여 검시하였고, 정범(正犯) 유영강도 이미 자복하였으니 회인현 관원이 스스로 법에 따라 처리할 것입니다. 만약 법에 따라 처치하지 않으면 문서를 보내 논박하고 처리할 터이니 방법이 없다고 걱정할 바는 없습니다. 해당 군에서 다시 보고하면 그 즉시 다시 상의하여 처리하는 것이 타당합니다. 이에 조복하오니 살펴보기 바랍니다.
광무 4년 8월 28일

의정부찬정외부대신 박제순

의정부찬정법부대신서리법부협판 이근호 각하

22 의화단운동을 말한다.

재(再)

해당 검안을 보내겠으니 수습하시기 바랍니다.

VIII

『외부일기』 번역문

1 청국 관리가 길을 빌리는 문제는 내부가 원수부와 논의해서 결정해 달라는 조복

광무 7년 2월 18일

내부에 조복. 청국 관리가 길을 빌리는[借道] 사안은 관계가 중요하니 갑자기 논의하기 어렵습니다. 그리고 도로는 지방의 일이고 군사를 대동하는 것은 군무입니다. 귀 내부가 원수부에 공문을 보내어 논의해 결정하는 것이 타당할 것입니다.

2 임강현 장생보에서 한국인이 강을 넘어 중국인의 물건을 훔치는 등의 행위를 금지시켜달라는 조회

광무 7년 2월 21일

내부에 조회. 청국공사의 조회에서 "임강현 장생보(長生堡) 지방에서 한국인이 강을 건너 소, 돈, 곡식을 훔쳐가고, 매질하고 모욕을 주며 강제로 벌을 주었습니다. 병사와 백성들을 단속하여 분란을 일으키지 않도록 하기 바랍니다"라고 하였습니다. 연강 각군에 훈령하여 엄히 금지하도록 하기 바랍니다.

3 연강 주민의 포군 설치 요청에 대해 조처해달라는 조회

광무 7년 2월 26일

원수부에 조회. 함경북도 교계관의 보고에서 말하기를, "접수한 연강 각군 주민의 연명 소장(訴狀)이 조목마다 이치가 있고 말마다 이상함이 없었습니다. 말미에 원본을 첨부하여 보고합니다"라고 하였습니다. 소장에서 간청한 포군을 설치하는 일은 신중하여 마음대로 처리할 수 없습니다. 원장(原狀)을 베끼고 첨부해 조회하니 헤아려 보고 회답하기 바랍니다.

4 청국 관리가 길을 빌리는 사안에 대해 내부는 권한이 없다는 조복

광무 7년 2월 27일

내부의 조복. 청국 관리가 길을 빌리는 사안은 우리 내부가 직접 교섭할 권한이 없으니 귀 외부가 청국공사와 논의해 처리하기 바랍니다.

5 신설된 집안현에서 월간한인들도 청국 법률을 준수해야 한다는 청국의 공문이 있었다는 보고

광무 7년 2월 27일

평안북도관찰사의 보고. 강계군수의 보고를 받아보니, 방금 도착한 청국 집안현의 조회에서 "통구(通溝) 땅에 집안현을 설치하였습니다. 귀국의 월간민(越墾民)들은 반드시 본국민과 일체로 대우하겠으니 해당 백성들 역시 삼가 법률을 준수해야 하며, 만약 교섭사건이 있거나 공무로 경계를 넘을 경우 관리가 피차 신속히 조회하면 참작해 처리하는 데 편할 것입니다"라고 하였습니다. 해당 백성들이 삼가 법률을 준수해야 한다는 말은 한국인을 전관(專管)하려는 뜻인 것 같아 이에 베껴 보고합니다.

6 청국 관리가 길을 빌리는 것을 허용할지 여부에 대해서는 청국공사와 논의할 사안이 아니라는 조복

광무 7년 3월 2일

내부에 조복. 청국 관리가 길을 빌리는 사안을 허용할지 여부에 대한 권한은 우리나라에 있으니 청국공사와 무슨 논의해 처리할 것이 있겠으며, 또 병사를 거느리는 문제와 관계되므로 원수부에 조회하여 처리하기 바랍니다.

7 한국 병사가 강을 건너는 일에 대한 주청공사관의 보고

광무 7년 3월 5일

주청국공사관의 보고. 청국 외무부의 조회를 받아보니 한국 병사가 강을 건넌 일로 본국 정부에 전보로 알려달라고 요청했습니다. 이에 보내온 조회를 뒤에 기록하여 보고하니 살펴보고 처리하기 바랍니다.

8 강북에 군을 설치한 적이 없었다는 지령

광무 7년 3월 24일

강북민들에게 전보로 지시. 당초 군(郡)을 설치하지 않았으니 번거롭게 하지 말고 물러가라.

9 특파관리 서상무가 현지를 조사하고 성을 수리한 일에 대해 조처해 달라는 조회

광무 7년 3월 27일

청국공사관의 조회. 서상무(徐相懋)가 특파관리변민(特派管理邊民)이라고 스스로 칭한 사건으로 그를 철회하기 바라고, 만약 그가 분란을 일으키는 것과 관계된다면 즉시 처벌하고, 그리고 지역을 조사하고 성을 수리한 일에 대해서는 즉시 회답해야 할 것입니다.

10 후창군에서 벌목에 따른 세금을 원활하게 거둘 수 있도록 해달라는 보고

광무 7년 4월 1일

평안북도관찰사의 보고. 후창군 경내에서 벌목하는 청국과 한국 백성들에게 함부로 벌목한 데 대한 벌금과 목세(木稅)를 거두었는데, 청국인 왕보산(王保山)이 공연히 억울한 마음을 품고 국세를 방해하였습니다. 청국공사에게 조회하여 왕보산을 처벌하기 바라고, 벌금과 목세 또한 거두어들일 수 있기를 삼가 바랍니다.

11 서상무가 강북에서 성을 쌓은 적이 없다는 보고

광무 7년 5월 11일
평안북도관찰사의 보고. 관리(管理) 서상무가 저들의 경계로 넘어가 성을 쌓았는지 여부를 상세히 탐문하도록 강계군에 여러 차례 지시하였습니다. 접수한 보고에 따르면 처음부터 이런 일이 없었다고 하였습니다.

12 한국인에게 피해를 입힌 청비가 체포되었으니 압송하도록 조처해 달라는 보고

광무 7년 5월 25일
함북교계관의 보고. 무산군수의 보고가 있었는데, 김기봉(金基奉), 김용락(金容洛)이 청비(淸匪) 생화복(生化福)에게 피해를 입었고 이미 정범(正犯)이 자복하였으니 당연히 법에 의거해 포살(砲殺)해야 합니다. 일이 변경의 교섭 안건이므로 연집강도(烟集岡道) 조종한(趙宗翰) 아문에 조회하여 비적 생화복을 압송하도록 해야 합니다. 해당 군의 진술 내용, 조회의 초안을 함께 고쳐서 보고합니다.

13 종성의 고간도를 종성군이 돌려받도록 청국과 협의해달라는 보고

광무 7년 6월 6일
함북교계관의 보고. 종성 주민 김명희(金明禧) 등의 소고(訴告)를 받았더니 그 안에서, "고간도(古間島)를 종성 백성이 개간한 지가 몇백 년이나 되는지 알지 못할 정도인데, 청국 관원이 병사를 풀어 한국인을 내쫓아 가로막고 접근하지 못하게 하였습니다. 특별히 외부에 보고하니 청국공사에게 조회하여 한번 조사해 처리하고, 고도(古島)를 종성군에 되돌려주어 이 약한 백성들로 하여금 생명을 지킬 수 있도록 하기 바랍니다"라고 하였습니다. 이에 보고합니다.

14 한국인이 도문강에 설치한 다리를 철거하고 간도 지역에 실시한 향약 등을 중지해달라는 청국공사관의 조회

광무 7년 8월 4일

청국공사관의 조회. 거듭해서 길림장군의 자문을 받아보니, "금년 봄 사이에 안원(安遠) 각 보(各堡) 주민이 여러 차례 한국 병사들에 의해 침략을 당하여 분분히 와서 소장을 냈습니다. 한국인이 또 도문강에서 사적으로 다리 3좌(座)를 세웠으니 조회하여 철폐하도록 지시해 달라고 하였으나 한국 관리가 비단 미룰 뿐만 아니라 듣고도 전하지 않았습니다. 우리 나라 뱃사공 윤순약(尹旬若)과 한개(韓介)를 잡아가 고문과 구타를 하였고 선박의 왕래를 허락하지 않았습니다. 그리고 한인이 현재 안원, 영원(寧遠), 수원(綏遠) 등의 보에서 멋대로 향약을 설치하고 토지를 약탈하고 양식을 빼앗았습니다. 그리고 파견된 관원이 월경하여 장정(壯丁)을 조사해 징세하였습니다"라고 하였습니다.

이에 조회하니 귀 대신은 신속하게 훈령하여 놓은 다리를 즉시 철거하고 조약을 어긴 각 관리에게는 경계(警戒)를 거두어들이게 하고 분란을 일으키는 행위를 조약에 비추어 금지하기 바랍니다.

15 한국인이 건조한 도문강의 다리를 철거하라는 훈령

광무 7년 8월 10일

함북교계관에게 훈령. 청국공사의 조회에서, "청국 안원 각 보(堡) 주민이 여러 차례 한국 병사들에 의해 침략을 당하였고, 한국인이 또 도문강에서 사적으로 다리를 세웠으니 지시를 내려 철거하기 바랍니다. 그러나 한국 관리가 미루고 듣지 않고 있습니다"라고 하였습니다. 일이 신중한데도 어찌 신속하게 처리하지 않는지 몹시 의문입니다. 서둘러 해당 다리를 철거하고 일체를 보고하기 바랍니다.

16 간도관리 이범윤 임명 사실을 간도 청국 관리가 알 수 있도록 조처 해달라는 조회

광무 7년 8월 22일

내부의 조회. 시찰 이범윤이 보고하기를, "간도 주민에게 아직 주관(主管)이 없어 청국 관리에게 가혹하게 학대를 받으니 청국공사에게 조회하여 침범해 빼앗는 일을 막아달라"고 하였습니다. 살펴보니 우리 백성들이 이곳에 사는 자가 수십만이나 아직 의탁할 곳이 없습니다. 이범윤을 특별히 관리(管理)로 임명하여 간도에 주차하도록 하였으니 청국공사에게 조회하여 간도 부근 청국 관리에게 공문이 전달되어 머리를 깎게 하거나 학대할 수 없도록 하기 바랍니다.

17 이범윤을 관리로 특파하였음을 청국공사관에 알리는 조회

광무 7년 9월 4일

청국공사관에 조회. 내부대신의 공문을 접수하니, "북변간도에 우리 백성이 조금씩 옮겨가 사는 자가 점점 많아져 시찰 이범윤을 선발 파견하여 상황을 두루 살피고 황화(皇化)를 선포할 것입니다. 이범윤을 특차관리로 임명하였습니다"라고 하였습니다. 이를 조회합니다.

18 관리 이범윤의 파견에 대해 육로장정 체결 이후에 관리 설치를 논의하자는 청국 측의 조복

광무 7년 9월 8일

내부에 조복. 북변간도에 관리(管理)를 파견해 주재하는 사안은 귀 조회를 받고 청국공사에게 공문을 보냈고, 그 회답을 받아보니, "양국의 육로장정 논의 결정을 기다렸다가 파원감계(派員勘界)하여 각자 경계에 따라 관리를 설치해야 합니다. 현재는 급급할 필요가 없습니다"라고 하였습니다. 이에 의거해 조복합니다.

19 유하목을 빙자하여 한국인을 탄압하는 청비를 단속하도록 청국 측과 협의해달라는 보고

광무 7년 10월 7일

함경남도관찰사의 보고. 삼수군수가 보고하기를, 「신농사(新農社) 주민의 등소(等訴)에서, "본 사는 청국 대안(對岸)에 위치하는데, 근일 청비 여당이 유하목(流下木)을 잃어버렸다고 칭하면서 단지 그 값을 징수하고자 그 무리를 불러 모아 주둔하고 있으므로 막 토벌하려고 합니다"라고 하였습니다. 해당 청비가 회성포수(會城砲手)의 설치를 빙자하였는데 극히 흉악한 생각이며 이들 백성이 완전히 사라지고 말 것입니다. 만약 목전의 급무라면 곧장 포군을 뽑아 방어해야 합니다」라고 하였습니다. 살펴보니 청비가 침탈하는 근심이 근일 더욱더 심해져 변경의 형편이 우려됩니다. 청국공사에게 조회하여 엄히 금지하도록 하기 바랍니다.

20 삼수군 대안 일대 유하목 분실을 이유로 청비가 주둔하고 있으니 조처해달라는 조회

광무 7년 10월 9일

청국공사관에 조회. 함경남도관찰사의 보고 내에서, 『삼수군수의 보고서에서, 「본 군민 이종형(李鍾瀅)의 등소 내에서, "근일 청국인 목두(木頭) 무리가 유하목(流下木)을 잃어버리고 단지 돈 몇천 냥을 징수하고자 100여 명이 비적을 불러모아 주둔하고 있습니다"라고 하였습니다. 저들 비적이 맹렬히 일어나 사태가 어디까지 갈지 몰라서 본계(本契)의 포수 50명을 뽑아서 변경에 보내어 방어하게 하였고 주대에 알려 생각하지도 못한 일에 미리 대비하도록 하였습니다」라고 하였습니다. 청국공사에게 조회하여 금지해 주기를 바랍니다』라고 하습니다. 해당 비도는 무리를 믿고 강포한 행동을 하는 데 전혀 꺼리는 바가 없습니다. 해당 관리에게 전하여 양국 변계에서 분란이 일어나지 않도록 하기 바랍니다.

21 감계 관련 사안에 대해 경흥감리는 거론하지 말라는 전보

광무 7년 10월 24일

경흥감리에게 전보. 감계와 관련된 사안은 거론하지 말라.[23]

22 청국인 범인은 효수할 것이며 변경에서 소요가 일어나지 않도록 하기 바란다는 조회

광무 7년 10월 25일

청국공사관의 조회. 서상무가 비도에 의해 잡혀간 사안에 대해 현재 봉천장군이 보내온 공문을 받아보니, "통화현에서 정범 왕원립(王元立)을 잡아와서 심문하여 실로 법에 비추어 보니 효수하는 데 해당됩니다"라고 하였습니다. 살펴보니 우리 나라 관원은 변계의 교섭에서 과연 잘 처리하는 데 힘을 쏟고 있으나 귀국 병사와 백성들이 경계를 넘어 소요를 일으키고 누차 금지할 것을 요청했으나 전혀 그치지 않고 있습니다. 연변의 무관에게 지시하여 참으로 힘써 강구하여 금지하게 하기 바랍니다. (계(計) 베낀 것을 첨부함)

23 변경에서 백성들이 경계를 넘는 일이 없도록 하라는 훈령

광무 7년 10월 26일

평안북도관찰사에게 훈령. 경성 주재 청국공사의 조회에서, 「봉천장군이 보내온 공문에서, "서상무 등이 팔도구(八道溝)에서 비도에게 잡혀간 사안에 있어서 범인은 법에 비추어 효수하고 아울러 달아난 비도를 엄히 잡아들이도록 지시했습니다"라고 하였습니다. 살펴보니 우리나라 관원은 변계 교섭에 있어서 과연 잘 처리하는데 힘을 쏟아서 적절하게 처리하지 않음이 없었습니다. 그러나 귀국 군사와 백성들은 경계를 넘어서 분란을 일으켜 여러 차례 조회

23 이 시기에 간도문제와 관련하여 체계적으로 논지를 전개한 인물은 경흥감리 황우영(黃祐永)이었다. 그는 1903년 7월에 청의서를 제출하였는데, 이는 『백두산정계비자료』(奎25219)에 정리되어 있다. 외부는 이에 대해 더 이상 감계 문제를 거론하지 말 것을 경흥감리에게 지시한 것이다.

하여 조사해 금지하도록 요청했으나 아직 답변을 받지 못했고, 소요가 날마다 심해져 전혀 그치지 않고 있습니다. 연변의 관리들에게 훈령하여 조사해 처벌하는 데 힘쓰도록 하기 바랍니다」라고 하였습니다.

이번에 청국 관원이 법에 의거한 처리가 이같이 적절한데, 우리 백성이 법을 어겼으나 태만히 하여 금지하지 못하고 책망을 자초하니 어찌 부끄럽지 않겠습니까. 도착하는 즉시 관하의 각 군에 지시하여 청비가 경계를 침범하면 힘을 다해 방어하고 우리 백성이 강을 건너 분쟁의 단서가 되는 폐단은 일체 엄히 금지하기 바랍니다.

24 두만강에서 청국 뱃사공의 이익 독점을 위해 한국 배다리를 금지하는 행위를 막아달라는 조회

광무 7년 11월 2일

청국공사관에 조회. 도문강에 과거 설치한 배다리는 모두 여러 해가 되었습니다. 지금 청국 뱃사공이 권리를 도모하고자 한인이 선박을 펼쳐놓은 것을 막고 농교(農橋)를 불태워 없앴습니다. 해당 뱃사공에게 지시하여 다시는 분란을 일으키지 말도록 하기 바랍니다.

25 청국공사의 거부로 지금 파원감계하는 것은 어렵다는 조복

광무 7년 11월 2일

내부에 조복. 간도 파원(派員)이 육로장정의 의정(議定)을 기다렸다가 감계한다는 사안은 과거 청국공사의 조복에 따라 이미 알렸습니다. 지금 비록 다시 공문을 발송할 것을 요청하더라도 그에 따라 시행하기를 기대하기는 어려울 것입니다.

26 한국인이 두만강에 설치한 다리를 철거하라는 조회

광무 7년 11월 9일

청국공사관의 조회. 도문강변에 한국 백성이 다리를 사적으로 건조하여 철거하기를 바란다고 조회하는 사안입니다. 살펴보니 근년에 한국인이 경계를 넘어 소요를 일으킨 것이 한 번이 아닙니다. 지금 또 다시 멋대로 다리를 건조하고 마음대로 왕래하는데, 작은 사안이 큰 분쟁으로 될 것입니다. 교계관에게 지시하여 철거하도록 하기 바랍니다.

27 위급한 시기에 변경에서 분쟁이 생기지 않도록 각 군에 지시해달라는 보고

광무 7년 11월 9일

평안북도관찰사서리의 보고. 후창군수의 보고에서, 본군 무창면(茂昌面) 백성 이규풍(李圭豊) 등 5명이 청비에게 피살되었고, 함경남도 삼수군에서 적비가 성을 침범하고 인명을 살상하기에 이르렀다는 등의 말이 있었습니다. 지금 변방이 몹시 중요한 만큼 가볍게 행동하여 변경에서 절대 분쟁이 생기지 않도록 하라는 뜻으로 해당 군에 지령하기 바랍니다.

28 청비가 삼수성을 침범하여 인명을 살상한 행위에 대해 처벌하고 잡혀간 한국인을 되돌려보내라는 조회

광무 7년 11월 11일

청국공사관에 조회. 평안북도관찰사의 보고에 따르면, "후창군수의 보고에서, 청국 목상(木商)들이 이규풍 등 5명을 끌고 가서 사납게 때려서 목숨이 경각에 달려있다고 하였습니다. 계속해서 삼수군수의 보고에서는, 청비 50여 명이 은밀히 성을 침범해 성안에서 충돌하였는데, 우리 백성이 총에 맞아 죽고 우리 병사가 총에 맞아 사경을 헤매고 있다고 하였습니다. 이에 의거해 보고합니다"라고 하였습니다. 살펴보니 귀국의 어리석은 백성들이 우리 경내에서 종종 불법을 저질렀는데 해당 비도들은 하나같이 크게 일어나 성을 침범하고 주민을 살상하기에 이르렀습니다. 서둘러 법을 적용해 비도를 토벌하고 우리 백성을 구원해 되돌려보내기 바랍니다.

29 후창과 삼수에서 한국의 인명과 재산을 손상 입힌 청국 비도를 단속하였으며, 한국 병사들이 경계를 넘어 분란을 일으키지 말도록 해달라는 조복

광무 7년 11월 21일

청국공사관의 조복. 후창군과 삼수군에서 청국 상인이 사람을 잡아가 물건을 빼앗았으며, 비도가 총을 빼앗고 사람을 부상 입혔으니 법을 적용해 비도를 토벌하고 백성을 구호하기 바란다는 사안입니다. 살펴보건대 비도가 멋대로 불법을 저질렀으니 우리 무관이 직접 처벌해야 합니다. 상인들이 다투는 문제는 현재 이미 조회에 따라 봉천성이 분별해 살피고 처리하도록 요청하였습니다. 생각컨대 근년에 귀국 병사와 백성들이 무리를 이끌고 경계를 넘어 인명을 살상하고 재산을 빼앗았으니 그 모습이 비도와 같습니다. 또한 귀 대신께서는 현지 무관에게 지시하여 군사를 엄히 단속하여 절대 경계를 넘어 분란을 일으키지 않도록 하기 바랍니다.

30 경계를 넘어 분란을 일으키는 한국 병사를 단속해달라는 조회

광무 7년 11월 21일

청국공사관의 조회. 우리 외무부의 전보에서, "한국 병사가 경계를 넘어 벼를 약탈하고 점거해 초소를 설치하고 한국 백성을 규합하여 우리 군대를 공격하고 함께 가옥을 불 질렀다"고 하였습니다. 상주(上奏)하여 연변의 무관들에게 지시하여 병사와 포수를 단속하여 절대 경계를 넘어 분란을 일으키지 않기를 바랍니다.

31 삼수에서 진위대와 산포수와 청국인들의 교전이 있었으니 이들을 막도록 조처해달라는 보고

광무 7년 11월 23일

함경남도관찰사의 보고. 삼수 대안 청국인들이 적당과 서로 약속하고 날마다 침범해 오기에 진위대 주병(駐兵)과 산포수가 연달아 교전하니 다소 물러났다가 곧 전진하여 주민들이 흩어졌습니다. 청국공사관에 조회하여 막아주기를 바랍니다.

32 한국 병사와 포수가 경계를 넘는 것을 금지하여 분란을 일으키는 것을 단속해달라는 조회

광무 7년 11월 24일

원수부 군무국에 조회. 청국공사의 조회에서, "한국 병사가 백성들을 이끌고 경계를 넘어 소요를 일으켰고, 심지어 우리 병대를 공격하고 우리 가옥을 불태우고 초소를 설치해 정탐하여 변경 분쟁의 단서를 열었습니다. 청컨대 병사와 포수를 단속해 절대 분란을 일으키지 말도록 하기 바랍니다"라고 하였습니다. 살펴보니 우리 백성들이 건너가 분란을 일으켜 먼저 변경 분쟁의 단서를 열었으니 근심이 이르지 않는 곳이 없습니다. 엄히 금지할 것을 지시하기 바랍니다.

33 청비 회성포가 삼수 대안에 주둔하고 있으며, 이를 단속해달라는 조회

광무 7년 11월 26일

청국공사관에 조회. 삼수 등지에서 청비가 침략한 사안은 귀 조회에 따라 함경남도관찰사에게 지시해서 조사해 밝히라고 했습니다. 보고에 따르면, "회성포(會城砲)가 주둔하고 있는 곳의 지명은 길림 소속의 신설 임강현으로 본래 통화현 구역 십육도구(十六道溝) 장생보 내시궁(內矢弓)이며, 즉 삼수군 인차외사(仁遮外社) 대안 대동사(大東社)입니다"라고 하였습니다. 서둘러 길림장군에게 자문을 보내어 엄히 조사해 금지하여 변경의 상황을 정리하기 바랍니다.

34 한국 병사가 강을 건너 분란을 일으켰다는 청국 측의 주장은 사실과 상반된다는 조복

광무 7년 11월 27일

원수부의 조복. 청국공사가 공문으로 우리 병사가 경계를 넘는 것을 엄히 금지해달라고 한 사안입니다. 관찰부와 군관의 보고에 따라 청비가 경계를 넘어 약탈한 것으로 번갈아가며 공문을 왕복하였습니다. 이번 청국공사의 조회에서 한국 병사가 강을 건너 분란을 일으켰다고 하였는데 실제로는 아가사창(我歌査唱)[24]이며, 우리 병사에게는 연이어서 금지하도록 지시했습니다.

35 무산, 종성, 회령 일대에서 청국 병사가 내침한 일에 대해 청국공사에게 이를 금지하도록 조처해달라는 조복

광무 7년 11월 27일

원수부의 조복. 경흥감리의 전보에서 무산, 종성, 회령 연강에 청국 병사 천여 명이 우리 병사와 전투를 벌였다고 말한 사안입니다. 과연 다수의 청비가 강을 건너 내침한 일이 있으며, 급보가 매일 도착하여 변경을 지키는 지휘관에게 각별히 지시하여 방어하라고 하였습니다. 다만 저들은 오고 우리는 지키고 있습니다. 분란을 낳고 있으니 응당 청국공사에게 조회하여 침범하지 말도록 하기 바랍니다.

36 한국 병사가 경계를 넘어 약탈한 행위를 조사하고 엄히 처벌하라는 훈령

광무 7년 11월 27일

함경남도관찰사에게 훈령. 후창, 삼수에서 청비가 성을 침범하고 사람을 죽인 안건은 원수부와 청국공사에게 나누어 조회하여 살펴 처리하라고 하였습니다. 계속해서 청국공사의 조회를 받아보니, “한국 병사가 경계를 넘어 벼를 약탈하고 간민(墾民)을 사로잡아 가서 혹 죽이거나 혹 풀어주었고, 또 점거해 초소를 설치하고 그 통령(統領)이 보낸 서신 중에 ‘전쟁을 일으켜 땅을 찾겠다[開仗索地]’는 말이 있었으니 더욱더 이상합니다. 이러한 행위는 변경의 분쟁 단서를 쉽게 열 것입니다”라고 하였습니다. 각별히 더욱더 조사해 밝히고 엄히 처벌하여 금지하기 바랍니다.

---

24 ‘아가사창’은 내가 부를 노래를 사돈이 부른다는 것으로, 자기가 할 말을 도리어 상대방이 먼저 함을 뜻한다.

37 간도의 청국 관원이 한국인을 학대하고 잡세를 토색하고 있으며, 서둘러 감계해야 한다는 보고

광무 7년 11월 30일

함북간도시찰의 보고. 본 시찰이 간도에 머문 지 해를 넘겼습니다. 소위 청국 관원이 비도를 불러 모아 관병을 빙자하고는 생명을 해치고 재산을 빼앗은 사실은 실로 목격한 바입니다. 불법적으로 학대하고 잡세를 토색한 사실은 아래에 나열하여 보고합니다. 청국공사와 더불어 조항별로 논박하고 일을 잘 아는 관원을 파견하여 신속하게 감계하도록 하기 바랍니다.

38 청국 관원이 한국 국호에 '大' 자를 쓰지 않았다는 보고

광무 7년 11월 30일

함북간도시찰의 보고. 본 시찰이 청국 관원과 조회한 서신이 또한 비일비재합니다. 지금 지타소(芝他所)의 청국 관원 진가(陳哥)의 조회를 받아보니, 우리 한국 국호 위에 '대(大)' 자를 쓰지 않았습니다. 말에는 오만함을 담고 있으므로 청국공사에게 조회하여 통렬하게 논박하기 바랍니다.

39 한국 병사들이 경계를 넘어 청국 군사를 공격하고 초소를 설치했다는 보고

광무 7년 12월 4일

청국공사관의 조회. 우리 외무부의 전보에서, "한국 병사 600~700명이 총을 가지고 경계를 넘어 군사를 공격하고 백성들의 가옥을 불태우고 초소를 설치하고 호(濠)를 파서 우리 병사의 왕래를 허용하지 않았으니 실로 이치에도 없는 일입니다"라고 하였습니다. 앞서 나열한 각 항목을 조회하니 엄히 처벌하고 금지하기 바랍니다.

40 청국에서 분란을 일으키고 있는 한국 병사를 철수해달라는 조회

광무 7년 12월 5일

원수부 군무국에 조회. 청국공사의 조회에 따라 우리 주대 병사가 청국 경계 내에서 소요를 일으킨 사안에 대해서는 이미 조회하였습니다. 계속해서 청국공사의 조회를 받아보니, "한국 병사 700~800명이 임강현을 공격하여 많은 사람을 죽였습니다"라고 하였습니다. 청국 주재 한국공사의 전보를 받아보니, "청국 외무대신이 한국 병사가 경계를 넘었다고 따졌습니다"라고 하였습니다. 계속해서 전보를 받아보니, "외무대신이 철병을 독촉하며 조회하였는데, 분쟁을 낳는다고 여기고 있으니 대국(大局)과의 관련이 실로 큽니다"라고 하였습니다. 살펴보건대 이 지방의 주대가 어떤 이유로 월경하여 소요를 일으켰는데, 이를 서둘러 금지하지 않으면 국제교섭상의 관계가 가볍지 않을 것입니다. 이에 다시 조회하니 살펴 처리하기 바랍니다.

41 청비에 대비하도록 순검에게 총을 내려달라는 보고

광무 7년 12월 8일

함경북도교계관의 보고. 간도 주민이 청국 관리의 강제 징수를 가혹하게 받고 호비(鬍匪)의 약탈을 감당하기 어려워 그 거주지에서 살지 못하는 까닭에 혹 순검을 파견하여 막거나 혹 공문으로 조회하여 찾아 되돌려 받은 일이 한두 번이 아니었습니다. 본관 등은 여러 군대 지휘관과 더불어 화호(和好)하여 이웃 나라와의 교제를 더욱 돈독히 하려는 뜻으로 말을 하였고, 자리를 파하고 해산하였습니다. 상강분서(上江分署)가 마침 해당 군의 강변에 있는데, 저들이 난사한 총알이 비처럼 쏟아져 내렸지만 빈손에 든 작은 칼로는 감히 적에 맞서지 못하고 단지 몸을 숨겨 총알을 피하여 번에 든 순검이 겨우 죽음을 면할 뿐이었습니다. 만약 다시 침범할 경우 순검으로 하여금 각기 총기를 가지게 한다면 예상치 못한 일에 대비할 수 있을 것입니다. 특별히 원수부에 조회하여 총 200자루를 속히 내려주고, 청국공사에게 조회하여 다시는 병사를 지휘해 행패를 부리는 일이 없도록 하고, 간민(墾民)들이 잃어버린 물건들을 되찾을 수 있기를 삼가 바랍니다.

42 변계에서 소요를 일으킨 무관에 대해서는 법에 따라 처리하겠다는 조복

광무 7년 12월 9일

원수부 군무국의 조복. 청국 변계에서 우리 병사와 백성이 소요를 일으킨 사안은 귀 조회로 살펴 알았습니다. 무관이 만약 과연 장정을 어겼다면 합당하게 법을 적용하고 더욱더 경계하고 삼가야 합니다. 서상무와 이범윤 관련 사안은 본 군무국의 소관이 아닙니다.

43 우리 백성이 경계를 넘어가 일으킨 소요를 두고 양국 관리가 만나 평화를 이루었고 그 원인은 청비의 침범이라는 훈령

광무 7년 12월 10일

청국 주재 공사관에게 훈령. 우리 병사와 백성이 범월(犯越)하여 소요를 일으킨 안건입니다. 원수부에 조회하니 해당 조복 내에서 더욱 경계하고 삼가고 선후책을 도모하겠다고 했습니다. 함경북도관찰사의 전보에서는 참령과 청국 관리와 회동하여 평화를 이루었다고 하였습니다. 교계관의 보고에서는 이미 교계관 등이 통령 등과 회동하고 담판하여 평화를 이루었다고 했습니다. 여러 안건을 비교하여 살펴보니 잠깐 시끄럽다가 곧 조용해졌음을 알 수 있습니다. 실로 그 원인을 따져보면 청비가 우리 백성을 침범하여 우리 백성이 원한을 쌓아오다가 먼저 일어나 격변이 된 것입니다. 여러 곳에서 오는 공문을 적어 첨부하여 훈령하니 이에 의거해 다시 청국 외무부에 회답하기 바랍니다.

44 청국인 왕무충 등이 한국인 이성지와 함께 재물을 빼앗았으니 심양부에서 재판할 수 있도록 조처해달라는 청원

광무 7년 12월 10일

서변계(西邊界) 백성 김교명(金敎明) 등의 청원. 저희들은 변계로 유랑하며 청국인이 견양(犬羊)으로 대우해도 얼마 남지 않은 목숨을 가지고 구차하게 생활해 나가고 있습니다. 경자년(庚子年) 청국인 왕극호(王克好), 왕숭발(王崇發)이 한국 백성을 내쫓고 강제로 머리를 깎게 하자 저희들은 돈을 마련해주고는 남은 목숨을 구할 수 있었습니다. 금년 8월에 청국 순포(巡捕) 왕무충(王懋忠), 집안현 관리 봉지기(鳳至其)가 한국 백성 이성지(李盛芝)와 한통속이 되어 포용(砲勇) 100여 명을 이끌고 와서 재물을 강제로 빼앗으니 그 참혹한 실상을 어찌 다 말하겠습니까. 청국공사관에 조회하여 왕극호 등 4명과 심양부(瀋陽府)에서 머리를 맞대고 재판하여 빼앗긴 재물을 후록(後錄)에 의거해 돌려주게 하기 바랍니다.

45 무산 대안 간도 주민들이 청비에게 입은 피해 내역을 보고한다는 조회

광무 7년 12월 14일

경무청의 조회. 현재 받은 함북변계경무관의 보고에, "무산 대안 간도(墾島) 주민이 가혹하게 호비(鬍匪)를 만나 부녀자를 빼앗기고 집안의 물건을 약탈당하고 가옥과 곡식 창고가 불태워졌습니다. 하나하나씩 나누어 성책하여 올리니 특별히 조회하여 돌려받기를 바랍니다"라고 하였습니다. 청국공사관에 조회하여 신속히 타결하기를 바랍니다.

46 감계사를 파견하여 정계비를 조사하고 8사의 호구를 경흥군이 전담해달라는 청원

광무 7년 12월 15일

북간도 주민들의 원정(原情). 감계사를 선발 파견하여 백두산에 가서 비문을 조사하여 경계를 정하고 아울러 8사(社) 호구의 소속을 경흥군이 전관하여 보호하기를 바랍니다.

47 우리의 옛 경계를 정하여 백성들을 보호해달라는 청원

광무 7년 12월 15일

북간도 주민들의 원정(原情). 서둘러 우리나라의 옛 경계를 조사해 설정하고 우리 정령(政令)을 시행하고 우리 인민을 보호하여 청국인이 다시는 멋대로 학대를 일삼지 않도록 하기 바랍니다.

48 서상무를 서둘러 잡아올리고, 이범윤의 파견은 간도민들을 보호하기 위함으로 간도의 양국 주민은 각기 보호한다는 뜻을 청국공사관에 밝혀달라는 조복

광무 7년 12월 19일

내부의 조복. 청국 변계에서 우리 병사와 백성이 소요를 일으킨 사안입니다. 살펴보니 관리 서상무의 선발 파견은 원래 내부가 간섭한 적이 없습니다. 중간에 여러 차례 불러 돌아오도록 하였으나 아직도 올라오지 않았으니 삼가 황제의 처분(處分)을 받들어 해당 도관찰사에게 지시하여 빨리 잡아올리게 하기 바랍니다. 이범윤을 파견한 것은 먼저 해당 도민(島民)을 어루만져 편안하게 하고 청국 관리가 침해하는 일을 금지하기 위함이라는 사정은 이미 다 말했습니다. 그런데 청국공사가 다시 보낸 서신에서 말한 뜻이 해당 도(島)를 은연중에 자신들의 소유로 간주하고 있는 것인지 몹시 모호합니다. 해당 도의 양국 주민은 양국 관원이 각기 보호한다는 뜻으로 청국공사관에게 성명할 필요가 있습니다.

49 간도에서의 군사 충돌에 대해 종성 참령이 주민의 피해 상황을 조사 중이라는 보고

광무 8년 1월 9일

경흥감리의 보고. 간도에서의 군사 충돌 안건입니다. 종성진위대 참령에게 조회하였더니 해당 참령의 회답에서, "간도에서 군사 충돌 후 주민의 피해 내역에 대해 조사원을 별도로 보내어 조사하였으며, 그가 오기를 기다렸다가 갖추어 회답하겠습니다"라고 하였습니다. 이를 보고합니다.

지령(指令)

보내온 뜻은 살펴보고 알았습니다.

50 간도관리 이범윤이 러시아 관리에게 청비를 막아달라고 요청한 것은 관례를 벗어난다는 보고

광무 8년 1월 9일

경흥감리의 보고. 청국인이 무리를 이루어 총을 쏜 사안입니다. 간도관리(墾島管理) 이범윤의 조회에서 러시아 관리 곽미살(廓米薩)에게 조회문을 보내어 청비를 막아달라고 청하였습니다. 일이 간민(墾民)과 관계되지만 청비를 막는 것을 러시아 관리에게 조회해 요청하는 것은 관례를 어기는 뜻이라고 회답하였고, 이를 보고합니다.

지령(指令)

이 일은 변경 사무와 관계되고 중요합니다. 이후의 상황을 계속 보고바랍니다.

51 서상무가 청비를 토벌한 공이 있어 그의 소환은 부당하다는 변계 주민의 전보

광무 8년 1월 13일

변계민 노지한(盧智漢) 등의 전보. 관리 서상무가 청비를 토벌, 평정하여 원근에서 두려워 복종하고 있는데, 비록 하루라도 관리가 없다면 적당(賊黨)이 다시 일어날 것입니다. 지금 이유도 없이 소환되었으니 백성들이 차라리 함께 죽자고 하고 관리를 보내지 않고 있습니다.

52 이범윤이 러시아 교계관에게 보호병을 요청한 것은 착오로 인한 것이기에 처벌하겠다는 조복

광무 8년 1월 18일

러시아공사관에 조복. 귀 조회는 한국과 청국의 변민이 소요를 일으키고 우리나라 관원 이범윤이 편지하여 귀국 교계관에게 보호병을 요청한 일에 대해서입니다. 살펴보니 우리 정부에서 각별히 단속하고 있으므로 참으로 후일의 염려가 없을 것입니다. 실로 귀국 변계와는 무관하니 모름지기 귀국 공사는 깊이 염려할 바가 없습니다. 우리 관리 이범윤이 병사의 보호를 요청한 것은 망령되게 착오하여 세밀하게 시행한 것이 아니므로 처벌해야 할 일입니다.

53 청국 병사에 의한 한국인의 피해 내역을 올리니 배상받을 수 있도록 조처해달라는 보고

광무 8년 1월 18일

간도관리의 보고. 지난 음력 9월 초에 청국 관원 양덕승(楊德勝)이 병사를 이끌고 소요를 일으켜 주민들의 가옥이 완전히 불태워졌으며, 종성진위대 참령 서정규(徐廷圭)에게 조회하여 서로 만나 타결하자고 했습니다. 청국 병사가 현재 물러나 돌아갔으나 빈사에 빠진 백성들의 참혹함이 극심합니다. 조사안(調査案) 2책을 첨부해 올리니 경성 주재 청국공사에게 조회하여 불태워진 각 항목을 일일이 배상받기 바랍니다.

54 무산 대안의 각 사 백성들이 소와 말을 잃고 부인 2명이 잡혀갔다는 보고

광무 8년 1월 21일

함북교계관의 보고. 무산 대안 각 사(社)의 백성들이 잃은 소와 말 54마리 가운데 소 34마리와 말 8마리는 먼저 찾아 돌아왔고, 김여청(金汝淸), 허진언(許珍彦) 두 부녀(婦女)가 잡혀간 가운데 김씨 부인은 먼저 돌아왔으나 허씨 부인은 현재 지금 탐문 중에 있습니다. 돌려받기 위해 각 청국 관리에게 조회해 따지고 또한 이미 순검을 보냈습니다.

55 이범윤이 러시아 관리에게 병사를 요청한 일은 의심스러우며, 그를 장차 소환할 것이라는 조복

광무 8년 2월 4일

내부의 조복. 북간도관리 이범윤이 러시아 관리에게 병사를 요청한 일은 몹시 의심됩니다. 해당 관리가 만약 간도를 청국 땅으로 생각한다면 머물러 있을 리가 없습니다. 해당 관원에게 훈령해서 물어보고 장차 소환할 것입니다.

56 무산군 변경 소요에 대한 전말을 보고하며, 순검에게 필요한 총기를 내려달라는 보고

광무 8년 2월 9일

함북교계관의 보고. 무산 연안 변경 소요의 일입니다. 훈령을 받들어보니 "분쟁이 일어난 전말을 상세하게 보고하고 순검이 총을 멘 일은 다시 보고하기를 기다렸다가 그곳의 형편을 두루 살핀 후 응당 살펴 처리해야 합니다"라고 하였습니다. 무산군수 지창한(池昌翰)이 서로 전투한 전말을 아래에 열거하여 보고합니다. 순검이 총을 멘 일과 같은 것은 매번 비도를 경계하고 백성들을 보호하는 처지에 단도만을 가지고 손을 쓰기에는 어려운 점이 있기 때문입니다. 총기를 청구한 것은 진실로 그런 이유입니다. 이에 다시 보고하니 총기 200자루를 내려주기 바랍니다.

57 무산에서 소란을 겪은 후 양국 군 지휘관이 벌인 담판의 담초와 고시문을 올린다는 보고

광무 8년 2월 12일

함경북도관찰사의 보고. 무산이 소란을 겪은 후 길림 통곤(統閫), 서리참령 반돈식(潘敦植)이 다시 담판하였는데, 해당 통곤이 조목마다 사리가 올바르지 않았습니다. 피차 합당하게 처리하고 서로 고시(告示)를 교환하였습니다. 해당 담초(談草)와 고시문을 베껴 올립니다.

58 변경에서의 피해를 논의할 관리에 대한 훈령이 지체되어 양국 협의에 차질이 있었다는 보고

광무 8년 2월 13일

함경남도관찰사의 보고. 삼수군수의 보고에서, "임강현의 조회를 계기로 변정(邊情)이 잘 화합한 일은 보고한 바 있습니다. 들으니 북청우체사가 사무를 폐지하여 지령이 중간에 지체되고 있다고 합니다. 청국 관리가 약속에 따라 일부러 왔으나 한국 관리가 처음에 경계를 넘지 않자 소농리(小農里) 면임(面任)을 공갈하므로 본군 주둔 김 정위(正尉)가 가서 맞아 접대하였습니다"라고 하였습니다. 갑산, 삼수 양 군수를 회판관(會辦官)으로 임명한다는 훈령이 아직 도착하지 않아 회판할 수 없었습니다. 다시 회판 일자를 잡으라는 뜻으로 삼수, 갑산 양 군수에게 긴급히 지시하였습니다.

59 한국과 청국 군인의 충돌로 온성진위대 병사가 사상당했으니 처벌과 배상의 조치를 바란다는 조회

광무 8년 2월 17일

청국공사관에 조회. 우리 원수부가 조회한 종성진위대의 전보를 받아보니, "온성 대안 청국 병사가 우리 백성들의 소를 약탈하였기에 우리 위관 최제강(崔齊岡)이 청국 관리와 강을 사이에 두고 마주보며 힐난하였습니다. 청국 관리가 요청하여 최 무관이 병사 8명을 대동하고 강을 건넜으나 갑자기 청국 병사 수백이 총을 쏘아 우리 병사 1명이 죽고 3명이 부상을 입고 4명과 최 무관이 함께 잡혀갔습니다"라고 하였습니다. 귀 공사는 신속하게 귀 변경 관리에게 지시하여 엄히 처벌하고 살상한 것에 대해 배상하고 잡혀간 관리와 병사를 구해내고 소를 찾아 돌려주기 바랍니다.

60 온성진위대의 월경사건에 대해 엄히 조사해달라는 조회

광무 8년 3월 1일

청국공사관의 조회. 우리 외무부의 전보를 받아보니 그 안에서, "한국 병사가 경계를 넘어오다가 우리 군사에게 막혀 총을 맞아 죽었고, 병사 1명이 부위 최제강과 병사 7명을 사로잡았습니다. 한국 관리 이범윤이 경계를 넘어 분쟁의 발단을 찾고 있고 현재 일본과 러시아의 개전을 맞았는데 다시 분쟁의 단서를 만들었습니다. 모두 엄히 지시하여 조사해 금지할 것을 한국 외부에 알려주십시오"라고 하였으니, 이런 뜻을 살펴주기를 기다리겠습니다.

61 삼수와 갑산에서의 한청 양국 간의 충돌 안건을 타결하였으니 진위대 지휘관에 대한 조처를 해달라는 조회

광무 8년 3월 5일

원수부 검사국에 조회. 함경남도관찰사의 보고에서, "음력 계묘년 12월 10일 삼수, 갑산 양 군수와 출주대관(出駐隊官)이 청국 관리 손장청(孫長靑), 오광국(吳光國)과 회동 담판한 후의 피아 약서(約書)와 문답기를 모두 베껴 올립니다. 그리고 죽이고 약탈한 것에 대한 배상, 경계를 지키고 백성을 편안히 한다는 등에 대해 약속을 하고 날인하였습니다. 삼수대(三水隊)가 빼앗긴 총알값을 되돌려 받는 것으로 약속하였고, 청국 백성이 빼앗긴 소와 말 값을 거두어 돌려주는 것으로 하였습니다. 그리고 양국인 중에 피살된 사람과 빼앗긴 돈과 총, 불태워진 초막과 기름집에 대한 배상은 양국 정부의 처분을 기다리고 있습니다"라고 하였습니다. 대관과 포령(砲領)의 일은 귀 검사국과 관계되니 이에 조회합니다.

62 러시아 관리에게 병사를 요청한 적이 없다는 보고

광무 8년 3월 7일

북간도관리의 보고. 본인이 머무는 곳이 러시아 관리가 머무는 곳과는 거리가 멀지는 않으나 별도로 교섭이 없었습니다. 러시아 관리 곽미살이(廓米薩爾)는 대개 마음이 맞지 않아 무심하고 서로 가로막는 바가 있었으니 정녕 저들 병사에게 우리 백성을 보호달라고 요청할 리가 있겠습니까. 병사를 요청했다는 말로 무고하였으니 러시아공사에게 조회해 따지기 바랍니다.

63 파원감계를 늦출 수 없다는 보고

광무 8년 3월 7일

북간도관리의 보고. 감계 문제는 하루라도 지체할 수 없습니다. 각별히 감당할 만한 관원을 파견하여 지계(地界)를 영구히 살피기 바랍니다.

64 청국 병사들이 한국 백성을 잡아 가두었다는 보고

광무 8년 3월 7일

북간도관리의 보고. 청국 관원이 병비(兵匪) 400~500명을 각 사(社)에 풀어놓고 한국 백성 30여 명을 잡아 가두고 재산을 약탈하였습니다.

65 변경에서 백성을 학대하고 망령된 행동을 하는 서상무를 잡아와 처벌해달라는 조회

광무 8년 3월 8일

의정부에 조회. 청국공사의 조회에서, 「봉천장군이 보내온 공문을 받아보니, "과거 한국 백성 이성지 등이 연명으로 소장을 올려 서상무가 멋대로 권세를 휘두르고 임시 관리가 때리거나 거짓을 일삼아 백성들이 그 학대를 감당하지 못한다며 축출을 지시하기를 간청하였습니다. 즉시 집안현으로 하여금 조사하게 했더니 곧바로 온 회답에 따르면, 서상무가 집안 경계를 왔다 갔다 하며 소란을 일으키는 것이 더욱더 심해졌다고 했습니다. 신속하게 한국 정부에 조회하여 즉시 서상무를 철회하기 바랍니다"라고 하였습니다. 살펴보니 그가 멋대로 한 망령된 행동 또한 장차 변경에서 분쟁의 단서를 낳게 될 것이니 귀 대신은 상주하여 서상무를 즉시 철회해 주기 바랍니다」라고 하였습니다. 살펴보건대 서상무가 무리를 이끌고 강을 건너 마음대로 가혹하게 학대하고 망령되게 스스로 행동하였는데, 장차 변경에서 분쟁의 단서를 만들 것으로 몹시 놀랍습니다. 즉시 잡아와서 조사해 엄히 처벌하기 바랍니다.

66 삼수, 갑산 지역에서 한국과 청국이 입은 피해에 대한 상호 배상안을 처결해달라는 조회

광무 8년 3월 9일

의정부에 조회. 함경남도관찰사의 보고에서, "삼수, 갑산 양 군수와 출주대관이 청국 관리와 회동 담판 후의 피아 약서(約書)와 담초(談草), 우리 백성의 피살과 피탈에 따른 배상 정약(定約), 청국 백성의 피살과 피소(被燒)에 따른 배상을 모두 베껴 올리고 양국이 처결을 기다리기로 했습니다"라고 하였습니다. 배상은 귀 의정부와 관계되니 어떻게 처결할지 조만간 회답해주기 바랍니다.

67 이범윤의 소환이 아직 시행되지 않고 있는데, 즉시 파원감계하고 육로장정을 다시 논의하자는 청국 측의 제안이 있었다는 조회

광무 8년 3월 18일

의정부에 조회. 청국공사의 조회에서, "이범윤이 경계를 넘어 호구를 편제하고, 재물을 거두어들이고, 조세납부를 저항하고, 관리를 설치하고, 병사를 훈련하고, 병영을 수리할 계획을 세우고 어떤 날에는 경계를 차지하겠다고 약속했습니다. 은밀히 계략을 꾸며 분쟁의 단서를 찾으면서 약속을 어기고 사건을 일으켰습니다. 김명환(金名煥), 최제강(崔齊剛)이 병사를 대동하고 경계를 넘었으니 모두 이범윤의 사주와 관계됩니다. 바라건대 즉시 관원을 파견하여 경계를 신중히 살피고 재차 육로장정을 논의하여 대국(大局)에 장애가 되지 않도록 하기 바랍니다"라고 하였습니다. 이범윤 소환 처벌에 대해서는 누차 내부에 조회하였으나 아직 시행되지 않았고, 파원감계는 오직 정부의 처결에 달려있습니다.

68 이범윤이 간도에서 분란을 일으키고 있다는 보고

광무 8년 3월 18일

교계관의 보고. 청국 관원이 조회하기를, "이범윤이 완고하고 야만스럽게 경계를 넘어 병사를 풀고 재물을 거두어들이고 조세납부를 저항하는 것은 모두 조약과 공법을 어기는 것입니다"라고 하였습니다. 관리(管理) 이범윤이 여전히 종성에 머물면서 군사를 배치하고 병사를 모으고 관리를 임명한다고 하고 호마다 돈을 거두어 들였습니다. 포군을 이끌고 강을 건너가 청국으로 넘어가 복종하는 간민(墾民)을 잡아들이겠다고 소리쳤습니다. 청국 관원이 병사를 보내어 잡아 처벌하자 관리(管理)가 임명한 지들이 긴도 전 지익으로 노피하여 마을이 텅텅 비었습니다. 관리(管理)의 생각은 벌레처럼 조금씩 조금씩 행동하는 데 있고, 청국 관원은 거침없는 형세를 사전에 막는 데 있습니다. 변경의 근심을 말하고 생각하니 우선 송구합니다.

69 이범윤 소환 요구는 속임수이며, 감계사로는 진위대 참령 김원계가 타당하다는 등소

광무 8년 3월 22일

북간도 백성 이재한(李載瀚)의 등소(等訴). 관리 이범윤이 청국 관원의 반대와 러시아 관리의 음모로 조회를 통해 질책받고 소환되었습니다. 이것은 속임수입니다. 강토를 회복하는 사무에 있어서 경성(鏡城)진위대 참령 김원계(金元桂)를 감계사로 특파하기 바랍니다.

70 이범윤이 소환되면 간도 백성들의 고통이 더욱 심해질 것이라는 조복

광무 8년 3월 25일

내부의 조복. 간도관리 이범윤이 러시아 관리에게 병사를 빌리는 등의 일은 처음부터 없었으며, 해당 관리가 먼저 소환된다면 간도의 수만 백성들의 고통이 전보다 배나 될 것이므로 양국 관원이 각기 보호하도록 해야 합니다.

71 관리가 간도 백성들에게 돈을 거두는 행위를 금지시켜달라는 조회

광무 8년 4월 2일

내부에 조회. 경흥감리의 보고에 따르면, "러시아 변계관 곽미살(廓米薩)의 조회에서, 관리(管理)가 간민(墾民)에게 돈을 거두고 있으나 금지하기 바라고, 그렇지 않으면 직접 조처하겠다는 말을 하였습니다"라고 하였습니다. 해당 관리(管理)에게 전보로 지시하여 더욱더 살피고 신중하여 오해받는 일이 없도록 해주기 바랍니다.

72 종성진위대가 간도 주민을 침탈하는 행위를 중지시켜달라는 조회

광무 8년 4월 2일

원수부에 조회. 경흥감리의 보고에 따르면, "러시아 변계관 곽미살(廓米薩)이 조회하기를, 종성진위대가 간민을 침학하고 있으나 금지하기 바라고, 그렇지 않으면 직접 조처하겠다는 말을 하였습니다"라고 하였습니다. 종성진위대에게 지시하여 각별히 단속하여 분쟁이 생기는 데 이르지 않도록 하기 바랍니다.

73 종성대와 관리가 간도 주민들에게 호전을 거두는 행위를 중단시켜 달라는 보고

광무 8년 4월 11일

경흥감리의 보고. 러시아 교계관 곽미살이(廓米薩爾)의 조회에서, "풍문에 종성대 병정이 서강(西江) 등지의 주민을 침탈했다고 하고, 또 이범윤이 해당 지역민에게 호전(戶錢)을 빼앗고 있으며, 한국 백성들이 일본인이 부탁한 바를 잘 시행하고 있다고 들었습니다. 이에 조회하니 즉시 종성대장과 관리(管理)에게 조회하여 병정이 서강 등지로 나가서 호전을 받지 말고, 한민들로 하여금 일본인이 부탁한 것을 시행하지 않도록 하기 바라며, 그렇지 않으면 러시아 정부가 직접 분부하여 엄히 처벌하겠습니다"라고 하였습니다. 해당 내용을 먼저 종성대와 관리에게 조회하였습니다.

지령(指令)

보내온 뜻은 앞서의 전보로 이미 알았습니다. 원수부, 내부에게 공문을 보내어 엄히 지시할 일입니다.

IX

『청원서』 번역문

1 간도 지역에 관리를 파견하고 법을 만들어 국권을 세우고 민생을 보장해달라는 청원서

청원서

온 세상에 땅이 있으면 민인(民人)이 있고, 민인이 있으면 관리가 있습니다. 관리는 법으로 민인을 다스리고 민인은 법에 의거하여 안심하고 의뢰하는 것이 세계에서 통용되는 상식적인 도리입니다. 그런데 유독 간도에는 민인은 있으나 관리가 없어, 저 사람들의 압제와 업신여김과 이 민인들이 당한 곤욕은 하나에 그치지 않습니다.

간도에 거주하는 민인은 본래 북도(北道) 내의 빈한한 부류로 흉년을 만나 가난하여 스스로 살아갈 수 없어서 생명을 위하여 비옥한 이 땅을 하늘이 준 것으로 여기고 가족을 이끌고 월경하여 와서 살고 있었습니다. 그러나 천성은 선량한 사람들이기에 고향 생각이 간절하여 매일 조국을 바라보며 오직 엎드려 경계를 헤아려 민인을 구제해줄 때를 기다리고 있었습니다. 그러나 아직 조용하여 소식이 없을 뿐 아니라 전례에 따라 간도를 보호하던 변계경무서까지 폐지하고 우리 백성들을 청국인들의 압제하에 내버려두었습니다. 계책은 다했고 희망은 끊어져 장차 누구에게 의지하여 생을 유지할 수 있겠습니까. 사람을 삼대 베듯 죽여도 살인사건 재판은 전무하고 비적이 들끓어도 또한 그치도록 경계하지 않으니 그 가엾음은 또한 어떠하겠습니까.

무릇 강토로 논하더라도 백두산 아래 분수령 위의 비석에 기록하여 경계를 정했으니, 토문강(土門江) 이남은 확실히 우리 강토입니다. 민족으로 말하더라도 본디 500년 기른 적자(赤子)입니다. 이와 같이 당당한 우리 강토와 우리 민인으로 어찌 도리가 없음을 근심하여 이 지경으로 내버려두기에 이른 것입니까. 설혹 경계를 정하여 잃어버린 땅을 수복하는 일은 사안이 중대하여 국가가 여러 일로 겨를이 없다고 하더라도, 우리 민인을 우리가 다스리는 것은 각국에서 현재 행하는 통례입니다. 이를 미루어 보더라도 우리 법관을 세워 우리 민인을 보호하는 것은 당연한 국가의 일인데, 어떤 거리끼는 바가 있어 미루는 것입니까.

만약 줄곧 버리고 돌보지 않으면, 간도에 사는 민인들은 바로 어린아이가 부모를 잃어 믿고 의지할 바가 없는 것과 같이 됩니다. 강포한 저 청국 관리는 우리가 고하지 않는 것을 보고 더욱 멋대로 탐학합니다. 흉악한 저 비적들은 우리가 주인이 없는 것을 알고 점점 더 약탈합니다. 형세가 이렇게 될 수밖에 없으므로 생명과 재산을 지키기 어렵습니다. 지극한 원통함을 이기지 못하여 이에 감히 여럿이 일제히 청원하오니 살펴보신 후 널리 구제하는 은혜를 내려주셔서 청국 관리와 교섭하여 약장(約章)을 확정하시고 관리를 파견하고 법을 세워서 한편으로는 국권을 떨치시고 하나로 민생을 지켜주시기 바랍니다.

광무 11년 2월 29일

북간도거민 대표자 주범중, 김현묵, 김갑승

의정부참정대신 각하

2 청나라 관리와 통역배들의 침학을 막고 폐단을 제거하여 간도민인을 보호해달라는 청원서

청원서

북간도거민 최양준 등

삼가 엎드려 생각하면 우리 간도의 형편은 묘당(廟堂)이 이미 명백하게 아는 바입니다. 오늘날 우리 민인으로 이 섬에 흘러들어와 살게 된 자는 거의 10여 만 명입니다. 아, 민인이 무리지어 사는데 법이 없으면 문란해지는 것은 당연한 바입니다. 눈앞의 사정은 마치 걸려있는 박에 끈이 떨어진 것과 같아서 위로는 돌보는 관리가 없고, 아래로는 알릴 관아가 없어 살아서는 장수(將帥)가 없는 병졸이고 죽어서는 또한 머리가 없는 혼입니다.

사람은 한국의 민인이고 땅도 비록 한국의 땅이지만 지금은 청나라의 지경(地境)이라고 말합니다. 결세(結稅)와 호역(戶役)은 형편상 피하기 어렵지만, 그밖에 침학과 명분 없는 가렴주구가 많으면 1년 동안 1호에서 거두는 것이 거의 300금(金)입니다. 또 혹시 뜻밖의 재앙을 만나 한번 옥에 갇히면 집에서 가진 것을 빼앗기지 않는 것이 없으니 이 사정을 하소연할 길이 없는 백성이 어찌 살아갈지 불쌍합니다. 고국으로 돌아가고 싶지만 가진 것이 없으니 할 수 없고, 그냥 살자고 하더라도 생판 모르는 곳에서 핍박을 받으니 아득하고 푸른 하늘 아래 우리는 어떤 백성입니까.

듣건대 길림성(吉林省)에서 이미 한국 민인을 학대하지 말라는 훈령이 있었고, 간도의 정식 관리도 또한 두드러지게 드러나는 잔인한 명령이 없도록 하라고 했습니다. 그런데 침학과 횡포는 모두 청나라 관리의 하예(下隷)와 우리 민인 중 통역하는 부류들이 청비와 부동(符同)하므로 자행되었고, 이에 여러 가지 폐해가 거듭 일어나는 것입니다. 만일 우리나라 민인들을 전적으로 맡아서 관리하는 민장(民長)을 임명하여 청나라 관리와 함께 담판하여 약장을 정하고, 결세와 호역도 교섭하여 거두고, 약장을 위반하여 함부로 침범하는 것은 이조(移照)하여 금지한다면 통역배를 잡아 징계하는 것이 왜 어렵겠습니까. 청국 관리의 하예도 또한 마땅히 두려워하며 꺼릴 것입니다. 그래서 이미 중추원(中樞院)에 헌의하여 의정부에 이조했습니다.

또한 지금이 (민장을 – 역자 주) 처음 설치하기에 적당한 때인 것이, 일본 군대가 변경에 주차(駐箚)하여 청나라 사람이 꺼리는 기색(氣色)이 보입니다. 만약 가장 가까운 데 있는 명석한 관리를 특별히 민장으로 정한다면 국가는 예산이 필요 없고 민인은 착취당하는 폐해가 없을 것입니다. 그러나 (청비들이 – 역자 주) 일본 군대와 함께 안팎에서 일을 꾸민다면 형세가 어쩔 수 없어 분명히 사단이 일어날 것입니다. 이에 천 리 먼 길을 걸어와 이러한 어려움들을 첨부하여 우러러 호소합니다. 살펴보시고 민장을 특별히 정하시어 간도의 민인들이 은혜를 입게 해주시기를 바랍니다.

폐막조건(弊瘼條件)

1. 토지세는 청나라 하루갈이 밭에 한전(韓錢) 2냥(兩) 2전(戔)씩으로 원래 정하였으나 다시 액수가 부족하다고 하여 2~3냥을 더 거뒀습니다.
1. 우세(牛稅), 마세(馬稅), 시저세(豕猪稅)를 신설하고 상우(商牛)와 농우(農牛)를 구분하지 않고 1마리마다 값을 쳐서 100냥마다 5냥씩 거두니 상우(上牛) 1마리에 세금은 30~40냥이고, 중우(中牛) 1마리에도 수십 냥이고 심지어 송아지에도 6~7냥을 피할 수 없습니다. 혹시라도 세책(稅冊)에서 누락되어 있거나, 소를 교환하여 털색이 (세책의 기록과 – 역자 주) 다르면 속공(屬公)하여 빼앗고 그 밖에도 재차 징수하는 폐해가 많습니다.
1. 가옥의 신축과 수레의 개조에 대하여 목세(木稅)라 하며 정해진 수 없이 조금 넉넉하면 많이 거두고 가난하면 있는 대로 거뒀습니다.
1. 땔나무는 수레당 시가(時價)로 5~6냥인데 청국 관청에 지급하는 것은 5~6전에 불과하니 (횡령하는 것이 – 역자 주) 1년을 합하여 수만 냥에 이릅니다.
1. 두만강 주변에 병정을 파견하고 자세히 조사하기 위한 곳이라고 말하면서 매일 쓸 각종 식량, 마초(馬草), 소금, 간장, 기구를 모두 우리 민인이 책임지고 납부하라고 하면서 값은

지급하지 않았습니다. 또한 관청을 수리하고 성을 쌓는다고 하면서 각 사(社)마다 인부(人夫)를 수백 명씩 일을 시키면서 한 푼의 품삯도 없었습니다.

1. 각 사에서 혹시 고시하는 사건이 있으면 한국 돈 5냥씩 의례히 거두고, 만약 청국 병사가 고시를 가지고 오면 각 사마다 40~50냥씩 걷어갔습니다.

1. 각 항 차세(車貰)는 각 사마다 60~70냥인데 한 푼도 출급하지 않았습니다.

1. 민인이 억울한 일이 있어 혹시 청국 관서에 가서 소송하려 하면 옳고 그름을 따지지 않고, 많으면 1천 냥씩 받아낸 후에 석방했습니다.

1. 한국 민인 중 통역하는 허다한 부랑배가 각각 술과 떡, 과자, 참빗 등의 물건을 가지고 각처로 흩어져서, 원가가 1전이라면 2~3냥을 강제로 받아내며 위협하고 때리는데 심하기가 관졸보다 더합니다. 한 사람이 오늘 왔다 가면, 며칠 지나지 않아 또 한 사람이 와서 개 짖는 소리가 사립문에서 그치지 않을 만큼 자주 오니 이러하면 호소할 곳이 없는 가난한 백성은 어찌 삶을 유지할 수 있겠습니까. 오호, 애재라, 통재라.

1. 근래 종성군과 회령군 사이에 몇 명의 호사가가 있어 '간도민인[島民]'이라고 하고, 무언가 원하는 바가 있는지 내부(內部)에 소장을 내서 변계경무서를 다시 설치하고 또 고문관을 고용하여 경비 약 5만 환(圜)을 간도민인에게 거두기로 이미 공히 약정하였다고 하니, 과연 그 말이 맞다면 이는 민인을 혼란하게 할 계기이며 민인을 살상할 계획입니다.

   그 폐단은 아래와 같습니다.

2. 간도민인은 누차 경무사의 탐학을 경험하여, 마치 활에 놀란 새가 구부러진 나무만 봐도 놀라는 것처럼 변계경무서를 복설한다는 풍설을 듣고 눈을 동그랗게 뜨고 겁을 먹어 손발을 어디에 둘지 몰라 서로 떠들썩하게 울고 있으니 민인이 어찌 살 수 있겠습니까.

3. 결세와 호역을 달마다 청국 관사가 거두어 가고 변계경무서의 경비 금액은 간도민인이 거두어 들이면, 어찌 살기를 도모하겠습니까.

4. 간도는 본디 무역과 교통의 항구가 아닌데 세 나라의 관리가 서로 관할하면 어찌 민인의 폐해가 없지 않겠으며 지식이 얕은 불쌍한 민인은 나라들이 서로 다투는 중에 빠져 어찌 평안히 살겠습니까.

5. 한국과 일본 관리가 서로 관리하며 청국과 러시아는 그 이유를 알지 못하고 더욱더 의아하게 생각하여 간도민인을 정탐하며 학정이 날로 심해지니 한 지방에서 세 나라가 틈을 보면 어느새 지키기 어렵게 되는 것은 민인이니 어찌 한심하지 않겠습니까.

광무 11년 4월 일

의정부참정대신 각하

오병현(吳丙鉉), 한영순(韓永順), 김원심(金元心), 이치준(李致俊), 박원유(朴元有), 정약길(鄭若吉), 오우현(吳友鉉), 양이순(梁利順), 김원문(金元文), 김이화(金利和), 김여삼(金汝三), 최상우(崔相禹), 현인경(玄仁京), 최학송(崔學松), 현자윤(玄子允), 김경천(金庚天), 나형심(羅亨心), 이시화(李時和), 현운경(玄雲京), 이정극(李正極), 신인관(申仁官), 남규철(南奎哲), 안성주(安成周), 김여관(金汝官), 오자봉(吳子鳳), 오성삼(吳成三), 정계풍(鄭啓豊), 김정오(金貞五), 송기언(宋基彦), 이봉욱(李鳳旭), 오현오(吳賢五), 신인성(申仁成), 현도선(玄道先), 이성록(李成彔), 김종구(金鍾九), 장제현(張齊賢), 김성옥(金成玉), 김경삼(金景三), 현도윤(玄道允), 정인순(鄭仁順), 조명서(趙明瑞), 윤경순(尹京順), 한응만(韓應萬), 심성록(沈成祿), 정원홍(鄭元泓), 원성서(元成瑞), 남홍준(南弘俊), 김춘백(金春伯), 정동필(鄭東弼), 박도일(朴道一), 김정칠(金貞七), 남위언(南魏彦), 박사현(朴士賢), 김남원(崔南元), 김정업(金貞業), 오상웅(吳相雄), 남군필(南君弼), 김병호(金丙浩), 박윤섭(朴允燮), 김중천(金仲天), 장희순(張希順), 임흥윤(林興允), 박사칠(朴士七), 조유남(趙有男), 윤경시(尹敬始), 김도여(金道汝), 박문중(朴文重), 박대언(朴大彦), 김병호(金炳浩), 김상범(金相範), 석명숙(石明叔), 황중천(黃重天), 장무경(張武庚), 박시중(金時仲), 박호열(朴浩烈), 김춘백(金春伯), 양구여(梁九汝), 김관삼(李官三), 오영운(吳永云), 김성국(金成國), 정순화(鄭順和), 최남학(崔君學), 허자문(許子文), 임영수(林永壽), 오군삼(吳君三), 박대윤(朴大允), 이성길(李成吉), 전봉삼(全奉三), 김도일(金道一), 유문삼(劉文三), 김의범(金義凡), 태흥국(太興國), 임인식(林仁植), 이윤중(李允仲), 이규철(李圭哲), 손완일(孫完日), 오필준(吳必俊), 정중삼(鄭重三), 임군언(林君彦), 박원실(朴元實), 오상희(吳相熙), 김여산(金汝山), 오필운(吳必云), 이윤삼(李允三), 최자화(崔子和), 김명헌(金明憲), 김기문(金基文), 이원적(李元赤), 이화여(李和汝), 김병열(金炳烈), 최병언(崔炳彦), 임형규(林亨奎), 김종간(金宗干), 이학균(李學均), 이화백(李和伯), 정학현(鄭學鉉), 김순문(金順文), 김명욱(金明郁), 김학주(金學周), 조정하(趙貞河)

3 간도 지역의 여러 폐단을 제거하기 위하여 민장을 지정해달라는 헌의서

헌의서

북간도민 최양준 등

관북의 백두산(白頭山)을 살펴보면, 곧 대한 영토의 종주산입니다. 울창하게 동쪽으로 떨어져 한 줄기가 분수령(分水嶺)에서 쭉 가서 선충령(先春嶺)이 되니, 태성(兌城)과 혼성(琿城)의 줄기도 또한 곁으로 떨어져 지손(支孫)이 됩니다. 대개 고개는 선춘(先春)이 크고, 강은 송화(松花)가 크니 하늘이 두 나라의 지경을 한정 지은 것입니다. 옛날 고려 왕조의 문숙공(文肅公) 윤관(尹瓘)과 문양공(文襄公) 오연총(吳延寵)이 말갈(靺鞨)을 고개 밖으로 쫓아내고 토지를 변경의 북쪽으로 개척하고 선봉령에 경계를 정하여 비석을 세우고 또한 명나라 조정과도 이 경계를 접경의 증거로 삼았음이 자명합니다.

우리 세종 때[25]인 청나라 강희(康熙) 51년 5월 15일에 총관(總管) 목극등현(穆克登峴)과 통관(通官) 소이창(蘇爾昌)이 변경 지역을 조사하라는 명령을 받았습니다. 명령은 명나라 때의 경계로써 경계를 삼으라는 취지였으므로 행차는 분수령까지 하였습니다. 그런데 우리나라 본사(本使)는 겨우 경성(鏡城)에 도착하여 군관 김경문(金慶門)과 허량(許良)을 차송(借送)했습니다. 이들이 청나라 관리와 함께 백두산에 가서 분수령에서 감계(勘界)하고 글자를 새겨 기록했습니다. 이 한 조각 정계석이 긴 세월 동안 소멸하지 않으므로 말이 통하는 자라면 옳다고 여길 것입니다.

비문에서 말하기를, 서쪽은 압록(鴨綠)이고 동쪽은 토문(土門)이니 일명 송화강입니다. 아직까지 목책(木柵)과 토둔(土屯)이 수십 리를 이어 남아있습니다. 청나라도 명나라의 경계를 준수하고 우리 조정도 또한 고려조의 경계를 준수하여 실수가 없었습니다. 그런데 저 목극등현은 우리 조정의 온건한 뜻을 알고 귀국해서 복명(復命)하여 곧 동년(同年) 8월 혼춘(琿春)에 성을 설치하고 이후 5년 뒤 봄에 또 태성(泰城)을 설치하였으니 지금 소위 간도(墾島)가 이것입니다.

25 강희 51년은 1712년으로 숙종 대이다. 따라서 원문의 '世宗'은 오기이다.

아, 우리들은 혹 흉년을 만나거나 혹은 탐학한 관리의 악랄한 수단에 걸려 가산을 탕진하고 살아나갈 방도를 도모하여 노인과 어린아이를 데리고 고향을 떠나 간도로 들어왔습니다. 언어는 통하지 않아 마치 벙어리가 상대하는 것 같아서 통역배가 청비들과 짜고 민인의 재산을 늑탈(勒奪)하기를 마치 손바닥 뒤집듯 쉽게 하고 머리털을 깎아 군인으로 충당하고자 한 것이 비일비재합니다. 이미 그 땅을 잃었는데 또한 그 민인을 잃는다면 어찌겠습니까.

아, 민인이 군집하여 사는 데 법이 없으면 문란해지고 순서가 없으면 망하는 것은 필연적 추세입니다. 학대와 세금 늑탈은 날로 심해져서 우리 대황제폐하의 적자가 아니요, 오직 청나라 사람의 도마에 오른 고기 같은 처지니 몇십만 생령이 안도할 방법이 없습니다. 이에 뜻있는 동포와 함께 그 위협을 벗어나고 간도민인들을 구제할 방책을 살핀 즉 6개 군 중에서 간도에 가장 가까운 지역의 명석한 관리를 민장(民長)으로 특정하고 청국 관리와 함께 서로 교섭하며 결세와 호역을 민장이 거두어 청관(清關)에 내게 하면 근거 없는 세금을 함부로 거두는 것은 금지하지 않아도 저절로 멈출 것입니다. 그리고 폐단에 대한 소송은 민장에게 귀결될 것이니 이는 소위 우리가 우리 민인을 보호하는 것이요, 이익으로 말하자면 국가는 예산 비용을 쓸 것이 없고 민인은 돈을 갈취당하는 폐해가 없으나 국가는 민인을 방기하지 않고 민인은 스스로 민인을 위하는 것입니다. 방편에 대해서 말한다면 민인이 자유를 얻음으로 억울한 것이 있으면 반드시 풀고 먼 지역에서 능욕당할 일을 피하는 것으로 모두 귀결될 것입니다.

나라를 잘 다스리고 민인을 구제하는 것은 세계 공법의 으뜸 되는 요령입니다. 어찌 이를 버리고 돌아보지 않으십니까. 간도의 동포 중에 혹 나라를 걱정하고 비분강개한 지사가 있으면 그 인재에게 사회에서 중임을 맡기면 그 외세를 배제하는 능력을 격려하고 자립의 정신을 잃지 않도록 하여 우리 민권을 회복하며 날마다 문명의 영역으로 나아갈 것입니다.

인재 교육은 국가의 기본이거늘 간도 지방은 비록 작으나 가호는 거의 10만입니다. 청국 관리가 무명의 세금으로 늑탈한 것을 교비(校費)에 붙인다면 학도가 흥왕하여 인재를 발달시키기 용이할 것입니다. 본래 곡식이 풍부한 곳이라 전재(錢財)는 넉넉하지 않지만 주인 없는 불쌍한 민인은 뜻밖의 재앙에 곤궁하여 가르칠 마음은 잊어버리고 별로 생각하지 않으니 어찌 애석하지 않겠습니까. 한 지역의 민인이 다행히 은혜를 입어 저 뜻밖의 재앙의 고통에서 벗어나 열심히 교육하면 반드시 진보하는 날이 있을 것이니 어찌 도탄에서 구제하고 강토를 회복하지 않을 수 있겠습니까.

분개한 뜻이 대개 이와 같으니 모든 이들이 함께 논의하고 폐단의 여러 조건을 대략 적어 드리니 살펴보신 후 묘당에 함께 보여주시어 민장을 특별히 정하시어 주인 없는 민인들을 안도하게 해주시기를 바랍니다.

폐막조건(弊瘼條件)

1. 토지세는 청나라 하루갈이 밭에 한전(韓錢) 2냥 2전씩으로 원래 정하였으나 다시 액수가 부족하다고 하여 2~3냥을 더 거뒀습니다.
1. 우세(牛稅), 마세(馬稅), 시저세(豕猪稅)를 신설하고 상우(商牛)와 농우(農牛)를 구분하지 않고 1마리마다 값을 쳐서 100냥마다 5냥씩 거두니 상우(上牛) 1마리에 세금은 30~40냥이고, 중우(中牛) 1마리에도 수십 냥이고 심지어 송아지에도 6~7냥을 피할 수 없습니다. 혹시라도 세책에서 누락되어 있거나, 소를 교환하여 털색이 (세책의 기록과 – 역자 주) 다르면 속공(屬公)하여 빼앗고 그 밖에도 재차 징수하는 폐해가 많습니다.
1. 가옥의 신축과 수레의 개조에 대하여 목세(木稅)라 하며 정해진 수 없이 조금 넉넉하면 많이 거두고 가난하면 있는 대로 거뒀습니다.
1. 땔나무는 수레당 시가로 5~6냥인데 청국 관청에 지급하는 것은 5~6전에 불과하니 (횡령하는 것이 – 역자 주) 1년을 합하여 수만 냥에 이릅니다.
1. 두만강 주변에 병정을 파견하고 자세히 조사하기 위한 곳이라고 말하면서 매일 쓸 각종 식량, 마초(馬草), 소금, 간장, 기구를 모두 우리 민인이 책임지고 납부하라고 하면서 값은 지급하지 않았습니다. 또한 관청을 수리하고 성을 쌓는다고 하면서 각 사마다 인부를 수백 명씩 일을 시키면서 한 푼의 품삯도 없었습니다.
1. 각 사에서 혹시 고시하는 사건이 있으면 한국 돈 5냥씩 의례히 거두고, 만약 청국 병사가 고시를 가지고 오면 각 사마다 40~50냥씩 걷어갔습니다.
1. 각 항 차세(車貰)는 각 사마다 60~70냥인데 한 푼도 출급하지 않았습니다.
1. 민인이 억울한 일이 있어 혹시 청국 관서에 가서 소송하려 하면 옳고 그름을 따지지 않고, 많으면 1천 냥씩 받아낸 후에 석방했습니다.
1. 한국 민인 중 통역하는 허다한 부랑배가 각각 술과 떡, 과자, 참빗 등의 물건을 가지고 각처로 흩어져서, 원가가 1전이라면 2~3냥을 강제로 받아내며 위협하고 때리는데 심하기가 관졸보다 더합니다. 한 사람이 오늘 왔다 가면, 며칠 지나지 않아 또 한 사람이 와서 개 짖는 소리가 사립문에서 그치지 않을 만큼 자주 오니 이러하면 호소할 곳이 없는 가난한 백

성은 어찌 삶을 유지할 수 있겠습니까. 오호, 애재라, 통재라.

1. 근래 종성군과 회령군 사이에 몇 명의 호사가가 있어 '간도민인[島民]'이라고 하고, 무언가 원하는 바가 있는지 내부(內部)에 소장을 내서 변계경무서를 다시 설치하고 또 고문관을 고용하여 경비 약 5만 환을 간도민인에게 거두기로 이미 공히 약정하였다고 하니, 과연 그 말이 맞다면 이는 민인을 혼란하게 할 계기이며 민인을 살상할 계획입니다.
   그 폐단은 아래와 같습니다.
2. 간도민인은 누차 경무사의 탐학을 경험하여, 마치 활에 놀란 새가 구부러진 나무만 봐도 놀라는 것처럼 변계경무서를 복설한다는 풍설을 듣고 눈을 동그랗게 뜨고 겁을 먹어 손발을 어디에 둘지 몰라 서로 떠들썩하게 울고 있으니 민인이 어찌 살 수 있겠습니까.
3. 결세와 호역을 달마다 청국 관사가 거두어 가고 변계경무서의 경비 금액은 '간도민인'이 거두어 들이면, 어찌 살기를 도모하겠습니까.
4. 간도는 본디 무역과 교통의 항구가 아닌데 세 나라의 관리가 서로 관할하면 어찌 민인의 폐해가 없지 않겠으며 지식이 얕은 불쌍한 민인은 나라들이 서로 다투는 중에 빠져 어찌 평안히 살겠습니까.
5. 한국과 일본 관리가 서로 관리하며 청국과 러시아는 그 이유를 알지 못하고 더욱더 의아하게 생각하여 간도민인을 정탐하며 학정이 날로 심해지니 한 지방에서 세 나라가 틈을 보면 어느새 지키기 어렵게 되는 것은 민인이니 어찌 한심하지 않겠습니까.

광무 11년 4월 일

중추원의장 각하

오병현, 한영순, 김원심, 이치준, 박원유, 정약길, 오우현, 양이순, 김원문, 김이화, 김여삼, 최상우, 현인경, 최학송, 현자윤, 김경천, 나형심, 이시화, 현운경, 이정극, 신인관, 남규철, 안성주, 김여관, 오자봉, 오성삼, 정계풍, 김정오, 송기언, 이봉욱, 오현오, 신인성, 현도선, 이성록, 김종구, 장제현, 김성옥, 김경삼, 현도윤, 정인순, 조명서, 윤경순, 한응만, 심성록, 정원홍, 원성, 남홍준, 김춘백, 정동필, 박도일, 김정칠, 남위언, 박사현, 김남원, 김정업, 오상농, 남군필, 김병호, 박윤섭, 김중천, 장희순, 임홍윤, 박사칠, 조유남, 윤경시, 김도여, 박문중, 박대언, 김병호, 김상범, 석명숙, 황중천, 장무경, 박시중, 박호열, 김춘백, 양구여, 김관삼, 오영운, 김성국, 정순화, 최남학, 허자문, 임영수, 오군삼, 박대윤, 이성길, 전봉삼, 김도일, 유문삼, 김의범,

태홍국, 임인식, 이윤중, 이규철, 손완일, 오필준, 정중삼, 임군언, 박원실, 오상희, 김여산, 오필운, 이윤삼, 최자화, 김명헌, 김기문, 이원적, 이화여, 김병열, 최병언, 임형규, 김종간, 이학균, 이화백, 정학현, 김순문, 김명욱, 김학주, 조정하

4 초산군 전 군수 조응현을 다시 관리로 임명해달라는 청원서

서변계유우민 나성삼 등 청원서

저희들은 본디 서쪽 변방의 불쌍한 백성으로 탐학한 관리의 학정과 혹형으로 골수까지 고통을 느껴 노인과 어린아이를 데리고 장강(長江)을 건너 외인에게 표(瓢)를 바치고 산과 들에 집을 짓고 갖가지 가난과 고초 속에서 간신히 한 가닥 목숨을 유지한지 지금 10여 년이 되었습니다. 도성(都城)으로 머리를 돌리면 슬픈 눈물이 마구 흐르고, 옛날을 돌이켜 생각하면 창자가 끊어지는 듯한 슬픔에 잠깁니다.

이처럼 모인 사람들이 거의 만여 명에 이르는데, 처음부터 관리의 다스림이 없어 무뢰하고 문란한 무리들이 가장 중요한 지역에서 혹은 관리(管理)라고 칭하고 혹은 민장(民長)이라 칭하면서 여러 가지로 침탈하는 것이 과거보다 더 심합니다. 한 가지 살아갈 길을 사람들에게 귀 기울여 들었더니 초산군(楚山郡) 전관(前官) 조응현(趙應顯) 씨가 너그럽고 정직하고 민인을 자식처럼 보아서 덕행으로 교화하므로 함경도 지역에서 칭송하므로 기쁜 마음을 이길 수 없어서 수천 인구가 입적하여 돌아갔고 관민이 서로 믿으므로 장차 하늘의 해가 밝음을 볼 수 있을 것이라 하였습니다.

그런데 얼마 전 조응현이 체직하고 돌아가자 그동안 종적을 감췄던 무리들이 기회를 타서 독한 성미를 함부로 부림이 한층 더 심해져서 고할 데가 없는 민인들이 실로 지탱하여 보존하기 어려웠습니다. 그래서 지난 5월쯤에 천 리 먼 길을 맨발로 가서 내부(內部)와 내각(內閣)에 상소하였으나 3개월이 지나도록 아직까지 어떠한 처분이 없을 뿐 아니라 뎨김[題音]도 받지 못했습니다. 수천 리 떨어진 여행지에서의 행색이 답답하고 그밖에 여러 달 동안 식비도 나올 곳이 없고 수만 명의 목숨이 죽을 지경에 있으니 과연 어찌하겠습니까. 초조함을 이길 수 없어 이에 다시 상소하니 아랫사람에 대한 염려하는 은혜를 내려주시어 죄 없는 민인으로 하여금 골짜기를 구르며 죽는 일이 없게 하시기를 바랍니다.

융희 원년 8월　일

내각총리대신 각하

5　간도에 사는 민인들이 보민회를 결성하고 규칙과 취지서를 보내니 요청한 대로 인가해달라는 청원서

청원서

맹자가 말하기를 "참새를 숲속으로 몰아넣는 것은 매이고, 물고기를 깊은 곳에 몰아넣는 것은 수달이며 상탕과 주무왕에게 모이게 한 것은 하걸과 상주이다"라고 하였으니 오늘날의 민인을 모이게 하는 것은 관리입니다. 당초에 이곳에 흘러들어와 사는 사람들은 생활에 골몰하거나 혹은 관리의 탐호 때문에 부모의 묘를 떠나 노인과 어린아이를 데리고 압록강을 울며 건넜으니 그 눈물을 압록강에 더하고 낭산(狼山)에 외롭게 거처하며 원망이 낭산보다 높이 쌓였습니다. 이처럼 의지하거나 고할 곳이 없는 민인은 진정시키고 어루만지더라도 삶을 감당하기 어렵습니다.

그런데 관리사(管理使) 서상무(徐相懋)가 행한 해악으로 본 계민(界民) 10명 중 1~2명이 목숨을 잃었습니다. 가민장(假民長) 이완구(李完求)의 침탈과 독촉에 전체 계민이 손해를 입었습니다. 진흥사장(進興社長) 김윤영(金允泳)과 같은 무리인 김정섭(金鼎涉), 김창선(金昌善)은 상업에 관계하는 사람인데 스스로 진흥사도(進興使道)라고 칭하고 행패를 부리는 것이 비교할 바가 없을 정도입니다.

어디로 갈지 알 수 없는 상황에서, 들은 바 본국에서 생각이 깨어서 민인이 안업(安業)하게 만들고자 본계 11면(面)의 민인을 본국에 환적(還籍)한 후 반드시 범의 아가리와 같이 위태로운 상태에 들어가지 않게 하겠다고 하여 모국으로 돌아가고자 장두민(狀頭民), 나성삼(羅成三), 이지청(李枝靑)이 초산군에 가서 호소하고, 김윤영은 상부(上部)에 가서 상소하니 특별히 민인의 사정을 불쌍히 여겨 김정섭, 김윤영, 김창신을 체포하여 올리라는 건으로 훈령을 내려주셨습니다. 그런데 김윤영은 낌새를 알아차리고 도망쳤고, 김정섭과 김창선은 강계경무서(江界警務署)에 잡아가두게 하였는데 평안북도에서 훈령하였다고 하면서 나성삼과 이지청을 강계군으로 잡아가겠다며 양측을 모두 잡아가려고 내려왔으나 전혀 조사하지 않고

6~7개월을 지체하여 가두어 두었습니다. 저희들이 또 다시 가서 호소하여 겨우 방면되었으나 그 사이 여비가 거의 300여 환(圜)이며 평안북도관찰사가 옳고 그름을 판별하지 않았고 초산군수(楚山郡守)가 돌보아 보호하지 못하였기에 우러러 의지하며 탄원할 수 없었습니다. 이에 본계의 천여 호 인민이 모여서 상의하기를 "본 계의 민인은 금수가 아닌데 협잡배들의 압박이 어찌 이와 같이 심할 수 있겠고, 타국에 흘러들어와 살아가기 때문에 다른 나라가 불쌍히 여겨 돌보아주지 않고, 본국에 돌아가더라도 본국의 은택을 입을 수 없으니 이렇게 머리를 땅에 대고, 죽고자 해도 한 번에 죽지 못하고 살고자 하더라도 한 몸뚱이가 생활하기 어려우니 어찌하겠습니까"라고 여러 사람이 같은 말로 상의하고 일치 찬동하여 말하기를 "민단(民團)을 이루어 외부에서 수모를 받지 말고 국법을 정성껏 지켜 내부(內部)에 바로 접하면 삶을 보호할 방법이겠다"라고 했습니다. 이에 한 단체를 만들고 이름은 '보민회(保民會)'라고 하니 좋지 않은 관리들도 이 회 때문에 어찌할 도리가 없지 않겠습니까. 본 회 규칙과 취지서를 작성하여 첨부하오니 살펴보신 후에 특별히 의뢰하고 고할 수 없는 민인들을 불쌍히 여겨 인허하여 주시고 공문도 직접 내부에 제출하게 해주시기 바랍니다.

융희 2년 1월 25일

서변계유민 나성삼 등

내각총리대신 각하

태평면(泰平面) 김지하(金枝河), 김윤태(金潤泰), 김석준(李碩俊)

유수면(楡樹面) 최경심(崔京心), 이문환(李文煥), 김의정(金義丁), 이은엽(李殷燁)

앙도면(央島面) 나성삼(羅成三), 이광하(李光河), 조윤보(趙允寶), 이승모(李承謨), 김용상(金龍祥)

구산면(邱山面) 원창준(元昌俊)

운하면(雲下面) 김댁기(金宅琦), 김정수(金丁秀), 백은수(白銀洙), 김윤홍(金允弘), 김사용(金士用)

신상면(新上面) 박순여(朴順汝), 김지열(李枝烈)

신하면(新下面) 최석화(崔碩花)

횡도면(橫島面) 김경하(金京河), 김윤혁(金潤赫), 안석근(安碩根)

운상면(雲上面) 이인혁(李仁赫), 김성찬(金成贊), 서봉현(徐鳳賢)

연하면(蓮下面) 이지청(李枝靑), 조영태(趙永泰), 황재중(黃在中)

연상면(蓮上面) 계창서(桂昌書), 김기황(金基璜)

서간도보민회취지서(西墾島保民會趣旨書)

옛날 등(滕)나라는 제(齊)나라와 초(楚)나라 사이에서 제나라를 섬기기도 어렵고 초나라를 섬기기도 어려웠는데, 오늘날의 간도민인은 한청(韓淸) 사이에서 청나라를 섬기기도 어렵고 대한국을 섬기기도 어렵습니다. 토지는 청나라 것이지만 외부의 민인이 흘러들어와 사니 청나라가 한국 민인을 보기를 마치 쌀과 벼에 있는 쭉정이같이 하니 반드시 보호할 이유가 없습니다. 민인은 한국인이니 외국에서 이접한즉 한국에서는 청나라 땅을 마치 울타리가의 물건처럼 보니 어찌 돌아보아 불쌍히 여기는 도리가 있겠습니까. 스스로 형편을 생각하면 머리 없는 뱀과 다르지 않고, 끈 떨어진 꼭두각시와 같습니다. 청나라 사람의 허름한 집을 빌리고 청나라 사람에게 세내어 개간하여 근근이 살고 있으니 몹시 곤란하여 삶이 차라리 죽음만 같지 못합니다.

게다가 관리사 서상무가 행한 해악으로 본 계민 10명 중 1~2명이 목숨을 잃었습니다. 가민장 이완구의 침탈과 진홍사장 김윤영의 토색(討索)으로 간도민인으로 재산을 탕진한 자는 10명 중 8~9명입니다.

이 땅에 있으면서 외부로부터 받는 모욕을 막아낼 방법이 없다면 간도민인은 보호가 어려우니 간도 11면의 두소민(頭小民)이 기약하고 중앙 초산군에 모여 보민회의 취지를 고하니 상의하여 모두 찬성하며 옳다고 했습니다. 이 땅의 이 회가 어찌 사람만의 마음이겠습니까. 필시 하늘의 뜻이기도 합니다. 그래서 간도민인 천여 호와 수만여 명의 목숨이 함께 한 회를 이루고 규칙을 만들어 아래에 열거합니다.

지금 간도민인은 옛날 한민입니다. 슬픕니다. 고국에서 자라난 한 핏줄이 어찌 이역 땅에 서라고 나눠지겠습니까. 봄의 두견이 북쪽에서 슬피 우니 고향을 그리는 마음을 매양 재촉하고 가을의 기러기는 남쪽으로 날아가니 둥지를 그리워함이 사무칩니다. 토지와 가옥은 청나라 국법에 의하나 민인의 의무는 한국으로 귀착하여 한국의 국법을 따르되 비도와 잡류의 침탈과 토색을 금지하며 인민의 생명과 재산을 보전할 것을 힘써 바랍니다.

보민회강령(保民會綱領)

1. 대한국 국법[國律]을 준행(遵行)할 것
2. 청나라 국법을 어기지 말 것
3. 문명국의 제도를 본받아 인민을 교육할 것
4. 비도를 금지할 것
5. 관리가 무리하게 민인을 압제하면 내부(內部)에 직접 보고하여 신원(伸寃)할 것

보민회규칙(保民會規則)

제1조 회명　본 회는 보민회로 이름을 세울 것

제2조 목적　본 회 강령에 기초하여 국법을 범하지 말고 문명을 본받아 비도를 금지하고 관리의 압제에 반항할 것

제3조 위치　본 회는 도사무소(都事務所)를 간도 중앙에 세우고 11면 각구에 지회를 설치할 것

제4조 방법　충군하고 위로는 부모에게 효도하며 가난하여 궁하면 서로 구휼하고 환난에 서로 도울 방법으로 국민을 지도할 것

제5조 임원　회장(會長) 1인 총무(總務) 1인 평의(評議) 3인 사환(使喚) 3인

제6조 임무　본 회의 임무는 아래와 같음.

1. 회장은 대강령을 총람하고 중대한 사항을 재결할 것
2. 총무는 여러 가지 사무의 주요한 부분을 모두 관리하고 전체 임원을 지휘하며 회장을 보좌하고 회장이 유고일 때는 그 사무를 대리할 것
3. 평의원은 주요 사항을 평의에서 표결하며 서기를 겸임하여 문서와 장부를 정리할 것

제7조 자격　회장은 자격이 청렴하고 성실하고 공정하고 정직한 사람으로 민원(民願)에 따라 선정하고 민원에 따라 교체하되 여러 임원의 임명과 교체 순서도 또한 같게 할 것

제8조 경비　경비는 본도 11면 1천여 호가 매호에서 매년 3냥씩 의연금을 내되 봄, 가을 두 차례 반씩 거두어 1천 냥은 탁지부에 상납하고 1천 냥은 학교 재원으로 삼고

1,033냥은 회비로 지출할 것

제9조 11면 호구는 매년 출생과 사망을 조사하여 성책을 내부에 직접 보고할 것

제10조 간도 회민 중 본국 국법을 범한 자가 있는 경우에는 경범죄는 회장이 처결하고 중범죄는 본국의 가장 가까운 읍의 경무서로 교부할 것

제11조 간도민인이 청나라 국법을 범한 자가 있는 경우에는 회장이 청나라 소관 관리와 교섭하여 법에 따라 처판하여 억울함이 없게 할 것

제12조 본국의 협잡배가 명령을 빙자하고 민간을 침학하고 토색하거든 회장이 잡아둔 후 직접 내부에 보고하여 승인을 받은 후에 처판할 것

제13조 간도민인이 본국 부군(府郡)에 상관할 일이 있어 잡혀갈 경우에는 해당 군의 관원이 회장에게 공문을 보내 조처할 것

제14조 학교를 실시하되 학부에 청원하여 승인을 받은 후 회장이 감독할 것

제15조 간도민인 매 10호를 1통(統)으로 만들어 서로 경계하여 살피고 비도가 있는 경우에는 통 내에 나타나면 염탐하여 붙잡고, 회장이 경무서에 압송할 것

제(題)

내부(內部)에 와서 알릴 것

융희 2년 2월 6일

6 어진 정치를 하고 민인을 자식처럼 대하던 초산군수 조응현이 유임할 수 있게 조처해달라는 청원

서변계유우민 청원서

삼가 아뢰옵니다. 옛사람들이 말하기를 태수(太守)는 민인의 부모라고 하였으니 위로는 부모가 자애(慈愛)하는 은혜가 있으며 아래로는 자식이 오고자 하는 마음이 있는 것입니다. 하늘이 만민을 낳았으니 누가 부모와 관장(官長)이 없을 수 있겠습니까마는 우리 민인들이 서쪽

편[26]에서 방황하는 정경은 어떻습니까. 성세(聖世)에 태어나 자라고 우물을 파서 마시고 밭을 갈아서 먹었습니다. 그런데 옛날 갑오개화 전에 탐관오리의 가혹한 정치와 토색질에 가산을 모두 잃고 선왕(先王)의 나라와 이별하고 부모의 고향을 버리고 울며 압록강과 장강을 건넜고 눈물로 연단(燕丹)의 남겨진 지경에 와서 나무를 얽어 둥지를 삼고 땅을 파고 지렁이처럼 먹으며 겨우 실낱같은 생명을 유지했습니다.

평안북도관찰사 이도재(李道宰) 씨가 마을에 와서 특히 변경의 민인이 정처 없이 떠도는 것을 마음에 두어 여러 번 소환한다는 유칙(諭飭)을 냈으나 살 곳을 찾아 여기저기 옮겨 살고 먹는 것을 가장 중요하게 여겨 감히 명령에 따르지 않고 황송한 마음으로 여러 해를 보냈습니다. 아, 소위 관리사 서상무(徐尙懋)는 조정의 명령이라고 칭하며 서쪽 변두리에 와서 유민들을 어루만지고 위무하는데 협잡배들과 친하게 지내고 불량한 당파를 사환(使喚)과 관속(官屬)으로 삼아 위협이 횡행하여 민인들을 토색하는 것이 과거 탐학하는 풍속보다 더했습니다. 물고기처럼 헐떡거리는 민인들은 모두 죽을 지경에 있었는데, 하늘이 돕고 신이 도와 관리사가 조정으로 돌아가니 서로 다시 한번 살아날 때를 기대했습니다.

관리사의 여당인 이완구(李完球)는 향약소(鄕約所)를 설치하고 민장(民長)이라 일컬으며 사나운 교졸을 배치하여 양민을 토색하고 불법을 행한 것은 다 헤아릴 수 없을 만큼 많고 말하기 어려울 정도일 뿐 아니라 이미 거둬 쌓아놓은 돈은 다 먹어버리고 호적은 백지로 내어주고 예부터 내려오던 호전(戶錢)은 모두 거둬가면서 국세(國稅)는 몰래 납부하지 않았으니, 우리 불쌍한 민인은 어느 하늘을 우러러 통곡하고 어느 땅에 몸을 구부려 울겠습니까.

비록 천지가 광대하다고 말하지만 출거(出去)하는 곳은 하나로 정할 수 없고 향해 갈 방향을 알지 못했는데 하늘이 서쪽 땅을 돌아보셔서 평안북도 초산군수 조응현(趙應顯) 씨가 어진 정치를 행하고 민인을 자식처럼 보며 많은 사람들을 관대하게 다스리며 남을 자기처럼 사랑했습니다. 두예(杜預)와 소공석(召公奭)의 노래[27]가 초산군 성에서 다시 들리므로 우리 민인들이 본국으로 환적하고 본군에서 복역하기 위하여 청원했습니다. 그러자 군수께서 쌓인 비

26 원문에 '西邊'이라고 표기되어 있다. 서간도(西間島)를 말한다.

27 원문에 '杜父召母之謠'라고 표기되어 있다. 직역하면 두예를 아버지로, 소공석을 어머니로 모신 노래라는 뜻이다. 두예는 중국 서진의 명재상이며 소공석은 중국 주나라의 정치가로, 두예와 소공석 모두 외국을 정벌하여 영토를 안정시킨 공적을 인정받은 인물이다. 즉 조응현을 이들에 비유하며 그의 유임을 요청하고 있는 것이다.

용은 자신의 녹봉 중에서 스스로 마련하고 어진 정치로 민인을 다친 사람 돌보듯 대하므로 여러 사람들이 안업하였습니다.

그러나 관찰사 신태휴(申泰休) 씨는 어떤 풍문을 듣고 어떤 광경을 보았는지 근무 성적을 평가한 것이 군수의 크게 드러나는 치적과 부합하지 않으니, 이는 제대로 알지도 못하면서 함부로 판단한 것입니다.[28] 군수가 병을 치료하며 사무를 보지 않고, 본부에 청원하여 떠날 채비를 하고 돌아가니 의뢰할 곳 없는 죄 없는 백성들은 무엇을 믿고 의지할 수 있겠습니까. 굽어 살펴주시어 영천(潁川)에 구순(寇恂)이 1년을 더 다스리고 회양(淮陽)에서 급암(汲黯)이 10년을 다스리도록 하면 북쪽의 방비는 도둑이 와도 문제가 없으니, 오늘날 조정에 급암이 가까이 있습니다. 그러므로 성군이 어진 신하를 얻고, 어진 재상이 좋은 관리를 선발하는 것은 옛날 한나라보다 명성이 높은 나라는 없습니다.

엎드려 바라건대 황제께 계달하시어 진민(鎭民)에게 (조응현을 – 역자 주) 유임시켜 주신다면 우리 임금께서 비록 북궐(北闕) 먼 곳에 어거하시나 서쪽 지역을 돌아보며 걱정하지 않으실 것입니다. 민인이 말하기를 태수는 부모와 같습니다. 고아와 갓난아이 같은 백성으로 하여금 범의 아가리와 같이 위험한 곳을 피하고 자애로운 어머니와 같은 땅으로 귀착할 수 있게 해 주시기를 울며 바랍니다.

광무 11년 2월 17일

의정부대신 각하

나성삼, 이승모, 김사용, 김형계, 이광화, 차승린, 김정서, 이찬옥, 김창화, 김창협, 옥상룡, 황재중, 김관주, 함봉률, 함순원, 독고홍, 오원학, 최승문, 옥상호, 김익보, 김계룡, 김용화, 이의준, 조화득, 조석관, 박문성, 김윤룡, 함익원, 박영팔, 전윤홍, 김연정, 김취선, 김용준

28 원문에 '便同孝子之霹靂이오. 無異瞽矇之丹靑이라'라고 표기되어 있다. 직역하면 효자에 벼락이요, 맹인에 단청과 같다는 뜻이다. 효자가 벼락을 맞는다는 것은 『오륜행실도』에 나오는 고사를 말하는 것으로, 오이(吳二)라는 자가 신령에게 벼락이 맞아 죽을 거라는 예언을 받았으나 결국 아무 일도 일어나지 않았다는 내용이다. 맹인에 단청과 같다는 것은 맹인이 단청에 대해 아는 체하듯이 잘 알지도 못하는 일에 대해 함부로 비평하는 것을 의미한다. 즉 평안북도관찰사 신태휴가 조응현의 인사 고과를 낮게 평가한 것에 대한 불만을 표현하는 것이다.

7 한국 정부가 북간도에 대한국 관청과 법규를 설립해주기를 바라며 관련한 자료를 제출한다는 청원서[29]

청원서

삼가 아뢰옵니다. 북간도(北間島)에 관청과 법규를 설립하여 저들의 포학한 행동을 제어하고 우리 거민을 보호할 뜻으로 전에 청원하였으나 아직 지령을 받지 못하여 밤낮으로 기다리고 있는 가운데 저들이 포학한 행동을 하는 기관은 경영이 점차 커지므로 우리가 해를 입을 조짐이 일어나고 있습니다. 근래 청나라 관아에서 별도로 순포(巡捕)를 세우고 또한 군액(軍額)을 더한다고 말하는데 이미 관병이 있어 큰 우환이 될 것입니다. 하물며 이와 같이 별도로 군액을 더한다고 하니 장차 어떻게 감내하며 살 수 있겠습니까. 이는 바로 우리 관리가 관리하지 않는 틈을 타서 그 위협을 더 견고하게 하려는 계획이니 이러한 때에 사는 민인들은 마치 위급한 상황에서 구출받지 못하는 것과 같습니다. 반드시 굶어 죽어 시체가 구렁을 메우는 데에 이를 것이며 모두 어육이 될 것입니다. 그래서 분수에 맞지 않는 행동이지만 다시 옛 영토에 대해 원래 정한 영역의 고증과 간도의 현재 범위, 공법의 증거, 관청 설립 위치의 편의 등에 대한 의견을 다음에 열거하겠으며 이에 황송함을 무릅쓰고 감히 아뢰오며 삼가 바랍니다.

광무 11년 4월 일

변계거민 등 김현묵, 주병수, 주범중, 김선목, 김갑명, 주익중

의정부참정대신 각하

좌개(左開)

1. 옛 영토의 원래 정한 한계 고증

숙종 임진년(1712)에 차관(差官)을 파견하여 청나라의 오라총관(烏喇總官) 목극등(穆克登)과

29 이 자료는 「(10) 間島問題ニ關スル件」, 1997, 『駐韓日本公使館記錄』 20권을 참조하여 번역하였다. 국사편찬위원회 한국사데이터베이스(db.history.go.kr/id/jh_020_0110_0100)에서 확인할 수 있다.

함께 백두산 등줄기의 분수령 위에 정계비(定界碑)를 세우고 이름하여 말하기를 동쪽으로 토문(土門)이라 하고 서쪽으로 압록(鴨綠)이라 하였으며 비석 서쪽에 큰 골짜기가 있으니 서쪽에 백산(白山)을 끼고 동쪽에 분수령을 끼고 있어 바로 압록강의 발원지이고, 비석 동쪽에 습포(濕浦)가 있으니 비석이 있는 자리에서 좌측을 따라 30여 걸음쯤을 내려가면 항상 돌무지[石堆]가 쌓여 있어 70여 리 정도 이어져있고, 돌무지가 끝나는 길에는 물이 나오니 바로 삼포(杉浦)입니다. 여기에서 북쪽으로 증산(甑山) 서쪽 부근으로 능구(陵口)와 황구(黃口)에 미쳐 대사허(大沙墟), 소사허(小沙墟), 구등허(九等墟) 등지를 거쳐 500~600리를 이동하면 송화강(松花江)에 합류하여 동쪽으로 흑룡강(黑龍江)으로 이르고 바다로 들어간다고 하니 토문강의 상류에서부터 하류의 바다로 들어가는 동쪽에 이르기까지 당연히 경계의 안쪽 땅입니다. 그러고 넓이와 길이를 헤아리면 분수령에서 바다까지의 거리는 길이가 거의 1,500~1,600리이고, 경흥(慶興)에서 흑룡강변의 넓이는 거의 1,200~1,300리입니다. 이 가운데에 흥개호(興凱湖), 도병하(都兵河: 도비허·아타치나야), 월이한소성(月移澣蘇城), 포염(浦鹽: 블라디보스토크) 등지 1천여 리를 청국에서 멋대로 러시아에 넘겨주어 경계 안쪽 땅을 부지불식간에 잃게 되는 것이 매우 개탄할 일입니다.

1. 간도의 현재 범위

하반령(下畔嶺: 합이파령)에서 발원한 물줄기 있으니 혹은 박이합통하(博爾哈通河: 부르하투강)이라고 부르거나 분계강(分界江)이라고도 하는데 작은 지명으로 토문자(土門子)의 물과 합하여 200여 리를 흘러가 협심자(夾心子)에 이르러 온성(穩城) 두만강(豆滿江)으로 들어가니 이 물줄기의 남쪽에서 무산(茂山)에서 온성 연안 두만강 북쪽에 이르기에 이르는 사이의 땅을 간도라고 칭하고 그 땅의 면적은 450방리(坊里)이고 민호는 400만여 호이고 인구는 30만여 명 가량입니다.

1. 공법의 증거

공법회통(公法會通) 제296장에 게재되어 있는바 두 나라가 인접하면 응당 회동하여 조사하여 강계를 정하여 명백히 도면을 그리고 설명을 붙여서 훗날 의심스러운 일의 실마리를 막는다는 말이 있으므로 청나라 총관과 본국의 차관이 함께 백두산에 가서 경계를 소사하고 비석을 세웠으니 동쪽으로 토문, 서쪽으로 압록을 이미 강계로 정하였으니 어찌 의심스러운 단서가 있겠습니까.

같은 책 제297장에 게재되어 있는바 두 나라가 만약 산꼭대기를 경계로 삼고 조관(條欵)에서 산록(山麓)과 산꼭대기를 가리키지 않으면 반드시 산꼭대기를 경계로 삼는다고 하였습니다. 주석에서 말하기를 물이 산꼭대기에서 내려가고 사람들이 산에서 살면 또한 마땅히 물을 따라 내려갈 것이므로 산꼭대기를 경계로 삼는다고 하였습니다. 그러므로 분수령 꼭대기에 비석을 세워 경계로 삼고 토문강도 또한 분수령의 꼭대기에서 은은하게 발원하여 내려가 사람들이 점거한 곳으로 반드시 이 흐름에 따르니 천연의 경계가 된 것입니다.

같은 책 제283장에 게재되어 있는바 두 나라가 그 지역의 황무지를 점거하고 부락을 이루었으나 강계가 정해지지 않은 경우 만약 하천과 산꼭대기를 경계로 하지 않으면 응당 중간에 획정해야 한다고 합니다. 간도의 황무지는 우리나라 사람들의 힘만으로 개간하였고 거주한 부락도 저 청나라 민인의 6~7배를 넘습니다. 비록 강계를 이미 정하였다고 하고 또 토문강 분수령의 경계에 있으나 중간에 획정한다는 것으로 논하면 남쪽으로 회령 연안 두만강부터 북쪽으로 돈화현(敦化縣) 부근 토문강변은 직경 500~600리이니 이로 획정하면 하반령 이남은 획정하여 취할 수 있을 것입니다.

1. 관청 설립 위치의 편의

강계의 측정과 인민 관리 사항을 청나라와 공개로 담판하여 명확히 타정하고 조약을 확립한 후에 간도 가운데 중요한 곳인 국자가(局子街), 동성용(東盛湧), 상서전(上瑞田) 등 세 곳 중 한 곳을 정하여 감독총부(監督總部)를 두고 전체를 관할 지휘하게 하고 해당 각 방(坊)을 7개 구(區)로 나누어 관원을 배치하여 해당 지방 사무를 담당하게 하십시오. 또한 비도를 진압하고 경계를 방어하는 무위(武威)와 경무(警務)가 가장 긴급한 안건이오나 무위를 먼저 시행하면 소요할 우려가 없지 않으므로 경찰 사무를 우선 먼저 확장하여 도둑이 감히 노략질하지 않게 하고 민인이 모두 교화를 입도록 한 후 한편으로는 학교를 널리 설치하여 인재를 교육하고 그 후에 무력을 높이면 영구한 공고함을 도모할 수 있을 것입니다.

1. 부(附) 구분 양획(量劃)

간도의 구역은 연장한 폭에 세 강의 명칭이 있으니 첫 번째인 연강(沿江)은 두망강 좌측 연안이고, 두 번째인 남강은 위로는 두도구(頭道溝)부터 아래로는 장암(獐巖)에 이르고, 세 번째 북강(北江)은 위로 동불사(銅佛寺)의 구소허(九巢墟)에서 아래로 양구허(楊口墟)에 이른다고 합니다.

위의 3개 강 폭 중 연강구(沿江區)를 나누어 2개 성(域)을 정하고, 남강구(南江區)를 나누어 3개 성을 정하고, 북강구를 나누어 2개 성을 정하면 합하여 7개 소가 됩니다.

뎨김[題音]

민심을 말하고 생각하는 것이 매우 답답하고 곤궁하나 감계(勘界)와 설관(設官)은 매우 긴중하므로 힘써 법을 제정하여 조처할 계획이며 그 귀결은 쉽지 않을 것이니 돌아가 처분을 기다릴 것

광무 11년 5월 30일

8 북간도 지역에 대해 청나라와 교섭하여 경계를 정하고 민족을 보호해달라는 청원서

청원서

삼가 아뢰옵니다. 내각이 새로 구성되어 정치를 개량하신다고 하니 나라의 운명이 새로워지는 날입니다. 이러한 때를 당하여 우선 급한 정책이 있으므로 외람되나 우러러 바라니 살펴 주십시오.

북간도의 우리 한국 강토의 명백한 실적(實蹟)은 여러 번 아뢰었던 바 몇천 리 강역이 본래 우리 강토이고 수십만 민인도 또한 우리 민인이거늘 포기하고 캐묻지 않음을 마치 평범한 물건처럼 여깁니다. 구미 열강은 대양(大洋) 10여만 리를 건너와 다른 대륙의 강토도 점거하는데 하물며 문빙(文憑)이 확실한 당당한 우리 영토와 민인을 다른 나라 영유로 두고 있으니 이는 고금의 역사에 없는 정치적 책략이라고 말할 것입니다.

청나라와 교섭하여 경계를 조사해 정하고 우리 관헌을 두어 민족을 보호하는 것이 모두 조정의 처분이었는데, 세월이 지나도록 한 번 요청하고 두 번 요청하였으나 조처와 방략이 적막하여 아무 소식이 없으니 정무의 쇄신에 겨를이 없어 그러신 것인지 민인들의 신분이 낮아 말의 무게가 없어 그런 것인지요. 객지에서 오랫동안 머물러 우울함이 더욱 심하여지니 이에 또한 엎드려 아뢰오니 회의 안건으로 제출하여 국제관계상 영토 소유권을 완전하게 하시고 간도민인의 고하거나 의뢰할 곳이 없는 정황도 불쌍히 여겨주시기를 바랍니다.

광무 11년 6월 일

북간도민 주범중, 김현묵, 주병겸, 손범철, 윤학로, 김갑명, 한용해, 손민광, 이승연

변계민 신태화, 주병수, 김용진, 주희석, 김영하, 주석구, 전성희, 최상익, 남명식
내각총리 각하

지령(指令)

이미 전에 뎨김을 내렸으며 이것은 국제교섭상 중요한 일대 안건이므로 하루 이틀 사이에 귀결할 수 없으니 물러나 안업하고 조처를 기다릴 것
광무 11년 7월 2일

X

『조회원본』 번역문

1 진위대 증치를 포함한 군비 확충을 제안한 헌의서

헌의서

엎드려 말씀드립니다. 저는 본래 성정이 우둔하고 거칠며 궁벽한 곳에서 자랐습니다. 널리 살펴보지도 못했고 식견이 넓은 것도 아닙니다. 어찌 감히 지금의 정치를 망령되이 논하겠습니까. 그러나 귀 원(院)에는 유생들이 헌의하는 규례가 있습니다. 이는 국가가 언로(言路)를 넓게 연 까닭입니다. 저는 비록 지극히 우둔하고 비루하지만 또한 우리 황제의 국민입니다. 그러나 엎드려 현재의 시급한 정치를 보고도 입을 다물고 속으로 생각할 뿐이었습니다. 이는 제 몸이 있음만 알고 나라가 있음은 알지 못한 것입니다. 이에 감히 시무(時務)에 필요하고 합당한 세 가지 일을 나아가 아뢱니다. 너무나 주제넘은 일이라는 것을 알고 있습니다만 만약 채용하신다면 성군(聖君)께서 다스리시는 세상의 교화에 만의 하나라도 도움이 될 것입니다.

1. 군사는 나라가 반드시 갖춰야 할 것입니다. 위로는 경계를 지키며 적을 막아내고 아래로는 백성을 위해 해로움을 제거합니다. 지금 상태가 편안하다고 잊어버리고, 지형이 험하다고 해이해져서는 안 됩니다. 스스로 돌아보면서 위세를 부리거나 거리낌 없이 행동하지 않으면 스스로 지키면서 견고하고 굳세며 빼앗기지 않는 방비를 갖추게 됩니다. 그런 후에야 나라는 나라라고 할 수 있고 이웃과도 외교를 할 수 있습니다.

지금 모든 나라들이 무(武)를 숭상하고 서로 이기기 위해 다투고 있습니다. 비록 구석에 있는 작은 나라라도 군비를 확충하는데 매우 힘써서 병력이 수만 아래로 내려가는 나라가 없습니다. 그런데 하물며 우리나라는 당당합니까? 황제국으로서 영토와 인구가 중등(中等) 중 위에 있다고 할 수 있습니다. 그러나 군비의 수준은 민망하여 견습군과 상비군을 합해도 수만 명을 채우지 못하고 전함을 방어할 수 있는 방비는 전혀 없어서, 천하에 보여줄 수가 없습니다. 엎드려 지금 정부의 군사정책을 보면 확장하지 않으려는 것은 아닙니다. 그러나 진위대 한 대대를 설치하는 비용은 10여 만 원(元)에 이릅니다. 부세(賦稅)를 헤아려 보면 이 또한 과도합니다. 매번 경비의 부족을 한탄하면서 어떻게 다시 군비를 증액할 수 있겠습니까.

무릇 모든 백성은 군대가 될 수 있으며 백성 외에 따로 군대가 있는 것이 아닙니다. 평상시에는 공부하고 밭을 갈며 상인이나 공장(工匠)으로 살던 백성들이, 난리를 당하면 군주에게 충성하고 나라를 위해 죽는 군대가 될 수 있습니다. 백성을 교화하는 도리는 풍속으로 격려하는 것이 제일입니다. 무릇 우리나라는 바다의 한 구석에 있는 동방의 나라로 스스로 평화로운 중에 있었기 때문에 학문을 숭상하는 풍습이 번창했고 문화가 융성했습니다. 평화로운 300년의 시간 동안 백성들은 전쟁을 알지 못한 채 아비는 자식을 가르치고 형은 동생을 권면하여 시와 글씨, 글과 그림 외에는 다른 기예를 배우지 못했습니다. 정부에서 채용하는 사람도 또한 이러한 기준으로 선발하여 그 이뤄진 습속이 좋기는 좋습니다.
그러나 지금 세상을 보고 있으면 전혀 이러한 것들을 숭상하지 않습니다. 천하의 형세는 이전과는 크게 다릅니다. 그래서 나라를 위하고 백성을 새롭게 하는 도리도 또한 이전과는 크게 다를 것입니다. 경장(更張) 이후 장정(章程)이 모두 변했습니다. 그러나 백성들의 습속은 변하지 않았고 이전과 같이 실질적인 산업이 없이 헛되고 화려한 것만 숭상하고 있습니다. 현재의 일에 대해 말하고 행하면서도 개화(開化)는 별개의 것으로 간주합니다. 이는 이른바 나라는 나라고 백성은 백성이라고 하는 것입니다. 백성이 교화되지 않았는데 나라가 다스려지는 것은 옛날부터 지금까지 들은 적이 없습니다.
이러한 책임은 백성에게 있지 않습니다. 정부의 정책과 법령은 많이 만들어져 갖춰졌으나 실제로 시행되는 것은 적습니다. 안으로는 대신과 여러 관리들이, 밖으로는 관찰사와 군수가 모두 성실하게 직접 나서서 진정으로 실시한 후에야 풍속이 바뀔 것입니다. 공자께서 말씀하시길 백성들에게 싸움을 가르치지 않으면 이는 백성을 버리는 것이라고 말할 수 있다고 하셨습니다. 또 말씀하시길 전장에서 싸우면서 용기가 없으면 이는 불효라고 하셨습니다. 백성들을 가르침으로써 용감하게 싸우게 할 수 있으며, 또한 가르침으로써 군대를 양성할 수 있습니다. 지금 전국시대와 같은 세상에서, 우리나라의 백성처럼 싸우는 기술이 없고 싸울 용기가 없는 사람들이 없습니다. 이는 백성을 가르치는 도리도 아니며, 또한 효로써 다스리는 도리도 아닙니다. 100년 동안 군대를 길러도 이것을 사용하는 것은 한때입니다. 지금은 마땅히 군대를 사용해야 할 때라고 할 수 있습니다. 그러나 100년 동안의 준비가 없었기에 마땅히 빨리 군대를 준비하고 양성하되 하루도 늦출 수 없습니다.
지금 각 진위대를 2개의 부대로 나누어 상번(上番)과 하번(下番)으로 만듭니다. 만약 한 대대(大隊)의 원래 병력이 천 명이라면 500명이 6개월 동안 교대로 훈련하며 수비합니다. 만약 일이 발생하면 한 대대가 정해진 수대로 파수하며 방비합니다. 그리고 그 하번은 6개월간 급료가 없습니다. 따라서 집으로 돌려보내서 각기 일에 종사하게 하다가 당번하는 달이 되면 와서 조련을 받습니다. 이렇게 1년 중에 6개월은 공무를 행하며 군사기술을 배우고 나머지 개월 동안에는 집으로 돌아가서 일을 합니다. 군대로 나오면 급료가 있고 군대에서 물러나도 직업을 잃지 않으니 생업에 어떤 방해가 있겠습니까. 군대는 난리 때 사용되는 것이니 평상시에 군이 전체 병력을 갖춰서 파수를 세울 필요가 있습니까. 단지 군사기술을 잊어버리지만 않게 하면 1년 중에 6개월로도 또한 족합니다. 관청은 무기와 군수품을 항상 비축해서 군비에 우려가 없도록 합니다. 이렇게 하면 각 지방의 진위대가 이미 준비한 군수물자를 가지고, 아직 군비를 갖추지 못한 각 지방에 모두 군대를 설치하고도 재정이 남을 것입니다.

각 군에도 병사를 배치하되 진위대처럼 상비군일 필요는 없습니다. 20호(戶)에 1명의 병사를 모집하는 것으로 약정하면, 그 군에 5천 호가 있다면 병사는 250명이 될 것입니다. 18세에서 35세까지의 백성을 모집하고 월별로 훈련하는 법을 실행해서 4월, 5월, 6월, 9월에는 이틀 동안 군사기술을 배우도록 합니다. 나머지 8개월 동안은 5일 동안 군사기술을 훈련하되 엄격히 교습하고 3년을 기한으로 정합니다. 퇴역한 후 나이가 50세가 되면 아뢰고 군역에서 면제시킵니다. 그러므로 백성들로 하여금 모두 훈련을 받게 하고 군사기술을 배우지 않은 사람이 없게 합니다.

군병(郡兵)은 월급이 없으며 단지 군사기술을 배울 때에 식비로서 매년 전토 1결(結)만 지급하고 그 집으로 돌려보냅니다. 군에는 위관(尉官) 1명을 두고 사민(士民) 중에서 재주가 많고 힘이 센 자를 선발해서 학도(學徒)로 만들어 군사기술을 익히고 군사서적을 가르치며 계산법을 배우고 검술과 승마술을 훈련하게 하되 또한 3년을 기한으로 정합니다. 그리고 각 군의 크고 작음에 따라 헤아려 학도를 두고 그 의식(衣食)을 제공하고 3년 동안 항상 훈련하여 모든 병사들을 가르치고 이끌도록 합니다.

또 상병(商兵)을 설치하되 동일하게 월별로 훈련하는 것을 법으로 정합니다. 무릇 장사란 이익을 내는 것입니다. 지금은 상인들의 이익이 적어서 팔 물건이 많지 않습니다. 그래서 많은 상인들이 집이 없고 곡식 한 톨을 뿌리지 못하며 시장의 상점에 몸을 맡긴 채 봇짐을 지거나 마차를 모는 것으로 먹고 살고 있습니다. 이는 궁핍한 백성들이 그 살 곳을 얻지 못한 것입니다. 최근에는 강제로 조세를 징수한 것이 자꾸 반복되어 더욱 살기가 어렵습니다. 그래서 비로 몸을 씻고 바람으로 머리를 빗으며 추위와 더위를 견디면서 몸과 발이 날래니, 병사로 모집한다면 곧 총병(銃兵)이 적합합니다. 그러나 자질만 있고 연습하지 않으면 명색이 병사라고 해도 장차 어찌 사용하겠습니까. 그들이 상업의 도리를 알지 못한 채 그저 상인 명단에 이름만 올려놓고 가벼운 모자를 쓰고 막대기 하나를 지팡이로 짚었을 뿐이니 어찌 모두 다 실제 상인이겠습니까. 엎드려 바라건대 지금부터 경향(京鄕)에 통지하여 성장(成帳) 안에 원안(原案)을 만들고, 보부상의 구별을 없애 하나의 문서로 통합하고, 실제 일이 없는 사람의 이름은 기록하지 않습니다. 대장(大帳)과 소장(小帳)을 설치하되 한 도에는 하나의 대장을 둡니다. 한 도에 3~4개 혹은 5개의 시장이 있기 때문에 상인들이 시장을 따라 다니면서 상점을 여는 곳에 하나의 소장을 둡니다. 대장을 지휘하는 관원은 사관(士官) 졸업생을 임명합니다. 소장을 지휘하는 직임은 군사기술에 통달하고 청렴하며 공정한 자를 임명합니다. 소장은 매월 사흘 동안 군사기술을 익히고 대장은 봄과 가을에 큰 대회를 열어 훈련합니다. 그때 병사들에게 음식을 제공하고 상을 주는 비용은 모두 상세전(商稅錢)으로 지출합니다. 그리고 각 시장에서는 매달 5일에 상점들을 상중하로 나누어 세금을 거두되 그 외에는 어떤 세금도 더 거두지 않도록 하고 관리들의 잡세는 모두 금지합니다. 대장과 소장을 담당한 자의 월급도 상세전에서 계산해서 정합니다.

군병과 상병이 월별로 훈련하는 법은, 친위대나 진위대가 정밀하게 총을 쏘며 훈련하는 것에는 미치지 못하더라도, 복장을 단속하고 병기를 다루는 법과 나아가고 물러나는 것, 앉고 일어서는 것을 배웁니다. 그러면 군사기술을 전혀 알지 못하는 백성들과 싸웠을 때 백번 싸워 백번 이기는 것에 그치지 않을 것입니다.

경향과 내외에 통지하여 일품(一品)부터 사서인(士庶人)까지 병사를 양성할 수 있을만큼 충분한 재산을 가진 사람은 가병(家兵)을 양성하는 것을 허가합니다. 병력은 20명에서 60명까지 다섯 등급으로 정하여 그 역량에 따라 헤아려서 가병을 두되, 본군(本郡)과 본부(本府)에 보고해서 군부의 허가를 받은 후에 설립합니다. 가병을 가르치고 훈련하는 법은 일정하게 정할 필요는 없고 엄격하고 근면하게 익히도록 하고 군수품과 무기는 모두 스스로 마련합니다. 한편으로는 공적인 요청에 응해 적과 맞서 싸우고, 한편으로는 도적을 방비하며 자신을 지킵니다. 그리고 조정은 포상하는 법을 더하여 관계(官階)가 있으면 품계를 올리고 관계가 없으면 그 군사기술을 시험하여 관작을 줍니다. 이로써 자신의 힘으로 나라를 지킨 것을 표창합니다.

또 사립 군사학교를 설립하는 것을 허가합니다. 나라를 사랑하고 자신을 사랑하는 마음이 있는 사람은 합하여 하나의 부대를 이룹니다. 부대에는 지휘관이 있어 마찬가지로 본군과 본부에 보고하고 군부의 허가를 받으면 그 후에 설립합니다. 그리고 10명에서 50명까지 부대를 이뤄 훈련하고 연습하며 군수품과 무기는 마찬가지로 스스로 마련합니다. 조정도 동일하게 장려하고 시상합니다. 가병 및 사립 군사학교 학생은 매년 한 번씩 본군과 군부에 가서 군사기술을 시험하여 시상하여 권장하거나 벌을 주어 징계합니다. 가병과 사립 군사학교는 모두 임시로 설치합니다.

지난 임진년에 선정신(先正臣) 문간공(文簡公) 성혼(成渾)은 비변사를 통해 조정에 아뢰어, 가병을 설립하는 것을 허락하여 원수(元帥)나 병사(兵使) 및 수사(水使)가 출전할 때 그 심복이 직접 지휘하는 병사로 삼되, 난리가 평정된 후에는 금지하자고 했습니다. 그러나 그 일이 실제로 실행된 것은 들어본 적이 없습니다. 고려조(高麗朝) 무관(武官)들의 반란을 생각해보면 그러한 군대들이 화근이었습니다. 스스로 나쁜 짓을 하는 것을 금지하고[30] 군대를 출병하되 군율에 따라서 하고 군율을 잃지 않으면 비록 100만 명의 큰 무리라고 하더라도 손을 뒤집는 것처럼 쉽게 통제할 수 있습니다.

지금 가병과 사립 군사학교를 단속하는 것은 또한 얼마나 통제를 잘하고 군율을 정하는가에 달려있습니다. 그리고 지금 국가가 고립되고 쇠약하여 능욕을 당하는 형세를 보면 임진년보다 나을 것이 없습니다. 그러니 또한 임시로 군대를 설치하지 않을 수 없습니다. 그리고 지금은 군대 사령관의 심복이 지휘하는 부대를 설치하는 것에 그치지 않습니다. 외국이 침범할 우려가 바야흐로 심각합니다. 국가가 군대를 준비하는 대책은 그 시일이 이미 급박합니다. 그런데 경비가 부족하니 백성들의 힘을 빌려 나라를 지키고자 합니다. 경성(京城) 안팎에 먼저 위병(衛兵) 수천 명을 두되 나라의 재정을 쓰지 않는다면 이는 좋은 방책이 아닙니까.

조정이 통제하면 크고 작은 여러 관리들이 또한 무예를 숭상할 것입니다. 주임관과 판임관이 처음 관직에 진출할 때 반드시 군사학 서적 및 시무(時務)에 중요한 서적을 배우도록 하고, 나이가 어린 관리는 군사기술을 시험하며, 각 군수가 처음 관찰사를 처음 볼 때 반드시 군사서적을 배우도록 합니다. 무릇 나이든 사람이 군사서적에 능통하지 않고 연소한 사람이 군사기술을 이해하지 못한다면 관리명부에 이름을 올리는 것을 허락하지 않습니다.

이렇게 행하여 상하가 함께 풍속을 이루면 사람들이 모두 경쟁하여 남자가 마땅히 해야 할 일로 여길 것이고 남에게 빌붙어 살거나 억지로 하는 마음이 없을 것입니다. 우리나라는 옛

30 원문에 '不戢自焚'으로 표기되어 있다. 직역하면 '스스로 나쁜 짓을 하는 것을 금지하지 않고'이다. 그러나 문맥상 이 구절은 정반대로 '스스로 나쁜 짓을 하는 것을 금지하고'라고 해석되어야 한다. 따라서 '不'는 '禁'의 오기로 보인다. 문맥에 맞게 번역하였다.

날에는 막강했다고 하지만 지금은 약하게 보여 수모를 당하는 것이 이처럼 심한 경우가 없습니다. 백성들은 분함과 억울함을 품게 된 지 여러 해가 되었습니다. 이 법을 만약 신실하게 행하면 상하가 서로 숭상하고 근면함을 서로 본받아서 집집마다 군사기예에 능통하고 사람마다 군사기술을 배울 것입니다. 그러면 군세지 못한 풍조가 없어지고 적과 맞서 싸우려는 마음이 저절로 일어나서 범의 눈으로 천하를 노려보며 만국을 힘으로 위압할 수 있을 것이니 어찌 우리 영토를 지키는 것에 그치겠습니까. 급히 먼저 힘써야 하는 일은 이만한 것이 없습니다.

(중략)

광무 4년 8월 27일

민평호

중추원의장 각하

2 삼수군과 갑산군을 지키는 병력을 북청군이 아닌 현지에서 징집할 것을 요청한 헌의서

함경남도 북청군 유생 등 헌의서

엎드려 말씀드리건대, 국가가 병사를 모집하여 군대를 설치하는 것은 백성을 지키고 난리에 대비하기 위한 것입니다. 그런데 지금 우리 북청지방대에서 병정을 모집해 군적에 올린 것은 도리어 외적의 난리를 더 심하게 했습니다. 백성들은 평안히 생활할 방도가 없으며 북청군은 황무한 지경이 되었습니다. 어찌 백성들을 지키고 난리에 대비한 것이겠습니까. 병신년(1896)에 부대를 처음 설치할 때 400명의 병력이 북청군 백성 중에서만 선발되었습니다. 그래서 북청군민만 다른 지역의 주민들보다 더 고통을 겪었고 원망도 심했습니다.

지금 400명을 추가로 선발했는데 여기에서 삼수군과 갑산군에 출동하여 주둔합니다. 그런데 본대(本隊)의 참령(參領)이 또 반드시 본군에서 강제로 선발하여 인원을 채우게 했으며, 매호(每戶)마다 조[粟] 한 섬, 돈 10냥을 내도록 명령해서 병사를 고용하는 자금으로 삼았습니다. 아, 북청군은 삼수군이나 갑산군과 500~600리는 족히 떨어져있습니다. 사람의 마음이 다 같은데 누구라서 부모를 버리고 처자식과 헤어지기를 바라며, 먼 곳에 가서 군 생활을 하는 것을 즐거워하겠습니까.

부대 징집령이 한 번 내려지자 백성들은 모두 도망쳐서 숨었습니다. 그래서 각 사(社)의 풍헌(風憲)들은 그 명령의 엄격함에 겁을 먹고 분주하게 수색을 하고 있습니다. 돌로 만든 감옥에서 징역을 사는 것 같으니 소리 지르며 통곡하는 소리가 길에 계속 이어져 그 근심하고 슬퍼하는 모습이 이미 태평한 세상의 모습이 아닙니다. 또 27방(坊)의 민호(民戶)에 곡식과 조를 합쳐 6,800섬과 엽전 총 6만 8천 냥을 강제로 배정하고 성화와 같이 납부할 것을 독촉하니, 원래 있던 세금보다 더 심합니다.

아, 생각하건대 북청군의 백성들은 나라에 무슨 죄를 지었기에 이렇게 남들보다 더 가혹한 형벌을 받는 것입니까. 군대로 가는 사람은 군사정벌에 끌려가 부림을 당하다 죽을 것이고, 남아있는 사람은 가혹한 세금에 고통받다가 죽을 것이니 필시 1명도 남지 않고서야 끝날 것입니다. 이것이 어찌 어진 군자가 나라를 위하고 변경을 평안하게 하는 정치이겠습니까. 도리어 번거롭지도 않고 소란하지도 않음이 있으면 매우 편하고 매우 마땅한 일일 것입니다.

예전부터 삼수군과 갑산군은 원래 산포(山砲)들이 계(稧)를 설치한 곳으로 소위 엽호(獵戶)라고 하며 족히 500~600명의 장정이 있습니다. 특별히 대담하고 용감하며 강건하고 재빠를 뿐 아니라 또 사격에 숙련되어서 쏘면 명중하지 않는 것이 없으니 모두 그 기술을 잘 익혔습니다. 지금 만약 이 백성들을 징집하여 방(坊)을 수비하는 병력으로 충원한다면 부모도 이곳에 있고 처자식도 이곳에 있어 처음부터 고향을 떠나왔기에 그리워하는 마음도 없을 것입니다. 또한 변방을 방어하는 일도 잘 알 것이니 자신들의 집을 방어하는 것이기 때문이며 그 몸을 지키는 것이기 때문입니다. 어찌 북청군민이 먼 곳에서 병역을 서게 되어, 공격과 수비에 마음이 없고 움직이기만 하면 돌아가는 것을 생각하게 되는 것에 비교하겠습니까. 또 북청군민이 출병하여 주둔을 하게 되면 원망하고 근심하고 한탄하는 것을 어찌할 수 있을지 모르겠습니다. 고생하며 종군하지만 살고자 하는 마음이 있고 죽으려는 뜻이 없는데 갑자기 적의 습격을 당하거나 비적들의 노략질을 당하면, 그 군대의 힘이 미치는 범위가 손과 발이 머리와 눈을 방어하려는 것과 같겠습니까. 필시 소문을 듣고 놀라서 맞서보려고도 하지 않고 달아나서 분주히 돌아가 버릴 것입니다. 북청군민만 집에서 편히 쉬지 못하는 것이 아닙니다. 삼수군과 갑산군의 백성들도 또한 버티기 어렵습니다. 이는 밖으로부터의 난리를 대비하려고 하다가 안에서 먼저 난리를 만들어내는 것입니다.

지금 만약 삼수군과 갑산군의 백성으로 삼수군과 갑산군의 땅을 방어하게 하면 나라는 원래 정한 예산 외에 추가로 비용을 지출하는 일이 없을 것이며, 병사들도 먼 곳을 왕래하며 정벌하여 군역을 치르는 수고가 없을 것이고, 백성들도 가혹한 세금을 징수당하는 어려움이 없을 것입니다. 그 이익과 손해, 편함과 불편함은 무지한 자라도 손바닥 보듯이 명확하게 헤아릴 수 있습니다.

때문에 저희들이 군(郡)과 관찰부(觀察府)에 요청했고, 관찰부에서는 군부(軍部)에 보고했으며, 군부가 원수부(元帥府)에 알린 것입니다. 이는 나라를 이롭게 하고 백성을 편하게 하는 방책에서 나온 것입니다. 그런데 본대(本隊)의 참령은 어찌 나라에서 군대를 설치할 수 있고 군대가 외국의 침략을 막아내는 것만 알았지, 군대가 백성에게서 나오며 재정이 백성에게서 나오는 것을 알지 못합니까. 백성이 흩어지면 군대는 의뢰할 길이 없고 나라는 편안해질 방도가 없습니다. 그런데 참령이 되어 그 마음에 멋대로 행하여 백성들에게 횡포하고 잔악하며 나라의 재물을 헛되이 쓰고 있습니다. 이것이 어찌 소위 변경 지역을 방어하고 백성과 나라를 보호하는 일이라고 하겠습니까.

저희들이 이번에 이렇게 행장을 꾸려 함께 호소한 것은 북청군의 가족을 위하고 그 땅에서 살고자 함입니다. 그 이해의 단서를 깊이 살펴보면 그 이해는 곧 국가 공공의 일과 관계되어 있으며 저희들 한 군의 사적인 일이 아닙니다. 엎드려 생각건대 의장 각하께서 그 형편과 득실을 살피셔서 의정부에 빨리 요청하여 삼수군과 갑산군에서 병력을 징집해 충원하시면 백성과 국가에 다행일 것입니다.

광무 4년 10월 일

중추원의장 각하

강석권, 이주년, 조성길, 김창록, 이봉수, 이행년, 이종설, 한득수, 김한덕, 강신만, 박임춘, 박면복, 이철영, 동여중, 이철재 등

3 요동 지역의 우리 백성들을 다스리는 방책 네 가지를 제시하는 헌의서

헌의서

엎드려 말씀드립니다. 하늘과 땅의 도는 곡진히 이루는 것에 있으며 부모의 마음은 자식을 지극히 사랑하는 것에 있습니다. 생각해보면 우리 성상(聖上)께서는 백성에게 하늘과 땅이십

니다. 누가 그 하늘처럼 덮어주고 땅처럼 실어주시듯이 백성을 양육해주시는 은혜를 입지 않은 이가 있겠습니까. 다만 지금 곡진히 이루시는 중에도 그늘진 언덕에서는 그 은혜가 잘 미치지 않는 곳이 있고 부모의 돌봄 아래에서도 먹을 것을 얻지 못하는 자식은 있습니다.

요동 연강(沿江)의 7개 군(郡)에는 이미 10만 여 호(戶)의 사람들이 살고 있습니다. 이 땅은 한편 우리 대한의 강토입니다. 이는 흑룡강(黑龍江)과 서출령(西出嶺)의 경계를 나누는 강에 세워진 2개의 비석에 새겨진 글에도 확실히 그 증거가 있습니다. 그러나 지금 영토를 회복하는 일은 도리어 장대하기에 급작스럽게 논의를 시작하기 어렵습니다. 그곳에 살고 있는 사람들에 이르러서는 우리 성인(聖人)의 남겨진 백성이 아닌 사람이 없습니다. 그 근본을 살펴보면 그 집안의 무덤과 호적이 다 우리나라에 있습니다. 그 사람들도 동그란 관을 쓰고 네모난 옷깃의 옷을 입으며 옛 제도를 여전히 계승하고 있으니 비록 어리석은 부인네나 어린 아이라도 외국인을 대하면 곧바로 말하길 자신은 대한인(大韓人)이라고 하며, 나이든 남성들은 말이 대한(大韓)에 미치면 슬퍼하며 고향을 그리워하는 마음을 갖지 않는 이가 없습니다. 요양(遼陽) 땅에서 몸이 여윈 학이 때를 기다렸지만 돌아가지 못한 것과 같습니다.

매번 국가의 애사(哀事)나 경사(慶事)를 당하면 권유를 기다리지 않고 망곡례(望哭禮)나 망하례(望賀禮)를 스스로 행하는 것이, 영토 안의 백성들과 비교해서 별 차이가 없습니다. 또 남녀가 결혼할 때 우리 백성들끼리만 결혼을 했고 이웃 나라 사람과는 결혼을 한 적이 없습니다. 이 몇 가지에서 비슷한 사람들끼리 서로 어울리는 것을 알 수 있습니다. 우리 동방에서 500여 년 동안 교화하고 기르면서 남긴 의리가 흡족한데, 타고난 천성을 그대로 지키며 하늘의 도리를 다하는 백성들을 빈 땅에 버린 것과 같습니다. 어찌 가엾고 딱하지 않습니까.

서경에 이르기를 "하늘이 내신 백성들이 욕심이 있으니, 군주가 없으면 마침내 혼란하게 된다"라고 했습니다. 아, 그 요동 지역의 백성들은 곧 군주가 없는 백성입니다. 지금 융성한 국운이 날마다 백 리씩 펼쳐져 높으신 은총이 고루 미쳐졌는데 몇백 리도 떨어지지 않은 땅에만 은혜가 미치지 않는 것은 삼가 부당합니다. 마땅히 이러한 때에 관리를 배치하고 군(郡)을 설치하여 임금의 은덕을 베풀며 그곳의 백성들을 관할하고 편안히 모아야 합니다. 청컨대 그 대략을 말하는 것이 옳습니다.

어떤 사람이 혹 말하기를 북방은 많은 사람들이 굳세기에 다스리는 것도 처벌에 힘써야 한다고 했는데, 이는 생각하지 못한 것이 너무 심합니다. 무릇 요동이라는 지역은 이전부터 임금의 덕이 미치지 못해 백성들이 고통받던 곳으로, 그곳의 농민이나 상민들은 각처에서 피해를 당하고 오랫동안 힘들었던 사람이 열 중 여덟아홉입니다. 오랫동안 교화 밖에 있었기에 스스로 낙토(樂土)를 만들었습니다. 그런데 갑자기 본국의 관리가 동쪽으로부터 들어와서 엄한 법률로만 아랫사람을 다스렸습니다. 엄하게 형벌을 시행하고 강제로 잔혹하게 감독하니, 모두 처음 겪는 일입니다. 사건이 연이어 일어날 것이라는 근심이 눈앞에 있습니다. 그러니 이는 백성들을 어루만지는 것이 아니라 도리어 어지럽히는 것이므로 생각하면 두렵지 않겠습니까.

이러한 까닭에 급히 적절하게 처리하되 헝클어진 줄을 푸는 것과 같이 해서, 인심을 회복하는 것을 날줄로 하고 교화를 점차 스미게 하는 것을 씨줄로 해야 합니다. 그리고 처음부터 끝까지 방책은 모두 4개가 있습니다.

첫 번째는 형편에 따라 융통성 있게 처리하는 것입니다. 각 방(坊)의 소위 두령은 원래 힘이 있어 뭇사람들이 받드는 자들입니다. 조정에서 살펴서 쓸만한 이들을 채용하면 나머지는 저절로 따라올 것입니다. 그 후에 모두 형세에 따라 이롭게 인도하기에 힘쓰십시오.

두 번째는 보호하는 것입니다. 이웃 나라와 서로 만나는 곳에 있기에 명령을 어기고 침해하며 욕을 보이는 폐단이 원래 있었습니다. 이는 그 백성들이 가장 두렵고 꺼리는 바이며 오랫동안 절박하게 근절되기를 기다리고 바랐을 뿐입니다. 따라서 양국의 조약을 참조하여 일체 심의하여 처단하는 것이 옳습니다. 그리고 우리 백성 중 사납고 난폭한 자들은 먼저 그 집을 설득하여, 계속 허물을 뉘우치지 않고 죄를 저지르는 자는 그 두민(頭民)들과 함께 처리하면 원망함이 없을 것이며 위엄과 은혜가 함께 시행될 것입니다.

세 번째는 학문을 권장하는 것입니다. 대개 임금을 섬기는 의리는 많은 것이 학식에서 나옵니다. 그런데 그 백성들이 일찍이 행하고 안 것은 모두 농업과 상업입니다. 근래에 우리 한국의 학교를 따라서 종종 자의로 글방을 직업으로 삼고 가르치는 일이 있었습니다. 글 읽는 소리가 적막한 강가에서 크게 일어나며, 따르는 자들이 날로 늘어나 자못 장차 나아가려는 뜻이 있습니다. 요새 격려하고 경책하여 그 자질에 따라 독실하게 이끌어주면 어찌 한(漢)의 촉주(蜀州)나 당(唐)의 조주(潮州)가 되지 않을지 어찌 알겠습니까.

네 번째는 호적과 군포입니다. 모든 사람은 몸이 있으며 몸은 반드시 호적에 들어가야 합니다. 또 모든 사람은 집이 있으며 집은 반드시 군포를 내야 합니다. 호적과 군포가 누락이 되면 왕의 신민이 아닙니다. 일찍이 그곳에서 군포를 내고 호적에 들어간 사람은 그저 영외(嶺外)에 있을 따름이었습니다. 그런데 갑오년(1894) 난리 이후 관리들이 전혀 돌아보지 않고 백성들도 스스로 따르지 못했습니다. 때문에 영내(嶺內)와 동일한 지역으로 만들어 반드시 봄과 가을에 세금을 배정하여 해마다 빠지지 않고 장부를 갖춘 후에야 백성들로 하여금 통솔을 받는 것을 깨닫고 돌아오게 만들 것입니다. 10만 여 호의 백성들이 돌아오면 7개 군의 땅 또한 장차 이에 돌아올 것입니다.

무릇 이 네 가지는 시의를 참작한 것으로 엉성한 것 같지만 실제로는 치밀하고 작은 것 같지만 실제로는 큽니다. 그중 섬세한 조항은 오직 책임을 맡은 자가 절차를 계획하는 것에 있을 뿐입니다. 저희들은 모두 보잘것없는 용렬한 사람으로서 부족한 재주로 나라를 돕기 위해 참람히 함부로 말하는 것을 피하지 않고 함께 아뢰어 충심으로 간청합니다. 엎드려 바라오니 깊이 살피시고 헤아리셔서 빨리 의정부에 전달하여 아뢰어 성상(聖上)의 재가를 받아주시기를 바랍니다.

광무 4년 12월 일

전 참봉 송수헌, 전 의관 오달영, 전 찰방 임성철, 전 도사 김진기, 유학 이재철

중추원의장 각하

4 간도 지역의 한국인들이 총포회사를 설립할 수 있게 하여 스스로 방어하도록 할 것을 제안한 헌의서

헌의서

엎드려 들으니 경전(經傳)에 "선왕(先王)은 땅을 나누지 백성은 나누지 않는다"라고 했습니다. 또 논어에 이르기를 "사방에 사신으로 나가서 임금의 명을 욕되게 하지 않는다"라고 했습니다. 땅을 나누는 것은 하늘이 스스로 정한 한계가 있으나 사신으로서 받은 명령이 인심의 화합을 얻기 어려웠던 것은 왜입니까. 지난 갑신년(1884)에 청국과 한국 두 나라의 사신이 변경을 조사하여 경계를 정했는데, 가원계(賈元桂)와 이중하(李重夏)가 백두산의 큰 연못 아래의 분수령 위에서 회동했으며, 분수령 위에 정계비(定界碑)가 있습니다. 비식에는 "서쪽은 압록(鴨綠), 동쪽은 토문(土們)이다"라고 했으니 서쪽에는 여연군(閭延郡), 무창군(武昌郡), 자성군(慈城郡), 우예군(虞芮郡) 등 폐지된 네 군이 확실히 우리 영토에 있고, 동쪽에는 무산군(茂山郡), 회령군(會寧郡), 종성군(鍾城郡) 등 세 군과 변경의 간도(間島)가 확실히 우리 영토에

있습니다.

청국 세조(世祖)의 통일부터 명국의 옛 영토까지 조사하여 두 나라가 마침내 이 땅을 비우고 서로 출입을 금지하여 변경의 일을 비워둔 지 수백 년이 되었습니다. 지금 우리 백성들이 들어가서 살고 있는 사람들이 10여 만 호 아래가 아닙니다. 그러니 당당한 한국의 영토와 백성들을 다른 사람에게 넘겨준 것을 이웃나라에 들리게 할 수는 없습니다.

원래 토문(土們)의 근원은 비석을 세운 곳 동쪽의 절벽 20리 아래에 이어진 계곡에 흙을 쌓아 90리 길이의 울타리를 만들었고 물이 한 장(丈)을 솟아오르니 그곳의 이름이 삼포(杉浦)입니다. 그곳에서 물이 서북쪽으로 비스듬히 200리를 흘러 비로소 큰 강으로 합류해서 길림성의 강으로 들어가니 중국인들이 옛날부터 그 강의 안팎을 가리켜 변경 안쪽과 변경 바깥쪽이라고 부르면서 자기 영토로 수백 년 동안 변경 지역의 출입을 금지하고 파수해 왔습니다.

소위 두만강(豆漫江)의 근원은 비석을 세운 곳의 동쪽에서 170리를 돌아가서 가질봉(加叱峯) 아래에 가면 연못 하나가 있으며, 그곳에서 작은 개천이 30리를 드러나지 않게 흘러가서 무산군의 서두수(西頭水)에 합해져 회령군, 종성군, 온성군을 두루 지나서 경원, 경흥으로 합쳐 흘러 바다로 들어갑니다. 우리 영토와 그들의 영역은 확실하여 의심할 것이 없습니다. 하물며 또 순치(順治) 연간의 갑신년(1644)부터 회령과 경원 지역에서 개시(開市)했을 때 우리 백성들로 하여금 청국 짐 수천 바리[馱]를 하반령(下畔嶺)에 실어 나르게 했습이다. 이 하반령이 토문강과 두만강이 두 나라에서 서로 경계를 이루는 지역이므로 이 또한 크고 확실한 증거입니다.

청국 사신은 같은 강을 두 종류로 부른다고 억지로 말하고 있고, 한국 사신은 두 강이 서로 다른 이름으로 불리고 있다고 설명하고 있으니, 만약 중립적인 위치에서 공평하게 보고 담판을 하면 한마디로 두 나라에서 다 결정이 될 것입니다. 그런데 이것 때문에 의논한 사람들이 말하기를, 이 땅이 청국, 러시아, 한국의 변경 사이에 있으며 모든 지역이 지금은 도적의 소굴이라 살고 있는 사람들은 아침에 일어나도 저녁을 생각할 수 없으며 모든 집들이 다 짐을 지고 메고 서있으니 전혀 살길이 없습니다.

평소에 어리석은 사람들의 말을 들으니 세 가지 대책이 있다고 합니다. 첫 번째는 정부에서 각국 공사에게 조회하여 관청을 세우고 조약을 체결한 후에 공관(公館)을 설립하고 우리 백성을 각각 다스리는 것이니, 상책에서 나온 것입니다.

두 번째는 그곳에서 사는 백성들은 우러러 황제의 위엄을 받들었으니 우리 옷을 입고 우리말을 하며 선왕(先王)의 적자(赤子)가 아닌 이가 없었습니다. 그리고 각 백성들의 집에서 병사(兵事)와 농사(農事)를 함께 준비한 후에 갑작스러운 변란에 조금이나마 대비하다가 갑자기 변란을 당하면 열 집이 대오를 이뤄 서로 지킵니다. 그래서 한 집이 적비(賊匪)의 난리를 당하면 아홉 집이 각각 사람을 보내 방어하니 당제(唐制)의 민단법(民團法)과 동일한 것이니, 중책에서 나온 것입니다.

세 번째는 북방의 변경 지역에 이미 경무교계관(警務交界官)을 임명했습니다. 그러니 러시아 공사에게 조회를 보내 요청하여 곽미살로 하여금 적비들을 억제하여 침략하지 못하게 합니다. 그러면 한 백성도 우리가 보호하지 않는 사람이 없으며 한 뼘의 땅도 우리가 지키지 않는 것이 없습니다. 이는 열강의 식민여권(植民旅券)의 규례를 의지하는 것이니, 하책에서 나온 것입니다.

이를 이해한 사람이 말하길, "이른바 상책이 각 공사에게 조회하여 공사관을 설립한다는 것인데 누가 능히 담판을 하겠습니까. 또 이른바 중책은 병사와 농민을 같이 일으켜서 조금이나마 급작스러운 변란에 대비하는 것인데 변경의 정무에 문제가 발생할까 두려우니 누가 이것을 능히 통제할 수 있겠습니까. 또 이른바 하책은 러시아공사관에 조회하여 적비를 통제하도록 하는 것인데 이것은 실로 청국과 한국의 산업과 백성에게 큰 행운이지만 이 땅은 러시아가 점령한 영토가 아닙니다. 따라서 우리 한국의 요청을 허락하지 않을까 두렵습니다"라고 했습니다. 이는 형편에 미치지 못해 너무 과하게 염려하며 말한 것입니다.

우리가 우리 영토에 살면서 다른 나라로부터 통제를 받는다면 이 땅에 살고 있는 우리 백성들을 러시아인이라고 하겠습니까 청국인이라고 하겠습니까. 엎드려 생각하건대 태조의 용비어천가에 이르기를 "거양성(巨陽城) 서쪽에는 선춘령(先春嶺)이 10여 리 떨어져 있다"라고 했습니다. 거양성은 두만강을 건너 북쪽으로 700리 떨어져 있으니 이는 고려대에 영토를 개척하여 여기까지 이르러 건축했는데 지금은 러시아가 점령하고 있습니다. 말할 필요도 없이 시무를 아는 사람들에게 비웃음을 당하고 있습니다.

엎드려 바라건대 밝히 은혜를 드리우셔서 저희들의 의견을 받아들여 주시고, 중추원에서 의정부에 통첩하여 여러 관료들이 의논한 후 조처하여 시행하라는 성상의 회답이 내려지실 엎드려 기다립니다. 변경의 백성들을 위하는 방도에 있어 어찌 그 지역에 내려진 명령에 감히 참견을 하겠습니까. 그러나 입술이 상하면 이빨이 시리게 되는바 외람되이 분수를 넘는 것을 두려워하지 않고 죽을 각오로 한 가지 이야기를 헌납하기를 청합니다.

함북변계정형론(咸北邊界情形論)

엎드려 어리석은 자의 염려를 생각해보니 하반령 이하의 여러 지역에 청국인들이 무리를 이뤘다고 하는 것은 그들이 스스로 민병(民兵)을 설치하고 총포(銃炮)를 갖춰 비적의 무리들을 통제해서 스스로 보호하고 안정시키는 것입니다. 지금 한국 백성들이 경계를 넘어 사는 호수가 5만여 호이며 청국인이 와서 사는 것은 그 호수가 2천 호가 넘지 않습니다. 그런데 우리의 보호와 우리의 안정을 하필 청국인들이 스스로 설치한 총포 민병과 회성[31]에 맡겨야만 합니까. 한국인도 또한 총포회사(銃炮會社)를 설립한다면 5만여 호가 작통법(作統法)을 만들고 열집이 모여 서로를 지켜서 그들은 그들을 위하고 우리는 우리를 위하여 서로 상관하지 않도록 하면 저절로 변경을 방어하는 대책이 될 것입니다. 하물며 안으로 감춰서 경계를 회복하는 방법이나 밖으로 맡겨서 우리 백성을 보호하는 계책이겠습니까.

이때에 잃어버린 땅을 되찾을 수 있고 잃어버린 백성을 되찾을 수 있지만, 개인이 설립한 민포회사(民炮會社)는 불법에 해당됩니다. 엎드려 정부가 내리시는 허가 명령을 받기만 하면 절치부심하고 있는 백성들이 있어 앞다투어 스스로 담당하여 우리 한국의 백성들이 자신만을 지키는 데 그치지 않을 것입니다. 국가를 위한 행운이 다시 이에 더함이 있지 않겠습니까.

또한 이른바 청국인의 회성이라고 하는 것은 실제로 나라에서 명령한 것이 아니며 또한 생업인 것도 아닙니다. 남의 물건을 강제로 빼앗거나 잡기를 부리는 무리들이 사방에서 와서 낮에는 조직이라고 하고는 밤에는 도적의 소굴이 되어 한국인들과 청국인들의 재산을 빼앗으니 원망의 소리가 하늘을 찌르는 것은 청국 백성과 한국 백성이 피차 똑같습니다. 우리 백성들이 회사를 설립하는 것에 이르러서는 방어에 방해되는 바가 없으니 이러한 사실을 황제께 아뢰셔서 여러 사람들을 특별히 구제해주시기를 엎드려 바랍니다.

그런즉 성명과 총표(銃標)를 지방내에 보내셔서 통제를 받게 해주시면 좋겠습니다.

광무 6년 3월 일

중추원의장 각하

함경북도 회령 유학 오수준 상서

31 원문에 '會成'이라고 적혀있으나, '會城'의 오기로 보인다.

5 간도가 한국의 영토임을 확인하고 간도 주민들이 스스로 무장을 갖추어 방비하도록 할 것을 제안한 헌의서

헌의서

엎드려 말씀드리건대 땅을 선택하고 백성을 보호하는 것은 의정부에서 널리 헤아릴 일이며 나라를 위하여 정성을 다하는 것은 신하와 백성들이 항상 가져야 할 마음입니다. 그런데 평안도의 전 관찰사 이도재(李道宰)는 요동 남쪽의 폐지한 네 군(郡)의 경계를 복구하는 일로 보고했고, 함경도의 전 관찰사서리 이종한(李鍾漢)은 토문(土們) 동쪽의 개척한 아홉 성(城)의 경계를 복구하는 일로 보고했습니다. 종성군, 회령군, 무산군 건너편의 백성들은 보따리를 싸고서는 밤낮으로 쉬지 않고 달려와서 어지럽게 소장(訴狀)을 냅니다. 조가(朝家)에서 경계를 조사한 지 몇 년이 지났는데 얽힌 것을 풀지 못했고 의정부는 겨를이 없었습니다. 또 백성을 빼앗긴 지 몇 년이 지났으며 그 삼키는 것이 끝이 없는데 조정이 이를 물리치지 않으시니 잃어버린 백성은 언제 돌아오며 잃어버린 경계는 언제 다시 개척하겠습니까.

아, 숲처럼 빽빽히 모인 그들을 경무교계관(警務交界官)이 어떻게 다스리며, 대낮에 남을 협박해 재산을 뺏는 것을 총순과 순검이 어떻게 규찰하겠습니까. 정말 명령을 받지 않고서는 감히 할 수 없는 일이며 막을 수 없는 강포함입니다. 변경 백성들의 항소가 따로 추천할 수 있는 말은 아니지만 어떤 사람의 말은 러시아의 속셈을 미리 헤아리고 경계를 복구하는 이야기를 자세히 밝혔는데, 혹은 옳고 혹은 그르기에 서로 편이 갈렸으니 이 말은 옳은 것입니까 옳지 않은 것입니까.

아, 러시아는 천하를 석권하려 하는데 그 뜻이 어찌 한국 경계의 한 줌의 땅에 있겠습니까. 청국공사로 말하면 그에게 이익이 있다면 어찌 담판을 기다리고 왜 오늘까지 기다리겠습니까. 무릇 그들이 무엇이든 핑계를 대면서 응하지 않으면 그 경계를 잃고 그 백성을 잃더라도 말하지 않는 것이 옳겠습니까.

또 백두산 서쪽과 동쪽은 모두 한국의 땅입니다. 청국에서 경계를 나눈 사적(事蹟)을 금석(金石)에 분명히 새겨서 특별히 분수령에 세워서 만고에 바뀌지 않는 법으로 선포했습니다. 무릇 근본을 버리고 말단에 힘써서 우리 땅을 그들의 땅으로 만들고 우리 백성을 그들의 백성으로 만들어도 일을 서두르지 않고 나무 아래에서 물고기를 구하고 있으니 오히려 변경을 다스리는 일이 이뤄지지 않을까 두렵습니다. 도리어 화를 당하면 만국의 공법에 비웃음을 당하며 춘추의 사필(史筆)에 자세히 기록되기 쉬울 것입니다.

하물며 관찰부의 보고와 백성들의 소장이 날마다 어지럽게 도착하고 있는데 오늘까지 아무런 처분도 내리지 않으시니 위로는 조가(朝家)의 융성한 덕에 흠결이 있으며 아래로는 중요한 변경을 다스리는 일에 도움이 되지 않습니다. 급박하게 아뢰는 진심을 특별히 불쌍히 여겨 그 땅의 제도를 한번 정하면 황제의 내탕금을 사용하지 않아도 간도(間島) 주민들로 하여금 당제(唐制)의 민단법(民團法)을 따르도록 하면 병사(兵事)와 농사(農事)를 함께 갖춰 그 땅을 부강하게 만드는 방책이 여기에 기초할 것입니다.

지난번 기해년(1899) 봄에 이미 헌의한 바가 있으며 건의한 것을 처리해 주시기를 바랐습니다. 그리고 각 위원을 파견하고 관리를 둬서 보호하는 것이 천재일우의 기회니 이 빈사지경인 백성들로 하여금 성상의 은혜를 받는 동포로 삼는 것이 어떻겠습니까. 나아가는 것만 알고 물러나는 것은 알지 못하여 헌의를 올립니다. 엎드려 바라건대 헤아리신 후 백관(百官)이 논의하시고 의정부에 통첩하셔서 지금 처리하셔서 대동(大同)의 소원에 부응해주시기 바랍니다. 그러함으로써 위로는 황제국의 기틀이 되는 업적을 노래하고, 아래로는 천 리의 강토(疆土)를 개척하면 나라를 위해서도 백성을 위해서도 다행이겠습니다.

대명(大明) 홍무(洪武) 29년 파저강(波猪江)에 중동정계비(中東定界碑)를 세웠습니다. 고려 예종(睿宗) 3년(1108) 경원(慶源) 동북쪽 700리 선춘령(先春嶺)을 윤관(尹瓘)이 개척하여 공험령(公嶮嶺)에 진(鎭)을 설치하되 북쪽으로는 평융진(平戎鎭), 서쪽으로는 통태령(通泰嶺)에 이르고 그 꼭대기에 비석을 세우고 고려의 영토라고 새겼습니다. 용비어천가에는 "거양성(巨陽城) 서쪽으로 선춘령까지 60리인데 거양성은 윤관이 쌓은 것이다. 남쪽으로는 현성(縣城)까지 거리가 250리이며 흑룡강 경계에 놓여있다. 목조(穆祖)가 처음에 이곳에서 살다가 알동성(斡東城)[32]으로 옮겼다"라고 했습니다.

그래서 태종 13년(1413) 순무(巡撫) 강사억(姜思億)이 그곳에 용당(龍堂)을 지었습니다. 숙종 27년(1701) 상국(相國) 남구만(南九萬)이 관찰사 직무를 수행할 때 올라가서 시를 읊고 새겼습니다. 세종 27년(1445) 체찰사(體察使) 황보인(皇甫仁)이 장성(長城) 밖에서 의논할 것을 요

32 원문에 '幹東城'이라고 적혀있으나, '斡東城'의 오기로 보인다. 문맥에 맞게 표기하였다.

청하여 둔전의 계책을 베풀었습니다. 이로써 요동 탕하(蕩河) 변경의 정계비(定界碑)를 해명합니다.

대청(大淸) 강희조(康熙朝) 51년(1712) 중국과 조선의 경계를 다시 조사하여 정하고자 우리 정부에 자문(咨文)을 보냈습니다. 그래서 서로 성명을 내고 관원을 파견하기로 했습니다. 그리고 목극등(穆克登)이 먼저 백두산을 살피고 함께 그림을 그리며 말하길 "성지(聖旨)를 받들어 경계를 조사하여 여기까지 살피고 조사했다. 서쪽 경계는 압록(鴨綠)이 되고 동쪽 경계는 토문(土們)이 된다. 그래서 분수령 위에 돌에 글자를 새겨 기록으로 삼는다"라고 했습니다.

압록강은 요동 안쪽으로 나누어져 흘러가다가 폐지된 4군(郡)을 둘러서 파저강(波猪江)을 만나서 황해(黃海)에 이릅니다. 토문강(土們江)은 흙벽이 문 모양과 같아서 그런 이름을 얻었습니다. 목책 48개, 돌무더기 48개, 흙 언덕 52개가 연이어 있습니다. 무더기가 끝나는 곳에서 물이 솟아나서 서북쪽으로 향하여 혼돈강(混沌江)을 만나서 길림성 송화강(松花江)에 이르고, 태성(兌城), 선춘(先春) 등지를 둘러서 백룡강(白龍江)과 흑룡강(黑龍江)에 이어졌다가 동북쪽으로 향해 발해만에 이릅니다. 두만강(豆滿江)은 무산군의 서두(西頭)에서 갈라져 6군을 둘러서 아란강(荷蘭江)에 접했다가 혼춘강(琿春江)에 이어져 동해에 이릅니다. 정계비가 세워진 곳에서부터 동서로는 대략 3,700리이며 남북으로는 천 리일 뿐입니다. 이는 청의보(淸議報)와 일본의 태오사보(泰晤士報)[33]에 게재되었는데 모두 역사와 관련된 기사이며, 그에 따르면 고려의 이전 왕이 군대를 이용해 이 지역을 평정하고 소유했으며 토문강까지 갔습니다. 그리고 윤관이 선춘령을 경계로 정했습니다. 이러한 사적(事蹟)은 확실하여 의심할 바가 없습니다.

강희제 때에 관원을 파견하여 백두산 아래 평원의 입구에 경계터를 세우고 토문이라는 이름을 붙이고 경계로 삼았습니다. 그리고 명나라 대의 경계를 다시 조사해 한계로 삼았습니다. 이러한 경계들이 조금도 차이가 없었으면 일에 무슨 문제가 있었겠습니까. 그런데 가만히 앉아서 선왕들이 용맹스럽게 얻은 옛 땅을 잃는 것입니까. 대개 제왕이 난리를 다스리는 법은 모두 천지인(天地人) 삼재(三才)의 도리에서 말미암습니다. 그리고 헤아리기 어려운 것은 천수(天數)이며, 미치기 어려운 것은 지리(地理)이고, 이르기 어려운 것은 인화(人和)입니다.

33 『Japan Times』를 말한다. '태오사(泰晤士)'는 'Times'를 음차한 것이다.

그런데 도외시하고 내버려둔 백성들 중 귀화하기를 바라는 자들이 뒤섞여서 서둘러 오고 있으나 이것은 인화가 이뤄진 것이 아닙니다. 영토가 아니라고 간주했던 땅을 다시 복구하기를 바라는 자들이 연일 보고하고 있으나 이것은 지리가 열린 것이 아닙니다. 해외의 나라에서 군주의 은혜를 칭송하며 덕을 알리는 자들이 날을 계산하며 초빙되고 있으나 이것은 천수(天數)가 부여한 것이 아닙니다. 그런데 외국이 담판에서 무슨 양보를 하겠습니까. 우리 영토가 억압하는 뜻에 대해 무엇을 감당할 수 있겠습니까. 객지에서 살고 있는 백성들이 미개한 곳에서 무엇을 버리겠습니까.

을유년(1885)에 감계(勘界)할 때 가원계(賈元桂)가 억지로 말하기를 비석은 옮길 수 있으나 강은 옮길 수 없으며, 또 두만(豆滿)과 토문(土們)은 중국어로는 발음이 비슷하다고 하고는 두 글자를 나누지 않고 설명하면서 갑자기 물리쳤습니다. 이 같은 경우가 세상에 어찌 있습니까. 만약 억지로 말한 것을 계속 밀어붙이겠다면 왜 두만강 근원에 비석을 세우지 않고 토문강 분수령에 비석을 세우고 울타리를 설치한 것입니까. 그들이 파수를 하는데 왜 두만강에 주둔하지 않고 송화강에 파수를 설치한 것입니까. 회령에서 개시(開市)할 때 중국 상인들의 상품을 왜 두만강으로 나르지 않고 수백 리의 화발령(花發嶺)에 보내는 것입니까. 그들이 공관(公館)을 설치한다면 왜 요동의 폐지된 4군 및 토문의 9성에 설치하지 않고 지금 겨우 공관을 설치하는 것입니까. 함께 말할 수 있는 것은 이것뿐입니다.

아, 그 목극등(穆克登)이 정계(定界)할 때 같은 해 가을에 우리나라의 속마음을 모두 엿보고 토문을 넘어 혼춘성(琿春城)을 개간하고는 잠시 빌려서 주둔하겠다는 뜻으로 정부에 조회로 요청했는데 이를 대수롭지 않은 것으로 여겼습니다. 그래서 5년 뒤 봄에 또 수백 리를 개척하고 오동성(梧桐城)을 설치했고 화발령을 금계(禁界)로 삼았습니다. 병술년(1886) 가을에 이르러 화룡욕(和龍峪)에 공관을 설치했습니다. 또 경인년(1890)에는 광제욕(光霽峪)에 공관을 설치하고 두만강 건너편 지역을 전부 관할했습니다. 그리고 간도의 우리 백성들로 하여금 치발(薙髮)을 하고 옷도 중국식으로 입게 하기 이르렀습니다만 우리 정부는 이를 제대로 말하지 못했습니다. 또 그 다음 해에 6군에 화가 미칠 것을 어찌 알지 못했습니까. 그래서 청국은 그 지역 중에서 일부를 러시아인들에게 수천 리 할양했습니다. 그래서 동양의 형세가 이 일 때문에 날이 갈수록 고립되며 쇠약해지고 있습니다. 청국의 영토는 날마다 공략당하고 있고 이는 이른바 자기에게서 나온 것이 자신에게 되돌아간다는 것입니다.

지금의 계책으로는 백성이 강해지는 것만한 것이 없습니다. 폐지된 땅의 한국인들은 청비(淸

匪)들과 러시아인들을 겪은 지 오래되었습니다. 그러나 살기를 도모하는 계책을 한번 시행하면 때려도 움직이지 않고 휘둘러도 옮겨지지 않아 그곳에 정착하여 사는 것처럼 견고해질 것입니다. 이들로 하여금 어려운 날을 대비하게 한다면 지키고 잃지 않아서 그 땅을 지켜서 보전할 수 있을 것입니다.

무릇 천하의 일은 모두 의식(衣食)이 근본입니다. 그리고 요동 연강(沿江)의 700리, 토문 욕강(浴江)의 700리는 동양의 좋은 전토(田土)입니다. 그 오곡(五穀)의 이익은 형주(荊州)와 익주(益州)에 비해 떨어지지 않습니다. 간도의 주민 중에서 유망한 자들에게 관직을 수여하고 토지문서를 갖추면 나라의 재정을 소비하지 않아도 약한 지역을 강하게 만들 수 있습니다.

무릇 법을 만들고 폐기하는 것은 하늘을 아는 것과 같은 정도[同度]입니다. 물산을 늘리고 줄이는 것은 땅과 그 이익이 같습니다. 일을 바로잡는 것은 백성과 그 귀결이 같습니다. 이 때문에 백성들의 소원에 따라 방어하고 위무할 관리를 파견하고 백성들의 소원에 따라 관리를 배치하고 백성들의 소원에 따라 법을 제정하면, 백성들의 마음이 기쁠 것이고 그 땅의 이익 또한 열릴 것이며 천수 또한 순탄해질 것입니다. 이는 나뉘면 위태롭고 합치면 안전한 형세가 아니겠습니까. 쓸데없이 전말을 아뢰어 위신을 깎아내렸습니다. 살펴주시기 바랍니다.

광무 6년 5월 일

함경북도경성전주사육품 여형섭

중추원의장 각하

6 유능한 사람을 간도의 관리로 보내 다스리게 해줄 것을 요청한 헌의서

헌의서

함경북도 간도 주민 이승호(李昇鎬), 지용규(池龍奎), 장극진(張極軫) 등은 몸을 정갈히 하고 두 번 절한 뒤 중추원의장 각하께 상서(上書)합니다. 백성이 있고 나서 관리가 있다는 것은 국가의 오랜 법입니다. 우리나라 백성은 우리나라가 다스리는 것은 세계의 공법입니다. 저희들이 사는 곳이 한국과 청국의 변경 지역에 위치하고 있어서, 저희들이 본래 500년 대한의 적자(赤子)이나 굶주림과 추위에 고통받고 침략과 약탈에 곤궁했습니다. 한 번 두만강을 건너면 비옥한 땅에 사람은 없고 가을에 곡식이 익어도 세금을 거두지 않았기 때문에 차례차례 정착한 것이 수십 년이 되었습니다.

땅은 비록 비어있었으나 우리 대한의 영토인 것은 옛날에 세운 비석에도 밝히 새겨져있습니다. 그런데 근래에 청국인들이 스스로 그들의 영토라고 주장하면서 우리 한국인들을 노예와 다름없이 취급하고 땅에 부과되는 세금과 가호(家戶)에 부과되는 역(役)이 나날이 심해졌고 또 치발(薙髮)을 강요하는 등 곤욕을 감당하기 어려웠습니다. 분하고 화가 나서 비적들 모르게 가족들을 데리고 돌아오면 수치와 능욕을 면할 수 있습니다. 그러나 그곳에서는 땅과 산업을 얻어 평안했으나 여기에 와서는 살 집이 없습니다. 그래서 능욕과 수치를 참고 이곳에서 계속 살았습니다. 그들의 침략과 학대가 갈수록 심해져서 수십만의 목숨이 필시 계곡에 굴러 떨어지고 나서야 그칠 것입니다.

저희들의 사정은 이미 더 논할 것이 없습니다. 그러나 조정의 정치로 말하더라도, 마음대로 우리나라의 양민을 잃어 그 살 곳을 얻지 못하게 만드는 것은 황공하오나 성군(聖君)이 다스리는 세상의 아름다운 일이 아닙니다. 그래서 수천 리를 걸어와 경부(京府)에 울며 호소한 것이 한두 번이 아닙니다. 그런데 아직 어떠한 처분도 받지 못했습니다. 밤과 낮을 외치고 울어도 사정이 전달되지 못했습니다.

엎드려 들으니 합하(閤下)께서는 도리를 논하고 나라를 경영하는 능력이 탁월하시고, 외교와 통상에 관련된 법을 잘 아셔서 온 나라의 무거운 기대와 우러르는 존경을 받고 계십니다. 저희들이 분수에 맞지 않게 지나치는 것을 피하지 않고 감히 이렇게 사실대로 우러러 말씀드립니다. 특별히 이 가엽고 측은한 상황을 불쌍히 여기셔서 정부에 통첩하시어 먼저 청국공사와 우리 백성은 우리가 다스린다는 공법으로 담판하시고, 이어서 숙련되어 일을 잘하는 대신들을 선택하여 변경을 방어하고 백성을 위무하는 직임을 맡겨주십시오. 그래서 이곳의 거의 죽게 된 백성들로 하여금 다시 하늘의 해를 바라볼 수 있게 하시고 성군이 다스리시는 어진 영토에서 노닐게 하시면 백성과 나라에 다행이겠기에 송구하고 두려운 마음으로 간절히 기원합니다.

중추원의장 각하

광무 5년 10월

한태교(韓台敎), 장진숙(張珍淑), 김용택(金龍澤), 장자욱(張子郁), 한창석(韓昌錫), 김용국(金龍

國), 강윤혁(姜允赫), 최병순(崔秉順), 강시현(姜時鉉), 황용규(黃龍奎), 한상현(韓商鉉), 마도일(馬道一), 태종남(太宗南), 전태형(全泰衡), 손명욱(孫明郁), 남철붕(南哲鵬), 장화석(張化錫), 오윤관(吳允官), 허영(許泳), 장석규(張錫奎), 최윤오(崔允五), 이남언(李南彦), 장경률(張京律), 석순경(石淳京), 이도언(李道彦), 김용규(金龍奎), 김형주(金衡柱), 심신택(沈信澤), 원형갑(元亨甲), 이남석(李南奭), 현정희(玄正羲), 이병진(李秉進), 김명동(金明東), 허근(許根), 이희일(李希逸), 이순기(李舜基), 박두형(朴斗衡), 최우삼(崔禹三), 정준렬(鄭俊烈), 이언일(李彦一), 이원실(李元實), 황군명(黃君明), 박근실(朴根實), 임사극(林仕亟), 조상갑(趙尙甲), 이공서(李公瑞), 김희준(金希俊), 권성서(權成瑞), 김상호(金尙昊), 방홍지(方弘芝), 김경여(金景汝), 김종국(金鍾國), 현기담(玄奇淡), 유군삼(劉君三), 김치윤(金致允), 방배원(方配圓), 석대언(石大彦)

XI

『경무청내거문』 번역문

1 경부 소관 함경북도 변경 지역 경무서 경비 예산을 청의해줄 것을 요청하는 조회

조회 제15호

경부(警部) 소관 함경북도 변계경무서(邊界警務署) 경비를 위한 1901년 4월 1일부터의 예산서를 보내고 조회합니다. 헤아리셔서 빨리 청의해주시기 바랍니다.

광무 5년 3월 1일

의정부찬정경부대신서리경부협판육군참장 민영철

의정부찬정탁지부대신육군부장 민병석 각하

광무 5년 3월 일

광무 5년도 세출경상부(歲出經常部)

경부 소관 함경북도 변계경무서 경비예산서

광무 5년도 세출경상부

경부 소관 함경북도 변계경무서 경비예산서

제(第) 관(款) 함경북도 변계경무서

제1항 봉급(俸給) 13,020원(元)

제2항 잡급(雜給) 162원

제3항 청비(廳費) 1,500원

제4항 여비(旅費) 1,500원

제5항 수리비(修理費) 300원

제6항 피복비(被服費) 4,336원

제7항 죄수비(罪囚費) 214원

제8항 건축비(建築費) 2,000원

합계 23,032원

경흥례(慶興例)

제(第) 호(號)

경상부(經常部) 경부 소관 함경북도 변계경무서 경비명세서

구분	사람 수	1인당 9개월 비용	합계
봉급	4월 1일부터		**13,020원**[34]
경무관	2명	525원	1,050원
총순(總巡)	4명	180원	720원
순검(巡檢)	200명	54원	10,800원
잡급(雜給)			**162원**
청사(廳使)	3명	27원	81원
압뢰(押牢)	3명	27원	81원
청비(廳費)			**1,500원**
여비(旅費)			**1,500원**
수리비			**300원**
피복비(被服費)			**4,336원**
동복(冬服)	200조(組)	3원 30전(戔)	660원
하복(夏服)	400조	1원 50전	600원
복착(服着)	600조	70전	420원
외투	200조	7원	1,400원
모자	200조	1원 18전	236원
군도(軍刀)	200자루[柄]	3원	600원
구두	200켤레[足]	1원 50전	300원
양말	1,000켤레	7전	70원
수첩	1,000건(件)	5전	50원
죄수비(罪囚費)			**214원**

34 경무관, 총순, 순검의 각 급여액을 합하면 1만 2,570원으로, 명시된 급여 총액과 다르다.

구분	사람 수	1인당 9개월 비용	합계
식비			180원
의복비			34원
신건비(新建費)			**2,000원**
합계			23,032원[35]

경부 소관 함경북도 변계경무서 경비를 예산 외로 지출할 청의서

광무 5년 3월
이달 1일 경부대신서리(警部大臣署理)의 제15호 조회에 따르면 "경부 소관 함경북도 변계경무서 경비에 대한 1901년 4월 1일부터의 예산서를 보내고 조회합니다. 헤아리셔서 빨리 청의해주시기 바랍니다"라고 했습니다. 이 비용을 조사해보니 지출하지 않을 수 없으므로 별지(別紙)의 조서(調書)와 같이 예비금 중에서 지출할 것을 회의에 제출합니다.

의정부찬정탁지부대신육군부장 민병석

의정부의정서리의정부찬정내부대신 이건하 각하

2 경부 소관 함경북도 변계경무서 경비 예산을 승인받았다는 지령

지령 제8호

탁지부에서 청의한 감옥서(監獄署) 이건비(移建費) 1만 5,204원(元) 54전(錢)과, 함경북도 변계경무서 경비 2만 3,032원을 예비금 중에서 지출하는 일로 의정부회의를 거친 후 상주하여 재가를 얻었기에 지령합니다.
광무 5년 3월 9일

의정부의정서리찬정내부대신 이건하

35 각 경비를 합하면 2만 2,732원으로, 명시된 전체 총액과 다르다.

의정부찬정탁지부대신 민병석 각하

통첩 경부(警部)

광무 5년 3월 11일

탁지부에서 헌의(獻議)한 감옥서 이건비 1만 5,204원(元) 54전(錢)과, 함경북도 변계경무서 경비 2만 3,032원을 예비금 중에서 지출하는 일로 대해 의정부회의를 거친 후 상주하여 재가를 얻었다는 의정부의 지령이 왔기에 별지(別紙)에 그 내역을 작성해 보냅니다.

의정부찬정탁지부대신육군부장 민병석

의정부찬정경부대신서리경부협판 민영철 각하

광무 5년도

경부 소관 세출경상부

제4관(款) 각 항(港) 경무서비(警務署費) 증액 23,032원(元)

제1항 봉급　증액 1만 3,020원

제2항 잡급　증액 162원

제3항 청비　증액 1,500원

제4항 여비　증액 1,500원

제5항 청사　수리비 증액 2,300원

제6항 피복비　증액 4,336원

제7항 죄수비　증액 214원

세출임시부(歲出臨時部)

제1관 감옥서 이건비　15,204원 54전

제1항 감옥서 이건비　15,204원 54전

원문

議政府來去文

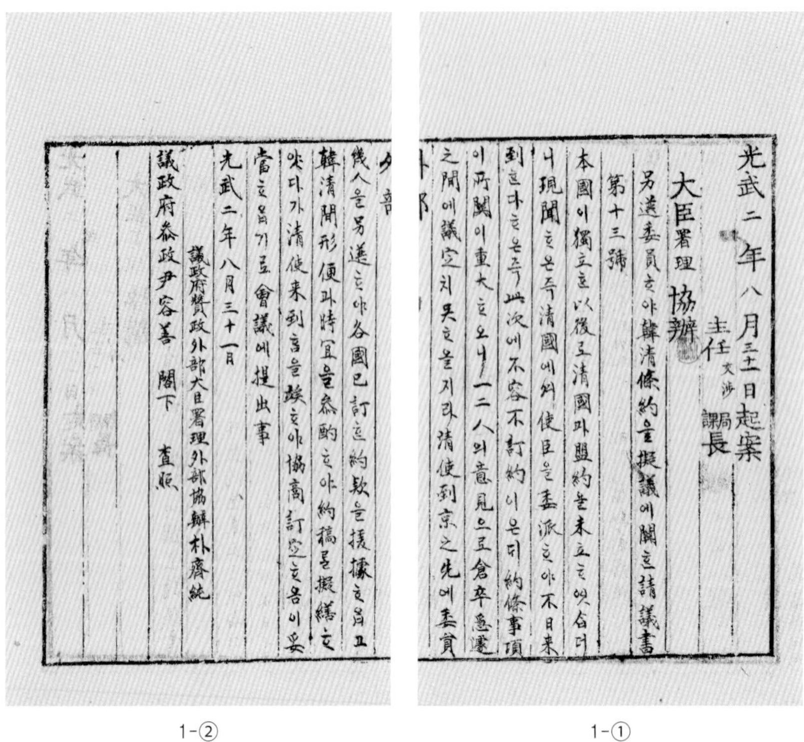
光武二年八月三十一日起案
大臣署理協辦 主任 文涉局 課長
另選委員ᄒᆞ야韓淸條約을擬議에關ᄒᆞᆫ請議書
第十三號
本國이獨立ᄒᆞᆫ以後로淸國과盟約을未立ᄒᆞ얏삽더니現聞ᄒᆞᆫ즉淸國에셔使臣을委派ᄒᆞ야不日來到ᄒᆞᆫ다ᄒᆞᆫ즉此次에不容不訂約이온디約條事項이所關이重大ᄒᆞ오니一二人의意見으로倉卒急遽之間에議定치못ᄒᆞᆯ지라淸使到京之先에委員

1-①

幾人을另選ᄒᆞ야各國已訂ᄒᆞᆫ約款을援據ᄒᆞ옵고韓淸間形便과時宜를參酌ᄒᆞ야約稿를擬繕ᄒᆞ얏다가淸使來到ᄒᆞᆷ을俟ᄒᆞ야協商訂定ᄒᆞ옴이妥當ᄒᆞᆯ듯기로會議에提出事
光武二年八月三十一日
議政府贊政外部大臣署理外部協辦朴齊純
議政府參政尹容善 閣下 査照

1-②

照會 第四十九號
咸鏡北道鍾城居前副護軍吳三甲等以韓淸間確定疆界事로上疏ᄒᆞ와
批旨에省疏具悉疏辭令政府稟處ᄒᆞ라ᄒᆞ시온바本府會議에提出ᄒᆞ야可라ᄒᆞᆫ標題가八이오否라ᄒᆞᆫ標題가二온지上
奏ᄒᆞ와奉
旨從標題多數施行ᄒᆞ라ᄒᆞ시고咸鏡北道慶興之北海蔘葳居幼學趙致龍等以設官於海蔘葳事로上疏ᄒᆞ와

2-①

批旨에省疏具悉疏辭令政府稟處ᄒᆞ라ᄒᆞ시엿기本府會議에提出ᄒᆞ야會議標題에令外部로措處라ᄒᆞᆫ標題가多ᄒᆞ온디上
奏ᄒᆞ와奉
旨制曰可라ᄒᆞ시온바事關
貴部이기로玆에照會ᄒᆞ오니
照亮欽遵ᄒᆞ시믈爲要
光武二年九月二十六日
議政府參政尹容善
議政府贊政外部大臣署理協辦朴齊純 閣下

2-②

再昊三甲及趙致龍等의原疏를伴呈ᄒᆞ오니
查閱ᄒᆞ신後卽爲還擲ᄒᆞ시믈爲要

2-③

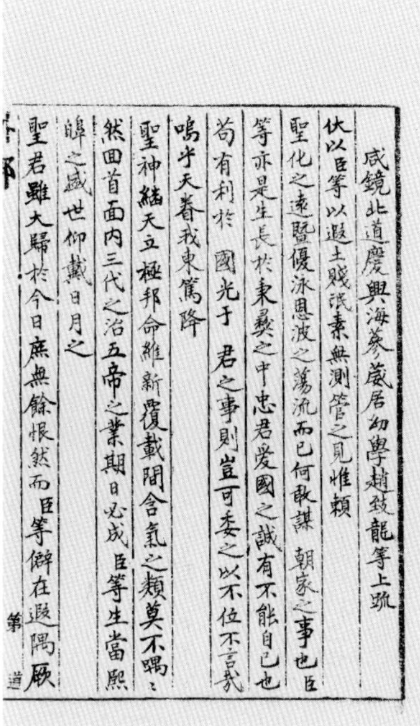

咸鏡北道慶興海蔘崴居幼學趙致龍等上疏
伏以臣等以遐土賤氓素無測管之見惟賴
聖化之遠暨優泳恩波之蕩流而已何敢謀 朝家之事也臣
等亦是生長於東夷之中忠君愛國之誠有不能自已也
苟有利於 國光于 君之事則豈可委之以不位不言哉
嗚乎天眷我東篤降
聖神繼天立極邦命維新覆載間含氣之類莫不踴々
然回首面內三代之治五帝之業期日必成臣等生當熙
皞之盛世仰戴日月之
聖君雖大歸於今日庶無餘恨然而臣等僻在遐隅厥

2-④

土居生之道切有慨然者故茲敢不避猥越冒昧以
聞伏願澄省焉盖海蔘崴地卽接露國之界而各國人
民都會闤市之處也我國八道之民寓居於此作生於此
者乃爲六萬餘戶他國則各置官人導率之保護之而惟
獨我國姑未建官故商民則無伸理之權平民則無依恃
之處或有訴訟事件則必呼於他國裁判官以
陛下之氓呼他國之官者豈不嘆然哉今方
聖天子神聖文武躬履艱難而導率萬民儼存獨立之
權則率普之下莫不欣忭而將進文明之軌道也當此成
務之時特置官人於其地內以護本國之民物外以交各

2-⑤

國之事務則此豈非盛世之美事乎且其地天府之土也
五穀豊登六畜繁盛山珍海錯無物不具而今此經紀
不害於他國之境界無損於衆民之生業亟下
成命擇定廉潔解事之人任官 命送使之宣化以遂民望
滋育才而養武通商而殖貨則剏建之費新設之資必
不待度支劃下不煩不擾自有方便然則上無遺民之
政下無冤枉之意而營業必成是可謂富强之一助也
伏乞
特垂視如子幷欲生之 惠澤施措建官之方不勝千萬
屛營祈懇之至

2-⑥

旨
光武二年八月十二日奉
省疏具悉疏辭令政府稟處

2-⑦

咸鏡北道鍾城居前副護軍吳三甲等上疏
伏以臣等雖僻處關北是亦 聖人氓洵宜伏俟朝廷
施措凡關邊務民情上焉宰相咸未之察下焉韋布
亦可以言勢旣難膠固墨守義不敢越視秦聾竊為
西北廢地流民特設館定約敬具管見仰祈
聖鑑事恭摺經濟條欵擬請 欽此準飭下政府詳議
約章辦理事項乞賜
允俞查麗朝肅宗睿宗時派遣尹瓘吳延寵勦逐
女眞遂定其地限以白山內外地勢山脈尚指點班攷
暨我 聖鮮依舊視我幅員不容他人占有雖以 明太

2-⑧

祖創業兵威初不想兼并此地只是與我親睦共慮
亂民雜處其地約劃界上地對作間有我之廢地遼
東自在廢四郡在甲山西茫然風沙絕無人烟迄于
世宗朝野人孽芽其土故相臣金宗瑞申叔舟崔潤德
迭相征討以甲山府使吳明義為先鋒擒其酋李滿
住野亂斯靖迺置江界節制以隘三甲漠然百年之間
但見山高水清野旣間曠時或有餘孽隱處棲幕
甦聚旋散已認此為我土初無侵暴我民姑未能遣
兵掃蕩方思再作經畧清朝康熙五十一年復尋我
界分之烏喇摠管穆克登立碑分水嶺上定為韓界

2-⑨

由前由後以迄三朝此界之為韓土若燭照數計盖鮮
卑氣脈東馳西北起立白頭山白山中匯大澤澤邊豎
立定界碑碑下有分水嶺堆列土石樹以木寨是分界
之明驗也東北下三舍地水出為分界江流為土門江始
也水分于嶺終焉嶺沿于水分水嶺至下畔嶺分界江
至土門江上下東西以邊裏邊外名其地是又分界之
確證也與我開市百八十年自穩城撤歸者立旗豆滿
江中遞傳輸駄以其分界江合流處也自鍾城撤歸
者駄運越豆滿江百里至孛加土亦以分界江東邊也
清員之說韓界止此此亦分界之的據也定界碑文

2-⑩

曰東爲土門土門定界事勢固然今也反以我地所出
豆滿指爲土門轉謬圖門勘定界限前日兩度勘界
我員非不明辯强爭奈彼挾勢恐嚇竟不得歸正查
訣廢地來歷勘界一款不容延緩經國大計又有火急
安定事件民之倒懸未有甚夫此地流民也分界豆滿
兩江之間地名間島內地人民認是韓界挈去荒地
歲積日蒸西北生靈之入處廢地屢萬戶今係清人雜
制傭畜清國軍餉虛歸官吏之橐我民結稅贅作
漁獵之資仍占民地之俱失忍使我地我民受人脅奪
恒所痛嘆且清匪餉馬時肆窃發兩國亂民數夥窩

2-⑪

深業梗化久亦或猖獗恐非我利且念我民父子兄弟
離散顚連族姻墳墓皆在內地渠雖蠢頑那無枝鳥
之戀卽狐之思哉伊非適樂應曾懷故此又惻怛處
也國且無民國奚爲國臣等縱懷欲言奈轉無由邀朝
廷之收言近伏見駐清公使 命下此其千載一遇之
機會也敢暴衷懇幸垂 澄察現今宇內各邦保護
該民確係另辦且與清國和約旣成誼敦友邦務臻
公平伏願
聖上亟令政府會同勿仍前泄沓倍惕此喚醒照會
清隣各立保民之官議定約程擇我公廉明練有學

2-⑫

識智略一字臣前往該境仿照舊約著使御專管
設館鍾會江界等越邊東洋之上兩江之間廢郡之
中各置事務大員撫育無告之我民使他滿池喁
魚化吾衾褥赤子激發天良認眞整頓阜民財籍
土兵楨榦不遺內外毋越不幾何年永敵西北之直邊
務民情之急且重大無以有過此者攄實數衷開列
進呈伏乞 丕渙綸音俾邀土羣黎均霑 帝力咸
囿蹈舞之歡國有重恢拓土之功民無窮轉塾泥之
歎民多歸國孰敢侮予主立基礎知在此擧俄羅斯
之占領西伯里地足可媿倫敢效芹忱遂斷 荃聰倘

2-⑬

蒙迅許卽有快行從此國勢庶致自强隣嘖嗣可
慴服伏候
聖裁
光武二年八月三十一日奉
旨
省疏具悉該辭令政府稟處

2-⑭

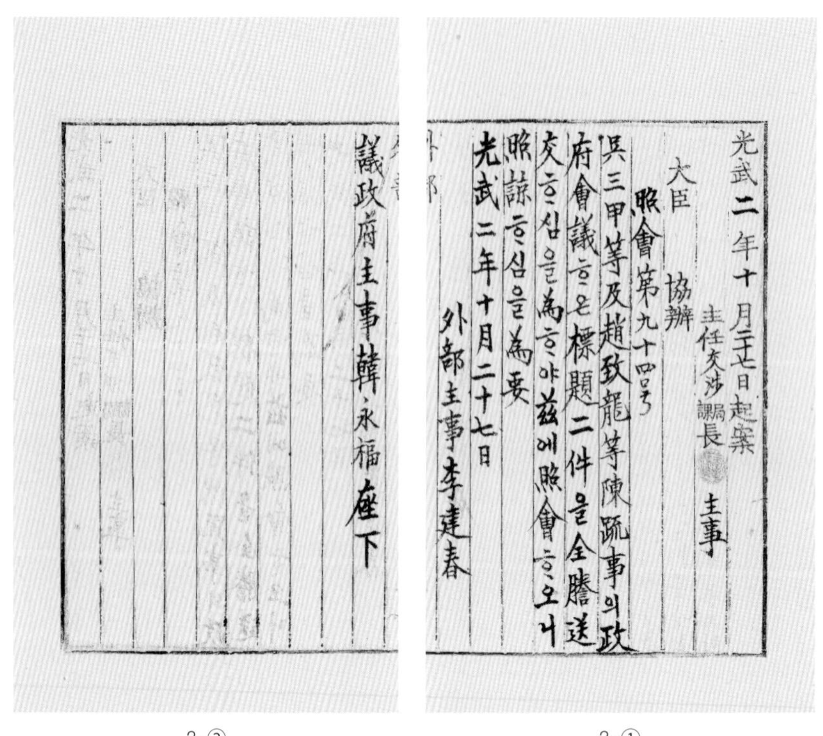
光武二年十月二十七日起案
主任交涉課局長 主事
大臣 協辦
照會第九十四號
吳三甲等及趙致龍等陳疏事의 政府會議ᄒᆞ온 標題二件을 全謄送交ᄒᆞ심을 爲ᄒᆞ야 玆에 照會ᄒᆞ오니 照諒ᄒᆞ심을 爲要
光武二年十月二十七日
外部主事 李建春
議政府主事 韓永福 座下

3-② 3-①

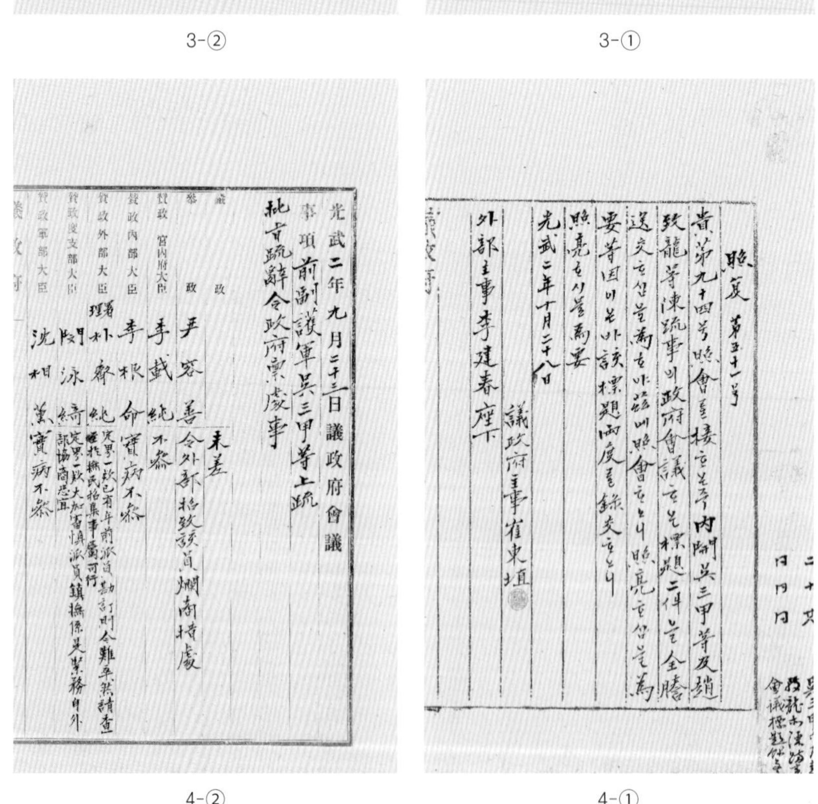
照覆 第五十一號
貴第九十四號照會를 接ᄒᆞ온즉 內開 吳三甲等及趙致龍等陳疏事의 政府會議ᄒᆞ온 標題二件을 全謄送交ᄒᆞ심을 爲ᄒᆞ야 玆에 照會ᄒᆞ오니 照亮ᄒᆞ심을 爲要等因이온바 該標題兩度를 錄交ᄒᆞ오니 照亮ᄒᆞ심을 爲要
光武二年十月二十八日
外部主事 李建春 座下
議政府主事 崔東垣

光武二年九月二十三日 議政府會議
事項 前副護軍吳三甲等上疏批旨疏辭令政府稟處事
議政 未差
參政 尹容善 令外部指飭該員柵南措處
贊政宮內府大臣 李載純 不參
贊政內部大臣 李根命 實病不參
贊政外部大臣署理 朴齊純 [illegible]
贊政度支部大臣 閔泳綺 [illegible]
贊政軍部大臣 沈相薰 實病不參

4-② 4-①

議政府
贊政法部大臣 申箕善 舊界未得確證恐難遽議拓疆
贊政學部大臣署理 高永喜 勘界重大不可遽議
贊政農商工部大臣 李道宰 派使行邊劃還吾民爲可
贊政 徐正淳 實病不參
贊政 李鍾健 猝難擬議
贊政 閔丙奭 事係難慎先令外部向鄰博採物議妥商爲宜
贊政 李允用 不參
贊政 金明圭 使外部另行商妥爲可
參贊 權在衡 先令外部招致該員爛商使否更加博採物議然後派員計劃爲可
進參 十人 可 八
不參 五人 否 二
審査報告書 ○

4-③

光武二年九月二十三日議政府會議
事項 幼學趙致龍等上疏
批旨疏辭令政府稟處事
議政 未差
參政 尹容善 令外部招致該員爛商措處
贊政宮內府大臣 李載純 不參
贊政內部大臣 李根命 實病不參
贊政外部大臣署理 朴齊純 設官駐劄管轄我民實爲要政
贊政度支部大臣 閔泳綺 派員撫民猶云晚矣自外部亟圖施行爲宜
贊政軍部大臣 沈相薰 實病不參
議政府

4-④

議政府
贊政法部大臣 申箕善 我民之流寓他境者不可不派員管護
贊政學部大臣署理 高永喜 派置事務官員管轄戢民爲宜
贊政農商工部大臣 李道宰 宜令外部協商俄使訂約經理爲可
贊政 徐正淳 實病不參
贊政 李鍾健 令外部妥商爲可
贊政 閔丙奭 既有物議又有此疏宜即派遣妥
贊政 李允用 不參
贊政 金明圭 理或然矣外部必有定算
參贊 權在衡 設置事務官管轄我民乃不可已之事也由外部知照施行爲可
進參 十人 可 十
不參 五人 否 ○
審査報告書 ○

4-⑤

光武二年十月二十九日起案
主任 交涉 課局長
大臣 協辦
照覆第九十六号
貴府第四十九号照會에咸鏡北道鍾城
居前副護軍吳三甲等以韓淸間確定疆
界事로
上疏ᄒᆞ와 批旨에省疏具悉令政府稟處
ᄒᆞ라ᄒᆞ시온바本府會議에提出ᄒᆞ야可라ᄒᆞᆫ
標題가八이오否라ᄒᆞᆫ標題가二온ᄃᆡ上
外部

5-①

旨
奏ᄒᆞ와奉
從標題多數施行ᄒᆞ라ᄒᆞ시온바事関貴部
이기로玆에照會等因이시온바此를査ᄒᆞ오
니往在乙酉丁亥年間에勘界使李重夏가
清國派員等으로再次會同ᄒᆞ야審勘邊界ᄒᆞ
온바土門豆滿의同江異音은自有確據ᄒᆞ니
不待多辯이오惟豆滿江發源處가係是韓
清分界之地이온더此源彼源에指點各殊ᄒᆞ
와未經劃定이오나豆滿江之北에另有土門
江之一種說은自歸寢息이옵더니此次吳

5-②

三甲等이前人의謬誤를復襲ᄒᆞ오며且實在
ᄒᆞᆫ情形을全昧ᄒᆞ와率爾陳疏ᄒᆞᆫ言이極涉駭妄
ᄒᆞ온지라該疏辭意와勘界事實을參照卞
晣ᄒᆞ야條列于左
一吳疏云清朝康熙五十一年烏喇總管穆克
登立碑分水嶺上定為韓界
査穆克登定界碑有西為鴨綠東為土門
故分水嶺上勒石為記之文而分水嶺在
於小白山定界碑在於長白山卽白頭山此
當年穆碑之誤立也勘界時清員疑以韓

5-③

人移碑此不可為定界之明證
一吳疏云白頭山中滙大澤澤邊竪立定界碑
碑下有分水嶺堆列土石樹以木寨是分界
之明驗也
査定界碑在白頭山初落南麓下左右有
溝壑無水沿東邊溝壑設土石堆自堆盡
處遵溝道數十里始有水東流北折入于
松花江轉為黒龍江自豆滿江下流相距為
千餘里寧古吉林等地皆在其内此不可
謂分界之明證

5-④

一吳疏云東北下三舍地水出為分界江流為
土門江始也水分于嶺絡驀嶺沿乎水分水
嶺至下畔嶺分界江至土門江上下東西以
邊裏邊外名其地是又分界之確證也
査長白山之東南有長山嶺連亘為北龍
山又東走為下盤嶺有水出於嶺下此所謂
土門子又稱分界江清人稱以博爾哈通
而以上四五百里皆山也無以山定界之舊
案此不可謂分界之明證
一吳疏云分界豆滿兩江之間地名間島内地

5-⑤

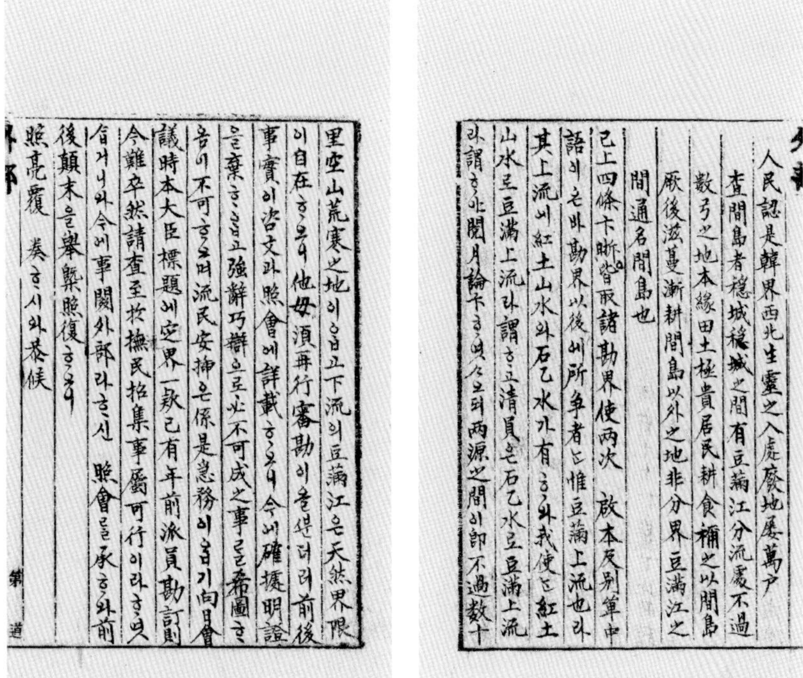

人民認是韓界西北生靈之入處廢地屢萬户
査間島者穩城穩城之間有豆滿江分流處不過
數弓之地本緣田土極貴居民耕食稱之以間島
厥後滋蔓漸耕間島以外之地非分界豆滿江之
間通名間島也
已上四條下晰皆取諸勘界使兩次 啟本及別單中
語이온바勘界以後에所爭者는惟豆滿上流也라
其上流에紅土山水와石乙水가有ᄒᆞ와我使는紅土
山水로豆滿上流라謂ᄒᆞ고淸員은石乙水로豆滿上流
라謂ᄒᆞ야閱月論卞ᄒᆞ얏ᄉᆞ오되兩源之間이卽不過數十

里空山荒寒之地이옵고下流의豆滿江은天然界限
이自在ᄒᆞ온바他毋須再行審勘이옵거니와前後
事實이咨文과照會에詳載ᄒᆞ온바今에確據明證
을棄ᄒᆞ옵고強辭巧辯으로必不可成之事를希圖ᄒᆞ
옴이不可ᄒᆞ오며流民安插은係是急務이옵기向日會
議時本大臣標題에定界一款已有年前派員勘訂
今難卒然請査至於撫民招集事屬可行이라ᄒᆞ엿
솝거니와今에事關外部라ᄒᆞ신 照會를承ᄒᆞ와前
後顚末을擧槩照復ᄒᆞ오니
照亮覆 奏ᄒᆞ시와恭候

5-⑦ 5-⑥

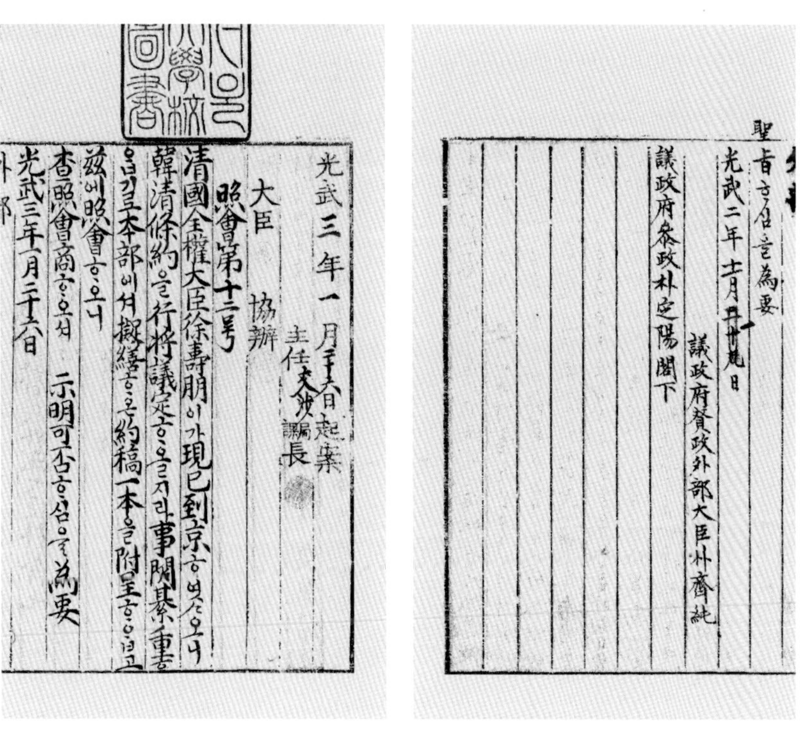

聖旨ᄒᆞ심을爲要
光武二年十二月二十九日
議政府贊政外部大臣朴齊純
議政府叅政朴定陽閤下

光武三年一月二十六日起案 主任 課長
大臣 協辦
照會第十二號
淸國全權大臣徐壽朋이가現已到京ᄒᆞ엿ᄉᆞ오니
韓淸條約을行將議定ᄒᆞ올지라事關緊重ᄒᆞ
옵기로本部에서擬繕ᄒᆞ온約稿一本을附呈ᄒᆞ오니
玆에照會ᄒᆞ오니
査照會商ᄒᆞ오셔 示明可否ᄒᆞ심을爲要
光武三年一月二十六日
外部

6-① 5-⑧

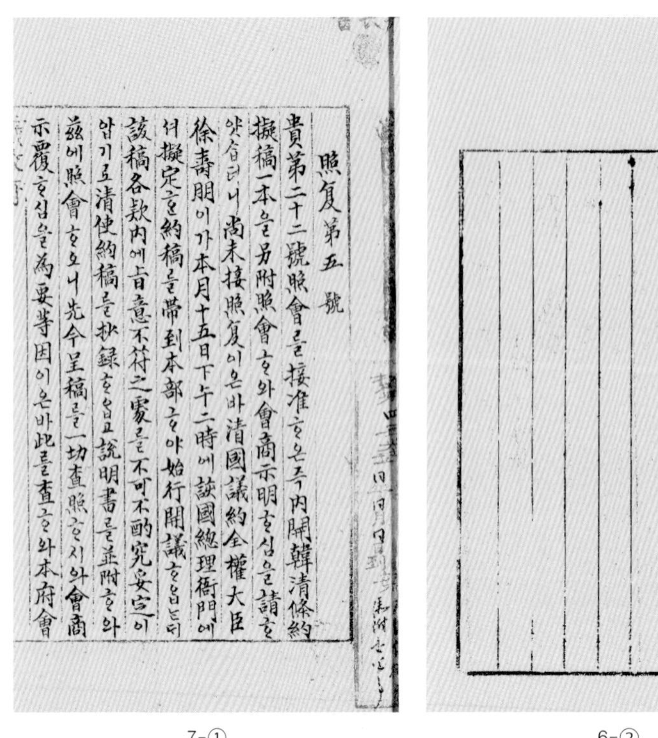

照復第五號

貴第二十二號照會를 接准ᄒᆞ온즉 內開 韓淸條約擬稿一本을 另附照會ᄒᆞ와 會商示明ᄒᆞ심을 請ᄒᆞ얏삽더니 尙未接照復이온바 淸國議約全權大臣 徐壽朋이가 本月十五日下午二時에 該國總理衙門에서 擬定ᄒᆞᆫ 約稿를 帶到本部ᄒᆞ야 始行開議ᄒᆞ옵ᄂᆞᆫᄃᆡ 該稿各款內에 旨意不符之處를 不可不酌究妥定이압기로 淸使約稿를 抄錄ᄒᆞ옵고 說明書를 並附ᄒᆞ와 玆에 照會ᄒᆞ오니 先今呈稿를 一切査照ᄒᆞ시와 會商示覆ᄒᆞ심을 爲要等因이온바 此를 査ᄒᆞ와 本府會

7-①

議政府參政徐正淳

議政府贊政外部大臣朴齊純 閣下

6-②

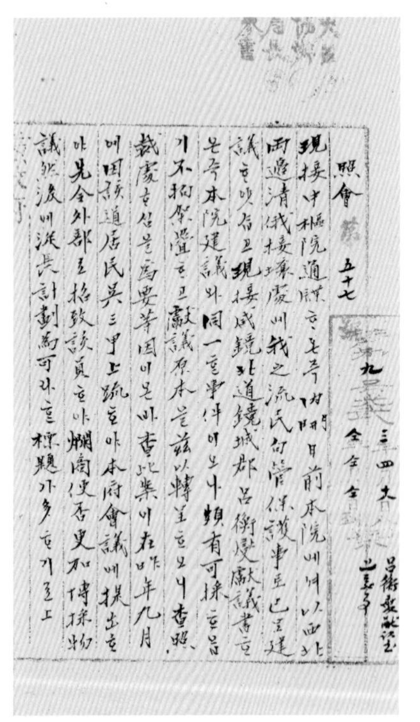

照會 五十七

現接中樞院通牒ᄒᆞ온즉 內開 日前本院에셔 以西北兩邊淸俄接壤處에 我之流民이 會保護事로 已呈建議ᄒᆞ얏거니와 現接咸鏡北道鏡城郡 呂衡燮獻議書ᄒᆞ온즉 本院建議와 同一ᄒᆞᆫ 事件이오나 頗有可採ᄒᆞ옵기 不揣僭猥ᄒᆞ고 獻議原本을 玆以轉呈ᄒᆞ니 査照裁處ᄒᆞ심을 爲要等因이온바 査此案이 在昨年九月에 因該道居民 吳三甲上疏ᄒᆞ야 本府會議에 提出ᄒᆞ야 先令外部로 拓致該員ᄒᆞ야 [illegible] 更加博採物議然後에 [illegible] 計劃爲可라ᄒᆞᆫ 標題가 多ᄒᆞ기로 上

8-①

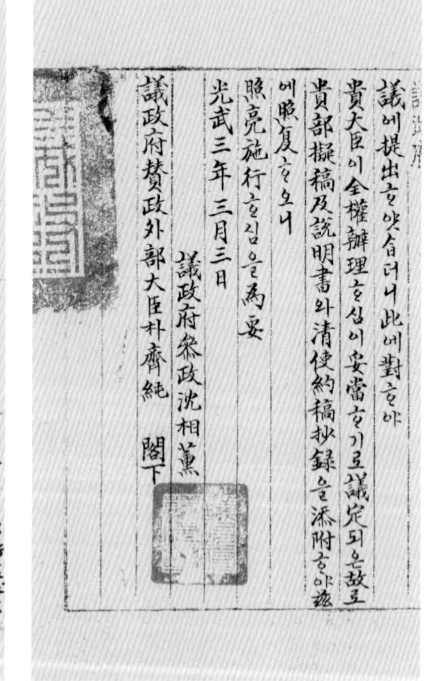

議에 提出ᄒᆞ얏삽더니 此에 對ᄒᆞ야 貴大臣이 全權辦理ᄒᆞ심이 妥當ᄒᆞ기로 議定되온 故로 貴部擬稿及說明書와 淸使約稿抄錄을 添附ᄒᆞ야 玆에 照復ᄒᆞ오니 照亮施行ᄒᆞ심을 爲要

光武三年三月三日

議政府參政沈相薰

議政府贊政外部大臣朴齊純 閣下

7-②

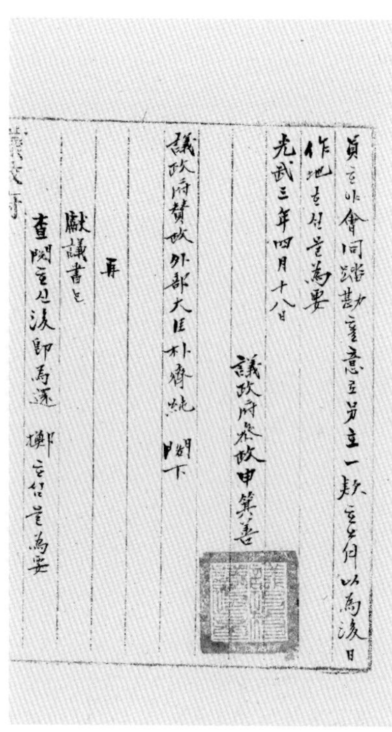

員ᄒᆞ야會同踏勘ᄒᆞ와意로另立一款ᄒᆞ야以爲後日
作地ᄒᆞ심을爲要
光武三年四月十八日
議政府參政申箕善
議政府贊政外部大臣朴齊純 閣下

再
獻議書ᄂᆞᆫ
查閱ᄒᆞ신後卽爲還
擲ᄒᆞ심을爲要

8-③

奏ᄒᆞ야奉
旨派標踏勘ᄒᆞ라ᄒᆞ시오며欽此知照
貴部在案이오며今此呂衡燮等의獻議書가一與吳
三甲疏論으로相同ᄒᆞ고且其聯名中에亦有吳三甲三
字라事係未得確證者ᄂᆞᆫ參之堪輿形便及土人傳述ᄒᆞ야
立碑顚末에不當歸之於架虛鑿空이오至於西疆之現
以內江爲界로未可仍爲鐵限이라今此獻議諸人之屹
屹攷ᄂᆞᆫ實屬嘉尙이옵거니와事係拓疆에有不可泯默
故로該獻議原書ᄒᆞ야粘後送交ᄒᆞ오니
查照ᄒᆞ오시와此次韓淸立約時에兩國交界ᄂᆞᆫ日後各派委

8-②

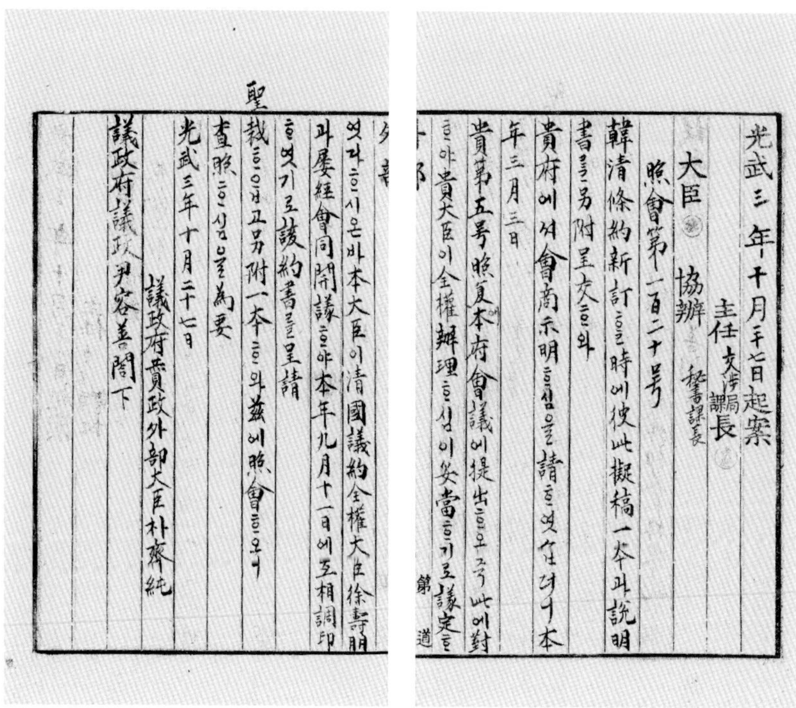

光武三年十月二十七日起案
主任 交涉局課長
大臣 協辦 秘書課長
照會第一百二十號
韓淸條約新訂ᄒᆞᆯ時에彼此擬稿一本과說明
書ᄅᆞᆯ另附呈交ᄒᆞ와
貴府에셔會商示明ᄒᆞ심을請ᄒᆞ엿삽더니本
年三月三日
貴第五號照復本府會議에提出ᄒᆞ오ᄂᆞᆫ즉此에對
ᄒᆞ야貴大臣이全權辦理ᄒᆞ심이妥當ᄒᆞ기로議定ᄒᆞ
外部 第 道

ᄒᆞ엿다ᄒᆞ시온바本大臣이淸國議約全權大臣徐壽朋
과屢經會同開議ᄒᆞ야本年九月十一日에互相調印
ᄒᆞ엿기로該約書ᄅᆞᆯ呈請
聖裁ᄒᆞ엿고另附一本ᄒᆞ와玆에照會ᄒᆞ오니
查照ᄒᆞ심을爲要
光武三年十月二十七日
議政府贊政外部大臣朴齊純
議政府議政尹容善閣下

9-② 9-①

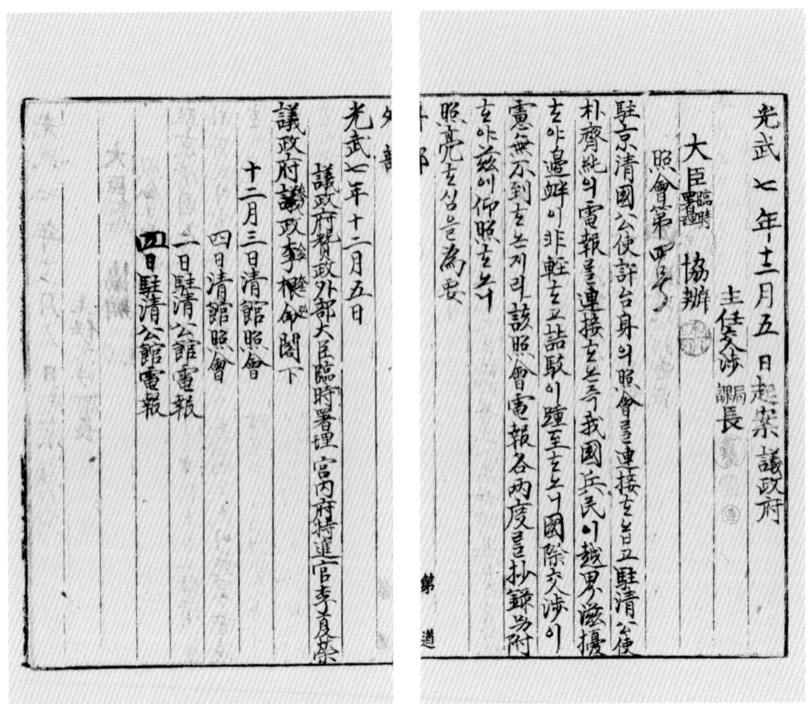

外部

光武七年十二月五日

議政府贊政外部大臣臨時署理宮內府特進官李夏榮

議政府議政李根命閣下

十二月三日清館照會

四日清館照會

二日駐清公館電報

四日駐清公館電報

10-②

光武七年十二月五日起案 議政府

主任交涉課長

大臣臨時署理 協辦

照會第四号

駐京清國公使許台身의照會를連接호옵고駐清公使朴齊純의電報를連接호온즉我國兵民이越界濫擾호야邊衅이非輕호고詰敗이踵至호니國際交涉이憲無不到호온지라該照會電報各兩度를抄錄하附호야茲에仰照호오니照亮호심을爲要

外部 第 道

10-①

外部

害更甚懇速驅逐并據韓民金汝元呈稱伊父金永河被徐相懋捉去惡刑逼索幾致廢命等情并訪查得該負自上年二月間越界來華從人三十餘名皆帶鎗械私往縣屬嶺後江甸子太平溝掛牌嶺榆樹林等處往來不定亦聞赴通化懷仁臨江寬甸等縣屬境潛住自稱奉使清查越墾韓民戶口藉此按戶索錢十餘吊至五六十吊不等名曰戶錢有不給者拘至寓所拷打勒罰并於五月間有將韓民李東浚拏至太平溝寓內毆死棄尸大江之事統計縣屬十一保內墾民一千餘名約共索去韓錢二萬餘吊後聞

11-②

光武八年三月七日起案

主任交涉課長

大臣臨時署理 協辦

照會第四号

駐京清國公使許台身의照會를接호온즉內開茲准奉天將軍來文前因韓民李錫範等與李盛之等兩次聯名呈訴徐尚武擅作威福假官拷詐民不堪虐懇請飭逐當卽飭令輯安縣查覆旋據稟稱正飭查間卽有李聖之林炳秀李錫範金京守鄭亨汝等以徐尚武卽徐相懋在輯界往來擾

外部 第 道

11-①

派人往查始領從人渡江回國嗣於十月間接到徐相懋來函忽稱李聖三林丙秀爲叛逆逃犯侵盜民財蕩析民産又稱有寄存民家之士庶官誥政省文牘辦事帖件官牌印盒公服衣物雜件馬匹俱被盜去分置該縣兵房又稱有差人徐相國等九名亦被搶去因於該縣民店皆毫無憑證之事究令該縣查拏交還經該縣據理駁復該徐相懋第三次函中復有持節發兵將與該縣從事之語并有致函第六聯隊金參領派兵捉來之事其因被控飭查借端構陷顯而易見現雖率衆過江難保不再來滋擾請速照會韓

11-③

政府卽將徐相懋撤回并嚴飭沿邊官弁禁止越界等情本大臣查前准奉天來文徐相懋屢次率衆越界始圖築城繼欲建署種々違約生事迭經照請貴外部查撤在案何以現今尚在該省沿邊一帶逗留似此恣行苛虐旣屬貽害民生而其任意妄爲亦將激成邊釁爲此據文照請貴大臣查照屢次照會一併奏請速將徐相懋卽日撤回疊嚴飭沿邊官弁不得帶兵過界并照約切禁潛越以免橫生事端是爲至要立待裁覆等因이온바此를查ᄒᆞ오니該徐貟이率衆過江ᄒᆞ야恣意苛虐ᄒᆞ며妄自行動ᄒᆞ야將成邊

11-④

釁ᄒᆞ오니殊堪駭惋이옵기玆에照會ᄒᆞ오니查照ᄒᆞ오셔該徐相懋를卽行拿還ᄒᆞ와查核嚴懲ᄒᆞ시고隨卽 示復ᄒᆞ심을敬要

光武八年三月七日

議政府賛政外部大臣臨時署理議政府賛政法部大臣李址鎔

議政府議政李根命閤下

11-⑤

光武八年三月八日起案

主任交涉局課長

大臣臨時署理 協辦

照會第五號

咸鏡南道觀察使徐正淳의報告를據ᄒᆞ온즉內開三水郡邊擾事使甲山三水兩郡守로與清官會辦緣由ᄂᆞᆫ前已馳報이옵견과陰曆癸卯十二月十日에甲山郡守李根豊과三水郡守李敏重과出駐隊官趙基禹金思稷이與清官撫民府孫長青臨江縣吳光國으로會同談辦後我官主席之甲山郡守報告書가今才來到이옵기并

12-①

與清官照會와彼我約書及問答記와我民之戊戌以後被
殺被掠成冊을并爲謄書上送이옵건과蓋今番會辨時
에只以癸卯年內兩界殺掠者査明賠償으로彼我定約
ᄒᆞ고嗣後則各守疆界ᄒᆞ와敦交安民等事로成書捺
印이오니兩郡邊民이雖得稍可安接이오나我民之近
年以來被殺被掠者는不得賠償이오니甚庸慨歎이오
며觀於該郡所報則三水隊見奪之銃與彈丸中銃三十柄
丸一千發은以本物推還ᄒᆞ고銃四柄丸八千發은銃則每柄
代銀三十二元丸則每發代錢三錢式推還次定納이오며
清民見奪之牛騾馬中牛六十首는以本物送還ᄒᆞ고其

12-②

餘六十五首는每首定價六十一兩五錢式合代錢四千兩을
或屠食或匿賣人處에徵價送還次定約이옵고賑恤粟
三十石은以我民取來者로送給이오니上項諸條則已歸妥
決ᄒᆞ와更無可論이옵고至若我民被殺之十四口와被奪
之平錢五千兩與獵銃十柄과清人被殺之十八口와被燒之
窩舖與油坊合五十二處之賠償은以俟兩國政府處辨으
로定約而清官約書中에以被死人每名華平銀三百兩
被燒大窩十七處共二百間每間銀四十兩小窩四十處共二
百四十四間每間銀二十兩恤給으로爲言이오니惟伏俟處辨
知委이오며此次我界邊衅이初由於三水小農社民李永

12-③

植之擄取清人流下木ᄒᆞ고畢竟致禍은實由於雲寵隊之
越界作梗而李永植則本以移寓之氓으로仍卽挈家逃脫
ᄒᆞ와莫知去向이옵고隊官崔丙嫌之縱兵掠殺과砲領延
振憲之助惡逞兇은有清官約書中執証이오니不可無別
般懲辦이옵기砲領延振憲은爲先嚴囚該郡獄ᄒᆞ옵고
并與崔丙嫌所犯之罪는以待處辨이오며其餘清民牛騾
馬與禾穀之搶奪者는在兵則自隊懲辦ᄒᆞ고在民則自
郡懲辦之意로前已照會于該隊ᄒᆞ오며亦已指飭于該
郡이옵고茲에報告ᄒᆞ오며清官約書中에公文往返을
以陰曆正月二十五日爲期이오니査照ᄒᆞ오셔斯速辨理

12-④

指令ᄒᆞ심을爲要等情이온바此를査ᄒᆞ오니隊官及砲領
查懲은應由　元帥府妥辦이오나賠償一款은事係
貴府이옵기茲에照會ᄒᆞ오니
查照ᄒᆞ오셔如何處辨之處를不日　示覆ᄒᆞ시와該
約書中公文往返期限前에電飭케ᄒᆞ심을敬要
光武八年三月八日
議政府贊政外部大臣臨時署理議政府贊政法部大臣李址鎔
議政府議政李根命閣下

12-⑤

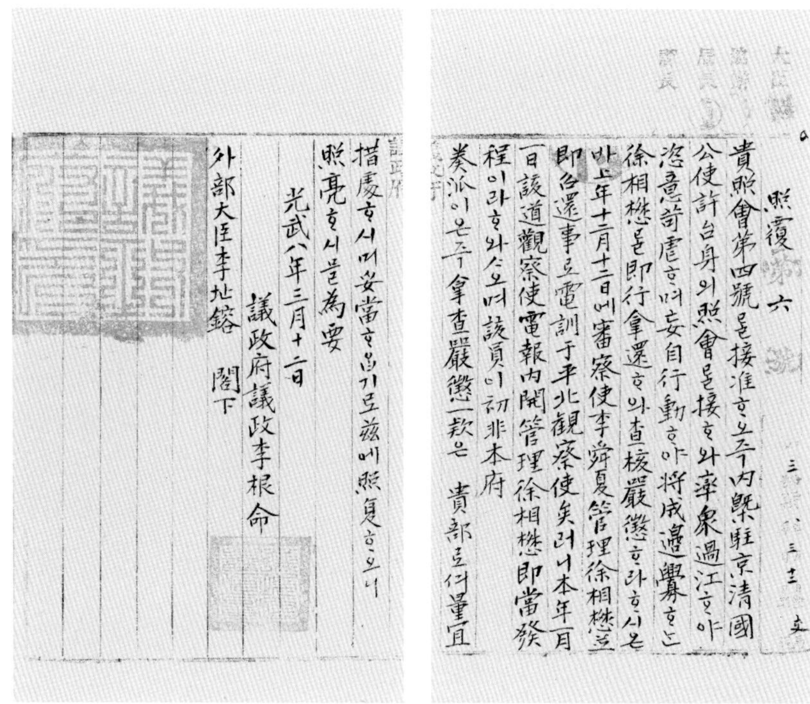

照覆 第六
貴照會第四號를接准ᄒᆞ온즉內槪駐京淸國
公使許台身의照會를接ᄒᆞ와率衆過江ᄒᆞ야
恣意苛虐ᄒᆞ며妄自行動ᄒᆞ야將成邊釁ᄒᆞᄂᆞᆫ
徐相懋를卽行拿還ᄒᆞ와查核嚴懲ᄒᆞ라ᄒᆞ시온
바上年十二月十二日에審察使李舜夏管理徐相懋並
卽召還事로電訓于平北觀察使矣러니本年一月
一日該道觀察使電報內開管理徐相懋卽當發
程이라ᄒᆞ와ᄉᆞ오며該員이初非本府
奏派이온즉拿查嚴懲一款은 貴部로付量宜

13-①

措處ᄒᆞ시며妥當ᄒᆞ옵기로玆에照覆ᄒᆞ오니
照亮ᄒᆞ시믈爲要
光武八年三月十二日
議政府議政李根命
外部大臣李址鎔 閣下

13-②

照覆 第七
貴照會第五號를接准ᄒᆞ온즉內槪咸鏡南道
觀察使徐正淳의報告를據ᄒᆞ온즉內開三水郡
邊擾事我民之戊戌以後被殺被掠成冊을上送
이옵건바蓋今番會辦時에只以癸卯年內兩界殺
掠者查明賠償으로彼我之約ᄒᆞ고三水隊見奪之
鎗九枝와淸民見奪之牛騾馬等諸條則已歸妥決ᄒᆞ와
更無可論이옵고至若我民被殺之十四口와被奪之平
錢五千兩與獵鎗十柄과淸人被殺之十八口와被燒之
窩舖與油坊合五十二處之賠償은以俟兩國政府處

14-①

辦으로定約而淸官約書中에以被死人每名葬平銀三
百兩被燒大窩十七處共二百間每間銀四十兩小窩四十處
共二百四十間每間銀二十兩恤給으로爲言이오니惟伏
俟處辦知委이오며淸官約書中公文往返은以陰曆
正月二十五日爲期等情이온바此를查ᄒᆞ오니隊官及砲
領查懲은應由 元帥府妥辦이오나賠償一款은
事係 貴府이옵기玆에照會ᄒᆞ오니查照ᄒᆞ오셔如
何處辦之處를不日示復ᄒᆞ시와該約書中公文往
返期限前에電飭케ᄒᆞ시믈敬要等因이온바此를查
ᄒᆞ오니甲山三水兩郡我民之被殺被掠이近年以来에

14-②

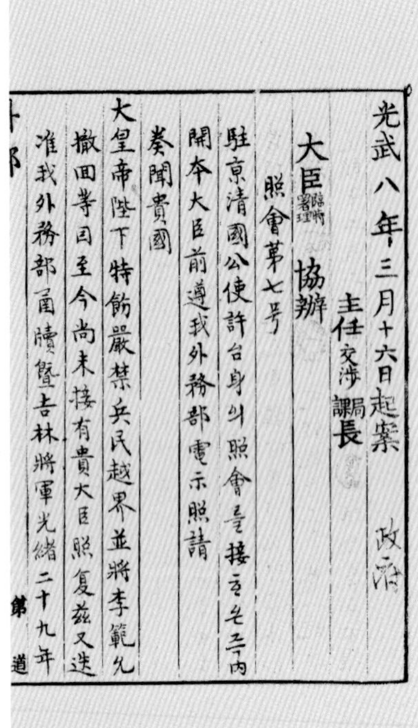
光武八年三月十六日起案 政府
主任 交涉課長
大臣 協辦
照會第七号
駐京清國公使許台身의照會를接ᄒᆞ온즉內
開本大臣前遵我外務部電示照請
奏聞貴國
大皇帝陛下特飭嚴禁兵民越界並將李範允
撤回等因至今尚未接有貴大臣照復玆又迭
准我外務部函牘暨吉林將軍光緒二十九年

15-①

無年無之어늘今番會辦時에何以只擧癸卯年內
兩界殺掠賠償으로定約인지殊甚慨歎이오며賠
償一款은非本府所關이오事係交涉ᄒᆞ니自
貴部로卽行辦理ᄒᆞ시믈爲要
光武八年三月十二日
議政府議政李根命
外部大臣李址鎔 閣下

14-③

入華籍墾民池文俊成文錫吳進士等十餘人
爲冈總委員社首等名目在華界斂錢十數万
千購買砲鎗子藥抽練堡兵千名等語復經總
鄕約韓得信徐守山等首告亦有李範允定期
十二月二十日過江設官之說旋韓得信因催完
大租在霽霞社被李範允派人綁去過江嗣又
查獲李範允派充義隊領長檢察參理監務等
官已入華籍之墾民金成連朴万秀卽朴先達
朴春植金致聲李百千姜龍康潤珠金子天鄭
富權金丰庚李東一及充細作之許連昇李炳

15-③

十一月十二月本年正月先後詳細文稱疊據
延吉廳營來禀九月間因韓兵越界滋擾並調
集兵隊沿江列守經該廳營於九月二十七日在
和龍峪邀集韓文武官陸軍參領徐廷圭等議
定各守各界以後如有兵民潛越查無執照格
殺勿論在案詎有總巡堡鄕約曺路貞暨對山
茂功等十二鄕社面禀韓官李範允派員傳知
各社每二十户抽一丁充作炮手五户養一炮兵
定期十二月二十日後渡江管理阻令各户不准
向中國交租有不從者立卽綁去拷打復派己

15-②

允姜允寬等十四人僉供分居廳屬勇智對揚
等社俱已多年薙髮易服入籍為中國之民光
緒二十六年後李範允不許薙髮始各畱起嗣
李範允發給印帖派金成連朴万秀即朴先達
李百年為義隊領長金子天為副領長鄭富權
朴春植為檢察金致聲姜龍金丰庚為叅理
李東一為監務令各編查戶口按戶抽丁練兵
每戶收籍費錢一千一百五十文交李範允收
買鎗械今年十月查明帽兒山前二道溝八道
河子西崗並沿江琿春等處共韓屯六十個韓

15-④

民兩萬多戶每屯放叅理領長各一名又令向
每戶勒捐錢六千五百文小米六斗為兵費約
定十二月初十日送交鍾城會議二十日過江先
在和龍峪修營設官在六道溝天主堂暫時屯
兵明春再在帽兒山馬鞍山修營兩坐西崗頭
道溝修營一座韓京已發到快鎗五百桿在海
陽存放因被派充和龍峪練兵總管成文錫遺
失門牌公文經鄉約韓渭信徐守山首告致被
捕獲成文錫現在逃匿鍾城其李炳允之堂弟
李汝俊即李昇昊係李範允叅謀姜允寬之胞

15-⑤

兄姜仕彥係義隊領長康潤珠之父康觀錫是
都查察許連昇係成文錫屬令探聽華軍動靜
覆實所供各情與金成連等無異並起獲李範
允公文訓令印帖信函等件復於十二月十五
日有韓叅領金名煥至和龍峪與該廳營會
晤該叅領初以商約通例為辭意在管理越
墾韓民經該廳營據理駁斥並將李範允所
發印諭執照與閱始無可置辯因又求釋金
成連等繼又欲循舊准令墾民辦團由該叅
領每屯發給狀鎗五桿均經堅詞拒却並告

15-⑥

以務須遵守該國叅領徐廷圭等原議各守
各界如有兵民潛越彼此格殺勿論該叅領
託詞各官未齊約俟明年二月再議詎十八
日該叅領來照聲稱華兵皆匪類不日派兵過
江勦匪等語二十日寅刻果有韓兵五十餘名分
兩起越界由涼水河子闖入艾蒿甸子該叅領
既有前言我哨官謝文陞等自應籌備合隊往
阻韓兵遽先開鎗我軍因亦還擊擊斃韓兵一
名拘獲副尉崔齊剛一名韓兵六名奪獲毛瑟
鎗九桿洋刀一柄餘始逃回事後迭經詰問該

15-⑦

參領詞多狡辯等因本大臣查自李範允派往
以來邊境遂爾多事屢次照請撤回迄未一見
施行今據各墾民所供李範允越界編戶斂財
抗租設官練兵設計修營約期佔界種種舉動
万分不近情理檢查公文各件尤為誣揑騷擾蓄
謀尋釁違約生事確有憑據可見近年韓國
官弁兵捕屢次滋擾及此次金名煥崔齊剛帶
兵越界均顯係李範允之所指使事後以我兵
掠奪牛隻我官邀請談辦架詞誘過亦顯而
易見足以致開邊釁況敝國民人在漢仁種地

15-⑧

者每年向貴國有司衙門繳租種地本大臣
及各領事從不阻止亦未向該民另收租費等
項該李範允既向墾民斂錢又阻止不令完中
國稅則此係何理其貪暴詳形非撤李範允斷
難彼此相安所以屢請禁撤者本政府以往年
文謂近日時局尚可相安無事實為兩國之福
故於前次照會不憚忠告再三茲特再將吉省
鈔送起獲李範允各文冊錄請貴政府察閱庶
知該李範允違背公法藐視我國虐待墾民
非本政府有所偏聽苛求也至中韓接壤圖

15-⑨

們鴨綠兩江天然界限由來已久乃以光緒十三
年兩國會勘之案遲久未決致有現在種種轇轕
立望卽日派員遄往查照前案會同重勘速定
然後再議陸章以期久遠遵守惟未經勘定之
前切須嚴飭官弁兵捕万勿越界滋事以免有
傷睦誼並礙大局為此備文照會貴大臣請煩
卽日裁覆以憑轉達各派員會勘之處盼切
施行 照錄吉林抄來李範允斂錢及派民製械等不法情事布告
示諭證據一本計十六頁 等因이온바此를查ᄒᆞ온니李
範允召回와懲辦ᄒᆞᆯ事로內部에歷經行文

15-⑩

ᄒᆞ와尚未聞准施이온ᄃᆡ此次派員勘界ᄂᆞᆫ亶
在
政府妥辦이시옵기玆에照會ᄒᆞ오니
查照ᄒᆞ심을敬要
光武八年三月十六日
外部大臣臨時署理議政府參政趙秉式
議政府議政李根命閣下

15-⑪

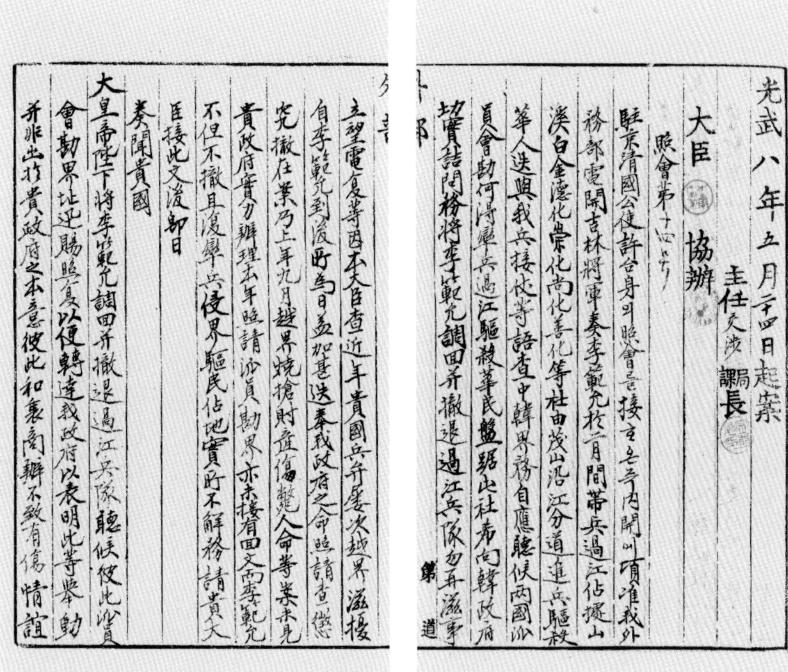

光武八年五月二十四日起案
主任交涉局課長
大臣 協辦
照會第十四號
駐京清國公使許台身의照會를接호온즉內開에頃准我外
務部電開吉林將軍奏李範允於二月間帶兵過江佔據山
溪白金濼化崇化尚化善化等社由茂山沿江分道進兵驅殺
華人迭與我兵接仗等語查中韓界務自應聽候兩國派
員會勘何得擧兵過江驅殺華民盤踞此社希向韓政府
切實詰問務將李範允調回并撤退過江兵隊勿再滋事

16-①

立望電復等因本大臣查近年貴國兵弁屢次越界滋擾
自李範允到後更為日益加甚迭奉我政府之命照請查懲
究撤在案乃上年九月越界燒搶財産傷斃人命等案未見
貴政府實力辦理本年照請派員勘界亦未接有回文而李範允
不但不撤且復擧兵侵界驅民佔地實所不解務請貴大
臣接此文後即日
奏聞貴國
大皇帝陛下將李範允調回并撤退過江兵隊聽候彼此派員
會勘界址迅賜照復以便轉達我政府以表明此等擧動
并非出於貴政府之本意彼此和衷商辦不致有傷情誼

16-②

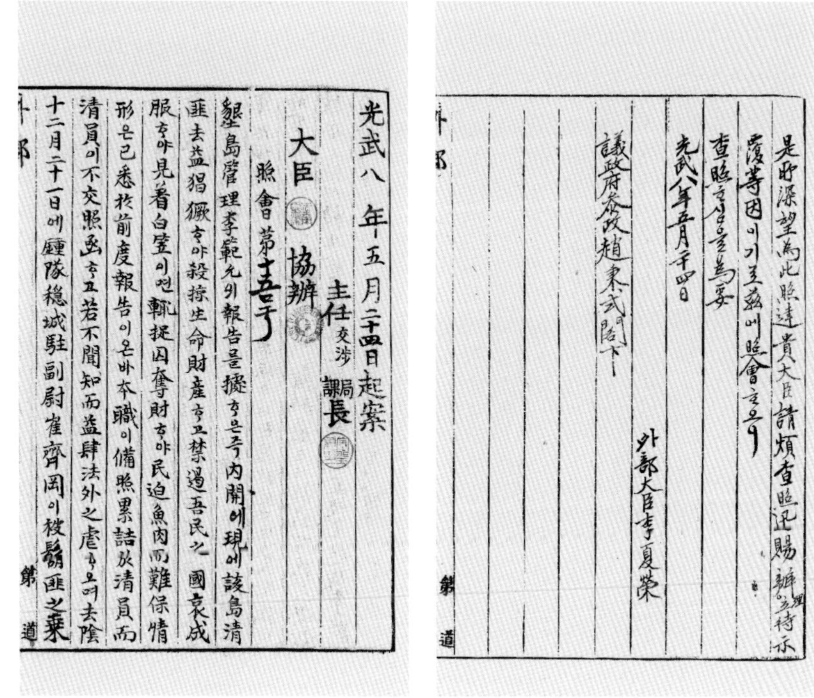

是所深望為此照達貴大臣請煩查照迅賜辦理立待示
復等因이기로玆에照會호오니
查照호심을爲要
光武八年五月二十四日
外部大臣李夏榮
議政府參政趙秉式閣下

16-③

光武八年五月二十四日起案
主任交涉局課長
大臣 協辦
照會第十五號
墾島管理李範允의報告를據호온즉內開에現에該島淸
匪去益猖獗호야殺掠生命財産호고禁遏吾民之國哀成
服호야見着白笠이면輒捉囚奪財호야民迫魚肉而難保情
形은已悉於前度報告이온바本職이備照累詰於淸員而
淸員이不交照函호고若不聞知而益肆法外之虐호오며去陰
十二月二十一日에鎭隊穩城駐副尉崔齊岡이被鬍匪之乘

17-①

襲捉去하야該尉帶兵一名은中匪丸卽斃하고該尉及隊兵
六名은被囚於芝他所清讎이라가今陰正月二十六日에該崔尉ᄂ
啚命脫還而被奪軍器服裝은尚未推還이온바清匪藉益
熾橫하야茂會鍾穩沿江岸上下에嘯聚結屯하야禁絶江干之適
涉하고巡行閭里하야劫掠婦女財穀而匪徒所到에鷄猪生畜
은罄盡無類하고至於聚黨過江하야鍾會郡地而撞闖三
峯防垣鶴浦等地에抄掠無忌하야行旅路絶而清員則輒曰
非官弁而乃鬍匪也라하야助聲肆惡하니該島砲民이壓制
被虐之極에轉生忿恨決死之心하야間與匪徒로起成爭鬪
而勢難禁遏하오니盖該島ᄂ堂堂我韓

17-②

先聖肇基疆理之地也而 政府措劃이恬嬉因循하와不卽安
勘界限而使數十萬 大韓赤子로仍受鬍匪之凌轢而迫
於水火하니寧不寒心乎잇가盖清匪之虐極惡貫에自招
從天殄滅之道也오我民之勢窮恨徹에必有爭死相鬪
之變이온바緣由로玆敢備實報告하오니伏乞下燭하신
후移照清使하야嚴詰該清員의縱匪奪掠之習하고剋
日派員勘界하야以恢我韓 發祥肇基之地를千萬
伏望等因이기로玆에照會하오니
查照하심을爲要
光武八年五月二十四日

17-③

外部大臣李夏榮
議政府參政趙秉式閣下

17-④

光武八年六月一日起案
主任 交涉局課長
大臣 協辦
照會第十七號
墾島管理李範允撤回一事로業經照會이온바清國
公使許台身의照會와駐清公使閔泳喆의報告가又
至하엿사오기該照報兩件을抄錄另附하오며再行照
會하오니
查照處辦하시고隨卽見覆케하심을爲要
光武八年六月一日

18-①

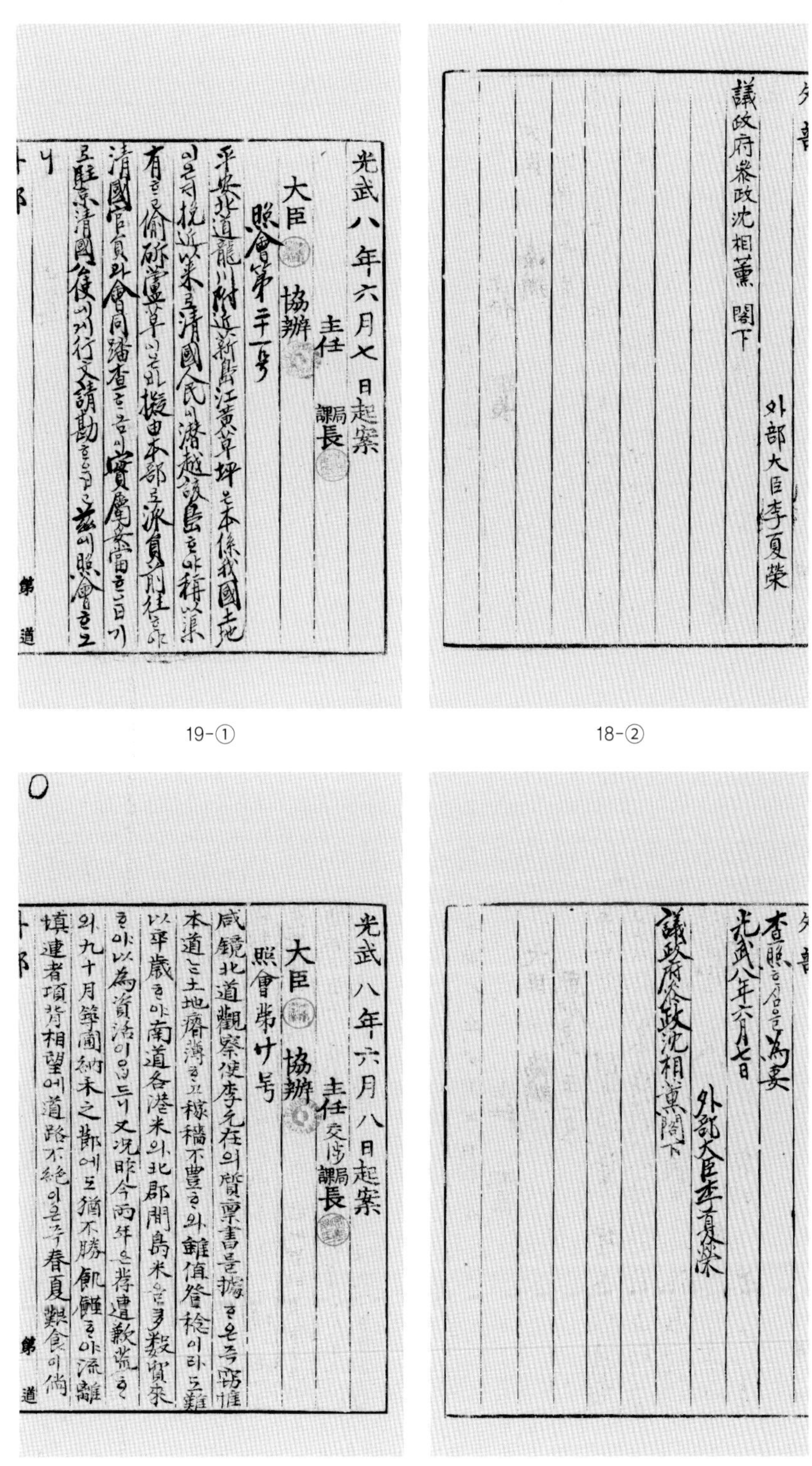

光武八年六月七日起案
大臣 協辦 主任 局長 課長
照會第二十一号
平安北道龍川附近新島江黃草坪은本係我國土地
이온디挽近以來로淸國人民이潛越該島ᄒᆞ야稱以渠
有ᄒᆞ고刈取蘆草이오니撥由本部로派員前往ᄒᆞ야
淸國官員과會同踏査ᄒᆞ야實屬妥當ᄒᆞ깃기
로駐京淸國使에게行文請勘ᄒᆞ고玆에照會ᄒᆞ오니

19-①

議政府參政沈相薰 閣下
外部大臣李夏榮

18-②

光武八年六月八日起案
大臣 協辦 主任 交涉局 課長
照會第廿号
咸鏡北道觀察使李允在의報告書를據ᄒᆞ온즉窮僻
本道ᄂᆞᆫ土地瘠薄ᄒᆞ고稼穡不豐ᄒᆞ와雖値登稔이라도難
以卒歲ᄒᆞ야南道各港米와北郡間島米을多數買來
ᄒᆞ야以爲資活이옵더니又况昨今兩年은非連歉荒ᄒᆞ
와九十月等闔納未之節에도猶不勝飢餓ᄒᆞ야流離
塡連者項背相望에道路不絶이온즉春夏艱食이尙

20-①

査照ᄒᆞ심을爲要
光武八年六月七日
議政府參政沈相薰閣下
外部大臣李夏榮

19-②

外部

復如何哉잇가滿面菜色이嗷嗷情景은滿目傷心에有不敢
枚陳이옵견과見今船路阻絶ᄒᆞ야南米不至이옵고其所賫
運者惟北間島米而已이온ᄃᆡ鍾城郡對岸間島에駐屯ᄒᆞᆫ淸
兵官이有何嫌隙ᄒᆞ야防穀甚密ᄒᆞ와茂山會寧鍾城穩城
慶源慶興對岸間島等地에셔雖一斗一升이라도使我民으로
不得貿遷而甚至於防穀前貿買者도亦不能移運케ᄒᆞ
야致使一省內幾萬生靈으로俱不免飢殍之境이온바言
念民情ᄒᆞ오면伏不勝遑汲이옵기玆에冒昧質稟ᄒᆞ오니
查照ᄒᆞ오셔 亟히淸國領事館에照會ᄒᆞ시와北間
島防穀을幸令弛禁ᄒᆞ시와俾爲救荒케ᄒᆞ심을爲

20-②

要等情이기로駐京淸國公使에게撤禁케行文ᄒᆞ옵
고玆에照會ᄒᆞ오니
查照ᄒᆞ심을爲要
光武八年六月八日
外部大臣李夏榮
議政府參政沈相薰閣下

外部 第 道

20-③

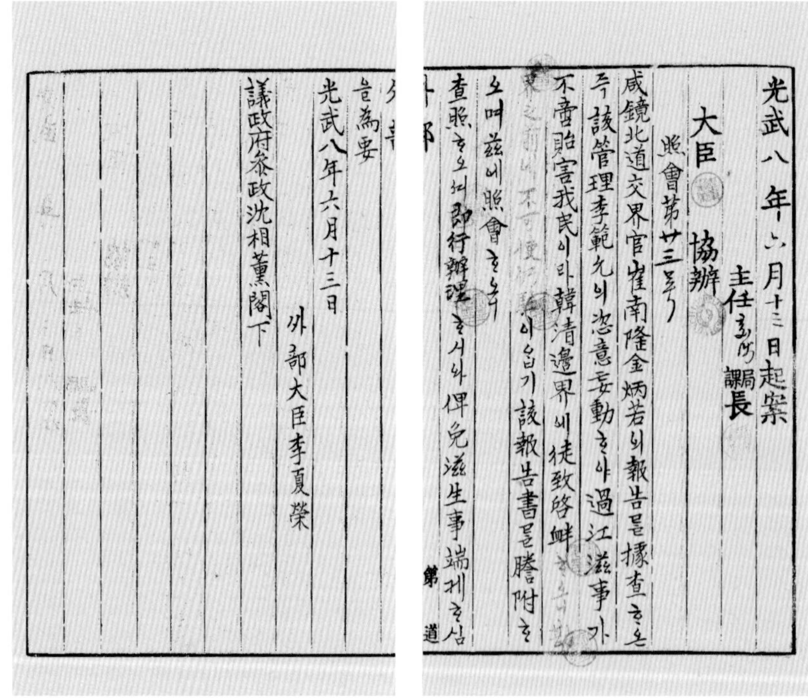

光武八年六月十三日起案
大臣 協辦 主任 局長 課長
照會第廿三號
咸鏡北道交界官崔南隆金炳若의報告를據查ᄒᆞ온
즉該管理李範允의恣意妄動ᄒᆞ야過江滋事가
不啻貽害我民이라韓淸邊界에徒致啓釁[illegible]
[illegible]이옵기該報告書를謄附ᄒᆞ
오며玆에照會ᄒᆞ오니
查照ᄒᆞ오셔卽行辦理ᄒᆞ서와俾免滋生事端케ᄒᆞ심

外部 第 道

21-①

을爲要
光武八年六月十三日
外部大臣李夏榮
議政府參政沈相薰閣下

21-②

光武八年七月五日起案 政
主任交涉課長
大臣 協辦
照會第廿八号
墾島管理李範允召還ᄒᆞᆫ事로屢經照會ᄒᆞ얏거니와
淸國公使의來文을又接ᄒᆞ온즉內開本大
臣屢次照請貴政府調回李範允撤退兵隊一事雖
經貴大臣面允調回尙未接准照復現又瞬逾多時
究竟已否調回務望卽與回文以便轉達我政府知
照爲此照會貴大臣請煩查照迅速見復이온바外
外部 第 道

22-①

外部
使照詰이非止一再이오되尙無如何作復ᄒᆞ오니言
念交際에殊涉悶欝이옵기玆에照會ᄒᆞ오니
查照迅復ᄒᆞ심을爲要
光武八年七月五日
外部大臣李夏榮
議政府參政沈相薰閣下

22-②

光武八年七月十五日起案
主任交涉課長
大臣 協辦
照會第三十三号
三水甲山兩郡守與淸官會辦賠款一事로已經照
會ᄒᆞ얏거니와
貴第七号照復을旋接ᄒᆞ온즉內槩甲山三水兩郡我
民之被殺被掠近年以來에無年無之어ᄂᆞᆫ今番會辦
時何以只舉癸卯年內兩界賠償으로定約인지殊甚
慨歎等因이시온바此를准ᄒᆞ와咸南觀察使에게訓飭
外部 第 道

23-①

外部
ᄒᆞ야管下剛明郡守로擇定詳查케ᄒᆞ얏삽더니該報
告를玆據ᄒᆞ온즉內開以三水郡守李敏重으로擇定ᄒᆞ
와使之詳查報明이옵더니現接該郡守報告書內開
伏承訓飭ᄒᆞ와近年以來三甲兩郡에淸匪處被殺被
燒被掠을秩秩區別ᄒᆞ야成冊各兩件式修正上使이올
건과昨冬邊擾에淸民賠償卹銀事款으로兩國官員
이會同議辦時賠償一款은待 政府處分淸交之意
與淸官贈約ᄒᆞ고已爲據由控報于部府矣尙未承判
議之敎而以其賠償拒給으로臨江縣照會公札이屢度
煩喝ᄒᆞ고該縣派差劉永芝留連本郡對飽越邊ᄒᆞ

23-②

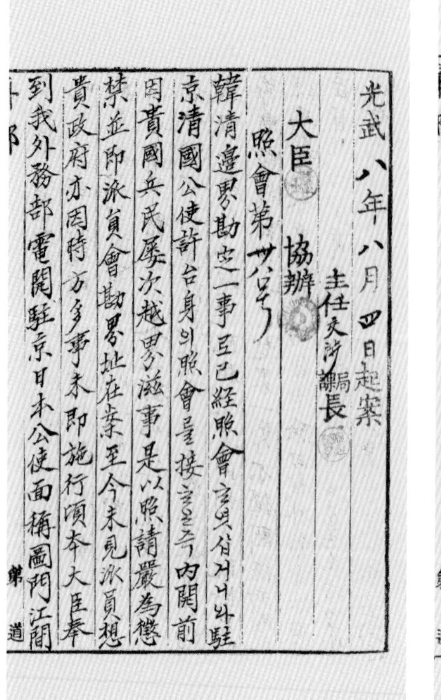

光武八年八月四日起案
主任交涉局長
大臣 協辦
照會第廿八号
韓清邊界勘定一事로已經照會ᄒᆞ엿삽거니와駐
京清國公使許台身의照會를接ᄒᆞ온즉內開前
因貴國兵民屢次越界滋事是以照請嚴爲懲
禁並卽派員會勘界址在案至今未見派員想
貴政府亦因時方多事未卽施行須本大臣奉
到我外務部電開駐京日本公使面稱圖們江間

24-①

와其所催促交還이不有餘地이온바特爲擬此轉報從
速了妥ᄒᆞ시와使此邊界之邑으로俾免清官困侵之
地伏望等因이온바謄成冊各一件式粘附上送ᄒᆞ옵기
玆에報告ᄒᆞ오니查照ᄒᆞ오셔斯速妥辦ᄒᆞ옵고指令ᄒᆞ
심을爲要等情이옵기謄成冊二件另附ᄒᆞ오며玆에
照會ᄒᆞ오니
查照處辦ᄒᆞ시ᄂᆞᆫ隨卽示覆ᄒᆞ심을爲要
光武八年七月十五日
外部大臣李夏榮
議政府參政沈相薰閣下

23-③

而孚衆論爲此照會想貴大臣亦應以爲然也
等因이옵기玆又照會ᄒᆞ오니
查照辦理ᄒᆞ시ᄂᆞᆫ隨卽示覆ᄒᆞ심을爲要
光武八年八月四日
外部大臣李夏榮
議政府議政臨時署理法部大臣朴齊純閣下

24-③

島中韓交界兩國互爭現議派員會勘日俄軍務
吃緊界事非尅期辦結請暫緩議各飭地方官
約束兵民勿滋事端俟酌量時機劃分庶保目
前平靖等語時局未定勘界只可從緩除照知
吉林將軍妥慎防範外希告大韓外部申明約
束勿再越界以期彼此相安等因到署旣勘界一
節暫時緩議至兵民越界一節不獨關係兩國交
誼且與現今東方時局有涉除由我外務部知照
吉省外切望貴大臣速卽切實訓行邊官切勿再
行越界以免別生枝節關係戰事之虞庶安大局

24-②

光武八年九月二十七日起案
主任交涉課局長
大臣 協辦
照會第四十八号
懇島管理李範允呈回事로屢經照會ᄒᆞ엿거니와咸
鏡北道交界官崔南隆金炳若의報告를又據ᄒᆞ온즉
內開에邊界情形은已所屢報이옵거니와間島視
察이來寓於鍾城郡下三載于今에每以淸館之力
拒로江近寸步을初未向西이오나期圖就事之策
ᄒᆞ와一自客臘으로招集私砲ᄒᆞ고貿着軍裝에以

25-①

忠義二字로聲稱隊號ᄒᆞ고荷銃助勢ᄒᆞ야若將渡
江署事樣으로日復聲言에千百試計이오되噫彼
淸官等이因此抱憾施強ᄒᆞ고搜捉島民中潛身
衆砲者幾十百人ᄒᆞ야杖之囚之를有若仇敵ᄒᆞ며另
派兵衆於邊岸各處ᄒᆞ야日益聲氣而駐守不離ᄒᆞ
고名之曰防匪禁江撤船ᄒᆞ며亦使防穀ᄒᆞ야不賫盜
糧이라ᄒᆞ니視察之管理島民이無計可施ᄒᆞ고無法
與敵ᄒᆞ온지라自離鍾郡ᄒᆞ야來寓會寧郡下而所
率私砲은前往茂山等地留待之意로申飭入送
者忿意持械過江ᄒᆞ야與淸交接에不幸見敗逃

25-②

竄而愚貿淸兵이有若樂禍ᄒᆞ야至有平民十餘
命被殺과五百家舍之被火와幾千衆生之呼庚과
無數家産汁物布木穀糧錢貨牛馬許多焚掠之
變이오되淸官之未息餘毒이猶浮幾層ᄒᆞ야移
禍墾民에諸般虐討은煩不聞達이옵거니와甚至開
仗之意로傳檄於鎭衛隊ᄒᆞ고鴟張聲勢가不一其
端이오니若使鎭衛隊로以敵對敵이似不無其術
이오되開仗之日에無辜先被陷沒者島民之數萬
生靈일ᄲᅮᆫ외며現時外人之來往閃動에奚暇以他
況이오며且防穀弛禁一節이最爲緊急先務者

25-③

은昨秋年景이歉收ᄒᆞ와吉州以北全省居民이無
不由墾島而穀腹者也이오며沿江六郡諸户가莫
非越農之民而窮夏難繼之時情과及秋不預之虧
望이隨處嗷嗷가最是大悶이오니守邊各官이
刻難坐視濱民ᄒᆞ야屢次會議而辦出講和之為愈
ᄒᆞ야據理照會于淸官諸處則恒稱照覆內各守
各界라도ᄒᆞ고韓民之越墾者은已入中國版籍이라
도ᄒᆞ고不准將穀糧出口載在邦禁이라도ᄒᆞ고圖們
一帶界限嚴禁潛越이라도ᄒᆞ고藉說韓清議約中
第某款所論이라도ᄒᆞ오며管理之要管島民이既

25-④

無渠政府認准公約而反謂滋衅이係是法外라ᄒᆞ
야不合時局之辭意가每每見忤이오되只以保民
靖邊之責으로民苦民飢와邊擾邊警을不可坐
受이옵기不顧彼詰ᄒᆞ옵고期要弛米禁便時局之
上策으로强辭和睦에與彼로纔得相會而彼曰言與
事違ᄒᆞ면不如不和이니繕成條約聯名盖印之請
을拖至多日에竟難恝却ᄒᆞ와互相談論成件에至
爲二十餘條而語多拶逼恐傷事體故로連日煩辨
纔以十二條件으로相約이오되猶有未妥句語而
在會邊官之一直含默者ᄂᆞᆫ盖出於萬不獲已姑息

外部　第　道

25-⑤

外部

之計이오되淸官之始終置嫵이都崇於視察ᄒᆞ고
條約中詰欄가專在乎視察이온바槩此淸官之事
事詰駁이不外乎籍其土而全管島民之一大計也
而寔由於管理秉間設法之疑嫵이오니此而不早
鮮이오면不惟邊警之無安日이옵뿐더러島民魚
肉이只在目前이오며以今時事之急務가只在勘
界이오나姑先照辨於駐京淸公使ᄒᆞ시와使淸員
으로承認以北墾島管理之我理我民케ᄒᆞ시미恐合
時宜이오며與淸官相約一本을上送ᄒᆞ옵기玆에
報告ᄒᆞ오니查照ᄒᆞ시믈爲望苐情이온바此믈查

25-⑥

ᄒᆞ오니該管理의妄肆行動은已屬駭惋이어니와
若使一日仍駐케오면誠恐邊衅이一日愈啓이옵뿐더
러此次所定章程에亦有撤去該員之文ᄒᆞ오니勘
界一節은姑難遽辨이오나該管理ᄂᆞᆫ先行撤還
ᄒᆞ시와以安邊情ᄒᆞ음이妥當ᄒᆞ옵기該章一本
을抄錄另附ᄒᆞ오며玆又照會ᄒᆞ오니
查照辨理ᄒᆞ시고并即
示覆ᄒᆞ심을爲要
光武八年九月二十九日
外部大臣李夏榮

外部　第　道

25-⑦

外部

議政府參政申箕善　閣下

25-⑧

光武八年十月十一日起案
主任 交涉局課長
大臣 協辦
照會第五十二号
墾島管理李範允召還一事로屢經照會ᄒᆞ엿습
거니와清國公使許台身의來文을接ᄒᆞ온즉內
開前准貴大臣照會以吉林邊吏防數甚嚴等情
當經轉咨並先照復在案頃准回文內開中韓本同
洲之國素好無嫌祇以李範允一人包藏禍心迭次生
釁中國防營及地方官不得不相機因應以盡職守
外部 第 道

26-①

今韓國旣以弛禁為請如能將李範允撤回則米粮
一事固不妨稍事通融又准咨稱李範允前於光緒
二十七年二月越境焚掠民財佑值華銀七千三百
三十七兩八錢一分又於光緒二十九年九月越境焚
掠民財佑值華銀一萬九千五百四十六兩四錢六分
自應照令韓政府如數賠還又兩次致死華民十六
命亦當照吉省俄兵毆死華民償銀章程按名索
償各等因並將損害名姓數目清冊咨請照會前
來本大臣查中國向不准運米粮出口卽云兩國接壤
韓民越墾較多情節微有不同亦須邊境靜謐農民

26-②

安業家有餘粟始可從權酌辦從前種種轇轕皆
由李範允而生若不將該員撤回難保不再生事
端或耕穫不能及時或盡藏焚搶一空卽欲暫行
聽運亦屬無可協濟貴政府若以民食為念應以撤
回李範允為先務並將該員兩次致死人命及焚
掠財產照數賠償務使民怨稍平農早復業嚴飭
交界文武各官速交逸犯約束兵捕不准再越圖們江
滋事俟東方大局漸定各派專員確勘界址妥訂章
程以便彼此久遠遵守實為妥當除將送到勘佑清冊
稍遲日期鈔送外為此照會貴大臣請煩迅賜施行切
外部 第 道

26-③

勿延緩是所跂望等因이옵기玆又照會ᄒᆞ오니
査照ᄒᆞ오셔卽行撤回ᄒᆞ시와免致滋案케ᄒᆞ심을
為要
光武八年十月十一日
外部大臣李夏榮
議政府參政申箕善閣下

26-④

光武八年十二月二十日起案
主任 交涉局課長
大臣 協辦
照會第五十八号
墾島管理李範允召還一事로屢經照會ㅎ온바駐
京清國公使의照會를又接ㅎ온즉內開中曆十一月
初十日奉到我外務部電開吉林將軍文稱韓視察
使李範允屢次生事現居江河封凍難免不生邊
釁請催韓政府速將李範允撤退等語本部前以
時局未定電致貴大臣轉告韓政府約束兵民勿滋
外部 第 道

27-①

釁端若李範允仍復生事殊非彼此相安之意希再
切催速撤爲要等因本大臣查撤回李範允一事屢
次奉我政府及吉林將軍文電照達晤商均已多次幾
至筆敝唇焦現在又奉我外務部電催速撤應再備
文照會貴大臣立爲
奏明即將李範允撤退並嚴切約束兵民勿再過江滋
事以弭釁端而維大局幷希明白速覆庶本大臣得以申
復我政府不勝跂望之至等因이읍기茲又照會ㅎ오
니
查照辦理ㅎ시고隨即示明ㅎ시와以便作覆케ㅎ심

27-②

을爲要
光武八年十二月二十日
外部大臣李夏榮
議政府參政申箕善閣下
外部 第 道

27-③

大臣 局長
照會第八十三號
咸鏡南道觀察使報告가帶到清官照會와清官約書와韓官
議定約書와三水郡丁酉以後清匪處被殺被燒被掠查實成
册과甲山郡戊戌以後清匪處被殺被掠查實成册이읍
기粘連送交ㅎ오니
查覽可燭이오나該案件이已涉三載ㅎ고定約之期가
又過週年에尚遲妥決이邊情國體가俱係關欵일더러
所謂清官約書中第十一條末云云句語를尚不延行辦
法이면國權上關係가果不淺尠이라幷須
照亮交涉ㅎ오셔承圖妥辦ㅎ야毋受隣嘖ㅎ고以存國

28-①

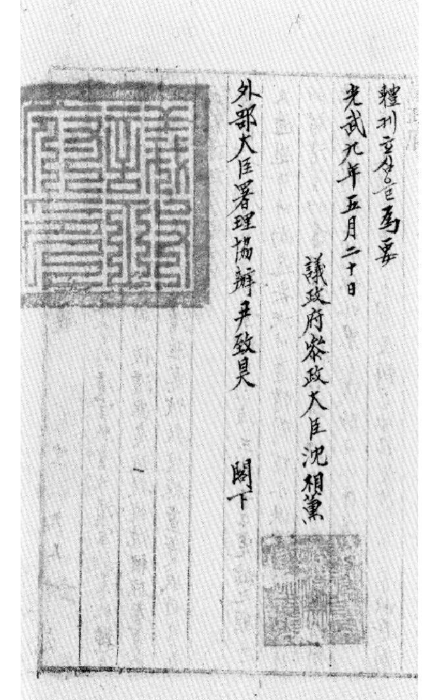

體刊ᄒᆞ심을爲要
光武九年五月二十日
議政府參政大臣沈相薰
外部大臣署理協辦尹致昊 閣下

28-②

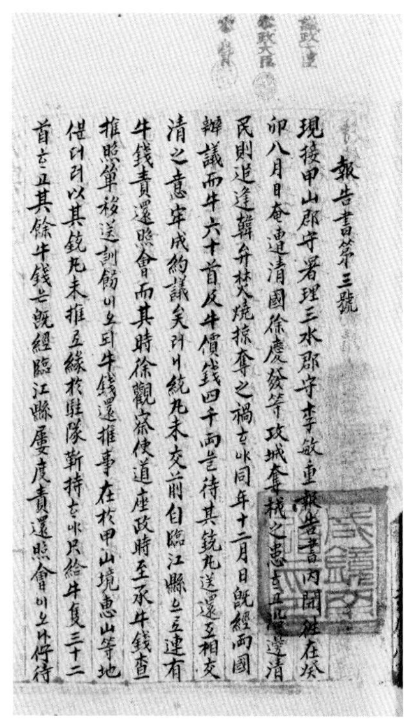

報告書第三號
現接甲山郡守署理三水郡守李敏重報告書內開往在癸
卯八月日奄遭清國徐慶發等攻城奪械之患ᄒᆞ고此後遭清
民則追逢韓弁焚燒掠奪之禍ᄒᆞ야同年十二月日旣經兩國
辦議而牛六十首及牛價錢四千兩은待其銃丸送還ᄒᆞ야相交
清之意牢成約議矣라니銃丸未交前自臨江縣으로連有
牛錢責還照會而其時徐觀察使道座政時至承牛錢查
推照單移送訓飭이오되牛錢還推事在於甲山境惠山等地
倡더러以其銃丸未推로緣於駐隊斬持ᄒᆞ야只給牛隻三十二
首ᄒᆞ고其餘牛錢은旣經臨江縣屢度責還照會이오나俟待

28-③

部府辦處之意防塞抵賴尚此推給矣昨夏自駐隊로清民
牛價四千兩은責捧於惠山民處ᄒᆞ야從中推用ᄒᆞ고惠山民
處任實은只以牛隻二十八首而及夫廢隊ᄒᆞ야牛價四千兩未暇
區劃ᄒᆞ고其時隊官이各自分散而到今臨江縣派差劉永芝
賫持該縣照會來促牛錢者等論事理則錢牛銃丸을互相
如約交還而銃丸則一不還送ᄒᆞ고但責渠矣錢牛가明是背約
이오되細觀彼人情形則牛與錢間若使一向推給이오면必致當
場邊釁故苦心焦思에欲要邊息ᄒᆞ야二十八首飭使惠山民ᄒᆞ
야不得已姑先轉給劉永芝後受領証以爲憑後之蹟而錢則
待銃丸還來ᄒᆞ야以爲清交牢約이오나隊推牛價四千兩如數還

28-④

刷後可無惠山民再徵之寃故玆以據實仰報ᄒᆞ오니據此由特爲
轉報軍部ᄒᆞ시와右錢四千兩責刷於伊時駐隊兵官處ᄒᆞ야
以爲安當邊政케ᄒᆞ시오며臨江縣照會은謄本上送等因이온
바此를准査ᄒᆞ온즉去癸卯九月日에清匪犯境殺掠後我國兵
民이渡江焚刦事로至同年十二月日ᄒᆞ야甲山郡守李根豊
과三水郡守李敏重과出駐隊官趙基尙金思稷이與清
官撫民府兼理事孫長青辦理臨江縣設治事宜吳光國으
로會同談辦時에三水隊見奪之銃與彈丸中銃二十柄丸一
千發은以本物推還ᄒᆞ고銃四柄丸八千發은銃則每柄代錢三
十二元丸則每發代錢三戔式推還次定約이오며清民見奪

28-⑤

28-⑥

28-⑦

28-⑧

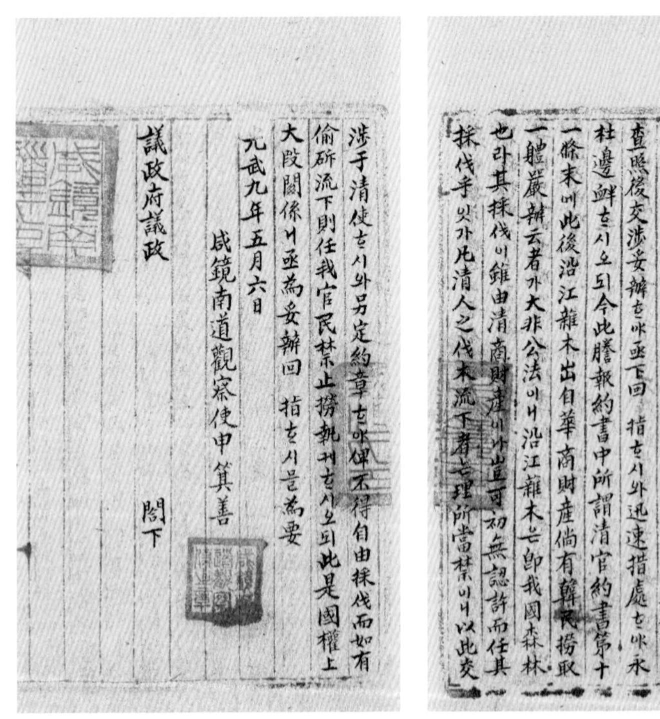

涉于清使ᄒᆞ시와另定約章ᄒᆞ야俾不得自由採伐而如有
偷斫流下則任我官民禁止拶執케ᄒᆞ시오되此是國權上
大段關係니亟爲妥辦回 指ᄒᆞ시믈爲要
光武九年五月六日
咸鏡南道觀察使申箕善
議政府議政 閣下

28-⑨

照會
欽加四品銜 賞戴花翎署理臨江縣事宜兼節制馬步練軍 特授復正堂吳爲
照會事光緒三十一年二月十五日據駐防長生保親兵哨弁劉永芝稟稱據
慶長兩保居民投稱伊等前被韓國兵民焚燒搶掠鉅經議給鄉銀
而迄今時閱一載韓官並不交償伊等不但貪官莫支且現又時屆
春晰牛隻莫措貽誤農時無以生計懇請轉稟照催鄉銀以踐前
議而濟民艱兼免滋事等情據此查此項鄉款銀兩議約載定前
上二年臘正兩月如數清償原以我民身家財産被遭兵民焚掠接
食乏術饑餒堪虞是以議鄉撫民免釀邊釁詎因屆限不償又迭經敝
縣備文照催而 貴郡守始以巧值日俄搆釁爲等無暇擔塞固顧繼

28-⑩

又准 貴國檢查官趙照請先交銳九其我民鄉銀仍以俟上裁處之
語搪延今此款適限已周一載毫未付償豈
貴君王庙笑仍無稍暇耶似此爽信食言殊非交涉之道但請平心易地
以觀恐亦爲 貴郡守所不取况現在時屆東作食爲民天農民乏牛
畊耨無資試問何以生計倘該民等復因饑寒莫措忿恐蠢動爾
時敝縣約束不住迫爲厲階誰職其咎擬合照會 貴郡守請煩查照
希郎將此項鄉款速爲轉請 貴政府核議照復若因此款較鉅未便
擅主此次務祈先將當日 貴郡守諸公另議照償我民黎牛價徵
款如數我付清楚遝交遺去劉官弁查收一面照復敝縣以便查案
分飭發給藉慰民情而弭邊患毋再支宕貽誤釀釁望切盼切須至

28-⑪

照會者
右 照 會
大韓國三水郡守李
光緒三十一年二月十八日

28-⑫

清官約書
令將臨江縣所屬地面與韓國甲山三水兩郡毗連之慶生長
生兩保應議安民章程開後
計開
一中韓隣邦交好三百餘年近自甲午以後兩界邊民時有
越界互相侵擾惟臨江縣甫設縣治凡自光緒二十九年八
月以前彼此既未先期照會有文應均予免究以固邦交
一中國長生保居民無故被害實深矜憫雖由韓民無知先自
搆釁究其致禍發難實由隊官崔丙赫縱兵搶掠慘殺叉
命而砲手頭領延振憲助惡逞兇將來應由韓國官員

28-⑬

從嚴懲辦而匪徒徐慶發盜取三水鎗械亦干法紀亦應
由中國官員按法嚴治以期情法兩平
一韓民全東珠等三名在華種地當其地東盧貴家寓工
人等六名投生避難全東珠等并不救護反綁交韓國兵
隊以致均遭慘殺應由韓國官員查獲重辦嗣後永
不許再到中國界内
一中國長生保居民被搶牛一百二十五頭騾馬三十三匹現由韓
官找獲牛馬六十頭匹先行交還下餘短六十五頭匹議明韓
官賠償韓平錢銀四千兩訂日交割
一長生保居民婦女幼孩查明共被害者十八口按照華俄鐵

28-⑭

路章程俄人致死華民一名恤華平銀三百兩擬仿照俄章
給卹韓官不敢擅定議俟報明韓國政府聽候 朝旨
再行議給
一長生保居民房屋查明被燒大窩堡十七處共二百間擬
每間賠償修費銀四十兩小窩保四十處共二百四十四間擬
每間賠償修費華平銀二十兩韓官不敢擅定議俟報
明韓國 政府聽候 朝旨議辦
一長生保居民查明被燒糧食共一千二百餘石按照時價銀
三兩共合價華平銀三千餘兩韓官不敢擅定議報明韓
國政府聽候 朝旨議辦

28-⑮

一長生保居民五十七家查明被燒被搶烟土銀錢衣服油磨
傢俱一切等物約共計值銀六千餘兩韓官不敢擅定議報
明韓國 政府聽候 朝旨議辦
一韓國三水郡被徐慶發盜去快搶三十桿彈丸一箱俟卹
款給清即由臨江縣如數交還韓國倘有短少中國官賠
補以昭公允
一韓國平民凡在光緒二十九年八月以後有被中國之人無故傷
害者亦有韓官查明當日如何卹情照會臨江縣覆查
相符亦照前章給銀撫卹倘係彼此鬪仗被殺不在此例
一中韓之民嗣後貿易種地應由各國地方官隨時保護不准

28-⑯

互相欺凌倘有不法之徒無論中民韓民凡無故越界侵
擾綁掠應拏獲交官轉送各本國官按法懲治此後
沿江雜木出自華商財産倘有韓民撈取一體嚴辦
一中韓兵隊嗣後各守疆界如無公文先期照會不准私
自越界侵擾生事倘有違犯及開放鎗銃者應准立
時擊拏仍照會各本國地方官按法懲辦
一韓官格外體恤安民先行給糧三千石暫時接濟計奏報
韓國公文往返須限四十日以光緒三十年正月二十五日為期
各民遵守聽候不得私仇鬧事
以上係中韓各官暫議草約仍俟韓國賠款交割再行定

28-⑰

章辦理
大清國光緒二十九年十二月十三日
一據韓官原報徐慶發得快搶三千桿子毋九千發現在查
得搶三千桿子毋一箱其原失子毋槍械與現數不付必係
徐慶發去失或數有錯誤俟和局定後徐慶發到案必
為力追

甲山郡守 李根豊
三水郡守 李敏重
陸軍正尉 趙基禹
陸軍正尉 金思稷

興京撫民府孫長青
臨江縣 吳光國

28-⑲　28-⑱

韓官議定約書
清韓兩界邊事談辦和約書謄本
現查邊衅之剏初起端不由於韓民之私小撈木專由於清人
之襲奪軍物轉成兩界之戰鬪互相犯越竟至多傷人命
焚燒窩屋搶奪財産窩取牛馬之擧沿江兩邊之民胥溺
塗炭渙散號泣之情景職在牧民者惵不忍言第為寢擾
安民清韓官員俱到邊上連日會同談辦妥定後兩界之和
好結約逐條開錄于左成出和約書兩件清韓諸官交踏印
章一置清官一置韓官各使守遵是約永久勿朁焉
癸卯十二月十二日

28-⑳

大清國奉天興京撫民府孫長青
臨江縣 吳光國
大韓國特派元帥府檢查官趙重錫
甲山郡守 李根豊
三水郡守 李敏重
陸軍正尉 趙基禹
陸軍正尉 金思稷

左開
一韓國三水留駐隊武庫所在軍物中被清人襲奪回龍銃
三十柄丸一千發自清國先卽查得還完未查銃四柄丸八千

28-㉑

發從畧定價銃每柄銀三十二元九每發平錢三戔式代錢送
還事
一清國長生慶生兩保之民被韓國兵民搜奪牛馬騾現查六
十首先即覔還餘外未查牛馬六十五首從畧定價每首平錢
六十兩五戔式代錢還送事
一清邊長慶兩堡民被韓人之傷命十八口焚燒窩舖油坊並五十
二處及韓國兵民被清人之傷命十四口與奪去平錢五千兩獵
銃十柄韓則報于 韓政府清則報于 清政府以俟秉公妥安
事
一兩國官弁會同約和之場清國邊民之無糧飢荒情亦矜憐

28-㉒

為民濟飢清韓一也故因清官之緊請救濟自韓出粟三十
石賑給清民以敦隣交事
一從茲以往韓東韓兵清東清兵各守疆界無得過江無論
彼我軍民如或持機械無公文擅越侵奪之弊雖被砲勇之追
殺無辭甘受而如有難敵之勢各自該面將法所即地馳報
于各該官司派兵追捕懲戢之意嚴立科條事
一清國賊匪出沒無常犯掠韓界連綿不息邊界居民何能
奠保乎如有賊匪之現踵自長慶兩保將法所即地馳報于甲
山三水官則清韓兵砲並動機械剿匪安民事
一清韓奸細輩出沒作倆於兩界每致邊衅罪當極律如有

28-㉓

韓民之越疆做弊自清邊牌頭拔付韓官如有清人之越界
滋事自韓邊尊頭捉送清官如律懲處以杜弊源事

28-㉔

三水郡丁酉以後清匪處被殺被燒被掠查實成冊

28-㉕

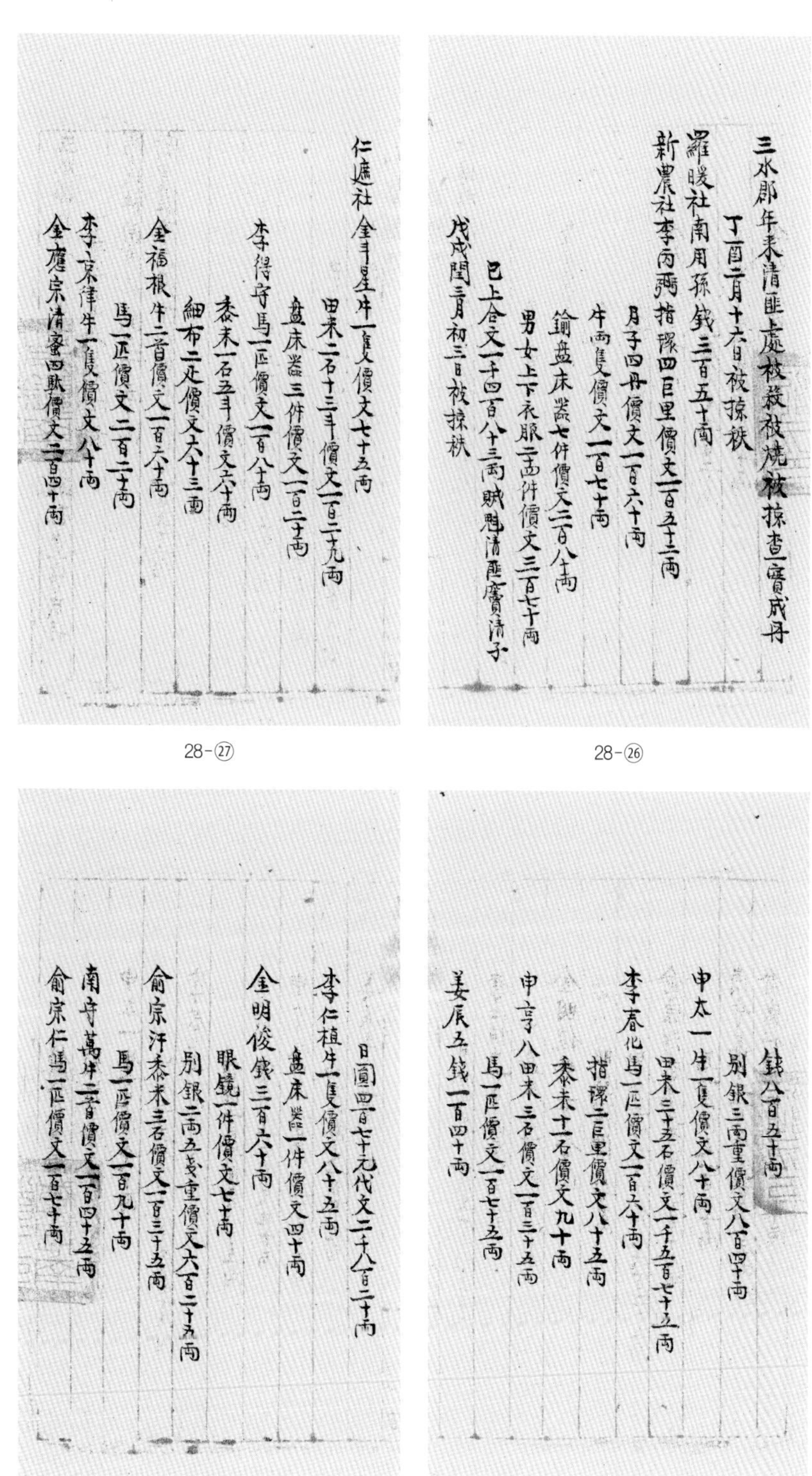

三水郡年來淸匪處被殺被燒被掠査實成冊
丁酉二月十六日被掠秩
羅暖社南用孫錢三百五十兩
新農社李丙彌指環四巨里價文一百五十二兩
月子四丹價文一百六十兩
牛兩隻價文一百七十兩
鍮盤床器七件價文二百八十兩
男女上下衣服二百件價文三百七十兩
已上合文一千四百八十三兩 賊魁淸匪賓淸子
戊戌閏三月初三日被掠秩

28-㉖

仁遮社 金平星牛一隻價文七十五兩
田米二石十三斗價文一百二十九兩
盤床器三件價文一百二十兩
李得守馬一匹價文一百八十兩
黍米一石五斗價文六十兩
細布二疋價文六十三兩
金福根牛二首價文一百六十兩
馬一匹價文二百二十兩
李京律牛一隻價文八十兩
金應宗淸蜜四斗價文二百四十兩

28-㉗

錢八百五十兩
別銀三兩重價文八百四十兩
申太一牛一隻價文八十兩
田米三十五石價文一千五百七十五兩
李春化馬一匹價文一百六十兩
指環三巨里價文八十五兩
黍米十一石價文九十兩
申亨八田米三石價文一百三十五兩
馬一匹價文一百七十五兩
姜辰五錢一百四十兩

28-㉘

日圓四百七十元代文二千八百二十兩
李仁植牛一隻價文八十五兩
盤床器一件價文四十兩
金明俊錢三百六十兩
眼鏡一件價文七十兩
別銀二兩五戔重價文六百二十五兩
兪宗汗黍米三石價文一百三十五兩
馬一匹價文一百九十兩
南守萬牛二首價文一百四十五兩
兪宗仁馬一匹價文一百七十兩

28-㉙

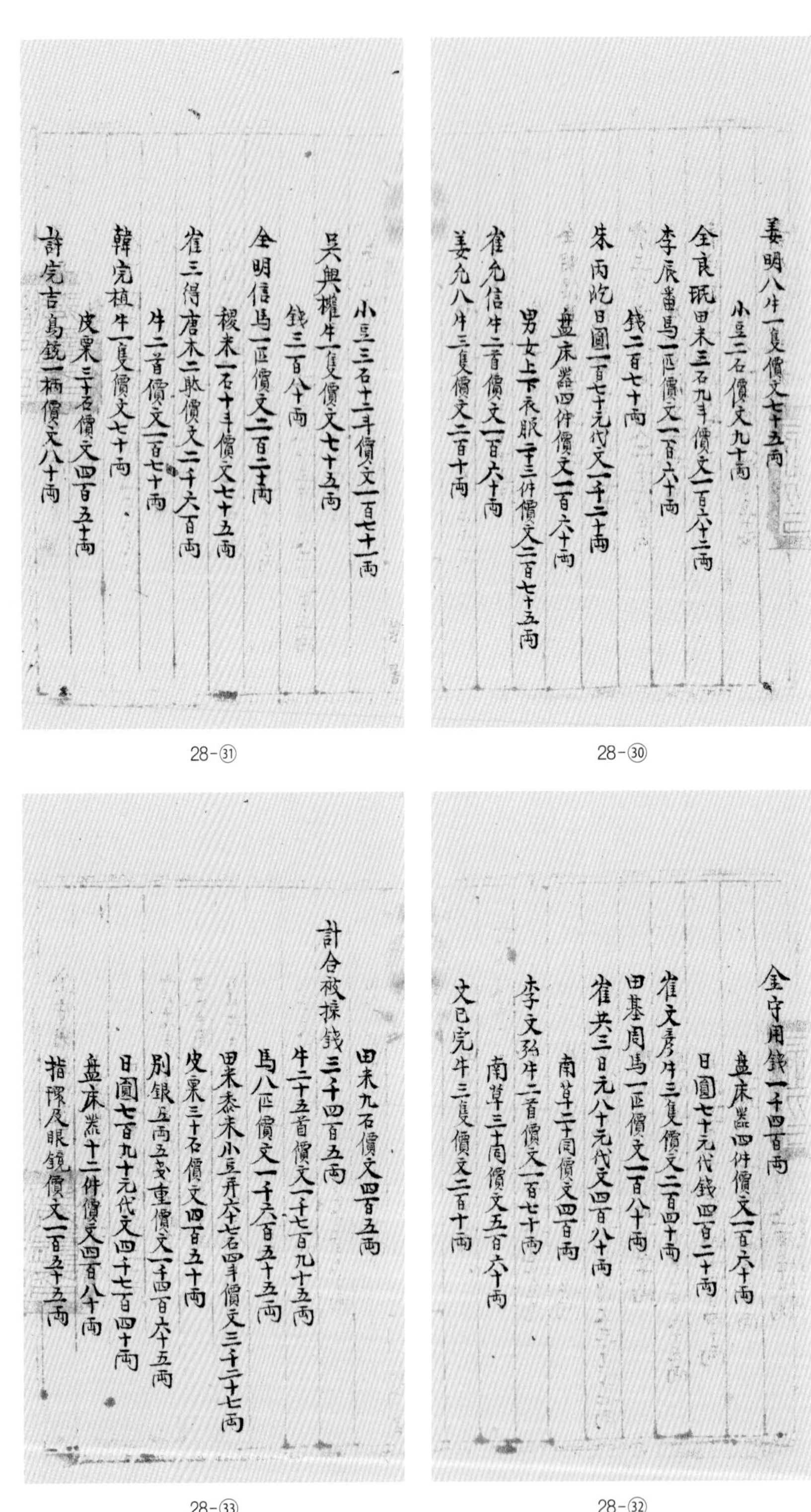

姜明八件一隻價文七十五兩
小豆二石價文九十兩
全良珉田米三石九斗價文一百六十二兩
李辰番馬一匹價文一百六十兩
錢二百七十兩
朱丙屹日圓一百七十元代文一千二十兩
盤床器四件價文一百六十兩
男女上下衣服二十三件價文二百七十五兩
崔允信牛二首價文一百六十兩
姜允八件三隻價文二百十兩

28-㉚

小豆三石十二斗價文一百七十一兩
吳興權牛一隻價文七十五兩
錢三百六十兩
全明信馬一匹價文二百二十兩
稷米一石十斗價文七十五兩
崔三得唐木二駄價文二千六百兩
牛二首價文一百七十兩
韓完植牛一隻價文七十兩
皮粟三十石價文四百五十兩
許完吉鳥銃一柄價文八十兩

28-㉛

金守用錢一千四百兩
盤床器四件價文一百六十兩
日圓七十元代錢四百二十兩
崔文彦牛三隻價文二百四十兩
田基周馬一匹價文一百八十兩
崔共三日元八十元代文四百八十兩
南草二十同價文四百兩
李文弘牛二首價文一百七十兩
南草三十同價文五百六十兩
文巳完牛三隻價文二百十兩

28-㉜

田米九石價文四百五兩
計合被掠錢三千四百五兩
牛二十五首價文一千七百九十五兩
馬八匹價文一千六百五十五兩
田米黍米小豆并六十七石四斗價文三千二十七兩
皮粟三十石價文四百五十兩
別銀五兩五戔重價文一千四百六十五兩
日圓七百九十元代文四千七百四十兩
盤床器十二件價文四百八十兩
指環及眼鏡價文一百五十五兩

28-㉝

細布及衣服價文三百三十八兩
清蜜四駄價文二百四十兩
鳥銃一柄價文八十兩
已上合錢一萬七千七百三十兩 賊魁孫良輸
庚子十二月十九日被殺被燒被掠秩
仁遷社出駐兵丁林永秀被丸致死
羅暖社出駐隊舍十二間價文九百六十兩
邊洛九草家八間價文二百四十兩
錢一千四百兩
牛五隻價文三百五十兩

28-㉞

馬二匹價文三百七十兩
白米七石十斗價文五百七十五兩
田米二十三石價文一千三十五兩
豆太十七石價文二百五十五兩
皮粟一百四十七石價文二千二百五兩
高永池草家六間價文一百八十兩
錢三百七十兩
牛三隻價文二百四十兩
田米八石價文三百六十兩
男女上下衣服二十七件價文二百三十二兩

28-㉟

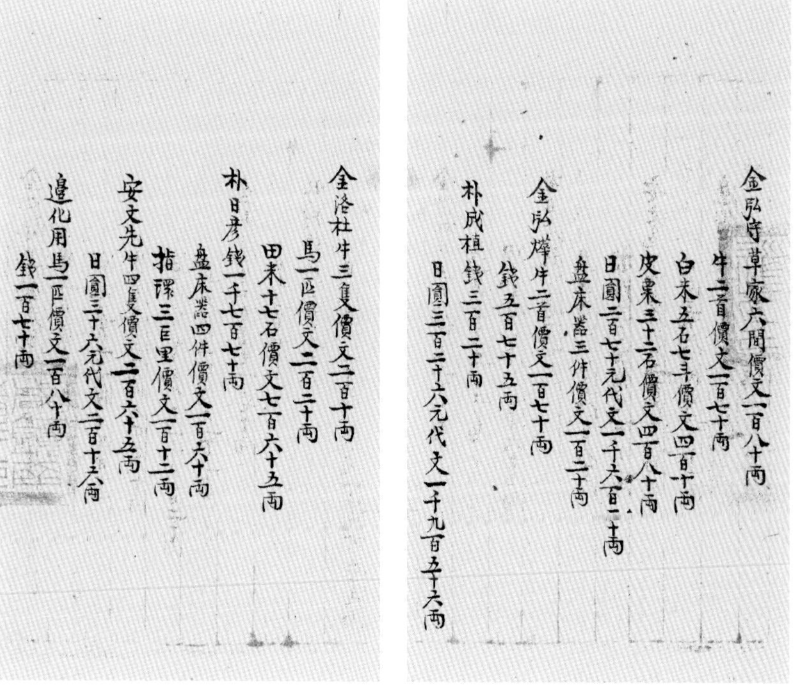

金弘守草家六間價文一百八十兩
牛二首價文一百七十兩
白米五石七斗價文四百十兩
皮粟三十二石價文四百八十兩
日圜二百七十元代文一千六百二十兩
盘床器三件價文一百二十兩
金弘燁牛二首價文一百七十兩
錢五百七十五兩
朴成植錢三百二十兩
日圜三百二十六元代文一千九百五十六兩

28-㊱

金洛杜牛三隻價文二百十兩
馬一匹價文二百二十兩
田米十七石價文七百六十五兩
朴日彦錢一千七百七十兩
盘床器四件價文一百六十兩
指環三巨里價文一百十二兩
安文先牛四隻價文二百六十五兩
日圜三十六元代文二百十六兩
邊化用馬一匹價文一百八十兩
錢一百七十兩

28-㊲

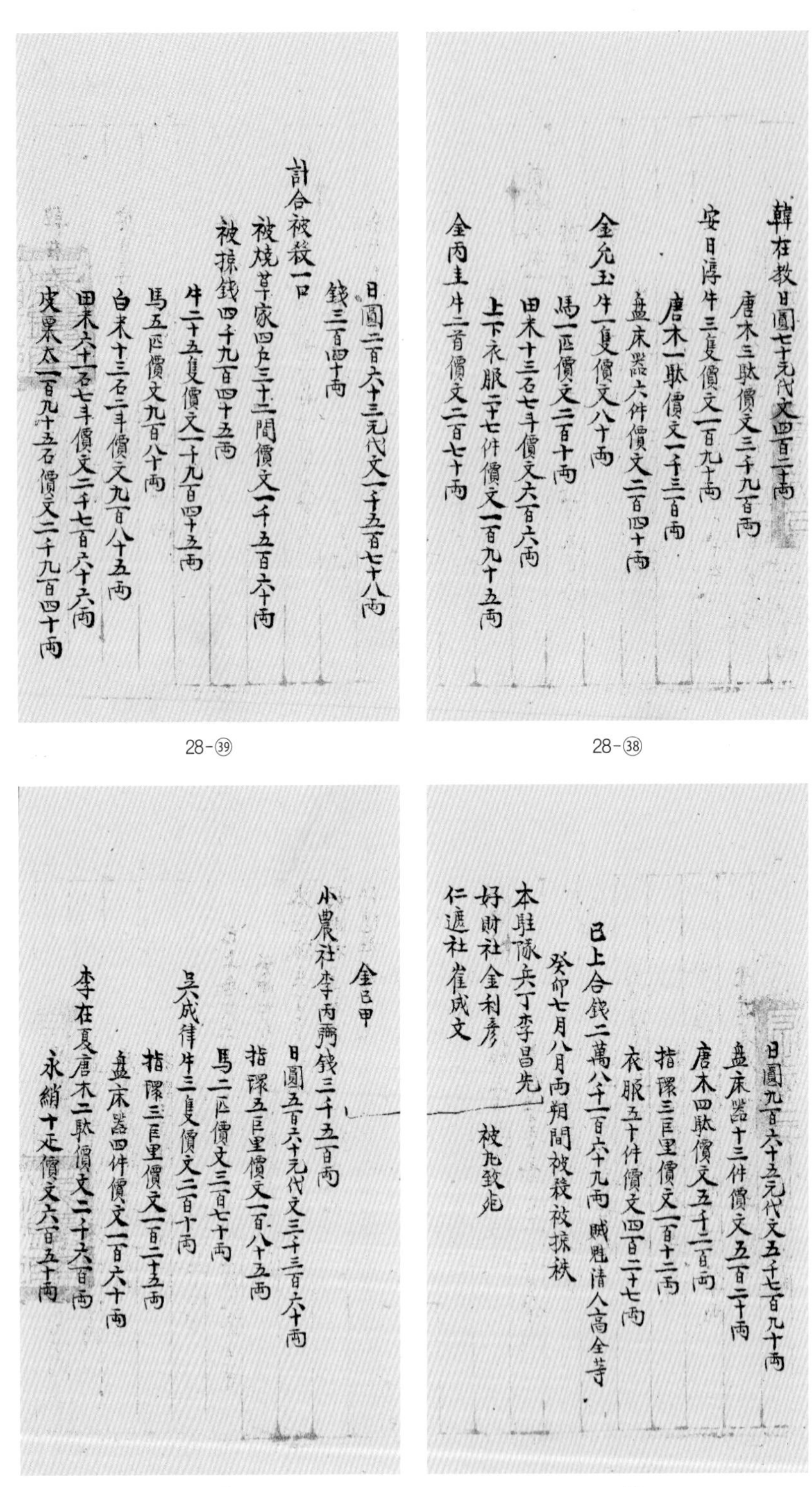

韓在教日圓七十元代文四百二十兩
唐木三駄價文三千九百兩
安日淳牛三隻價文一百九十兩
唐木一駄價文一千三百兩
盘床器六件價文二百四十兩
金允玉牛一隻價文八十兩
馬一匹價文二百十兩
田米十三石七斗價文六百六兩
上下衣服二十七件價文一百九十五兩
金丙圭牛二首價文二百七十兩

28-㊳

日圓二百六十三元代文一千五百七十八兩
錢三百四十兩
計合被殺一口
被燒草家四戶三十二間價文一千五百六十兩
被掠錢四千九百四十五兩
牛二十五隻價文一千九百四十五兩
馬五匹價文九百八十兩
白米十三石二斗價文九百八十五兩
田米六十一石七斗價文二千七百六十六兩
皮粟太一百九十五石價文二千九百四十兩

28-㊴

日圓九百六十五元代文五千七百九十兩
盘床器十三件價文五百二十兩
唐木四駄價文五千二百兩
指環三巨里價文一百十二兩
衣服五十件價文四百二十七兩
已上合錢二萬八千一百六十九兩
癸卯七月八月兩朔間被殺被掠秩 賊魁淸人高全等
本駐隊兵丁李昌先 被丸致死
好財社金利彥
仁遮社崔成文

28-㊵

金巳甲
小農社李丙薺錢三千五百兩
日圓五百六十元代文三千三百六十兩
指環五巨里價文一百八十五兩
馬二匹價文三百七十兩
吳成律牛三隻價文二百十兩
指環三巨里價文一百二十五兩
盘床器四件價文一百六十兩
李在夏唐木二駄價文二千六百兩
永綃十疋價文六百五十兩

28-㊶

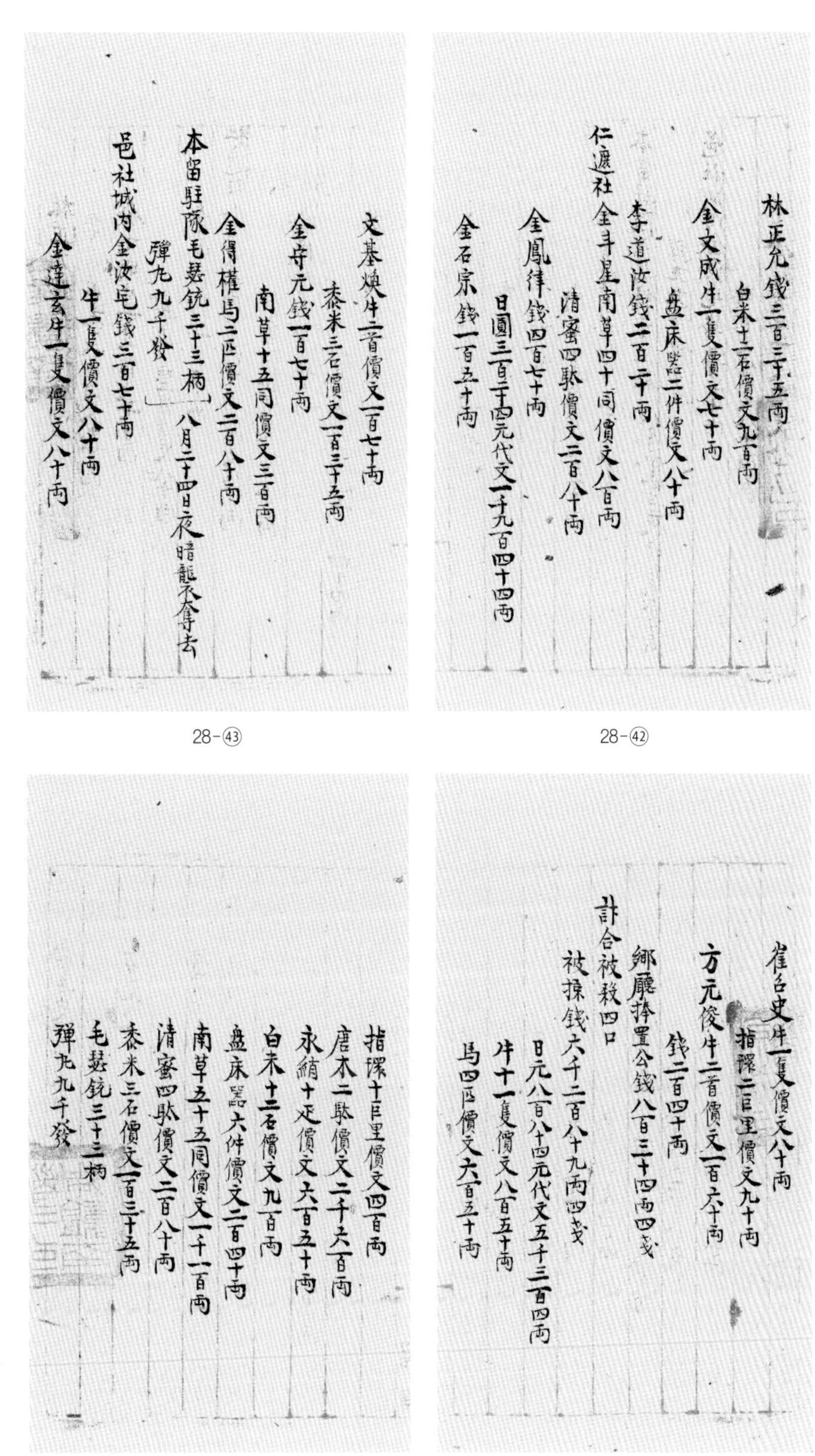

林正允錢三百三十五兩
白米十二石價文九百兩
金文成牛一隻價文七十兩
盘床器二件價文八十兩
李道汝錢二百二十兩
仁遞社金斗星南草四十同價文八百兩
清蜜四駄價文二百八十兩
金鳳律錢四百七十兩
日圓三百二十四元代文一千九百四十四兩
金石宗錢一百五十兩

28-㊷

文基煥牛二首價文一百七十兩
黍米三石價文一百三十五兩
金守元錢一百七十兩
南草十五同價文三百兩
金得権馬二匹價文二百八十兩
本留駐隊毛瑟銃三十三柄　八月二十四日夜暗龍不奪去
彈九九千發
邑社城內金汝宅錢三百七十兩
牛一隻價文八十兩
金達玄牛一隻價文八十兩

28-㊸

崔名史牛一隻價文八十兩
指環二巨里價文九十兩
方元俊牛二首價文一百六十兩
錢二百四十兩
鄉廳捧置公錢八百三十四兩四戔
計合被殺四口
被掠錢六千二百八十九兩四戔
日元八百八十四元代文五千三百四兩
牛十一隻價文八百五十兩
馬四匹價文六百五十兩

28-㊹

指環十巨里價文四百兩
唐木二駄價文二千六百兩
永紬十疋價文六百五十兩
白米十二石價文九百兩
盘床器六件價文二百四十兩
南草五十五同價文一千一百兩
清蜜四駄價文二百八十兩
黍米三石價文一百三十五兩
毛瑟銃三十三柄
彈九九千發

28-㊺

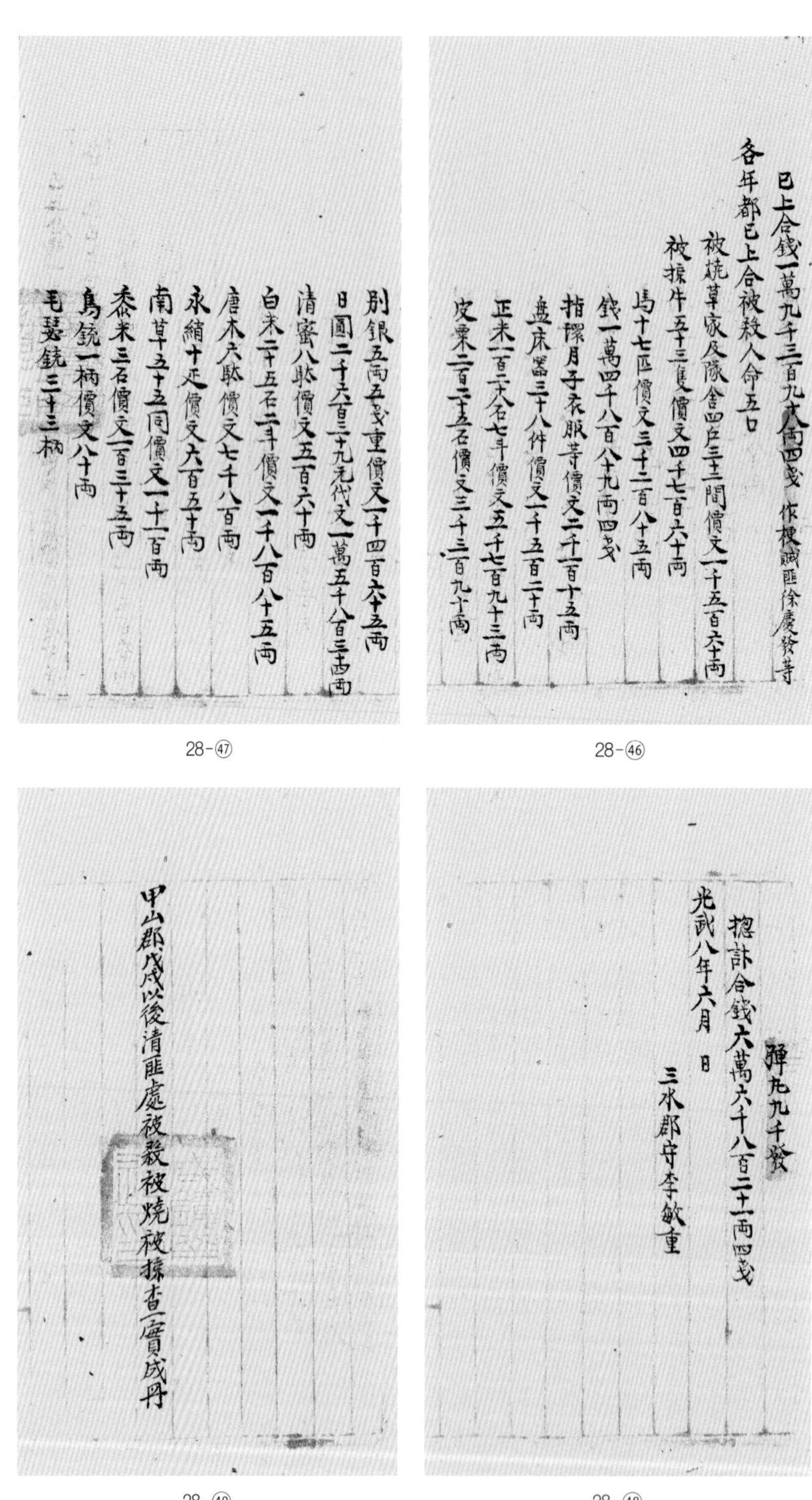

已上合錢一萬九千三百九十八兩四戔 作梗賊匪徐慶發等
各年都已上合被殺人命五口
被燒草家及廠舍四戶三十二間價文一千五百六十兩
被掠牛五十三隻價文四千七百六十兩
馬十七匹價文三千二百八十五兩
錢一萬四千八百八十九兩四戔
指環月子衣服等價文二千一百十五兩
盘床器三十八件價文一千五百二十兩
正米一百二十石七斗價文五千七百九十三兩
皮粟二百二十五石價文三千三百九十兩

28-㊻

別銀五兩五戔重價文一千四百六十五兩
日圓二千六百三十九元代文一萬五千八百三十四兩
清蜜八駄價文五百六十兩
白米二十五石二斗價文一千八百八十五兩
唐木六駄價文七千八百兩
永綿十疋價文六百五十兩
南草五十五同價文一千一百兩
黍米三石價文一百三十五兩
鳥銃一柄價文八十兩
毛瑟銃三十三柄

28-㊼

彈丸九千發
總計合錢六萬六千八百二十一兩四戔
光武八年六月 日
三水郡守李敏重

28-㊽

甲山郡戊戌以後清匪處被殺被燒被掠者一層成冊

28-㊾

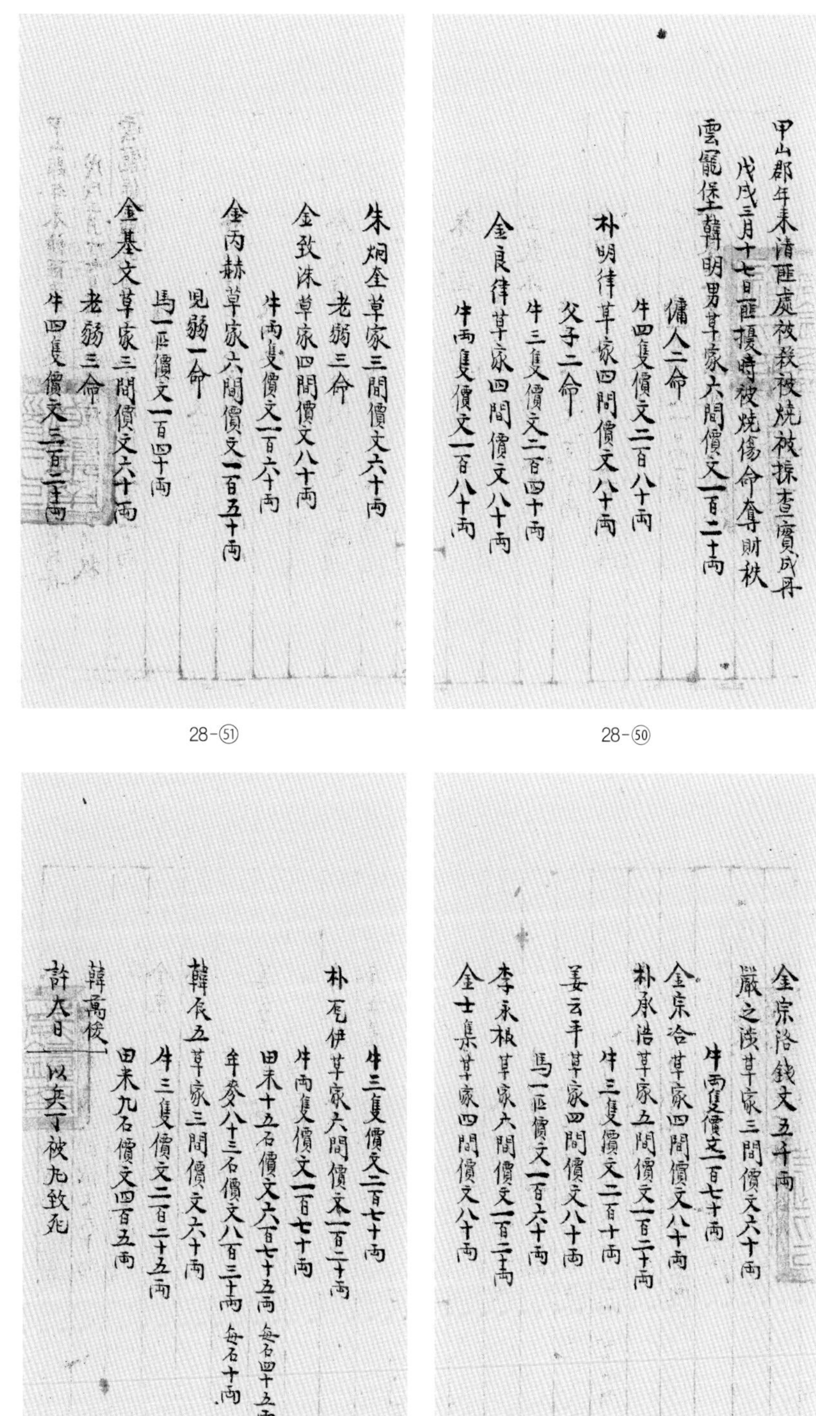

甲山郡年來清匪處被殺被燒被掠查實成冊
戊戌三月十七日匪擾時被燒傷命奪財秩
雲寵堡韓明男草家六間價文一百二十兩
傭人二命
牛四隻價文二百八十兩
朴明律草家四間價文八十兩
父子二命
牛三隻價文二百四十兩
金良律草家四間價文八十兩
牛兩隻價文一百八十兩

28-㊿

朱炯奎草家三間價文六十兩
老弱三命
金致洙草家四間價文八十兩
牛兩隻價文一百六十兩
金丙赫草家六間價文一百五十兩
児弱一命
馬一匹價文一百四十兩
金基文草家三間價文六十兩
老弱三命
牛四隻價文三百二十兩

28-51

金宗洛錢文五千兩
嚴之浚草家三間價文六十兩
牛兩隻價文一百七十兩
金宗洽草家四間價文八十兩
朴承浩草家五間價文一百二十兩
牛三隻價文二百十兩
姜云手草家四間價文八十兩
馬一匹價文一百六十兩
李永根草家六間價文一百二十兩
金士集草家四間價文八十兩

28-52

牛三隻價文二百七十兩
朴乭伊草家六間價文一百二十兩
牛兩隻價文一百七十兩
田米十五石價文六百七十五兩 每石四十五兩
牟麥八十三石價文八百三十兩 每石十兩
韓辰五草家三間價文六十兩
牛三隻價文二百二十五兩
田米九石價文四百五兩
韓萬俊
許太日 以兵丁被丸致死

28-53

李圭化
計合被燒十五戶六十六間價文一千三百二十兩
被殺十四口
被奪牛二十八隻價文二千二百二十五兩
馬二匹價文三百兩
錢五千兩
田米二十四石價文一千八十兩
牟麥八十三石價文八百三十兩
已上合錢一萬八百五十五兩作擾賊匪孫良翰盧貴楊
宰法金等

28-54

己亥八月初五日傷命奪財被燒秩
會社 金儀鳳 前穩城府使被奪金貨三萬兩而竟爲捉去西大嶺被殺
朴云松 金儀鳳捉去時偕往被殺
金丙用
同仁社 姜汝正草家六間價文一百八十兩
金宗弘草家六間價文一百八十兩
白樂化瓦家八間價文三百二十兩
李應白瓦家八間價文三百二十兩
牛四隻價文三百四十兩
田米十七石價文七百六十五兩

28-55

金中千草家三間價文九十兩
李億釗草家六間價文一百八十兩
馬一匹價文二百二十兩
千百萬瓦家八間價文三百二十兩
黃用河瓦家六間價文二百四十兩
牛兩隻價文一百七十兩
金大方草家四間價文一百二十兩
牛一隻價文八十兩
馬一匹價文一百八十兩
金用植瓦家六間價文二百四十兩

28-56

延春實草家三間價文九十兩
朴基浩草家六間價文一百八十兩
金大達草家六間價文一百八十兩
延春晛草家八間價文二百四十兩
金基化草家三間價文九十兩
錢七百五十兩
鄭文虎草家六間價文一百八十兩
牛兩隻價文一百七十兩
朴億寶瓦家八間價文三百二十兩
馬二匹價文三百四十兩

28-57

錢一千三百七十兩
金千金草家六間價文一百八十兩
金昌錫草家三間價文九十兩
金興達草家六間價文一百八十兩
南大哲草家六間價文一百八十兩
柳東圭瓦家八間價文三百二十兩
牛兩隻價文一百七十兩
馬一匹價文二百五十兩
田米二十五石價文一千一百二十五兩
金哲甲草家六間價文一百八十兩

28-㊳

金中先草家六間價文一百八十兩
牛三隻價文二百四十兩
李興萬草家六間價文一百八十兩
馬一匹價文一百七十兩
李化實瓦家八間價文三百二十兩
馬一匹價文二百三十兩
韓昌淳草家六間價文一百八十兩
牛三隻價文二百四十兩
朴弘植草家六間價文一百八十兩
金宅用草家三間價文九十兩

28-㊴

申中宣草家六間價文一百八十兩
惠山社 金永浩草家五間價文一百二十兩
崔長根草家六間價文一百三十兩
胡明淳草家三間價文九十兩
安文弘草家六間價文一百三十兩
李尚烈草家八間價文二百四十兩
牛三隻價文二百七十兩
馬一匹價文一百七十兩
別銀三兩重價文一千一百十兩
方貴萬草家三間價文六十兩

28-60

姜道南草家六間價文一百八十兩
金長春草家三間價文九十兩
馬一匹價文一百七十兩
李能白草家六間價文一百八十兩
牛兩隻價文二百八十兩
元道八草家六間價文一百八十兩
文殷俊草家六間價文一百八十兩
金應伯草家三間價文九十兩
金道正草家六間價文一百八十兩
錢三百七十兩

28-61

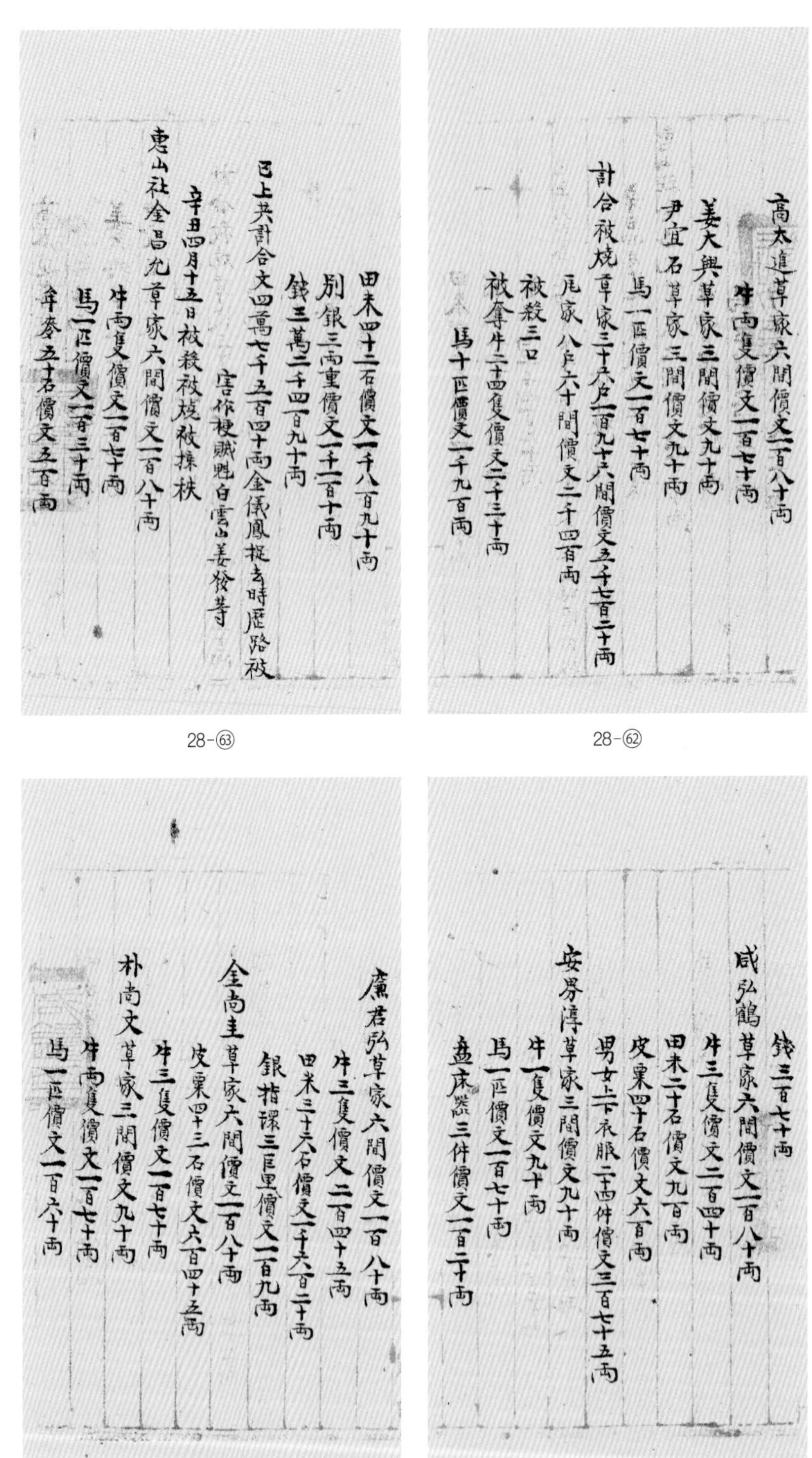

高太進草家六間價文一百八十兩
牛兩隻價文一百七十兩
姜大興草家三間價文九十兩
尹宜石草家三間價文九十兩
馬一匹價文一百七十兩
計合被燒草家三十六戶一百九十六間價文五千七百二十兩
尾家八戶六十間價文二千四百兩
被殺三口
被奪牛二十四隻價文二千三十兩
馬十匹價文一千九百兩

28-62

田米四十三石價文一千八百九十兩
別銀三兩重價文一千二百十兩
錢三萬二千四百九十兩
已上共計合文四萬七千五百四十兩金儀鳳捉去時歷路被
害作梗賊魁白雲山姜發等
辛丑四月十五日被殺被燒被搶秩
惠山社金昌允草家六間價文一百八十兩
牛兩隻價文一百七十兩
馬一匹價文一百三十兩
牟麥五十石價文五百兩

28-63

錢三百七十兩
咸弘鶴草家六間價文一百八十兩
牛三隻價文二百四十兩
田米二十石價文九百兩
皮粟四十石價文六百兩
男女上下衣服二十四件價文三百七十五兩
安昇淳草家三間價文九十兩
牛一隻價文九十兩
馬一匹價文一百七十兩
盤床器三件價文一百二十兩

28-64

盧君弘草家六間價文一百八十兩
牛三隻價文二百四十五兩
田米三十六石價文一千六百二十兩
銀指環三巨里價文一百九兩
金尚圭草家六間價文一百八十兩
皮粟四十三石價文六百四十五兩
牛三隻價文一百七十兩
朴尚文草家三間價文九十兩
牛兩隻價文一百七十兩
馬一匹價文一百六十兩

28-65

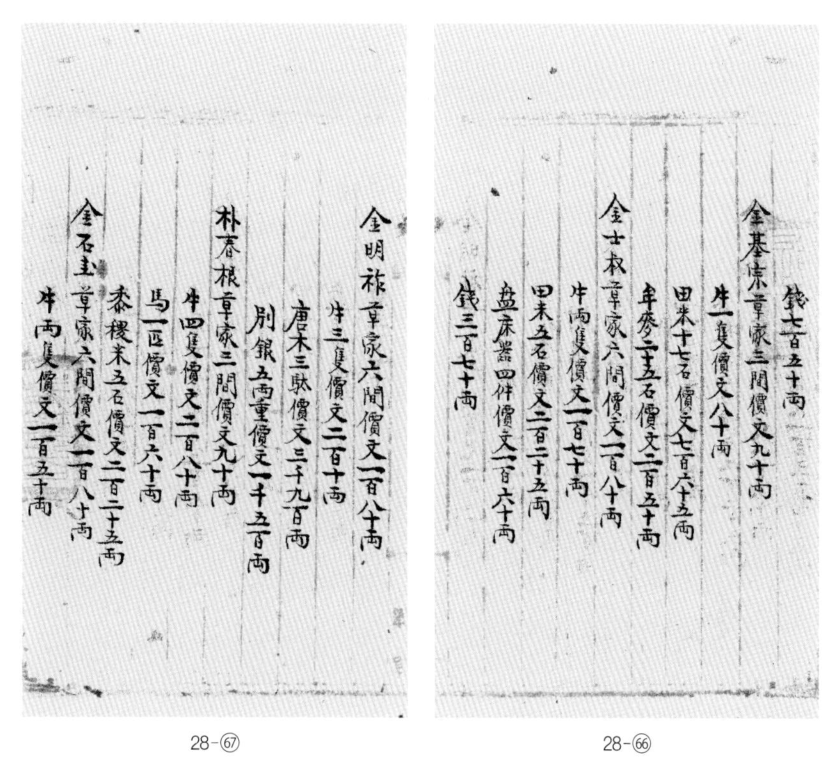

錢七百五十兩
金基宗 草家三間價文九十兩
牛一隻價文八十兩
田米十七石價文七百六十五兩
牟麥二十五石價文二百五十兩
金士叔 草家六間價文一百八十兩
牛兩隻價文一百七十兩
田米五石價文二百二十五兩
盘床器四件價文一百六十兩
錢三百七十兩

28-⑥⑥

金明祿 草家六間價文一百八十兩
牛三隻價文二百十兩
唐木三駄價文三千九百兩
別銀五兩重價文一千五百兩
朴春根 草家三間價文九十兩
牛四隻價文二百八十兩
馬一匹價文一百六十兩
黍稷米五石價文二百二十五兩
金石圭 草家六間價文一百八十兩
牛兩隻價文一百五十兩

28-⑥⑦

皮粟四十五石價文六百七十五兩
金青松 草家三間價文九十兩
牛三隻價文二百十兩
田米十五石價文六百七十五兩
李致九 草家六間價文一百八十兩
牛兩隻價文一百六十兩
馬二匹價文三百二十兩
皮粟一百二十石價文一千八百兩
田米四十九石價文二千二百五兩
金尚玉 草家三間價文九十兩

28-⑥⑧

牛一隻價文八十兩
金致云 草家六間價文一百八十兩
牛五隻價文三百五十兩
銀錢五百七十元代文三千四百十兩
金石云 草家四間價文一百二十兩
牛一隻價文七十五兩
金丙哲 草家三間價文九十兩
牛三隻價文一百九十兩
錢六百七十五兩
唐木一駄價文一千三百兩

28-⑥⑨

金利會 草家六間價文一百八十兩
牛兩隻價文一百七十兩
咸興洛 草家六間價文一百八十兩
牛三隻價文一百九十兩
田米二十石價文九百兩
錢九百五十兩
金春益 草家三間價文九十兩
田米三石價文一百三十五兩
金哲石 草家六間價文一百八十兩
牛三隻價文一百九十五兩

28-⑦⓪

日圓一百五十元代文一千五百兩
金用八 草家六間價文一百八十兩
牛兩隻價文一百七十兩
馬二匹價文三百四十兩
皮粟一百四十石價文二千一百兩
沈允五 草家六間價文一百八十兩
牛四隻價文三百十兩
馬一匹價文二百十兩
田米二十一石價文九百四十五兩
金用珏 草家三間價文九十兩

28-⑦①

牛一隻價文八十兩
金丙千 草家六間價文一百八十兩
牛一隻價文七十兩
皮粟一百三十三石價文一千九百九十五兩
別銀五兩重價文一千五百兩
男女上下衣服五十四件價文七百五十七兩
朴子吉 草家三間價文九十兩
田米七石價文三百十五兩
金世真 草家三間價文九十兩
金世八 草家三間價文九十兩

28-⑦②

盤床器一件價文四十兩
朴彥石 草家六間價文一百八十兩
牛三隻價文二百四十兩
馬一匹價文一百七十兩
錢八百三十兩
金清淑 草家三間價文九十兩
皮粟三石價文四十五兩
廉什文 草家六間價文一百八十兩
牛兩隻價文一百七十兩
金致俊 草家六間價文一百八十兩

28-⑦③

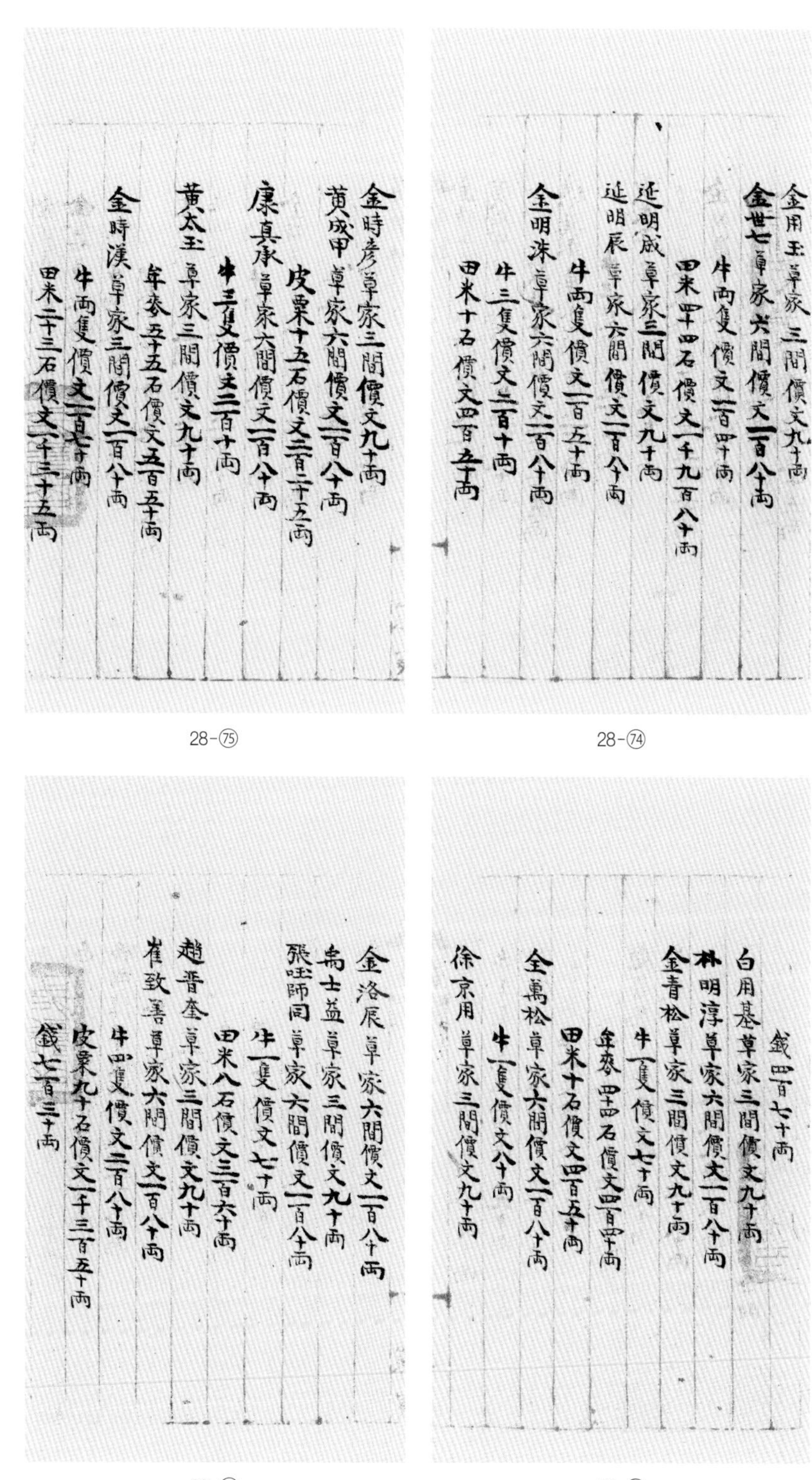

金用玉 草家三間價文九十兩
金世七 草家六間價文一百八十兩
牛兩隻價文一百四十兩
田米四十四石價文一千九百八十兩
延明成 草家三間價文九十兩
延明辰 草家六間價文一百八十兩
牛兩隻價文一百五十兩
金明洙 草家六間價文一百八十兩
牛三隻價文二百十兩
田米十石價文四百五十兩

28-⑭

金時彦 草家三間價文九十兩
黃成甲 草家六間價文一百八十兩
皮粟十五石價文二百二十五兩
康真承 草家六間價文一百八十兩
牛三隻價文二百十兩
黃太玉 草家三間價文九十兩
牟麥五十五石價文五百五十兩
金時漢 草家三間價文一百八十兩
牛兩隻價文一百七十兩
田米二十三石價文一千三十五兩

28-⑮

錢四百七十兩
白用基 草家三間價文九十兩
林明淳 草家六間價文一百八十兩
金青松 草家三間價文九十兩
牛一隻價文七十兩
牟麥四十四石價文四百四十兩
田米十石價文四百五十兩
金萬松 草家六間價文一百八十兩
牛一隻價文八十兩
徐京用 草家三間價文九十兩

28-⑯

金洛辰 草家六間價文一百八十兩
禹士益 草家三間價文九十兩
張吐師同 草家六間價文一百八十兩
牛一隻價文七十兩
田米八石價文三百六十兩
趙晉奉 草家三間價文九十兩
崔致善 草家六間價文一百八十兩
牛四隻價文二百八十兩
皮粟九十石價文一千三百五十兩
錢七百三十兩

28-⑰

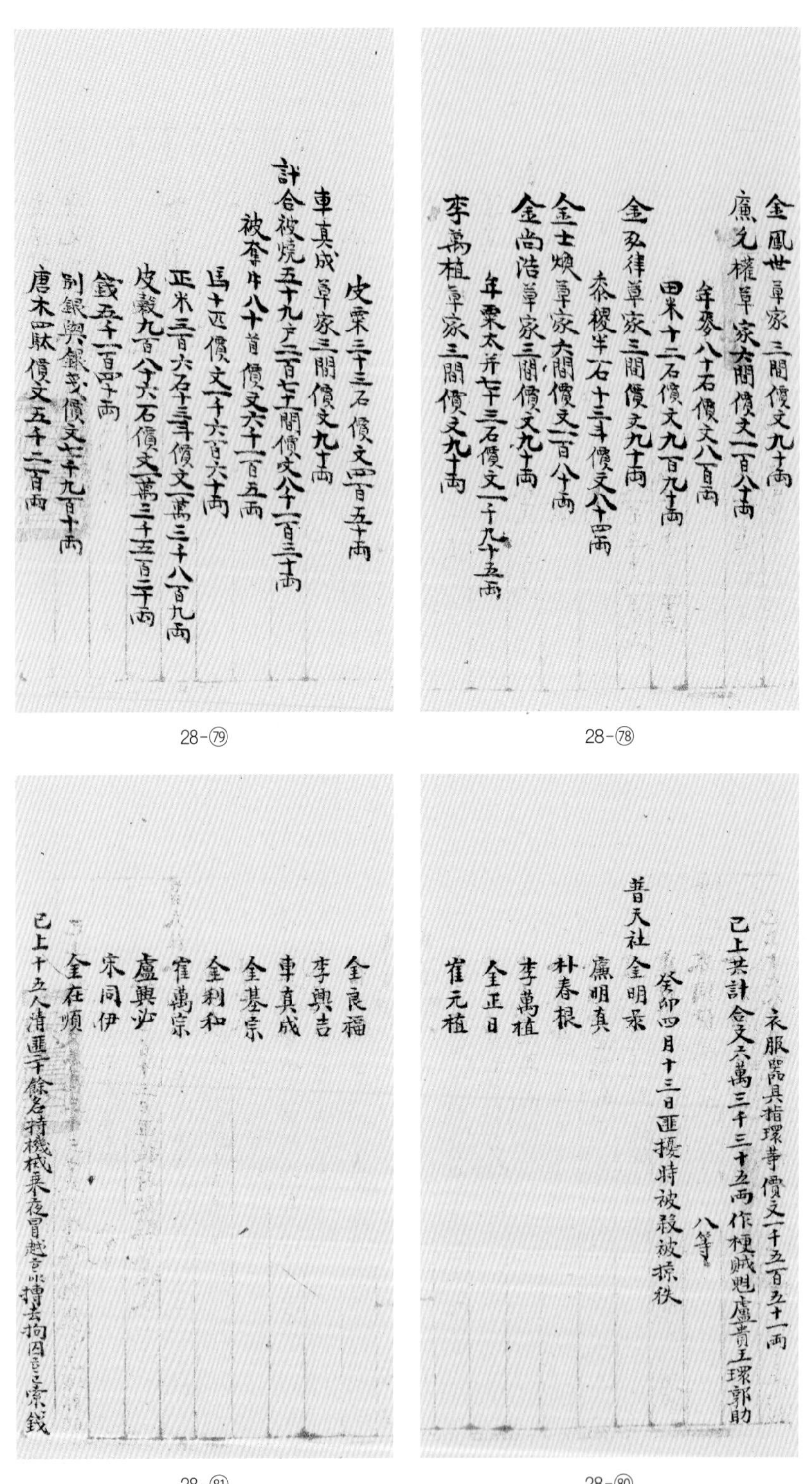

金鳳世草家三間價文九十兩
廉允權草家六間價文一百八十兩
牟麥八十石價文八百兩
田米十二石價文九百九十兩
金乫律草家三間價文九十兩
黍稷半石十三斗價文八十四兩
金士煥草家六間價文一百八十兩
金尙浩草家三間價文九十兩
牟粟太幷七十三石價文一千九十五兩
李萬植草家三間價文九十兩

28-⑱

皮粟三十三石價文四百五十兩
車眞成草家三間價文九十兩
計合被燒五十九戶二百七十間價文八千一百三十兩
被奪牛八十首價文六千一百五兩
馬十匹價文一千六百六十兩
正米三百六石十三斗價文一萬三千八百九兩
皮穀九百八十六石價文一萬三千五百二十兩
錢五千一百四十兩
別銀與銀錢價文七千九百十兩
唐木四駄價文五千二百兩

28-⑲

衣服器具指環等價文一千五百五十一兩
已上共計合文六萬三千三十五兩作梗賊魁盧貴王環郭助
八等
癸卯四月十三日匪擾時被殺被擄秩
普天社金明汞
廉明眞
朴春根
李萬植
全正日
崔元植

28-⑳

金良福
李興吉
車眞成
全基宗
全利和
崔萬宗
盧興必
宋同伊
全在順
已上十五人淸匪千餘名持機械乘夜冒越ᄒ야擄去拘囚ᄒ고贖錢

28-㉑

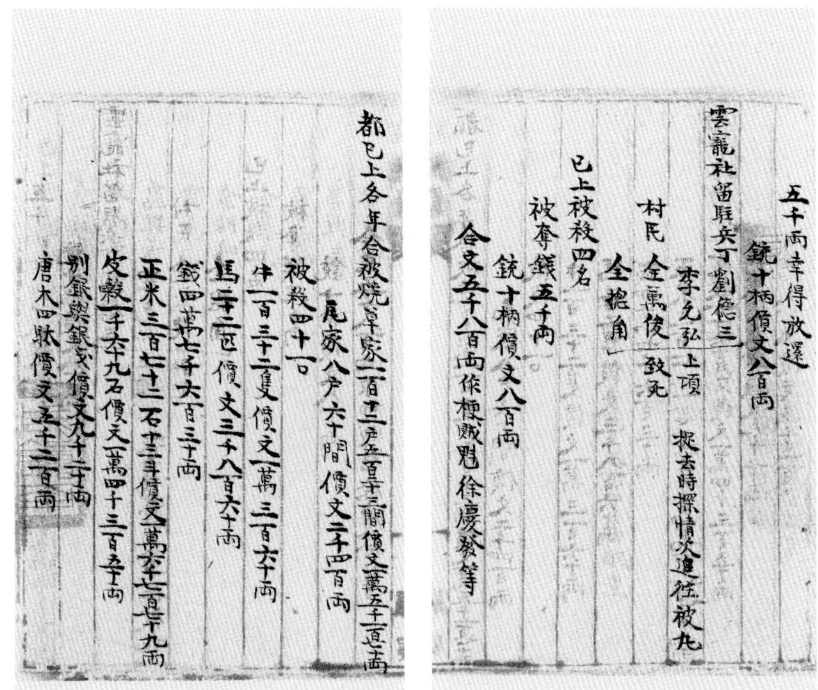

五千兩幸得放還
銃十柄價文八百兩
雲寵社留駐兵丁劉德三
李允弘 上項 捉去時探情次進往被丸
村民 全萬俊 致死
全抱角
已上被殺四名
被奪錢五千兩
銃十柄價文八百兩
合文五千八百兩依梗賊魁徐慶燮等

28-⑧②

都已上各年合被燒草家一百十二戶五百三十二間價文一萬五千一百七十兩
瓦家八戶六十間價文二千四百兩
被殺四十口
牛一百三十二隻價文一萬三百六十兩
馬三十二匹價文三千八百六十兩
錢四萬七千六百三十兩
正米三百七十二石十三斗價文一萬六千七百七十九兩
皮穀一千六十九石價文一萬四千三百五十兩
別錄與銀子價文九千二十兩
唐木四駄價文五千二百兩

28-⑧③

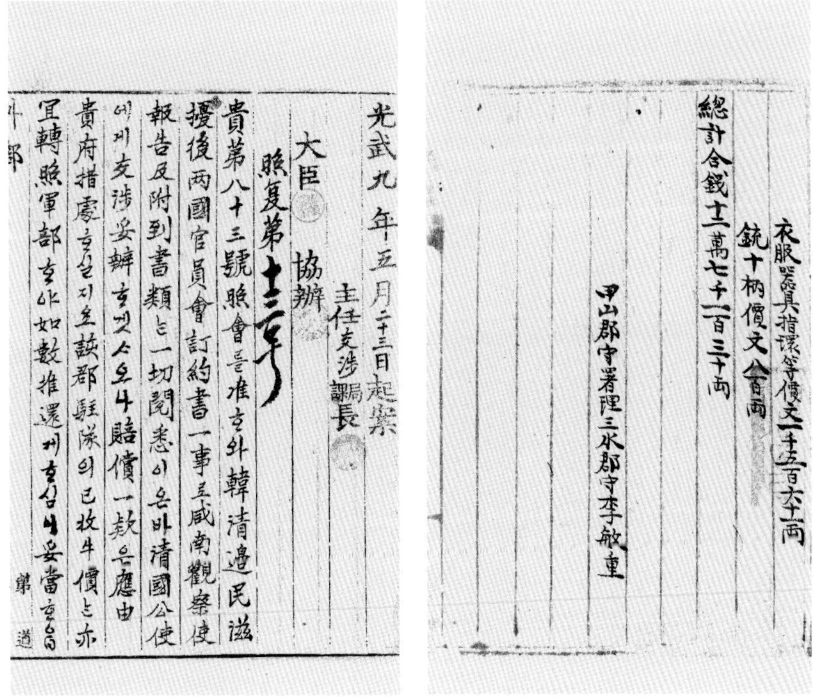

衣服器具指環等價文一千五百六十兩
銃十柄價文八百兩
總計合錢十二萬七千一百三十兩
甲山郡守署理三水郡守李敏重

28-⑧④

光武九年五月二十三日起案
主任交涉課長
大臣 協辦
照復第十三號
貴第八十三號照會를准ᄒᆞ외韓清邊民滋擾後兩國官員會訂約書一事로咸南觀察使報告及附到書類는一切閱悉이온바清國公使에게交涉妥辦ᄒᆞ깃ᄉᆞ오나賠償一款은應由貴府措處ᄒᆞᆯ지오該郡駐隊의已收牛價는亦宜轉照軍部ᄒᆞ와如數推還케ᄒᆞ심이妥當ᄒᆞ옵
外部
第 道

29-①

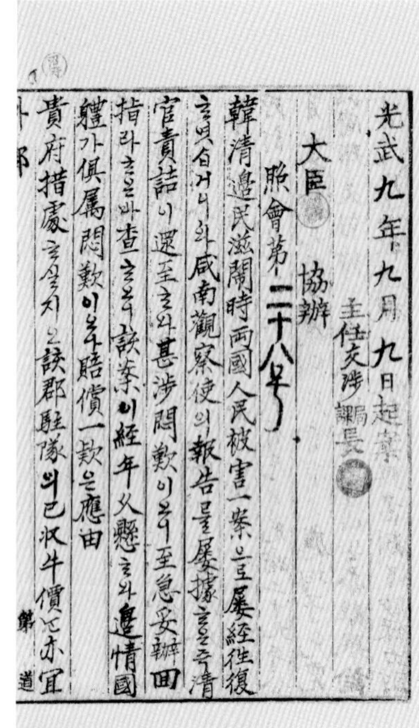

光武九年九月九日起案
主任交涉課長
大臣 協辦
照會第二十八号
韓淸邊民滋鬧時兩國人民被害一案으로屢經往復
ᄒᆞ엿거니와咸南觀察使의報告를屢據ᄒᆞᆫ즉淸
官責詰이遝至ᄒᆞ와甚涉悶歎이온즉至急妥辦回
指라ᄒᆞ온바査ᄒᆞᆫ즉該案이經年久懸ᄒᆞ와邊情國
體가俱屬悶歎이온즉賠償一款은應由
貴府措處ᄒᆞ실지오該郡駐隊의已收牛價ᄂᆞᆫ亦宜

30-①

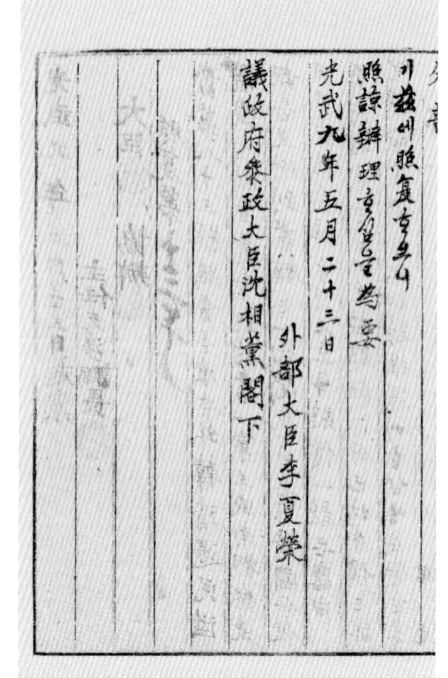

ᄒᆞ기玆에照覆ᄒᆞ오니
照諒辦理ᄒᆞ심을爲要
光武九年五月二十三日
外部大臣李夏榮
議政府參政大臣沈相薰閣下

29-②

ᄒᆞ오며玆에照會ᄒᆞ오니
査照妥辦ᄒᆞ신後隨即 示覆ᄒᆞ심을爲要
光武九年九月 日
外部大臣李夏榮
議政府參政大臣韓圭卨閣下

30-③

轉照軍部推還ᄒᆞ심을意로已於本年五月二十三日繳第
十三号照覆에陳述請辦이ᄋᆞᆸ더니迄無
貴府措辦ᄒᆞ와尚未交涉妥決이ᄋᆞᆸ며 貴第八
十三號照會에附到ᄒᆞᆫ三水甲山丁酉戊戌以後淸匪
處被害各款을理應交涉已辦이ᄋᆞ나陰曆癸卯十
二月十二日甲山郡守李根豊等與淸官孫長青等
所訂約書第一款內에載有凡自光緒二十九年八
月以前彼此旣未先期照會有文應均予免究
以閏邦交句語이온즉癸卯八月以前은亦難擧論
이옵기此次該道觀察使報告與書類를鈔錄另附

30-②

照覆 第十一號

郎接 貴第二十八號照會內開韓淸邊民滋鬧
時兩國人民被害一案을屢經往復ᄒᆞ얏ᄉᆞ오나
咸南觀察使의報告를屢據ᄒᆞ온즉淸官責詰이
還至ᄒᆞ와甚涉悶歎이오니至懇妥辦回指라ᄒᆞ온
바 査ᄒᆞ오니該案이經年久懸ᄒᆞ와邊情國體가
俱屬悶歎이오나賠償一款은應由
貴府措處ᄒᆞ실지오該郡駐隊의已收牛價ᄂᆞᆫ亦宜
轉照軍部推還ᄒᆞ실意로已在本年五月二十三日
敝第十三號照覆에陳述請辦이온바近無

31-①

貴府措辦ᄒᆞ야尙未交涉妥決이옵더니 貴第八十
三號照會에附到ᄒᆞᆫ三水甲山丁酉戊戌以後淸
匪處被害各款은理應交涉包辦이오나陰曆
癸卯十二月十二日甲山郡守李根豐等與淸官
孫長青等所訂約書第一款內에載有凡自光
緖二十九年八月以前從此旣未先期照會有文應
均予免究以固邦交句語이온즉癸卯八月以前은
亦難擧論이옵기此次該道觀察使報告與書
類를鈔錄另付ᄒᆞ오며玆에照ᄒᆞ오니査照妥辦ᄒᆞ
ᄉᆞ시고隨卽示覆ᄒᆞ심을爲要等因이와准此査

31-②

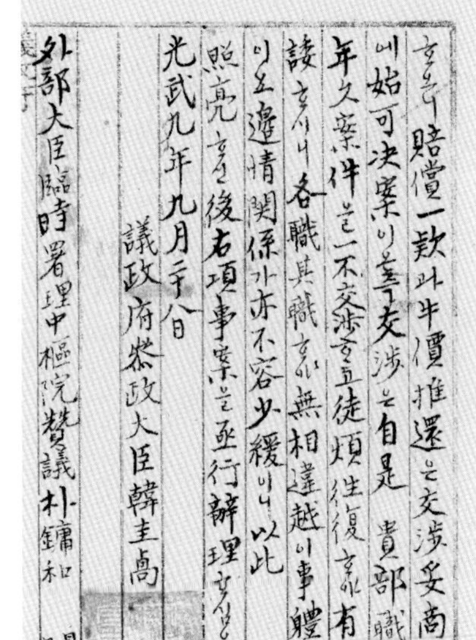

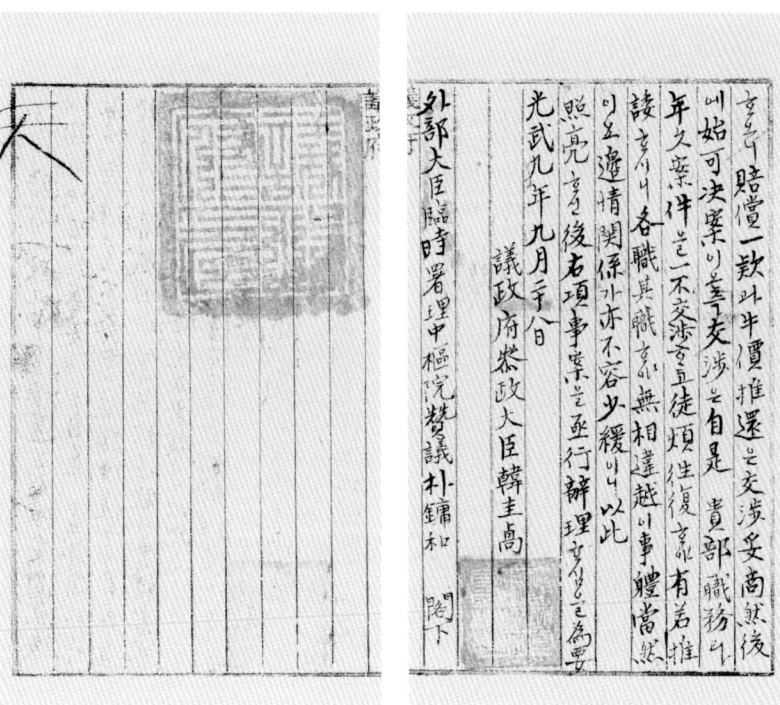

ᄒᆞ온즉賠償一款과牛價推還은交涉妥商然後
에始可決案이온즉交涉은自是 貴部職務라
年久案件을一不交涉ᄒᆞ고徒煩往復ᄒᆞ심은有若推
諉ᄒᆞ시니各職其職ᄒᆞ와無相違越이事體當然
이오邊情關係가亦不容少緩이니以此
照亮ᄒᆞ신後右項事案을亟行辦理ᄒᆞ심을爲要
光武九年九月二十日
議政府叅政大臣韓圭卨
外部大臣臨時署理中樞院贊議朴鏞和 閣下

31-③

31-④

内部來去文

光武六年二月二十六日起案
主任交涉局課長
大臣　協辦
照會第　號
駐京清國公使의照會를接ㅎ온즉准奉天將軍
咨開據東邊道轉據通化縣詳稱我國上江淤洪
榮慶等保人民一千餘戶因避賊亂逃至貴國慈城
郡地方經郡守朴恒来收留設館安撫加意撫卹數
月有餘身家性命賴以保全華民甚爲感泐已爲朴
郡守立碑頌德並請據情致謝等情查朴郡守

1-①

此次安撫避亂華民具見一視同仁修好睦隣之誼理
合據情照達致謝請轉飭朴郡守知照現在奉天漸
就平靖並望妥爲保護俾得早歸故里等因이기로
平安北道觀察使에訓令ㅎ야셔合더니該觀察使의
報告를接ㅎ온즉清國公使暨奉天將軍의致謝
事와清國人民을照前保護ㅎ야使之回國之意로
謄飭于慈城郡이옵던바須者北匪之猖獗也에該
郡守朴恒来가接納清民에加意撫恤을有若救
焚拯溺ㅎ야使彼失棲之鳥로来作集澤之鴻ㅎ니
非直交隣有道라亦係恤窮惠政故自本府로屢經

1-②

題最且有別褒敎内部이라온清使之致謝가今
又如是ㅎ오니其在激勸에不可無示意이옵기兹에
報告ㅎ오니查照ㅎ오셔轉照内部ㅎ시와特施
褒賞之典等因이기로據此照會ㅎ오니
查照ㅎ오셔慈城郡守朴恒来褒獎一款은諒
宜處辦ㅎ심을爲要
光武六年二月二十六日
外部大臣臨時署理議政府贊政朴齊純
議政府贊政内部大臣李乾夏閣下

1-③

第四號
韓清邊界吉林土們黑龍以北等地에流寓ㅎ은我民
이殆至數萬戶이온데今此
大皇帝陛下入耆社ㅎ오옵신後朝官四品年七十以上
人과士庶人年八十以上人을特施加資事
處分이시온바該邊界寓民池龍奎等이該地居
民에도年八十以上人을同霑
恩澤ㅎ옴을請願ㅎ옵기敎部로서該地寓民에
人口多少와孤寄疾苦를巡察撫諭ㅎ옵고就中
可合應資老人을一切調查ㅎ오옵고從三品李範允

2-①

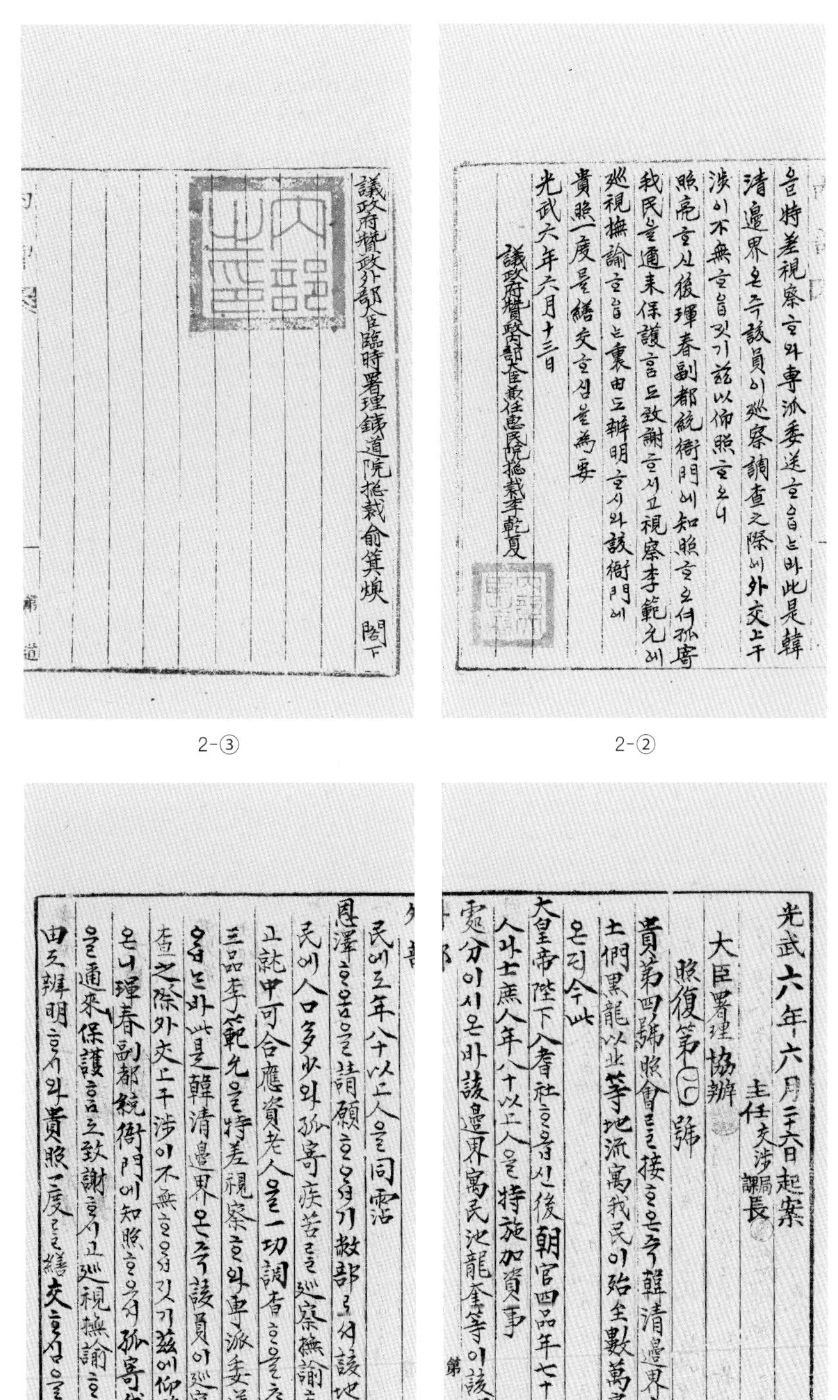

을特差視察ᄒᆞ와專派委送ᄒᆞᆸᄂᆞᆫ바此是韓
淸邊界온즉該員이巡察調査之際에外交上干
涉이不無ᄒᆞᆸ깃기玆以仰照ᄒᆞ오니
照亮ᄒᆞ신後琿春副都統衙門에知照ᄒᆞ오付孤寄
我民을通來保護ᄒᆞᆷ도致謝ᄒᆞ시고視察李範允에
巡視撫諭ᄒᆞᆸᄂᆞᆫ裏由도辨明ᄒᆞ시와該衙門에
貴照一度를繕交ᄒᆞ심을為要
光武六年六月十三日
議政府贊政內部大臣兼任惠民院總裁李乾夏

2-②

議政府贊政外部大臣臨時署理鐵道院總裁俞箕煥 閣下

2-③

光武六年六月二十六日起案
主任交涉課長
大臣署理協辦
照復第[illegible]號
貴第四號照會를接ᄒᆞ온즉韓淸邊界吉林
土們黑龍以北等地流寓我民이殆至數萬戶이
온지今此
大皇帝陛下入耆社ᄒᆞᄋᆞᆸ신後朝官四品年七十以上
人과士庶人年八十以上人을特施加資事
處分이시온바該邊界寓民池龍奎等이該地居
外部 第 道

3-①

民에五年八十以上人을同霑
恩澤ᄒᆞᆷ을請願ᄒᆞ오ᄋᆞᆸ기敎部로付該地寓
民에人口多少와孤寄疾苦ᄅᆞᆯ巡察撫諭ᄒᆞᄋᆞᆸ
고就中可合應資老人을一切調査ᄒᆞᆷ을從
三品李範允을特差視察ᄒᆞ와專派委送ᄒᆞ
옵ᄂᆞᆫ바此是韓淸邊界온즉該員이巡察調
査之際外交上干涉이不無ᄒᆞ오ᄋᆞᆸ깃기玆에仰照ᄒᆞ
온니琿春副都統衙門에知照ᄒᆞ오셔孤寄我民
을通來保護ᄒᆞᆷ으로致謝ᄒᆞ시고巡視撫諭ᄒᆞᄂᆞᆫ理
由도辨明ᄒᆞ시와貴照一度ᄅᆞᆯ繕交ᄒᆞ심을為

3-②

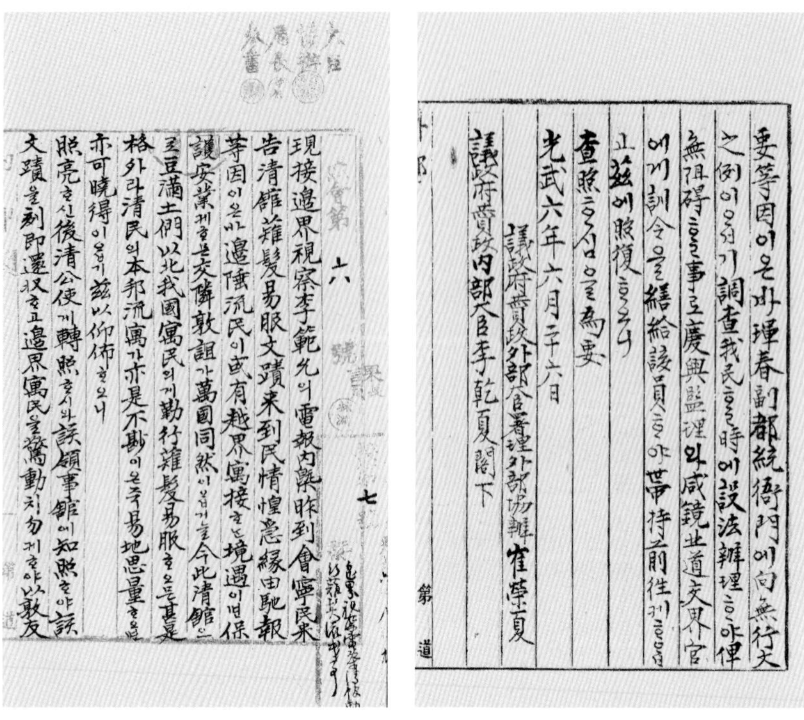

現接邊界視察李範允의電報內槩昨到會寧民來
告清館薙髮易服文蹟來到民情惶惫緣由馳報
等因이온바邊陲流民이或有越界寓接ᄒᆞᄂᆞᆫ境遇이면保
護安業케ᄒᆞᆷ은交隣敦誼가萬國同然이옵거늘今此清館은
至豆滿土們以北我國寓民의게勒行薙髮易服ᄒᆞ오믄甚是
格外라清民의本邦流寓가亦是不尠이온즉易地思量ᄒᆞ오면
亦可曉得이옵기玆以仰佈ᄒᆞ오니
照亮ᄒᆞ신後清公使게轉照ᄒᆞ시와該領事館에知照ᄒᆞ야該
文蹟을刻即還收ᄒᆞ고邊界寓民을驚動치勿케ᄒᆞ야以敦友

4-①

要等因이온바琿春副都統衙門에向無行文
之例이옵기調查我民ᄒᆞᆯ時에設法辦理ᄒᆞ야俾
無阻碍ᄒᆞᆯ事로慶興監理와咸鏡北道交界官
에게訓令을繕給該員ᄒᆞ야帶持前往케ᄒᆞ얏삽
고玆에照復ᄒᆞ오니
查照ᄒᆞ심을為要
光武六年六月二十六日
議政府贊政外部大臣署理外部協辦 崔榮夏
議政府贊政內部大臣李乾夏 閣下

3-③

光武六年八月十九日起案
主任 交涉局課長
大臣署理協辦
照覆第七号
貴照會를接到ᄒᆞ온즉現接邊界視察李範允
電槩會寧民來告清國薙髮易服文蹟來到民情惶
惫等因玆以仰佈ᄒᆞ오니清公使에게轉照ᄒᆞ시와邊界
寓民을驚動치勿케ᄒᆞ야以敦友誼等因이온바此를查
ᄒᆞ오니前據交界官報請ᄒᆞ야清公使에게屢經照
會ᄒᆞ엿삽고此次에

5-①

誼케ᄒᆞ시고 示明ᄒᆞ심을為要
光武六年八月九日
議政府贊政內部大臣兼任惠民院總裁李乾夏
議政府贊政外部大臣臨時署理俞箕煥 閣下

4-②

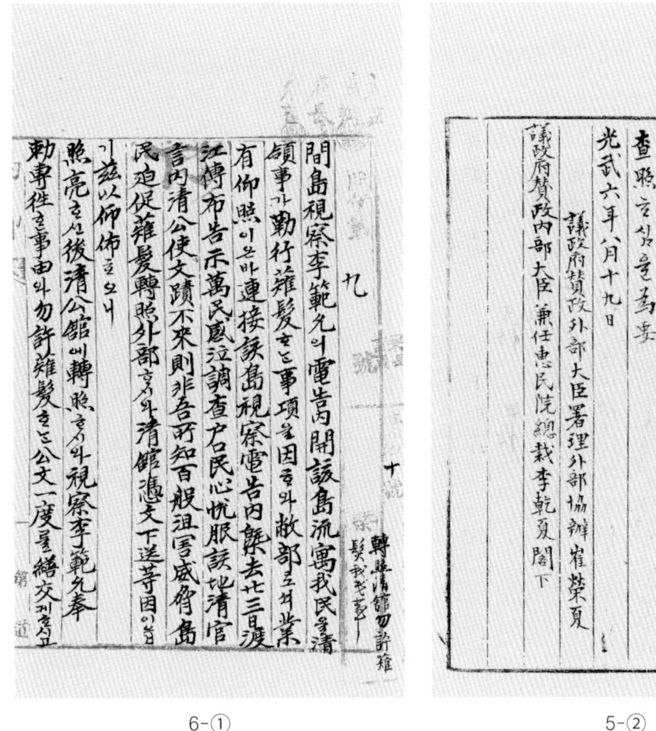

十

轉照清館勿許薙髮我民事

九

間島視察李範允의電告內開該島流寓我民을清
領事가勒行薙髮ᄒᆞᄂᆞᆫ事項을因ᄒᆞ와敝部로서業
有仰照이온바連接該島視察電告內槪去七三日渡
江傳布告示萬民感泣調査户口民心悅服該地清官
言內清公使文蹟不來則非吾所知百般沮戲威脅島
民迫促薙髮轉照外部ᄒᆞ와清館憑文下送等因이옵
기茲以仰佈ᄒᆞ오니
照亮ᄒᆞ신後清公館에轉照ᄒᆞ와視察李範允奉
勅事往ᄒᆞᆫ事由와勿許薙髮ᄒᆞᄂᆞᆫ公文一度를繕交케ᄒᆞ심을

第 道

6-①

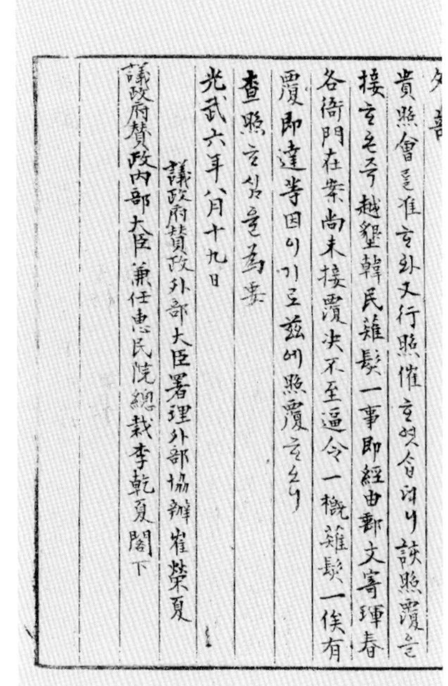

外部

貴照會를准ᄒᆞ와文行照催ᄒᆞ엿사오니該照覆을
接ᄒᆞ온즉越墾韓民薙髮一事卽經由鄭文寄琿春
各衙門在案尙未接覆決不至逼令一槪薙髮一俟有
覆卽達等因이기로茲에照覆ᄒᆞ오니
查照ᄒᆞ심을爲要
光武六年八月十九日
議政府贊政外部大臣署理外部協辦崔榮夏
議政府贊政內部大臣兼任惠民院總裁李乾夏閣下

5-②

光武六年八月二十九日起案
主任 交涉局長
大臣署理協辦
照覆第九号
貴第九号照會를接ᄒᆞ온즉間島視察李範允
電開渡江傳布告示萬民感泣調査户口民心悅
服該地清官言內清公使文蹟不來則非吾所知百
端沮戲威脅島民迫促薙髮轉照外部清館憑文
下送等因이기茲以仰佈ᄒᆞ오니轉照清公館視察李
範允奉

外部

第 道

7-①

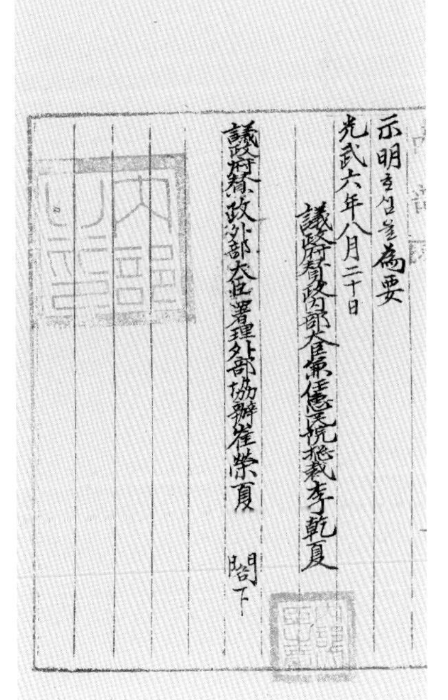

示明ᄒᆞ심을爲要
光武六年八月二十日
議政府贊政內部大臣兼任惠民院總裁李乾夏
議政府贊政外部大臣署理外部協辦崔榮夏
閣下

6-②

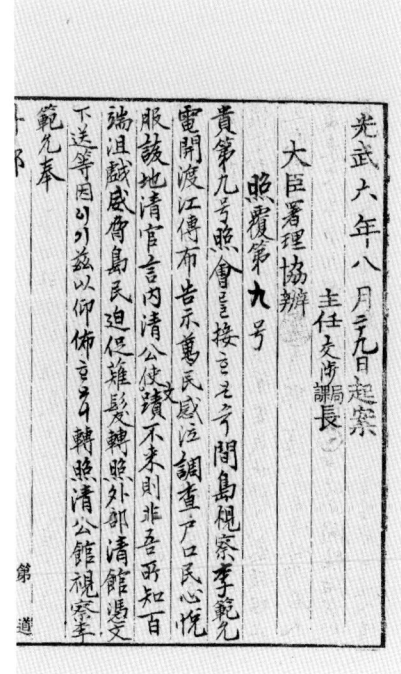

勑專往호온事由와勿許薙髮호는公文一度를繕交
케호라호시온바准此行文淸國公使호얏더니玆
接覆開本大臣査李範允一事從前和龍峪撫墾
局員葉含芬稟稱擬前往茂山僾道商諸蔡警務
官允行文函達鍾城參領該參領卽以未奉 元帥
府文阻止可見貴國參領知事關越國彼此均應
愼重我國委員何能不阻葉委員照鍾城參領阻止
之例何以有百般阻戱之責耶近接奉天吉林兩省大
員來文常有韓官過境滋擾等事況兩國陸路章程
未定尤以各守疆界爲宜至薙髮一層若非早經入籍

7-②

或出自願似決不致逼令一概薙髮本大臣前准貴照會
已經咨査各衙門尚無覆文用再備具咨文一封送請
代遞等因이온바此를査호온즉前據交界官報稱淸
國和龍峪督理葉含芬이照請暫往茂山對岸이기로
行文鍾城參領使之無碍前往이옵더니該參領覆
稱葛難擅許等語이오며我國官員이不准淸國官過
江호얏사오니彼之按例阻止는今不可駁辨이오며薙
髮一事는淸使가琿春衙門에送達호온公文을繕到
호얏삽기另附호옵고玆에照覆호오니
査照호시믈爲要

7-③

光武六年八月二十九日
議政府贊政外部大臣署理外部協辦 崔榮夏
議政府贊政內部大臣李乾夏 閣下

7-④

照覆第十一

貴第九號照覆內開准此行文淸國公使호얏더니玆接覆
開本大臣査李範允事從前和龍峪撫墾局員葉含芬稟
稱擬前往茂山僾道商諸蔡警務官允行文函達鍾城參領
卽以未奉 元帥府文阻止可見貴國參領知事關越國彼此
均應愼重我國委員何能不阻葉委員照鍾城參領阻止之例何
以有百般阻戱之責耶接奉天吉林兩省大員來文常有韓官
過境滋擾等事況兩國陸路章程未定尤以各守疆界爲宜至
薙髮一層若非早經入籍或出自願似決不致逼令一概薙髮本大
臣前准貴照會已經咨査各衙門尚無覆文用再備具咨文一封

8-①

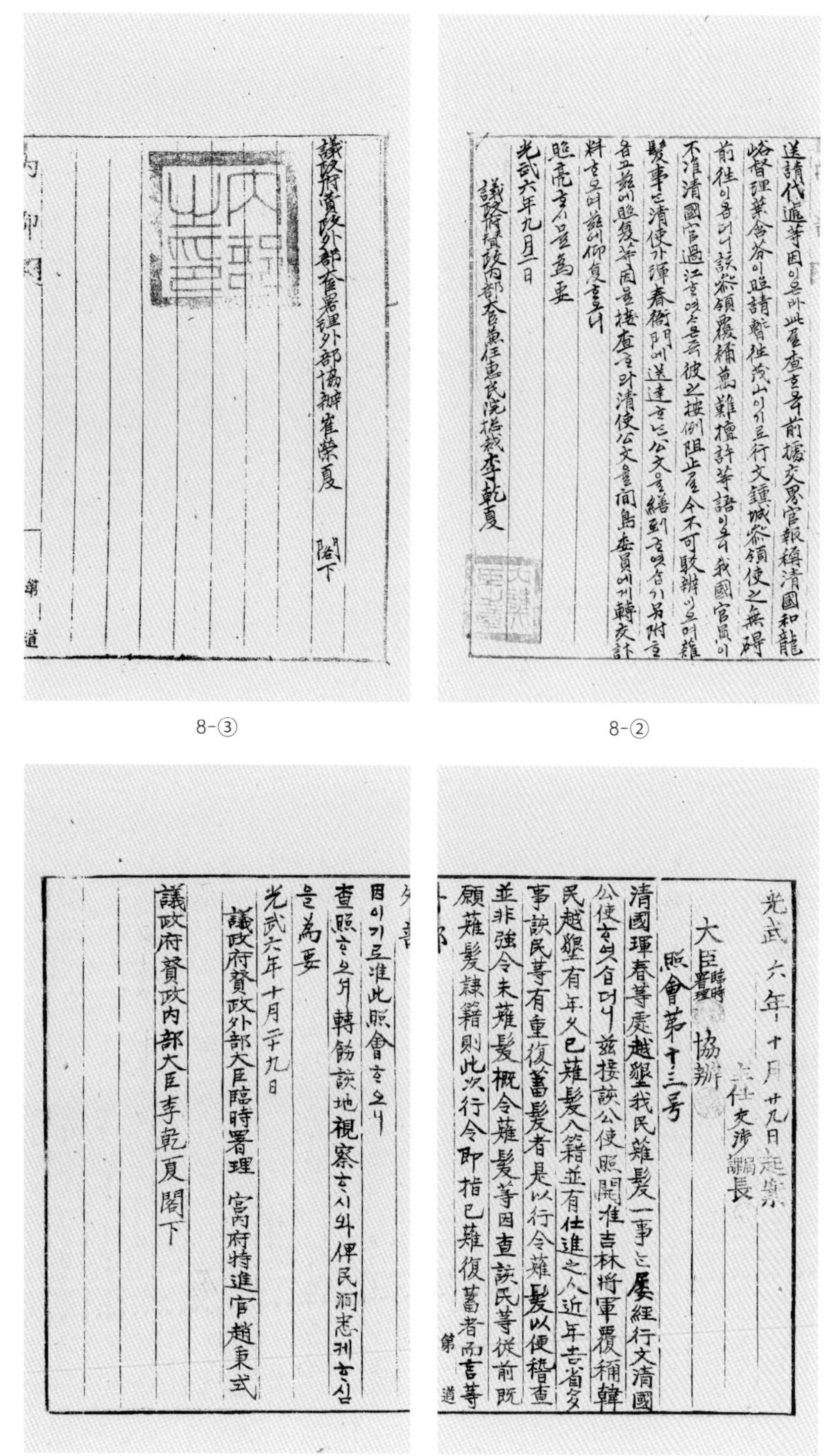

送請代遞等因이온바此를査ᄒᆞ온즉前擬交界官報稱清國和龍
峪督理葉舍爷이照請暫往茂山이기로行文鍾城爷領使之無碍
前往이옵더니該爷領覆稱萬難擅許等語이옵고我國官員이
不准清國官過江ᄒᆞ엿ᄉᆞ온즉彼之按例阻止를今不可駁辨이오며薙
髮事ᄂᆞᆫ清使가琿春衙門에送達ᄒᆞᆫ公文을繕到ᄒᆞ엿삽기另附ᄒᆞ
옵고玆에照復等因을接査ᄒᆞᆫ즉清使公文을墾島委員에게轉交許
料ᄒᆞ오며玆에仰復ᄒᆞ오니
照亮ᄒᆞ시믈爲要
光武六年九月二日
議政府贊政內部大臣兼任惠民院總裁李乾夏

8-②

議政府贊政外部大臣署理外部協辦崔榮夏 閣下

8-③

光武六年十月廿九日起案
大臣臨時署理 協辦 主任交涉局長
照會第十三號
清國琿春等處越墾我民薙髮一事ᄂᆞᆫ屢經行文清國
公使ᄒᆞ엿삽더니玆接該公使照開准吉林將軍覆稱韓
民越墾有年久已薙髮入籍並有仕進之人近年告省各
事該民等有重復蓄髮者是以行令薙髮以便稽查
並非強令未薙髮概令薙髮等因查該民等從前既
願薙髮隸籍則此次行令即指已薙復蓄者而言等

9-①

因이기로准此照會ᄒᆞ오니
查照ᄒᆞ오셔轉飭該地視察ᄒᆞ시와俾民洞悉케ᄒᆞ심
을爲要
光武六年十月二十九日
議政府贊政外部大臣臨時署理 宮內府特進官趙秉式
議政府贊政內部大臣李乾夏閣下

9-②

照會第 十三 號

咸北間島視察李範允의第五號報告書內開
에八月十六日에本員이伏承訓令하와薙髮一欵은
切勿衆論之意로業已告示於該島愚民이오며
同月二十二日에駐京淸使가琿春副都統處에所付
公文一封을卽爲專遞交送이옵더니今九月二日에
該副都統이答公文一封을因遞付還故로玆에該
公文을遞付交送하옵고緣由로報告하오니照亮
하옵신後該公文을卽爲傳致于外部하와使轉送
於淸使之地伏望等因을據准하와琿春副都統

10-①

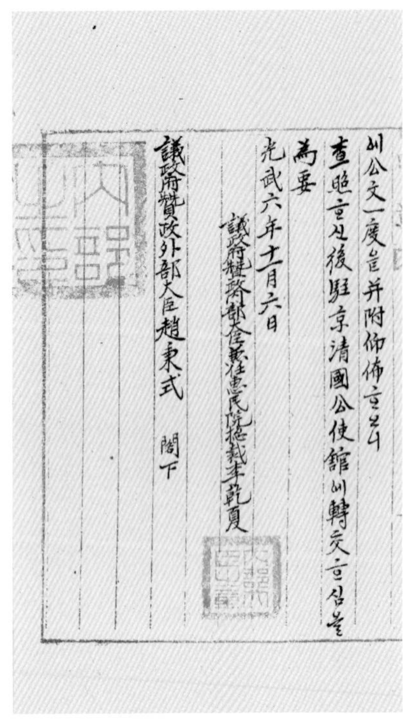
에公文一度를幷附仰佈하오니
査照하신後駐京淸國公使館에轉交하심을
爲要
光武六年十一月六日
議政府贊政內部大臣兼任惠民院總裁李乾夏
議政府贊政外部大臣趙秉式 閣下

10-②

照會第 一 號

平安北道觀察使閔京鎬의第六號報告書를接
據하온즉內開管下江界郡守權用哲의報告書를
接准하온즉內開淸國新設臨江縣知縣吳照會內披
山淸盜次酌帶巡捕及親軍僕從人等親赴帽兒山該
山以東尙有車馬難行之處不得不借道於貴國沿江
一帶邊境擬合備文照會一俟敝縣帶隊借道到境
妥爲保護以固邦交事等因이온바事係邊務不敢
便擅하와玆에報告等因이옵기據此借道事件이旣
係重大故로自府로有難左右하와玆에報告하오니

11-①

査照指令하심을伏望等因과連接咸鏡南道觀察
使徐正淳의電報內開의合弁군弁보고니지령주신
델임강현즈회니지방을츈도티읍친군쇼티츈변
포도이안쟝쿠변미감츠도우키쿡변경운미감쳥졀
등인츠도여부특위회시等因을據査하온즉借道
一欵이事係重大뿐더러亦關交涉이온즉敝部로셔
有難擅便指飭이옵기玆以仰佈하오니
照亮하신後淸國公使와爛商妥辦하시와借道許
否를指的示明하오셔卽速回飭케하심을爲要
光武七年一月二十三日

11-②

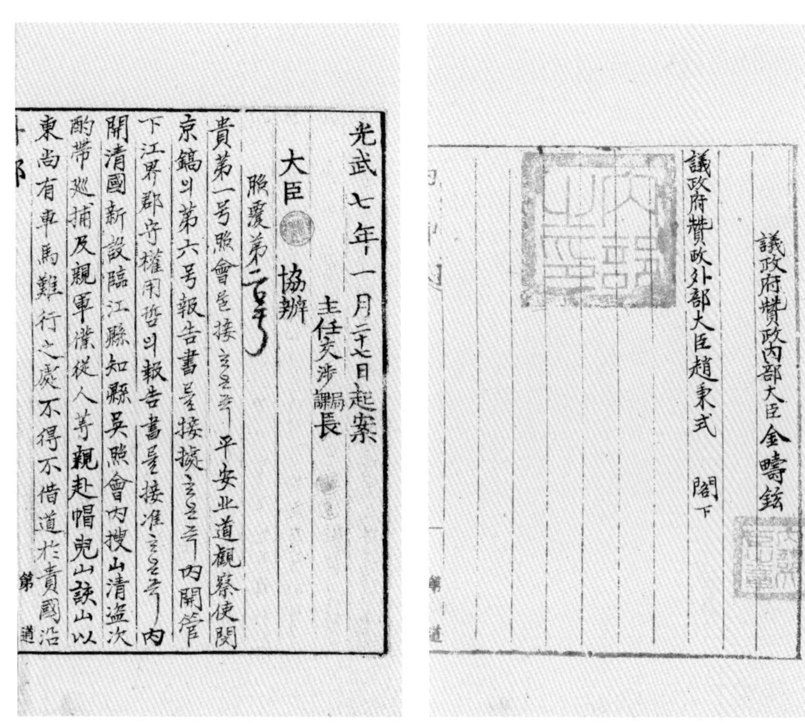

議政府贊政內部大臣金疇鉉

議政府贊政外部大臣趙秉式 閣下

11-③

光武七年一月二十七日起案

主任交涉課長

大臣 協辦

照覆第二号

貴第一号照會를接ᄒᆞ온즉平安北道觀察使閔

京鎬의第六号報告書를接據ᄒᆞ온즉內開管

下江界郡守權用哲의報告書를接准ᄒᆞ온즉內

開清國新設臨江縣知縣吳照會內搜山清盜次

酌帶巡捕及親軍傔從人等親赴帽兒山談山以

東尚有車馬難行之處不得不借道於貴國沿

12-①

12-②

12-③

13-①

12-④

13-③

13-②

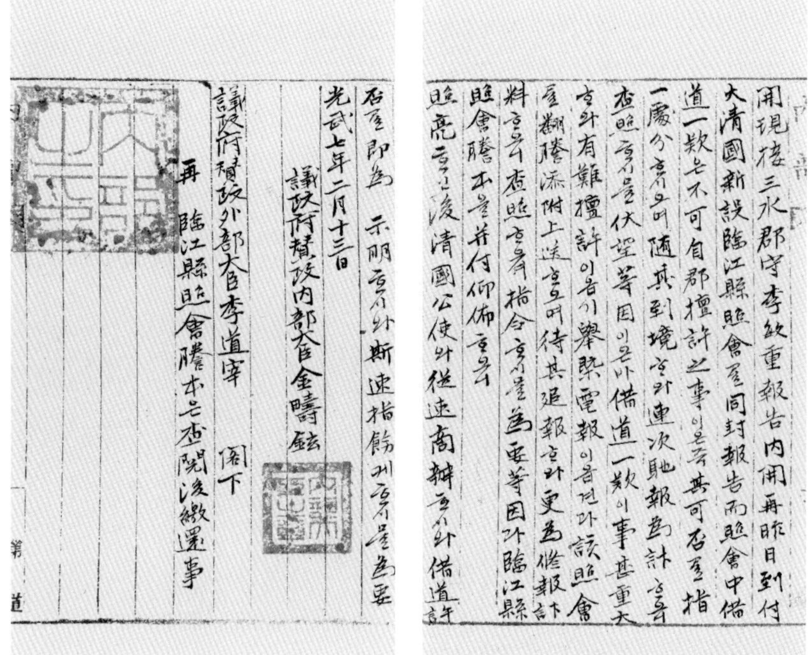

開現接三水郡守李欽重報告內開再昨日到付
大清國新設臨江縣照會를同封報告而照會中借
道一款은不可自郡擅許之事이온즉其可否를指
一處分ᄒᆞ시오며隨其到境ᄒᆞ와連次馳報爲計ᄒᆞ옵
查照ᄒᆞ시믈伏望等因이온바借道一款이事甚重大
ᄒᆞ와有難擅許이읍기擧照電報이읍던바該照會
를繙謄添附上送ᄒᆞ오며待其追報ᄒᆞ와更爲從報計
料ᄒᆞ옵고查照ᄒᆞ시와指令ᄒᆞ시믈爲要等因이온바臨江縣
照會謄本을并付仰佈ᄒᆞ오니
照亮ᄒᆞ신後淸國公使와從速商辦ᄒᆞ시와借道許

13-④

否를卽爲 示明ᄒᆞ시와斷速指飭케ᄒᆞ시믈爲要
光武七年二月十三日
議政府贊政內部大臣金疇鉉
議政府贊政外部大臣李道宰 閣下
再 臨江縣照會謄本은查閱後繳還事

13-⑤

光武七年二月十八日起案
主任 交涉課局長代辦
大臣 協辦
照復第三号
貴第一號照會를接准ᄒᆞ와清官借道一
事로已經照覆이온바
貴第二號照會를疊接ᄒᆞ온즉清國公使
와從速商辦ᄒᆞ시와借道許否를卽爲示明
ᄒᆞ라ᄒᆞ시온바查該事件이清官이酌帶親
軍이라ᄒᆞ얏슨즉事係緊重ᄒᆞ와不可遽議

14-①

이온딕道路ᄂᆞᆫ地方之事오帶兵은軍政之事니應
由
貴部로行文
元帥府ᄒᆞ야借道許否를商辦ᄒᆞ심이恐合事宜
이기로玆에照覆ᄒᆞ오니
照亮ᄒᆞ심을爲要
光武七年二月十八日
議政府贊政外部大臣陸軍副將李道宰
議政府贊政內部大臣金疇鉉閣下
再 臨江縣照會謄本繳交

14-②

光武七年二月二十日起案

主任交涉局課長代辦

大臣 協辦

照會第四號

本年一月廿五日에淸國公使의照會를接ᄒᆞ온즉准
奉天將軍來文據臨江縣稟該縣長生堡地方於本
年七月間有韓人過江乘夜竊去農民楊守淸耕
牛二隻又於八月間在野偸去曹俊耕牛一隻二家
過江尋找韓官不惟不理反將二家去人咎辱又
有倭承禮家曾買韓人火槍一桿韓弁竟誣為盜

外部 第 道

15-①

勒罰錢文他如盜劉士恒之大麥數垛並衆戶之穀
與包米等項以雞鴨猪羊瑣屑之物不可勝計日肆
一日無所不為又有李皮匠賣酒韓民曾欠酒賬向
其討要韓民反將李皮匠匪刑吊打血肉狼藉幾至
殞命仍逼索平錢五百餘兩上江一帶我民日罹兇殘
咨請照會韓國嚴束沿江官民勿得過江擾害免肇
釁端等因准此本大臣查近年本國邊民時被韓人
越界滋擾不一而足屢經照請貴外部查辦飭禁
在案茲臨江縣等處仍有貴國兵民前來騷擾行
同遊匪該管官弁又復不問情由咎辱勒罰更堪

15-②

駭惋似此種種任意虐害較前尤甚我民積不能平
必至釀成邊釁本大臣實不能無先事之慮為此再
行咨請務必切實訓行沿邊各官弁約束兵民各守
疆理庶彼此可以相安倘再有此種情事實難保不滋
生事端等因이기로此를准ᄒᆞ와茲에照會ᄒᆞ오니
查照ᄒᆞ오셔沿江各郡에訓飭ᄒᆞ시와外使之嚴行禁
戢ᄒᆞ야勿生邊釁케ᄒᆞ심을為要

光武七年二月二十一日

議政府贊政外部大臣陸軍副將李道宰

議政府贊政內部大臣金疇鉉 閣下

外部 第 道

15-③

照會第三號

貴第三號照覆을接ᄒᆞ온즉內槩淸官
借道一事로已經照覆이온바道路ᄂᆞᆫ地方之事
요帶兵은軍政之事니應由貴部로行文
元帥府ᄒᆞ야借道許否를商辦為要等因이
온바此를接查ᄒᆞ온즉道路ᄂᆞᆫ地方之事라ᄒᆞ
시오나外國人의借道許否ᄂᆞᆫ有關交涉이온ᄃᆡ
敝部로셔ᄂᆞᆫ直行交涉ᄒᆞᄂᆞᆫ權限이無ᄒᆞ온즉
貴部로셔淸國公使와商辦歸正ᄒᆞ심이恐
合事宜이옵기茲以仰佈ᄒᆞ오니

第 道

16-①

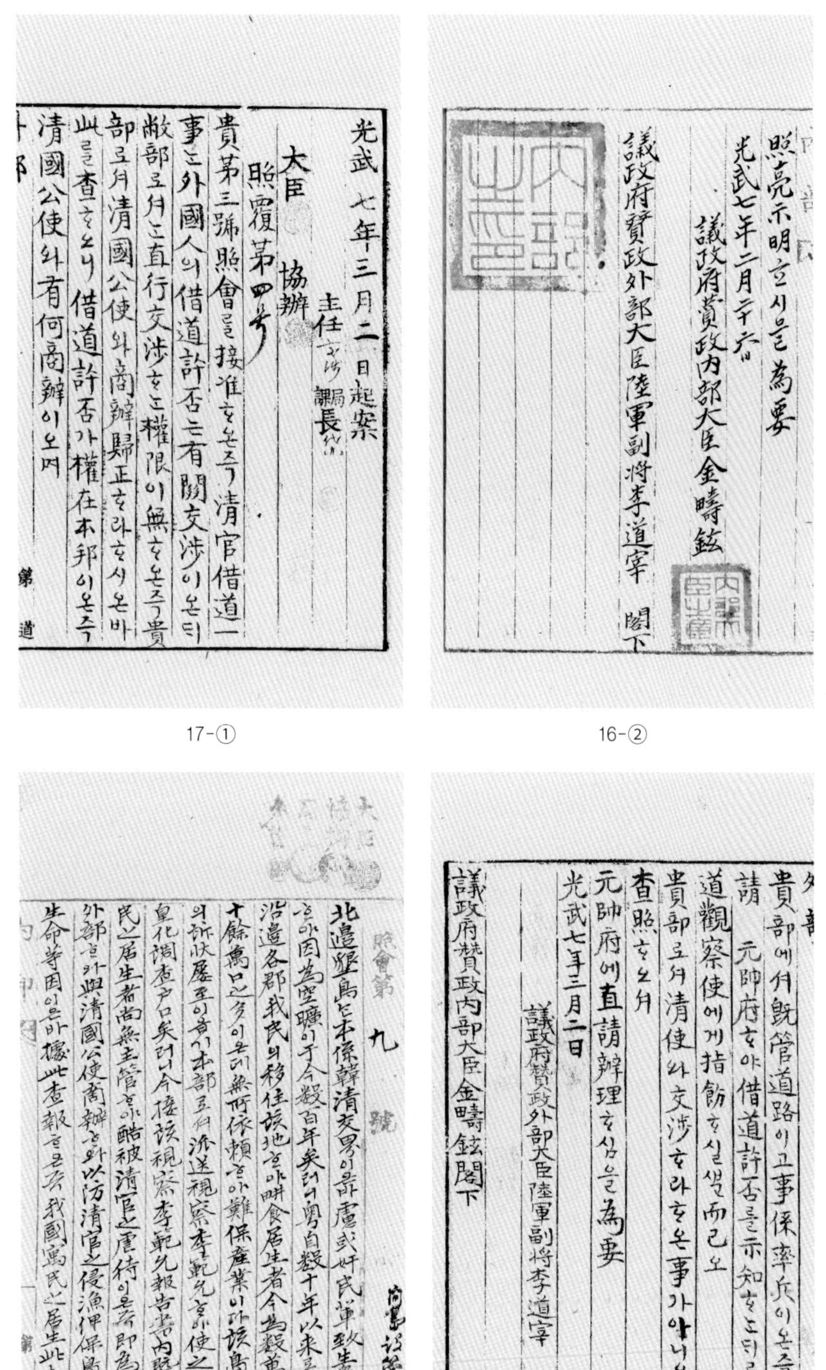

照亮示明ᄒᆞ시믈爲要
光武七年二月二十六日
議政府贊政內部大臣金疇鉉
議政府贊政外部大臣陸軍副將李道宰 閣下

16-②

光武七年三月二日起案
主任 交涉課長
大臣 協辦
照覆第四號
貴第三號照會를接准ᄒᆞ온즉淸官借道一事ᄂᆞᆫ外國人의借道許否ᄂᆞᆫ有關交涉이온ᄃᆡ敝部로셔ᄂᆞᆫ直行交涉ᄒᆞᄂᆞᆫ權限이無ᄒᆞ온즉貴部로셔淸國公使와商辦歸正ᄒᆞ라ᄒᆞ시온바此ᄅᆞᆯ查ᄒᆞ오니借道許否가權在本部이온즉淸國公使와有何商辦이오며

17-①

貴部에셔旣管道路이고事係率兵이온즉照請元帥府ᄒᆞ야借道許否를示知ᄒᆞ도되로該道觀察使에게指飭ᄒᆞ실ᄲᅮᆫ而已오貴部로셔淸使와文涉ᄒᆞ라ᄒᆞ온事가아니온니查照ᄒᆞ오셔元帥府에直請辦理ᄒᆞ심을爲要
光武七年三月二日
議政府贊政外部大臣陸軍副將李道宰
議政府贊政內部大臣金疇鉉閣下

17-②

照會第九號
北邊墾島ᄂᆞᆫ本係韓淸交界이온ᄃᆡ或奸民輩致生邊釁ᄒᆞ와因爲空曠이온지今數百年矣러니自數十年以來로北道沿邊各郡我民의移住該地ᄒᆞ야畊食居生者今爲數萬戶十餘萬口之多이온ᄃᆡ無所依賴ᄒᆞ야難保産業이라該島居民의訴狀屢至이옵기本部로셔派送視察李範允ᄒᆞ야使之宣布皇化調查戶口矣러니今接該視察李範允報告書內墾島民之居生者尚無主管ᄒᆞ야酷被淸官之虐待이온즉卽爲轉照外部ᄒᆞ야與淸國公使商辦ᄒᆞ와以防淸官之侵漁俾保島民之生命等因이온바據此查報ᄒᆞ온즉我國寓民之居生此土者

18-①

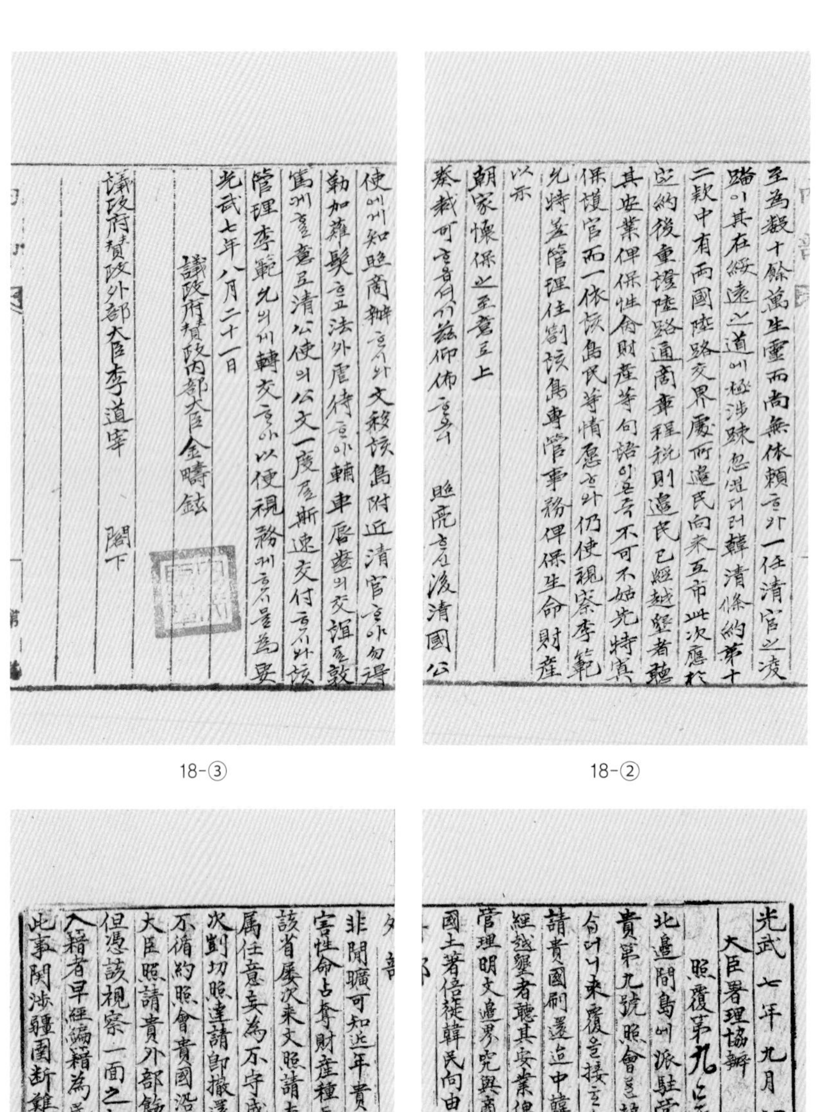

使에게知照商辦ᄒᆞ시와文移該島附近淸官ᄒᆞ와勿得
勒加薙髮ᄒᆞ고法外虐待ᄒᆞ와輔車脣齒의交誼를敦
篤케ᄒᆞᆯ意로淸公使의公文一度를斯速交付ᄒᆞ시와該
管理李範允의게轉交ᄒᆞ와以使視務케ᄒᆞ심을爲要
光武七年八月二十一日
議政府贊政內部大臣金疇鉉
議政府贊政外部大臣李道宰 閣下

18-③

至爲數十餘萬生靈而尙無依賴ᄒᆞ오며一任淸官之凌
蹈이其在綏遠之道에極涉疎忽ᄒᆞ온대韓淸條約第十
二款中有兩國陸路交界處所邊民向來互市此次應於
定約後重訂陸路通商章程稅則邊民已經越墾者聽
其安業俾保性命財産等句語이온즉不可不始先特寘
保護官而一依該島民等情願ᄒᆞ와仍使視察李範
允特爲管理任劃該島專管事務俾保生命財産
以示
朝家懷保之至意로上
奏裁可ᄒᆞ음시기玆仰佈ᄒᆞ오니 照亮ᄒᆞ신後淸國公

18-②

外部
非閒曠可知近年貴國官弁兵民藉端侵權越界生事傷
害性命占奪財産種種擾害侵越層出疊見節經本大臣査照
該省屢次來文照請査辦示禁有案該視察李範允尤
屬任意妄爲不守成約擅自設約編丁拿犯科稅亦經迭
次剴切照達請卽撤還而我國官員遇有干涉韓民件無
不循約照會貴國沿邊官弁審理或稟由將軍咨達本
大臣照請貴外部飭行查辦實無法外虐待之處何得
但憑該視察一面之詞借端踰界至於薙髮一節除業經
入籍者早經編籍爲民由來已久斷無勒令薙髮之事總之
此事關涉疆圍斷難輕率先行本大臣祇可據情咨達邊

19-②

光武七年九月八日起案 內部
大臣署理協辦 主任交涉課長
照覆第九號
北邊間島에派駐管理一事로
貴第九號照會를接准ᄒᆞ와淸國公使에게行文ᄒᆞ엿
더니來覆을接ᄒᆞ온즉韓民越墾我國邊地從前屢
請貴國刷還迨中韓條約始於第十二款內載有邊民已
經越墾者聽其安業俾保性命財産之語幷無可以派員越界
管理明文邊界究與商埠不同自應我任保護之事况該地我
國土著倍徙韓民向由我地方官管理一切其爲我之轄地幷

19-①

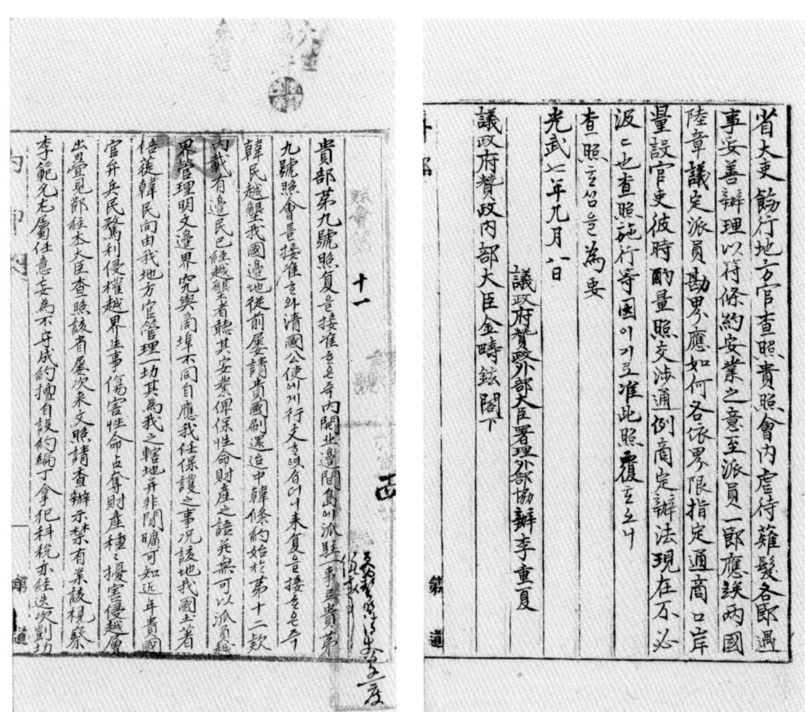

省大吏飭行地方官查照貴照會內虐待薙髮各節遇
事妥善辦理以符條約安業之意至派員一節應俟兩國
陸章議定派員勘界應如何各依界限指定通商口岸
量設官吏彼時酌量照交涉通例商定辦法現在不必
派〻也查照施行等因이기로准此照覆하오니
查照하심을爲要
光武七年九月八日
議政府贊政外部大臣署理外部協辦李重夏
議政府贊政內部大臣金畤鉉 閣下

19-③

十一
貴部第九號照覆을接准하온즉內開北邊間島에派駐一事로貴第
九號照會를接准하온外清國公使에게行文하얏더니來覆을接하온즉
韓民越墾我國邊地從前屢請貴國刷還迄中韓條約始於第十二款
內載有邊民已經越墾者聽其安業俾保性命財產之語並無可以派員越
界管理明文邊界究與商埠不同自應我任保護之事況該地我國土著
係該韓民向由我地方官管理一切其為我之轄地并非間曠可知近年貴國
出差官弁兵民驚利侵權越界生事傷害性命占奪財產種種擾害侵越屢
出貴見部經本大臣查照該者屢次來文照請查辦示禁有案該視察
李範允尤屬任意妄為不守成約擅自設約編丁拿犯科稅亦經迭次剴切

20-①

照違請即撤還而我國官員遇有干涉韓民事件無不循約照會貴國
沿邊官弁審理或稟由將軍咨達本大臣照請貴外部飭行查辦實無
法外虐待之處何得但憑該視察一面之詞借端騙界至於薙髮一節除業
經入籍者早經編籍為民由來已久斷無勸令薙髮之事總之此事關涉疆
圍斷難輕率允行本大臣祇可據情咨達邊省大吏飭行地方官查照貴照
會內虐待薙髮各節遇事妥善辦理以符條約安業之意至派員一節應
俟兩國陸章議定派員勘界應如何各依界限指定通商口岸量設
官吏彼時酌量照交涉通例商定辦法現在不必派〻也查照施行等因
이기로准此照覆하오니查照爲要等因이라此를准하와查照하온즉清國公使
覆函內槩有曰韓民越墾我國邊地故從前屢請貴部刷還이라하

20-②

오又曰該地我國土著係該韓民向由我地方官管理一切其為我轄地則并
非曠間可知云云等句語가極涉糢糊에還庸訝然이라在昔清國烏喇摠
管穆克登이奉命來定國界時에土門江南北으로兩國界限을確定하
야或築土石하며或樹木柵하야以標經界한後分水嶺上에特書立碑하
온明蹟이確有하온즉今此土門以南至于豆滿江岸分明是我國界內
라伊時本朝에서特以我國邊民이安接清界하야虞或生釁에慮起騷
擾之端故로曠廢厥土하야兩國邊民이不得築室居生케하온後伊後清
國邊民이幾箇設幕하와本朝로行移文毀撤한公牒이自在이온즉
此非清國界內之曉然可判이온지라挽近邊禁이懈弛하야韓清邊民
이互相移駐起墾이온바清民은不過千餘戶요我民은二萬餘戶에

20-③

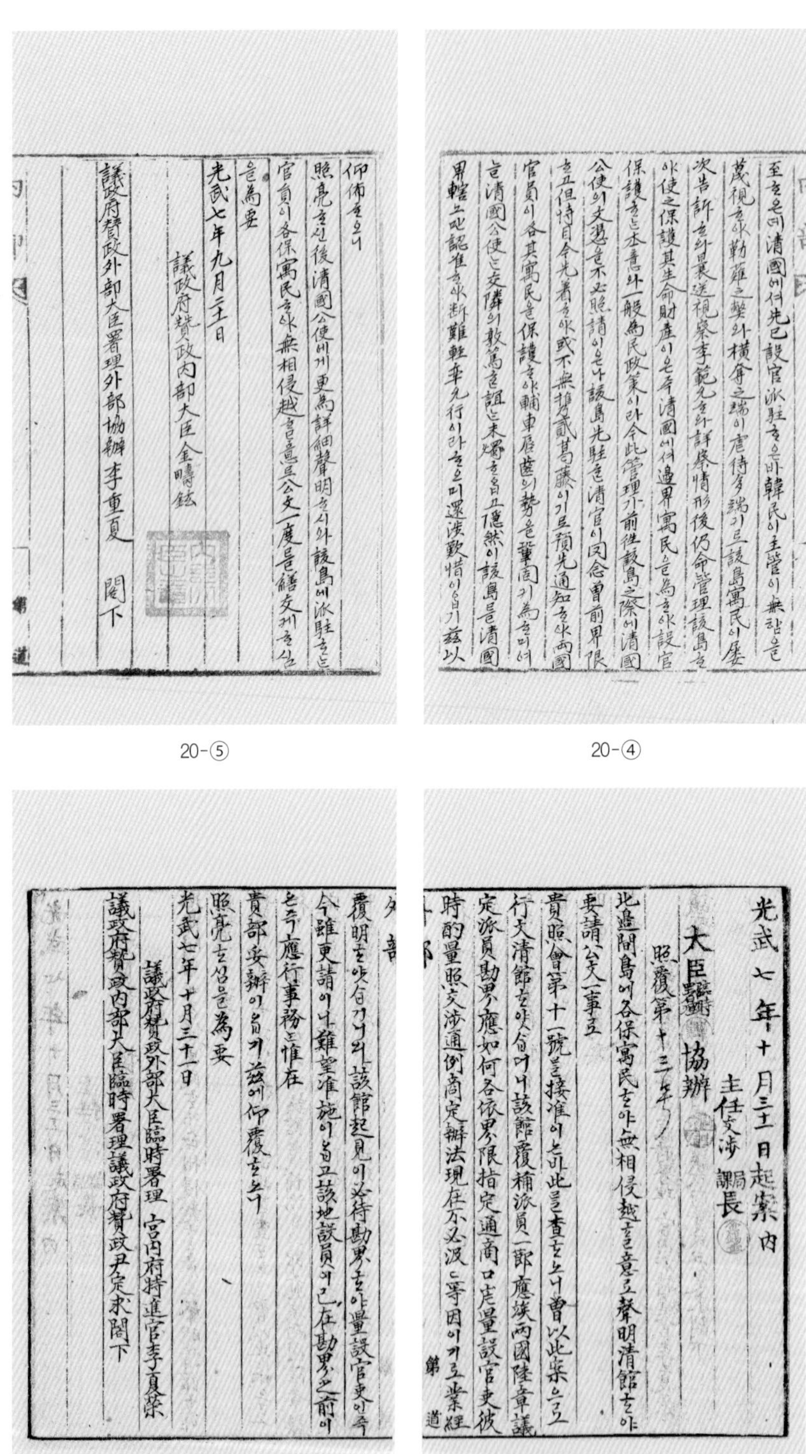

至ᄒᆞ온ᄃᆡ淸國에서先已設官派駐ᄒᆞ온바韓民이主管이無ᄒᆞᆷ을
蔑視ᄒᆞ야勒薙之弊와橫奪之端이虐待多端ᄒᆞ기로該島寓民이屢
次告訴ᄒᆞᆫ外畢延視察李範允ᄒᆞ야詳察情形後仍命管理該島ᄒᆞ
야使之保護其生命財產이온ᄃᆡ淸國에서邊界寓民을爲ᄒᆞ야設官
保護ᄒᆞᆷ은本是一般爲民政策이라今此管理가前往該島之際에淸國
公使의交涉ᄒᆞᆷ은不必聽請이오나該島先駐ᄒᆞᆫ淸官이罔念曾前界限
ᄒᆞ고但恃目今先着ᄒᆞ야或不無搆釁葛藤이기로預先通知ᄒᆞ야兩國
官員이各其寓民을保護ᄒᆞ야輔車脣齒의勢를鞏固키爲ᄒᆞ미어
늘淸國公使ᄂᆞᆫ交隣의敦篤ᄒᆞᆫ誼ᄂᆞᆫ未嘗ᄒᆞ옵고儼然이該島를淸國
界轄으로認准ᄒᆞ야斷難輕率允行이라ᄒᆞ오미還涉款惜이옵기玆以

仰佈ᄒᆞ오니
照亮ᄒᆞ신後淸國公使에게更爲詳細聲明ᄒᆞ시와該島에派駐ᄒᆞᆫ
官員이各保寓民ᄒᆞ야無相侵越ᄒᆞᆯ意로公文一度를繕交케ᄒᆞ심
을爲要
光武七年九月三十日
議政府贊政內部大臣 金[illegible]
議政府贊政外部大臣署理外部協辦 李重夏 閣下

光武七年十月三十一日起案 內
大臣 協辦 主任交涉 課長
照覆第十三號
北邊間島에各保寓民ᄒᆞ야無相侵越ᄒᆞᆯ意로聲明淸館ᄒᆞ야
要請公文一事로
貴照會第十一號를接准이온바此를査ᄒᆞ온니曾以此案으로
行文淸館ᄒᆞ얏더니該館覆稱派員一節은應俟兩國陸章議
定派員勘界ᄒᆞ야應如何各依界限指定通商口岸量設官吏彼
時酌量照交涉通例商定辦法現在不必汲汲ᄒᆞᆫ等因이기로業經

覆明ᄒᆞ얏거니와該館起見이必待勘界ᄒᆞ야量設官吏인즉
今雖更請이나難望准施이옵고該地設員이已在勘界之前이
온즉應行事務ᄂᆞᆫ惟在
貴部妥辦이옵기玆에仰覆ᄒᆞ오니
照亮ᄒᆞ심을爲要
光武七年十月三十一日
議政府贊政外部大臣臨時署理 宮內府特進官 李夏榮
議政府贊政內部大臣臨時署理議政府贊政 尹定求 閣下

20-⑤ 20-④

21-② 21-①

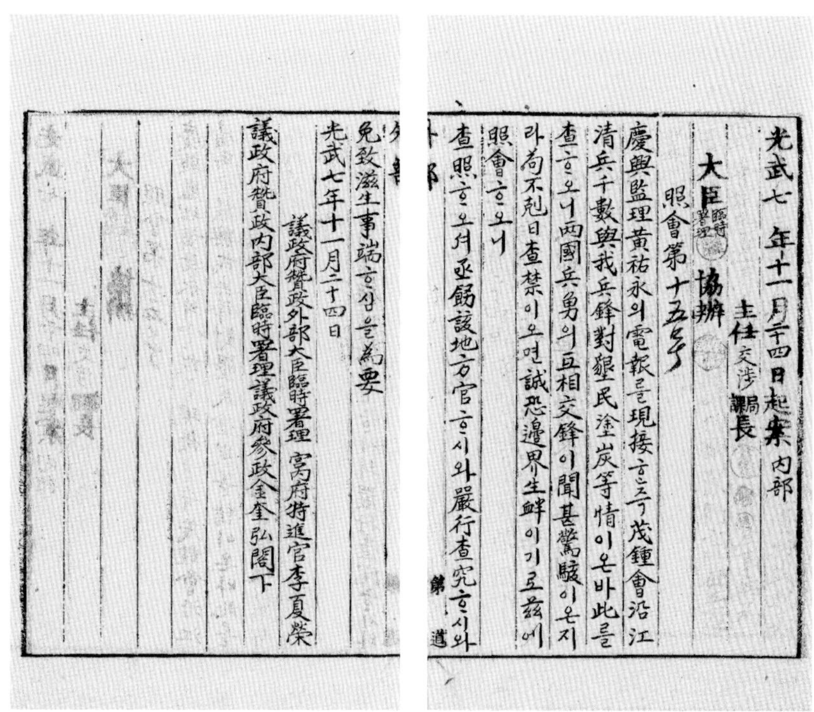

光武七年十一月二十四日起案 內部

主任 交涉 課長

大臣 臨時署理 協辦

照會第十五号

慶興監理黃祐永의電報를現接ᄒᆞᆫ즉茂鍾會沿江
清兵千數與我兵鋒對邊民塗炭等情이온바此를
查ᄒᆞ오니兩國兵勇의互相交鋒이聞甚驚駭이온지
라爲不剋日查禁이오면誠恐邊界生衅이기로玆에
照會ᄒᆞ오니
查照ᄒᆞ오셔亟飭該地方官ᄒᆞ시와嚴行查究ᄒᆞ시와
免致滋生事端ᄒᆞ심을爲要

光武七年十一月二十四日

議政府贊政外部大臣臨時署理 宮內府特進官李夏榮

議政府贊政內部大臣臨時署理議政府參政金奎弘 閣下

22-②　22-①

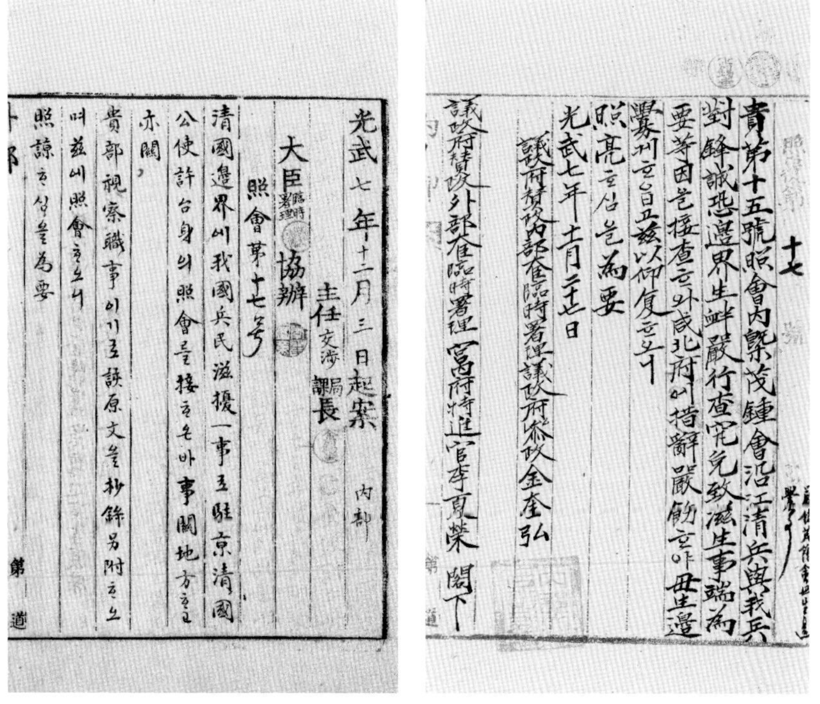

十七

貴第十五號照會內開茂鍾會沿江清兵與我兵
對鋒誠恐邊界生衅嚴行查究免致滋生事端爲
要等因을接查ᄒᆞ와咸北府에措辭嚴飭ᄒᆞ야毋生邊
釁케ᄒᆞ얏고玆以仰復ᄒᆞ오니
照亮ᄒᆞ심을爲要

光武七年十二月二日

議政府贊政內部大臣臨時署理議政府參政金奎弘

議政府贊政外部大臣臨時署理宮內府特進官李夏榮 閣下

光武七年十二月三日起案 內部

主任 交涉 課長

大臣 臨時署理 協辦

照會第十七号

清國邊界에我國兵民滋擾一事로駐京清國
公使許台身의照會를接ᄒᆞ온바事關地方ᄒᆞ고
亦關
貴部視察職事이기로該原文을抄錄另附ᄒᆞ오
며玆에照會ᄒᆞ오니
照諒ᄒᆞ심을爲要

24-①　23-①

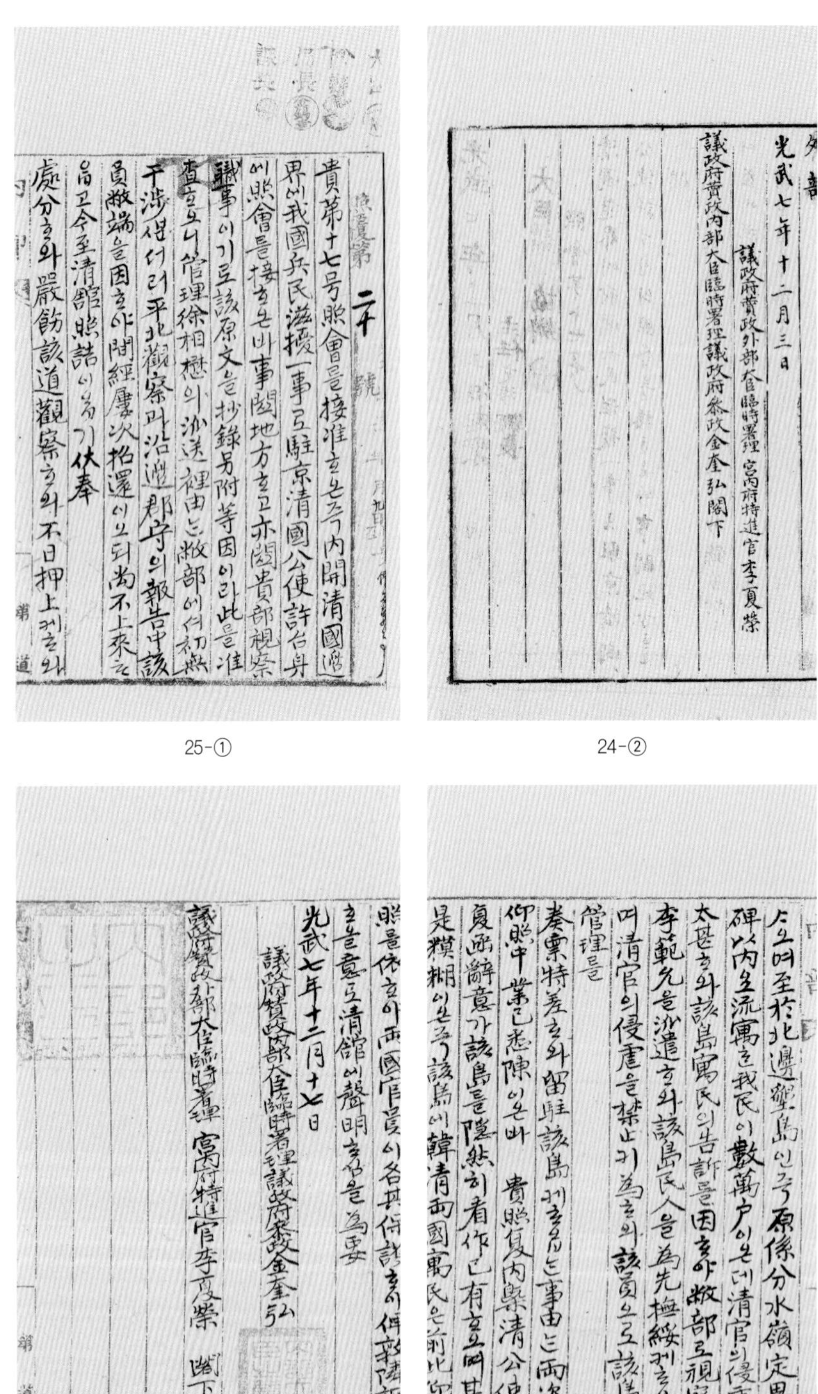

照覆第二十一號

貴第十七号照會를接准ᄒᆞ온즉內開清國邊
界에我國兵民滋擾一事로駐京清國公使許台身
에照會를接ᄒᆞ온바事關地方ᄒᆞ고亦關貴部視察
職事이기로該原文을抄錄另附等因이라此를准
查ᄒᆞ니管理徐相懋의派送裡由ᄂᆞᆫ敝部에셔初無
干涉이더니平北觀察과沿邊郡守의報告中該
員厳端을因ᄒᆞ야閱經屢次招還이오되尚不上來ᄒᆞ
옵고今至清館照詰이옵기伏奉
處分ᄒᆞ와嚴飭該道觀察ᄒᆞ와不日押上케ᄒᆞ올와

25-①

光武七年十二月三日
議政府贊政外部大臣臨時署理 宮內府特進官 李夏榮
議政府贊政內部大臣臨時署理議政府參政 金奎弘 閣下

24-②

照를依ᄒᆞ야兩國官員이各其保護ᄒᆞ야使敦睦誼
ᄒᆞ올意로清館에聲明ᄒᆞ심을爲要
光武七年十二月十七日
議政府贊政內部大臣臨時署理議政府參政 金奎弘
議政府贊政外部大臣臨時署理 宮內府特進官 李夏榮 閣下

25-③

ᄒᆞ오며至於北邊墾島인즉原係分水嶺定界
碑以內로流寓ᄒᆞᆫ我民이數萬户이온ᄃᆡ清官의侵虐
太甚ᄒᆞ와該島寓民의告訴를因ᄒᆞ야敝部로視察
李範允을派遣ᄒᆞ와該島民人을爲先撫綏케ᄒᆞ고
며清官의侵虐을禁止키爲ᄒᆞ와該員으로該島
管理를
奏稟特差ᄒᆞ와留駐該島케ᄒᆞ얏ᄂᆞᆫ事由ᄂᆞᆫ兩次
仰照中業已悉陳이온바 貴照復內槩清公使
員函辭意가該島를隱然히看作已有ᄒᆞ고며甚
是糢糊이온즉該島에韓清兩國寓民은前此예

25-②

光武八年一月十四日起案 內部
主任交涉課長
大臣 署理 協辦
照會第一号
駐京俄國公使의照會를現接ᄒᆞ온즉內開豆滿江淸國邊界
附近地方所在貴國官吏等欲向該江左邊淸國地方希圖
管轄違法行事者且邊界所駐貴國兵弁犯越淸地者尤爲
危慮所以本使前已屢經照知貴部望其顧諒而貴政府
數次確實說稱嚴飭該地方文武各官斷無再行如此不
法之事云矣現接南方烏蘇里所在交界官廓米薩報告則

26-①

茂山穩城間鍾城地方隊出駐兵丁去十一月分又渡淸界侵
犯該地平民等及淸國地方隊反爲淸兵之所毆却然其時
韓兵等貽禍極大村落之見燒者爲幾處淸韓人被殺者
亦多云云交界官廓米薩又報稱接到鍾城所任韓國官
員李範允公函內稱承有政府命令今爲管理使淸國屬
地나샹北邊居民行將管理請交界官以兵保護俾便住在
該淸地等語該所請交界官自應拒絕云云査貴國兵
弁之蔑法犯入淸地也貴國官員之自意試欲管轄淸地
之弊斷不可尋常容置矣因此而韓淸居民間釁隙益深
紛亂轉作且邊釁滋生韓國殆危之漸也然則貴政府

26-②

必於此事詳明審察妥合辦理其所犯越淸地之鍾城隊兵
卒及不能操束之該將官等施以重罰希圖管轄淸地留
住之李範允制其所意一切勿行本使之所深信也現今事
勢如右貴政府應設截嚴之策邊界所在貴國文武官
吏都不復行此不法之事貴國兵弁亦不敢復犯淸國地方
最爲緊焉故玆庸照會貴大臣請煩査照措辦此事仍賜
示覆可也等因인바此를査ᄒᆞ오니
貴部에셔管理李範允을北邊에派駐ᄒᆞ심은業由
貴部文牒ᄒᆞ야檢悉顚末이온바該員의應行職制가必
有

26-③

貴部命令이온즉本國國權으로妥辦事宜가自有當然底
道理이온ᄃᆡ忽此函要俄官ᄒᆞ야擬賴兵力ᄒᆞ가該公館照
詰에至ᄒᆞ오니淸國은接壤鄰好가匪今斯今이온즉交
界等事를不可以兵力論之이온ᄃᆡ況借俄兵保護ᄒᆞ야欲
管淸國屬地云云이非但有欠於與淸友睦之誼라致損本
國國權이殊甚不輕이옵고若使淸廷으로聞此事實이
오면易生邊釁ᄒᆞ야其在交涉에諒非細慮이온지라似
此妄擧官員은不可仍置交界ᄒᆞ야貽羞鄰國이오며가玆
에照會ᄒᆞ오니
照亮ᄒᆞ신후該管理李範允을亟爲召還ᄒᆞ시고請

26-④

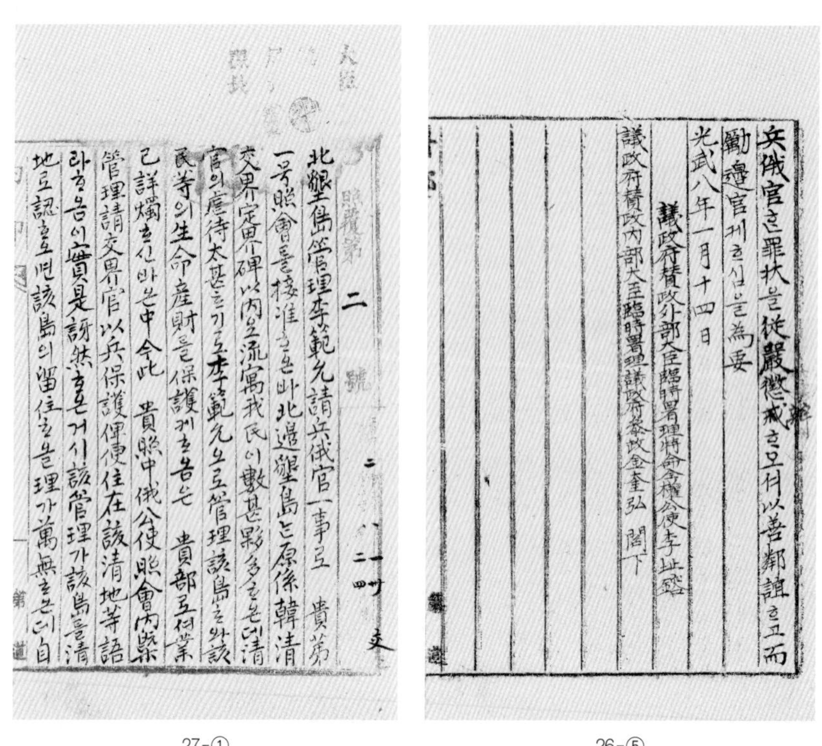

兵俄官ᄒᆞᆫ罪状을從嚴懲戒ᄒᆞ고付以善鄰誼ᄒᆞ고而
勵邊官刑ᄒᆞ심을爲要
光武八年一月十四日
議政府贊政外部大臣臨時署理特命全權公使李址鎔
議政府贊政內部大臣臨時署理議政府參政金奎弘 閣下

26-⑤

照覆第二號
北墾島管理李範允請兵俄官一事로 貴第
一号照會를接准ᄒᆞ온바北邊墾島ᄂᆞᆫ原係韓清
交界定界碑以內로流寓我民이數甚夥多ᄒᆞ온ᄃᆡ清
官의虐待太甚ᄒᆞ기로李範允으로管理該島ᄒᆞ와該
民等의生命産財를保護케ᄒᆞᆷ은 貴部로付業
已詳燭ᄒᆞ신바온中今此 貴照中俄公使照會內槩
管理請交界官以兵保護俾使住在該清地等語
라ᄒᆞ온이實是訝然ᄒᆞ온거시該管理가該島를清
地로認ᄒᆞ오면該島의留住ᄒᆞᆯ理가萬無ᄒᆞ온ᄃᆡ自

27-①

己公函을ᄒᆞ고清地라聲稱ᄒᆞ올理由가甚是訝惑ᄒᆞ
온즉該員에게詢問ᄒᆞ와果然俄官廓米薩에게
公函辭意가係是的確ᄒᆞ오면行將召還ᄒᆞ깃ᄉᆞ오나
大抵該島가原是韓清交界分水嶺上定界碑以
內에온ᄃᆡ今此俄公使照會中貴國官員之自意
試欲管轄清地之弊斷不可尋常容置等句語가
韓清兩國交界를何能的知ᄒᆞ와有此斷言이온지
甚涉訝然이옵기玆以仰復ᄒᆞ오니
照亮ᄒᆞ심을爲要
光武八年一月三十日

27-②

議政府贊政內部大臣臨時署理議政府贊政法部大臣李載克
議政府贊政外部大臣臨時署理憲兵司令官李址鎔 閣下

27-③

光武八年三月一日起案
大臣署理臨時 協辦 主任 交涉課局長
照會第九号
北墾島管理李範允懲辦一事已業經照會이온
外承 覆在案이온바 今에 外駐京清國公使許
台身의 照會를 接한즉 內開茲奉我外務部電開
吉林將軍奏韓人蓄謀侵地益肆狂悖等因奉諭旨
外務部迅速查覈辦理欽此又電奏韓兵越界被阻
我軍還擊斃其外兵帶一名拘獲副尉崔齊岡并兵七
外部 第 道

28-①

外部
名現彼岸調兵意在構釁等語查此事迭經本部照
會韓使并電令向外部理論申禁乃韓官李範允勦派
墾民過江設官意圖侵佔韓兵復越界尋衅現值日
俄開戰兩國邊界何可再生事端除由該將軍妥為防範
外希切實轉告貴外部嚴飭查禁不得派兵越境并將李
範允撤回以免滋擾至勘界議章俟時局定後再行商辦
并即電復等因奉此本大臣查上年中曆十月間因奉吉兩
省同時被韓兵越擾并李範允徐相懋種種違約妄為
迭奉我外務部電飭屢經照請撤回究辦嚴禁韓兵以後
切勿越界并聲明如再有率衆持械闖入我境恣行不法我守

28-②

土官弁即當查照貴國防禦馬賊辦法無論何人亦即用械
驅除如有拒捕格殺勿論等情前署理外部李大臣當已
查照訓行何以現在又有崔齊岡帶兵越界之事實堪詫
異詳閱吉林來電與貴大臣第五號照會鍾城鎮衛隊所
言情節迥異并非我官要請談辦亦非我兵任意放銃
即使果有掠奪民牛之事亦應由兩國地方官辦理曲直不
難立分該尉官率行帶兵越界我官自應阻止該尉官
遽用火器實屬究[illegible]無理竟與盜匪何異不得不立予
拘守以免軍民又遭毒害其致命者亦由於韓兵先自開鎗
我軍始行還擊本大臣已有聲明在先我沿邊兵弁並無不
外部 第 道

28-③

外部
合之處總之近年貴國沿邊官弁兵捕屢次率衆越界虜
殺人口焚掠房產以及種種違約生事情形實有甚於此者
均可立開邊衅本政府以為此等事故皆由邊吏圖利徼功並
非出自貴政府之意是以屢次諄屬查禁深盼貴政府切實
施行今當日俄開戰兩國邊界更不可復生事端因再開誠
布公剴切奉告貴大臣明達事務想以此言為然務望即將
本政府之意詳細
奏請嚴勅沿邊官弁不准再行派兵越界違者從重懲處
并先將李範允撤回以為妄生事端者戒不使激成衅端庶
可顧全鄰好除已據文咨達外為此照會請即日施行立待

28-④

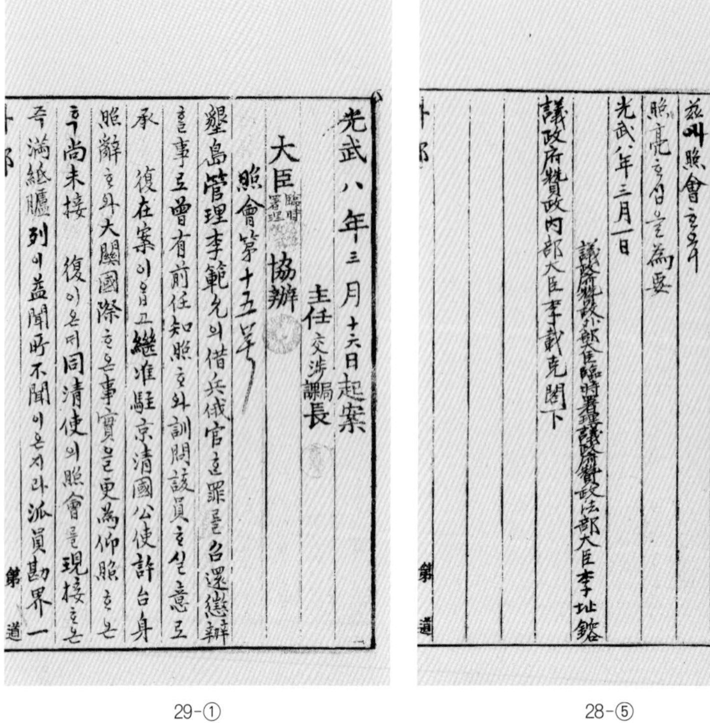

光武八年三月十六日起案
主任 交涉局課長
大臣 臨時署理 協辦
照會第十五号
墾島管理李範允의借兵俄官ᄒᆞᆫ罪를白還懲辦
ᄒᆞᆫ事로曾有前任知照ᄒᆞ와訓問該員ᄒᆞ실意로
承 復在案이옵고繼准駐京淸國公使許台身
照辭ᄒᆞ외大關國際ᄒᆞ온事實을更爲仰照ᄒᆞ온
후尙未接 復이온ᄃᆡ同淸使의照會를現接ᄒᆞ온
즉滿紙臚列이益聞所不聞이온지라派員勘界一

29-①

見覆等因이온바此를査ᄒᆞ온즉前次借兵俄官ᄒᆞᆫ事狀은
聞已訓問이신지今此淸使照辭가亦大關國際이옵기
玆에照會ᄒᆞ오니
照亮ᄒᆞ심을爲要
光武八年三月一日
議政府贊政外部大臣臨時署理議政府贊政法部大臣李址鎔
議政府贊政內部大臣李載克閣下

28-⑤

貴府第十五號照會를接准ᄒᆞ온즉內開墾島管理
李範允의借兵俄官ᄒᆞᆫ罪를白還懲辦ᄒᆞᆫ事로曾
有前任知照ᄒᆞ와訓問該員ᄒᆞ실意로承復在案이옵고
繼准駐京淸國公使許台身照辭ᄒᆞ와外大關國際ᄒᆞ온
事實를更爲仰照ᄒᆞ온후尙未接復이온ᄃᆡ同淸使의
照會를現接ᄒᆞ온즉滿紙臚列이益聞所不聞이온지라
派員勘界一事는照會政府ᄒᆞ앗습거니와該管理가一
直不還ᄒᆞ오며邦交邊衅이慮無不到이옵기淸館來
照와另附一冊을并히謄交ᄒᆞ오며玆에更照ᄒᆞ오니

30-①

事는照會政府ᄒᆞ앗습거니와該管理가一直不還ᄒᆞ
오며邦交邊衅이慮無不到이옵기淸館來照와另
附一冊을并히謄交ᄒᆞ오며玆에更照ᄒᆞ오니
照亮措處ᄒᆞ심을爲要
光武八年三月十六日
外部大臣臨時署理議政府參政趙秉式
內部大臣李道宰閣下

29-②

照諒措處ᄒᆞ심을為要等因이라此를准查ᄒᆞ온바
数十年来我國北邊寓民이該島에流寓ᄒᆞᆫ者二萬
餘户에至ᄒᆞ온ᄃᆡ清官의虐待太甚ᄒᆞ와生命財産
을保有치못ᄒᆞᄂᆞᆫ景況을該民等이屢次告訴ᄒᆞᆸ
기敝部로셔李範允을派往ᄒᆞ와該島情形을視
察ᄒᆞ고户口를調查ᄒᆞᆫ後仍為留駐ᄒᆞ야居民을撫
戢ᄒᆞᆸ고財産을保管ᄒᆞ야居民等의願附ᄒᆞᆸᄂᆞᆫ
褒狀屢至이온ᄃᆡ曩自 貴部로清舘照會를
因ᄒᆞ야該管理李範允이가借兵俄官等事로有
所来照이ᄋᆞᆸ기該員의게即為電問ᄒᆞ온즉借兵

30-②

俄官은初無是事라ᄒᆞᆸ기該報牒을等因ᄒᆞ와
貴部에照復ᄒᆞ고業有ᄒᆞᆸ거니와大抵該管理가該島
寓民의生命財産을保管ᄒᆞ오믈該島清官의侵虐
我民ᄒᆞᆸᄂᆞᆫ政策에妨碍ᄒᆞ와多般搆捏ᄒᆞ야駐京清
公舘에吹覔録報ᄒᆞ야該管理召還을期於請要ᄒᆞ
ᆸᄂᆞᆫ清舘照會가府部에荐至ᄒᆞ오나該照辭만認准
ᄒᆞ와該管理를徑先召還ᄒᆞ오면該島에数萬流寓
生靈의苦况은尤倍前時이온즉兩國邊界에流寓
民人을兩國官員이各其保護ᄒᆞ와友邦篤誼를鞏
固永守ᄒᆞ오미妥當ᄒᆞᆫ意로清舘에照復ᄒᆞ시미恐合

30-③

兩便이ᄋᆞᆸ기玆以仰復ᄒᆞ오니
查照裁處ᄒᆞ시믈為要
光武八年三月二十三日
內部大臣陸軍副將李道宰
外部大臣臨時署理議政府叅政趙秉式 閣下

30-④

光武八年四月一日起案
主任 通商局課長
大臣 協辦
照會第十六号
慶興監理署理李基炳의電報를現接ᄒᆞ온즉俄
國邊界官廓米薩里照稱管理收錢於墾民請
行禁止否則自行措處云下燭伏望이라ᄒᆞᆫ바據查
俄員의所稱受錢之說은無須深信이오며此時邊圉
重地에恐或滋生事案이온즉該管理李範允에게
電飭ᄒᆞ와倍加審慎ᄒᆞ와免致有悞케ᄒᆞ시미誠

31-①

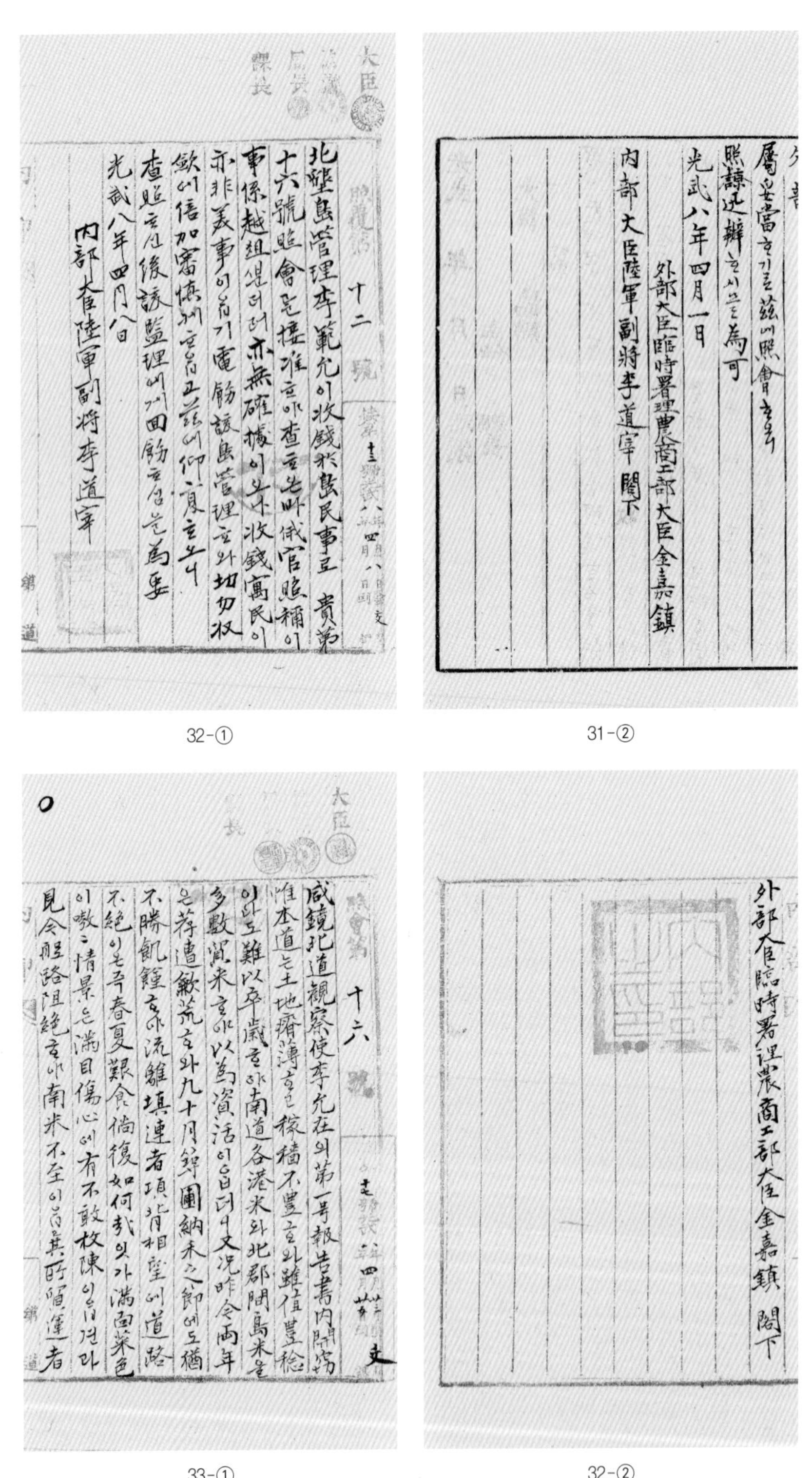

屬妥當호기로玆에照會호오니
照諒迅辦호시믈爲可
光武八年四月一日
外部大臣臨時署理農商工部大臣金嘉鎭
內部大臣陸軍副將李道宰 閣下

31-②

第十二號
北墾島管理李範允이收錢於島民事로 貴第
十六號照會를接准호야查호온바俄官照稱이
事係越俎뿐더러亦無確據이오不收錢萬民이
亦非美事이옵기電飭該島管理호와切勿收
歛에倍加審愼케호옵고玆에仰復호오니
查照호신後該監理에게回飭호심을爲要
光武八年四月八日
內部大臣陸軍副將李道宰

32-①

外部大臣臨時署理農商工部大臣金嘉鎭 閣下

32-②

第十六號
咸鏡北道觀察使李允在의第一号報告書內開에
惟本道는土地瘠薄호온稼穡不豐호와雖値豐稔
이라도難以卒歲호야南道各港米와北郡間島米을
多數貿來호야以爲資活이옵더니又況昨今兩年
은荐遭歉荒호와九十月築圃納禾之節에도猶
不勝飢饉호야流離塡連者項背相望에道路
不絕이온즉春夏艱食尙復如何哉잇가滿面菜色
이嗷嗷情景은滿目傷心에有不敢枚陳이옵더니
見今船路阻絕호야南米不至이옵고其所僅達者

33-①

惟北間島米而已이온대鍾城郡對岸間島에駐屯ᄒᆞᆫ
清兵官이有何嫌隙ᄒᆞ야防穀甚密ᄒᆞ와茂山鍾城會
寧穩城慶源慶興對岸間島等地에서雖一斗一升
이라도使我民으로不得貿遷而甚至於防穀前貿
寘者도亦不能移運케ᄒᆞ야致使一省內數萬生靈
으로俱不免餓莩之境이온바言念民情ᄒᆞ오면伏
不勝遑汲이옵기玆에冒昧質稟ᄒᆞ오니査照ᄒᆞ오
신後亟히外部에知照ᄒᆞ시와清國領事舘에轉照ᄒᆞ
야北間島防穀을幸令弛禁ᄒᆞ와俾爲救荒伏望
等因을據査ᄒᆞ온즉本道內荐遭歉荒ᄒᆞ야窮部

33-②

艱食이온바就中北間島米穀을貿運仰食이옵던則該
島에駐屯ᄒᆞ온清官이防穀甚密ᄒᆞ야甚至於前此
貿寘穀도不得移運이라ᄒᆞ오니現今萬國이通商
에初無遏糴之例ᄂᆞᆫ며其在兩國篤誼에尤極未
妥이옵기玆에仰佈ᄒᆞ오니
照亮ᄒᆞ신後知照清舘ᄒᆞ시와轉飭該島官弁ᄒᆞ
와斯速弛禁ᄒᆞ야以敦隣誼ᄒᆞ며以救歉民케ᄒᆞ시
고
示明ᄒᆞ심을爲要
光武八年四月二十三日
內部大臣陸軍副將李道宰

33-③

外部大臣李夏榮 閣下

33-④

北墾島管理李範允의第九号報告書內槪上年陰十二
月十日鍾城島金千逸手牒內開本月六日에清官陳作彦
胡殿甲이馬鞍山下居良民方成五를挾憾於落訟不服ᄒᆞ
야勒稱賊類ᄒᆞ고拘拿斬殺ᄒᆞ옵고瑞田居金得洙妻와
金學周의次子婦를刦奪未成ᄒᆞ야仍卽刺殺ᄒᆞ오니一社
內三命被殺이極庸痛惋이온바以若私力으로ᄂᆞᆫ萬無雪
復之道이옵고陳作彦이使渠盱蜀徐守山으로我民籍
表를搜家勒奪ᄒᆞ야考籍討錢ᄒᆞ고揮動兵匪ᄒᆞ야
國良成服ᄒᆞᆫ我民을逢輒毆打ᄒᆞ고打破衣冠ᄒᆞ야行路

34-①

阻絶ᄒᆞ오니幽明寃厄과公私掣碍가莫此爲甚이ᄋᆞᆸ기玆
에手牒等因이온바准此査人命殺變이聞甚驚愕이고
諸般作梗이俱係不法이온바島民朴萬洙沈德舜朴世
永等十餘人을執稱籍籃ᄒᆞ고縛囚經年에杖打火烙ᄒᆞ오
야餞至先境而財產奪取ᄂᆞᆫ彼處後追ᄒᆞ야自館派弁ᄒᆞ야遍
行被奪我民家ᄒᆞ야初無是事ᄂᆞᆫ揲으로勒捧拷音ᄒᆞ야掩
歸其跡ᄒᆞ오니仍不大懲創이오면沿島數十萬生靈이將
全屠戮이오니乞卽廓斷勘界ᄒᆞ시와保護全島生命께
ᄒᆞ시며三命被殺은知照外部ᄒᆞ시와與淸公使로裁辨詰
駁ᄒᆞ오와依章程準徵賠償ᄒᆞ오셔以杜後弊伏望等因ᄂᆞᆯ

34-②

據査ᄒᆞ온즉駐島ᄒᆞᆫ淸官의從前侵虐我民ᄒᆞᄋᆞᆸᄂᆞᆫ許多
不法은業已屢照이오나今此　國服禁止와籍表勒奪과
財產侵掠이極爲格外ᄲᅮᆫ더러甚至於三命被殺은其在
公法에不當駭歎이ᄋᆞᆸ기玆에仰佈ᄒᆞ오니
照亮ᄒᆞ신後知照淸館ᄒᆞ시와駐島淸官의諸般不法을
詰駁ᄒᆞ시고該被殺三命에賠償金額은依公法准徵ᄒᆞ시고
示明ᄒᆞ심을爲要
光武八年四月二十五日
內部大臣陸軍副將李道宰

34-③

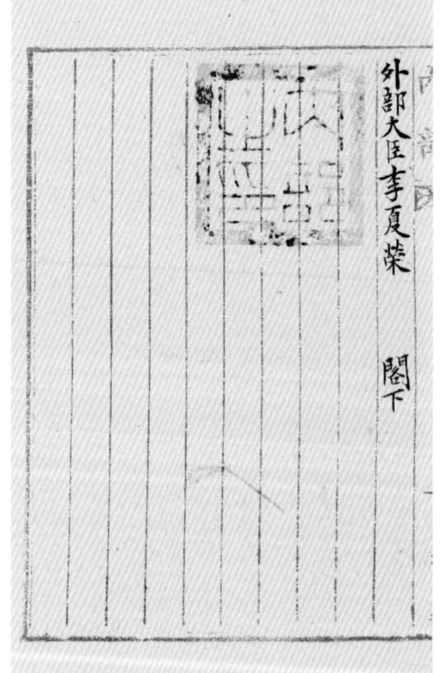
外部大臣李夏榮　閣下

34-④

光武　年　月　日起案
大臣　協辦　主任　局長　課長
照會第九號
駐京淸國公使曾廣銓의照會를接ᄒᆞ온즉內開
頃奉我外務部來文准奉天將軍等咨稱據輯
安縣稟報洋魚頭太平溝楊木林子涼水泉子麻
線溝等處有韓匪曺士龍等迭次越界滋擾并
僞造日本執照肆行搶掠業經該縣照會沿江韓郡
官員一體查拏仍飭認眞防緝等因查韓匪越擾
外部

35-①

之來屢見疊出亟應嚴行懲辦以期邊界相安希即
詳晰照會大韓政府嚴飭沿江韓郡員弁實力拏辦
勿稍輕縱等因到本大臣查兩國接壤之處自應各守
界址不得稍有逾越近年因時有韓匪過江滋擾迭
經前任各大臣照請查禁在案何以奉天輯安縣所
屬復有擄人焚掠情事除摘叙各案由另行送交
外合亟照請貴大臣查照嚴切訓行沿江各官弁分
別查拏究治勿稍輕縱以安邊界等因이기로玆에
照會ᄒᆞ오니
照亮ᄒᆞ오셔附該近地方官에게另行飛飭ᄒᆞ시와嚴

35-②

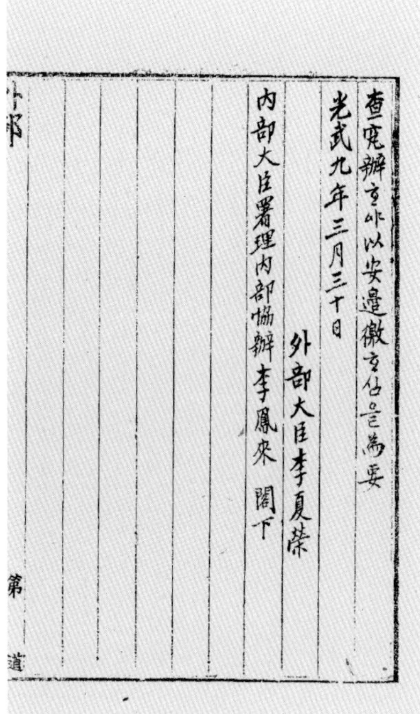
查究辦ᄒᆞ야以安邊徼ᄒᆞ심을爲要
光武九年三月三十日
外部大臣李夏榮
內部大臣署理內部協辦李鳳來 閣下

35-③

十三
駐京清國公使曾廣銓의照會를等因ᄒᆞ온 貴第九
号照會를接查ᄒᆞ와平安北道와咸鏡北道에現即嚴
訓ᄒᆞ야沿邊居民이毋或越界生梗ᄒᆞᆯ事로嚴飭該郡
守ᄒᆞ야詳查究辦케ᄒᆞ옵고玆에仰復ᄒᆞ오니
照亮ᄒᆞ신後轉照淸國公館ᄒᆞ시믈爲要
光武九年四月七日
內部大臣臨時署理學部大臣李載克
外部大臣李夏榮 閣下

36-①

照會第四十 號
卽據咸鏡南道觀察使申箕善의第四十六号報
告書에內開現接甲山郡守李承鉉報告內開清
國臨江縣派官王寶山等이以癸卯撫款事로須要
會辦而郡守則因日隊所請ᄒᆞ야出往北靑ᄒᆞ고使鄕
員金景俊韓海鵬代送이옵더니回告內淸官王寶山
劉永芝가領率官兵四五十名ᄒᆞ고越來惠山이온바
饋餉米與鷄猪를自該社酬給而該費爲五百餘
兩이오며淸官이要與郡守對辦이기以陰八月旬間으로
官後更會次로定約ᄒᆞ고王寶山則卽往臨江縣ᄒᆞ고

37-①

劉永芝則逗留彼邊이라이옵고連接惠山風憲朴彦
錫報告內清匪徐慶蘇이率黨十餘名各持兇械
ᄒᆞ고越來本社松峯里ᄒᆞ야侵詰曰今年五月日에清
人二名을韓國砲手가砲殺於茂陽浦라ᄒᆞ고頭民七
名을縛去越江ᄒᆞ야亂打曰砲領將蔡仁權을對面眡
後에解送云則同蔡仁權이即爲越往이오며徐慶蘇
文中에殺害清人者ᄂᆞᆫ韓砲金洛允金成用尹正奉三
人이라請要捉送인바被捉七人之諸族이洛允正奉을
執送彼處則平同直告故로蔡仁權與七民을解送
之時에慶蘇所言이今此清人殺死時에所奪銀十七

37-②

兩重斗二隻銀錢一百七十元洋紙錢四張白木四疋
金六兩重을八月初七日內로交還ᄒᆞ라ᄒᆞ오니該犯
等家屬處에排徵以送ᄒᆞ야無至邊衅滋大之地
等因이온바茂陽浦清人二名砲殺事ᄂᆞᆫ郡守到任
前에果有此變而上項金洛允金成用尹正奉三
人이真有殺掠之事이오며宛無足惜이오되倘或曖
昧ᄒᆞ고事涉冤枉이옵기別遣書記ᄒᆞ야查覈根因이
오며郡守還官前에自留鄉으로調發邊近山砲ᄒᆞ
야方為防守等因이온바准此查ᄒᆞ오니彼三漢이隣
國之人을擅行殺掠ᄒᆞ야致此邊衅이極為痛惡이라金

37-③

洛允尹正奉은已自民間捉送而在逃之金成用은期
於捉得ᄒᆞ야按法處辦케ᄒᆞ고搶奪汁物은查推交
還之意로指飭該郡이옵건와癸卯郵欵事ᄂᆞᆫ其時
에修報于議政府本部外部ᄒᆞ와仍未承處辦之
如何이옵고本年五月日에因清官嘖督ᄒᆞ와有該郡
怠報이옵기又為修報于議政府外部이옵고八月日
에又見郡報ᄒᆞ온則清官이以書促償이되若終延拖ᄒᆞ며帶
勇逼討라ᄒᆞ고又促面會라ᄒᆞ온바連為修報ᄒᆞ와尚無
辦措이온즉在郡에又何以答辭ᄒᆞ야更圖措過리오
國體所在에甚涉闕欵이오邊衅攸關에尤極憂慮

37-④

ᄒᆞ와玆에報告ᄒᆞ오니查照ᄒᆞ오셔至急交涉ᄒᆞ와
妥辦回指ᄒᆞ시믈為要等因이온바查此該道로ᄒᆞ여
貴部에曾自修報이다이온즉想已商確이옵지라邊情
至急ᄒᆞ옵고 國躰攸關이옵기茲以仰佈ᄒᆞ오니
查照速辦 示明ᄒᆞ시와以便指令케ᄒᆞ심을為要
光武九年九月二十七日
內部大臣署理內部協辦李鳳來
外部大臣臨時署理中樞院贊議朴鏞和 閣下

37-⑤

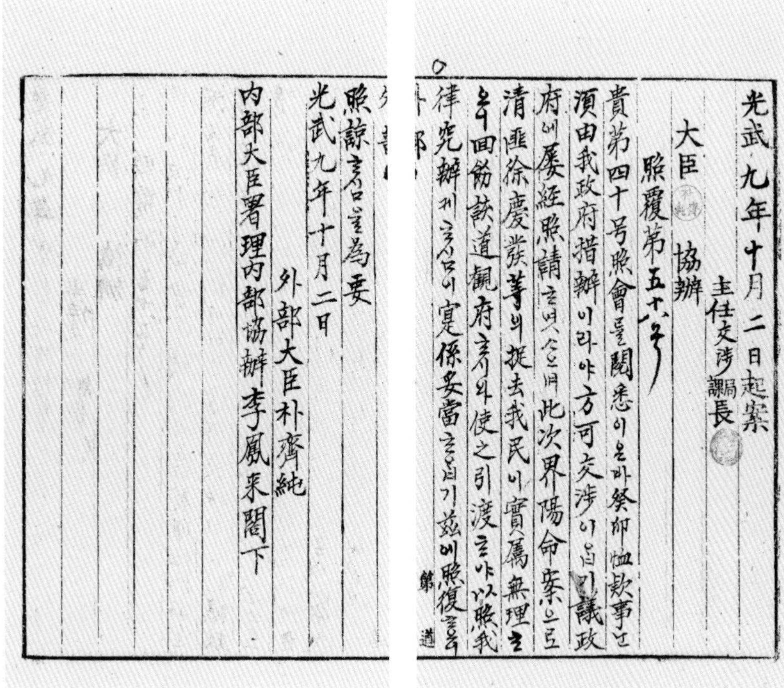

光武九年十月二日起案
主任交涉課長
大臣 協辦
照覆第五十八号
貴第四十号照會를閱悉이오며癸卯恤款事는
須由我政府措辦이라야方可交涉이옵기議政
府에屢經照請ᄒᆞ엿ᄉᆞ오며此次界陽命案으로
清匪徐慶蒙等의捉去我民이實屬無理ᄒᆞ
오니回飭該道觀府ᄒᆞ와使之引渡ᄒᆞ야以照我
律究辦케ᄒᆞ심이寔係妥當ᄒᆞ옵기玆에照復ᄒᆞ오니
照諒ᄒᆞ심을爲要
光武九年十月二日
外部大臣朴齊純
內部大臣署理內部協辦李鳳來閣下

38-② 38-①

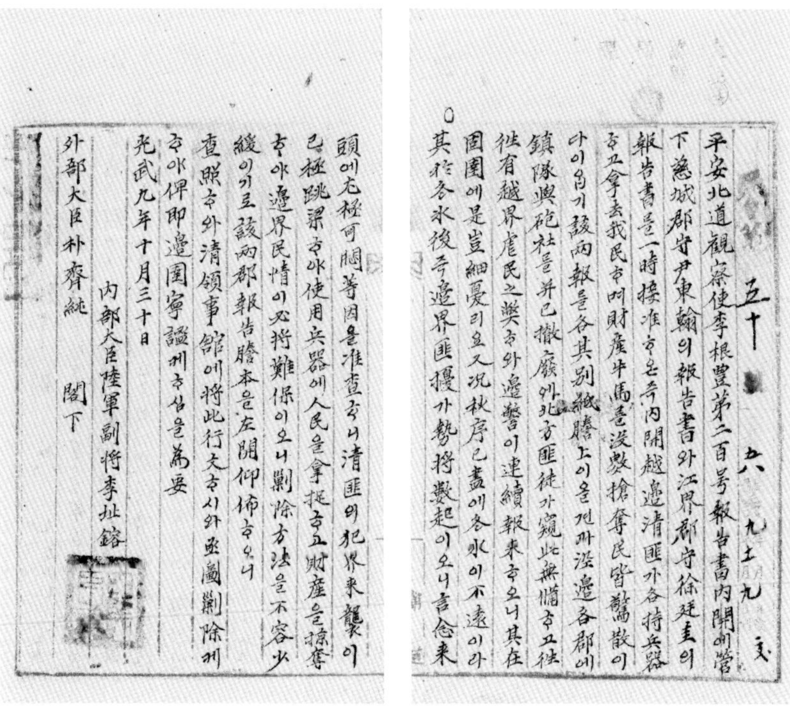

平安北道觀察使李根豊第二百号報告書內開에管
下慈城郡守尹東輸의報告書와江界郡守徐廷圭의
報告書를一時接准ᄒᆞ온즉內開越邊清匪가各持兵器
ᄒᆞ고拿去我民ᄒᆞ며財産牛馬를沒數搶奪ᄒᆞ니民皆驚散이
라ᄒᆞ엿기該兩報를各其別紙謄上이오며沿邊各郡에
鎭隊與砲社를并已撤廢ᄒᆞ고北方匪徒가窺此無備ᄒᆞ고往
往有越界虐民之弊ᄒᆞ와邊警이連續報來ᄒᆞ오니其在
固圉에是豈細憂리오又况秋序已盡에冬氷이不遠이라
其於冬氷後ᄒᆞ야邊界匪擾가勢將數起이오니言念未
頭에无極可悶ᄒᆞᆫ바를因을准査ᄒᆞ니清匪의犯界來襲이
已極跳梁ᄒᆞ야使用兵器에人民을拿捉ᄒᆞ고財産을掠奪
ᄒᆞ야邊界民情이必將難保이오니剿除方法을不容少
緩이기로該兩郡報告謄本을左開仰佈ᄒᆞ오니
査照ᄒᆞ시와清領事館에將此行文ᄒᆞ시와亟圖剿除케
ᄒᆞ야俾即邊圉寧謐케ᄒᆞ심을爲要
光武九年十月三十日
內部大臣陸軍副將李址鎔
外部大臣朴齊純 閣下

39-② 39-①

慈城郡守尹東翰報告書謄本
陰曆九月初六日卯時成送當日辰時到付本郡長土面執
綱田聖潤馳報內開本月初五日夜半에清匪四十餘名이各
持兵器ᄒᆞ고自清國境錯草溝口로犯越本面長城里ᄒᆞ야
放銃揮刃에打傷人民ᄒᆞ며家家行掠에財産及農牛二隻
馬二匹을沒數搶奪에里民二十三名을幷爲拿去時被打男女
傷損者居半이오驚㤼者逃散이온曰被捉人은尚今不還事
等因이온바向者俄警에纔遇掠産ᄒᆞ고今此匪擾에遍逢
搶奪ᄒᆞ오니嗷嗷情況은殊涉不忍이오며郡無衛兵ᄒᆞ고邊
莫國圉則爲其備虞에果係踈忽而被拿我人數十名을

39-③

尚未刷還ᄒᆞ와亦所憂悶이온바玆報告事
光武九年十月五日

39-④

江界郡守徐廷圭報告書謄本
本月一日文玉面執綱朴時赫報告內에清國無賴百餘名
이蟻屯於本面對岸江北諸處ᄒᆞ야聚散無常ᄒᆞ며面民十
餘名을綁縛捉去에牢因鐵鍊타가幸雖放還이오나一向
跳梁ᄒᆞ야沿江上下乘桴下去之商船을放銃沮遏에討索
無忌ᄒᆞ야至有該商民呼訴ᄒᆞ니邊民이由是不安ᄒᆞ고商
賈가不得任便이라이읍기以巡哨沿邊鎭壓之意로照會
于駐隊ᄒᆞ읍고玆에報告事
光武九年九月十六日

39-⑤

警衛院來去文

照會第五号
現接咸北邊界警務官蔡賢植報告內開에接准和龍峪管理
葉合芬照請內開에於茂山對岸等地에有查邊事ᄒᆞ야方
擬巡哨之行而假途我界故其在交涉之道에有難靳許ᄂᆞᆫ
此行이旣非侵入犯境이오盖緣取近假途ㅣ니더러毋論諸
各國ᄒᆞ고官員이因公帶同兵丁持械過境이라도給照護
送ᄋᆞᆫ昭載章規ᄒᆞ고我國官員도若有他國之行則苟籍帶
釼ᄒᆞ야以備防身之物은亦多可援之例ᄒᆞ니使之放行ᄒᆞ야
無令阻滯ᄒᆞᆫ事로據實照會于鍾隊叅領이온더니即接回照
內刪繁撮要尾開清員이旣云查邊則我地에有何可查之端而

1-①

舍彼取此이며曾以外國人從捷擅越之由로報元師府指令內開
에原有 國典ᄒᆞ니另飭各分站ᄒᆞ야毋至互越滋釁이라ᄒᆞ
야且與清員으로有所定約內至於兩國軍人持公文來往ᄒᆞ야
도各具私服ᄒᆞ야毋碍觀瞻이라ᄒᆞᆫ바挽近沿邊이稍安ᄒᆞ야
異言異服之人이不得越江滋擾之餘에猝有此擧則亦豈無沿
民疑訝驚懼之端乎아於斯於彼에假途一款은自隊로萬難
擅許이기茲에照復ᄒᆞ오니照亮後自貴署로報于外部ᄒᆞ
야照請元師府措辦爲要等因인바沿江戒嚴은容或無怪이오
나接壤交涉에似有失和ᄲᅮᆫ더러本署事務ᄂᆞᆫ專管越島則日
後巡檢遣派가往回여或不無夤緣攔阻之慮矣라事或至此면

1-②

禁匪戢盜之方이徒擁虛名이오保民靖邊之策이專無實
效이온바茲에報告ᄒᆞ오니查照ᄒᆞ오셔移照元師府ᄒᆞ시와
韓清之際에妥定金石之約而警隊之間에無或圭角之獘ᄒᆞ야
俾存交隣之誼을爲望等因이온바准此仰照ᄒᆞ오니
照亮妥辦ᄒᆞ시믈爲要
光武六年六月二十六日
警衛院摠管[illegible]參將李根澤
議政府贊政外部大臣署理外部協辦崔榮夏 座下

1-③

光武六年六月二十七日起案
主任
局課長
大臣署理協辦
照覆第四號
貴照會第五号를接准ᄒᆞ온즉咸北邊界警務官
蔡賢植의報告를據ᄒᆞᆫ즉清國和龍峪瞥理葉合芬
이照請查邊假道一事를照亮妥辦ᄒᆞ라ᄒᆞ시온바
此를查ᄒᆞ온즉該警務官이鍾城隊叅領에게已經
行文ᄒᆞ엿ᄉᆞ온즉准与不准을該隊에付請 元師
府도自無不可이온딕何必要其轉行照請이오며彼
外部 第 道

2-①

外部

之過江은旣不准許이오我員이亦不可越界ᄒᆞᆯ지라
該警務官이以日後巡檢佩刀往還에不無齒緣攔阻
로爲慮ᄒᆞ오며此係
貴院措處이옵고本部에서도無他妥辦之方策이
옵기玆에照覆ᄒᆞ오니
照該ᄒᆞ시와軍務局에行文妥商ᄒᆞ심을爲要
光武六年六月二十七日
議政府贊政外部大臣署理外部協辦崔榮夏
警衛院總管兼任憲兵司令官署理扈衛隊總管陸軍參將李根澤閣下

2-②

照會第七號

現接咸北邊界警務官蔡賢植報告內開에接准鎭守琿春地
方副都統獎賞花翎春照會內開玆准我欽命鎭守吉林等處
地方將軍長副都統成咨據琿屬和龍峪報稱越墾沿江一帶地面
與韓毗連僅隔一江原自光緒十六年清丈領墾韓民均飭一体薙髮
已歸我版圖矣奈今兵燹後猶復共相畜髮此向江南韓民勾竄
是非表裏爲奸如不設法圖治不惟無從查除奸宄以安良善且
與華韓邊民貽害無窮等因當奉軍憲批以凡係隸我版圖越墾
韓民自應遵照國制一律薙髮俾清邊界便於稽事至嗣後江南
前來韓民越墾貿易只准租賃房屋不准私造以符定章等因准此

3-①

除飭我和龍峪越墾局華總理暨曉諭所屬遵辦外合亟備文照
會爲此照會貴交界官請煩查照轉行各府曉諭人民一體知
照可也等因從在庚辰辛巳年間自清國設置招墾局借地養民
이다故我民不耐食天之憂ᄒᆞ야聞風應招者不知其幾萬命矣라離
親棄墳ᄒᆞ고扶老携幼ᄒᆞ야疊〻流入迄于庚寅十年之間에沿江
上下內外我人移寓者十常八九오清民招接은百不一三이라田野
開闢ᄒᆞ고閭閻이殷盛則遽下薙髮之令ᄒᆞ야偏使韓丁으로把定
鄕甲ᄒᆞ야沒入圖籍ᄒᆞ니是欺民拓地也有土有稅ᄂᆞᆫ各國常典則
排結徵租ᄂᆞᆫ猶爲可行이어니와編戶薙髮이抑亦曷故오以來多
年에强行之令이自然弛順ᄒᆞ야我民이稍〻長髮에冠我服我ᄒᆞ

3-②

니完的是大韓赤子也라今自該衙로將欲再行薙髮ᄒᆞ야渾入版
圖之內而兼轄我民則必有的確公文이오되但據和龍峪督理報稱
而有承吉林將軍批示라ᄒᆞ야做出擾民之端ᄒᆞ옵고內江等地에ᄂᆞᆫ
初無各物收稅之擧而沿江一帶에獨設稅款ᄒᆞ고魚鹽米粟布木
과油鐵器具木料等物을隨皆討稅가殆無限節則無論彼我奠民
ᄒᆞ고貿米內地에無不路過稅卡而奪斗因民ᄒᆞ야邊民이嗷嗷
故面商照辦不啻縷縷而終無實效에鎭抑이無術이오ᄃᆡ且以
各國民來居我內地言之라도建房耕稼에仍着本服而無使勒
令長髮衣韓이옵거ᄂᆞᆯ惟此邊境에獨彼薙易之制而兗徵無前
之稅ᄒᆞ오니數萬生靈而擧懷渙散之計이온바誠切憂悶ᄒᆞ와玆

3-③

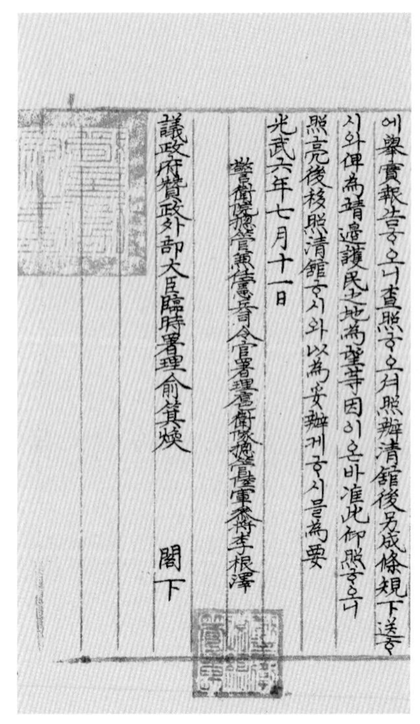

에擧實報흐옵오니査照흐오셔照辦清舘後另成條規下送흐
시와俾爲請遵護民之地爲望等因이온바准此仰照흐오니
照亮後移照清舘흐시와以爲妥辦케흐시믈爲要
光武六年七月十一日
警衛院摠管兼憲兵司令官署理警衛隊摠管陸軍參將李根澤
議政府贊政外部大臣臨時署理俞箕煥 閣下

3-④

警務廳來去文

照會 第十三號

現接咸北邊界警務官崔南隆報告書內開茂山郡對
岸墾島居民幾千幾百戶口가酷被淸官之勒斂ᄒᆞ며
難堪鬍匪之搶掠ᄒᆞ야不奠厥居故로咸派巡檢而禁戢ᄒᆞ
며咸擧公照而索還者一年之內에不止一再이온지라鬍
之首匪之魁가久嫌壑慾之不充이옵더니今陰曆八月念後
로該地近境에執荒居產ᄒᆞᄂᆞᆫ淸人張瑞有江起順楊德
勝曹裕山等이敢生作梗之計와投鞭之志ᄒᆞ야嘯聚徒黨
에詐稱官兵ᄒᆞ고無故出兵에專事婦女之劫縛과民產之
搶掠이不有餘地이옵더니又此揮軍交鋒之意로傳檄於茂

1-①

山分駐隊站이온故로事至急迫ᄒᆞ와隊以發兵ᄒᆞ고郡亦率
砲ᄒᆞ야堅守隘口에我不得過江ᄒᆞ고彼不能入境ᄒᆞ야相守
相敵이遂過朔餘에竟被鬍賊이先爲滿江射擊ᄒᆞ오ᄆᆡ
勢不獲已ᄒᆞ야郡砲與隊兵이亦爲應砲之際에彼黨之或
斃或傷은不知其幾十名이오我民之中先致命은只有私砲
韓鵬赫一人이온지라該賊이自度不敵ᄒᆞ고至九月念後에稍
有遁逃之樣而猶有餘毒之不售者然ᄒᆞ야韓墾戶家幕數
樑量一齊衝火ᄒᆞ고所在什物을逢輒掠奪ᄒᆞ니村落이蕭條
에老幼男女가難保時日ᄒᆞ야俱爲渡江에避亂於茂山郡等
地이온지라無數鬍匪가乘其民家之俱空ᄒᆞ야看作窩窟

1-②

ᄒᆞ고復爲來往近處沿岸ᄒᆞ야聲言暮夜深更에當爲剿滅
郡隊라ᄒᆞ오니防禦之策이惟在破窟이옵기郡守與隊官이
互相爛議ᄒᆞ고招致避禍之墾民ᄒᆞ야各使家主로燒燼幾
坐家屋ᄒᆞ야使此淸匪로一無住處케ᄒᆞ오니彼知無奈ᄒᆞ고
各散各歸ᄒᆞ온지라上江合署摠巡安壽益이連報告閱ᄒᆞ
옵ᄂᆞᆫ바本署之於該對岸에地滿數百里之遠ᄒᆞ고手無可
用之械ᄒᆞ야未遑一臂之助ᄒᆞ고空費一隊之神이跼伏念本
官이職忝邊民保護之責ᄒᆞ야徒聽邊民潰散之報ᄒᆞ옵고
遙想景狀ᄒᆞ오ᄆᆡ胸切恫已之歎이온즉兵之勝敗ᄂᆞᆫ猶未
預料이온지民之魚肉이實涉憂懼ᄒᆞ와爲要解和ᄒᆞ야屢

1-③

從細作ᄒᆞ고咸擧公照ᄒᆞ야備盡大槪이ᄉᆞ오ᄃᆡ彼員이亦願請
和約期會晤收兵之意로私書公照가不啻一再故로陰九月
二十六日에本官等與鎭隊叅領徐廷圭率各隊尉官偕茂山
郡守池昌翰鍾城郡守朱哲濬會往鍾城對岸江邊則淸
國銅佛寺來往統領凌維祺延吉廳理事陳作彦合防
張兆祺一齊出來ᄒᆞ야會同談辦ᄒᆞ옵ᄂᆞᆫ즉淸員曰現在茂
山對岸交仗一案은細想以兵對兵兩相殺傷彼此一般均屬
休案重修敦誼云이옵기本官等與諸隊官이亦爲和好
益敦講交之意로言罷席散ᄒᆞ오니爲民萬幸이오며本江合
署가適在該郡江邊梁永舊基而猝當此變에彼之亂兆

1-④

飛如雨下ᄒᆞ야穿破門壁이오되赤手尺刀로莫敢生意於出
身抵敵ᄒᆞ고다自掩面避免ᄒᆞ야入番諸檢이僅免傷命이오
나迨此時也에我持銃械ᄒᆞ면自有衛護之方ᄒᆞ야必無急難之
境이올지라苟論今番交仗情形ᄒᆞ오면彼之兵出無名에事故不
成ᄒᆞ야量勢而走ᄒᆞ고聽知而撤ᄒᆞ니雖是一時之幸이오나彼不
可測者ᄂᆞᆫ犬羊之性也라今雖姑退나若當更犯之日에一戰而
破隊兵ᄒᆞ고再戰而殺郡砲ᄒᆞ면次者ᄂᆞᆫ誰也오邊塞之患이
迫在朝夕에雖義氣忠膽이라도奈赤手에何哉오常當如
是猝酷之變時에隊兵은例無渡江이라ᄒᆞ와邑民之惟一之所
恃者ㅣ오此交界警署이오나彼之亂先之中에我之赤手로

1-⑤

勢難近前ᄒᆞ와彼之蕩民을知若鼷鼠에心無忌憚이오니
實署護民之地여臨亂不救가便是拱手坐觀에何異哉以人
가巡檢之帶銃이想無確例이오되前已屢報에請求器械者
良有以也이오나若使巡檢으로持械이온즉必不以常時亂用ᄒᆞ
고輒當有事之時ᄒᆞ오면保民靖邊에有恃有施之策이莫
先於此이오며各處邊民之經劫縷屑이聞甚矜憐ᄒᆞ와本
官이於本月十七日親往該地여巡察訪曲ᄒᆞ야使之撫諭이오
나居無其屋ᄒᆞ고食無其穀ᄒᆞ야歸哭寒天에鎮安沒策이
라活我之聲이徒犕天良ᄒᆞ야哽塞難言이온바各洞民婦女
見奪이라汁物被掠家舍毁壞被燒幾許를一一區別淸單

1-⑥

ᄒᆞ야照會于淸官ᄒᆞ옵고亦修成冊上送ᄒᆞ옵기玆에報告ᄒᆞ
오니査照ᄒᆞ오셔特爲轉照于淸之使ᄒᆞ시와飭使對岸淸弁
으로更無揮兵衍悖而壑民見失物種을一一還推케ᄒᆞ오며移
照于元帥府ᄒᆞ시와銃械二百柄을從速下送ᄒᆞ시와以備意
外之患을爲望華因이온바交際一款이寔非弊廳職權이옵
기玆以轉照ᄒᆞ오니
照該知照于淸館ᄒᆞ시와從速妥辦ᄒᆞ시고仍郞回示ᄒᆞ심
을爲要
光武七年十二月十四日
警務使陸軍參將鄭騏澤

1-⑦

議政府贊政外部大臣署理議政府贊政李夏榮 閣下

再

該失物成冊謄本伴交喜

1-⑧

照會 五

咸北邊界警署權任朴鎭翼巡檢全禹鍾訴狀內開伏以巡檢等
이光武八年度本署經費劃下金督捧次奉承度支部訓令ᄒᆞ야
賷持署長公文ᄒᆞ고派來永興文川高原安邊ᄒᆞ야催促同錢
則各郡이皆是世機紛紜之致로推此延拖에趑趄由ᄒᆞ야捱月
所捧을姑先劃送ᄒᆞ고尙此永興郡零在金二萬七千兩高原郡
二千餘兩文川郡四千兩未畢故로于今逗留責捧之際에元山港
日本憲兵이據執拘囚ᄒᆞ고推問行動擧止이옵기出示公文ᄒᆞ고說
明本事則別無詰駁而拘囚四十餘日이옵다가文高兩郡已捧
錢六千七百餘兩은爲先任置于司令部ᄒᆞ고使巡檢等으로轉押

五 九 二 十 交

2-①

京城ᄒᆞ야又爲拘囚ᄒᆞ고不問一言而第過三日後來囚本廳ᄒᆞ
오니未知委折ᄒᆞ고爲此轉囚ᄒᆞ야不可歸署ᄒᆞ오니其所本署支
用之窘乏은休想不知何樣이옵고巡檢等之如是被囚가豈不
冤抑乎잇가茲敢冒悚仰訴ᄒᆞ오니洞燭ᄒᆞ옵신各郡未刷錢과元
山司令部任置錢을歸順還完ᄒᆞ야使爲署用케ᄒᆞ고俾無阻
碍歸署之地伏望等情을接准ᄒᆞ야據此審査ᄒᆞ온즉寔無
他事이옵고確因公幹ᄒᆞ와收捧經費金額이라가遭此橫羅이오
니理合放還本署ᄒᆞ와使之服務이오나旣係日憲隊押付인즉
交誼所在에猶不無徑先之嫌이옵기玆以照明ᄒᆞ오니
照亮交涉於該公館ᄒᆞ시와俾即妥商於日軍司令部ᄒᆞ와請

2-②

得勿侵公文ᄒᆞ와奬廳在囚朴鎭翼全禹鍾兩人을斯速放
還케ᄒᆞ시고元山港司令部에任置條六千七百餘兩을隨其所
到而亦即出給케ᄒᆞ시와以免公私妨害케ᄒᆞ심을爲要

光武九年二月十日

警務使陸軍參將申泰休

外部大臣李夏榮 閣下

2-③

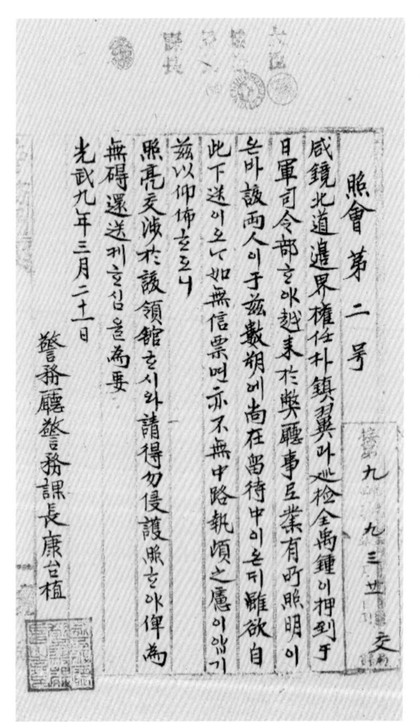

照會第二号

咸鏡北道邊界權任朴鎭翼과巡檢全禹鍾이押到于
日軍司令部ᄒᆞ와越來於奬廳事로業有所照明이
온바該兩人이于玆數朔에尙在留待中이온디雖欲自
此下送이오나如無信票면亦不無中路執傾之慮이압기
玆以仰佈ᄒᆞ오니
照亮交涉於該領館ᄒᆞ시와請得勿侵護照ᄒᆞ와俾爲
無碍還送케ᄒᆞ심을爲要

光武九年三月二十一日

警務廳警務課長康台植

九 九三廿 交

3-①

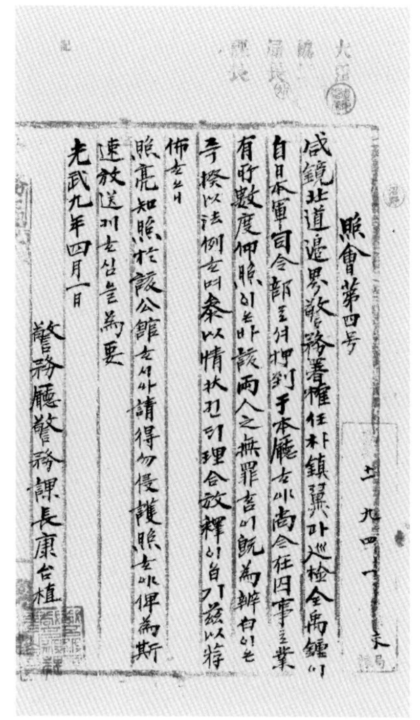

照會第四号

咸鏡北道邊界警務署權任朴鎮翼과巡檢金禹鍾이
自日本軍司令部로付押到于本廳ᄒᆞ와尚今在囚事는業
有昨數度仰照이온바該兩人之無罪ᄒᆞᆷ이既爲辨白이온
즉按以法例ᄒᆞ며參以情狀건ᄃᆡ理合放釋이ᄋᆞᆸ기玆以將
佈ᄒᆞᄋᆞ니
照亮知照於該公館ᄒᆞ시와請得勿侵護照ᄒᆞ와俾爲斯
速放送케ᄒᆞ심을爲要

光武九年四月一日

警務廳警務課長康台植

4-①

外部參書官李載訖 座下

3-②

外部文書課長李載訖 座下

4-②

元帥府來去案

光武三年九月八日起案

主任 交涉局長

協辦 秘書課長

大臣

照會第三號

咸鏡南道觀察使報告書를接到ᄒᆞ온즉내개三水甲山兩郡越邊에淸國匪類가出沒無常ᄒᆞ니劉珮珍孫良漢은衆匪之魁也라藉稱防禦ᄒᆞ야嘯聚徒衆ᄒᆞ고帶持兵器ᄒᆞ야恣意越境에責備供饋라ᄒᆞ며又有匪徒盧貴가購買前門鎗及藥丸等物ᄒᆞ야自厚昌長津等

1-①

外部

地行過ᄒᆞᄂᆞᆫ딕所經各地에討飯索鞋ᄒᆞ고責立擔丁ᄒᆞ야農時峽民이無以支保이오니以賊防賊之說이疑惑이莫甚ᄒᆞ고沿路作弊ᄂᆞᆫ莫可防遏이라ᄒᆞ기로本大臣이駐京英國公使에게知照ᄒᆞ되劉珮珍孫良漢盧貴等携帶鎗丸越境責供官吏不得禁阻人民莫能奠保種種行爲殊極駭惋亟應派遣兵卒巡檢盡力防守倘伊等頑不從命勢必使用械仗驅除乃已脫有不測無抵償之理現在淸國與我國迄未締約該國商民之在我國者爲貴公使所保護凡屬淸國人民視無

1-②

異同應請貴公使先行飭諭ᄒᆞ라ᄒᆞ엿더니該照覆을接到ᄒᆞ온즉准此轉商中國議約全權徐大臣當經電達總署轉電吉林將軍派兵在邊界查拿懲辦所稱馬賊均係亡命匪類不遵法紀之人官府無從誡諭惟有任聽韓國官弁使用兇械盡力驅除等因이온바此를查ᄒᆞ온즉無論何樣人ᄒᆞ고私帶兵器ᄒᆞ며越境作弊者ᄂᆞᆫ均是賊盜也라理宜芟薙廓清ᄒᆞ야俾不敢犯케ᄒᆞᆯ지기로玆에照會ᄒᆞ오니查照ᄒᆞ오셔北靑地方隊或三水駐隊에亟行訓飭ᄒᆞ야嗣後에遇有帶械滋事者어든盡力驅除케ᄒᆞ

外部

第 道

1-③

심을爲要

光武三年九月八日

議政府贊政外部大臣 朴齊純

元帥府軍務局長署理軍部協辦 朱錫冕 閣下

外部

1-④

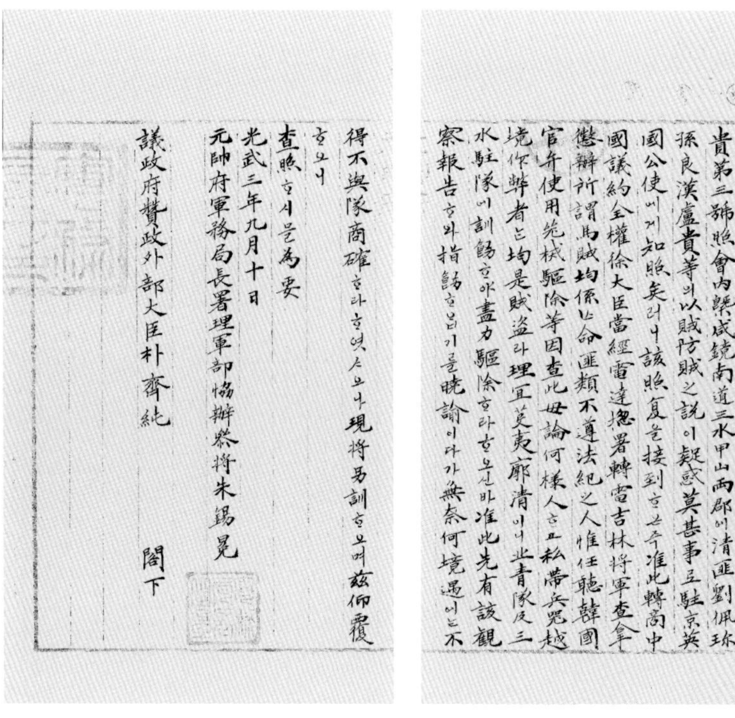

照覆
貴第三號照會內槪咸鏡南道三水甲山兩郡에淸匪劉佩珎孫良漢盧貴等의以賊防賊之說이疑惑莫甚事로駐京英國公使에게知照矣러니該照覆을接到호온즉准此轉商中國議約全權徐大臣當經電達摠署轉電吉林將軍查拿懲辦所謂馬賊均係亡命匪類不遵法紀之人惟任聽韓國官弁使用槍械驅除等因查此毋論何樣人호고私帶兵器越境作弊者는均是賊盜라理宜莫夷鄺淸이니此靑隊及三水駐隊에訓飭호야盡力驅除호라호오신바准此先有該觀察報告호와指飭호옵기를曉諭이다가無奈何境遇에는不

2-①

得不與隊商確호라호엿스오나現將另訓호오며玆仰覆호오니
查照호시믈爲要
光武三年九月十日
元帥府軍務局長署理軍部協辦叅將朱錫冕
議政府贊政外部大臣朴齊純 閣下

2-②

照會
卽接咸鏡南道觀察使朴鳳彬據三水郡守蔡奎昇甲山郡守金佐鳳報告謄報內九月五日淸匪犯越恣行刼掠三甲駐隊兵對陣交戰之際賊徒以執去我人換着被服之致被砲不幸者一人同仁社咸井浦衛火民幕十七家沿路各里民與偵探吏校二人并爲被執者十一人介驟里十六民家亦爲衛火矣兩郡守各率砲與駐隊尉官合力追趕賊黨百餘名已驚刼閃忽渡江屯聚於越江七十里兩洛洞縛去我人終不解還漸益索錢三水上東社十八民財產掠奪以去者追又添付來報故茲以仰佈

3-①

照亮後轉照于駐京該國公館解還被執人等推還掠奪財產嚴防界限犯越事談辦歸正爲要
光武三年十月十四日
元帥府軍務局長副將趙東潤
議政府贊政外部大臣朴齊純 閣下
再
掠奪汁物成冊을伴交호오니 俯諒後還送호시믈爲要

3-②

三水郡上東社匪類掠奪十八民財産物名成冊

3-③

光武三年九月日三水郡上東社匪類掠奪十八民財産物名成冊

金聲昊

錢二十七兩六戔四分
通陽黑笠二立
綢巾二立
白鉄壯刀一柄
白木二匹
細布二匹
五升布一匹
黃毛筆一柄

3-④

牛黃一部三戔重
黑達令衾子一件
具盖盤床器三件
生紬二匹
唐木一匹半
大兩風二坐

延明述

食器大楪三件
唐木周衣一件
細布一疋

3-⑤

匙箸八件
田米二斗
牟米一斗
鷄二十三首
唐木一匹

延明寒

細布周衣一件
白木一疋
綿花十三斤
田米二斗五升

3-⑥

鷄十首
金化龍
錢六兩二戔
錢六十兩公錢留置
細布一疋
白木一疋
鷄十五首
唐木十五尺
金己用
錢二百三兩

3-⑦

白鉄壯刀二柄
細布夏衣一件
鷄十首
沈洛現
耳米四斗
田米二斗
崔南律
七升布一疋
唐木周衣二件
錢六兩

3-⑧

達令十尺
趙梧鳳
細布一疋
錢二兩
細布夏衣六件
金正用
盤床器一件
紅彈子一件
通陽笠子二立
網巾一立

3-⑨

金丙順
男冬衣上下二件
唐木四尺
金石史
白木十五尺
小溺江一件
馬一匹
沈甲龍
馬一匹
沈乙龍

3-⑩

外部

金石基

毛衣二件

姜致黄

匙楪二件

金丙赫

黑達鍊衿子一件

器皿二件

沈秀雯

註漢布衿子一件

黑達鍊衿子一件

3-⑪

唐木衿子二件

青花布腰帶四件

銀壯刀一柄

真烏水鶴膝二件

馬鞍壯一件

清心丸十八介

唐射香二分重

牛黄抱龍丸四十介

如意丹三十三介

紅彈子一件

外部 第 道

3-⑫

外部

男上夏衣四件

男上冬衣一件

粉唐木周衣一件

永綃吐手三件

細布夏衣三件

八升布三疋

契盤餅三十三介

發弛匙楪七件

通陽黑笠一立

鷄三十八首

3-⑬

田米三斗

細細汁物不知其数

金成宗

大牛一隻

鍮鐵器四件

大陽風一坐

黑達鍊衿子一件

明太十級

男上細布周衣一件

土布二疋

外部 第 道

3-⑭

細白木四疋
明紬一疋
唐木一疋
細布一疋
田米三斗
鷄三十首
洋達鍊一疋
錢十二両
申用秀
錢三十五兩

3-⑮

通陽笠二立
月子四雙
細布二疋
粉唐木五尺
細布夏衣二件
白木一疋
綱巾一立
木米三斗
男上白木周衣一件
小瀰江一坐

第　道

3-⑯

鷄三十五首
發弛匙楪五件
白鐵壯刀一柄

三水郡守蔡奎昇

3-⑰

光武三年十月二十五日起案

大臣　協辦　主任 交渉局課長
秘書課長

照覆第四号

貴第五号照會를准ᄒᆞᆫ즉三水甲山等地에清國
匪徒가火我廬舍ᄒᆞ며擄我民口ᄒᆞ며掠我財産
等事로駐京英國公使에게照會ᄒᆞ되轉商清
國議約全權徐大臣電達清廷設法拿犯按律處
辦還我人民責賠損害ᄒᆞ라ᄒᆞ엿더니玆接該
照覆內開本大臣旋經妥商徐大臣即日電達中

4-①

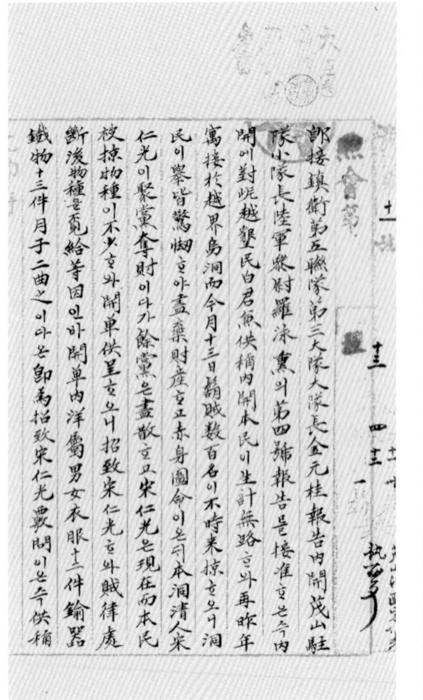

郎接鎭衛第五聯隊第三大隊大隊長金元桂報告內開茂山駐
隊小隊長陸軍參尉羅泳憲의第四號報告를接准ᄒ즉內
開에對岸越墾民白君魚供稱內開本民이生計無路ᄒ와再昨年
寓接於越界島洞而今月十三日鬍賊數百名이不時來掠ᄒ오니洞
民이舉皆驚惻ᄒ야盡棄財産ᄒ고未身圖命이온ᄃ本洞淸人宋
仁光이聚黨奪財이다가餘黨은盡散ᄒ고宋仁光은現在而本民
被掠物種이不少ᄒ와開單供呈ᄒ오니招致宋仁光ᄒ와賊律處
斷後物種을覓給等因인바開單內洋蜀男女衣服十二件鍮器
鐵物十三件月子二曲之이라ᄂ卽爲招致宋仁光嚴問이온즉供稱

5-①

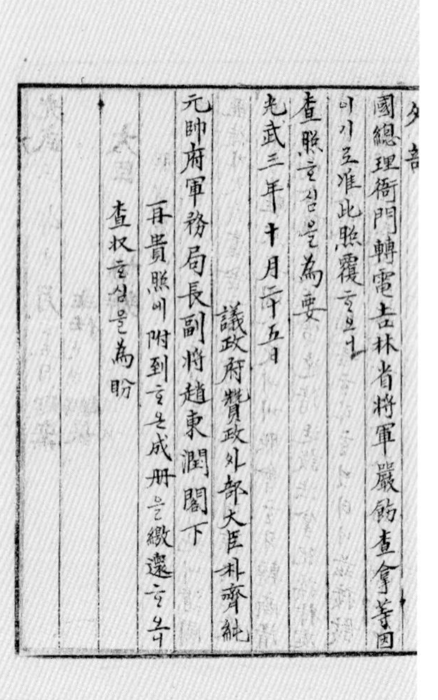

外部

國總理衙門轉電吉林省將軍嚴飭查拿等因
이기로准此照覆ᄒ오니
查照ᄒ심을爲要
光武三年十月卄五日　議政府贊政外部大臣朴齊純
元帥府軍務局長副將趙東潤閣下
再貴照에附到ᄒᄂ成冊은繳還ᄒ오니
查收ᄒ심을爲盼

4-②

議政府贊政外部大臣朴齊純　閣下

5-③

賊黨六人이來本洞奪財時에以小的謂洞主라ᄒ야給財七分之一ᄒ나
小的이受置이다가現今領納이옵고受賊物之罪ᄂ死無供辭等因인
바打見物種則白民所失이或存或無이오나本賊이出焉ᄒ오니爲
這賊黨之律이오며且是自服故執置本隊ᄒ와伏候警邊之處
分이오며白民被掠物種은考單還給等因이온바陳供自犯則確
知賊黨이나係是交涉ᄒ니待轉報措處라ᄒ옵고玆에報告ᄒ오
니查照ᄒ심을伏望等因准此仰佈ᄒ오니
照亮ᄒ오셔淸舘에轉照ᄒ시와照章遵辦케ᄒ심을爲要
光武四年十一月二十日
元帥府軍務局摠長臨時署理陸軍副將沈相薰

5-②

光武 年 月 日起案

主任 交涉局課長

大臣 協辦

照會第二号

清國出使大臣徐壽朋照會 接准 據

統領道字馬步全營督辦團練署奉天通化縣陳

瑋詳稱案照卑縣於本年五月查有木商在韓國

厚昌郡慈城郡地面因木稅與韓民相爭當經

卑職派人約束華人息事一面稟請奉天將軍咨

請照會韓政府切勿越境用兵在案外洋與中國

外部 第 道

6-①

外部

開衅本與韓國無涉蓋韓國與中國素來和好無

事斷不能別有意見卑縣與吉林中間曠野之地

向有團練孫良翰其人該處離卑縣相隔千餘

里刻下風聞孫良翰往海口私下購買火藥並不

請官給發文照取道韓國地面與韓民相爭滋事

查兩國相隔僅止一江時相往來其從前有無旧隙

無從可知卑職聽聞之下當即派人查探不准孫良

翰之團稍有一面知照韓國三水郡厚昌郡慈城

郡請其查明此事來文彼此商同辦理萬不可因

小事致啟兩國衅端發文去後尚無接其回文伏

6-②

查卑縣地面前因中國與外洋開衅各鄉均辦團

練卑職亦經稟准練兵防守現在中外和約已定

兵端已弭惟逃勇土匪甚多辦理善後防營自難

一時撤遣其營勇均有營哨各官管帶可以約

束而團練皆係民間自籌經費各保身家現在

封凍中韓兩國並無阻隔萬一韓國兵民過江與中

國團練生事未免又生枝節不可不為慮到卑職若

仍稟請轉咨未免遲緩祗得冒昧據情詳請俯念

邊境緊要照會韓國政府行文統兵之員及地方官切

不可使韓國兵民過江以免與團練滋生事端一俟

外部 第 道

6-③

外部

中韓陸路道商約章頒到再行遵照辦理此時中國

與外洋甫經議和民心未定中韓兩國自當各修舊

好切勿使兩國兵民彼此過江生事如有一切事情兩國

地方官彼此用公文相商辦理以敦邦交而全和好請

查覈辦理等情據查通化縣屬地面遼闊所有

邊界與韓境毗連之處現值封凍極易往來啟

國正在多事之秋各處兵團尚在戒嚴之際該團總

孫良翰購買火藥取道韓境與韓兵爭鬪未知

情形何如該縣既經派人查探禁止並知照貴國

沿邊各郡守商同辦理諒可息事應請貴大臣

6-④

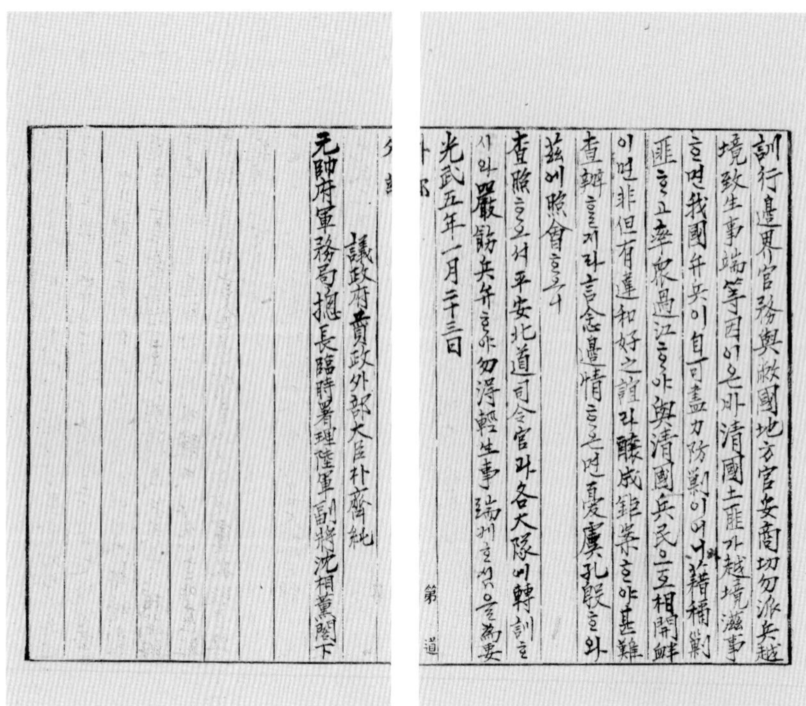

訓行邉界官務與敝國地方官妥商切勿派兵越
境致生事端等因이온바清國土匪가越境滋事
ᄒᆞ면我國弁兵이自可盡力防勦이어니와藉稱勦
匪ᄒᆞ고率衆過江ᄒᆞ야與清國兵民으로相鬨鬪
이면非但有違和好之誼라釀成鉅案ᄒᆞ야甚難
查辦ᄒᆞᆯ지라言念邉情ᄒᆞ오면憂虞孔殷ᄒᆞ와
玆에照會ᄒᆞᄂᆞ니
查照ᄒᆞ오셔平安北道司令官과各大隊에轉訓ᄒᆞ
시와嚴飭兵弁ᄒᆞ야勿得輕生事端케ᄒᆞ심을爲要
光武五年一月二十三日

議政府贊政外部大臣朴齊純
元帥府軍務局摠長臨時署理陸軍副將沈相薰閣下

6-⑥ 6-⑤

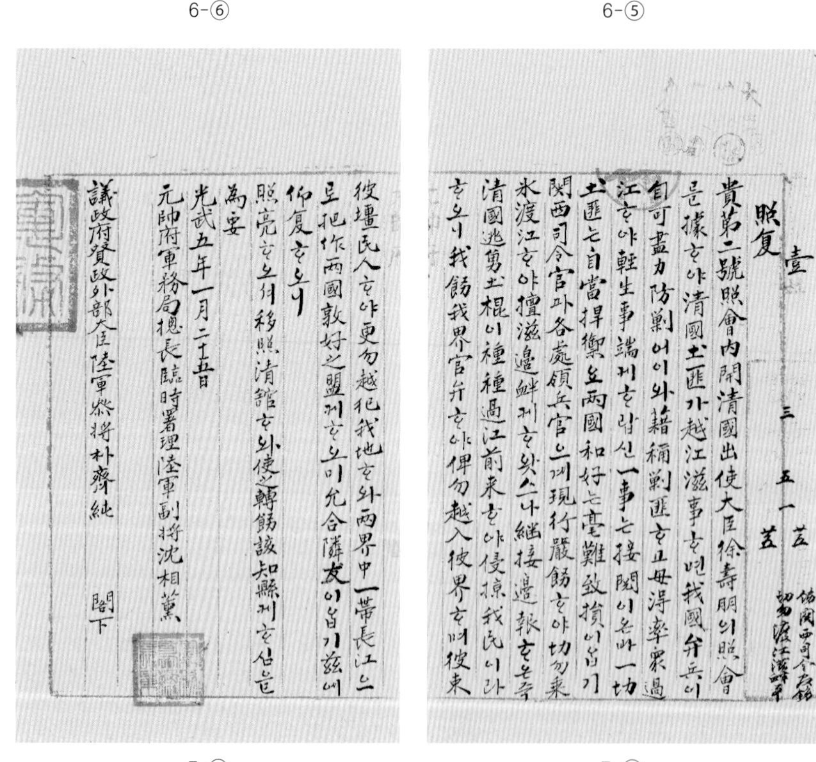

照復
貴第二號照會内開清國出使大臣徐壽朋의照會
를據ᄒᆞ야清國土匪가越江滋事ᄒᆞ면我國弁兵이
自可盡力防勦어니와藉稱勦匪ᄒᆞ고毋得率衆過
江ᄒᆞ야輕生事端케ᄒᆞ랍신一事ᄂᆞᆫ接閱이온바一切
土匪ᄂᆞᆫ自當捍禦요兩國和好ᄂᆞᆫ毫難致損이옵기
關西司令官과各處領兵官으로現行嚴飭ᄒᆞ야切勿乘
氷渡江ᄒᆞ야擅滋邉釁케ᄒᆞ왓ᄉᆞ나継接邉報ᄒᆞ온즉
清國逃勇土棍이種種過江前來ᄒᆞ야侵掠我民이라
ᄒᆞ오니我飭我界官弁ᄒᆞ야俾勿越入彼界ᄒᆞ며彼來
彼壃民人ᄒᆞ야更勿越犯我地ᄒᆞ와兩界中一帶長江으
로把作兩國敦好之盟케ᄒᆞ오미允合隣友이옵기玆에
仰復ᄒᆞ오니
照亮ᄒᆞ오셔移照清館ᄒᆞ와使之轉飭該知縣케ᄒᆞ심을
爲要
光武五年一月二十五日
元帥府軍務局摠長臨時署理陸軍副將沈相薰
議政府贊政外部大臣陸軍參將朴齊純 閣下

7-② 7-①

光武六年一月十六日起案

主任交涉局課長

大臣 協辦

照會第一號

向日에清國公使許台身의照會를接到ᄒ온즉陰曆八月間時有韓國兵丁過江縛人毁屋奪物不一而足茂山城一帶並有強刈禾稼開放鎗砲攻擊鎮會佃民若不及早禁止必致釀成爭端請煩嚴行查辦等因이옵고現에該公使의照會를接到ᄒ온즉茂

第 道

8-①

山城兵卒聚過江強刈禾稼并在對江開礮攻擊鎮會等事前經照會在案現接外務部來電欽奉我國

大皇帝電旨諭令照會貴政府嚴行查禁並准外務部咨行據盛京將軍大稱中曆八月十一日懷仁縣地方亦有韓兵綑縛樊賡慶父子勒贖及搶掠雞豕修家財物之事亦應照請訓行五鄉郡查辦並嚴禁嗣後不得越界滋擾各等因查吉林盛京兩省向與貴國畫江爲界沿邊官弁自應各遵約束以期兵民相安誠

8-②

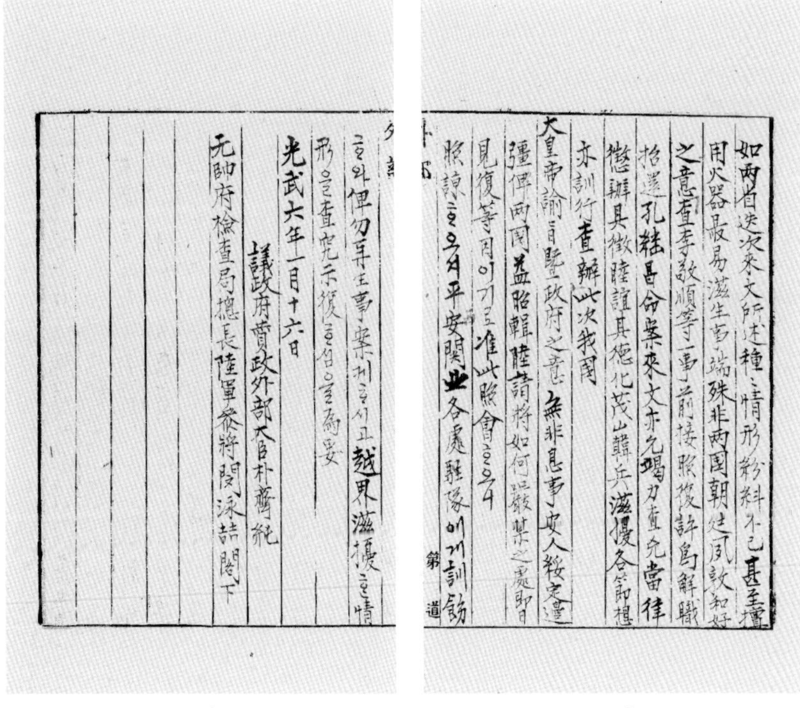

如兩省迭次來文所述種種情形紛糾不已甚至擅用火器最易滋生事端殊非兩國朝廷夙敦和好之意查李敬順等一事前接照復許爲解職拘送孔秸邑命案來文亦允竭力查究當律懲辦具徵睦誼具徳化茂山韓兵滋擾各節想亦訓行查辦此次我國

大皇帝諭旨暨政府之意無非息事安人綏定邊彊俾兩國益昭輯睦請將如何設法禁止之處即日見復等因이기로准此照會ᄒ오니照諒ᄒ오셔平安関北各處駐隊에게訓飭

第 道

8-③

ᄒ와俾勿再生事端케ᄒ시고越界滋擾ᄒ던情形을查究示復ᄒ심을爲要

光武六年一月十六日

議政府贊政外部大臣朴齊純

元帥府檢查局總長陸軍參將閔泳喆 閣下

8-④

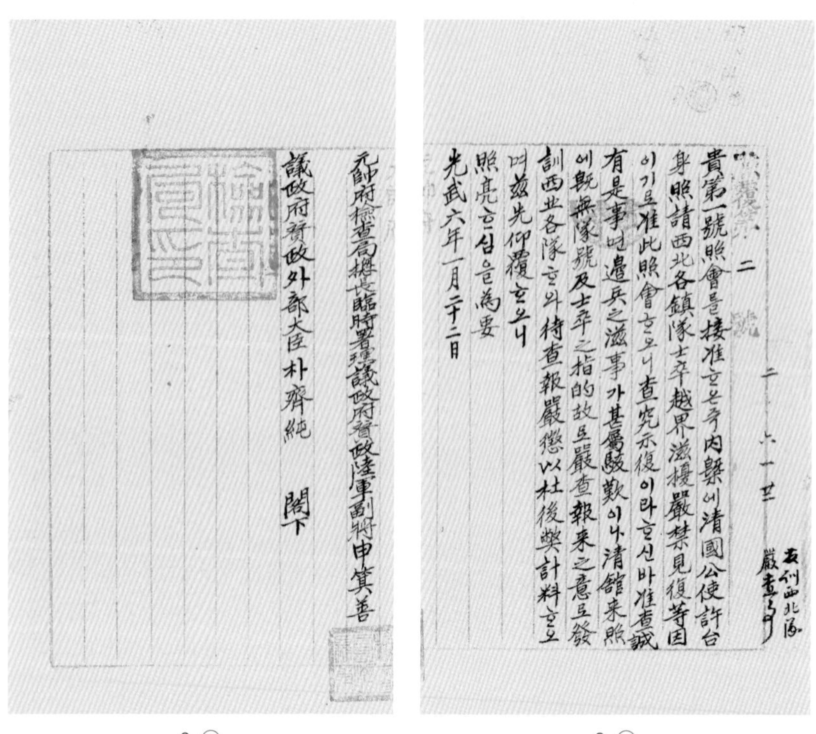

照覆第二號

貴第一號照會를 接准ᄒ온즉 內槩에 清國公使許台身照請西北各鎭隊士卒越界滋擾嚴禁見復等因이기로 准此照會ᄒ오니 查究示復이라ᄒ신바 准查誠有是事면 邊兵之滋事가 甚屬駭歎이나 清館來照에 旣無隊號及士卒之指的故로 嚴查報來之意로 發訓西北各隊ᄒ고 待查報嚴懲以杜後弊計料ᄒ오며 玆先仰覆ᄒ오니 照亮ᄒ심을 爲要

光武六年一月二十二日

元帥府檢查局總長臨時署理議政府贊政陸軍副將申箕善

議政府贊政外部大臣朴齊純 閣下

9-②　　9-①

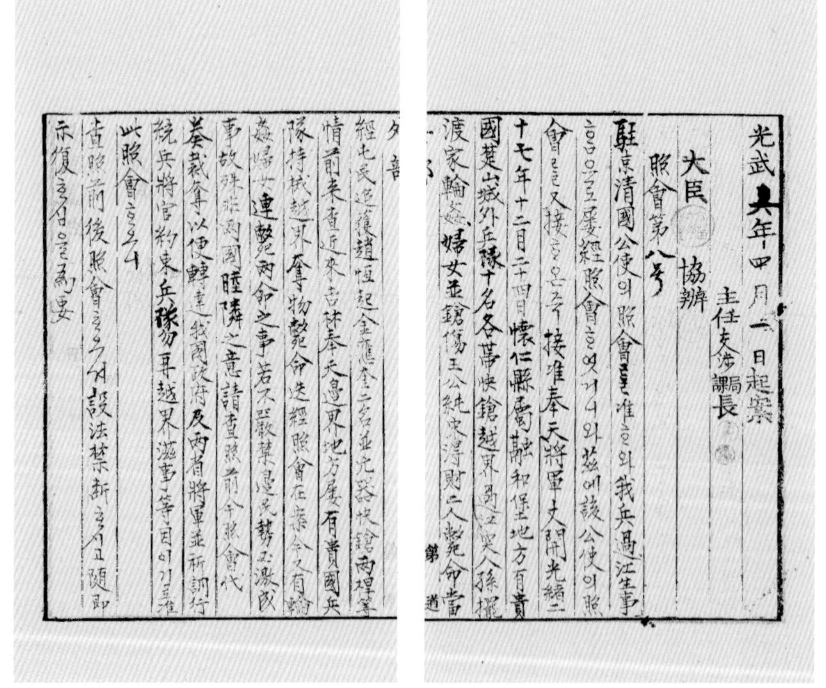

光武六年四月一日起案

主任交涉局課長

大臣 協辦

照會第八號

駐京清國公使의 照會를 准ᄒ와 我兵過江生事ᄒ옴으로 屢經照會ᄒ엿거니와 玆에 該公使의 照會를 又接ᄒ온즉 接准奉天將軍文開光緖二十七年十二月二十四日懷仁縣屬輯和堡地方有貴國楚山城外兵隊十名各帶快鎗越界過江突入孫擺渡家輪姦婦女並鎗傷王公純宋得財二人斃命當經屯長追獲趙恒起金應奎二名並充器快鎗兩桿等情前來查近來吉林奉天邊界地方屢有貴國兵隊恃械越界奪物斃命迭經照會在案今又有輪姦婦女連斃兩命之事若不嚴禁恐邊民勢必激成事故殊非兩國睦隣之意請查照前今照會代奏裁奪以便轉達我國政府及兩省將軍並祈訓行統兵將官約束兵隊勿再越界滋事等因이기로 准此照會ᄒ오니 查照前後照會ᄒ오셔 設法禁斷ᄒ시고 隨即示復ᄒ심을 爲要

10-②　　10-①

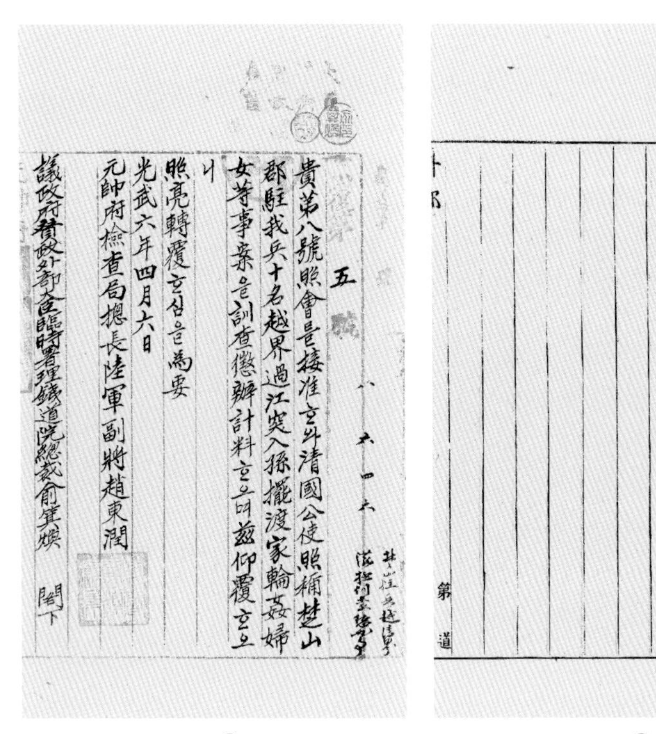

光武六年四月一日
議政府贊政外部大臣臨時署理鐵道院總裁俞箕煥
元帥府檢查局總長趙東潤 閣下

10-③

五
貴第八號照會를接准ᄒᆞ온즉淸國公使照稱楚山
郡駐我兵十名越界過江突入孫擺渡家輪姦婦
女等事案을訓查懲辦計料ᄒᆞ오며玆仰覆ᄒᆞ오오
니
照亮轉覆ᄒᆞ심을爲要
光武六年四月六日
元帥府檢查局摠長陸軍副將趙東潤
議政府贊政外部大臣臨時署理鐵道院總裁俞箕煥 閣下

11-①

六
向接 貴第一號照會ᄒᆞ온즉茂山駐兵率衆過江強刈
禾稼槊我兵越至懷仁縣綁縛樊廣慶父子勒贖
及搶掠鞠吉修家事案을嚴查報來之意로訓飭西
北各隊而頃據江界隊公報則樊鞠兩人許多討財物已
爲因懷仁縣公文還給該人等情而犯諸兵은分首從懲
罪不能團束之該領率尉官李種憲은自法院處禁獄
八個月律이오며繼接鍾城隊查報則內槊州窃查於上
年八月間果於茂山城北國德地淸人數百私帶軍器刦
掠淸韓一帶村落臨獲矣農牲命危於蛾財財產入於狼呑

12-①

尾大之虞將至陷城職在駐邊不可袖手臨急應敵兩界
間均無一人所傷幸免搶掠而今此訓查殊涉主臣이온바
初無率衆過江強刈禾稼等事而至若對岸開礮一款ᄒᆞ야
는入懷蛇蝎孰不擠斥乎辮髮着襖均是淸人其良其匪
不可辨三三五五或散或聚領無公文私帶軍器到處搶掠
致有瀧穀之拾獲矣望我巡哨勢尋將鬪先發鎗彈飛丸如
雨不獲已隔江對射其時確據營署摠巡照會且有俄官
探實云矣准查懷仁縣樊鞠兩民處所犯今已經妥案懲辦
而至於茂山兵越界刈禾等事云者此非我兵之所犯實是
淸匪之搶掠我民也而復伸兩國敦睦之誼嚴加團束之

12-②

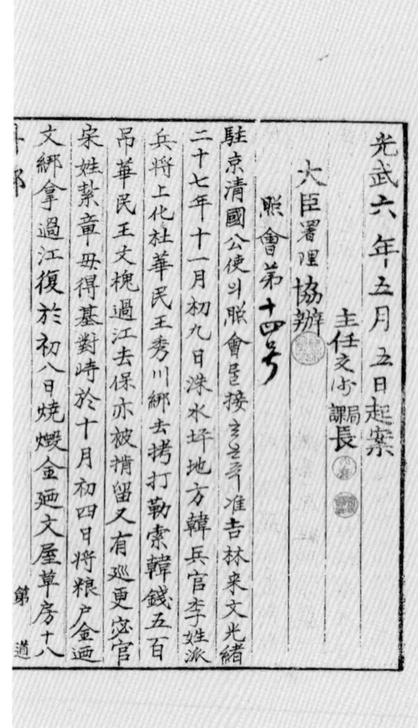
光武六年五月五日起案
主任文附 課局長
大臣署理 協辦
照會第十四號
駐京清國公使의照會를接ᄒᆞ온즉准吉林來文光緒
二十七年十一月初九日洪水坪地方韓兵官李姓派
兵將上化社華民王秀川綁去拷打勒索韓錢五百
吊華民王文槐過江去保亦被措留又有巡更李官
宋姓紮章毋得基對峙於十月初四日將粮户金迺
文綁拿過江復於初八日燒燬金迺文屋草房十八
外部 第 道

13-①

意另飭邊界駐隊ᄒᆞ압고玆仰照ᄒᆞ오니
照亮轉照淸公館ᄒᆞ시와亟勒匪類以安兩國邊民케
ᄒᆞ심을爲要
光武六年四月七日
元帥府檢查局摠長陸軍副將趙東潤
議政府贊政外部大臣臨時署理鐵道院總裁俞箕煥 閣下

12-③

及米物送回並禁止越界以免事端等因이온바
准此照會ᄒᆞ오니
查照處辦ᄒᆞ시되迅即 示明ᄒᆞ심을爲要
光武六年五月五日
議政府贊政外部大臣署理外部協辦崔榮夏
元帥府軍務局總長陸軍副將李鍾健閣下
外部 第 道

13-③

外部
聞又有韓國兵帶越界率衆至崇化善化兩社逐打
華民吳仁安等共二十餘家所有財物糧米均被搶
掠一空又准盛天來文江州城相對之蘊和堡於十一
月二十六日有韓民五六十人越界將楊維春山場
培養之樹硬要砍伐楊維春出阻觸怒兩相毆打十二
月初七日又有韓民二十餘人聲稱奉外兵代所派
捉拿楊維春未被捉去各等因均請照會查辦飭
禁前來今大臣查韓人越界滋事屢經照請嚴禁
在案乃吉奉兩省邊地仍時有擄贖焚搶等事合
亟照會貴大臣查照懲辦滋事之人即將華民三人

13-②

照覆第八號

卽接 貴第十四號照會內開駐京淸國公使의照會를接호
온즉准吉林來文光緖二十七年十一月初九日沫水坪地方
韓兵官李姓派兵將上化社華民王秀川綁去拷打勒
索韓錢五百吊華民王文槐過江去係亦被措留又有巡
更寃官宋姓紮章毋淂基對峙於十月初四日將糧户金廼
文綁拿過江復於初八日燒燬金廼文屋草房十八間又有
韓國兵帶越界率衆至崇化善化兩社逐打華民兵仁安
等共二千餘家所有財物糧米均被搶掠一空又准威天來文
江州城相對之蘊和堡於十一月二十六日有韓民五六十人越界

14-①

將楊維春山塲培養之樹硬要斫伐楊維春出阻觸怒兩相歐
打十二月初七日又有韓民二十餘人聲稱奉外兵代所派捉拿楊
維春未被捉去各等因均請照會査辦飭禁前來本大臣査
韓人越界滋事屢經照請嚴禁在案乃吉奉兩省邊地仍時
有擄贖焚搶等事合亟照會貴大臣査照懲辦滋事之人卽
將華民三人及米物送回並禁止越界以免事端等因이온바准
此照會호오니査照處辦호시고迅卽示明호심을爲要等
因准此査早已行飭該駐站査其情形响賊之侵我人民無時無
之或掠去錢財或奪去牛馬故該駐兵果有還推見失之物絶
無侵漁彼民之事也彼之侵我我每捍之彼此相撞理所必

14-②

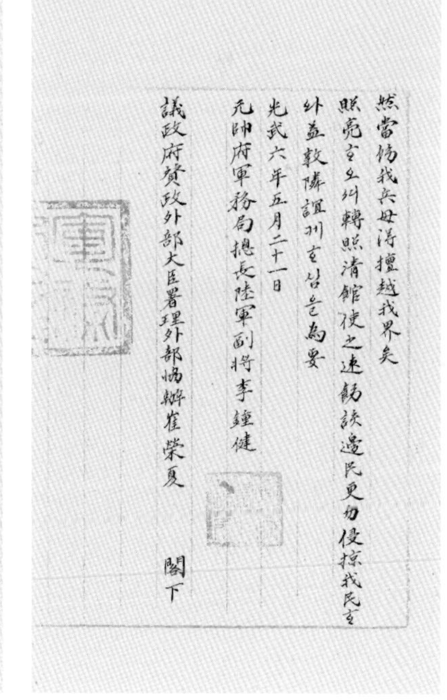

然當飭我兵毋得擅越我界矣
照亮호오시고轉照淸館使之速飭該邊民更勿侵掠我民호
사益敦隣誼케호심을爲要
光武六年五月二十一日
元帥府軍務局摠長陸軍副將李鍾健
議政府贊政外部大臣署理外部協辦崔榮夏 閣下

14-③

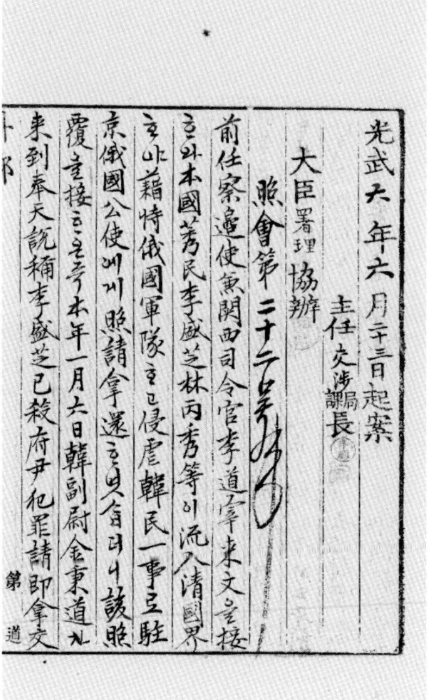

光武六年六月二十三日起案
主任交涉局課長
大臣署理協辦
照會第二十六號
前任察邊使兼關西司令官李道宰來文을接
호온바本國旁民李盛芝林丙秀等이流入淸國界
호야藉恃俄國軍隊호고侵虐韓民一事로駐
京俄國公使에게照請拿還호엿숩더니該照
覆을接호온즉本年一月六日韓副尉金東道가
來到奉天說稱李盛芝已殺府尹犯罪請卽拿交
外部 第 道

15-①

又楚山隊韓兵又渡清界李盛芝家率一並捕捉聲
言屠戮查李盛芝情節確係被誣韓兵等行爲
殊屬不法請即飭放李盛芝家屬并飭貴國官
及兵丁勿復擅越邊界違約滋擾此次案情寔係
審愼副尉金東道緣何前往奉天緣何要拿李
盛芝惑貴政府專爲此事派遣與否詳細示復等因
이옵고察邊使ᄂᆞᆫ已經遞任ᄒᆞ고只有檢察使에게知照
ᄒᆞ얏더니該照覆에稱此事ㅣ非本部所干이오年前
江義兩隊檢察使李學均이帶同下去之尉官金
東道ᄅᆞᆯ委派清界이라이온즉其家率捕捉之事

15-②

實을自此查明ᄒᆞ기無階等情이온바該事案을若不查
明이오면俄公使에게無以作覆이옵기玆에照會
ᄒᆞ오니
貴局에셔金東道에게查問ᄒᆞ오되緣何前往奉天아
李盛芝等家率捕捉與否ᄅᆞᆯ詳示ᄒᆞ심을爲要
光武六年六月二十三日
議政府贊政外部大臣署理外部協辦崔榮夏
元帥府軍務局總長陸軍副將李鍾健閣下

15-③

九

楚山駐兵越界事案에關ᄒᆞᆫ 貴第八號照會ᄅᆞᆯ向
接ᄒᆞ와訓查措處ᄒᆞᆯ意로業經照覆이온바現接關
西司令官閔泳喆回報則內開에接准江界隊查報
內에頃承第十號訓令ᄒᆞ와楚山駐隊兵十名이越界
過江에突入孫擺渡家ᄒᆞ야輪姦婦女事ᄅᆞᆯ發訓該
駐隊ᄒᆞ야嚴查更報之意로已爲修報이옵더니現接
該駐小隊長李教相查報則內開에孫擺渡家輪姦
婦女事ᄂᆞᆫ前駐小隊長金鍾振在任時因懷仁縣照會
ᄒᆞ야通詞金文明及該地執綱金桂宗을派送孫擺渡

16-①

家ᄒᆞ야查問事由이온즉孫家男女之言이初無是事
이다이을ᄲᅮᆫ더러家在适路則沿江來往之兵砲가無暇
闖入而該地係正이欲爲討索孫家라가終不諧意
則以無根之說로歸陋於渠家ᄒᆞ야至有呈報之擧이
다極口發明이옵바前駐小隊長金鍾振이詭其虛罔
에初不修報이다等因이옵기玆에謄報ᄒᆞ오며該駐隊
兵趙亨七金應圭兩兵이無罪橫捉ᄒᆞ야滯囚彼縣이
事極可悶이옵기自隊로累次移照에尚不解還ᄒᆞ오
니無故隊兵을多月拘執이實非交隣相孚之道이
온다ᄒᆞ온轉報京部ᄒᆞ시와自外部로擧理知照于清國

16-②

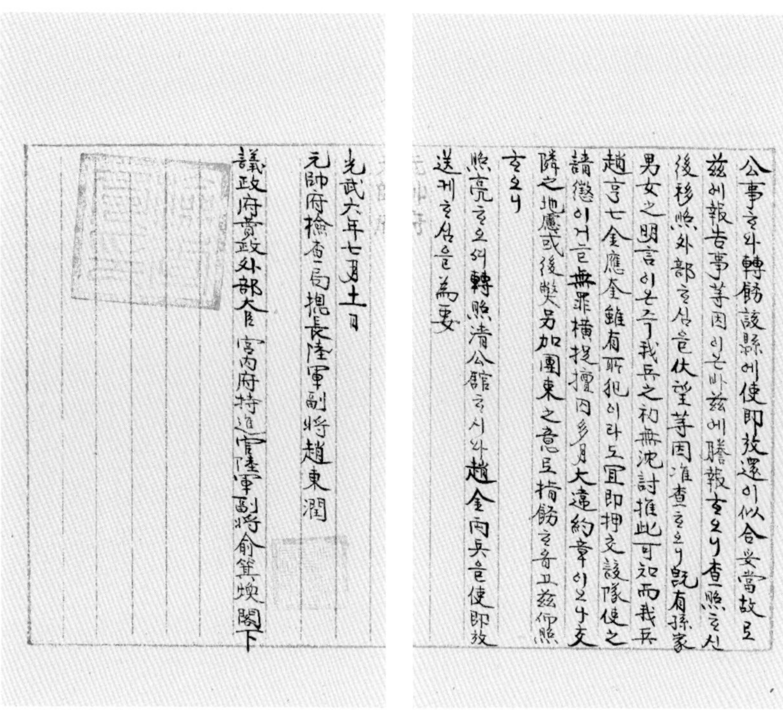

公事ᄒᆞ와 轉飭該縣에 使卽放還이 似合妥當故로
玆에 報告事等因이온바 玆에 謄報ᄒᆞ오니 查照ᄒᆞ신
後移照外部ᄒᆞ심을 伏望等因准查ᄒᆞ오니 旣有孫家
男女之明言이온즉 我兵之初無洗討推此可知而我兵
趙亨七金應奎雖有所犯이라도 宜卽押交該隊使之
請懲이어ᄂᆞᆯ 無罪橫捉擅囚多月大違約章이오니 交
隣之地慮或後弊另加團束之意로 指飭ᄒᆞ옵고 玆仰照
ᄒᆞ오니
照亮ᄒᆞ오셔 轉照淸公館ᄒᆞ시와 趙金兩兵을 使卽放
送케ᄒᆞ심을 爲要

16-③

光武六年七月十一日
元帥府檢查局摠長陸軍副將趙東潤
議政府贊政外部大臣宮內府特進官陸軍副將俞箕煥 閣下

16-④

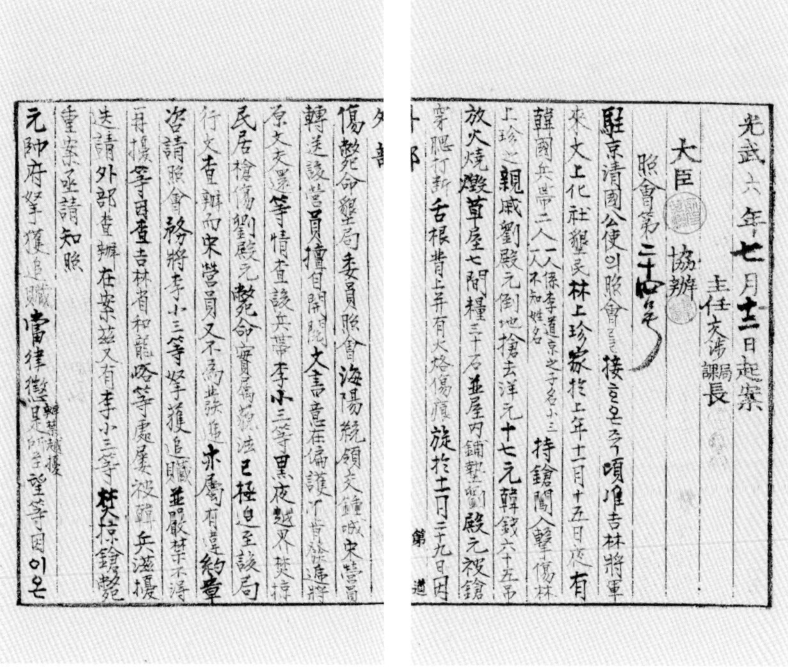

光武六年七月十二日起案
主任 交涉局課長
大臣 協辦
照會第二十四號
駐京淸國公使의 照會ᄅᆞᆯ 接ᄒᆞ온즉 頃准吉林將軍
來文 上化社墾民林上珍家 於上年十一月十五日夜 有
韓國兵丁二人(一人係李道京之子名小三 一人不知姓名) 持鎗闖入擊傷林
上珍之親戚劉殿元 倒地搶去洋元十七元 韓錢六十五吊
放火燒燬草屋七間 糧三十石 並屋內鋪墊 劉殿元被鎗
穿腮打斷舌根 背上并有火烙傷痕 旋於十一月二十九日因
第 道
外部

17-①

傷斃命 墾局委員照會海陽統領交鍾城宋營官
轉送該營員擅自開閱 文書意在偏護 不肯發還 將
原文交還等情 查該兵丁李小三等黑夜越界焚掠
民居 槍傷劉殿元斃命 實屬藐法 已極迭至該局
行文查辦 而宋營員又不爲此詳追 亦屬有違約章
咨請照會務將李小三等拏獲追贓 並嚴禁不得
再擾等因 查吉林省和龍峪等處 屢被韓兵滋擾
迭請外部查辦在案 茲又有李小三等焚掠鎗斃
元帥府拏獲追贓 當律懲辦 禁越擾 是所至望等因이온
重案 亟請 知照

17-②

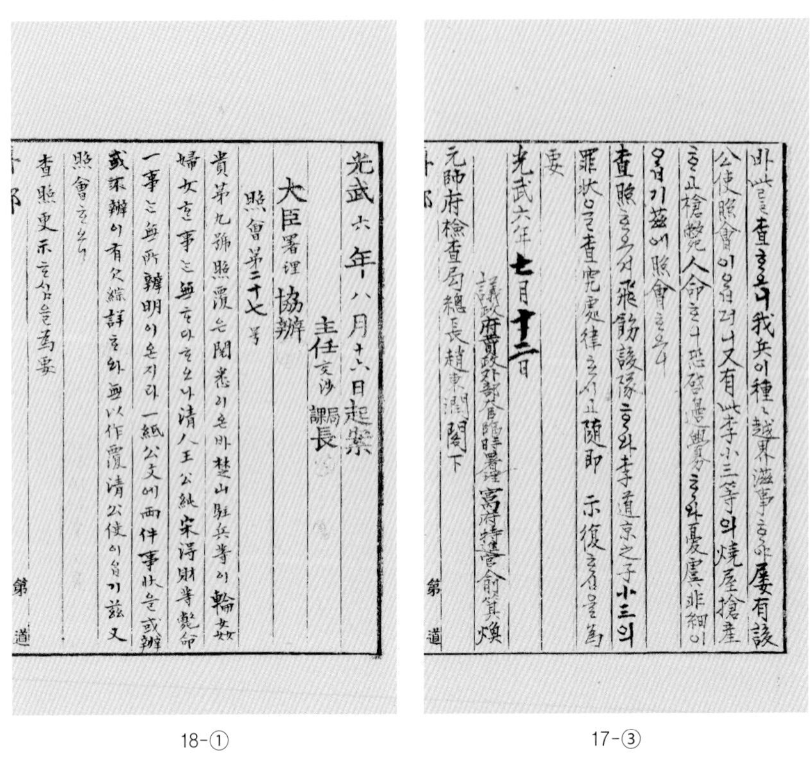

光武六年八月十六日起案

主任 交涉局課長

大臣署理協辦

照會第二十七号

貴第九號照覆은閱悉이온바楚山駐兵等이輪姦婦女한事는無하다하오나清人王公紬宋得財等斃命一事는無所辨明이온지라一紙公文에兩件事狀을或辨或不辨이有欠綜詳하와無以作覆清公使이옵기玆又照會하오니

查照更示하심을爲要

18-①

바이온查하오니我兵이種種越界滋事하야屢有該公使照會이옵더니又有此李小三等의燒屋搶產하고槍斃人命하니恐啓邊釁하와憂虞非細이옵기玆에照會하오니

查照하오셔飛飭該隊하와李道京之子小三의罪狀을查究處律하시고隨即示復하심을爲要

光武六年七月十二日

議政府贊政外部大臣臨時署理宮內府特進官俞箕煥

元帥府檢查局總長趙東潤閣下

17-③

照會第一二號

清人劉殿元斃命事案에對하온貴第二十四號照會를尙接하와訓飭鍾城隊矣러니現接該大隊長金元桂查報則內開에此案이業經清國葉督理照會于邊界交界官與觀察府하와轉照本隊이옵기自本隊로訓飭茂山駐站하야詳查報來케하얏더니茂山駐站第四中隊長陸軍正尉潘敦植查報內開에劉殿元命案은聞甚驚悚이온바先查李道京子小三은名不襯合하고道京子李化永이編在隊伍故로本官이直到北面分站하와嚴查審理인바劉殿元命案에甬等이有甚所爲하야被訴歸犯耶아先問於李

19-①

光武六年八月十六日

議政府贊政外部大臣署理外部協辦崔榮夏

元帥府檢查局總長陸軍副將趙東潤閣下

18-②

化承ᄒᆞ고査次下士上等兵則所供内小人等은初無干涉이옵
고殷元之被清匪故九事는本站對岸越寓民洪在俊이上
年十一月十六日趕走來告于本站故로槩認領畧而已오都無
干涉이라衆口如一이오며其在詳審之地에但以士卒等口供으로
難以得情ᄒᆞ와對岸居清韓民을一并招待ᄒᆞ와究覈捧供ᄒᆞ
온즉清人王林則受傷殷元이來詣渠家라가當見命絶之事
를終是諱欵이고清人王守全則受傷殷元이逃在李汝天家
時에慰訪質問ᄒᆞ와竟知清匪之凶手는確據所供이오며
亦有同參之人이온바査此清人林上珍은性本不良으로劫他清
韓民ᄒᆞ와非理取財에財旣有餘나不得其志於兩界ᄒᆞ고居常

19-②

浮沉矣러니伊時緣何避宿于清人王林家이옵고使劉殷元으로
看守渠家而匪黨이突入ᄒᆞ와執殷元鐵鉀火烙而索錢不給故
로竟被銃射ᄒᆞ와僅避同地韓人李汝天家라가仍移清人王
林家ᄒᆞ와乃至十四日致命은清韓公證이確實無餘이거늘頑
彼林上珍이敢生譎計ᄒᆞ와做此構虛에滋事兩界은誠極痛
歎이오며以清官言之라도按法之地에緊莫重於命案이거늘毆
不綜詳ᄒᆞ고嫁禍韓兵ᄒᆞ와損失隣邦之敦誼ᄒᆞ니其爲交涉上
道理乎아似此案件은爲先清韓官弁이同會一處ᄒᆞ와將原告
林在珍及韓清公證人ᄒᆞ와一切查辦이爲可이옵기玆에查報
ᄒᆞ오니轉照清官ᄒᆞ와亟迅辦決等因이온바此를據ᄒᆞ와觀察

19-③

府外交界官긔照覆ᄒᆞ옵고上府軍務局에具由報明ᄒᆞ옵
고一邊琿春副都統衙門에照會ᄒᆞ옵기를劉殷元命案은
明是貴國匪類所爲오初無韓兵干涉은清韓民參證招供
이確實無餘이거늘致此煩引이似是貴民林上珍이構虛
捏無ᄒᆞ와嫁禍敝隊之計而業督理但據林民呈控而已오未
及詳查根因之所致나然이나貴衙門이只以敝隊行查之由로
亦難一一准信ᄒᆞ와如有不諧處이던兩國官弁이約日會同ᄒᆞ
와招致伊時參證清韓民等ᄒᆞ야更加詳查得情이理合妥當
이기爲此照會ᄒᆞ니希卽見覆이라ᄒᆞ얏삽더니第幾日에照會
受到記此送交本隊ᄒᆞ옵고竟無如何荅照이옵더니今承截

19-④

嚴之訓飭ᄒᆞ오니極涉悚懍이오며此案이果係我兵所爲인된
清官이何不依照會同審辦而徑報上憲ᄒᆞ와移照外部에致
此莫嚴之訓飭乎잇가以若構誣之習으로壓制軍隊ᄒᆞ와莫
敢鼻息이已非一再이온바此若不別立章規이면埔邊이無
期이온즉據此移照外部ᄒᆞ오셔轉照清公使ᄒᆞ와事有兩
國審辦境遇이옵거던自此會同詳查ᄒᆞ와明下是非然後에
各自報明上府케ᄒᆞ오셔俾無邊界滋端이恐合事宜이옵
기玆에報告ᄒᆞ오니查照處辦ᄒᆞ시믈伏望等因准查劉殷
元之斃命이實由於清匪而初不查覈ᄒᆞ고歸責於我兵이
誠甚無據이옵기玆仰照ᄒᆞ오니

19-⑤

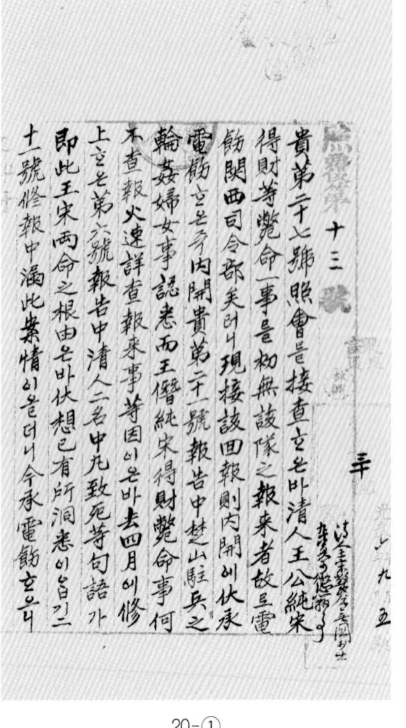
照會第十三號

貴第二十七號照會를接査호온바清人王公純·宋得財等斃命一事를初無該隊之報來者故로電飭關西司令部矣러니現接該回報則內開에伏承電飭호온즉內開貴第二十一號報告中楚山駐兵之輪姦婦女事認悉而王僭純宋得財斃命事何不查報火速詳查報來事等因이온바去四月에修上호온第六號報告中清人二名中丸致死等句語가即此王宋兩命之根由온바伏想已有所洞悉이옵긴二十一號修報中漏此案情이옵더니今承電飭호오니

20-①

照亮轉照該館호시와該林上珍捕虛之罪를從法懲辦호시와五部 示明케호심을爲要

光武六年八月二十六日

元帥府檢查局摠長陸軍副將趙東潤

議政府贊政外部大臣署理外部協辦崔榮夏 閣下

19-⑥

駄橫를無公文裝載大車호고無難過境故로問其所向及軍物去所則稱以王懋忠之貿來이다호며一齊擧銃호야欲害矣身이기로僅爲避命이온즉此是匪類之賊物이라自本隊로發兵跟追호야這即奪來等因이다該隊小隊長陸軍副尉金鍾振이請於忠義社曰過境匪類를不得不禁이오載車軍物은不得不奪이나徒以兵丁으로는難可追捉인즉亦自本社로同力發砲이다이기로砲士十名도各持小隊之洋銃彈丸호고兵丁七名과眼同姜應西호야廷往于通溝口越邊伐登江頭而進着淸匪호야載去洋銃二柄前門銃六柄彈丸一櫝火藥二櫝를果爲奪來中路에兵丁則領

20-③

不勝訝悚이오며第六號修報가于今五個月에尚未蒙如何之指令이옵기不無中間喬沉之慮호와更爲謄案修正粘付上送호오며茲에報告호오니查照호신후並爲指令호심을伏望等因이오며該粘來報告內에鎭衛第六聯隊第二大隊大隊長署理陸軍參領權用哲에第十七號報告書을接准호온즉內開에第十號訓令을承准호온즉內開에即接楚山郡守李東弘所報則內開에陰十二月二十日戌時量에本郡來留이던俄語通詞姜應西가來到分駐隊進告內에矣身이自江界로下來江路야에何許清匪十餘名이洋銃五十柄과彈丸火藥各

20-②

軍物在前ᄒᆞ고砲士則在後라가到于直洞〻口ᄒᆞ야砲士
金贊國이以兩足胼胝로借乘雪車ᄒᆞ고限數武許先來
야에與過去淸人數名으로爭路相詰之際에越邊近洞
淸人數十名이各持棱杖ᄒᆞ고猝然突出ᄒᆞ야上項贊國
을足踏蹬車ᄒᆞ며所帶鎗刀爲先勒奪ᄒᆞ야直欲刺殺
이오니同贊國이認以淸匪餘黨뿐아인지死生이在目에
罔知所措ᄒᆞ야拿銃一放則巧彼淸人二名이中丸致死而在
後衆砲가際此幷到ᄒᆞᆷ으로贊國則保還ᄒᆞ고鎗刀則見奪
이오나此是兵砲之協議同行이오나放銃傷命이旣係砲
士이ᄋᆞᆸ기金贊國은爲先牢囚ᄒᆞᆸ고派遣耳目ᄒᆞ야偵

20-④

探根因則如右所陳이ᄋᆞᆸ且聞不勝驚歎ᄒᆞ와何以措
處이올지玆에報告ᄒᆞ오니查照處辦事等因인바准
此查ᄒᆞ니隊兵之妄動이旣係失着이거든況借砲士以
洋銃機械가亦何擧措乎아滋鬧生事之責을不可獨
歸於郡이기로爲先照會于懷仁縣ᄒᆞ야待照覆更報
之意로措送該郡ᄒᆞ고玆另發訓ᄒᆞ니到卽另派查官
於該分駐隊ᄒᆞ야派兵借銃及奪取匪類銃丸等案件
與戕殺淸人根因이온本隊中隊長金龜性을派送行查
이온더니卽接該查報이온즉內開에承准訓令ᄒᆞ고前
往該隊ᄒᆞ와前後事實을到底查問이온즉小隊長金

20-⑤

鍾振所供內에江北事가初匪駐隊所關이요流民中李
盛芝爲名漢이符同王懋忠ᄒᆞ고侵漁平民事로屢承司
令部詗捕之命令而該漢이現在越邊通溝이다이ᄋᆞᆸ기
急於詗捉ᄒᆞ와未暇修報大隊ᄒᆞ고先派二兵이ᄋᆞᆸ더니
適其時過去俄語通詞姜膺西가來告本小隊曰何許
淸匪等이洋銃五六柄을載去過江이다이온바卽爲招致
本郡砲社〻總李秉翼ᄒᆞ야語及情形後往復本郡이
온더니郡守李秉弘이委書本官曰無公文過去彼械
를宜其收獲故로方欲派送砲士에機械가不利ᄒᆞ니借
給隊中銃丸云이온바適有江北民願賣洋銃八柄持來

20-⑥

者故로從權借給ᄒᆞᆸ고自本小隊로亦爲派送七兵이
ᄋᆞᆸ더니兵丁則奪械先來ᄒᆞ고砲士則足蹶落後라가未
知緣何事故이온던지至於戕殺淸人之境ᄒᆞ오니蓋伊
時事機가如欲擧報承指ᄒᆞ오면慮有幾不及之歎ᄒᆞ
와果爲擅派兵卒이옵고借械給砲ᄂᆞᆫ乞諸人而與之오
初非本小隊所存뿐더러其於隊郡相爭之誼에難以恝
却ᄒᆞ야罔念軍紀之攸重ᄒᆞ고有此格外妄擧ᄒᆞ오니不
勝惶悚事等因准此擧報事等因이온바此를查ᄒᆞ오
니戕殺淸人事段은正犯이非兵伊砲則兩國地方官會
檢之日에當有從理妥辦이옵고至若該小隊長之派送兵

20-⑦

卒ᄒᆞ며借砲給械ᄒᆞ야奪人軍械ᄒᆞ야ᄂᆞᆫ雖因彼匪之出
沒ᄒᆞ야意在查奸戒嚴이오나初不報隊ᄒᆞ고自意派兵
이有違軍規이옵ᄂᆞᆫ合有自隊施罰이오되既承查報之
訓飭이옵기玆에擧實報告ᄒᆞ오니查照ᄒᆞ심을伏望
等因이온바此是寧邊司令部時行查者이옵ᄂᆞᆫ今閱查報
이온즉該尉官金鍾振之自意派兵이有違軍規이옵기
玆에報告ᄒᆞ오니查照處辦ᄒᆞ심을伏望并為等因准查
ᄒᆞ온즉該清人等이初無公文ᄒᆞ고裝載軍物無難過境
ᄒᆞ니雖無事之時라도宜所查探이온況此匪類出沒西
界之時ᄒᆞ며且既係匪魁王樹忠所買云則今此拟獲未

20-⑧

為不可而該清人等이手持稜杖毆打金贊國綁欲傷命
ᄒᆞ니該贊國이逢被凶匪故此一死實是求生之計苟非故
犯則不可以有罪思量然而既傷他國人命則其在睦隣之
誼에不可仍置이옵ᄂᆞᆫ該金贊國은係非軍人則自本局으
로ᄂᆞᆫ莫可懲辦이오며以該隊士卒로論之ᄒᆞ면初無關
於王宋斃命一款而既有擅自派兵之罪이옵기該領率
尉官은以謹慎施罰ᄒᆞ옵고玆仰復ᄒᆞ오니
照亮遵辦ᄒᆞ심을為要
光武六年九月五日
元帥府檢查局總長陸軍副將趙東潤

20-⑨

議政府贊政外部大臣臨時署理外部協辦崔榮夏 閣下

20-⑩

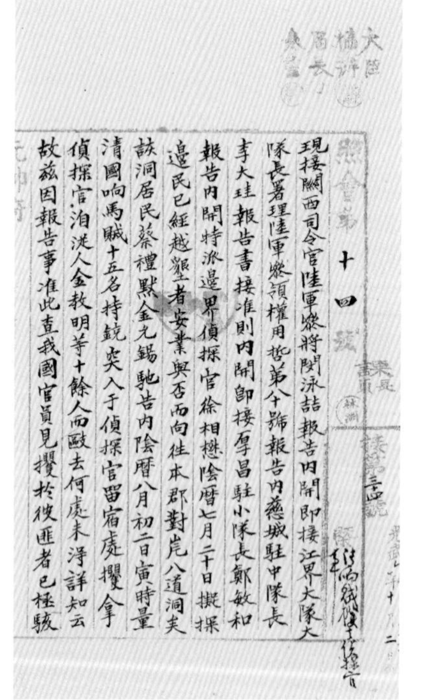
照會第十四號

現接關西司令官陸軍參將閔泳喆報告內開即接江界大隊大
隊長署理陸軍參領權用哲第八號報告內慈城駐中隊長
李大珪報告書接准則內開卽接厚昌駐小隊長鄭敏和
報告內開特派邊界偵探官徐相懋陰曆七月二十日擬探
邊民已經越墾者安業與否而向往本郡對岸八道洞夹
該洞居民蔡禮默金允錫馳告內陰曆八月初二日寅時量
清國响馬賊十五名持鎗突入于偵探官留宿處攫拿
偵探官洎從人金教明等十餘人而毆去何處未浮詳知云
故玆因報告事准此查我國官員見攫於彼匪者已極駭

21-①

瞠玆以等因報告准此查該員之擬探邊民已經越墾者安業與否入其地而為賊之攫去不可使死於賊手則不得不救還而事係急廹且遠隔交涉辦理之處莫知攸措玆以等因報告云查此事專由於清國响賊拳匪無時不侵我民掠我財滋害轉甚又於此次行暴辱於我官人則其在兩邦友誼不容不勸告共濟矣故玆並等因備文照會望須以亟行禁戢毋至滋事之意移照于清館務歸

妥宜

查照為要

光武六年九月二十九日

21-②

元帥府軍務局摠長臨時署理陸軍法院長陸軍參將白性基

議政府贊政外部大臣署理外部協辦崔榮夏 閣下

21-③

照會第一四號

向接 貴第二十三號照會ᄒᆞ와 莠民李盛芝林內秀事案을 訓查於前檢察使李學均矣러니 該回報內開에 前年十一月에 本使駐灣時接有關西司令官李道宰移文內開에 莠民李盛芝等이 越境撓民에 罪固罔貸니 期圖設法詗捉而事在越境에 有難詗捉이옵더니 適有俄國烟秋領事ᄉᆞ미리노프来到義州故로 議及此事則答以待到楚山ᄒᆞ야 當設力招来審辦云故로 會審次隨員陸軍副尉金炳道로 伴往楚山矣러니 及其一行이 到楚山ᄒᆞ와 俄領事가 移

22-①

文通化縣俄國駐隊長마트리도프ᄒᆞ야 以為押交李盛芝等則該駐隊長이 押送該民等於奉天審辦云故로 本使到楚山ᄒᆞ와 隨員金炳道를 派送奉天ᄒᆞ와 問明其交付與否이온즉 奉天駐俄國司令官그베친스키答以移照駐韓俄公館審辦云故로 該隨員이 只得空歸이오며 至於楚山隊兵이 越境捕捉李盛芝家率一事之虛實은 事關該隊의 初無聞焉이오며 李盛芝之所犯情節은 已有關西司令部及外部存案이온즉 不必贅列이옵기 玆에 報告ᄒᆞ오니 查照ᄒᆞ시믈 伏望等因准查ᄒᆞ온즉 不容不轉查於江界隊이옵기 詳查報

22-②

来之意로訓飭於関西司令官閔泳喆矣러니現接查
報則内槩에奉准訓令ᄒᆞ와訓飭該大隊長署理權
用哲矣러니現接該查報則内에轉飭該駐隊ᄒᆞ야
使之查報이옵더니卽接現駐中隊長李承七報告則内
開에前駐小隊長金鍾振視務時越邊派送ᄒᆞ엿든兵
卒이盡爲移駐慈城隊ᄒᆞ옵고本中의現存ᄒᆞ온士卒
中其時出使ᄒᆞ엿든兵丁金俊承을依訓辦這ᄒᆞ고查開
이온즉所告内日不記陰曆昨年臘月初의金副尉上
官이兵餉米貿来次로兵卒金應奎趙亨七로貿米錢
駄를護送于江界滿浦等地이옵더니趂限不還이라

22-③

ᄒᆞ와使小人으로前往該地ᄒᆞ야捉還金趙兩兵ᄒᆞ라시기
昨年十二月十七日의馳往滿浦ᄒᆞ야具問遅緩根因즉
該兵所荅이旣承命令而貿米之地에期欲如數貿納
ᄒᆞ야致此多日遅滞나未過幾日에所米錢数를有盡
爲貿得之道ᄒᆞ니汝則速還本隊ᄒᆞ야俱告事由에幸
免見責케ᄒᆞ라ᄒᆞ온바小人이先卽還現ᄒᆞ야告由兩兵
之遅滞委折이옵더니該金趙兩兵이以歲底不遠으로
但念捷路速還이올던지從清界下来라가止宿於德
順泉韓民店暮之際에巧値楚山砲士가砲殺清人事
로横捉於清人王樹忠ᄒᆞ야仍爲被囚於懷仁縣ᄒᆞ와

22-④

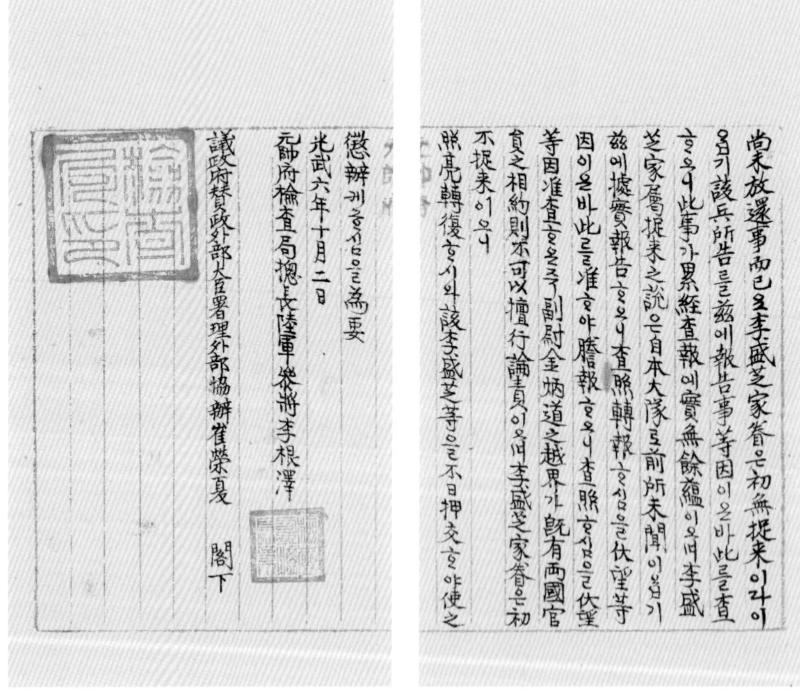

尙未放還事而已오李盛芝家眷은初無捉来이라이
옵기該兵所告를玆에報告事等因이온바此를查
ᄒᆞ오니此事가累經查報에實無餘蘊이오며李盛
芝家屬捉来之説은自本大隊로前所未聞이옵기
玆에據實報告ᄒᆞ오니查照轉報ᄒᆞ심을伏望等
因이온바此를准ᄒᆞ야謄報ᄒᆞ오니查照ᄒᆞ심을伏望
等因准查ᄒᆞ온즉副尉金炳道之越界가旣有兩國官
員之相約則不可以擅行論責이오며李盛芝家眷은初
不捉来이오니
照亮轉復ᄒᆞ시와該李盛芝等을不日押交ᄒᆞ야使之

22-⑤

懲辦케ᄒᆞ심을爲要
光武六年十月二日
元帥府檢查局摠長陸軍參將李根澤
議政府賛政外部大臣署理外部協辦崔榮夏 閣下

22-⑥

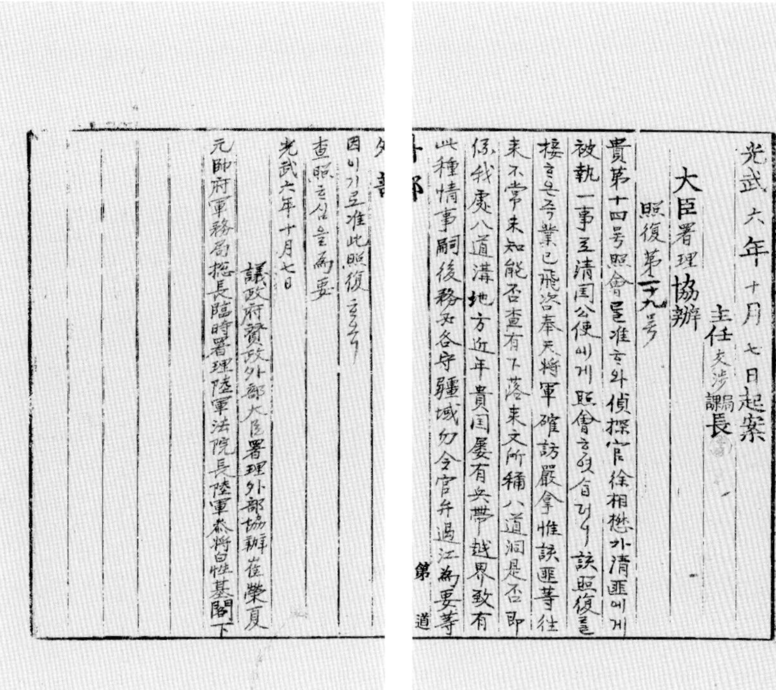

光武六年十月七日起案

大臣署理協辦　主任交涉課長

照復第三十九号

貴第十四号照會를准ᄒᆞᆫ즉偵探官徐相懋가清匪에게
被執一事로清国公使에게照會ᄒᆞ얏더니該照復을
接ᄒᆞ온즉業已飛咨奉天將軍確訪嚴拿惟該匪等往
來不常未知能否查有下落來文所稱八道溝是否即
係我處八道溝地方近年貴国屢有兵帶越界致有
此種情事嗣後務知各守疆域勿令官弁過江爲要等

外部　第　道

23-①

因이기로准此照復ᄒᆞ오니
查照ᄒᆞ심을爲要

光武六年十月七日
議政府贊政外部大臣署理外部協辦崔榮夏

元帥府軍務局摠長臨時署理陸軍法院長陸軍參將白性基閣下

23-②

光武六年十月十七日起案

大臣臨時署理協辦　主任交涉課長

照會第三十号

咸鏡北道交界官蔡賢植의報告를據ᄒᆞ온즉現接茂山上江分
署總巡安壽益報告內閏陰八月十日上午十點鍾에自越邊山城
嶺上으로大砲一放에清匪數百名이突入本對岸斫木曲村中
ᄒᆞ야無數放砲ᄒᆞ며遍行閭里ᄒᆞ야毆之打之ᄒᆞ며脅之迫之而
仍行結縛民丁에不知去向이옵고餘民은驚惻泝散故로
先此飛報ᄒᆞ며이옵고鱗次接見該分署報告內總巡이躬往閒

外部　第　道

24-①

島ᄒᆞ야審查該洞經擾形止則被丸者七人中李才實은當場
致命ᄒᆞ옵고張錫利崔龍孫은中丸胸部에命在頃刻ᄒᆞ오며
其外四人도亦爲被丸ᄒᆞ야驚嘘戰慄에方在危濆ᄒᆞ오며被縛
捉去者爲四十一人中金秉燮李彦植嚴弘世等三人은中
路放還이오나俱爲落魄에不成言語而其他牛馬財產與逃
竄之老少夫女ᄂᆞᆫ抑未知何處棲屑ᄒᆞ며何壑餓殍인지其
該洞空虛之致로始未詳細問聞이오나畧聞放還金秉
燮之口言則匪徒屯聚於柳洞側孟哥洞清人幕而其勢焰
이蔓延ᄒᆞ야將及於沿江上下에無處不然之樣云云事已
此에夙宵憂懼ᄒᆞ와擧實報告等因이온바准此查匪徒

24-②

之搶掠이 非今伊前而未有若今番之勢大禍亂이오 戰匪保民
之策이 專沒方畧之際에 又於會寧對岸等地匪徒가 或數百
或數十名式成羣聚黨하야 現形於某某村落而鷄犬之責
以兵器之督徵이 不知幾次故로 民皆驚騷이옵더니 執捉
曺基貞三父子及所謂牌頭一名而去轉到西乃洞側四升浦
稱巖云而此窟은 卽茂會兩界交接之處也라 曺哥二子를
拘留爲質而基貞牌頭二人을 放送曰 清國錢五千兩及六穴
銃五柄을 訂期來納則二子은 當爲解送이어니와 若不准納
이면 該地居民은 定在我們措處掌內이라 이오며 茂山間島에
付縛去民三十八人을 終不放解하고 聲言洋銀二萬塊快槍

外部 第 道

24-③

五十杆具丸每杆三百箇銅砲子二萬箇洋藥二百包准納贖命
云云이라 하오며 聞甚驚駭하와 爲先電告이옵더니 近日
潑洑에 電桿이 顚倒하와 不得通信이라 還送電文하오
며 事甚罔措하오며 業已剿匪之意로 備文照會於琿春副
都統及和龍峪督理處이옵더니 現准督理葉回文內 槩
稱匪擾害民生肆行搶掠實堪痛恨未經剿除以致道途梗
塞呈報軍憲請迅速派隊前來會同前往剿捕除莠安良
等語이오나 未足深信而鬍匪之去益猖獗에 仍無剿滅之機
實이오며 越寓殘氓이 孰非處堂之燕이오며 甕中之鼈乎
아 玆에 報告하오니 査照하오셔 移照

24-④

元帥府하시와 發兵馳援之意로 飛飭鍾隊參領處하와
俾爲濟民靖邊之地爲望等因이기로 准此照會하오니
査照辦理하심을 爲要
光武六年十月十七日
議政府贊政外部大臣臨時署理 宮內府特進官 趙秉式
元帥府軍務局總長臨時署理陸軍法院長陸軍參將 白性基 閣下

外部 第 道

24-⑤

照會第十六號

接准鎭衛第五聯隊第三大隊長陸軍參領金元桂報告內
開卽接鍾城對岸南北江間島民金龍澤趙尙甲控訴淸
國設卡處兵役近逞暴行於我們所寓各洞拿去頭民拘
禁于卡處猛杖齎迫勒討錢財搶奪婦女逼掠牛馬鷄
豚無遺至若懇土稅款苛索倍蓰各節肆毒猂如狼虎
殘弱斯民難免魚肉而況鬍匪衆黨由吉林台城等地恒
日出來遍擄間島數旣萬計勢漸猖獗哄稱屠盡韓民
之越懇者而襲取沿江各郡云云無恃愚氓不能料生則尅
日派兵急救焚溺伏望等因又接清員剃顯基公函內概

25-①

敝地南崗界匪患大熾禍急燃眉望須大人早乞一百援師
同身濟仁否則不保朝夕情願率眷過江爲倚專此仰佈立
竢回音云矣島民之呼訴清員之公函均係告急且聞盛
京吉林等地匪黨陸續出来成羣作隊肆行搶掠間島寓
民已被兇悖者指不勝屈而沿江列郡將未免唇亡齒寒之
患則民情嗷嗷以胥緖暴不得安業矣亟設陰雨之備為
望等因據此查清國獵農二種之民出寓邊界者素少
善性每對我民能行暴虐近来匪黨繼熾致擾我民究
其貽害良莠已無所異而惟清國官弁於剿防各節悉
寘不講但曰近年韓國兵帶越致有事而臆加無據之責

25-②

實非友誼復於此次鬍匪鴟張之時所謂兵役亦行非法拘
禁我民於卞內而索錢財奪婦女勒懲稅款搶取牛馬等
事不得不兩國彼此核察禁戢若清國仍執須令我民
受禍無窮毫不商辦共濟似此情形大起爭端實惟清
國執其咎不能爲我國咎也請煩
貴大臣將此移照清公舘ᄒᆞ시와俾卽妥善케ᄒᆞ심을
爲要
光武六年十月二十九日
元帥府軍務局總長臨時署理陸軍參將尹雄烈

25-③

議政府贊政外部大臣臨時署理趙秉式 閣下

25-④

報第一七號 甲

茂山勦匪理移照清館妥善事

貴第三十號照會內開咸鏡北道交界官蔡賢植의報
告를據ᄒᆞ온즉現接茂山上江公署總巡安寄益報告
內開陰八月十日上午十點鍾에自越邊山城嶺上으로
大砲一聲에清匪數百名이突入本對岸斫木曲村
中ᄒᆞ야無數放砲ᄒᆞ며遍行閭里ᄒᆞ야毆之打之와脅
之迫之而仍行結縛民丁에不知去向이옵고餘民은
驚惻逃散故로先此飛報라이옵고繼次接見該公
署報告內總巡이躬往間島ᄒᆞ야密查該洞經擾形止
則被執者七人中李才實은當場致命ᄒᆞ옵고張錫利

26-①

崔龍孫은中九首部에命在頃刻ᄒ고其外四人도亦爲
被凢ᄒ야驚噓戰慄에方在危濱ᄒ고被縛捉去者至
爲四十一人中金秉燮李彦植嚴弘世等三人은中路放
還이오나俱爲落䰟에不成言語而其他牛馬財産
與逃躲之老少夫女と抑未知何處棲屑과何壑餓
殍인지以其該洞空虛之致로姑未詳細問聞이오나略
聞放還金秉燮之口言則匪徒屯聚於柳洞側孟哥
洞清人幕而其勢焰이蔓延ᄒ야將及於沿江上下에
無處不然之據云云事已至此에夙宵憂懼ᄒ와擧
實報告等因이온바准此查匪徒之搶掠이非今伊前

26-②

而未有若今番之勢大禍酷이라戢匪保民之策이
專沒方畧之際에又於會寧對岸等地匪徒가或數
百或數十名式成群聚黨ᄒ야現形於某某郡落而
鷄黍之責供兵器之督納이不知幾次故로民皆驚騷
이다이옵더니執捉曺基貞三父子及所謂牌頭一名而
去轉到西乃洞側四升浦韓巖云而此處은即茂會
兩界交接之處也라曺哥二子를拘留爲質而基貞
牌頭二人을放送曰清國錢五千兩及六穴銃五柄計其十月
來納則二子는當爲解送이니와若不准納이면誅
地居民은定在我們措處掌內이다이오며茂山間島에

26-③

서縛去ᄒ온三十八人을終不放解ᄒ고聲言洋銀二萬塊
快槍五十杆具丸每杆三百箇銅砲子二萬箇洋藥二百
包准納贖命云云이라ᄒ오니聞甚驚駭ᄒ와爲先電
告이옵더니近日漆灘에電桿이顚倒ᄒ야不得通信
이다還送電文ᄒ오니事甚罔措ᄒ오며業已剿匪之
意로備文照會於琿春副都統及和龍峪督理處이
옵더니現准督理業回文內嚟鬍匪擾害民生肆行搶掠
實堪痛恨未經剿除以致道途梗塞呈報軍憲請迅
速派隊前來會同前往剿捕除莠安良等語이오나
未足深信而鬍匪之去益猖獗에仍無剿滅之機矣

26-④

이오며越寓殘氓이孰非處堂之燕이며甕中之鱉乎
아玆에報告ᄒ오니查照ᄒ오셔轉照
元帥府ᄒ시와發兵驅逐之意로飛飭鍾城隊參領
處ᄒ야俾爲濟民靖邊之地爲望等因이기로准此
照會ᄒ오니查照辦理ᄒ심을爲要等因准此查
ᄒ오니清匪之搶害人命掠奪財産이轉益滋甚ᄒ
야越寓殘氓酷被其禍ᄒ니言念及此에極切痛駭
라事當派兵驅逐이나事係兩邦交界則不可遽
爾越界오니亟行剿除ᄒ야毋至滋蔓ᄒ고縛奪之
人命財産을并卽推還之意로照須

26-⑤

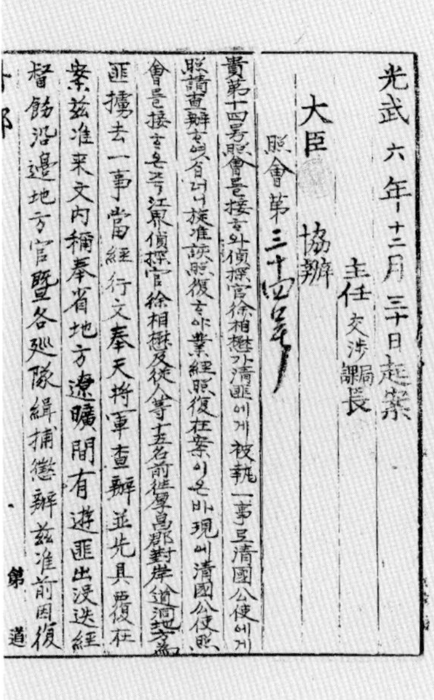

外部

光武六年十二月三十日起案

主任 交涉局課長

大臣 協辦

照會第三十四号

貴第十四号照會를接ᄒᆞ와偵探官徐相懋가清匪에게被執ᄒᆞᆫ事로清國公使에게

照請查辦ᄒᆞ얏더니據准該照覆ᄒᆞ야業經照覆在案이온바現에清國公使照

會를接ᄒᆞ온즉内開江東偵探官徐相懋及從人等五名前往厚昌郡對岸道溝地方[illegible]

匪擄去一事當經行文奉天將軍查辦並先具覆在

案玆准来文内稱奉省地方遼曠間有游匪出沒迭經

督飭沿邊地方官暨各巡隊緝捕懲辦玆准前因復

第 道

27-①

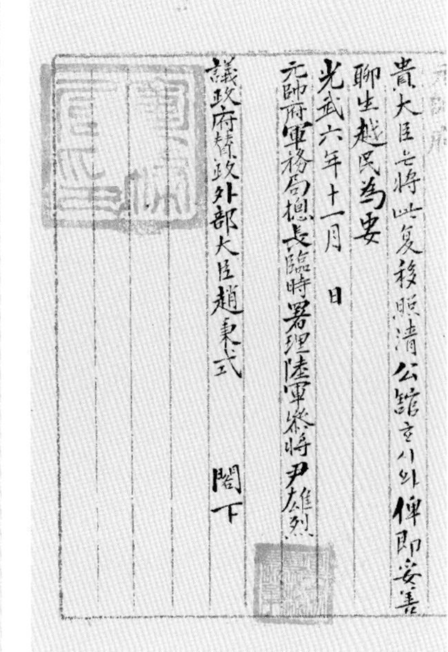

貴大臣은將此更移照清公舘ᄒᆞ시와俾即妥善

聊生越民爲要

光武六年十一月　日

元帥府軍務局摠長臨時署理陸軍參將尹雄烈

議政府贊政外部大臣趙秉式　閣下

26-⑥

外部

前進未曾詳詢一切及跟追無蹤回至該處韓官等業

已回國等語查王寶山所救韓人四名與来文人數懸

殊不知是否即係一事八道溝係中國地界何得越界

欲在該處勘地修城除已批飭該管官等確查并會

同各巡隊仍舊認真訪拿外務希照會韓國詢明照

覆等因准此本大臣查貴國官役被救回國貴大臣處

必有文報是否即係前照所稱徐相懋等抑或另被

響匪擄去至八道溝乃中國地界何以該員等能在彼

處勘地修城果有其事殊悖條約請貴大臣查明見

覆以便本大臣轉咨奉天知照庶可飭屬隨時查緝以

第 道

27-③

外部

經嚴飭迅速查明如有此項情事即行嚴緝懲處并

設法將韓官救回旋據通化縣及統巡南路營官先

後覆稱本轄并無八道洞名目惟八月間帽兒山三道

溝至十二溝一帶曾有匪徒搶刦節經帶勇兜捕斃

匪多名救出商農甚衆查據保正王寶山禀於十五日

探知有匪二十餘人在八道溝地面肆擾月聞有韓人

被擄之事當即帶勇往捕追至五道溝謝家窪子

遇匪我兵奮力兜拿斃賊三名餘匪逃竄救出韓國

官役四人詢據韓官聲稱欲在該處修城奉派查勘

地勢不意被匪綁擄等語當時急於延賊立即督勇

27-②

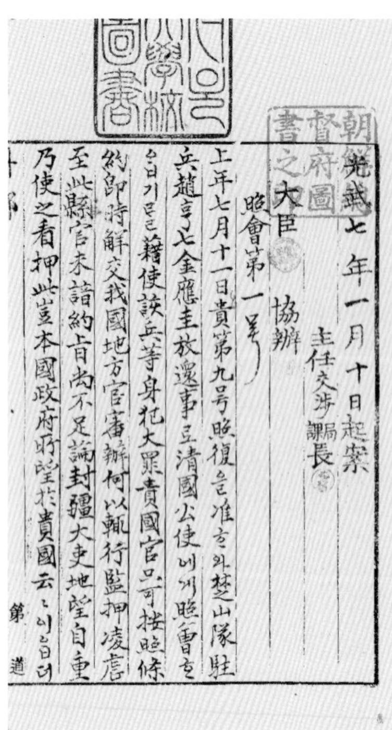

光武七年一月十日起案
主任交涉局課長
協辦
大臣
照會第一号

上年七月十一日貴第九号照覆을准ᄒᆞ와楚山隊駐
兵趙亨七金應圭敉邊事로清國公使에게照會ᄒᆞ
ᄋᆞᆸ기로ᄂᆞᆫ籍使該兵等身犯大罪貴國官只可按照條
約卽時解交我國地方官審辦何以輒行監押凌虐
至此縣官來諳約旨尚不足論封疆大吏地望自重
乃使之看押此豈本國政府所望於貴國云ᄒᆞ이ᄋᆞᆸ더

28-①

清邊境而敦鄰誼并望貴大臣查照前次覆文切實
訓行各交界官弁萬勿任意越界免再滋事如有此
種情節懇開邊釁爲此照會查照施行等因이기로
准此照會ᄒᆞ오니
查照示覆ᄒᆞ시와俾便作覆케ᄒᆞ심을爲要
光武六年十二月三十日
議政府贊政外部大臣趙秉式
元帥府軍務局摠長陸軍副將沈相薰閣下

27-④

巡哨江路與貴民爭詰貴民致死敵砲生還既在敦好之誼人
命受害不勝驚駭業已牢囚該砲等語初未嘗一提有清匪
運械過境爭奪釁之事與來文不符且據趙恒起金應
圭聲稱砲士李海金韓文篤者帶領十六人越界姦淫婦女
擄奪氈帽槍傷華民王公純宋得財身死經楚山城查知將
李海金韓文篤囚牢此係今年正月初六日楚山城遣韓民張
元浩來送公文向其告說是王公純宋得財實被李海金等槍
斃孫曹氏亦是李海金等夥伴所姦等語又與來文大相逕庭
總之此案該韓兵越界輪姦婦女槍殺二命楚山官弁迭次移
文既未一提清匪當場追獲之韓兵所供奸命二案又確有其

28-③

니該照覆을接ᄒᆞ온즉奉天省懷仁縣屬融和堡孫擺
渡家韓兵輪姦婦女並搶奪氈帽槍傷王公純宋得財二
人身死由屯衆追獲韓兵二名一案前接貴署理大臣崔照
復當經切實覆請訓飭訊辦一面咨達奉天府當場追獲
之韓兵解交歸案審理在案茲准覆文內開趙恒起金應圭
二名前因案關奸命情節重大是以一面飭暫妥看一面速咨
貴韓國查覆到日如何辦法再行解回兩國素敦和好安有
凌虐之理現准來文應由司法官按例處辦已飭懷仁縣即將
趙恒起金應圭二名解交該管隊官查收惟查懷仁縣前次
抄呈楚山李郡守楚山陸軍金副尉迭次移文有敵砲士一名

28-②

外部

事此次金隊長所覆各節顯係意存瞻徇捏飾諉卸該趙恒起
金應圭二名雖自稱並無滋事然係屯衆當場追獲之人亦難
保不在其內所指為首之李海金韓文萬既經囚禁該韓兵等
既已解回應請照會韓國訓行該管官提同李海金等質訊查
出主名秉公按律處辦勿任狡賴稍涉袒縱嗣後並望韓國嚴
束兵民切勿再行越界滋事恐我民激而效尤亦難免放槍示威
自衛邊界從此多事作俑責有攸歸等因准此本大臣查
奸命二者為天下所同惡況輪姦連斃情節尤重該趙恒起
等所言係李海金等所為茲已解回歸案必須質訊明確相
應照請貴大臣查照前文移知 元帥府行令司法官切實審

28-④

查處治庶足以昭貴國軍律之明並訓行沿邊兵民勿再越
界滋事以免衅端情節重大無過於此切勿袒護罪犯為要
이기로 茲에 照會ᄒᆞ오니
查照ᄒᆞ심을 為要
光武七年一月十日
議政府贊政外部大臣趙秉式
元帥府檢查局摠長陸軍參將李根澤 閣下

外部 第 道

28-⑤

光武七年一月廿六日起案
大臣 協辦 主任交涉局課長
照會第六号
駐京清國公使에 照會를 接ᄒᆞ온즉 准吉林將軍來
文據和龍峪兼督理呈稱派委周司事前往安
遠堡等處辦理鄉團兼催二十六七兩年大租於
十一月初九日抵白玉社據華民陳松令聲稱伊家
存有大麥韓斗三十石被韓兵恃強拉去又紀
萬仁稱被茂山劉都帶逼號穀子韓斗一百餘

外部 第 道

29-①

外部

石現在四處購買以備應付又查木角界鄭哨
官之兵六名持搶至沙金溝詢據衆民云該兵
係越界挨戶號糧逼勒民錢當函知鄭哨官
禁止十一月抵高力崴子據華民鄒常信卜傳
田等聲稱洪水屏兵帶官白姓帶兵持鎗竟朝
夕越界逼號官糧除鄒常信之穀子被韓兵拉去
韓斗八石計交洋錢五元外其餘別戶未付一文又上
化社傅德計處所孫永貴之糧韓斗五十餘石林
在貞穀子韓斗十三石均被兵帶恃強搶去一文
未與又王文俔之地被韓民李現前佔種不分地租

29-②

並擬衆民聲稱安遠堡上四社地方已經茂山官
飭給公事設立外兵帶會許二百五十名均雇炮
手上化社設立二十五名佔店我境擾害地方所有
上化德化善化崇化等社被韓兵欺侮民將逃避大
祖誠恐無着又聞韓兵帶巡稽察等在沿江各
社阻滯往來行人等情轉呈前來查韓兵巡檢等
越界逼勒民糧勒索錢財並擅行設會等情實屬
有違約章除派兵前往彈壓外相應咨請照會
韓政府嚴加禁止等語准此本大臣查閱吉林來
文所述種種情形均堪駭詫值此貴國整飭軍律

外部 第 道

29-③

講求外交之時豈容有是況以兩國數百年交誼而
論更不應出此如任其似此紛紛必至釀成事端矣
臣不得不先為剴切一言為此據文照會貴大臣
務請查照切實查辦嚴行禁止以全邦交而弭釁
衅是所切望並盼見覆等因이온바此를查之
ᄒᆞ니我國兵弁이過江生事ᄒᆞ야兩國交際에恐
致葛藤이온즉不容不設法禁止ᄒᆞ야以杜後慮
ᄒᆞ읍이寔屬妥當이기로茲에照會ᄒᆞ오니
查照辦理ᄒᆞ시고隨即示明ᄒᆞ심을爲要
光武七年一月二十六日

29-④

議政府贊政外部大臣趙秉式
元帥府檢查局總長陸軍叅將李根澤 閣下

外部 第 道

29-⑤

光武七年二月廿六日起案
大臣 協辦 主任 交涉課局長 代
照會第 號
咸鏡北道交界官崔南隆의報告를接據ᄒᆞᆫ즉本官이
到署朔餘에上下江分署情形看審次로次第巡察ᄒᆞ온즉
歷路에各對岸邊民의孤寄疾苦를詳細探得이온즉
清官之無限排斂과賊匪之不意搶掠이殆無虛日이오
되我民之束手受苦가便若龜入鷄羣이오類同蝦鬪
鯨海而戶之衆寡는韓民이十居八九이오니勢之強弱는

外部 第 道

30-①

清人之一嘗千百者藐視我民之無所恃然ᄒᆞ야脅之迫
之와壓之蔑之를少無忌憚ᄒᆞ오니憤切首卯之思而情
關食天之憂ᄒᆞ야忍受辱侮에痛結骨髓가以來其久
시다ᄉᆞ苦思禁戰之方畧이오되未獲安宜之良策ᄒᆞ야
憧憧念念之際에接准沿江各郡對岸居民等聯名訴狀
內槩一曰二曰이條條有理ᄒᆞ고百民千民이言言無怯ᄒᆞᆯ
뿐더러參互時勢에果副民願이오면奚但爲民生之私
益이리오亦將有　國家之公用이오되事係愼重ᄒᆞ와
國難聽理이오나旣關保靖之責ᄒᆞ오니亦不可虛抛民
願이옵기粘尾原狀ᄒᆞ와玆에報告ᄒᆞ오니査照ᄒᆞ오

30-②

서另圖固圉之方을爲望이라ᄒᆞ온바該報中對岸居民
等訴懇設砲가寔爲禦侮起見이오나事係愼重뿐더러
敝部로不可擅便ᄒᆞ와該訴狀을抄附ᄒᆞ야玆에照會
ᄒᆞ오니
照諒見復ᄒᆞ시와以便轉飭케ᄒᆞ심을爲要
光武七年二月二十六日
議政府贊政外部大臣陸軍副將李道宰
元帥府軍務局摠長陸軍副將沈相薰閣下

30-③

光武七年三月五日起案
主任交涉課局長代辦
大臣　協辦
照會第九號
韓官越界一事로駐京淸國公使照會를准ᄒᆞ와曾經照
會在案이온바現에駐淸公使朴齊純의報告를據ᄒᆞ
온즉卽接淸國外務部照會以韓兵過江一事請電
達本國政府玆以來照後錄報告査照辦理等因이옵기
로淸國外務部照會를抄附ᄒᆞ옵고玆에照會ᄒᆞ오니
査照飭禁ᄒᆞ시고隨即　示復ᄒᆞ오셔以便轉飭케ᄒᆞ심

31-①

을爲要
光武七年三月五日
議政府贊政外部大臣陸軍副將李道宰
元帥府軍務局摠長陸軍副將沈相薰閣下

31-②

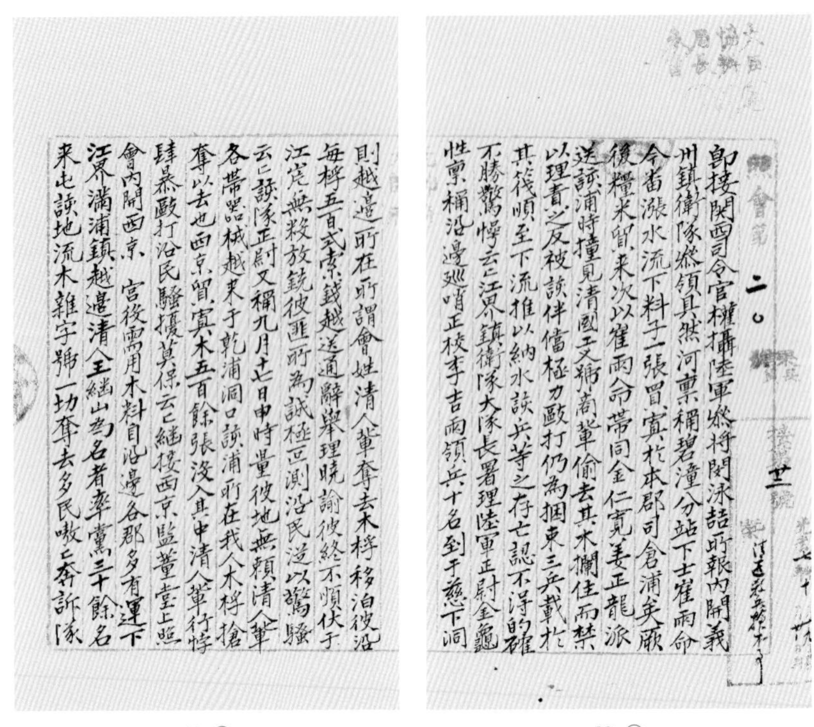

照會第二〇號

即接陝西司令官權攝陸軍叅將閔泳喆所報內開義
州鎭衛隊叅領具然河稟稱碧潼分站下士崔雨命
令當漲水流下料子一張買寘於本郡司倉浦矣厥
後糧米留來次以崔雨命帶同金仁寬姜正龍派
送該浦時撞見清國王文狮商輩偷去其木攔住而禁
以理責之反被該伴儅極力毆打仍爲捆束三兵載於
其筏順至下流推以納水該兵等之存亡認不得的確
不勝驚愕云云江界鎭衛隊大隊長署理陸軍正尉金龜
性稟稱沿邊巡哨正校李吉雨領兵十名到于慈下洞

則越邊所在所謂會姓清人輩奪去木桴移泊彼沿
每桴五百式索錢越送通辭擧理曉諭彼終不順伏于
江岸無數放銃彼匪所爲誠極叵測沿民從以驚騷
云云該隊正尉又稱九月十七日申時量彼地無賴清人輩
各帶器械越來于乾浦洞口該浦所在我人木桴搶
奪以去也西京貿寘木五百餘張沒入其中清人輩行悖
肆暴毆打沿民騷擾莫保云云繼接西京監董堂上照
會內開西京 宮役需用木料自沿邊各郡多有運下
江界滿浦鎭越邊清人王繼山爲名者率黨三十餘名
來屯該地流木雜字號一切奪去多民嗷嗷奔訴隊

32-②　32-①

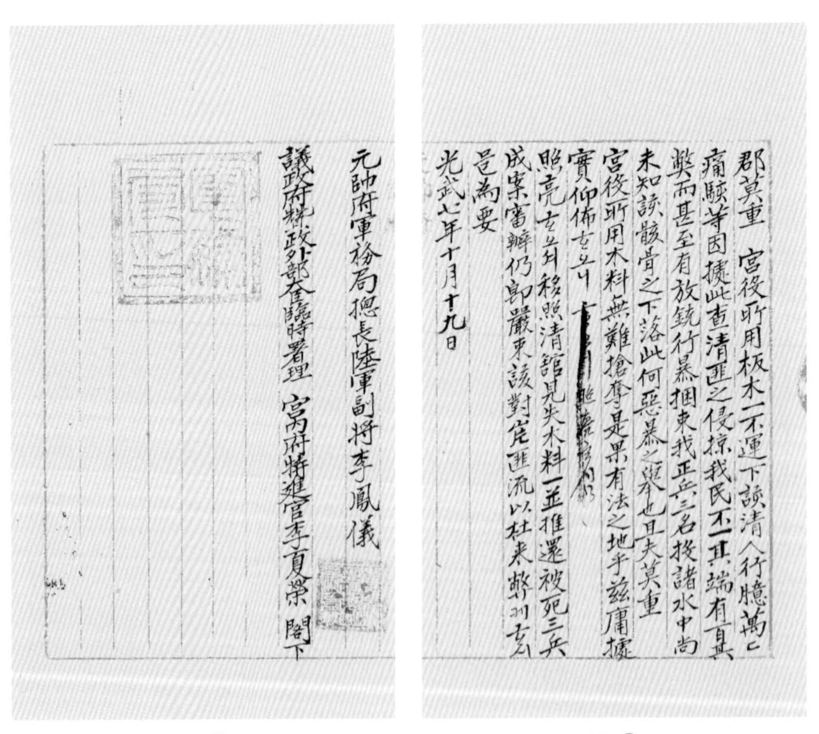

郡莫重 宮役所用板木一不運下該清人行臆萬萬
痛駭等因據此查清匪之侵掠我民不一其端有其
弊而甚至有放銃行暴捆束我正兵三名投諸水中尙
未知該骸骨之下落此何惡暴之擧也且夫莫重
宮役所用木料無難搶奪是果有法之地乎玆庸據
實仰佈ᄒ오니
照亮ᄒ오셔移照清館見失木料一並推還被死三兵
成案審辦仍卽嚴束該對岸匪流以杜來弊케ᄒ심
是爲要
光武七年十月十九日

元帥府軍務局總長陸軍副將李鳳儀
議政府贊政外部大臣臨時署理 宮府特進官李夏榮 閣下

32-④　32-③

光武七年十一月九日起案　元軍

主任交涉課局長

大臣署理臨時協辦

照會第三十五号

平安北道觀察使署理泰川郡守趙鼎允의報告
書를接ㅎ온즉內開管下厚昌郡守李載植의本年
十月十九日所報第一百八十六号와第一百八十七号
를次第接准ㅎ온즉該郡茂昌面民李圭豊金永屹
金京先金丙玉元同伊等五名이被捉於清匪이고咸
鏡南道三水郡境에賊匪犯城ㅎ야至有殺傷人命이

33-①

라ㅎ엿삽기此時邊圉가務在持重이니進退斟酌
ㅎ야務使軍民安堵케ㅎ고切勿輕擧以生邊釁之
意로指令以送ㅎ옵고該郡報兩度를別紙謄本ㅎ
와茲於粘報ㅎ오니查照等因이온바此를查ㅎ오니邊
郡賊警이至此猖獗ㅎ야至於人命致斃ㅎ니聞甚
驚歎이라此係邊情軍務이옵기玆에仰照ㅎ오니
照亮ㅎ심을爲要

光武七年十一月九日

議政府贊政外部大臣臨時署理宮內府特進官李夏榮

元帥府軍務局總長陸軍副將李鳳儀閣下

33-②

再該報의另附ㅎ온厚昌郡報兩度를鈔交ㅎ올
事

33-③

二三

貴第三十五號照會內開厚昌郡茂昌面民
李圭豊等五名被捉於清匪一事는接閱이
오며該案을已自鎮衛隊駐站으로報來이옵기
因飭該近兵站ㅎ야使之防匪이오며該道觀察
使之又報于 貴部者要其移照于清館俾
治其本者也邊務要商이實關 貴部이오니
照亮ㅎ오셔照駁清館에俾無此等之弊케ㅎ심
을爲要

光武七年十一月十九日

34-①

元帥府軍務局摠長陸軍副將李鳳儀
議政府贊政外部大臣臨時署理宮內府特進官李夏榮 閣下

34-②

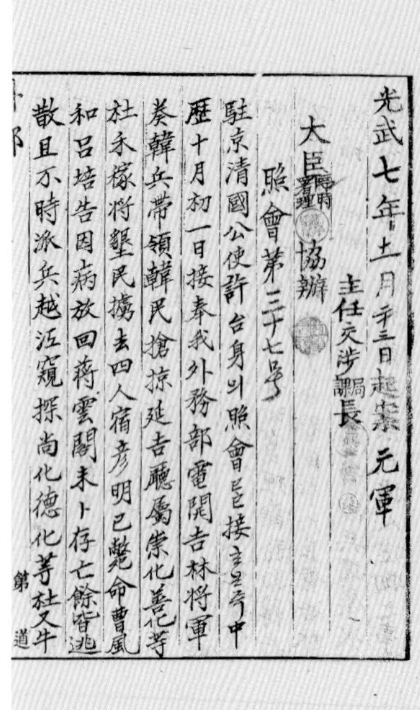

光武七年十一月二十三日起案 元軍
主任交涉課長
大臣臨時署理 協辦
照會第三十七号
駐京清國公使許台身의照會를接준즉中
歷十月初一日接奉我外務部電開吉林將軍
奏韓兵帶領韓民搶掠延吉廳屬崇化善化等
社禾稼將墾民擄去四人宿彥明已斃命曹鳳
和呂培告因病放回蔣雲閣未卜存亡餘皆逃
散且不時派兵越江窺探尚化德化等社又牛

35-①

心山一帶有韓兵佔據設卡其統領致管帶信
有閼伏索要越墾地面之言請照查禁又於初
二日接到續電須准吉林將軍文稱九月十一十
五等日韓兵過江糾合越墾韓民攻我兵隊焚
我房屋並對江挖壕遇有我兵往來即行開鎗
攻擊等因韓兵屢次過江糾合墾民攻打焚毀
實屬無理希向韓外部切實理論務飭韓兵
不得越界勿再滋事各等因本大臣查吉林
邊境向以圖門江為界近年貴國兵捕屢次
越界滋事久經照請查禁乃擄人搶物之事

35-②

仍復層見迭出皆出自兵官兵丁滋擾甚至糾合
墾民攻我兵隊焚我房屋且派兵越江窺探村
社地方並設卡於牛心山一帶該兵官函中有閼
伏索地之言尤堪駭異中韓數百年交誼素敦
此等舉動當非出自貴政府之意該兵官不
知禮教率性滋擾易開邊釁為此照請貴大
臣查照我外務部電開各節即日
奏聞
大皇帝特勅沿邊一帶官弁約束兵捕切勿越界
滋擾致啟釁端立候見覆以便電達我政府盼

35-③

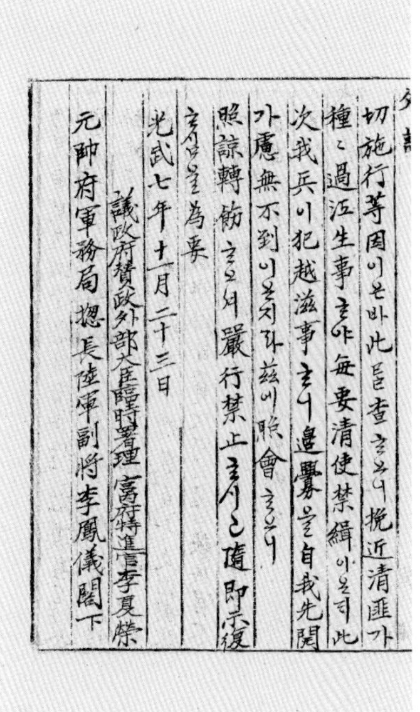

切施行等因이온바 此를 查ᄒᆞ온즉 挽近清匪가
種種過江生事ᄒᆞ야 每要清使禁緝이옵더니 此
次我兵이 犯越滋事ᄒᆞ니 邊釁을 自我先開
가 慮無不到이옵기로 玆에 照會ᄒᆞ오니
照諒轉飭ᄒᆞ사 嚴行禁止ᄒᆞ시고 隨卽示覆
ᄒᆞ심을 爲要
光武七年十一月二十三日
議政府贊政外部大臣臨時署理 宮內府特進官 李夏榮
元帥府軍務局 摠長陸軍副將 李鳳儀 閣下

35-④

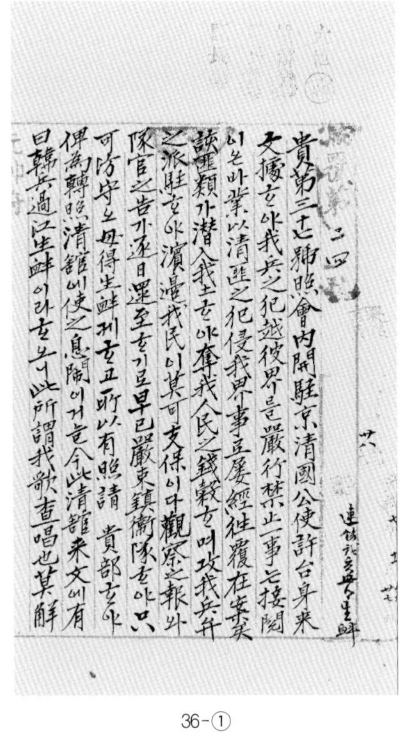

照會第二四號

貴第三十七號照會內開 駐京清國公使許台身來
文據ᄒᆞ야 我兵之犯越彼界를 嚴行禁止一事는 接閱
이온바 業以清匪之犯侵我界事로 屢經往覆在案
該匪類가 潛入我土ᄒᆞ야 奪我人民之錢穀ᄒᆞ며 攻我兵弁
之派駐ᄒᆞ야 濱邊我民이 莫可支保이다 觀察之報와
隊官之告가 逐日遝至ᄒᆞ기로 早已嚴東鎮衛隊ᄒᆞ야 只
可防守ᄒᆞ고 毋得生衅케 ᄒᆞ고 所以有照請 貴部ᄒᆞ야
俾爲轉照清館에 使之息鬧이거ᄂᆞᆯ 今此清館來文에 有
曰韓兵過江生衅이라 ᄒᆞ오니 此所謂我歌査唱也 其衅

廿六 連飭北邊毋令生衅

36-①

其意이오나 我兵之毋得生衅은 連加禁飭이오니
照亮ᄒᆞ시믈 爲要
光武七年十一月二十六日
元帥府軍務局 摠長陸軍副將 李鳳儀
議政府贊政外部大臣臨時署理 宮內府特進官 李夏榮 閣下

36-②

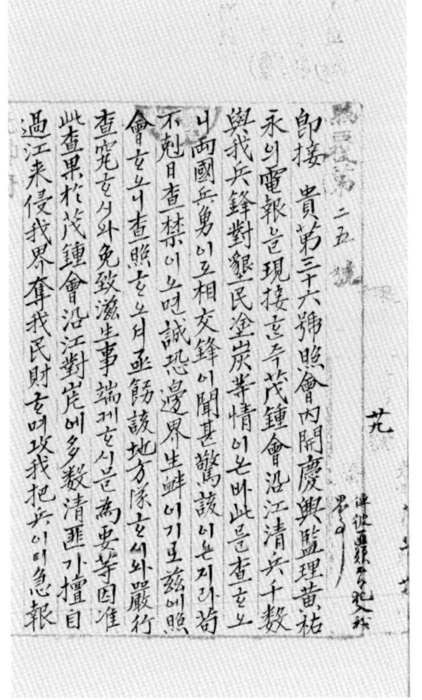

照會第二五號

卽接 貴第三十六號照會內開 慶興監理黃祐
永의 電報는 現接ᄒᆞᆫ즉 茂鍾會沿江清兵千數
與我兵鋒對峙 民塗炭情形이온바 此를 查ᄒᆞ오
니 兩國兵勇이 互相交鋒이 聞甚驚駭이온지라 苟
不剋日查禁이오면 誠恐邊界生衅이기로 玆에 照
會ᄒᆞ오니 查照ᄒᆞ오셔 亟飭該地方隊ᄒᆞ셔 嚴行
查究ᄒᆞ셔 免致滋生事端케 ᄒᆞ심을 爲要 等因准
此查 果於茂鍾會沿江對岸에 多數清匪가 擅自
過江來侵我界 奪我民財ᄒᆞ며 攻我把兵이 이에 急報

廿九

37-①

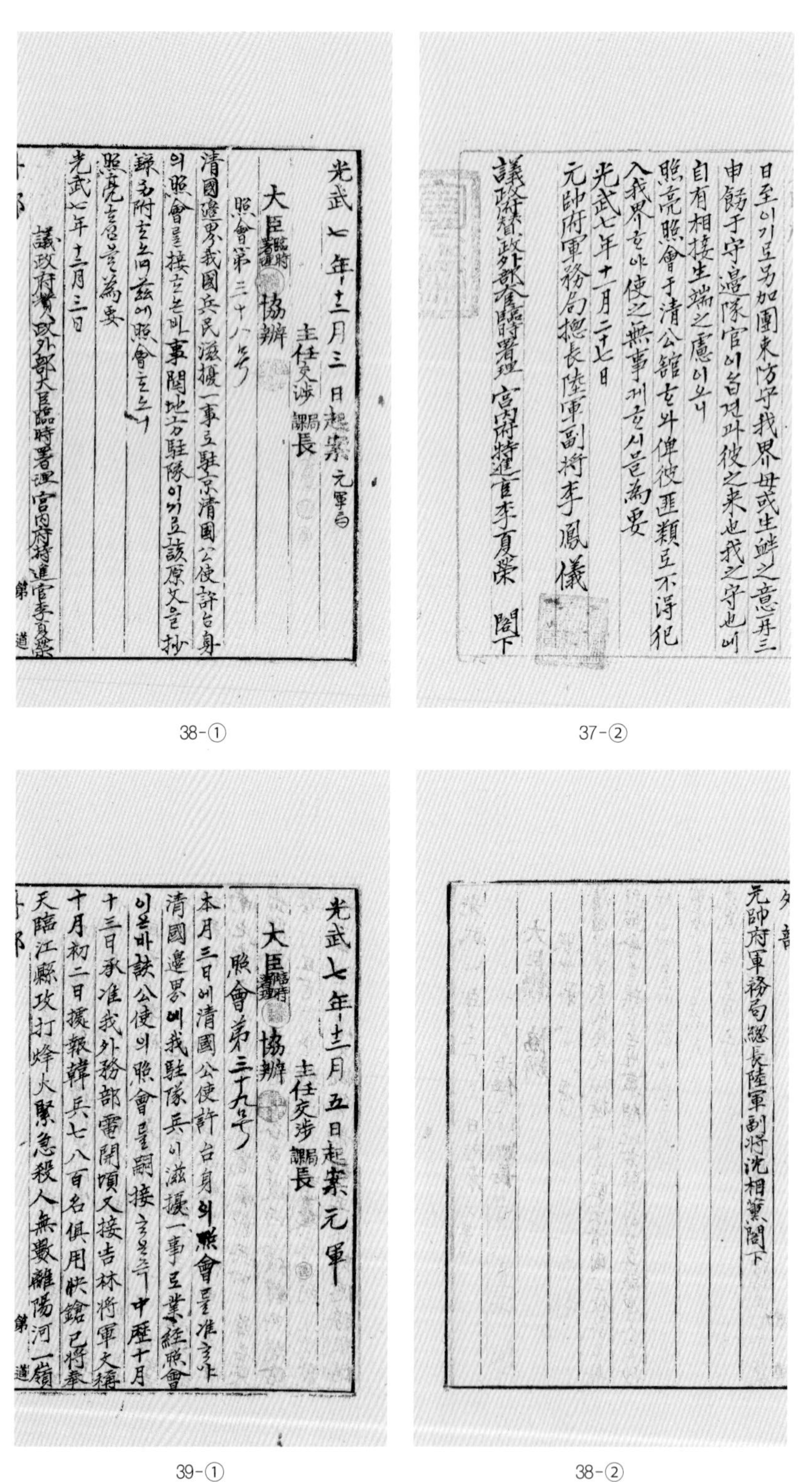

光武七年十二月三日起案 元軍白

主任交涉課局長

大臣臨時署理 協辦

照會第三十八号

清國邊界我國兵民滋擾一事로駐京清國公使許台身의照會를接ᄒᆞᆫ즉事關地方駐隊이기로該原文을抄錄ᄒᆞ야附ᄒᆞ오며玆에照會ᄒᆞ오니

照亮ᄒᆞ심을爲要

光武七年十二月三日

議政府參政外部大臣臨時署理宮內府特進官李夏榮

外部 第 道

38-①

日至이기로另加團束防守我界毋或生釁之意로再三申飭于守邊隊官이ᄋᆞᆸ거니와彼之來也我之守也에自有相接生端之慮이오니

照亮照會于清公館ᄒᆞ와俾彼匪類로不得犯入我界ᄒᆞ야使之無事케ᄒᆞ심을爲要

光武七年十一月二十七日

元帥府軍務局總長陸軍副將李鳳儀

議政府參政外部大臣臨時署理宮內府特進官李夏榮 閣下

37-②

光武七年十二月五日起案 元軍

主任交涉課局長

大臣臨時署理 協辦

照會第三十九号

本月三日에清國公使許台身의照會를准ᄒᆞ온즉清國邊界에我駐隊兵이滋擾一事로業經照會이온바該公使의照會를開接ᄒᆞ온즉中曆十月十三日承准我外務部電開頃又接吉林將軍文稱十月初二日據報韓兵七八百名俱用快鎗已將奉天臨江縣攻打烽火聚急殺人無數離陽河一嶺

外部 第 道

39-①

外部

元帥府軍務局總長陸軍副將沈相薰 閣下

38-②

之隅事關隅省已咨開盛京將軍等語韓兵如
果攻打臨江愈形猖獗中國官兵並未與之生釁
何得無理至此切再向韓外部詰阻勿得侵越致與
兩國均有妨礙等因是為切要又於十四日接到吉
林將軍來文九月二十二日據統領吉安營淩維
琪報稱十一日左哨哨官江起順派什勇五名往
南屯查道有韓民許姓窩藏韓兵四十餘名突
出開鎗攻打其前哨各勇復兩次被韓兵開鎗
轟打且有越墾韓民持械幫攻我兵胡景清嚴
振山中鎗受傷又據管帶胡玉祿楊德勝報稱

39-②

十五日據前哨哨官富山報有韓兵過江與越墾
韓民夥攻我營天晚始息韓兵民遂將南村一帶
華民房屋盡行焚燬其餘尚化尚德等社亦被滋
擾越墾韓民老幼婦女盡行逃回本國所遺壯丁
每名發快鎗一桿調入該隊勒令幫攻我軍違則
焚殺並於沿江挖築戰濠遇有我兵往來即行開
鎗攻擊各等因查延吉廳所屬和龍峪地方前
據該廳官及統領淩維琪稟報韓兵在牛心山一
帶佔踞設卡阻我兵隊進步並致信有開仗索
地之言即經　奏請照會查禁在案茲復淩統

第　道

39-③

領所報韓兵過江糾合越墾韓民分給鎗械攻
我兵隊焚我民房設卡挖濠不容我兵往來實
屬無理叵測有意構釁除再咨達外務部外
希即轉告韓政府嚴為禁阻撤江過江等因
到漢本大臣查韓兵率衆持械越界滋事奉
吉兩省同時被擾連次照請貴大臣查禁並劃
切面告一切今我外務部復准吉林文梅奉天臨
江縣被韓兵多人攻打異口一辭吉林和龍峪
地方兵隊復被攻擊甚至糾合墾民分給快鎗
勒令幫助種種情形豈是尋常邊民爭鬧之事

39-④

若不立即懲撤必至橫生事端有傷中韓數百年
交誼致兩國均有妨礙特再備文照請貴大臣熟
權利害迅即查照前開各節嚴切懲禁是所
至望立待見覆等因이옵고 該公使의 公函을 連
接ᄒᆞ온즉 敝署前以我奉吉邊者時被滋擾曾迭
次函照並面達迄未奉復查貴國兵官中之作
亂開仗人姓名至今尚無回信豈電信亦被延
誤等因이옵고 駐清公使朴齊純의 電報를 接
ᄒᆞ온즉 內開 清國外務大臣詰韓兵越界等因
이옵고 駐清公使의 電報를 嗣接ᄒᆞ온즉 內開 外

第　道

39-⑤

務大臣催照撤兵以爲生釁募大局所關實巨等
因이온지라此를査ᄒᆞ온즉地方駐隊가緣何越境
ᄒᆞ야滋此擾端이온지此不亟禁이오면國際交涉의
關係不輕이옵기玆更照會ᄒᆞ오니
照亮妥辦ᄒᆞ시고隨卽示明ᄒᆞ시와駐京駐淸
兩公館에俾便作覆케ᄒᆞ심을爲要
光武七年十二月五日
議政府贊政外部大臣臨時署理宮內府特進官李夏榮
元帥府軍務局摠長陸軍副將沈相薰閣下
再駐京淸館에셔作函開伏ᄒᆞᆫ兵官의姓名

39-⑥

二六 廿七 十八 十九

兵弁擅越連加操飭

貴第三十八號照會內槩淸國邊界我國兵民滋
擾事로駐京淸公使許台身照會及訣原文抄錄
另附一事와 貴第三十九號照會內槩本月三日
淸國公使許台身이准外務部電開等照及訣公
使公函一事와駐淸公使朴齊純이電稱淸國外
務大臣詰韓兵越界催照撤兵一事를並等因ᄒᆞ
시와緣何滋端이온지妥辦示明ᄒᆞ야駐京駐淸兩公
館에俾便作覆爲要라ᄒᆞ오신바査此邊界之實兵
弁은但嚴防守而已오擅越은絶無許聽이온바間

40-①

間以鬍匪芳户等之反先來侵으로由緣事端ᄒᆞ
야終賅紛紜者也라我守邊官弁中에若果違越
章程者면合施當律이옵고連加操飭에以圖善後
之道而至若徐相懋李範允事는非本局所管이
온故로幷玆仰覆ᄒᆞ오니
照亮ᄒᆞ심을爲要
光武七年十二月八日
元帥府軍務局摠長陸軍副將沈相薰
議政府贊政外部大臣臨時署理宮內府特進官李夏榮閣下

40-②

法部來去文

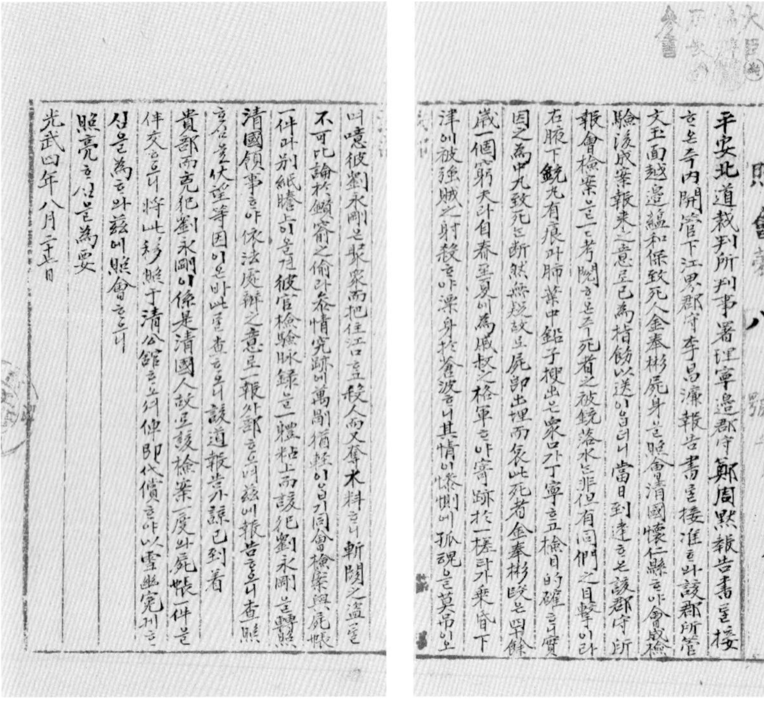

照會第八號

平安北道裁判所判事署理寧邊郡守鄭周默報告書를接
ᄒᆞ온즉內開管下江界郡守李昌濂報告書를接准ᄒᆞᆫ바該郡所管
文玉面越邊蘊和保致死人金奉彬屍身을照會淸國懷仁縣ᄒᆞ야會同檢
驗後成案報來之意로已爲指飭以送이옵더니當日到達ᄒᆞᆫ즉該郡守所
報會檢案을一一考閱ᄒᆞ온즉死者之被鎗落水ᄂᆞᆫ非但有同們之目擊이라
右腋下鎗丸有痕ᄒᆞ고肺葉中鉛子搜出은衆口가丁寧ᄒᆞ고檢目的確ᄒᆞ니實
因之爲中丸致死ᄂᆞᆫ斷然無疑故로屍卽出埋而哀此死者金奉彬은四十餘
歲一個窮夫라自春至夏에爲巖木之格軍ᄒᆞ야寄跡於一槎ᄒᆞ다가乘昏下
津에被強賊之射殺ᄒᆞ야渫身於蒼波ᄒᆞ니其情이慘惻에孤魂을莫吊이오

1-①

며噫彼劉永剛은聚衆而把住江口ᄒᆞ고殺人而又奪木料ᄒᆞ니斬闕之罪ᄂᆞᆫ
不可比論於鎖脅之倫이라於情究跡에萬剮猶輕이옵기同會檢案與屍帳
一件과別紙謄本을在彼官檢驗脈錄을一體粘上而該犯劉永剛을轉照
淸國領事ᄒᆞ야依法處辦之意로一報外部ᄒᆞ오며玆에報告ᄒᆞ오니查照
ᄒᆞ심을伏望等因이온바此를查ᄒᆞ오니該道報告가諒已到着
貴部而兇犯劉永剛이係是淸國人故로該檢案一度와屍帳一件을
伴交ᄒᆞ오니將此移照于淸公館ᄒᆞ오셔俾卽代償ᄒᆞ야以雪幽冤케ᄒᆞ
심을爲ᄒᆞ와玆에照會ᄒᆞ오니
照亮ᄒᆞ심을爲要
光武四年八月二十五日

1-②

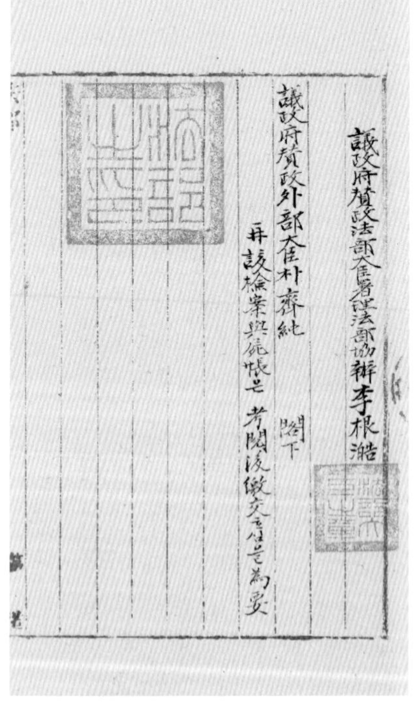

議政府贊政法部大臣署理法部協辦李根澔
議政府贊政外部大臣朴齊純 閣下
再該檢案與屍帳은考閱後繳交ᄒᆞ심을爲要

1-③

光武四年八月二十八日起案
大臣 協辦
主任交涉局長
照復第七號
貴第八號照會를接閱ᄒᆞ온즉江界郡民金奉彬被殺
事件에該檢案一度와屍帳一件을伴交ᄒᆞ오시며將此
移照淸公館ᄒᆞ시와俾卽代償이라ᄒᆞ오신바此를查ᄒᆞ
오니近者北淸이騷擾ᄒᆞ와道路梗塞ᄒᆞ엿ᄉᆞ온즉該國
公使에게雖經知照ᄒᆞ와도未便辦理ᄒᆞᆯ지며彼我官
員이旣經會檢ᄒᆞ고正犯劉永剛이亦已自服ᄒᆞ엿ᄉᆞ오나

2-①

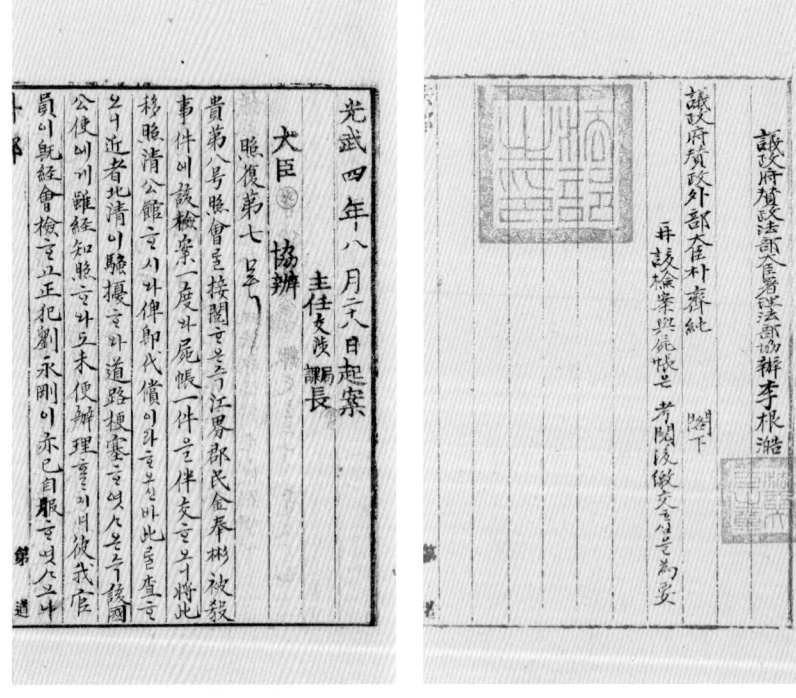

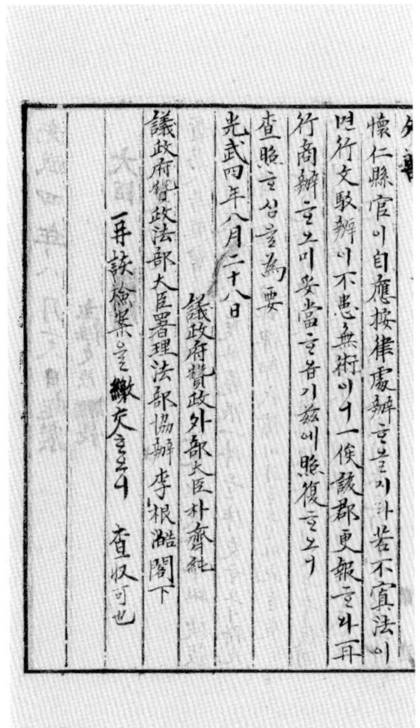

2-②

外部日記

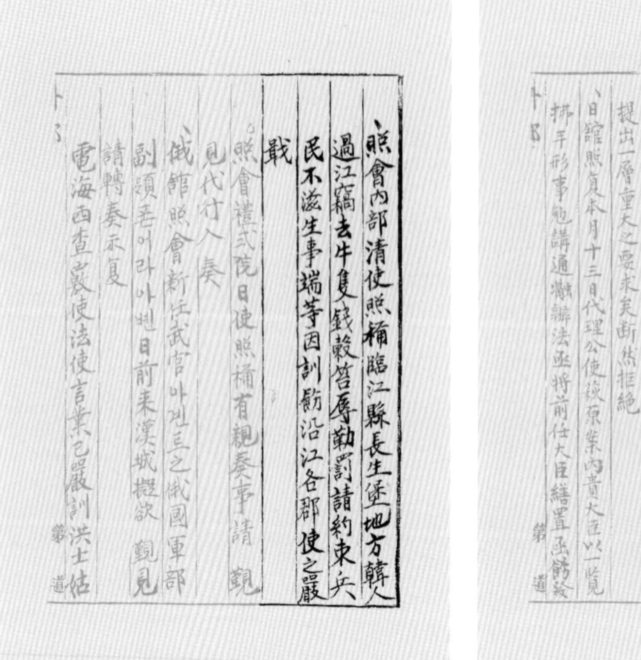

、照會內部清使照稱臨江縣長生堡地方韓人
過江竊去牛隻錢數笞辱勒罰請約束兵
民不滋生事端等因訓飭沿江各郡使之嚴
戢
、照會禮式院日使照稱有覲奏事請 覲
見代行人奏
、俄館照會新任武官아뎌트之俄國軍部
副領事이라아비目前來漢城擬欲 觀見
請轉奏示復
電海西查覈使法使言業已嚴訓洪士佐

2-①

、又現接駐清美使電報則貴駐清公使前住公館讓渡一
事已爲安定云云
、照復內部清官借道一事事係緊重不可遽議且道路地
方之事帶兵軍務之事由貴部行文 元帥府商辦恐宜
、日館照會漢城來留大阪稅關長曾我祐保現擬遊歷
京畿忠清全羅慶尚四道護照及公文發給爲要
、又京義鐵道由某國公使之請求而若認許我政府亦當
提出一層重大之要求矣斷然拒絕
、日館照復本月十三日代理公使致京案內貴大臣以一覽
拂手形事勉講通融辦法亟將前任大臣繕罪函飭發

1-①

狀報告等因訴懇設砲事係慎重不可擅便
抄附原狀照會照諒見復
、直查覈使由法館派秀乙郎專爲教民兇查
本部 奏差李能和爲委員俾籍通辯
、農商工部來照接准貴照電氣會社契約書
付送等因查據李根培等請願認許五署內
電車電燈會社而美使所云契約書部亦未知李
民等請願會社章程并送交
、忠北觀察報一月朔外國人過去成冊修上日巡查
到槐山探記戶摠人口物価年形

3-②

下午二點奉覈
電海西查覈使法使爲教民推捉令派書
記秀乙郎前往待到協商
入直 金聖基
尹 冥
二十六日 交涉局
、英館來函英醫河道請領護照
、函復英館河道護照送交
照會 元帥府咸北交界官報稱接准沿江各
郡居民聯名訴狀係係有理言言無怪粘尾原

3-①

一本謄呈 鑒貴大臣
內部復照清官借道一事 敝部無直行交涉權限
貴部與清使商辦
通信院來照 接到釜山郵遞司長報告內 日人居留
地外草梁及富平等地 日郵局擅設集信等因 州
梁及富平洞 即內地 日人恣意集信 有關國權 查
照處理 亟行停撤
平北觀察報 接准江界郡守所報內 即到清韓安
縣照內 通溝地改設輯安縣 貴國越墾民等必與
本國民一體相視 該民等亦當謹遵法律 遇有交

4-①

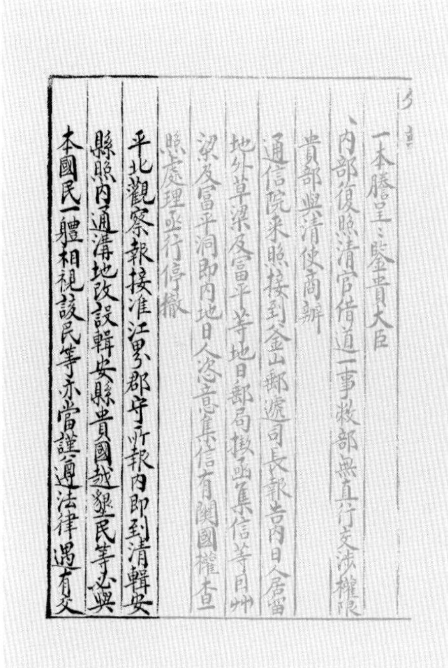
一本謄呈 鑒貴大臣
內部復照清官借道一事 敝部無直行交涉權限
貴部與清使商辦
通信院來照 接到釜山郵遞司長報告內 日人居留
地外草梁及富平等地 日郵局擅設集信等因 州
梁及富平洞 即內地 日人恣意集信 有關國權 查
照處理 亟行停撤
平北觀察報 接准江界郡守所報內 即到清韓安
縣照內 通溝地改設輯安縣 貴國越墾民等必與
本國民一體相視 該民等亦當謹遵法律 遇有交

5-①

涉事及奉公出境官 彼此先期照會 以便酌辦等因
該民等謹遵法律句語 似專管韓民 並謄報
通商局
吉監報 李昌鎮挪貸吉州公錢五百兩 買州家三
間 暫稱監署 本監理借稍潤民家為署 前署賣
作修理費 公錢充完無計 待建築費劃發彌縫
指令吉監 建築費中揀實弃無不可
禮式院電話 日前駐韓俄武官請 覲者 一人乎二
人乎 曰俄使照稱駐韓武官아케二로之俄國陸部副領
온어라아비르氏云 아젠드下有之字아센드 恐是職名似

5-②

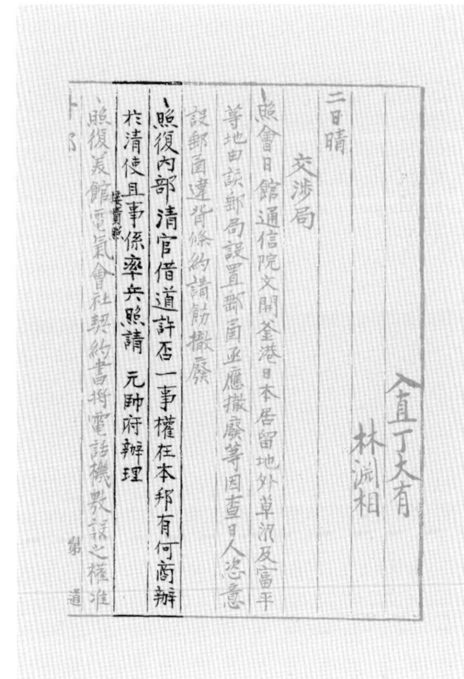
入直 丁大有 林淵相
二日晴
交涉局
照會日館 通信院文開 釜港日本居留地外草梁及富平
等地 由該郵局設置郵函 亟應撤廢等因 查日人恣意
設郵函 違背條約 請飭撤廢
照復內部 清官借道許否一事 權在本邦 有何商辦
於清使 且事係率兵 照請 元帥府辦理
照復美館 電氣會社契約書 將電話機敷設之權准

6-①

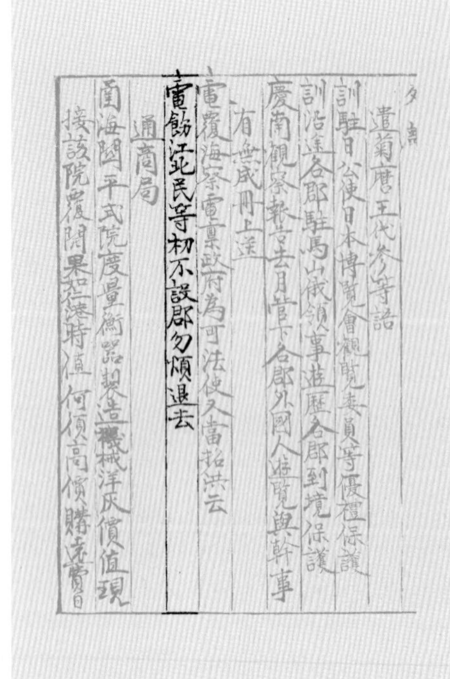

8-①

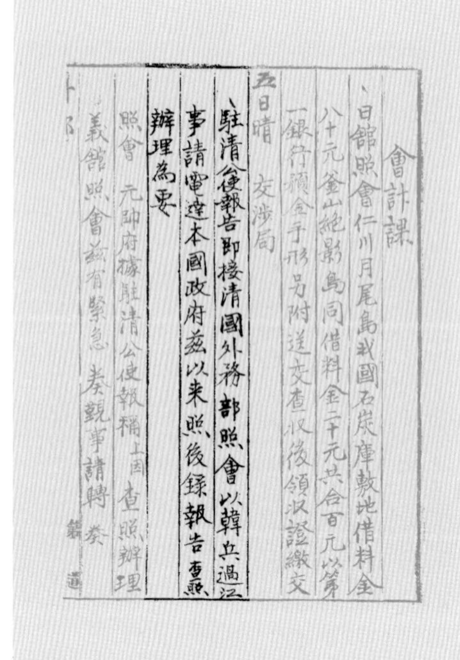

7-①

10-①

9-①

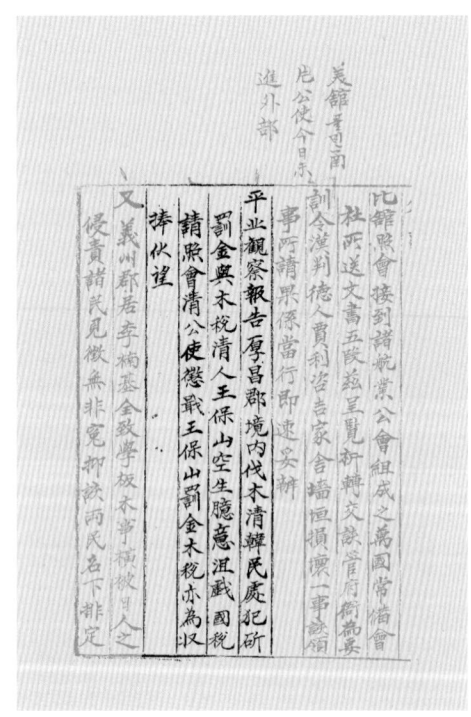

監復義館請示帶同書領事覲見親呈國書一事
代奏處 允許以本月十四日下午三点半鐘引見
覲後請帶同書領事屆時進宮
照會禮式院駐東日公使館請守備隊士官於來十六
日謁見一事殷便甚迪以十五日豪 許等因准此照
會轉奏
平北觀察報墜理徐相懋之越彼境築城與不詳探之事
飜訓江界據准所報初無是事
平南觀察報俄人與清匪所伐白馬山城樹木嚴訓附郡一
切禁斷一事白馬山城係在北道防範非便

11-①

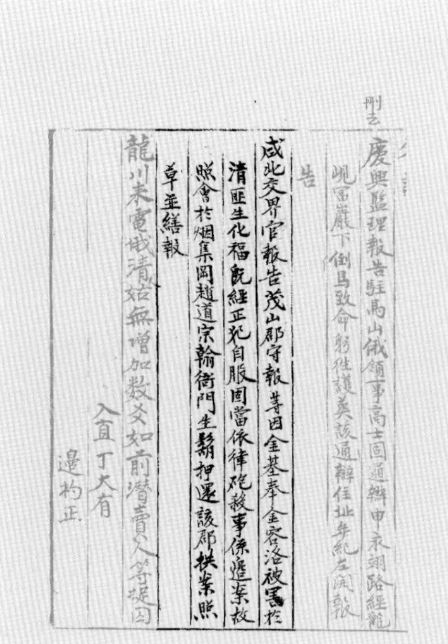
慶興監理報告駐馬山俄領事高士固通辯申永朝路經龍
岷富巖下倒馬致命另往護喪該通辯住址并紀左開報
告
咸北交界官報告茂山郡守報 等因金基奉金容洛被害於
清匪生化福既經正犯自服固當依律砲殺事係邊案故
照會於烟集岡趙道宗翰衙門生鬍押還該郡拱案照
章並繕報
龍川來電俄清始無增加数爻如前潛貴人等捉囚
入直 丁大有
邊約正

12-①

含於本郡新上洞擬設學校等情茲報告
鏡城郡守報告日人三卓買屋開棧別錄報告
咸北交界官報告穩城民金明禧等訴告內開古間島
鍾民開墾不知其幾百年之久清員縱兵驅逐韓民不
使近趾特報外部轉照清使一經挨辯將古島還附鍾
郡使此殘民保生等情茲報告
駐日公使電 國會議員問其在我國會前後賠償未決
事端於外務大臣答以訓飭駐我京公使力言云默諒
道商局
慶監報告俄國商民스끌아비께等三人跟隨十四人通辯

13-①

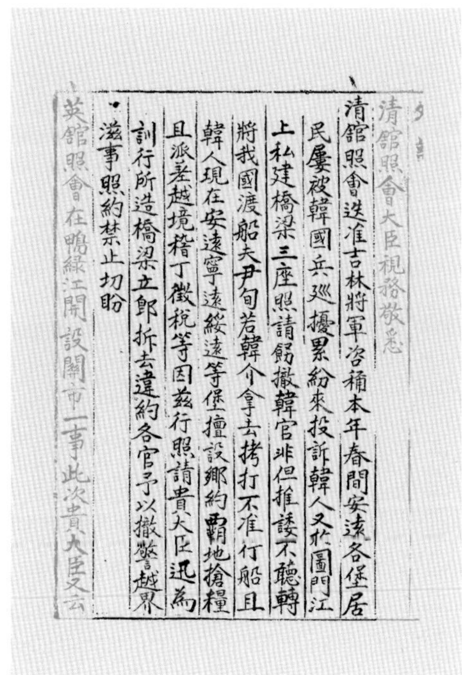
清館照會大臣視務敬悉
清館照會送准吉林將軍咨稱本年春間安遠各堡居
民屢被韓國兵巡擾累紛來投訴韓人又於圖門江
上私建橋梁三座照請飭撤韓官非但推諉不聽轉
將我國渡船夫尹甸若韓수拿去拷打不准行船且
韓人現在安遠寧遠綏遠等堡擅設鄉約霸地搶糧
且派差越境稽丁徵稅等因茲行照請貴大臣迅為
訓行所造橋梁立郎拆去違約各官予以撤警越界
滋事照約禁止切盼
英館照會在鴨綠江開設關市一事此次貴大臣又云

14-①

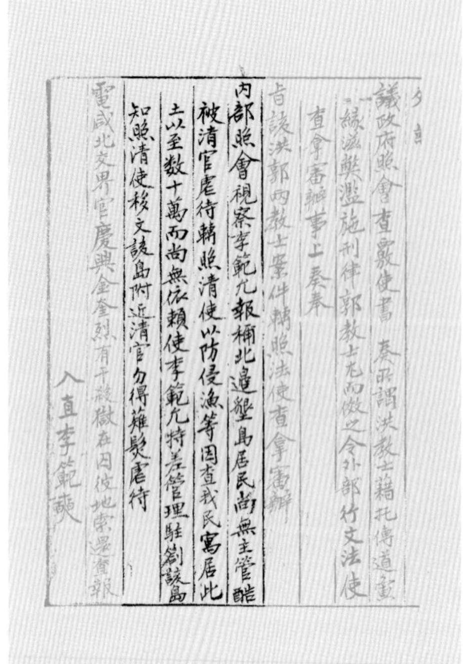

16-①

15-①

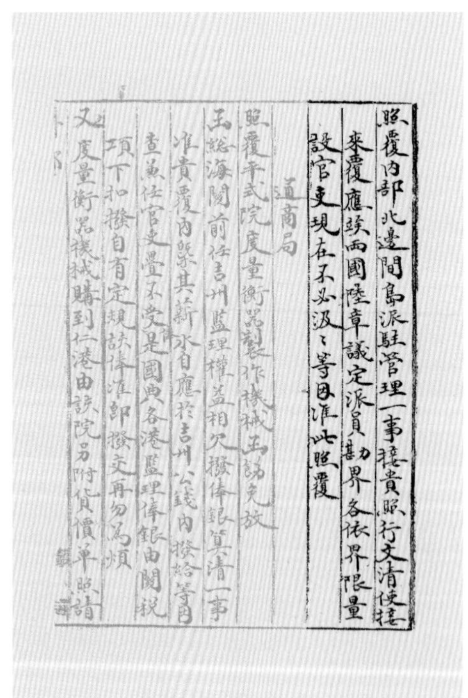

18-①

17-①

又 撥電話濕萆三千幅下送
總海關覆函三和主事李尚球請假二十日一事札行總海關
平監電日本大尉東鄕及二部獨來作久留計下燭
入直 韓基準
朴箎陽
七日水曜 交涉局
咸南察報三水郡守報稱新農社居民等訴內本社在清國
對岸而清匪餘黨稱云流下木見失抑欲徵価嘯聚成屯
方欲剿討等情該匪藉以會城砲手之設計在極竟該
民掃蕩若目前之急方抄砲防禦等因准查清匪侵掠之

19-①

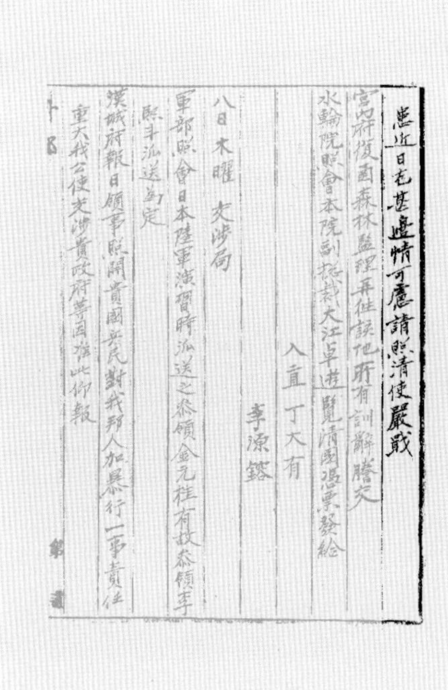
患近日尤甚邊情可慮請照清使嚴戢
宮內府覆函森林監理再往該地所有訓辭謄交
水輪院照會本院副總裁大江卓進覽清國憑票發給
入直 丁大有
李源鎔
八日木曜 交涉局
軍部照會日本陸軍演習時派送之參領金允柱有故參領李
照手派送酌定
漢城府報日領事照開貴國無民對我邦人加暴行一事責任
重大我公使交涉貴政府等因准此仰報

19-②

又當臨時電信部提理陸軍工兵大佐佐川耕作從
者八名從釜山到京城遊歷請獲護照及訓文
照復美館多派巡檢保護各電車及美國人性命
一事前任署理行文警廳派巡保護免致再擾東
大門內機械廠有日本巡查二人把守請亟飭該會
社撤還
照復日館木下宇三郎川村五郎鹿嶋清三郎護
照三紙繕交
照會清館咸南觀察報開三水郡守報稱本郡民李
鍾瀅等訴告近日清人木頭輩流下木之見失抑

20-①

欲徵價幾千兩百有餘名嘯聚賊匪等語彼匪
滋蔓無所不到故抄選本契砲五十名出邊防
禦知照駐隊預備不虞等情請知照清使禁戢
等因該匪類恃衆逞强專無忌憚請轉行該管
官俾兩國邊界勿得滋事
照會俄館貴照復以森林會社在龍川斗流浦後山建
屋一事當經行飭該會社俟其回報擬即佈明尚
未接如何示明甚訝惑森林監理電稱俄人猝拔
舊標廣立斗流浦以外詰責不聽等情該地擬定
界限尚未妥決該會社猝拔旧標廣立界外寔

20-②

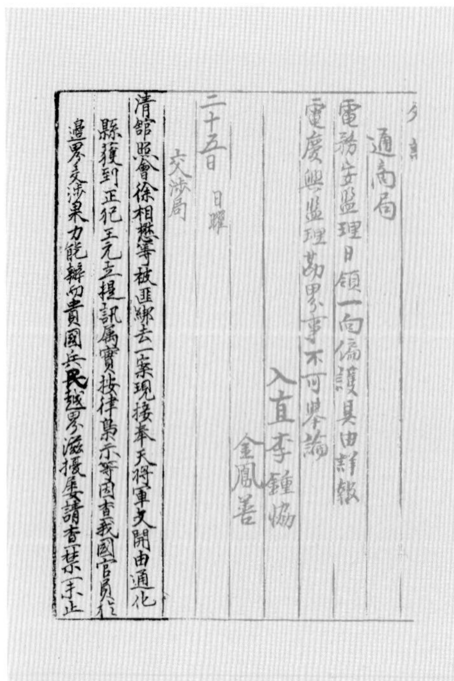

通商局

電務安監理日領一向偏護具由訴報

電慶興監理勘界事不可率論

入直 李鍾協

金鳳善

二十五日 日曜

交涉局

清館照會徐相懋等被匪擄去一案現接奉天將軍文開由通化

縣獲到匪犯王元立提訊屬實按律梟示等因査我國官員於

邊界交涉果力能辦而貴國兵民越界滋擾屢請査禁一案止

22-①

21-①

23-①

22-②

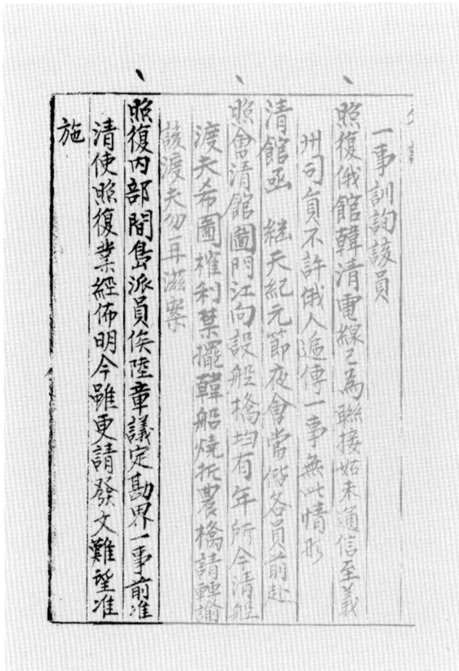
一事訓飭該員
照復俄館韓清電線已爲聯接姑未通信至義
州司員不許俄人遞傳一事無此情形
清館函 繼天紀元節夜會當偕各員前赴
照會清館圖們江向設船橋均有年所今清船
渡夫希圖權利禁攔韓船燒折農橋請轉諭
該渡夫勿再滋案
照復內部間島派員俟陸章議定勘界一事前准
清使照復業經佈明今雖更請發文難望准
施

25-①

一事訓飭該員
照復俄館韓清電線已爲聯接姑未通信至義
州司員不許俄人遞傳一事無此情形
清館函 繼天紀元節夜會當偕各員前赴
照會清館圖們江向設船橋均有年所今清船
渡夫希圖權利禁攔韓船燒折農橋請轉諭
該渡夫勿再滋案
照復內部間島派員俟陸章議定勘界一事前准
清使照復業經佈明今雖更請發文難望准
施

24-①

禁察而已實無管理之義中央銀行復称本銀行事務
擬任加藤顧問一款本無是事各等因相應照覆
照覆日館貴國鹿兒島新聞社員朴順悅今給恭誠助護
照二紙繕送
平安北道觀察署理報告厚昌郡守報称該郡茂昌面
民李圭豊等五名被捉於清匪咸南三水郡境賊匪犯
城至傷人命等語此時邊圍務在持重切勿輕舉以生
邊釁之意指令該郡
指令平北觀察署理據此行文于元帥府及清館
秘書課

27-①

入直 韓基準
張起淵
九日
交涉局
清館照會圖門江邊韓民私造橋梁照請撤去一案查近
年韓人越界滋擾不一而足今又擅建橋梁任便往來恐
以細故釀成巨釁請飭交界官務即撤去
照覆俄館中央銀行事務及蔘圃財政並任日人加藤管
理一事行文我內藏院及中央銀行內藏院覆開委任
加藤爲蔘政檢察此緣挽近日人之冒禁種蔘專爲

26-①

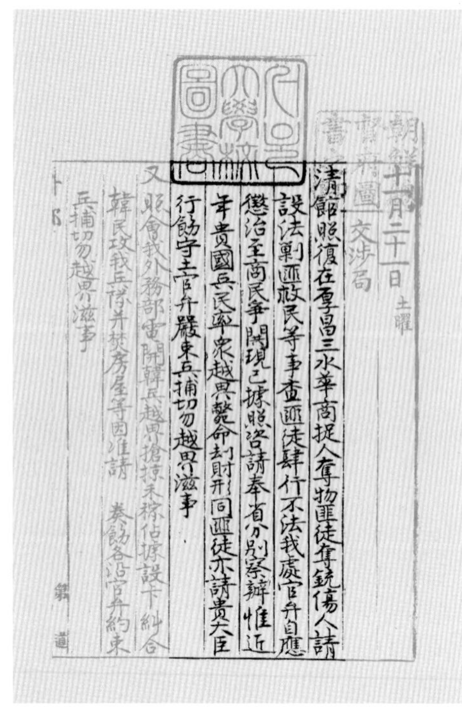

朝鮮 十一月二十一日 土曜
議政府 交涉局

清館照復在覃昌三水華商捉人奪物匪徒奪銃傷人請
設法剿匪赦民等事查匪徒肆行不法我處官弁自應
懲治至商民爭鬪現已據照咨請奉省分別察辦惟近
年貴國兵民率衆越界斃命封財刑同匪徒亦請貴大臣
行飭守土官弁嚴束兵捕切勿越界滋事
又照會我外務部電開韓兵越界搶掠米稌估據設卡糾合
韓民攻我兵隊并焚房屋等因准請　奏飭各沿官弁約束
兵捕切勿越界滋事

29-①

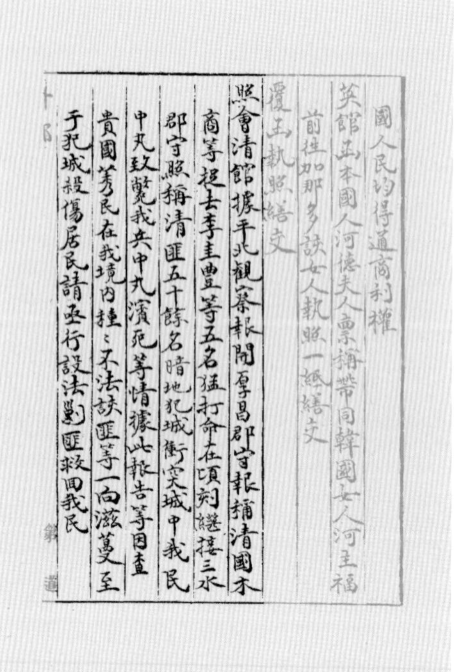

國人民均得道商利權
英館出本國人河德夫人稟稱帶同韓國女人河主福
前往加那多請女人執照一紙繕交
覆出執照繕交
照會清館據平北觀察報閱覃昌郡守報稱清國不
商等捉去李圭豊等五名猛打命在頃刻繼接三水
郡守照稱清匪五十餘名暗地犯城衝突城中我民
中丸致斃我兵中丸濱死等情據此報告等因查
貴國莠民在我境內往往不法該匪等一向滋蔓至
于犯城殺傷居民請亟行設法剿匪赦田我民

28-①

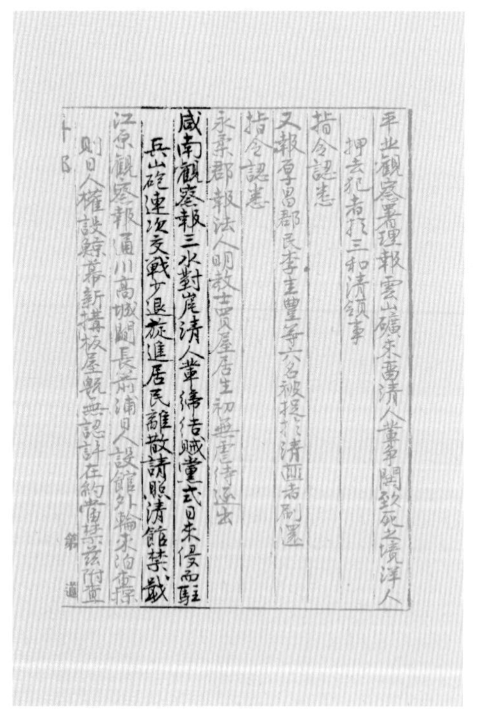

平北觀察署理報雲山礦來留清人董爭鬪致死之境洋人
押去犯者於三和清領事
指令認悉
又報覃昌郡民李圭豊等六名被捉於清匪當刷還
指令認悉
永柔郡報法人明教士買屋居生初無虐侍
咸南觀察報三水對岸清人華傭估賊黨式日來侵而駐
兵山砲連次交戰少退旋進居民離散請照清館禁戢
江原觀察報通川高城關長前浦日人設館外輪來泊壓撈
則日人權設鯨幕新搆板屋既無認許在約當禁茲附報

31-①

朝鮮 十一月二十一日 土曜
議政府 交涉局
清館照復在覃昌三水華商捉人奪物匪徒奪銃傷人請
設法剿匪赦民等事查匪徒肆行不法我處官弁自應
懲治至商民爭鬪現已據照咨請奉省分別察辦惟近
年貴國兵民率衆越界斃命封財刑同匪徒亦請貴大臣
行飭守土官弁嚴束兵捕切勿越界滋事
又照會我外務部電開韓兵越界搶掠米稌估據設卡糾合
韓民攻我兵隊并焚房屋等因准請　奏飭各沿官弁約束
兵捕切勿越界滋事

30-①

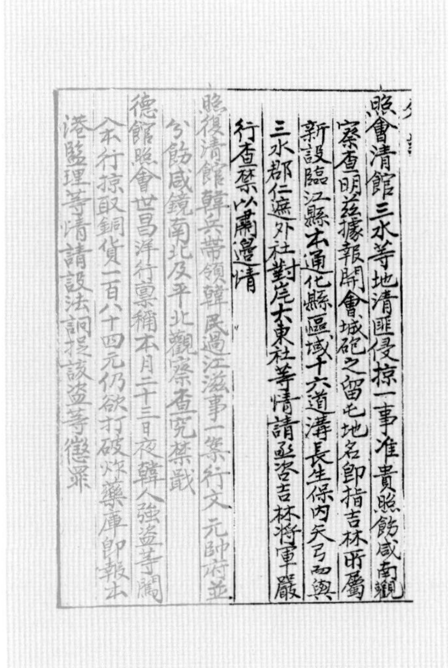

照會清館三水等地清匪侵掠一事准貴照飭咸南觀
察查明玆據報開會城砲之留屯地名卽指吉林所屬
新設臨江縣本通化縣區域十六道溝長生保內矢弓面與
三水郡仁遮外社對岸大東社等情請照咨吉林將軍嚴
行查禁以肅邊情
照復清館韓兵帶領韓民過江滋事一案行文元帥府並
令飭咸鏡南北及平北觀察查究禁戢
德館照會世昌洋行稟稱本月二十三日夜韓人強盜等闖
入本行掠取銅貨一百八十四元仍欲打破炸藥庫卽報本
港監理等情請設法詞提該盜等懲罪

33-①

防護
電平壤郡殷礦用物輸入貨船地方官禁阻云是否卽示
照內部慶興電稱茂鍾會沿江清兵與我兵鋒對墾民塗
炭等情查兩國兵勇互相交鋒闘甚驚駭請飭該地方官
嚴行查究
照元軍司辭意上同請飭該地方隊嚴行查究
又清使照稱韓兵帶領韓民越界滋擾甚至攻我兵隊焚我
房屋設卡窺探易開邊釁請約束兵捕切勿滋事等因
查我民犯越滋事先開邊釁無慮無不到轉飭嚴禁
內部照復龍川慶興兩郡守嚴飭邊官

32-①

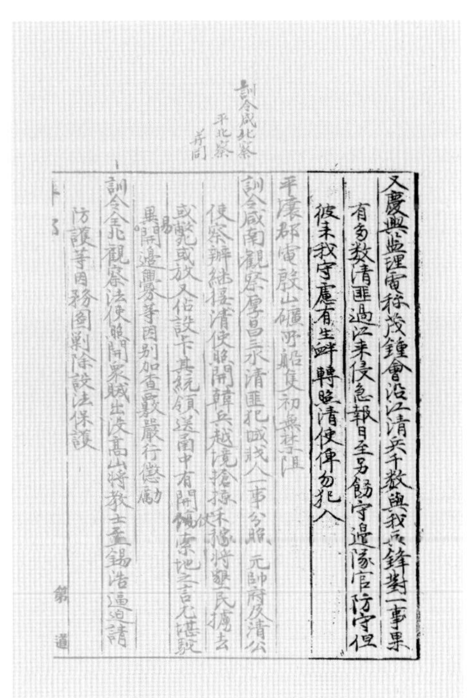

訓令咸北察 平北察 幷同
又慶興監理電稱茂鍾會沿江清兵千數與我兵鋒對一事果
有多數清匪過江來侵急報日至另飭守邊隊官防守但
彼未我守處有生衅轉照清使俾勿犯入
平壤郡電殷山礦所船隻初無禁阻
訓令咸南觀察厚昌三水清匪犯戕我人一事公照元帥府及清公
使察辦繼接清使照開韓兵越境搶掠禾稼將墾民擄去
或殺或放又估設卡其統領送函中有閑儞索地之言尤堪駭
異閑邊釁等因別加查戢嚴行懲勵
訓令全北觀察法使照開衆賊出沒高山將教士盃錫浩逼迫請
防護等因務圖剿除設法保護

35-①

部醫員推諉他病袒護己民罔據該監理報稱交涉領事
終難償命等情查命案至重不思正獄入理國法乖戾極矣
卽行償命以伸公法所有賠款及償命損害全不推給
照會農部比國博覽會一事業經照會尚未接復比使催
詰
誠屬訝惑迅卽示明以便轉復
照會鐵道院比領事照請萬國鐵道會社派員一事行文三朔尚
未接復該領事催詰踵至迅卽示明以便作復
元帥府照復清使文請嚴禁我兵越界一事屢據觀察隊官之
報以清匪之犯境刦掠迭經注覆此次清使照開韓兵過江生衅
實我歐查喝我兵則連加禁飭

34-①

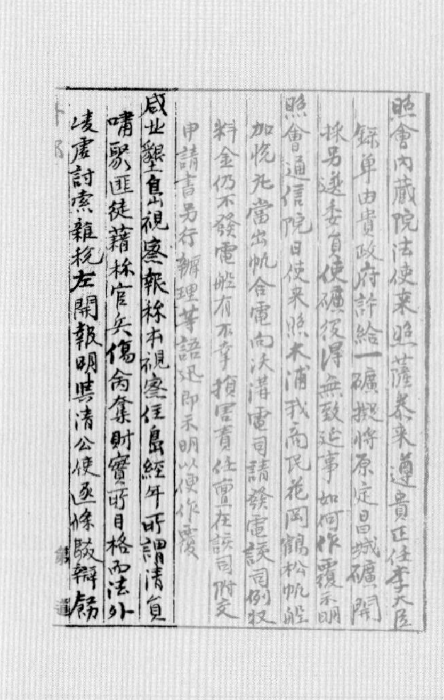

照會內藏院法使來照薩參來遵貴正任李大臣
錄單由貴政府許給一礦擬將原定昌城礦開
採另遴委員使礦役得無致延事如何作覆示明
照會通信院日使來照木浦我商民花岡鶴松帆船
加恔允當出帆合電而沃溝電司請發電該司例收
料金仍不發電船有不幸損害責任實在該司附交
申請書另行辦理等語迅即示明以便作覆
咸北墾島視察報稱本視察住島經年所謂清員
嘯聚匪徒藉稱官兵傷害奪財實所目格而法外
凌虐討索雜稅左開報明與清公使逐條駁辯飭

37-①

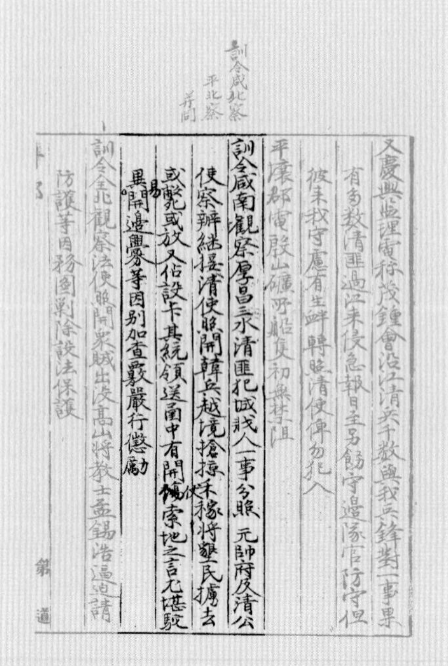

訓令咸北察 平北察 并同

又慶興監理電稱茂鐘會沿江清兵千數與我兵鋒對一事果
有匪數清匪過江來侵急報日至另飭守邊隊官防守但
彼未我守慮有生衅轉照清使俾勿犯入
平壤郡電殷山礦所船隻初無禁沮
訓令咸南觀察厚昌三水清匪犯賊殺人一事分照元帥府及清公
使察辦継據清使照開韓兵越境搶掠禾稼將墾民擄去
或斃或放又佔設卡其統領送函中有開餉索地之言尤堪駭
異開邊釁等因別加查覈嚴行懲勵
訓令全北觀察法使照開衆賊出沒高山將教士孟錫浩逼迫請
防護等因務圖剿除設法保護

36-①

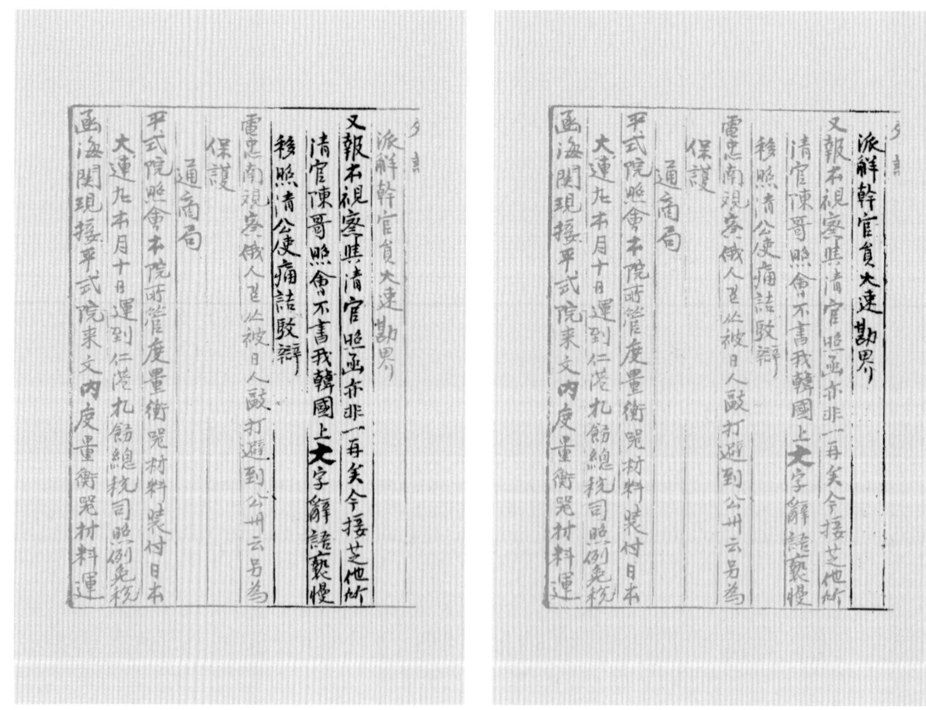

派鮮幹官員大連勘界
又報本視察與清官照函亦非一再矣今接芝他所
清官陳哥照會不書我韓國上大字辭語褻慢
移照清公使痛詰駁辯
電忠南視察俄人飛仙被日人毆打避到公州云另為
保護
通商局
平式院照會本院所管度量衡器材料裝付日本
大連九本月十日運到仁港札飭總稅司照例免稅
函海關現接平式院來文內度量衡器材料運

38-①

派鮮幹官員大連勘界
又報本視察與清官照函亦非一再矣今接芝他所
清官陳哥照會不書我韓國上大字辭語褻慢
移照清公使痛詰駁辯
電忠南視察俄人飛仙被日人毆打避到公州云另為
保護
通商局
平式院照會本院所管度量衡器材料裝付日本
大連九本月十日運到仁港札飭總稅司照例免稅
函海關現接平式院來文內度量衡器材料運

37-②

照會事通牒明日下午二點會議

照覆法館貴照會云京國政府將要鑄錢興工一事確係虛
説
照覆比館貴國普通博覽會請參之事准將屆期往赴
參
照覆清館駐仁川貴領事許引之回韓仍住之事准此訓行該
港監理
清館照會我外務部電開韓兵六七百名持槍越界攻擊該
兵焚燬民房設卡挖濠不容我兵往來實屬無理請照飭
開各節嚴切懲禁
又來函以我奉吉邊者被擾事送次照函送來奉復至仁

第 道

39-①

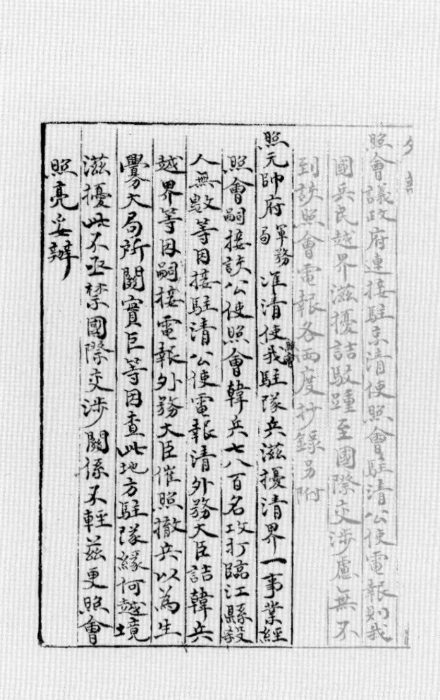

照會議政府連接駐京清使照會駐清公使電報則我
國兵民越界滋擾詰駁踵至國際交涉慮無不
到該照會電報各兩度抄錄另附
照元帥府局軍務 准清使我駐隊兵滋擾清界一事業經
照會嗣接該公使照會韓兵七八百名攻打臨江縣殺
人無數等因接駐清公使電報清外務大臣詰韓兵
越界等因嗣接電報外務大臣催照撤兵以為生
釁大局所關實巨等因查此地方駐隊緣何越境
滋擾此不亟禁國際交涉關係不輕茲更照會
照亮妥辦

40-①

咸北交界官報鍾島居民酷被清官勒斂難堪騷匪搶掠不奠厥
居故或派巡檢禁戢或舉公照索還者非止一再本官等與諸隊
官亦為和好益敦隣交之意言罷席散上江分署適在該郡江邊彼
之亂丸飛如雨下赤手尺刀莫敢抵敵只自掩面避丸入番巡檢僅
免傷命者當更犯之日使巡檢各持利械以備不虞特為轉
照 元帥府銃二百柄從速下送知照清使吏無揮兵行掠
鍾民見失物一一還推伏望
指令駐清公使領事什物免稅雖不載約章各國均已協議此等
境遇不得從衆認辦亦即報明
魯城郡報去月朔為日本人三卓來住本郡論山浦緣由報告

41-①

照比館本日下午四點半引見比總領事請屆期進宮
元軍照復清國邊界我兵民滋擾一事貴照閱悉而
官弁若果違越章程者合施當律連加操飭至若
徐相懋李範允事非本局所管
德館照復本使不能信齊奴甫之為德人該員拿交本館
以為審查
英館函英國領官畢禮里雅前往咸平兩道請領護照
函復英館護照繕交
函日館務安港滋擾一事貴領事若不將木牌撤銷民
情大怫請亟飭撤銷以復商務

第 道

42-①

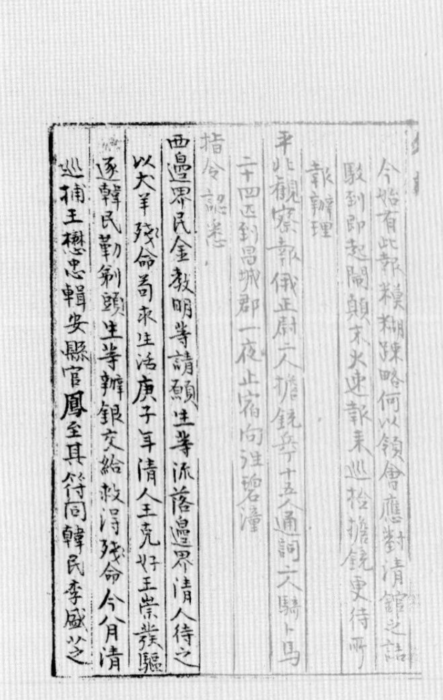

44-①

43-①

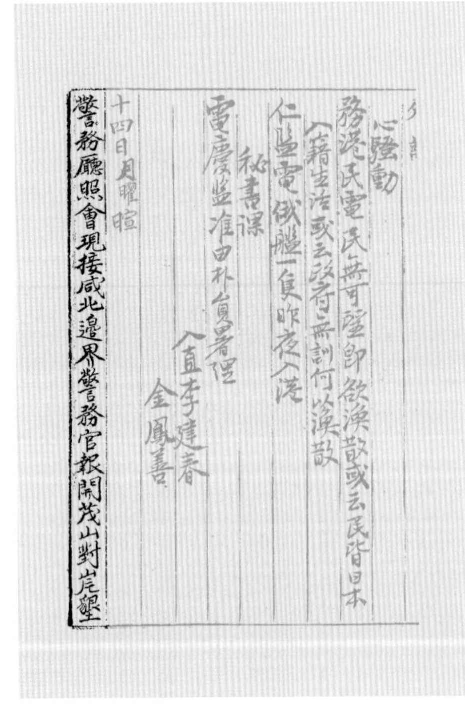

45-①

44-②

島居民酷經鬍匪婦女見奪什物被掠家舍穀堆被
燒一一區別成冊上送特為移照推還等因請移照清館
從速妥辦
江原觀察報告蔚珍郡屯山浦日商船一隻為風浪所
打船破物況情甚矜憐各別護送茲修報
美館照會韓人二百作黨把手於雲山樓谷金礦管理及
他美國人五六人被傷氣塞該亂魁李濟化捉交寧邊
觀察三日後郎放若此不已不得不放銃自護雇用外國
巡查以護各礦也請電飭嚴辦
通商局

45-②

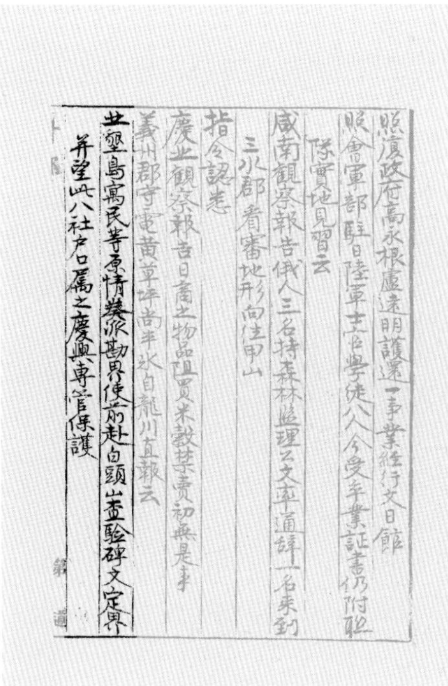
照復政府高永根盧遠明護還一事業經行文日館
照會軍部駐日陸軍士官學徒八人今受卒業証書仍附聯
隊實地見習云
咸南觀察報告俄人三名持森林監理之文率通辭一名來到
三水郡看審地形向往甲山
指令認悉
慶北觀察報告日商之物品阻買米穀禁責初無是事
義州郡守電黃草坪尚未氷自龍川直報云
廿 墾島寓民等原情請派勘界使前赴白頭山查驗碑文定界
并望此八社戶口屬之慶興專管保護

46-①

又原情函令勘劃本國舊界行我政令保我人民使清人勿
復肆虐
通商局
平監報告內藏院訓開毀城一款法人龍東與監理之子為約
等說事係虛妄必有從中搆誣希望招致本職之子與法
人裁判
指令據此照明內藏院不必裁判自可照釋
和監報告港郡分置以後諸般制置之格間各港同然依某
監公函各港租界外十里定界之內人口帳簿土地租稅應歸監
理管掌民刑詞訟亦早釐正且以主事中久勤解事人監

47-①

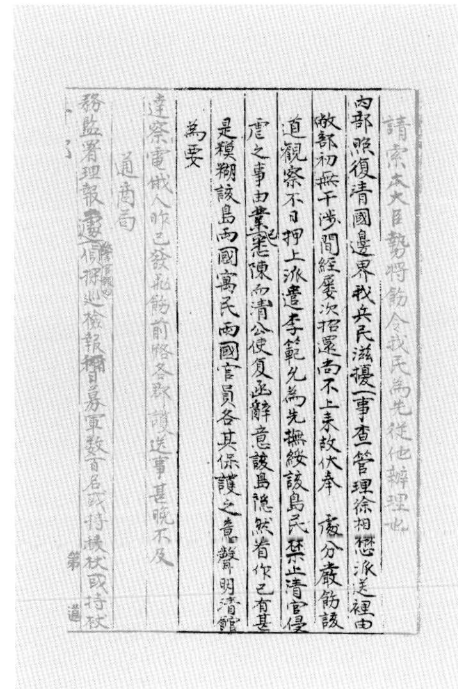
請索本大臣勢將飭令我民為先從他辦理也
內部照復清國邊界我兵民滋擾一事查管理徐相懋派送裡由
敝部初無干涉間經屢次招還尚不上來故伏奉 處分嚴飭該
道觀察不日押上派遣李範允為先撫綏該島民禁止清官侵
虐之事由業已陳而清公使復函辭意該島隱然看作己有甚
是模糊該島兩國寓民兩國官員各其保護之意聲明清館
為要
達察電俄人昨已發船飭前路各郡護送事甚晚不及
通商局
務監署理報邊界偵探巡檢報稱日募軍數百名或持槍杖或持杖

48-①

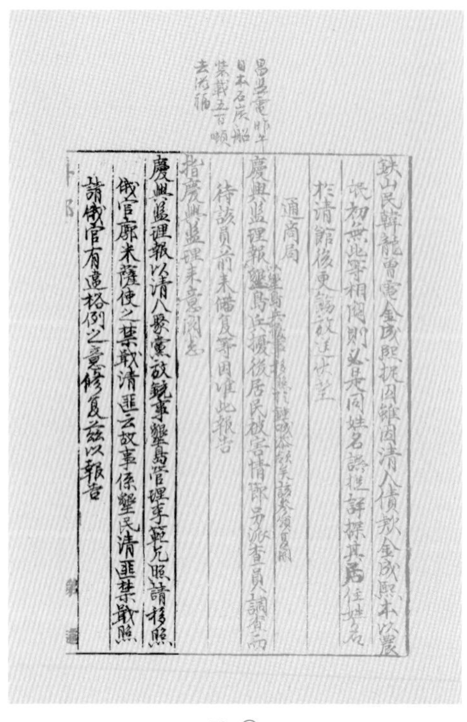

50-①

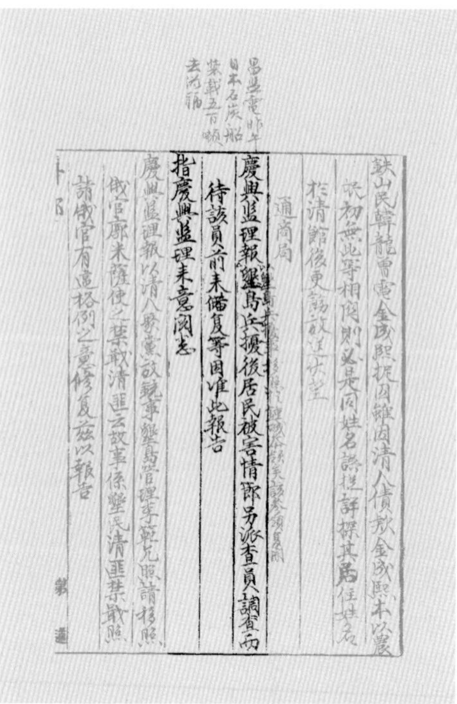

49-①

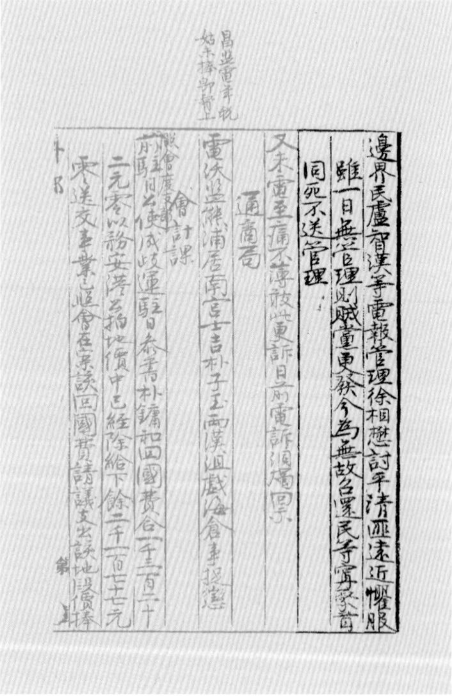

51-①

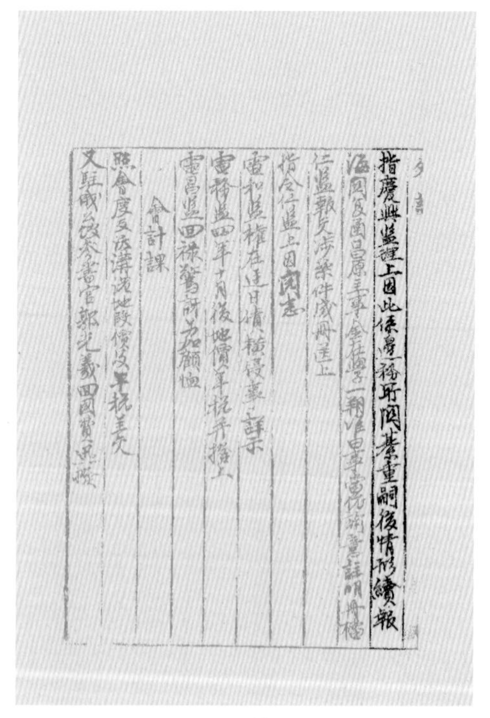

50-②

外記

照覆德館金城堂峴巡檢撤還事行文警務廳即請撤還
又貴公使悲惋之忱請轉
奏一事行文我 宮內府旋奏
上諭朕誠孝淺薄奄遭
明憲太后昇遐罔極曷喻玆荷慰問哀感實深即
將朕意轉致各國公使欽此等因准此照會查照
照會義館貴公使云云上同
照會英館貴公使云云上同
照覆俄館貴照會以韓清邊民滋鬧及我國官員李
範允亟要保護兵於貴國交界官一事查由本政府

52-①

另加團束諒無后慮實無関於貴國邊界無須
貴公使勤慮至若我官李範允請兵保護一節妄錯
非細施以相當懲罰
照覆學部英語教師仁川日語教師中學教師續合
同請議書頒署繳交
訓令駐美公使現아마國獨立承認一事謹
奏以該國獨立一二友邦既已承認本帝國義無異同
特為承認恐合妥宜伏俟
聖裁奉
旨依允

52-②

外記

奏欽遵轉達該國政府
訓令駐德公使朞年受服間不赴宴會殊屬妥當再
第一号訓令繳銷
訓令駐法公使上仝
平北觀察使報碧潼郡俄人伐木地抵鴨綠江幾里
形止現接該郡守具範書所報內伐木處在本郡
南距鴨江為九十里所伐之木檜木栢木等付役者
韓人六名俄人二名
墾島管理報去陰九月初清員楊德勝率兵作擾
居民家舍沒被燒毀移照鍾城隊叅領徐逆圭

53-①

會相妥辦清兵現為退還濱疕民人慘遭莫極查
案二冊付上知照駐京清公使被燒各件一一索
賠
通商局
訓令東萊監理內部照會內接准慶北觀察使李
允用報告內稱大邱郡月山里居李柄桓訴稱矣
等松山在於鐵道不遠之地日人數十名及姜仁伯
等謂以買秘斫去揮鉤斫斷又受傷者五人云云
等因即往行見日使覆稱此係地方問題監理
與領事交涉可也云云即行日領事交涉該他

53-②

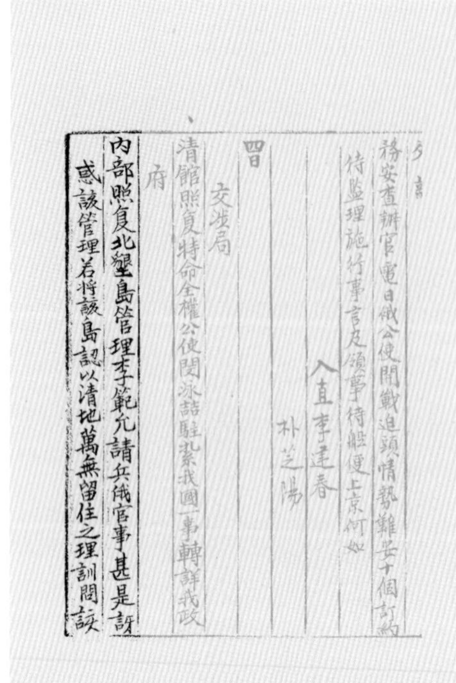

55-①

54-①

56-①

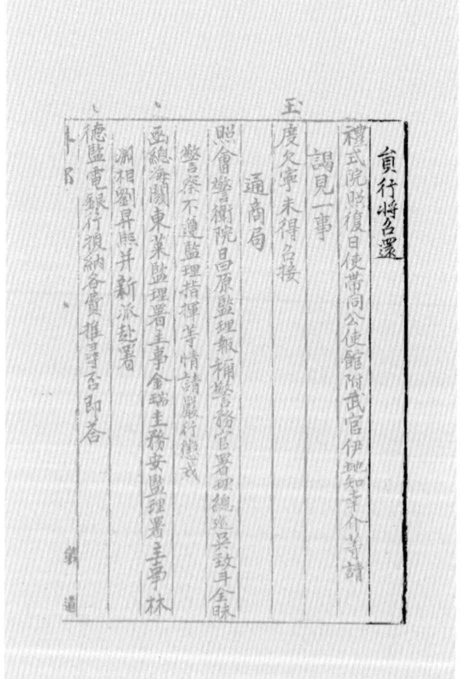

55-②

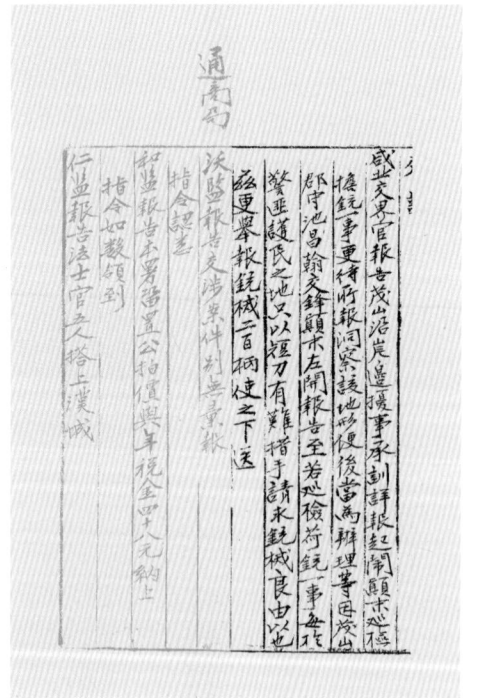

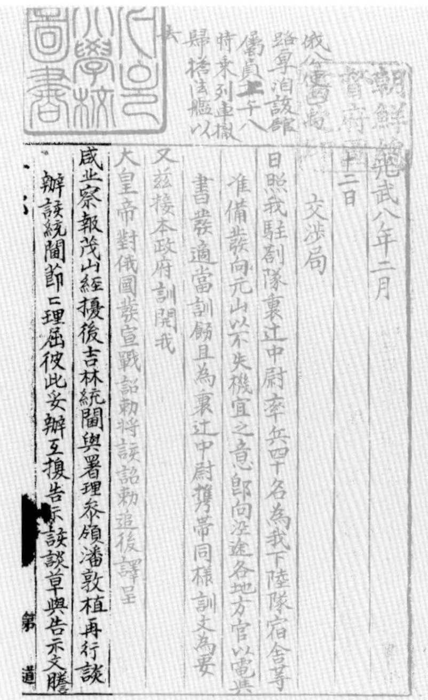

俄公使館所
路章泊該館
屬員十二八
特來列車撤
歸橋法艦以

光武八年二月

交涉局

十二日

日照我駐劄隊東辻中尉率兵四十名為我下陸隊宿舍等
准備發向元山以不失機宜之意即向沿途各地方官以電與
書發適當訓飭且為東辻中尉携帶同様訓文為要
又茲接本政府訓開我
大皇帝對俄國發宣戰詔勅將該詔勅追後譯呈
咸北察報茂山經擾後吉林統閣與署理叅領潘敦植再行談
辦該統閣節〻理屈彼此妥辦互換告示該草與告示文謄

57-①

上

照會 宮府特接美使照開美人山島應受金已為八朔滯
留況今該員隨其船便還國倘伊發還之前天有出采只
將伊之應受額責償等因准此照會
駐日公館昨夜宣戰詔勅頒佈
完察電昨日電告日人所請何以為之回敎伏望
又電日人所請事兩次電達未承回教南原住實亦有此等
請求郡報踵至何以為之即回教
又電日人求請事已為三次電達伏想下燭即為回敎
照會日館接貴照以貴国中尉東辻為下陸隊宿舍事准

57-②

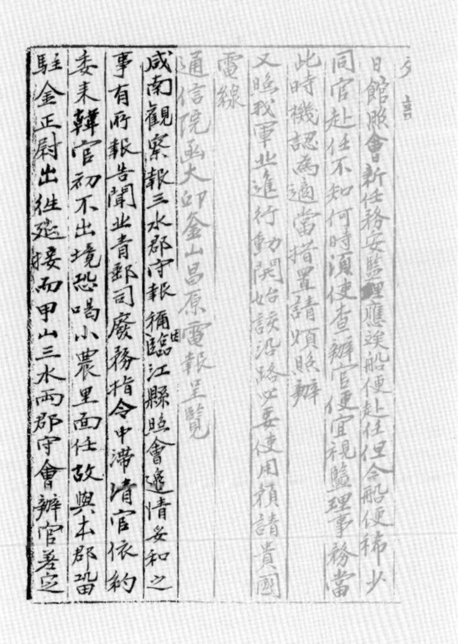

日館照會新任務安監理應送船便赴任但今船便稀少
同官赴任不知何時須使查辦官便宜視監理事務當
此時機認為適當措置請煩照辦
又照我軍北進行動開始該沿路以要使用續請貴國
電線
通信院函大邱釜山昌原電報呈覽
咸南觀察報三水郡守報稱臨江縣照會邊情妥和之
事有府報告聞北青郡司處務指令中滯清官依約
委來韓官初不出境恐喝小農里面任故與本郡留
駐金正尉出往延接而甲山三水兩郡守會辦官差定

58-①

訓令未到不得會辦更約會辦之意飭飭三甲兩郡
守
通信院函晉州電司電報呈覽
駐清公館電公使與船往天津經費即送
完察電日人請求並因暫伏望回教
通商局
務監署理報各國居留地內地段三月十五日會衆公
拍
仁監報俄公使泊士官一人兵丁五十餘名來港即入
法艦

58-②

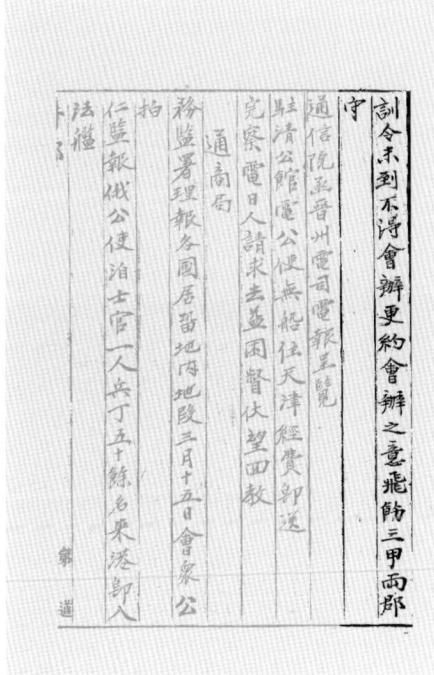

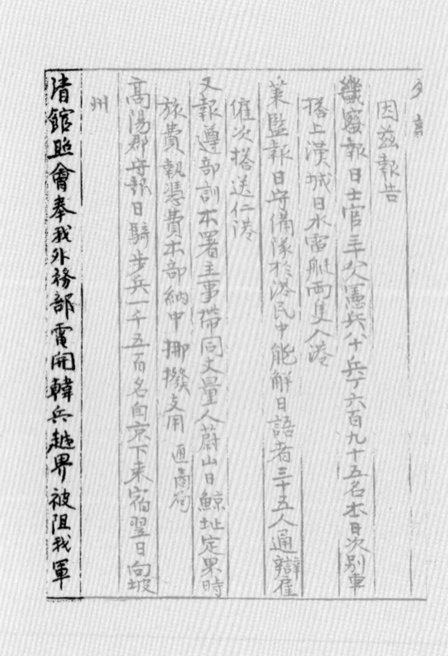

60-①

59-①

61-①

60-②

北墾島管理報本員住所與俄官住處相距不遠別無交
涉而俄官廓米薩甬畧懷不恒懇然有沮寧有請彼兵
保護吾民之理乎誣稱請兵之說照詰俄使
又 勘界一款不可一日遲而另派可堪官員永勘地界
又 清員縱兵匪四五百名枚各社縛囚韓民三千餘人搶奪
財産
仁監電英艦一隻今出日艦一隻今入
又 法艦一隻今入
又 日水雷艇八隻今出
元監電英艦一隻往城津

62-①

北墾島管理報本員住所與俄官住處相距不遠別無交
涉而俄官廓米薩甬畧懷不恒懇然有沮寧有請彼兵
保護吾民之理乎誣稱請兵之說照詰俄使
又 勘界一款不可一日遲而另派可堪官員永勘地界
又 清員縱兵匪四五百名枚各社縛囚韓民三千餘人搶奪
財産
仁監電英艦一隻今出日艦一隻今入
又 法艦一隻今入
又 日水雷艇八隻今出
元監電英艦一隻往城津

63-①

北墾島管理報本員住所與俄官住處相距不遠別無交
涉而俄官廓米薩甬畧懷不恒懇然有沮寧有請彼兵
保護吾民之理乎誣稱請兵之說照詰俄使
又 勘界一款不可一日遲而另派可堪官員永勘地界
又 清員縱兵匪四五百名枚各社縛囚韓民三千餘人搶奪
財産
仁監電英艦一隻今出日艦一隻今入
又 法艦一隻今入
又 日水雷艇八隻今出
元監電英艦一隻往城津

64-①

交涉局
日館照會接貴照復內開此次爆藥之變出於意外實深
驚怍吉永洙等隨拿查悉警察事務另加團飭等因查
其所不穩之狀不于當夜而止延至今日人心不安而貴警使猶
且恬然若不相與知者本使專以當地治案之維持為其慮故也請
將本使前此聲明一番留意
又 貴我議定書請揭載官報一事貴政府尚不實行本使實所未
解望貴政府將該議定書訂立速令各地方官一體知悉極認
至要乞即措辦且官報揭載一事亦即實行
照會議政府請使照閱茲準奉天將軍來文前因韓民李盛之等聯名

65-①

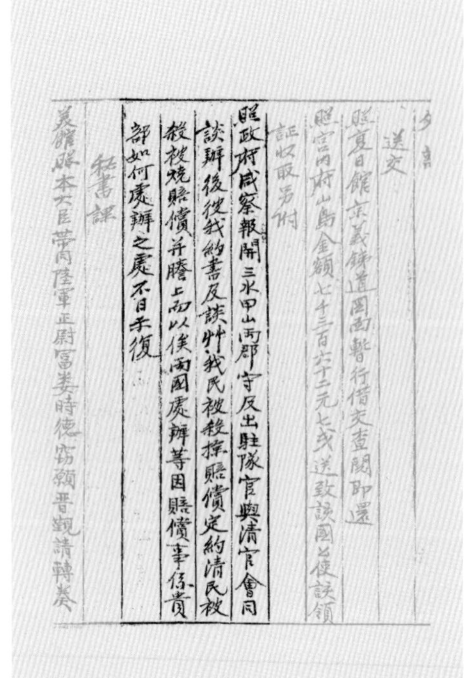

照政府咸察報開三水甲山兩郡守反出駐隊官與清官會同
談辦後彼我約書及訣我民被殺掠賠償定約清民被
殺被燒賠償并騰上而以俟兩國處辦等因賠償事係責
部如何處辦之處不日示復

66-①

呈許徐相懋擅作威福假官誘詐民不堪虐懇請飭逐當即
飭令輯安縣查覆旋據稟稱徐相懋在輯界往來擾害更甚
等因請速照韓政府即將徐相懋撤回等情查其任意妄為亦
將激成邊釁請貴大臣奏請將徐相懋即日撤回等因查徐
員率衆過江恣意苛虐妄自行動將感邊釁殊甚駭惋即
行拿還查核嚴懲

65-②

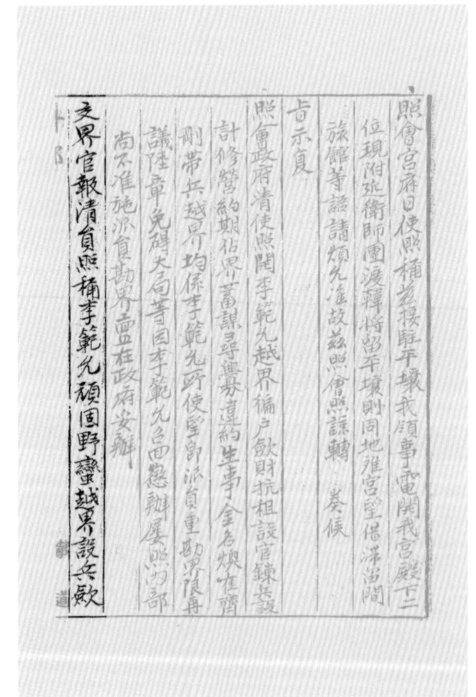

交界官報清員照稱李範允頑固野蠻越界設兵款

68-①

67-①

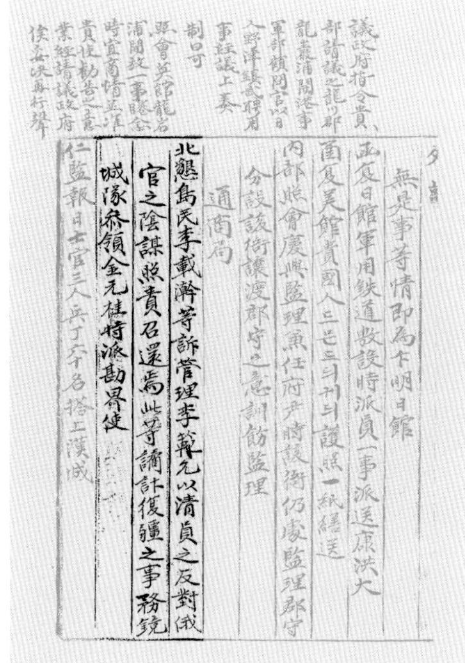

69-①

68-②

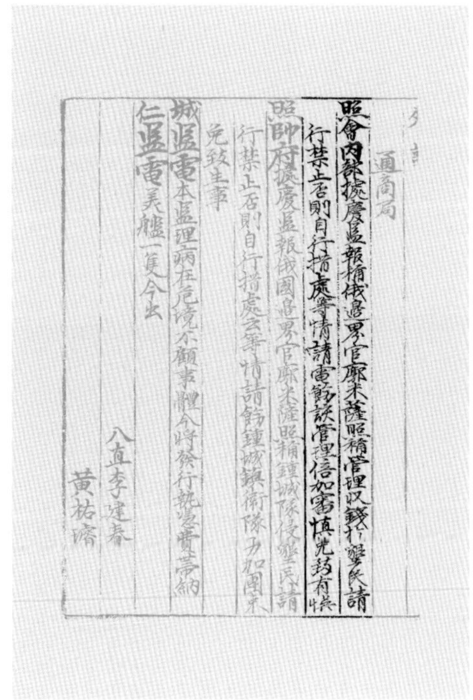

71-①

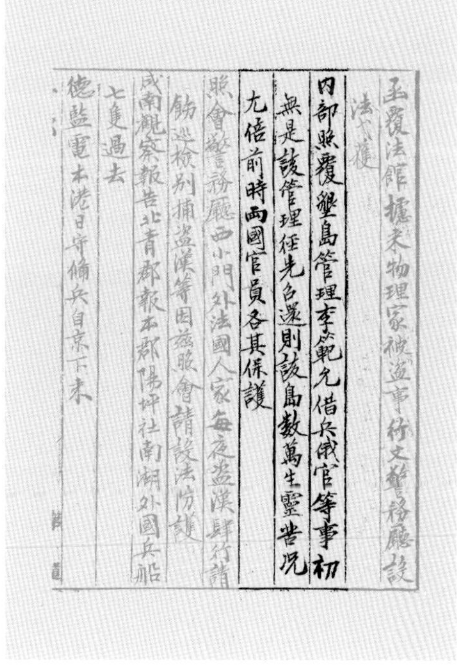

70-①

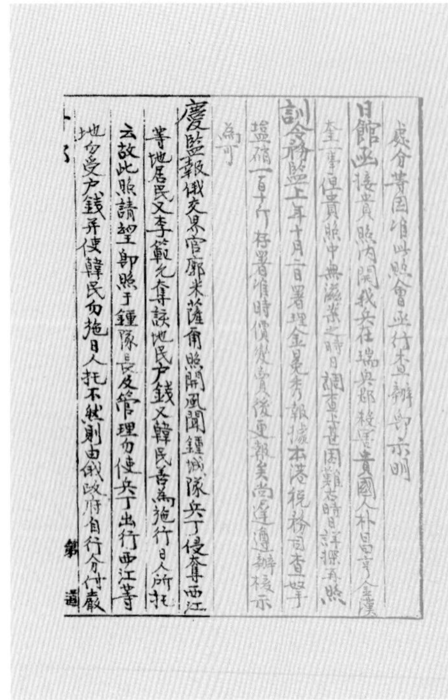

73-①

72-①

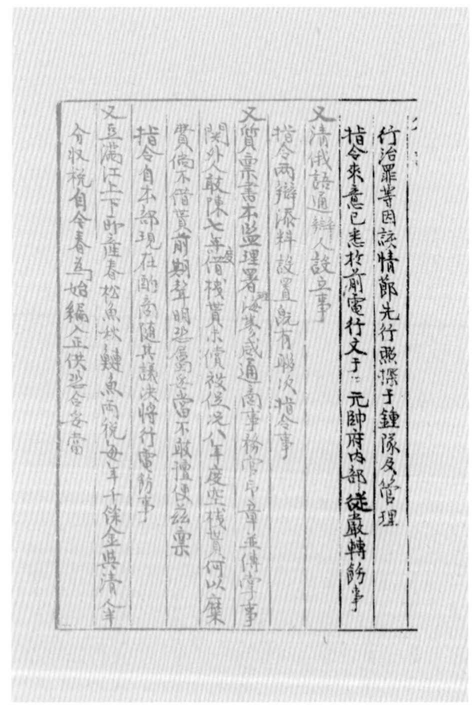

73-②

請願書

請願書

普天之下에有土則有民하고有民則有官하야官以法治民하고民依法賴安은卽世界上通行常理也而獨於間島에有民無官하야彼人壓侮와斯民受困이不一其端也間島居民本是北道內貧寒之類로荐値歉荒에窮不自存하와生命爲要로肥沃此土을認若食天하고携挈眷越寓하엿ᄉᆞ오나天良所在에思切懷土하와日望祖國에惟伏俟勘界濟民之秋이옵더니尚此寥然偲不會하와按例讓島하며邊警署까지廢止하고使此衆民으로遐棄於清人壓之下하오니計窮望絶하야此將向何依誰而保生乎잇가殺人如麻하되全無成獄하고匪賊이邊熾하되亦無戢警하오니其所矜憐이尚復何如哉大抵疆土로論之라도白頭山

1-①

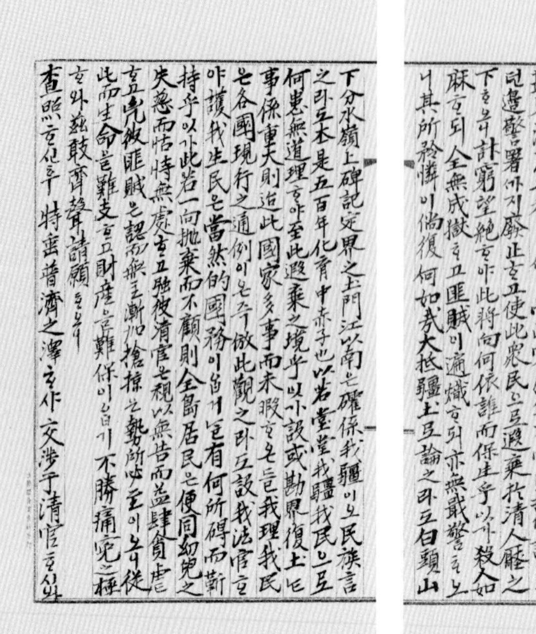

下分水嶺上碑記定界之土門江以南은確係我疆이오民族言之라도本是五百年化育中赤子也以若堂堂我疆我民으로何患無道理하야至此遐棄之境乎잇가設或勘界復土난事係重大則迨此國家多事而未暇하오믄我理我民은各國現行之通例이온즉倣此觀之라도設我法官하야護我生民은當然的國務이옵거날有何所碍而靳持乎잇가此若一向拋棄而不顧則全島居民은便同幼兒之失慈而恃特無處하고雖彼清官은視以無告而益肆貪虐하고況彼匪賊은認而無主漸加搶掠之勢所必至이오니從此而生命을難支하고財産을難保이옵기不勝痛冤之極하와玆敢齊聲請願하오니
査照하신後 特垂普濟之澤하샤 文涉于清官하시와

1-②

確定約章하시고遣官設法하오셔一以振國權하고一以保民生케하심을伏望

光武十一年二月二十九日

北間島居民代表者 朱範中
金賢默
金甲昇

議政府參政大臣 閣下

1-③

議政府參政大臣 參贊 局長 課長

請願書

北墾島居民崔亮濬等

竊伏惟本島形便은伏想 廟堂으로已有所洞諒이온바今見我民之流寓是島者殆爲十餘萬生靈이라嗚呼民之羣居에無法則亂은勢所必致이目下情形이如懸匏之絶纓하야上無管官하고下無訴冤之地하야生爲無將之卒이오死亦無頭之鬼라人是韓民이오地雖韓地나今云清界하니結稅戶役은勢所難免이어니와以外侵虐과無名誅求가日多一日하야一年一戶之所徵이殆至數三百金이오又或撗羅하야

光武十一年四月二日

2-①

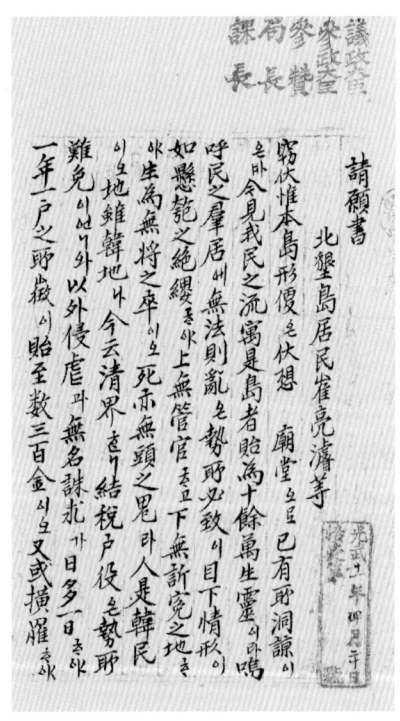

一八其內則隨家所存을無不奪去ᄒᆞ온니衣此無
告之氓이何以支生乎아欲歸故國則赤手難起오
欲爲仍居則白地見逼ᄒᆞ온니悠悠蒼天아此何民斯
오轉聞則自吉林省으로已有加虐韓民之訓ᄒᆞ고
本島正堂之官도亦無現著之虐令이其所侵暴
는專由於淸官之下隷와我民中通譯者類가符同
淸匪ᄒᆞ야百弊가層生ᄒᆞ온니若命我國專管之民
長ᄒᆞ야與淸官으로談辦定約ᄒᆞ야結稅戶役도交
涉收納ᄒᆞ고約外攙侵은移照截禁則通譯輩을
何難捉懲이며淸官下隷도亦當畏憚故로已爲

2-②

獻議於 中樞院ᄒᆞ와移照 本府이옵거니와且今
設始가正當其時라日軍隊가駐劄邊界ᄒᆞ니淸人
忌憚이見於氣色이라苟使最近ᄒᆞᆫ明吏로特定民
長이면國無預筭之費ᄒᆞ고民無排斂之弊라도與
日滋로表裏做事則勢在必然ᄒᆞ야的有滋生之
理이옵기千里褁足ᄒᆞ야弊瘼諸件을粘連仰訴ᄒᆞ
오니 査照ᄒᆞ오셔特定民長ᄒᆞ시와使此島民으로
幸蒙 雨露之澤게ᄒᆞ심을千萬泣祝

弊瘼條件

一土稅난淸國一日畊에韓錢二兩二錢式原定而更補

2-③

縮錢ᄒᆞ고加捧二三兩
一牛馬豕猪之稅을新設ᄒᆞ고無論商牛農牛ᄒᆞ고逐
隻打價ᄒᆞ야百兩頭의五兩式收稅則上牛一隻은稅
至三四十兩이오中牛一隻에亦爲數十兩이오至於小
犢에도亦難免六七兩而如或漏於稅冊이거나或
爲換賣而違於毛色則永爲屬公白奪ᄒᆞ고其外
에亦多有弄懲之弊
一家屋之新建과車輛之改造에稱以木稅ᄒᆞ고無恒
定數ᄒᆞ야稍饒則多捧ᄒᆞ고貧殘則隨存收捧
一火木每車에時價五六兩而淸館所給은不過五六

2-④

錢一年統計에乃至數萬兩也
一豆滿江域에派駐兵丁이稱以稽査處라ᄒᆞ고日用
糧米馬草鹽醬器具各種을俱自我民債納而
不給價文ᄒᆞ고又稱修館等城ᄒᆞ고每社人夫幾百名
式督役而無一分雇價也
一各社에或有告示事件則韓錢五兩式依例準捧
ᄒᆞ고若淸兵이持告示來到則每社에四五十兩責捧
一各項車貰난每社에六七十兩인되無一分出給
一民有寃抑事ᄒᆞ야或致訟于淸館則無論曲直
ᄒᆞ고多者幾千兩式責捧後放釋

2-⑤

二韓民中通譯許多浮浪之輩가各持酒餠果子
眞梳等物ᄒᆞ고散於各處ᄒᆞ야計其本錢이爲錢
이어ᄂᆞᆫ督捧者二三兩而咸喝毆打가甚於官卒
ᄒᆞ고一人今日過ᄒᆞ면不過數日에又一人來到ᄒᆞ야犬
吠之聲이不絶柴門ᄒᆞᆫ즉若是而無告殘氓이
何以支生乎잇가哀哉痛哉
一近日鍾會兩郡間에有好事者幾人ᄒᆞ야名稱島
民ᄒᆞ고有何所懇ᄒᆞ시지呈訴 內部ᄒᆞ야復設邊
警ᄒᆞ고又聘顧問官ᄒᆞ야經費筭額五萬圜을
收斂于島民ᄒᆞ기로已定公約이라ᄒᆞᆫ즉果如是言

2-⑥

則此ᄂᆞᆫ亂民之機也오殺民之計也弊瘼은如左ᄒᆞ니
二島民은屢經警務之貪虐ᄒᆞ야猶如驚弓之鳥로
風聞邊警復設之說ᄒᆞ고矇然恍惚ᄒᆞ야未知措
手者是ᄒᆞ고互相沸騰ᄒᆞ니民安支保리오
三結稅戶役을逐朔收給于淸館ᄒᆞ고又邊警經費
金額을排斂島民이면安得圖生乎
四此島ᄂᆞᆫ本非貿易交通之港이어ᄂᆞᆫ三國官吏가
互相管轄이오면安能奠民奠며淺識殘氓이
溺於競爭中ᄒᆞ야豈可安接哉
五韓日官吏가互相句管이며淸露ᄂᆞᆫ不知其理由

2-⑦

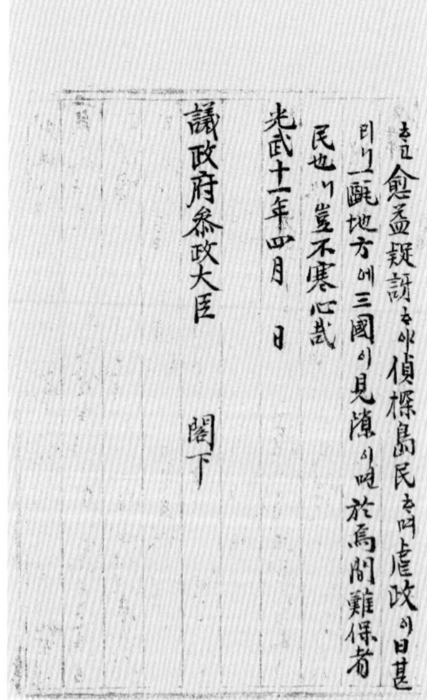
ᄒᆞ고愈益疑訝ᄒᆞ야偵探島民ᄒᆞ며虐政이日甚
ᄒᆞ니一旣地方에三國이見侵이면於焉間難保者
民也니豈不寒心哉
光武十一年四月　日
議政府叅政大臣　閣下

2-⑧

吳丙鉉 韓永順 金元心 李致俊 朴元有 鄭君吉
吳友鉉 梁利順 金元文 金利和 金汝三 崔相鶴
玄仁京 崔學松 玄子允 金庚天 羅亨心 李時和
玄雲京 李正極 申仁官 南奎啓 安成周 金汝官
吳子鳳 吳成三 鄭啓豐 金貞五 宋基彥 李鳳旭
吳贊五 申仁成 玄道先 李成录 金鍾九 張齊賢
金成玉 金景三 玄道允 鄭仁順 趙明瑞 尹京順
韓應萬 沈成祿 鄭元泓 元成瑞 南弘俊 金春伯
鄭東秀 朴道一 金貞七 南魏彥 朴士賢 崔南元
金貞葉 吳相雄 南君弼 金丙浩 朴允燮 金仲天

2-⑨

獻議書

北墾島民 崔亮濬等

伏以關北之白頭山은 迺大韓江山之太祖也라 蔚然東落하야
一脉이 自分水嶺으로 直走爲先春嶺하니 兌城琿城之脉이 亦
傍落爲支孫也라 盖嶺有先春之大하고 江有松花之大하니
天所以限兩國地界者也라 昔在 麗朝尹文肅公吳文
襄公이 驅靺鞨於嶺之外하며 闢土地於邊之北하고 定界立
碑於先春嶺而且大明朝의 亦以此界로 爲交界之證이 亦
明矣라 逮我
世宗祖時淸國康熙五十一年五月十五日에 總管穆克登峴과

3-①

張希順 林興允 朴士七 趙有男 尹敬始 金道汝
朴文重 朴大彦 金炳浩 金相範 石明叔 黄重天
張武庚 金時仲 朴浩烈 金春伯 梁九汝 李官三
吳永云 金成國 鄭順和 崔君學 許子文 林永壽
吳君三 朴大允 李成吉 全奉三 金道一 劉文三
金義允 太興國 林仁植 李允中 李圭哲 孫完日
吳必俊 鄭重三 林君彦 朴元實 吳相熙 金汝山
吳必云 李允三 崔子和 金明憲 金基文 李元赤
李和汝 金炳烈 崔炳彦 林亨奎 金宗千 李學均
李和伯 鄭學鉉 金順文 金明郁 金學周 趙貞河

2-⑩

하야 蕩産敗家하고 以圖活計로 扶老携幼하고 離鄕入島하니
語音을 不通하야 猶如啞々 相對키로 通譯輩가 符同淸匪
하야 勒奪民財를 如反手掌하고 歆爲[illegible]充庫者가 非止
一再오 旣失其地라 又何失民이리오 嗚呼라 民之羣居에 無法則
亂하고 無長則亡은 勢所必至라 虐待는 日甚日하고 勒稅는
日多一日하야 非我
大皇帝陛下의 赤子오 惟爲淸人俎上之肉이라 幾十萬生靈이
安堵가 無路키로 與有志同胞로 究其免威脅하며 濟此島民
之策則六郡之中에 本島의 最近한 明吏로 特定民長하고
與淸官으로 互相交涉하야 結稅戶役을 使民長으로 收給于淸關

3-③

通官穆爾昌이 奉欽査邊界之命而命有以明界로 爲界
也旨故로 行止于分水嶺而我國本使는 纔到鏡城하야 偕送
軍官金慶門許良하야 往與淸使로 偕往白山하야 勘界於
分水嶺하고 勒石爲記則定界一片石이 千秋不泯하니 可與
共語者是耳라 碑文에 云西爲鴨綠하고 東爲土門하니 名은
松花江也라 而今木柵土屯이 現在數十里則淸國도 一遵大明之
界하고 我朝도 亦遵麗朝之界하야 守可勿失而噫彼穆克登峴
이 惹我朝之微意하고 還國復命하야 即於同年八月日에 設
城於琿春하고 越五年春에 又設于秦城하니 則今所謂墾島
者此也라 噫我本人等은 或逢於饑歲하며 或惟於貪官之毒手

3-②

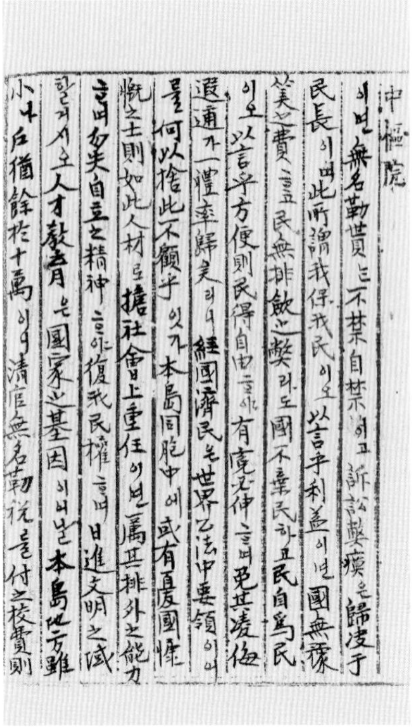

中樞院

이면 無名勒貰는 不禁自禁이고 訴訟弊瘼은 歸波于
民長이며 此所謂我保我民이오 以言乎利益이면 國無祿
笑之費ㅎ고 民無排斂之弊라도 國不棄民하고 民自爲民
이오 以言乎方便則民得自由ㅎ야 有寃必伸ㅎ며 免其凌侮
遐邇가 一體率歸矣리니 經國濟民은 世界之法中要領이어
를 何以捨此不顧乎잇가 本島同胞中에 或有直處國慷
慨之士則如此人材로 擔社會上重任이면 屬其排外之能力
ㅎ며 多矣自立之精神ㅎ야 復我民權ㅎ며 日進文明之域
할지어오 人才敎育은 國家之基因이어날 本島四方雖
小나 戶猶餘於十萬이오 清官無名勒稅를 付之校費則

3-④

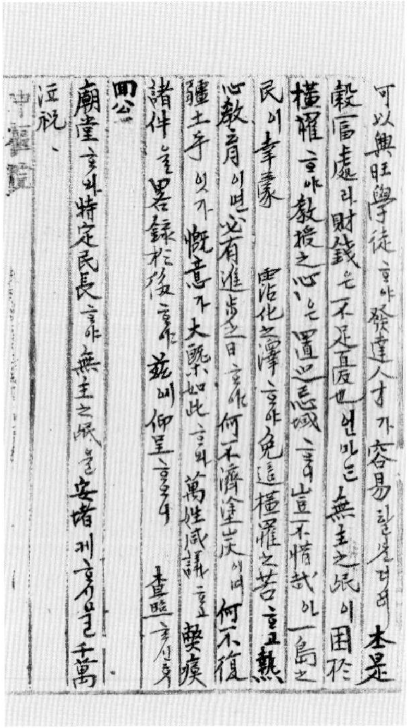

可以興旺學徒ㅎ야 發達人才가 容易할뿐더러 本是
穀富處라 財錢은 不足直慮也연마는 無主之民이 困於
橫罹ㅎ야 敎授之心은 置之忘域ㅎ니 豈不惜哉아 一島之
民이 幸蒙 雲沾化之澤ㅎ야 免這橫罹之苦ㅎ고 熟
心敎育이면 必有進步之日ㅎ야 何不濟塗炭이며 何不復
疆土乎잇가 慨意가 大槩如此ㅎ와 萬姓咸議ㅎ고 弊瘼
諸件을 畧錄於後ㅎ야 玆에 仰呈ㅎ오니 查照ㅎ신후
回公ㅎ
廟堂ㅎ와 特定民長ㅎ야 無主之民을 安堵케ㅎ심을 千萬
泣祝

中樞院

3-⑤

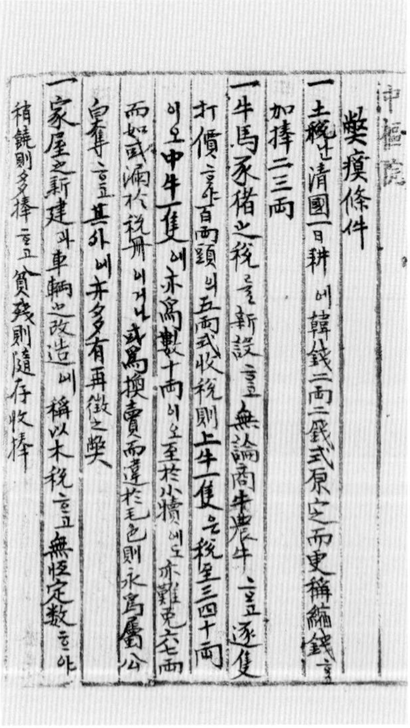

中樞院

弊瘼條件

一 土稅는 淸國一日耕에 韓錢二兩二錢式原定而吏稱縮錢ㅎ고
加捧二三兩

一 牛馬豕猪之稅를 新設ㅎ고 無論商牛農牛ㅎ고 逐隻
打價ㅎ야 百兩頭의 五兩式收稅則上牛一隻은 稅至三四十兩
이오 中牛一隻에 亦爲數十兩이오 至於小犢에도 亦難免六七兩
而如或漏於稅冊이거나 或爲換賣而違於毛色則永爲屬公
皂隸ㅎ고 其外에 幷多有再徵之弊

一 家屋之新建과 車輛之改造에 稱以木稅ㅎ고 無恆定數ㅎ야
積饒則多捧ㅎ고 貧殘則隨存收捧

3-⑥

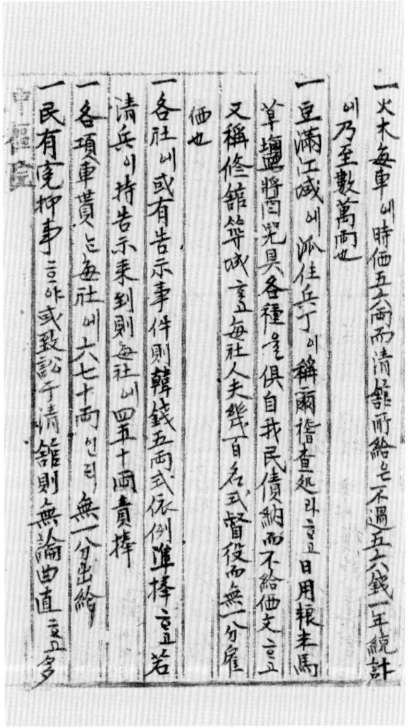

一 火木每車에 時價五六兩而淸館所給은 不過五六錢一年統計
에 乃至數萬兩也

一 豆滿江域에 派住兵丁이 稱爾稽查処라ㅎ고 日用粮米馬
草鹽醬器皿具各種을 俱自我民債納而不給價文ㅎ고
又稱修舘等役ㅎ고 每社人夫幾百名式督役而無一分雇
價也

一 各社에 或有告示事件則韓錢五兩式依例準捧ㅎ고 若
清兵이 持告示來到則每社에 四五十兩責捧

一 各項車貰는 每社에 六七十兩인되 無一分出給

一 民有寃抑事ㅎ야 或致訟于淸舘則無論曲直ㅎ고 多

中樞院

3-⑦

中樞院

者幾千兩式責捧後放釋

一韓民中通譯許多浮浪之輩가各持酒餅果子眞梳等物ᄒᆞ고散於各處ᄒᆞ야計其本錢이爲錢이어늘賚捧者二三兩而威喝毆打가甚於官卒ᄒᆞ고一人今日過ᄒᆞ며一不過數日에又一人來到ᄒᆞ야犬吠之聲이不絶柴門ᄒᆞ오니若是而無告殘氓이何以支生乎잇가哀哉痛哉

一近日鍾會兩郡間에有好事者幾人ᄒᆞ야名稱島民ᄒᆞ고有何所懲인지呈訴 內部ᄒᆞ야復設邊警ᄒᆞ고又聘顧問官ᄒᆞ야經費筭額五萬圜을收斂于島民ᄒᆞ기로

3-⑧

已定公約이라ᄒᆞ오니果如是言則此ᄂᆞᆫ亂民之機也오殺民之計也弊瘼은如左ᄒᆞ니

二島民은屢經警務之貪虐ᄒᆞ야猶如驚弓之鳥로風聞邊警復設之說ᄒᆞ고疃然慌惚ᄒᆞ야未知措手着足ᄒᆞ고互相沸騰ᄒᆞ니民安支保리오

三結稅戶役을逐朔收給于淸關ᄒᆞ고又邊警經費金額을排斂島民이면安得圖生乎

四此島ᄂᆞᆫ本非貿易交通之港이어ᄂᆞᆯ三國官吏가互相管轄이면安能無民弊며淺識殘氓이溺於競爭中ᄒᆞ야豈可安接哉

中樞院

3-⑨

中樞院

五韓日官吏가互相句管이며淸露ᄂᆞᆫ不知其理由ᄒᆞ고愈益疑訝ᄒᆞ야侵挾島民ᄒᆞ며虐政이日甚矣리니一區地方에三國이見凌이면於焉間難保者民也니豈不寒心哉

光武十一年四月 日

中樞院 議長 閣下

3-⑩

吳丙鉉 韓永順 金元心 李發俊 朴元有 鄭若吉
吳友鉉 梁利孫 金元史 金利和 金汝三 崔相禹
玄仁京 崔學松 玄子允 金庚天 羅享心 李時和
玄雲京 李正極 申仁官 南奎哲 安成周 金汝官
吳子鳳 吳成三 鄭啓豊 金貞五 吳奎彦 李鳳郁
吳贊五 申仁成 玄道先 李成錄 金鍾九 張際贊
金成玉 金景三 玄道允 鄭仁順 趙明瑞 尹京順
韓應萬 沈成錄 鄭元泓 元成瑞 南泓俊 金春伯
鄭東泓 朴道一 金貞七 南魏彦 朴士賢 崔南元
金貞業 吳相雄 南君泓 金丙浩 朴允燮 金中天

中樞院

3-⑪

西邊界流寓民羅成三等請願書

4-①

3-⑫

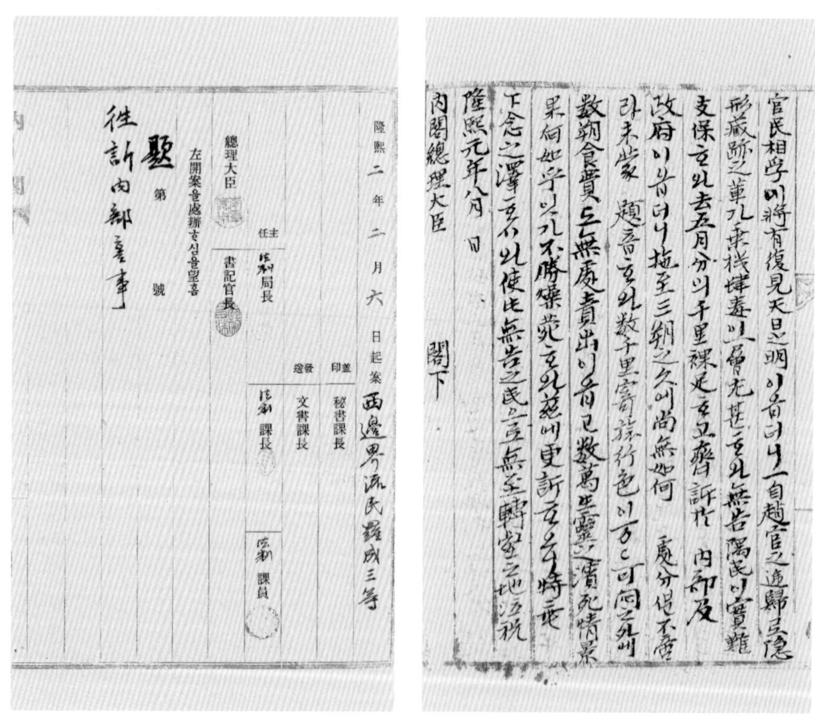
隆熙二年二月六日起案 西邊界流民羅成三等

總理大臣	主任 局長	印蓋 秘書課長
書記官長	發送 文書課長	課長
		課員

左開案을處辦ᄒ심을望홈

題 第 號

往訴內部事

5-①

4-②

5-③ 5-②

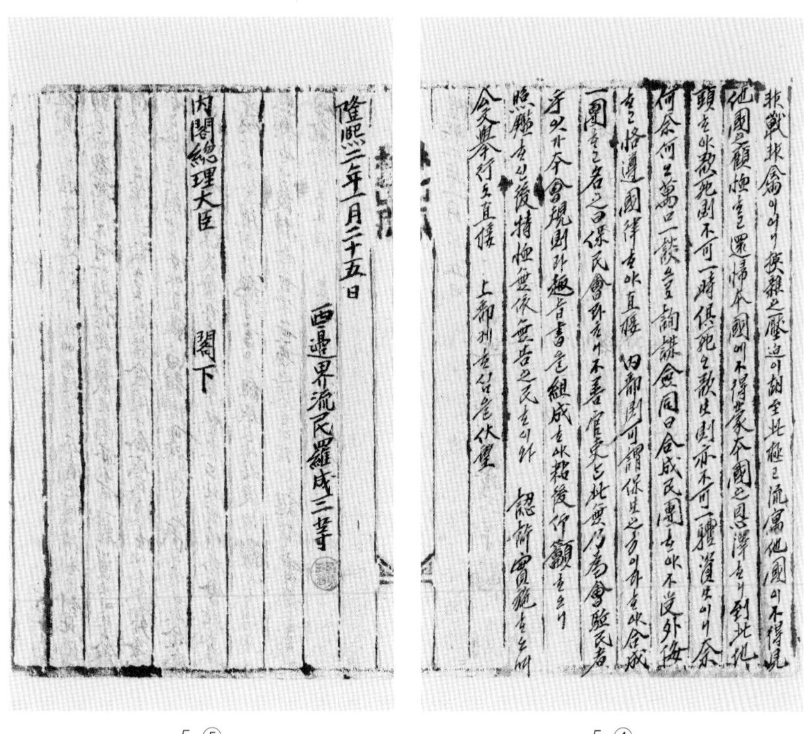

隆熙二年十一月二十五日

西邊界流民羅成三 等

內閣總理大臣 閣下

5-⑤ 5-④

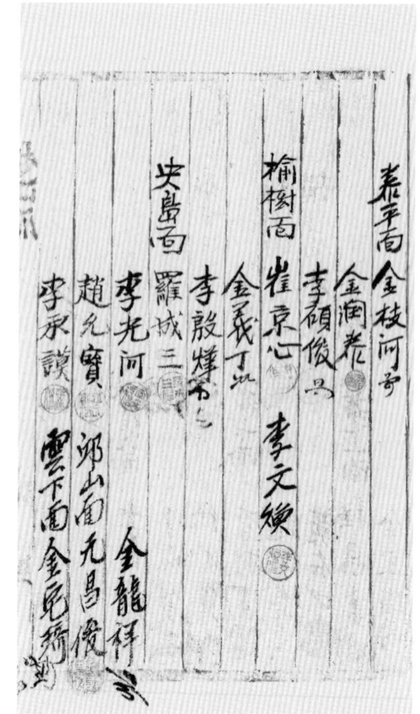
泰平面 金枝河
金潤老
李碩俊 李文煥
榆樹面 崔京心
金義丁
李敬燁
安島面 羅城三
李光河 金龍祥
趙允寶 郊山面 允昌俊
李秉讃 雲下面 金允稱

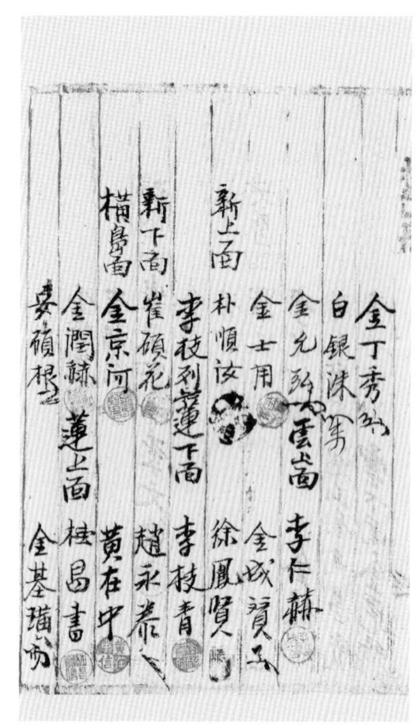
金丁秀
白銀洙
金允弘 雲上面 李仁赫
金士用 金成賢
新上面 朴順汝 徐鳳賢
李枝烈 蓮下面 李枝青
新下面 崔碩元 趙永泰
楢島面 金京河 黃在中
金潤赫 蓮上面 桂昌書
安碩根 金基瑞

5-⑥

5-⑦

西[illegible]上島保民會趣旨書

古之滕國은 間於齊楚ᄒᆞ야 事齊難 事楚難이러니 今之島民
은 間於韓淸ᄒᆞ야 事淸難 事韓難이로다 地是淸國而外民이
流寓則淸國之視韓民이 若未粟之有秕ᄒᆞ니 少無保護之理오
民是韓民而外國에 移接則韓國之視淸地ᄂᆞᆫ 如芭籬之遺物이
니 焉有顧恤之道哉아 自念情况에 無異無頭之蛇오 便同絶纓
之偏이라 借淸人之破屋ᄒᆞ며 墳淸人之墾田ᄒᆞ야 僅延活ᄒᆞ니 生不
如死여든 管理使徐尙懋之施毒에 島民之殞命者 十有二名이
오 假民長李晃求之侵漁와 進興社長金允祿之討索에 島民
之蕩産者 十常八九라 到此地頭ᄒᆞ야 若無禦侮之方針이면 嗚

民이 難保일너니 本島頭 十面 小民을 期會于中央楚山郞ᄒᆞ고 告以
保民會之趣旨則詢謀僉同ᄒᆞ야 皆曰可矣라ᄒᆞ니 此地此會ㅣ
豈獨人心이리오 亦由天意故로 島民千餘戶에 生靈數萬餘名이
合成一會ᄒᆞ고 組成規則ᄒᆞ야 臚列于左ᄒᆞ오니 今之島民이 古之韓
民이라 哀此故國庄長之骨肉이 豈彼異域相連之膈肚리오 春
鶴이 北鳴에 每催卯孫之思오 秋鴈이 南飛에 共切巢鳥之戀이라
土地家屋은 係於淸國ᄒᆞ야 淸國國律을 依ᄒᆞ며 人民義務ᄂᆞᆫ 歸於
韓國ᄒᆞ야 韓國國律을 尊遵ᄒᆞ되 匪徒雜類의 侵索을 禁戢
ᄒᆞ며 人民의 生命財産保全ᄒᆞᆷ을 懇望

5-⑨

5-⑧

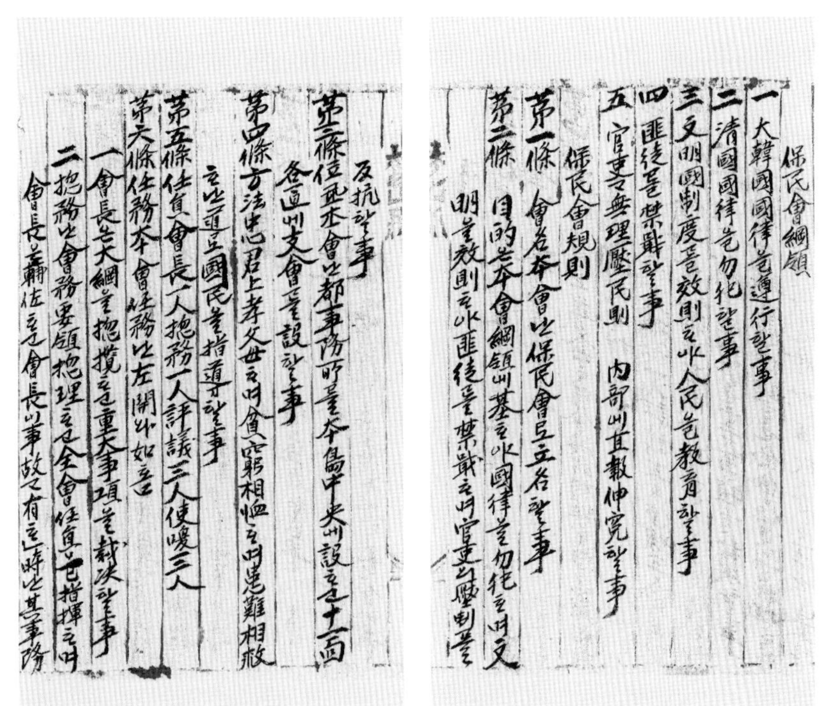

保民會綱領
一 大韓國國律을遵行ᄒᆞᆯ事
二 清國國律을勿犯ᄒᆞᆯ事
三 文明國制度를效則ᄒᆞ야人民을教育ᄒᆞᆯ事
四 匪徒를禁戢ᄒᆞᆯ事
五 官吏의無理壓民則 內部에直報伸究ᄒᆞᆯ事
保民會規則
第一條 會名은本會ᄂᆞᆫ保民會로定名ᄒᆞᆯ事
第二條 目的은本會綱領에基ᄒᆞ야國律을勿犯ᄒᆞ며文明을效則ᄒᆞ야匪徒를禁戢ᄒᆞ며官吏의壓制를

5-⑩

反抗ᄒᆞᆯ事
第三條 位置ᄂᆞᆫ本會의都事務所를本島中央에設ᄒᆞ고十面各面에支會를設ᄒᆞᆯ事
第四條 方法은忠君上孝父母ᄒᆞ며貧窮相恤ᄒᆞ며患難相救ᄒᆞ야道로國民을指導ᄒᆞᆯ事
第五條 任員은會長一人摠務一人評議三人使喚三人
第六條 任務ᄂᆞᆫ本會任務ᄂᆞᆫ左開와如홈
一 會長은大綱을摠攬ᄒᆞ고重大事項을裁決ᄒᆞᆯ事
二 摠務ᄂᆞᆫ會務要領을摠理ᄒᆞ고全會任員을指揮ᄒᆞ며會長을輔佐ᄒᆞ고會長의事故가有ᄒᆞᆫ時ᄂᆞᆫ其事務

5-⑪

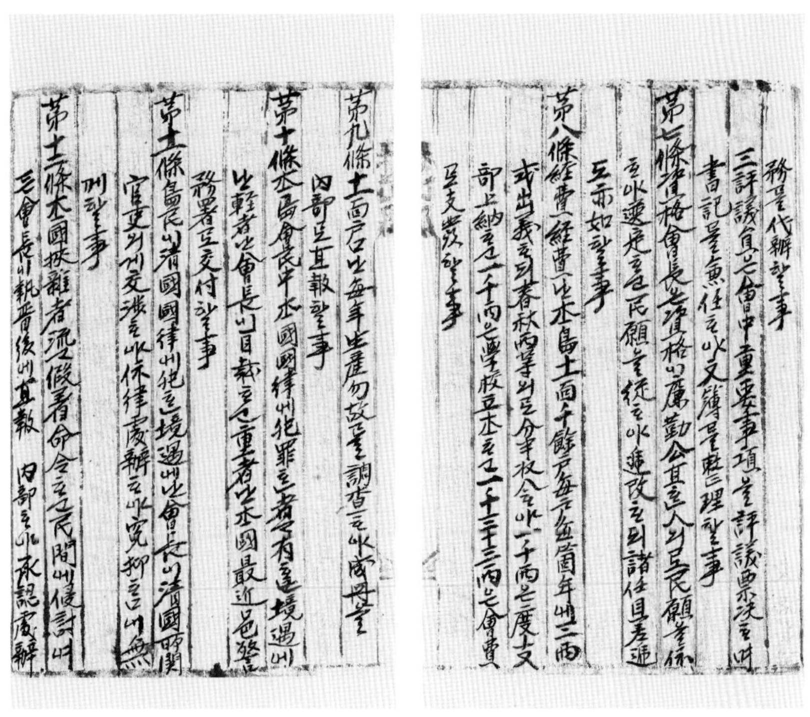

務를代辦ᄒᆞᆯ事
三 評議員은會中重要事項을評議票決ᄒᆞ며書記를兼任ᄒᆞ야文簿를整理ᄒᆞᆯ事
第七條 資格은會長은資格이廉勤公直ᄒᆞᆫ人으로民願을依ᄒᆞ야選定ᄒᆞ고民願을從ᄒᆞ야遞改ᄒᆞ되諸任員도亦如ᄒᆞᆯ事
第八條 經費ᄂᆞᆫ經費ᄂᆞᆫ本島十面千餘戶每戶每箇年에三兩式出義ᄒᆞ되春秋兩等으로分半收合ᄒᆞ야一千兩은度支部上納ᄒᆞ고一千兩은學校로本ᄒᆞ고一千三百三十三兩은會費로支撥ᄒᆞᆯ事

5-⑫

第九條 十面戶口ᄂᆞᆫ每年生産物故를調査ᄒᆞ야成冊을 內部로直報ᄒᆞᆯ事
第十條 本島會民中本國國律에犯罪ᄒᆞᆫ者ᄂᆞᆫ有ᄒᆞᆫ境遇에ᄂᆞᆫ輕者ᄂᆞᆫ會長이自裁ᄒᆞ고重者ᄂᆞᆫ本國最近邑警務署로交付ᄒᆞᆯ事
第十一條 島民이清國國律에犯ᄒᆞᆫ境遇에ᄂᆞᆫ會長이清國所關官吏와交涉ᄒᆞ야依律處辦ᄒᆞ야究抑ᄒᆞᆷ이無케ᄒᆞᆯ事
第十二條 本國扶離者流丐假冒者命令ᄒᆞ고民間에侵討ᄒᆞ며ᄂᆞᆫ會長이執晉後에直報 內部ᄒᆞ야承認處辦

5-⑬

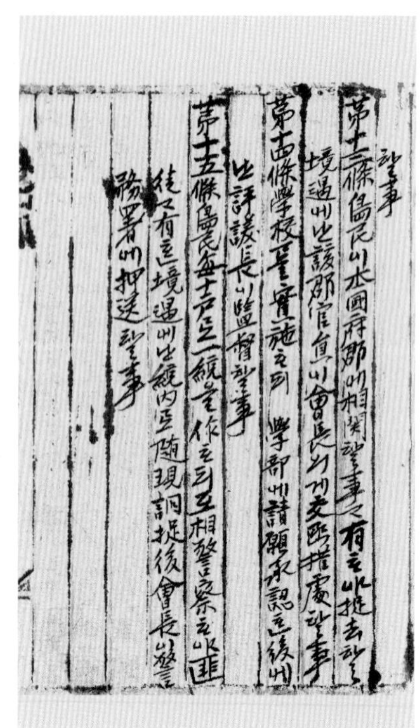

할事
第十三條 島民이 本國府郡에 相關할 事之有하야 提去할
境遇에난 該郡官員이 會長의게 交照推處할 事
第十四條 學校를 實施하되 學部에 請願承認한 後에
此를 評議長이 監督할 事
第十五條 島民每十戶로 一統을 作하되 互相警察하야 匪
徒之有한 境遇에난 統內로 隨現詞捉後 會長의게
務署에 押送할 事

5-⑭

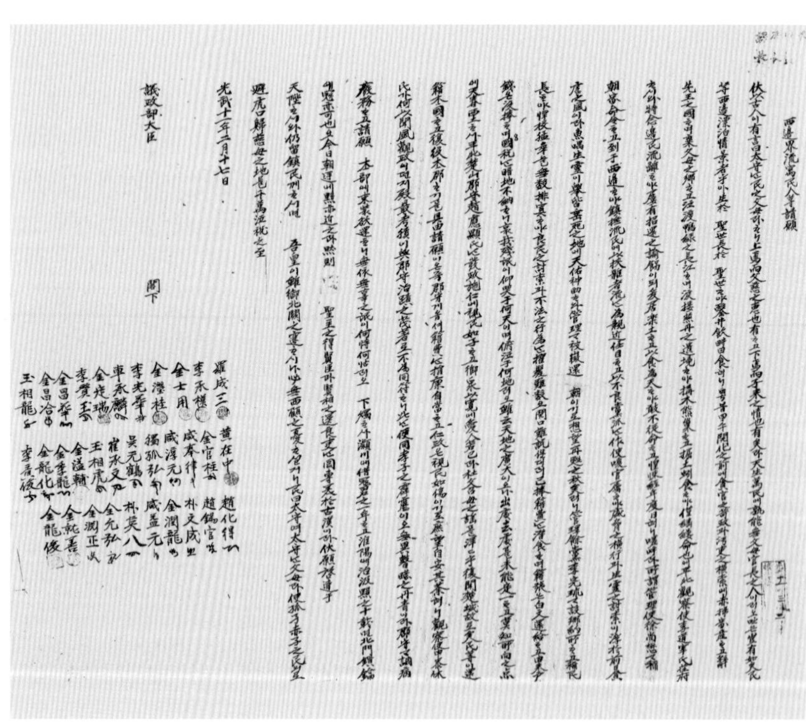

西邊界流寓民人等請願

光武十一年二月十七日

議政府大臣 閣下

6-①

請願書

伏以北間島에設官立法ᄒᆞ야剗彼狩虐ᄒᆞ고保我居民之意로仰呈具
由請願이會有이尙未蒙 指令ᄒᆞ야日宵伏俟이온中彼之狩虐ᄒᆞᆫ
機關은經營이漸大ᄒᆞ고我之受毒ᄒᆞᆫ根委ᄂᆞᆫ朋蘖이滋長ᄒᆞᄂᆞᆫ지시近
自淸官으로別設巡捕ᄒᆞ며又添軍額云ᄒᆞ오니旣有官兵도猶云
大患이온況此別設添額에將何以堪居乎잇가此乃伺我官吏之無
管ᄒᆞ고乘時而欲逞其威之計이온즉此際居民이如不蒙急救之典
則必至塡壑에俱爲魚肉乃已이옵기不避猥越ᄒᆞᆸ고更討舊疆의限界와
間島의現轄範圍와公法証據와設官位置의便宜ᄒᆞᆫ意見을左開
ᄒᆞ와茲에冒悚
敢籲ᄒᆞ오니
查照ᄒᆞ신后特下普濟之澤ᄒᆞᄉᆞ 別般處分ᄒᆞ시와俾拯累危之地을

伏望
光武十一年四月 日
邊界居民等 金賢黙 朱秉洙
朱範中 金瓚穆
金甲明 朱益中

議政府參政大臣 閣下

左開

一 舊疆의原定限界

肅廟壬辰에遣差官ᄒᆞ야與淸國烏喇摠管穆克登으로查邊至白頭
山巓ᄒᆞ야分水嶺上ᄒᆞ야立定界碑ᄒᆞ고名曰東爲土門西爲鴨綠云而碑西에有
巨壑ᄒᆞ니西挾白山ᄒᆞ고東挾分水嶺者卽鴨綠江發源이오碑東에有溼
浦ᄒᆞ니自碑址로從左而下間三十餘步許而往往築石堆ᄒᆞ야延至七十
餘里而堆盡處에水始出ᄒᆞ니卽杉浦也라自此로至北甑山之西邊隙口

黃口ᄒᆞ야歷大小沙堆九等堆等處ᄒᆞ야流于五六百里之許而與松花
江으로幷合東至于黑龍江而入於海ᄒᆞ며시니土門江은自上源으로至
下流入海之以東은固是界限內地而量其廣長則自分水嶺으로距
海長可一千五六百里오自慶興으로至黑龍江邊이廣可一千二三
百里而此中에與凱湖都兵河月移瀞蘇城浦鹽等處千餘里
之幅圖을淸國擅自割讓於露ᄒᆞ며시니界限內地之無知中見失이
甚却慨歎ᄒᆞᆫ事

一 間島의現轄範圍

下畔嶺에셔發源之一派水가有ᄒᆞ니或曰博爾哈通河ᄒᆞ고或稱分
界江이온ᄃᆡ小地名土門子水로合ᄒᆞ야流于二百餘里而至夾心子ᄒᆞ야
入于穩城보滿江ᄒᆞ니此派之以南아自茂山至穩城沿보滿江之以北에
間地을謂以間島而其地段面積이四百五十坊里오民戶ᄂᆞᆫ四萬餘戶
오人口ᄂᆞᆫ三十餘萬口假量이오며

一 公法証據

公法會通第二百九十六章에載明兩國毗連理應會同查定疆界明
白繪圖貼說以杜日後疑端等語이온則淸國摠官과本國差官으
로會同白山ᄒᆞ야查邊立石也에東土門西鴨綠으로已定疆界則有
何疑端乎잇가
同第二百九十七章에載明兩國若以山頂爲界而無條款指示山
麓山頂則必以山頂爲界註云水自山頂而下人之居山者亦必順水
故以山頂爲界等語이온則分水嶺之頂에立石爲界ᄒᆞᆫ土門江이
亦自分水嶺之頂으로隱隱發源而下則人之佔居을必順此流者ㅣ
天限之界也오
同第二百八十三章에載明兩國於某處荒地占居部落而疆界

7-①

7-②

7-③

7-④

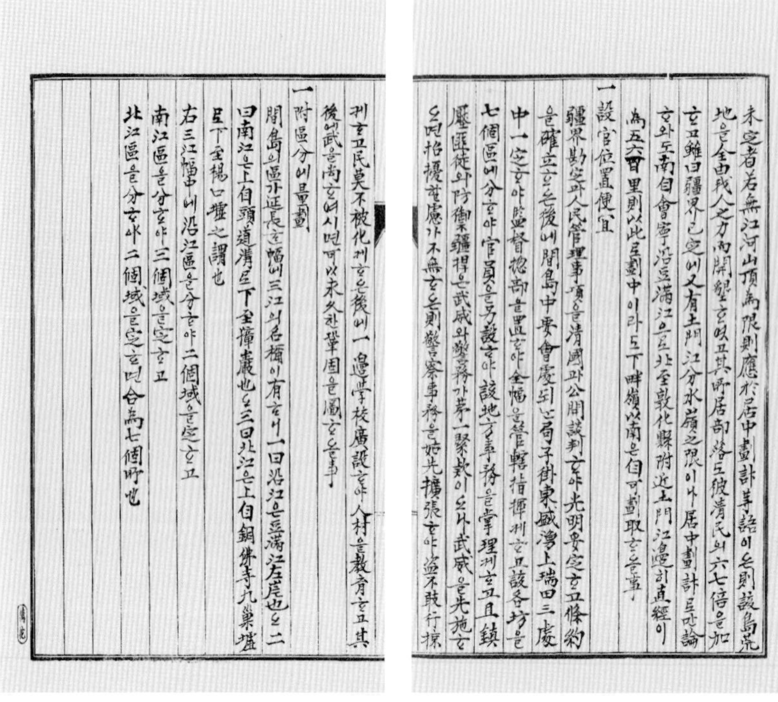

未定者若無江河山頂爲限則應於居中劃許等語이온則該島荒地은全由我人之力而開墾ᄒᆞ얏고其所居部落도彼淸民의六七倍을加ᄒᆞ고雖曰疆界已定에又有土門江分水嶺之限이나居中劃許로만論ᄒᆞ와도南自會寧沿豆滿江으로北至敦化縣附近土門江邊히直經이爲五六百里則以此로劃中이라도下畔嶺以南은自可劃取ᄒᆞᆯ事

一 設官位置便宜

疆界勘定과人民管理事項을淸國과公開談判ᄒᆞ야先明妥定ᄒᆞ고條約을確立ᄒᆞᆫ後에間島中要會處되ᄂᆞᆫ局子街東盛湧上瑞田三處中一定ᄒᆞ야監督總部를置ᄒᆞ야全幅을管轄指揮케ᄒᆞ고該各坊을七個區에分ᄒᆞ야官員을另設ᄒᆞ야該地方事務를掌理케ᄒᆞ고且鎭壓匪徒와防禦疆埸ᄒᆞᄂᆞᆫ武威와警務가第一緊欵이오나武威을先施ᄒᆞ오면拾擾ᄒᆞᆯ慮가不無ᄒᆞ온則警察事務을始先擴張ᄒᆞ야盜不敢行掠케ᄒᆞ고民莫不被化케ᄒᆞᆫ後에一邊學校廣設ᄒᆞ야人材을敎育ᄒᆞ고其後에武을尙ᄒᆞ여시면可以永久ᄒᆞᆫ鞏固을圖ᄒᆞᆯ事

一 附區分에量劃

間島의區가延長ᄒᆞᆫ幅에三江의名稱이有ᄒᆞ니一曰沿江은豆滿江左岸也오二曰南江은上自頭道溝로下至獐巖也오三曰北江은上自銅佛寺九巢墟로下至楊口墟之謂也

右三江幅中에沿江區을分ᄒᆞ야二個域을定ᄒᆞ고

南江區을分ᄒᆞ야三個域을定ᄒᆞ고

北江區을分ᄒᆞ야二個域을定ᄒᆞ면合爲七個所也

7-⑥　　7-⑤

言念戎情에極屬関隘이나勘界設官이事甚緊重ᄒᆞᆫ지라務圖設法措办ᄒᆞ려니와其所歸結이不可容易이니退俟處分ᄒᆞᆯ事

光武十一年五月三十日

7-⑧　　7-⑦

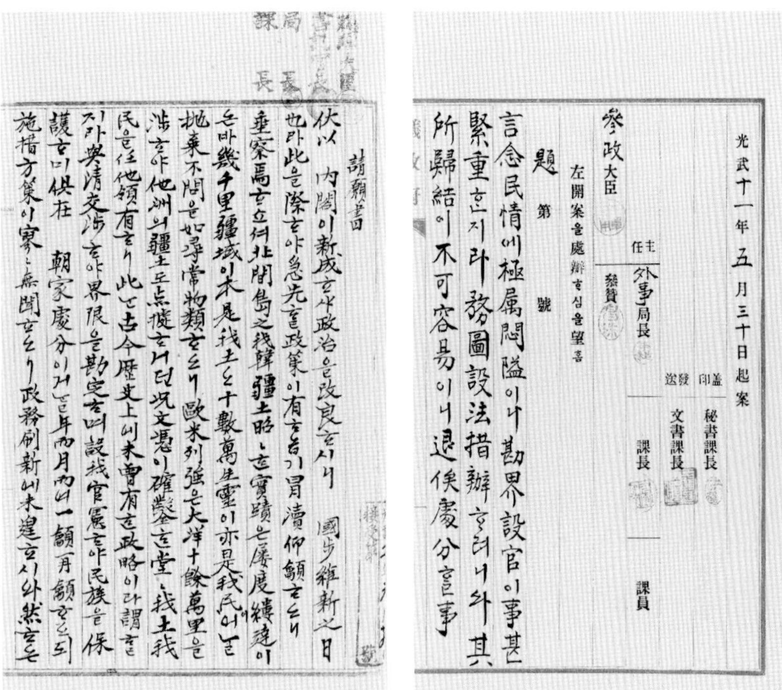

局長 課長

請願書

伏以 內閣이新成ᄒᆞ야政治을改良ᄒᆞ시니 國步維新之日也라此을際ᄒᆞ야急先ᄒᆞᆯ政策이有ᄒᆞ옵기冒瀆仰顲ᄒᆞ오니垂察焉ᄒᆞ소셔北間島之我韓疆土昭々ᄒᆞᆫ實蹟은屢度縷陳이온바幾千里疆域이本是我土오十數萬生靈이亦是我民이온拋棄不問은如尋常物類ᄒᆞ오니歐米列强은大洋十餘萬里을涉ᄒᆞ야他洲의疆土도占據ᄒᆞ거던況文憑이確鑿ᄒᆞᆫ堂々我土我民을任他領有ᄒᆞ니此는古今歷史上에未曾有ᄒᆞᆫ政略이라謂ᄒᆞᆯ지라與淸交涉ᄒᆞ야界限을勘定ᄒᆞ며設我官署ᄒᆞ야民族을保護ᄒᆞ미供在 朝家處分이거ᄂᆞᆯ年而月而에一顲再顲ᄒᆞ오되施措方策이寥々無聞ᄒᆞ오니政務刷新에未遑ᄒᆞ시와然ᄒᆞ온

8-①

光武十一年五月三十日起案

蓋印 秘書課長

發送 文書課長

主任 外事局長 課長 課員

參政大臣 參贊

左開案을處辦ᄒᆞ심을望ᄒᆞᆷ

題 第 號

言念民情에極屬悶隘이나勘界設官이事甚緊重ᄒᆞᆫ지라務圖設法措辦ᄒᆞ려니와其所歸結이不可容易이니退俟處分ᄒᆞᆯ事

7-⑨

光武十一年七月二日起案

蓋印 秘書課長

發送 文書課長

主任 外事局長 課長 課員

總理大臣 書記官長

左開案을處辦ᄒᆞ심을望ᄒᆞᆷ

指令 第 號

已悉於前題이연다此是國際交涉上重要ᄒᆞᆫ一大案件이라不可一二日歸決이니退歸安業ᄒᆞ고留俟措辦ᄒᆞᆯ事

8-③

지民等의人卑言微을不足採納ᄒᆞ시와然ᄒᆞ온지客地久留에紆鬱滋甚ᄒᆞ와玆又伏達ᄒᆞ오니會議을提出ᄒᆞ시와 國際上領土所有權도完全케ᄒᆞ시고島民의無告無依情境도矜恤ᄒᆞ시믈

伏望

光武十一年六月 日 北間島民 朱範中 邊界民 申春華

金賢默 朱秉洙

朱秉謙 金龍琢

孫範哲 朱羲奭

8-②

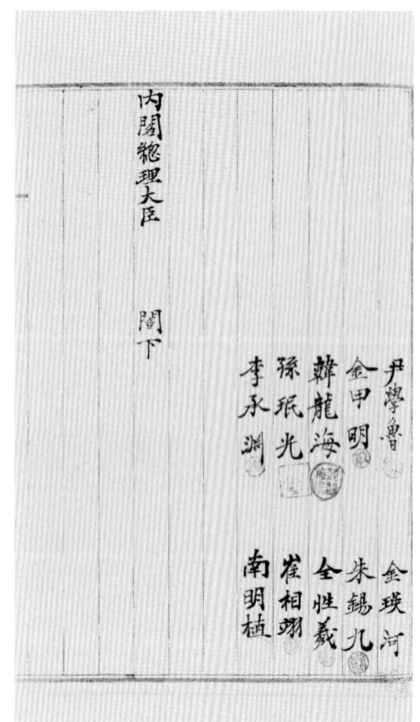

內閣總理大臣 閣下

尹學魯　金瑛河
金甲明　朱錫九
韓龍海　全胜羲
孫珉光　崔相翊
李承渊　南明植

8-⑤

七月二日

8-④

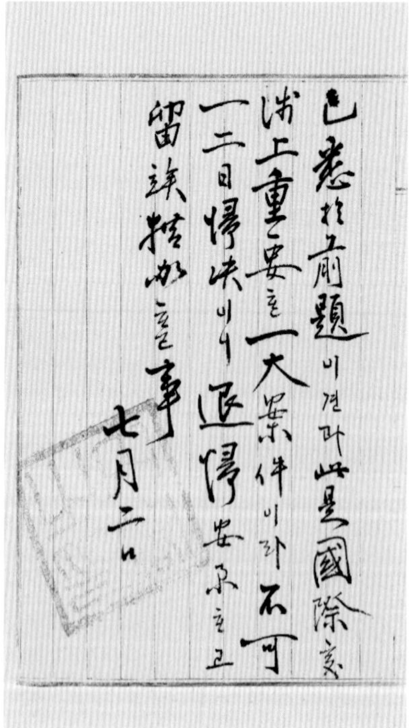

已悉於右前題이거니와 此是國際交涉上重要案을 一大案件이라 不可一二日歸決이니 退歸安息ᄒᆞ고 留俟結末ᄒᆞᆯ事

七月二日

8-⑥

照會原本

獻議書
伏以生本鹵莽生長窮巷無廣覽博識而何敢
妄論時政　貴院有儒生獻議之例此
國家所以廣開言路也則生雖至愚極陋亦為吾
皇國民而伏見目下時急之政緘默心筭而已則是
有身而不知有國也敢以時務要宜三事進陳極知
僭越若為采用則或有補於
聖世風化之萬一爾
一兵者國之必備也上以為屛藩捍禦下以為
為民除害不可以居安而忘恃險而弛自顧無雄

中樞院

1-①

視橫行之勢則自守有堅勁不可奪之備然後國
可以為國隣可以交好也今萬國尙武互相爭雄
雖褊小之國極務尙備無下數萬者而況我堂
々乎　萬乘之國幅負版籍高可為中等之上
而武備歉然見習常備之軍不滿數萬戰船防
禦之備掃如不可使示於天下也伏見今者　廟堂
軍務之策非不欲擴張而鎭衛一大隊設寘之費至
十餘萬元量賦為出此亦過矣每恨經費之不足後
何有軍額之添筭乎夫民皆可為兵非民外別有
兵也居安為讀耕商工之民當亂可為忠君死國

中樞院

1-②

之兵也教民之道以風厲之為上矣夫我海隅青邱之
國閒中自在文風郁々猗歟盛哉昇平三百年民
不知兵父教其子兄勉其弟詩書文墨之外無他技藝
朝家用人亦以此甄拔習與俗成美則美矣居今觀
世不可專然尙此也天下之勢大異於前則為國新
民之道亦可大變於前也更張以後章程一變而民俗
不變依舊無恒產尙浮華時事云為以閒化別樣
看之此所謂國自國民自民々不化而國治者自古及今
未之聞也此責不在於民　廟堂政令多創設之具少施行
之實之致也內以大臣衆官外以方伯守長皆篤實躬

中樞院

1-③

行眞施實踐然後風可以移俗可以易也夫子曰以不教
民戰是謂棄之又曰戰陣無勇一不孝民可以教而戰勇
亦可以養而得也處今戰國之世無技無勇未有如我國之
民此非所以教民之道亦非所以々孝治之々道也百年養兵
用在一時今則可謂當用之時而既無百年之備當大速備
養不可一日少緩也今各鎭衛隊分二隊為上下番若一
大隊本額千兵則以五百名遞六朔鍊守脫有事則一大
隊依數把備而其下番六箇月則無料給而使歸家各服
其事至番月來受調鍊一年之內六箇月則應公習技餘
箇月則退私為業進有料給退不失業則何妨於產乎兵

中樞院

1-④

國用於亂平時何必備教把立乎但使不忘兵技則一年
六箇月亦足矣官則兵咒軍需常存儲積以備不虞如
此則以各地方鎭衛隊已備之資盡設各地方未備之兵而
財似足矣每郡亦置兵丁不必如鎭衛隊之常備而約於
二十戶募一兵若其郡五千戶則其兵可爲二百五十人也募
民自十八歲以上至三十五歲而行月鍊之法四五六九月
習技連二日其餘八箇月則連五日鍊技嚴恪教習以三
年爲定而退點後年至五十告免身脫案而使與民皆一
閱調鍊無不學技之人矣郡兵則無月料而只給應役
時食費每年賜田一結而復其戶矣郡置一尉官而選士

1-⑤

民之多文藝有膂力者爲學徒習技講書習筭術試
鈎馬亦以三年爲定而隨郡大小量寘學徒資其衣食
三年常習以教率諸兵矣且設寘商兵亦以月鍊爲法
而大商賈者興利所在也今則商民少利無可優之道而
多無室廬不播一穀寄身市店以一褓箱卜車爲業
此是窮民之不獲其所者也挽近征稅繁重尤無可以
爲業而櫛風沐雨耐寒暑輕身足兵則銳兵也然無鍊
習之素而名但爲兵則將安用乎彼不識商理但投名於
商案戴京笠杖一丫者豈盡是原商乎伏願自今通
京鄕成帳內原案革褓負商之別而稅於一案勿錄閑散

1-⑥

之名設大小帳一道置一大帳因其地三四市或五市商民逐
市輪回開塵之處置一小帳而統大帳之官以士官卒業生
任之領小帳之任以通技廣公者差之小帳則每月連三
日習技大帳則春秋一大會鍊其犒餽施賞之資皆以
商稅錢爲費而各市每五日別上中下塵肆以收稅
更無他收斂之錢而官吏雜稅一併禁止大小帳任之月料
亦自稅錢筭定矣郡兵商兵月鍊之法雖不及親衛
鎭衛隊之精銳鍛鍊然團束服裝操習兵咒進退
坐作與素昧兵技之民不翅百勝也通京鄕內外自
一品至士庶人富力可以資養兵丁者許養家兵

1-⑦

自二十丁至六十丁以五等爲定隨力量置告本郡本
府而遂軍部許可然後設立而教鍊之法不必有常
嚴勤習熟其需其械皆自備一以應公敵愾一以防
賊自保而 朝廷加以褒賞之典有官階資無官者
試技受爵以奬其獨力衛國也又許私立武學而有愛
國愛身之心者合成一隊〻有首亦告本郡本府遂軍
部許可然後設立而自十人以上至五十人成隊鍊習需
械亦自賞 朝廷亦奬勸施賞而家兵及私立武學
徒歲一就本郡與軍部試技以賞罰勸懲之曰家兵
私立武學皆權設也昔在壬辰先正成文簡公以備邊

1-⑧

司當啓手 朝諸立家兵以爲元帥捆帥出戰特賜
心親兵而亂定後禁止云而未聞其事竟行者慮在勝
國武官之亂然兵者火也不戢自焚師出以律苟不失
律雖百萬大衆御禦如反掌今家兵私立武學之檢束
亦在於善統御禦定軍律之如何而觀今
國家孤弱見凌之勢無愈於壬辰則權設之兵亦未
不可而今則非徒爲設軍帥之腹心兵也外憂方劇
國家軍備之策時日已急而經費無筭則欲借民
力以衛國也京城內外先得衛兵數千而不費
國財此非良筭乎 朝廷之禮則大小衆官亦尚武

1-⑨

藝奏任判任初進仕時必講兵學時要之書年少官
人亦試以技該郡守初見觀察使時必講兵書大抵
先不通書少不解技者則不許仕籍矣如此行之上下
成俗則人皆爭先以爲男子當行之事無作食勉強
之心也我國古稱莫强而至今見弱受侮莫此爲甚
民懷憤鬱積有年所矣此法苟能信行實踐上下相尚
風厲當同家家通藝人人習技則懦弱之風可革敵愾之
心自生可以俯視天下雄壓萬國豈徒自守我疆而已哉
急先之務莫如此矣
一民惟邦本也國之所以富所以弱所以安所以危未嘗

1-⑩

不由於民而今 國事岌嶪生靈之塗炭已極而曾
不愛惜諸般之社雜稅之貢掊克百端一無便民利
俗之擧猶不憐民之憔悴其於 國漸委靡何哉
每誦先賢詩 君王自是勳華 聖臣下愧無稷
契賢之句不勝慨悒也哀此民斯何以資生商無興販
之售工無製造之利所資而不至於離散者惟一農利
而適未水旱之災無年無之民食至艱中習俗從以
澆薄富民村豪雖無農作之利猶可調過者耕作良
田或過數石斗落居積豐足不恤其隣窮民之不能自存
者雖薄田皆得耕無路農口有餘作土無幾稍

1-⑪

貸殖報去去益貧尤無手權者無立錐之所作呼噓
轉徙捨此僅存之農利於工於商向何得食只有潰變
在前則良善罕稀寧不爲盜乎噫此澆漓之俗年
年愈甚約以一鄕稱力耕作者十無二三非過則不足絶
無者居多此是民俗之大病 國政之所大關也生在鄕
時聞 政府有均田之論未見其事竟行此是三代以後
所未有行則未可遽然行之也然何必奪富人田而均之乎
主其主均其耕則此亦均田也伏願使各郡因山川區限
量一面或一里所在田畓隨宜裁割計其面與其里男
丁數均分之一如古均田之制而居民諸子年壯加冠新

1-⑫

分其戶告于官則分授以田其貰租依前還主則貧民
稍可支生　化澤均洽矣或有頑民以耕落之權不在
於富民輕慢其租嚴定一法自官推尋以杜爭鬧之
端矣至於貰租之弊亦挽近無常田沓賣買時加呼斗
落數新買者以其所聞斗數定租而貧民之無奈者尚
爭其作或其實落不過十斗而徵十五斗落租除國結
量耕資非徒無益而又見害如此民何以生活乎哿矣
富人哀此貧困飄泊四方竟無安堵之期也觀今量田
之式有六等之別隨其土厚瘠分定卜數則宜因其新
定卜數以一卜三斗官定其租依例授受則富無濫

1-⑬

收之租而貧民可以為生也制民產禁民邪之政莫先
於此苟不革二弊雖　聖世教化隆洽民不被實
澤也行此二法則民不得隱戶減口量田時等數可以
易辨矣
一利者牧民之先財者需民之物也惟我海東之國土
沃物豊民多遊食世遠俗頹人無自由之權苟簡成
習多望於人非希上則剝下自外國交貨以後民漸貧
乏財用殫竭者出販絕少貿入太多地產製造之物十分為
率八九用外國之物奈之何民不窮且盜乎今之安舊俗
好古禮者排擯外國以為蠻夷心度掃清境內無遺餘

1-⑭

蘗然後國可以安民可以生此不識大勢也自謂通外形
解時務者厭於古俗以為頑固心度盡廢前轍一新外
規國可以治民可以安此不識大體也夫我之與天地不
可變者彝倫禮儀外國之所可效者器用技藝也從
時勢就吾詳斟酌於二者之中是可謂通時務也國
人之功藝非素拙外國之工藝非素巧也由興與不興養
與不養百工之巧不求備於一人也凡飲食衣服地產製
造日用百般之資苟有出奇功省力倍功者則令該郡使
不得掩匿報于農商工部看品另造擴張周布公其
便利於一世許其標税收利依外國之例則民爭養工

1-⑮

專心致巧也及游學外國工藝者皆使發達另遣實
施廣功以利及民則絕藝奪化之才出於其中而國不
讓功於外國民財從以殷富民富則國亦富矣願罷
鄕長風憲之名每郡置巡檢每面亦置鄕巡式日巡
鄕檢察非法嚴禁游食浮浪之俗以斷其病欄焉
所陳三事敢擧大略若其參酌損益則在於
廟堂之裁定而禦國侮除民瘼之要莫急於此三者伏
願　閤下詳細下覽後通牒于　政府達於
宸聽期以施行則　國家幸甚萬民幸甚生雖伏
妄率之罪無所恨矣

1-⑯

中樞院

光武四年八月二十七日 閔平鎬

中樞院 議長 閣下

1-⑰

中樞院

咸鏡南道北青郡儒生等獻議書

伏以國家之募兵設隊所以衛民備亂者而今我北青地方隊
簽丁之弊反有甚於外亂者民無安接之策郡至邱墟之境豈在
其衛民而備亂也哉丙申設隊之初四百名兵額只抄青郡之民則
青民偏苦怨已極矣今者四百名加抄之弊自是出駐於三水甲
山者而本隊叅領又必於本郡勒抄充額令每戶出粟一石錢十兩
作爲雇兵之資噫青之距三甲洽爲五六百里之遠則人情所同其
誰欲棄父母離妻子而樂赴遠戍乎所以抄令下民皆逃匿而各
社風憲惕於嚴威奔走搜索有若石壕之徵役號哭之聲相連
於道路其愁慘之色已非昇平氣像且勒排於租粟合六千八百石及

2-①

中樞院

葉錢合六萬八千兩於二十七坊民戶者星火督捧甚於惟正之稅嗚呼
惟青之民何辜於國家而有此偏酷之罰也其將行者勞於征役而
死居者疲於誅求而死必無孑遺乃已此豈仁人君子所爲國綏遠
之政乎抑有不煩不擾極便極宜之事自來三甲兩郡原有砲設隊
者卽所謂獵戶也洽爲五六百壯丁非特驍勇健疾且熟鍊砲射蘇
無不中蓋其技藝成習也令若抄募此民充爲坊守之兵則父母在
是妻子在是恟無離鄕懷土之情而慣知防邊所以防其家也防其
身也豈青民遠役無心攻守動輒思歸者之比哉且青兵出駐也懸懸
之愁嘆之知無可奈何而罷勉從軍有生之心無死之志遇有敵警匪
掠其果効力壇場如手足之捍頭目乎必望風奔歸矣此非徒青民不

2-②

中樞院

邊啓處三甲之民亦難支接是欲備外亂而先作內亂者也今若以三甲之
民防三甲之地則國無原料外加給之費兵無往來征役之勞民無侵漁
難朴之苦其爲利害便否雖非智者燎若指掌而可揣得矣所以生等
請于郡府之報于軍部部達于 元帥府者寔出於利國便民之計而奈
之何本隊叅領則但知國家可設兵兵可徵侮而不知兵出於民財出
於民民散則兵無依賴國無措安之理乃爲此任情自行暴虐生民虐
糜國費此豈所謂鎭邊壇衛民國之事乎生等今此裹足齎顲者
似出於爲青之私然居其地也故陵知其利害之端而其利害則係是國
家之公非生等一郡之私也伏惟 議長閣下察其形便審其便否亟請
政府兢三甲抄充兵額則民國幸甚

2-③

中樞院

光武四年十月日

中樞院議長 閣下

姜錫權 李周奎
趙性吉 金昌祿
李鳳洙 李瀅奎
李鍾禹 韓得洙
金漢德 姜信萬
朴林春 朴晃福
董汝重 李喆在
李喆永 等

2-④

中樞院

獻議書

伏以天地之道在於曲成父母之心在於止慈惟我
聖上 天地於民也父母於民也孰不被燾載顧復之恩但
今有陰崖未霑於曲成之中赤子失哺於止慈之下卽遼
東沿江七郡十萬餘戶寓接之人是已夫該地一邊本我大
韓壃土此於黑龍江豎西出嶺分界江所在之尺碑刻確有
可據矣然今復土一事還涉張大姑難啻一兩關議至若所
住之人莫非我 聖人遺氓也其本則邱墓版籍俱在本國
其人則圓冠方領尚襲舊制雖愚婦孺兒若對外人輒曰
我大韓人其老夫則語到大韓未嘗不惕悵有懷土之情始若

3-①

中樞院

遼陽癡鶴待時而未歸矣每當 國家哀慶其望哭望
賀之節不待勸喻而自行與域內人民別無差殊且夫男婚女嫁
自有朱陳相婚未嘗與隣國交媾於此數者足以見氣類相
應油然有我東五百餘年化育中遺義以若天民秉彝之
物秉之於閑土寧不寒心哉書曰天生民有欲無主乃亂噫彼
遼民便是無主之民也方今休運日闢百里 隆澤均霑一
視而直不過幾百里之地恐不當畏限之為宜以此時設官護
郡宣上 恩德管轄而安輯之請言其大畧司牟有言者
武曰北方多强為治之道務在威用此不患之甚也夫遼
東一境自來天下瀕池之窟耳其農商之民卽各處

3-②

中樞院

傷席宿停者十居八九而久為化外自以為樂土猝有本
國官人自東入來莅任下以莊律已也嚴施之政刑董之強
毅則舉皆初見之事也覓緣作梗咥趾之患自在目前然
則此非撫民乃反擾民可不畏哉必也緣急制宜如治亂繩
挽回人心以為之經漸漬化囿以為之緯而終始方畧合有
其四一曰權變該各坊所謂頭領者素有風力為衆所推也
延攬入彀則餘可綱舉目張然後凡務因勢利導二曰保
護處在隣邦交會之地自不無遠拂侵凌之弊此該民竊
所畏憚而久切傒蘇之望耳因可遵照兩國條約一切當斷
而我民之悍強者預先户說家喩一直悟終者與該頭民公

3-③

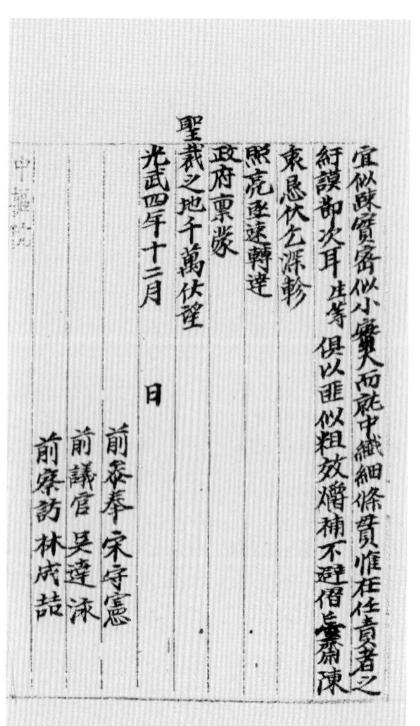
宜似踈質窃似小案人而就中纖細條貫惟在任責者之
紆謨節次耳 生等 俱以匪似粗效爛補不避僭妄而陳
東恳伏乞深軫
照亮亟速轉達
政府稟處
聖裁之地千萬伏望
光武四年十二月 日
前參奉 宋守憲
前議官 吳達泳
前察訪 林成喆

3-⑤

中樞院
其措處則惡乜必無威惠并行三曰勸學盖事工之義
多出於學識而該民曾所什知者唯農與商矣近倣我韓
學校其贊秦塾教徒亡悉意設行咿唔之聲蔚興於廠
寞之濱從者日益頗有將就底意趂今勉勵警策因材
以篤則安知不蜀州之於漢潮州之於唐也四曰籍布盖人莫
不有身亡必入籍民莫不有戶亡必有布漏籍漏布者非王
臣王民也曾前該地之應布入籍者唯嶺外而已矣自甲午
捨據以後官不全顧民不自趍因與嶺內同歸一境必以春秋
排稅課年修帳然後使民乃知有統率而歸附矣十萬餘
息民得已歸附則七邱之土亦將焉歸凡此四者參酌時

3-④

中樞院
獻議書
竊伏聞傳에曰先王은域地不域民이오語에曰使於四方에
不辱君命이라ᄒᆞ니域地ᄂᆞᆫ自有天限이어니와使命이難得人和
者ᄂᆞᆫ何也오往在甲申에淸韓兩國使臣이査邊勘界也에
實元桂李重夏가自白頭山大澤下로會同分水嶺上ᄒᆞ니嶺
上에有定界碑라碑紀에西爲鴨綠東爲土們이라ᄒᆞ니西之
閭蕪蔥處廢四郡이的在我境ᄒᆞᆫ東之茂會鍾三邑邊間
島的在我境ᄒᆞ니自淸世祖統一으로査大明舊境ᄒᆞ야兩國이
遂虛此地ᄒᆞ야爲數百年相禁開曠之邊務矣러니至今我
民入居가不下十餘萬戶也則以堂堂韓國有土有民으로讓

4-①

中樞院議長 閣下
前都事 金振琦
幼學 李載哲

3-⑥

中樞院

與他人이不可使聞於隣國也오이다蓋土門之源은自立碑之東
으로壑立二十里下에緣壑堆柵九十里而水湧一丈ᄒᆞ니地名은
杉浦라逾西北二百里而合衆流始大ᄒᆞ야入于吉林江ᄒᆞ니華人
이自古로指其江之內外를名曰邊裏邊外ᄒᆞ야清壃數百年
에邊禁把守ᄒᆞᄂᆞᆫ所謂豆滿江源은自立碑之東으로轉至一百
七十里加叱峯下ᄒᆞ야有一池則隱流三十里小川이合於茂山西頭水
ᄒᆞ야歷流會鍾穩而合注源興ᄒᆞ야入于海ᄒᆞ니我壃彼界的確
無疑오况又自順治甲申으로開市會寧慶源時에使我民으
로清ㅏ數千駄를輸運下畔嶺ᄒᆞ니此嶺이中於土門豆滿兩國
之交界라此亦一大明証也어ᄂᆞᆯ清使柳說은同江二音이라ᄒᆞ고韓

4-②

中樞院

使說明은二江異音이라ᄒᆞ니假使中立公眼으로談辨이면此一言以兩
決이어ᄂᆞᆯ是以로議之者曰此壤이關於清俄韓邊界而全局이令
爲賊藪則居民이朝不慮夕ᄒᆞᄂᆞᆫ户皆荷擔而立ᄒᆞ야萬無支
保라風聞愚夫之言이有三策ᄒᆞ니一則自 政府로照會各
公使ᄒᆞ야設館約條畢後에設立公館ᄒᆞᄂᆞᆫ各理我民者出於策
之上也오二則居民産業이仰戴聲靈ᄒᆞ니服我服言我言이
莫非 先王赤子而各自民户로兵農俱備然後에야小弛猝變
則什伍相司而一户當賊匪所擾어든九户各出備禦則一如唐
制民團法者出於策之中也오三則北邊에旣差警務交界官ᄒᆞ니
請照俄公使郭米薩ᄒᆞ야壓制賊匪라야使無侵掠則一民도莫

4-③

中樞院

非我護오寸土도莫非我保니依列強殖民旅務之例者出於
策之下也라ᄒᆞ야ᄂᆞᆯ解之者曰所謂上策이照會各公使設立公館
者誰能談辨이며所謂中策이兵農이俱擧ᄒᆞ야小弛猝變者
恐有生釁於邊務니誰能制定이며所謂下策이照會俄館ᄒᆞ야
壓制賊匪者ᄂᆞᆫ實是清韓産業民之大幸이나然而此壤이俱非俄
國之覗領則恐不許我韓照請일外ᄒᆞ오니此ᄂᆞᆫ未達形便而過慮
言之甚也라我居我土而受制於他國則此壤居民이謂之俄乎잇가
謂之清乎잇가伏念
聖太祖龍飛御天歌曰巨陽城西距先春嶺이七千里許라巨陽城
은卽渡豆滿江北距七百里니此ᄂᆞᆫ

4-④

中樞院

麗朝拓壃이至此所籌이라至今爲俄國覗領則尚矣라勿論ᄒᆞ고
已徒爲識時務者之譏笑則伏願
昭垂採納焉ᄒᆞ시고自 本院으로通牒
政府ᄒᆞ시와循議百僚ᄒᆞ사后伏俟 措施之回下이옵ᄂᆞᆫ其爲邊
民之道에安敢容喙於域地使命一款乎잇가居亡則齒寒이옵기
不避猥越ᄒᆞ옵고冒萬死而請獻一說焉

咸北邊界情形論

伏念有愚者之一慮ᄒᆞ오니下畔嶺以南各處에謂之清人之會
成之者ᄂᆞᆫ卽渠自設民兵具銃炮而禁戢匪黨ᄒᆞ야自保自安者
也라現今韓民之越寓가户爲五萬餘也오清人之来接은尚不

4-⑤

中樞院

過二千이오되我保我安이何必清人之自設銃炮民兵而會成
者乎잇가韓民도亦爲銃炮會社之設則五萬餘户가設作統法
흔什伍相司而彼爲彼我爲我흐야無使相關則自可爲禦邊
之策이온況內藏復界之圖와外托保我之計哉잇가於此에失地를
可復이오失民을自得이오되私設民炮會社가係是法外이온此係
政府之命令이오며有願功農之氓이爭先自當흐와我韓生靈이非
徒自保라爲國之幸이復有加於此乎잇가且所謂清人之會成者
는實非國命而亦非産業者也오强奪伎倆之類從四方來而晝
稱會成흐고夜爲賊藪흐야蕩産韓民與清民흐니呼寃之徹天을
清韓之民이彼此一般이온바至於我民會社之設흐야는防禦無方

4-⑥

흐오니以此事實로
奏達흐오셔特濟衆情之願을伏望
光武六年 三月 日　賦則姓名與銃標를付
之地方隊흐와俾受節
中樞院議長 閣下　制가似好也
咸鏡北道會寧幼學吳壽濬上書

中樞院

4-⑦

獻議書
伏以採地安民은廟堂之宏籌也오憂國彈誠은人
臣之常情也夫西道前觀察李道宰는以遼東之南
廢四郡復界로報告흐고北道前署理李鍾漢는
以土們之東開九城復界로報告흐고鍾會茂對岸
民은倍日裏糧而還訴흐니自朝家로查界幾年
에結而不解로되廟堂이未遑흐시고奪民幾年
呑而無極이로되朝廷이不恤흐시니失民는何日而歸
戴오며失界은何日而復闢乎잇가噫彼綠林嘯聚를
警務交界官이何以治之오며白晝剽奪을總巡檢

5-①

이何以糾之잇가果非奉命之不敢이오實是强暴之
莫遏也邊民控訴가別無可推之句語이오니何許人
言毋預度俄國之心機흐고伸明復界之說을或是
或非而左袒右袒흐니此言可乎否乎잇가噫夫俄國
은欲席捲天下이거늘其意安在乎韓界一撮土也
리오以清公使로言之오면假使利在於彼던何待談
判何待今日이오며夫彼之稱頃而不應이오면失其
界失其民이라도無言이可乎잇가且白頭山以西以
東은盡是韓地而清之分界事蹟이昭載金石而
特立分水山嶺흐야亘萬古不易之典矣大凡棄出

5-②

兩務末ᄒᆞ야以我地爲彼地ᄒᆞ고以我民爲彼民ᄒᆞ와
고事無緩急ᄒᆞ고緣木求魚ᄒᆞ오니猶恐邊務之不
成ᄒᆞ고反受其禍오貽恥笑於萬國公法라昭載於
春秋史筆이昭矣라又府報民訴가遂日深至
고되至于此日에不下如何之 題令ᄒᆞ니上有欠於
朝家盛德이오下無補邊務重地也特憐告急之
誠ᄒᆞ와地制一定이오면不費幣金이라도使間島居
民으로依唐制民團法ᄒᆞ오면兵農俱擧ᄒᆞ야富强
之術이基於此矣오徃在己亥春에已有所獻議ᄒᆞ
야荷蒙達議之 處辦而各派委員ᄒᆞ야設官保

5-③

中樞院

護九千載一會니使此瀕死之氓으로同胞聲靈이
何如이올지知進而不知退ᄒᆞ고冒陳獻議ᄒᆞ오니
伏願
照亮ᄒᆞ신후循議百僚ᄒᆞ야通牒 政府ᄒᆞ옵시
使今日로妥辦ᄒᆞ시와以副大同之願ᄒᆞ야上以保万
乘之基業ᄒᆞ옵고下以關千里之疆土ᄒᆞ오면爲
國幸甚爲民幸甚
大明洪武二十九年以中東定界碑於波猪江
高麗睿宗三年慶源東北距七百里先春嶺尹瓘拓
地設公嶮嶺北至平戎鎭西至通泰嶺遂立碑於嶺上刻曰

5-④

中樞院

高麗之境龍飛御天歌曰巨陽城西距先春六十里巨陽尹
瓘所築南距縣城二百五十里載在黑龍江界矣
穆祖初居于此移于斡東城故
太宗十三年巡撫使姜思德等之龍堂
肅宗二十七年相國南九萬按節時登臨銘吟詩
世宗二十七年體察使皇甫仁請議於長城外設屯田之計而
以鮮明之界碑於遼東滿河邊矣 大淸康熙朝五十一年
以中東之界更查爲定咨文出我政府故로相聲明期派員
兩穆克登先勘白頭山公眼繪圖曰奉旨查邊至此審
視西爲鴨綠東爲土門故於分水嶺上勒石爲記鴨綠

5-⑤

中樞院

江派流於遼東幅員襟帶靡四郡接波猪江以至黃海
之濱也土們江土壁如門樣故所得名而椽壑木柵四十八
石堆四十八土屯五十二處堆止處水始濺出西北向接混
沌江至吉林松花江襟帶兒城先春等地連於白龍江
黑龍江東北向匯渤海濱也豆滿江派於茂山西頭稔
帶六郡接荷蘭江連琿春江至東海濱也自立碑
處東西大約三千七百里南北千里耳
揭載清議報與日本泰晤士報俱是春秋之論則盖
高麗前王用兵削平據有其地前臨至土門江而尹瓘
以先春定界事蹟確的無疑也康熙朝曾派員竪立

5-⑥

界址於俳都山下平原之口認名爲土們爲界而以大明之
界東西爲限毫無差違則有何久於事端而無難坐失於
先王龍蛇之舊地乎蓋帝王治亂之法皆由於天地人三才之道而
其所難度者天數也其所難竪者地理也其所難致
者人和而置之度外之民願戴歸化者倍日還至此
非人和之所致也視之幅外之地欲伸復界者遂日報之
此非地理之所關也就之海外之國咸詠布德者計日
聘至此非天數之所與耶然而外國何讓於談判乎我
界何負於抑意乎窩民何棄於左衽哉
乙酉勘界時實元桂之抑說碑可移江不可移而豆

5-⑦

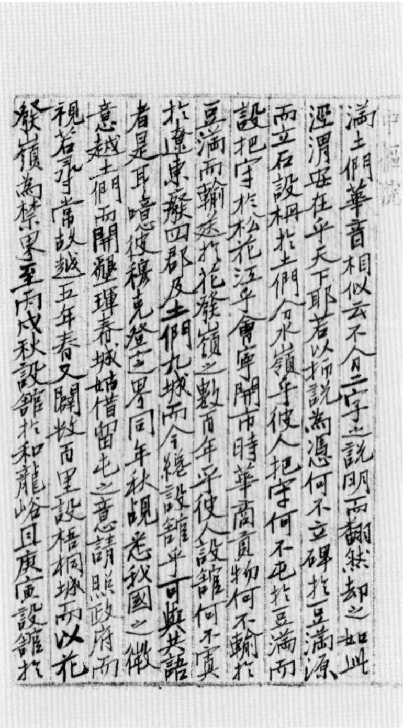

滿土們華音相似云不合二字之說明而翻然却之如此
涇渭安在乎天下耶若以抑說爲憑何不立碑於豆滿源
而立石設柵於土們合水嶺乎彼人把守何不屯於豆滿而
設把守於松花江乎會寧開市時華商貢物何不輸於
豆滿而輸送於花發嶺之數百年乎彼人設館何不寘
於遼東瀋四郡及土們九城而今纔設館乎可與共語
者是耳噫彼穆克登之界同年秋覘老我國之微
意越土們而開墾琿春城姑借留屯之意請照政府而
視若尋常故越五年春又闢數百里設梧桐城而以花
發嶺爲禁界至丙戌秋設館於和龍峪且庚寅設館於

5-⑧

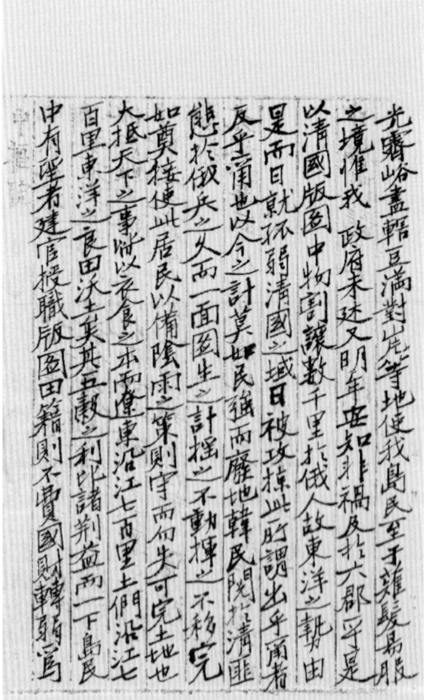

光霽峪盡轄豆滿對岸等地使我島民至于薙髮易服
之境惟我 政府未建又明年安知非禍及於六郡乎是
以清國版圖中物割讓數千里於俄人故東洋之勢由
是而日就孤弱清國之域日被攻掠此所謂出乎爾者
反乎爾也以今之計莫如民鎭而靡地韓民閑於清匪
態於俄兵之久而一面圖生之計搖之不動揮之不移完
如莫接使此居民以備陰雨之策則守而勿失可完土地也
大抵天下之事皆以衣食之本而遼東沿江七百里土們沿江七
百里東洋之良田沃土矣其五穀之利比諸荊益而一下島民
中有學者建官授職版圖田籍則不費國財轉弱爲

5-⑨

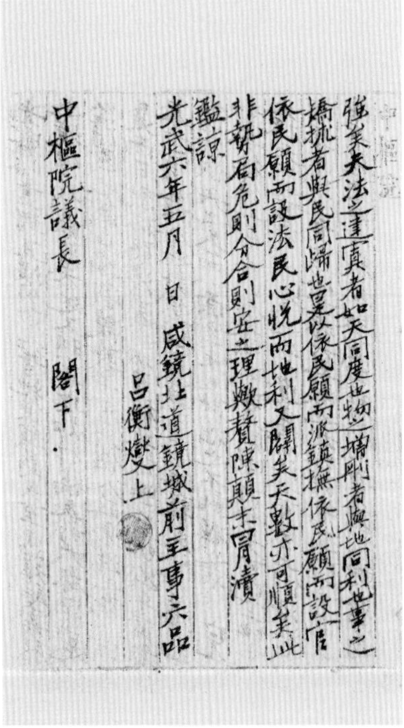

強矣夫法之建實者如天同度也物之增刪者與地同利也事之
矯抗者與民同歸也是以依民願而派鎭撫依民願而設官
依民願而設法民心悅而地利又關矣天數亦可順矣此
非勢局危則分合則安之理歟贅陳煩冒瀆
鑑諒
光武六年五月 日 咸鏡北道鏡城前主事六品
呂衡燮 上
中樞院議長 閣下

5-⑩

光武五年十月三十日

獻議書

咸鏡北道 間島居民 李昇鎬

池龍奎

張極軫 等 薰沐再拜上書于

中樞院議長 閣下 有民有官은 國家之常典이오 我民我理는

世界之公法也라 生等이 所居之地가 處在韓淸疆界하오미 生等

이本以五百年 大韓赤子로 迫於飢寒하고 困於侵漁하야 一渡豆

江하면地沃人稀하고 秋熟無稅故로 因循奠居가 于玆數十年

이온바 地雖空閑이나 界是我韓은 自有從古立碑之昭蹟이옵더

니 挽近以來로 淸人이 自以爲彼界하고 視我韓民을 便同奴隸하야

6-①

土稅戶役이 誅求日甚하고 勒行薙髮의 困辱을 難堪이온즉

憤激所發의 匪不知挈家撤歸하야 以免爲辱이오나 在彼則安

土安業하고 來此則靡室靡家하오니 忍辱含羞하야 尙此蹲居

온바 彼輩之侵虐이 愈往愈甚하야 數十萬生靈이 必將轉

壑乃已온즉 生等 情勢은 已無可論이로되 以 朝家政治上言

之라도 無端失我良民하야 使之不得其所은 恐非 聖世之美

事이온故로 數千里裹足하고 泣訴 京府가 非一非再오나 尙

未蒙如何之處分하야 晝宵號泣의 情不得達이온바 伏聞

閣下 論道經邦의 籌笇이 綽裕하고 交隣通商의 章法이 明辨

하와 負一國之重望하고 爲四海之瞻仰이시온바 生等 不避猥越

6-②

하고 敢此據實仰陳하오니 特憐此哀矜惻怛之狀하와 通牒

政府하와 共與淸公使로 談辨以我理我民之公法하옵고 繼選通

煉幹事卿宰하와 授以鎭邊撫民之任하야 使此濱死之民으로 復

覩天日하와 涵泳於 聖世仁域이 民國幸甚이온바 無任悚懸

祈恳之至

中樞院議長 閣下

6-③

光武五年十月 日

韓台敎 張琢淑 金龍澤

張子郁 韓昌錫 金龍國

姜允赫 崔東順 姜時鉉

黃龍奎 韓商鉉 馬道一

太宗南 金養衡 孫明郁

南哲鵬 張化錫 吳允官

許 泳 張錫奎 崔允五

李南彥 張京律 石淳京

李道彥 金龍奎 金衡柱

6-④

沈信澤 元亨甲 李南奭
玄正毅 李東進 金明東
許根 李希逸 李舜基
朴斗衡 崔尚三 鄭俊烈
李彦一 李元實 黃君明
朴根實 林仕亟 趙尚甲
李公瑞 金希俊 權成瑞
金尚昊 方弘芝 金景汝
金鍾國 玄奇淡 劉君三
金致九 方配圈 石大彦

6-⑤

警務廳來去文

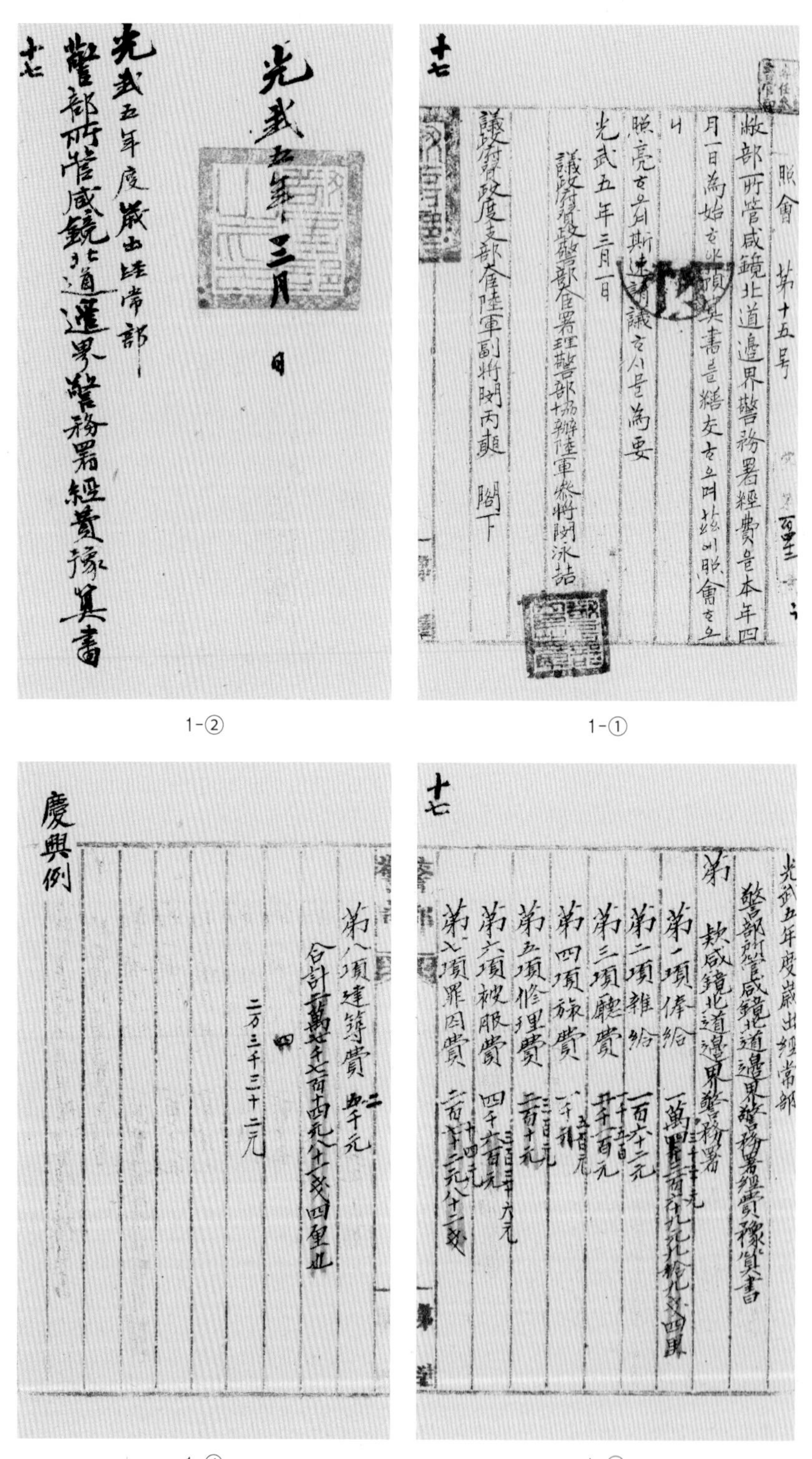

1-②　1-①

1-④　1-③

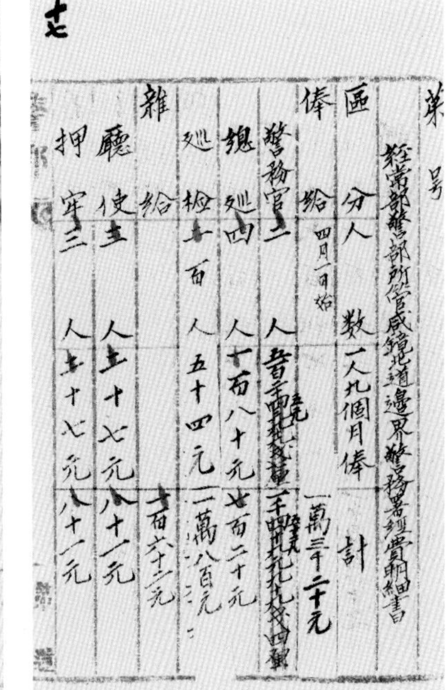

十七

第　號

經常部警部所管咸鏡北道邊界警務署經費明細書

區分	人數	一人九個月俸	計
俸給 四月一日始			一萬三千二十元
警務官	一人	[illegible]	[illegible]
總巡	四人	一百八十元	七百二十元
巡檢	二百人	五十四元	一萬八百元
雜給			一百六十二元
廳使	三人	二十七元	八十一元
押牢	三人	二十七元	八十一元

1-⑤

廳費			一千五百元
旅費			一千五百元
修理費			三百元
被服費			四千三百三十六元
冬服	二百組	三元三十錢	六百六十元
夏服	四百組	一元五十錢	六百元
肥着	六百組	七十錢	四百二十元
外套	二百組	七元	一千四百元
帽子	二百組	一元十八錢	二百三十六元
軍刀	二百柄	三元	六百元

1-⑥

十七

洋鞋	二百足	一元五十錢	三百元
洋襪	一千足	七錢	七十元
手帕	一千件	五錢	五十元
罪囚費			二百十四元
食費			一百八十元
服費			三十四元
新建費			五千元
合計			二萬三千三十二元

1-⑦

十七

度支部公用信紙

警部所管咸鏡北道邊界警務署經費를 預算外支出請議書

光武五年三月　日　主任司計局長

大臣　協辦　局長

本月一日警部大臣署理第十五號照會를 接准호온즉 內開 敝部所管咸鏡北道邊界警務署經費을 本年四月一日爲始호야 預筭書를 繕交호오니 査照호오셔 從速請議호시믈 爲要 等因이온바 査該費額을 不得不支撥이기로 別紙調書를 從호야 預備金中支出호믈 會議에 提出事

議政府贊政度支部大臣陸軍副將閔丙奭

1-⑧

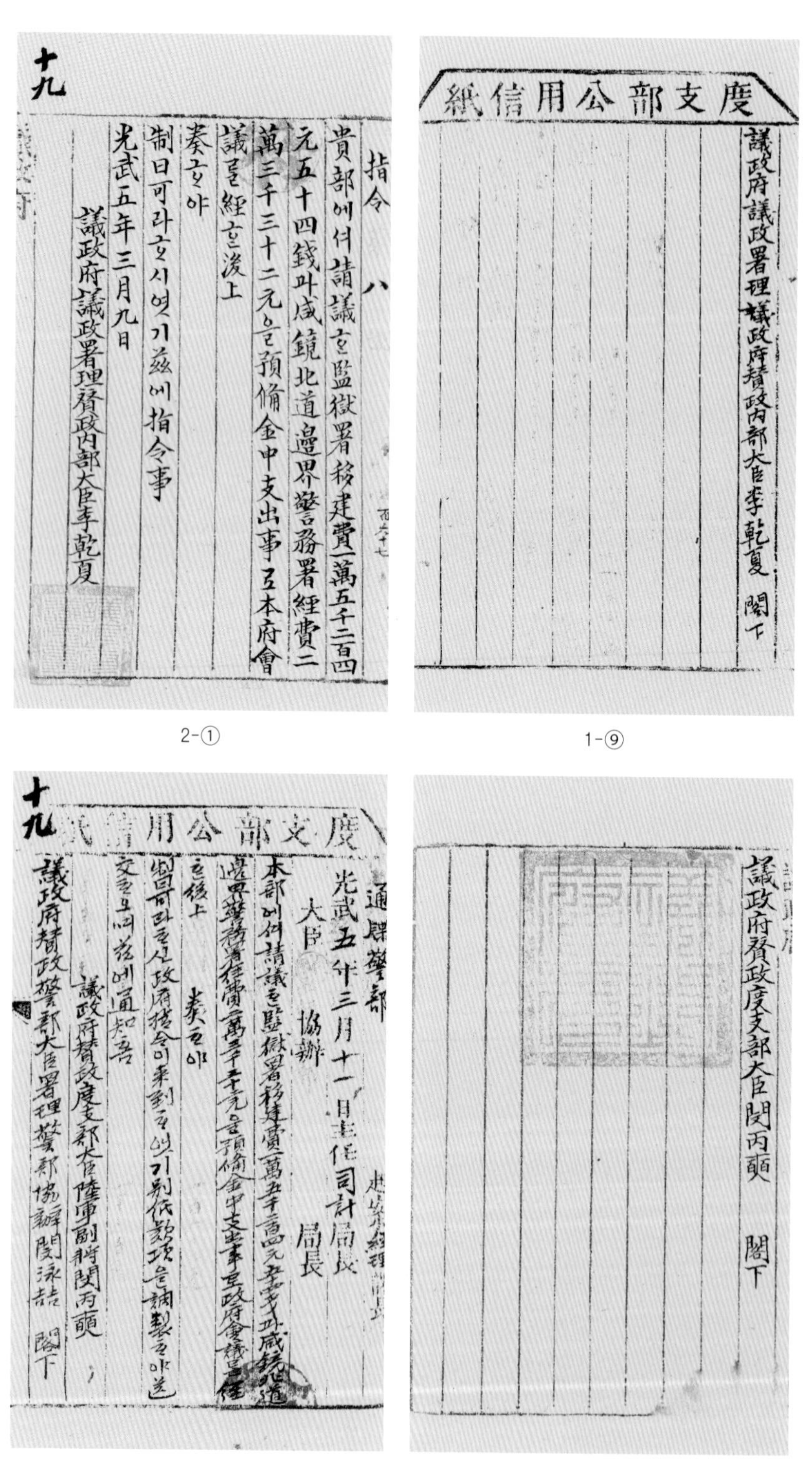

十九

指令 八

貴部에서請議호監獄署移建費一萬五千二百四元五十四錢과咸鏡北道邊界警務署經費二萬三千三十二元을預備金中支出事로本府會議를經호後上奏호야

制曰可라호시엿기玆에指令事

光武五年三月九日

議政府議政署理贊政內部大臣李乾夏

2-①

度支部公用信紙

議政府議政署理議政府贊政內部大臣李乾夏 閣下

1-⑨

十九

度支部公用信紙

通牒 度支部

光武五年三月十一日 主任司計局長

大臣 協辦 局長

本部에서請議호監獄署移建費一萬五千二百四元五十四錢과咸鏡北道邊界警務署經費二萬三千三十二元을預備金中支出事로政府會議를經호後上奏호야

制曰可라호신政府指令이來到호엿기別款項을調製호야送交호오니玆에通知홈

議政府贊政度支部大臣陸軍副將閔丙奭

議政府贊政度支部大臣署理度支部協辦閔泳喆 閣下

2-③

議政府贊政度支部大臣閔丙奭 閣下

2-②

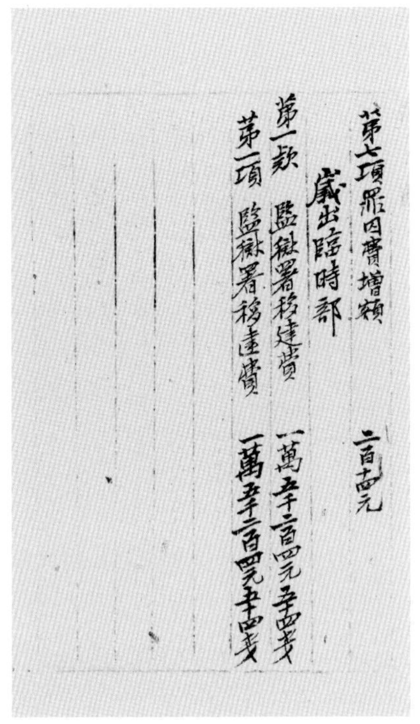

第七項 罷因費增額 二百四元
歲出臨時部
第一款 監獄署移建費 一萬二千二百四元二十四戔
第一項 監獄署移建費 一萬二千二百四元二十四戔

2-⑤

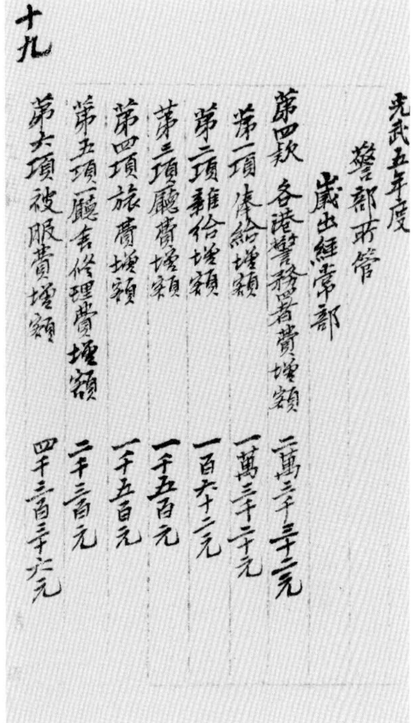

十九

光武五年度
警部所管
歲出經常部
第四款 各港警務署費增額 二萬二千二十二元
第一項 俸給增額 一萬三千二十元
第二項 雜給增額 一百六十二元
第三項 廳費增額 一千五百元
第四項 旅費增額 一千五百元
第五項 廳舍修理費增額 二千二百元
第六項 被服費增額 四千三百三十六元

2-④

| 찾아보기

국길수(鞠吉修) 210, 213
권용철(權用哲) 147~149, 224, 227, 229
권재형(權在衡) 73, 74
기만인(紀萬仁) 240
김경문(金慶門) 298
김경선(金京先) 245
김경수(金京守) 81
김경준(金景俊) 175
김계종(金桂宗) 218
김교명(金敎明) 227, 278
김귀성(金龜性) 225, 244
김기봉(金基奉) 266
김낙윤(金洛允) 175, 176
김내문(金廼文) 215, 216
김두경(金斗庚) 87
김두일(金斗逸) 172
김득수(金得洙) 172
김명규(金明圭) 73, 74
김명환(金明圭) 88, 89, 287
김명희(金明禧) 266
김문명(金文明) 218
김병도(金炳道) 217, 218, 229, 230
김병섭(金秉燮) 231, 235
김병약(金炳若) 95, 98, 101
김병옥(金丙玉) 245
김병주(金秉珠) 109, 110
김봉빈(金奉彬) 257, 258
김사직(金思稷) 83, 106, 111, 112
김성련(金成連) 87, 88
김성용(金成用) 175, 176
김여원(金汝元) 81
김여청(金汝淸) 282
김영하(金永河) 81, 314
김영흘(金永屹) 245
김용락(金容洛) 266
김용택(金龍澤) 233, 336
김원계(金元桂) 205, 221, 233, 288
김윤석(金允錫) 227
김윤영(金允泳) 303, 305
김응규(金應奎) 212, 219, 229, 238, 239
김인관(金仁寬) 244
김자천(金子天) 87
김정섭(金鼎涉) 303
김종서(金宗瑞) 68
김종진(金鍾振) 218, 219, 224, 225, 226, 229
김좌봉(金佐鳳) 199
김찬국(金贊國) 225, 226
김창선(金贊國) 303
김치성(金致聲) 87
김학주(金學周) 172, 297, 302

ㄴ

나난사(羅暖社) 114, 117
나성삼(羅成三) 302~304, 309
나영훈(羅泳熏) 205
내강(內江) 79, 186
내시궁(內矢弓) 274
냉수하자(涼水河子) 89
노귀(盧貴) 109, 124, 197, 198
노지한(盧智漢) 281
능유기(淩維琪) 190, 250, 251

ㄷ

대동사(大東社) 274
대산사(對山社) 87
대양사(對揚社) 87

덕화사(德化社) 91, 210, 241, 246
도문(儞門, 圖們) 69, 90, 100
동관(潼關) 92
동변도(東邊道) 139
동불사(銅佛寺) 190, 312
동인사(同仁社) 124, 199
두만강(豆滿江, 豆漫江) 311, 328, 333

ㅁ

마선구(麻線溝) 173
마안산(馬鞍山) 88, 172
마적(馬賊) 166, 197, 198
모아산(帽兒山) 88, 147, 148, 237
목극등(穆克登) 69, 75, 158, 298, 310, 333, 334
목두(木頭) 200, 201, 203, 204, 269
목세(木稅) 207, 265, 295, 300
무간국(撫墾局) 144, 145
무공사(茂功社) 87
무민부(撫民府) 83
무산군 91, 92, 94, 99, 144~146, 160, 161, 163, 171, 183, 189, 190, 205, 210, 213, 214, 221, 231, 232, 234, 235, 240, 241, 248, 249, 275, 279, 282, 283, 311, 327, 328, 331, 333
무산간도 232, 234, 235, 246, 279
무창면(茂昌面) 245, 246, 272
민경호(閔京鎬) 147~149
민단(民團) 304
민병석(閔丙奭) 73, 74
민영기(閔泳綺) 72, 74
민영철(閔泳喆) 93, 218, 227, 229, 243

ㅂ

박만수(朴萬秀) 87
박만수(朴萬洙) 172
박봉빈(朴鳳彬) 199
박세영(朴世永) 172
박시혁(朴時赫) 178
박언석(朴彦錫) 175
박이합통(博爾哈通) 76, 311
박제순(朴齊純) 72, 74, 80, 251, 252
박진익(朴鎭翼) 192, 193
박춘식(朴春植) 87
박항래(朴恒來) 139
반돈식(潘敦植) 221, 283
발해만 333
방곡(防穀) 94, 95, 99, 101, 171, 172
방성오(方成五) 172
방원(防垣) 92, 120
백군겸(白君兼) 206
백룡강(白龍江) 333
번갱경(樊賡慶) 210, 213
변계경무서 72, 192, 193, 293, 296, 301, 341~344
보민회 303~306
보천사(普天社) 133
복부전(卜傅田) 240
봉사(奉使) 81
봉지기(鳳至其) 279
북간도 72, 94, 100, 165, 170~172, 276, 279, 282, 285, 286, 288, 294, 298, 310, 313
북변간도 154, 155, 157, 159, 162, 165, 268
북비(北匪) 139
북증산(北甑山) 76
북청우체사 283

분계강 50, 69, 76, 311
분수령 69, 75, 76, 158, 162, 165, 293, 298, 311, 312, 327, 331, 333, 334

ㅅ

사문승(謝文陞) 89
사포(私砲) 98, 189, 199
산계(山溪) 91
산포(山砲) 176, 228, 273, 323
삼봉(三峯) 92
삼사지(三舍地) 69, 76
삼수군 68, 83~86, 96, 104~107, 109~114, 122, 134~136, 148~150, 197~200, 204, 205, 207, 245, 269, 272~275, 283~286, 322~324
삼수주대 83, 85, 197, 198, 285
상강분서 190, 231, 234, 277
상화사(尙化社) 91, 185, 215, 216, 219, 241, 246, 250
생화복(生化福) 266
서강(西崗) 88, 289
서경발(徐慶發) 105, 109~111, 121, 175, 177
서두수(西頭水) 328, 333
서변계 278, 302, 304, 307
서상국(徐相國) 82
서상무(徐尙武, 徐相懋) 72, 81~83, 85, 162, 166, 227, 230, 236, 237, 253, 265, 266, 270, 278, 280, 281, 286, 303, 305, 308
서수붕(徐壽朋) 77, 80, 197, 198, 205, 207, 209
서수산(徐守山) 87, 88, 172
서전(瑞田) 172
서정규(徐廷圭) 87, 88, 177, 178, 190, 282
서정순(徐正淳) 73, 74, 83, 85, 106, 148~150
석을수(石乙水) 76
선춘령 298, 329, 332, 333
선화사(善化社) 91, 215, 216, 241, 246
섭함분(葉含芬) 144~146, 183, 184, 221, 223
성문석(成文錫) 87, 88
소농사(小農社) 84, 119, 283
소이창(蘇爾昌) 298
손양한(孫良漢) 117, 124, 197, 198, 207, 208
손영귀(孫永貴) 241
손장청(孫長靑) 83, 106, 111, 112, 135, 136, 285
송득재(宋得財) 212, 221, 224, 238, 239
송인광(宋仁光) 205, 206
송화강(松花江) 311, 333
수원보(綏遠堡) 87
숙언명(宿彦明) 246
스미리노퓨 228
시찰(視察) 98~100, 103, 140
신기선(申箕善) 73, 74, 175
신도강(新島江) 93
신숙주(申叔舟) 68
심덕순(沈德舜) 172
심상훈(沈相薰) 73, 74
심찰사(審察使) 85
십육도구(十六道溝) 274

ㅇ

아란강(荷蘭江) 333
안수익(安壽益) 190, 231, 234
안원보(安遠堡) 240, 241
알동성(斡東城) 332
압록강 70, 75, 82, 90, 298, 303, 308, 311, 327, 333
애호전자(艾蒿甸子) 89

양덕승(楊德勝) 189, 250, 282
양목림자(楊木林子) 173
양수천자(涼水泉子) 173
양어두(洋魚頭) 173
양영(梁永) 190
양유춘(楊維春) 215, 216
장강(長江) 209, 302, 308
엄진산(嚴振山) 250
엄홍세(嚴弘世) 231, 235
여배고(呂培告) 246
여형섭(呂衡燮) 78, 79, 335
연길청 86~88, 190, 246, 251
연병총관 88
연진헌(延振憲) 84, 109
연집강도(烟集岡道) 266
영경(榮慶) 139
영원(寧遠) 267
오광국(吳光國) 83, 106, 111, 112, 285
오동성(梧桐城) 334
오명의(吳明義) 68
오삼갑(吳三甲) 65, 66, 68, 71, 72, 75, 78
오소리(烏蘇里) 163
오연총(吳延寵) 68, 298
오인안(吳仁安) 215, 216
왕계산(王繼山) 244
왕공순(王公純) 212, 221, 224, 238, 239
왕극호(王克好) 278, 279
왕무충(王懋忠) 224~226, 229, 278, 279
왕문괴(王文槐) 215, 216, 241
왕배(王杯) 222
왕보산(王保山) 265
왕보산(王寶山) 175, 237
왕수전(王守全) 222
왕수천(王秀川) 215, 216
왕원립(王元立) 270
용지(勇智) 87
용천 93
운총보(雲寵堡) 122
원동이(元同伊) 245
원산 192, 193
월간(越墾) 79, 81, 88, 100, 102, 143, 146, 155~158, 185, 206, 227, 233, 246, 247, 250, 251, 264, 318
월간한민(越墾韓民) 81, 233, 247, 250, 264
유방대(劉帮帶) 240
유수림(楡樹林) 81
유영강(劉永剛) 257, 258
유영지(劉永芝) 97, 105, 107, 175
유패진(劉珮珍) 197, 198
유하목(流下木) 84, 269
육도구(六道溝) 88
육로장정 90, 144, 145, 156, 158, 160, 268, 271, 287
윤관(尹瓘) 68, 298, 332, 333
윤동한(尹東翰) 177, 178
윤순약(尹旬若) 267
윤용선(尹容善) 72, 73
윤정봉(尹正奉) 175, 176
읍사(邑社) 120
이경순(李敬順) 210
이교상(李敎相) 218
이규풍(李圭豊) 245, 246, 272
이근명(李根命) 72, 74
이근풍(李根豊) 83, 104, 106, 111, 112, 135, 136, 177
이기병(李基炳) 170
이길우(李吉雨) 244
이대규(李大珪) 227

이도경(李道京) 220, 221
이도구(二道溝) 88
이도재(李道宰) 73, 74, 217, 228, 308, 331
이동준(李東浚) 81
이만주(李滿住) 68
이민중(李敏重) 83, 96, 105, 106, 111, 112, 150
이백천(李百千) 87
이범윤(李範允) 72, 86~93, 95, 96, 98, 101~103, 140~147, 154~157, 159, 162~170, 172, 253, 268, 278, 280~282, 284, 287~289
이병윤(李炳允) 87, 88
이병익(李秉翼) 225
이병일(李秉一) 87
이병홍(李秉弘) 224, 225
이석범(李錫範) 81
이성삼(李聖三) 82
이성지(李盛芝, 李盛之) 81, 217, 218, 225, 228~230, 278, 279, 286
이소삼(李小三) 219, 220
이순하(李舜夏) 85
이승현(李承鉉) 175
이승호(李昇鎬) 88, 335
이언식(李彦植) 231, 235
이여천(李汝天) 222
이영식(李永植) 84
이완구(李完求) 303, 305, 308
이윤용(李允用) 73, 74
이윤재(李允在) 94, 171
이재순(李載純) 72, 74
이재식(李載純) 245
이재실(李才實) 231, 235
이재한(李載澣) 288
이종건(李鍾健) 73, 74
이종덕(李種悳) 213
이종한(李鍾漢) 331
이종형(李鍾漢) 269
이중하(李鍾漢) 75, 157, 159, 327
이지청(李枝青) 303, 305
이창렴(李昌濂) 257
이학균(李學均) 218, 228, 297, 302
이해금(李海金) 239, 240
이헌경(李軒卿) 106
이현전(李現前) 241
이화영(李化永) 221
인차사(仁遮社) 114, 117, 119, 120
인차외사(仁遮外社) 274
임강현 81, 83, 97, 105~107, 109~112, 147~152, 175, 250, 251, 263, 274, 277, 283
임병수(林炳秀, 林丙秀) 81, 82, 217, 228
임상진(林上珍) 219, 220~223

ㅈ

자홍(滋洪) 139
장극진(張極軫) 335
장산령(長山嶺) 76
장생보(長生堡) 107, 109~113, 152, 263, 274
장서유(張瑞有) 189
장석리(張錫利) 231
장운각(蔣雲閣) 246
장원호(張元浩) 239
전성윤(田聖潤) 178
전우종(全禹鍾) 192, 193
정계비(백두산정계비) 50, 69, 75, 76, 162, 165, 270, 279, 311, 327, 332, 333
정민화(鄭敏和) 227
정부권(鄭富權) 87
정주묵(鄭周默) 257

ㅊ

ㅋ

ㅌ

일제침탈사 자료총서 07

대한제국기 간도 자료집(2)

-정부문서

초판 1쇄 인쇄 2022년 8월 16일
초판 1쇄 발행 2022년 8월 31일

지은이 박장배 · 문상명 · 은정태 · 홍문기 · 정진숙
펴낸이 이영호
펴낸곳 동북아역사재단

등록 제312-2004-050호(2004년 10월 18일)
주소 서울시 서대문구 통일로 81 NH농협생명빌딩
전화 02-2012-6065
팩스 02-2012-6186
홈페이지 www.nahf.or.kr
제작·인쇄 역사공간

ISBN 978-89-6187-742-8 94910
978-89-6187-635-3 (세트)